le Guide du **routard**

Directeur de collection et auteur
Philippe GLOAGUEN

Cofondateurs
Philippe GLOAGUEN et Michel DUVAL

Rédacteur en chef
Pierre JOSSE

Rédacteurs en chef adjoints
Amanda KERAVEL et Benoît LUCCHINI

Directrice de la coordination
Florence CHARMETANT

Rédaction
**Olivier PAGE, Véronique de CHARDON,
Isabelle AL SUBAIHI, Anne-Caroline DUMAS,
Carole BORDES, André PONCELET,
Marie BURIN des ROZIERS, Thierry BROUARD,
Géraldine LEMAUF-BEAUVOIS,
Anne POINSOT, Mathilde de BOISGROLLIER,
Alain PALLIER, Gavin's CLEMENTE-RUÏZ
et Fiona DEBRABANDER**

PORTUGAL

2008

D1152101

Hachette

Avis aux hôteliers et aux restaurateurs

Les enquêteurs du *Guide du routard* travaillent dans le plus strict anonymat. Aucune réduction, aucun avantage quelconque, aucune rétribution n'est jamais demandé en contrepartie. Face aux aigrefins, la loi autorise les hôteliers et restaurateurs à porter plainte.

Hors-d'œuvre

Le *Guide du routard,* ce n'est pas comme le bon vin, il vieillit mal. On ne veut pas pousser à la consommation, mais évitez de partir avec une édition ancienne. Les modifications sont souvent importantes.

ON EN EST FIERS : www.routard.com

● ***www.routard.com*** ● Tout pour préparer votre périple. Des fiches sur plus de 180 destinations, de nombreuses informations et des services pratiques : photos, cartes, météo, dossiers, agenda, itinéraires, billets d'avion, réservation d'hôtels, location de voitures, visas... Mais aussi un espace communautaire pour échanger ses bons plans et partager ses photos. Sans oublier *routard mag*, ses reportages, ses carnets de route et ses infos pour bien voyager. La boîte à outils indispensable du routard.

Petits restos des grands chefs

Ce qui est bon n'est pas forcément cher ! Partout en France, nous avons dégoté de fameuses petites tables de grands chefs aux prix aussi raisonnables que la cuisine est fameuse. Évidemment, tous les grands chefs n'ont pas été retenus : certains font payer cher leur nom pour une petite table qu'ils ne fréquentent guère. Au total, plus de 700 adresses réactualisées, retenues pour le plaisir des papilles sans pour autant ruiner votre portefeuille. À proximité des restaurants sélectionnés, 280 hôtels de charme pour prolonger la fête.

Nos meilleurs campings en France

Se réveiller au milieu des prés, dormir au bord de l'eau ou dans une hutte, voici nos 1 700 meilleures adresses en pleine nature. Du camping à la ferme aux équipements les plus sophistiqués, nous avons sélectionné les plus beaux emplacements : mer, montagne, campagne ou lac. Sans oublier les balades à proximité, les jeux pour enfants... Des centaines de réductions pour nos lecteurs.

Avis aux lecteurs

Les réductions accordées à nos lecteurs ne sont jamais demandées par nos rédacteurs afin de préserver leur indépendance. Les hôteliers et restaurateurs sont sollicités par une société de mailing, totalement indépendante de la rédaction, qui reste donc libre de ses choix. De même pour les autocollants et plaques émaillées.

Pour que votre pub voyage autant que nos lecteurs,
contactez nos régies publicitaires :
● fbrunel@hachette-livre.fr ●
● veronique@routard.com ●

Le contenu des annonces publicitaires insérées dans ce guide n'engage en rien la responsabilité de l'éditeur.

Mille excuses, on ne peut plus répondre individuellement aux centaines de CV reçus chaque année.

TABLE DES MATIÈRES

LISBONNE

LES ENVIRONS DE LISBONNE

CAP À L'OUEST

AU SUD DU TAGE : LA PÉNINSULE DE SETÚBAL ET LA COSTA AZUL

L'ALGARVE

L'ALENTEJO

L'ESTREMADURA ET LE CENTRE

LA COSTA VERDE ET LE MINHO

LE NORD-EST

Recommandation à nos lecteurs qui souhaitent profiter des réductions et avantages proposés dans le *Guide du routard* par les hôteliers et les restaurateurs : à l'hôtel, prenez la précaution de les réclamer **à l'arrivée** et au restaurant, **au moment** de la commande (pour les apéritifs) et surtout **avant** l'établissement de l'addition. Poser votre *Guide du routard* sur la table ne suffit pas : le personnel de salle n'est pas toujours au courant et une fois le ticket de caisse imprimé, il est difficile pour votre hôte d'en modifier le contenu. En cas de doute, montrez la notice relative à l'établissement dans le *Guide du routard* et ne manquez pas de nous faire part de toute difficulté rencontrée.

LES GUIDES DU ROUTARD
2008-2009

(dates de parution sur **www.routard.com**)

France

Nationaux

- Nos meilleures chambres d'hôtes en France
- Nos meilleurs campings en France
- Nos meilleurs hôtels et restos en France
- Petits restos des grands chefs
- Tables à la ferme et boutiques du terroir

Régions françaises

- Alpes
- Alsace
- Aquitaine
- Ardèche, Drôme
- Auvergne, Limousin
- Bourgogne
- Bretagne Nord
- Bretagne Sud
- Châteaux de la Loire
- Corse
- Côte d'Azur
- Franche-Comté
- Languedoc-Roussillon
- Lorraine
- Lot, Aveyron, Tarn
- Nord-Pas-de-Calais
- Normandie
- Pays basque (France, Espagne), Béarn
- Pays de la Loire
- Poitou-Charentes
- Provence
- Pyrénées, Gascogne

Villes françaises

- Bordeaux
- Lille
- Lyon
- Marseille
- Montpellier
- Nice
- Strasbourg
- Toulouse

Paris

- Environs de Paris
- Junior à Paris et ses environs
- Paris
- Paris balades
- Paris exotique
- Paris la nuit
- Paris sportif
- Paris à vélo
- Paris zen
- Restos et bistrots de Paris
- Le Routard des amoureux à Paris
- Week-ends autour de Paris

Europe

Pays européens

- Allemagne
- Andalousie
- Angleterre, Pays de Galles
- Autriche
- Baléares
- Belgique
- Castille, Madrid (Aragon et Estrémadure)
- Catalogne, Andorre
- Crète
- Croatie
- Écosse
- Espagne du Nord-Ouest (Galice, Asturies, Cantabrie)
- Finlande
- Grèce continentale
- Hongrie, République tchèque, Slovaquie
- Îles grecques et Athènes
- Irlande
- Islande
- Italie du Nord
- Italie du Sud
- Lacs italiens
- Malte
- **Norvège (avril 2008)**
- Pologne et capitales baltes
- Portugal
- Roumanie, Bulgarie
- Sicile
- **Suède, Danemark (avril 2008)**
- Suisse
- Toscane, Ombrie

LES GUIDES DU ROUTARD
2008-2009 (suite)

(dates de parution sur **www.routard.com**)

Villes européennes

- Amsterdam
- Barcelone
- Berlin
- Florence
- Lisbonne
- Londres
- Moscou, Saint-Pétersbourg
- Prague
- Rome
- Venise

Amériques

- Argentine
- Brésil
- Californie
- Canada Ouest et Ontario
- Chili et île de Pâques
- Cuba
- Équateur
- États-Unis, côte Est
- **Floride (novembre 2007)**
- Guadeloupe, Saint-Martin, Saint-Barth
- Guatemala, Yucatán et Chiapas
- **Louisiane et les villes du Sud (novembre 2007)**
- Martinique
- Mexique
- New York
- Parcs nationaux de l'Ouest américain et Las Vegas
- Pérou, Bolivie
- Québec et Provinces maritimes
- République dominicaine (Saint-Domingue)

Asie

- **Bali, Lombok (mai 2008)**
- Birmanie (Myanmar)
- Cambodge, Laos
- Chine (Sud, Pékin, Yunnan)
- Inde du Nord
- Inde du Sud
- Indonésie (voir Bali, Lombok)
- Istanbul
- Jordanie, Syrie
- Malaisie, Singapour
- Népal, Tibet
- Sri Lanka (Ceylan)
- Thaïlande
- **Tokyo-Kyoto (mai 2008)**
- Turquie
- Vietnam

Afrique

- Afrique de l'Ouest
- Afrique du Sud
- Égypte
- Île Maurice, Rodrigues
- Kenya, Tanzanie et Zanzibar
- Madagascar
- Maroc
- Marrakech
- Réunion
- Sénégal, Gambie
- Tunisie

Guides de conversation

- Allemand
- Anglais
- Arabe du Maghreb
- Arabe du Proche-Orient
- Chinois
- Croate
- Espagnol
- Grec
- Italien
- **Japonais (mars 2008)**
- Portugais
- Russe

Et aussi...

- Le Guide de l'humanitaire
- **G'palémo (nouveauté)**

Nous tenons à remercier tout particulièrement Loup-Maëlle Besançon, Thierry Bessou, Gérard Bouchu, François Chauvin, Grégory Dalex, Fabrice de Lestang, Cédric Fischer, Carole Fouque, Michelle Georget, David Giason, Lucien Jedwab, Emmanuel Juste, Florent Lamontagne, Philippe Martineau, Jean-Sébastien Petitdemange, Laurence Pinsard, Thomas Rivallain, Déborah Rudetzki, Claudio Tombari et Solange Vivier pour leur collaboration régulière.

Et pour cette nouvelle collection, nous remercions aussi :

David Alon et Andréa Valouchova
Bénédicte Bazaille
Jean-Jacques Bordier-Chêne
Nathalie Capiez
Louise Carcopino
Florence Cavé
Raymond Chabaud
Alain Chaplais
Bénédicte Charmetant
Cécile Chavent
Stéphanie Condis
Agnès Debiage
Tovi et Ahmet Diler
Céline Druon
Nicolas Dubost
Clélie Dudon
Aurélie Dugelay
Sophie Duval
Alain Fisch
Aurélie Galliot
Lucie Galouzcan
Alice Gissinger
Adrien et Clément Gloaguen
Angela Gosman
Romuald Goujon
Stéphane Gourmelen
Claudine de Gubernatis
Xavier Haudiquet
Claude Hervé-Bazin
Bernard Hilaire

Sébastien Jauffret
François et Sylvie Jouffa
Hélène Labriet
Lionel Lambert
Francis Lecompte
Jacques Lemoine
Sacha Lenormand
Valérie Loth
Béatrice Marchand
Philippe Melul
Delphine Ménage
Kristell Menez
Delphine Meudic
Éric Milet
Jacques Muller
Alain Nierga et Cécile Fischer
Hélène Odoux
Caroline Ollion
Nicolas Pallier
Martine Partrat
Odile Paugam et Didier Jehanno
Xavier Ramon
Dominique Roland et Stéphanie Déro
Corinne Russo
Caroline Sabljak
Prakit Saiporn
Jean-Luc et Antigone Schilling
Laurent Villate
Julien Vitry
Fabian Zegowitz

Direction : Nathalie Pujo
Contrôle de gestion : Joséphine Veyres, Céline Déléris et Vincent Leav
Responsable éditoriale : Catherine Julhe
Édition : Matthieu Devaux, Magali Vidal, Marine Barbier-Blin, Géraldine Péron, Jean Tiffon, Olga Krokhina, Virginie Decosta, Caroline Lepeu, Delphine Ménage et Émilie Guerrier
Secrétariat : Catherine Maîtrepierre
Préparation-lecture : Laure Méry
Cartographie : Frédéric Clémençon et Aurélie Huot
Fabrication : Nathalie Lautout et Audrey Detournay
Couverture : Seenk
Direction marketing : Dominique Nouvel, Lydie Firmin et Juliette Caillaud
Responsable partenariats : André Magniez
Édition partenariats : Juliette Neveux et Raphaële Wauquiez
Informatique éditoriale : Lionel Barth
Relations presse France : COM'PROD, Fred Papet ☎ 01-56-43-36-38 ● info@com prod.fr ●
Relations presse : Martine Levens (Belgique) et Maureen Browne (Suisse)
Régie publicitaire : Florence Brunel

Remerciements

– **Sra Helena Mora** et **Sr Rui Manuel Amaro,** de l'office national du Portugal à Paris ;

– **Vitor Carriço,** de Turismo Lisboa à Lisbonne ;

– **Joao Paulo Dias,** de la librairie Ferin, pour ses bons conseils ;

– **Don Vasco Teles de Gama,** descendant de Vasco de Gama, pour la délicatesse de son accueil et ses précieuses connaissances sur l'histoire des Découvertes ;

– **Francisco Menezes,** qui nous a ouvert les portes de son palais à Lisbonne ;

– **Jorge Sebastião Mattos de Brito e Abreu,** des Monuments historiques du Portugal, pour son accueil cordial ;

– **Bernardo Moreira Rato,** du Palacio Hôtel d'Estoril ;

– **Marie-Pierre Delsol,** de la Nouvelle Librairie française de Lisbonne ;

– **Carlos Gorito,** réceptionniste à l'Institut franco-portugais ;

– **Mme Rosário Soares,** du bureau municipal de Lagos ;

– L'équipe de l'office de tourisme de Tavira, pour sa disponibilité et son efficacité ;

– L'équipe de l'office de tourisme de Faro, pour ses précieux conseils ;

– **Mme Fernanda Lobo,** de l'office de tourisme de l'Algarve à Faro, pour son efficacité ;

– Et bien sûr **Denis Page,** « tão grande como Lisboa ».

NOUVEAUTÉ

G'PALÉMO (paru)

Un dictionnaire visuel universel qui permet de se faire comprendre aux 4 coins de la planète et DANS TOUTES LES LANGUES (y compris le langage des signes), il suffisait d'y penser !... Que vous partiez trekker dans les Andes, visiter les temples d'Angkor ou faire du shopping à Saint-Pétersbourg, ce petit guide vous permettra d'entrer en contact avec n'importe qui. Compagnon de route indispensable, véritable tour de Babel... Drôle et amusant, *G'palémo* vous fera dépasser toutes les frontières linguistiques. Pointez simplement le dessin voulu et montrez-le à votre interlocuteur... Vous verrez, il comprendra ! Tout le vocabulaire utile et indispensable en voyage y figure : de la boîte de pansements au gel douche, du train-couchettes au pousse-pousse, du dentiste au distributeur de billets, de la carafe d'eau à l'arrêt de bus, du lit *king size* à l'œuf sur le plat... Plus de 200 dessins, déclinés en 5 grands thèmes (transports, hébergement, restauration, pratique, loisirs) pour se faire comprendre DANS TOUTES LES LANGUES. Et parce que le *Guide du routard* pense à tout, et pour que les langues se délient, plusieurs pages pour faire de vous un(e) séducteur(trice)...

LES QUESTIONS QU'ON SE POSE LE PLUS SOUVENT

➤ **Quelle est la meilleure période pour y aller ?**

Le climat du Portugal est agréable en toute saison. Le littoral est toujours aéré, même aux plus chaudes heures de l'été. Le printemps et l'automne sont les périodes idéales pour visiter l'intérieur et le Sud.

➤ **Est-il facile de se déplacer dans le pays ?**

Oui, pour les automobilistes, l'état des routes s'est considérablement amélioré. Pour les autres voyageurs, le train et les nombreuses compagnies de bus permettent de se déplacer partout. De plus, les taxis sont peu onéreux.

➤ **Quels types d'hébergement y trouve-t-on ?**

Du camping aux *pousadas* (hébergement très chic, souvent dans un monument historique), en passant par les AJ, pensions, hôtels et chambres d'hôtes de charme dans de belles propriétés, tous les goûts seront satisfaits.

➤ **Partir un week-end, n'est-ce pas trop court ?**

Non, Lisbonne ou Porto et leurs environs peuvent être d'agréables lieux d'évasion et de dépaysement pour un week-end prolongé (voir nos « Itinéraires » dans « Portugal utile »).

➤ **Existe-t-il vraiment 365 façons de préparer la morue ?**

On ne les a pas toutes goûtées ! Et d'ailleurs, il semblerait qu'il y en ait davantage.

➤ **Peut-on facilement se faire comprendre ?**

Oui, car de nombreux Portugais qui avaient immigré parlent le français. L'espagnol, langue voisine géographiquement et étymologiquement, est utile. Quant à l'anglais, première langue apprise désormais à l'école, il est de plus en plus répandu.

➤ **Le coût de la vie est-il élevé ?**

Pour l'hébergement, il est à peu près le même qu'en France. Pour la nourriture et les transports, il reste sensiblement inférieur.

➤ **Peut-on y aller avec des enfants ?**

Bien sûr : plages, aires de jeux, balades-découvertes tendent les bras à nos petits et grands chérubins.

➤ **Est-il facile d'y aller avec des animaux ?**

Même si les Portugais aiment comme nous les animaux de compagnie, des règles assez strictes régissent, pour des raisons de sécurité et de santé, leur présence en voyage. Un certificat de bonne santé récent et un autre de vaccination contre la rage (chien et chat) sont demandés. À part la location en gîte, il est assez difficile de faire accepter Médor.

➤ **Les cartes de paiement sont-elles acceptées partout ?**

Le paiement par carte est assez bien développé, mais il n'est pas encore possible dans un grand nombre de lieux d'hébergement modestes et de petits restos.

➤ **Le fado fait-il toujours pleurer ?**

Plus que jamais ! Si la célèbre fadiste Amália Rodrigues n'est plus, une kyrielle de jeunes s'empressent déjà d'assurer la relève, comme Cristina Branco.

LES COUPS DE CŒUR DU ROUTARD

- Rester béat devant la beauté de la campagne de l'Alentejo (surtout au printemps).

- La ville de Serpa, toute blanchie à la chaux.

- Passer quelques heures, jours, semaines, mois (rayer la menton inutile), à Monsaraz, cité fortifiée.

- Grimper en haut du village encore préservé d'Odeceixe, en Algarve, et apprécier la vue sur la campagne environnante et, au loin, la mer !

- Goûter à la *cataplana,* merveilleuse façon très parfumée de préparer le poisson.

- L'odeur minérale et fruitée des caves à porto de Vila Nova de Gaia.

- Les paysages le long du Douro en train, en voiture, en bus et la gare de Pinhao avec ses azulejos.

- Dormir une nuit dans une *pousada,* histoire de se prendre pour Pedro et Inès !

- Dire bonjour à nos loutres préférées de bon matin, à l'Océanorium du Parc des Nations de Lisbonne.

- Le petit déj pris au comptoir d'un des nombreux cafés où se pressent les Lisboètes le matin : un bon café, un jus d'orange frais et un p'tit gâteau, à observer la vie autour de soi... Rien de tel pour bien commencer la journée.

- Le Bairro Alto à Lisbonne quand les oiseaux de nuit sont sortis et que les bars déversent leur trop-plein dans les rues où l'on badine un verre à la main.

- L'Estufa Fria, une véritable oasis dans Lisbonne.

- S'offrir deux *pasteis de nata* encore tièdes en les saupoudrant de sucre glace à la célèbre pâtisserie de Belém.

- Faire un aller-retour Alfama-Jardim da Estrela avec le mythique tram 28 et remonter le temps en même temps que les ruelles en pente !

- Déguster un verre de *ginjinha* en regardant le coucher de soleil à Óbidos.

- Aller faire le marché à Nazaré pour le folklore des femmes en tenue traditionnelle.

- Admirer béatement une fenêtre en se disant que c'est la plus belle du monde : c'est au Convento do Cristo que ça se passe, à Tomar.

- Assister à un récital de fado à Coimbra.

- Séjourner à Póvoa Dão, ce village tout en pierres transformé en hôtel-resto tout ce qu'il y a de plus charmant.

COMMENT Y ALLER ?

EN VOITURE

> **Se reporter à notre carte « Le voyage par la route »**
> **dans le cahier couleur.**

Grosso modo, on compte 2 000 km entre Paris et Lisbonne. De Paris à la frontière espagnole, l'itinéraire le plus commode est l'autoroute jusqu'en Espagne et les autoroutes du Pays basque jusqu'à Béhobie (810 km ; 780 km par la route nationale classique N 10) ; de là, un peu plus de 600 km vous séparent encore de la frontière portugaise (Vilar Formoso, par Burgos et Salamanque).
L'état des routes s'est très nettement amélioré ces dernières années, tant en Espagne qu'au Portugal. Les « émigrants » – Portugais vivant en France – vous diront facilement qu'il faut moins de 20h pour faire Paris-Lisbonne. Effectivement, c'est faisable si, prudent, on roule à plusieurs en se relayant au volant. Profitez des aires de repos bien équipées en Espagne (toilettes, supérettes, douches...) car elles sont plus rares au Portugal. Et reportez-vous à notre rubrique « Transports », plus loin.

➤ D'Irún à Vilar Formoso par Burgos et Salamanque (600 km environ)

C'est l'itinéraire généralement choisi par les habitués.
Après Saint-Sébastien, que l'on contourne par l'autoroute, la N 1 escalade les monts de Guipúzcoa pour atteindre la plaine d'Álava : une déviation contourne Vitoria, l'une des villes importantes du nord de la péninsule Ibérique. De Saint-Sébastien, il est aussi possible de gagner cette région en empruntant les autoroutes basques par Bilbao (assez chères).
Ensuite on s'engage dans le défilé de Pancorbo, au-delà duquel se profile Burgos. Puis on file droit à travers la Meseta jusqu'à Valladolid (369 km), Tordesillas, Salamanque puis Ciudad Rodrigo, avant de gagner le lendemain la frontière de Vilar Formoso. Ensuite, IP 5 ou IP 2.
Pour rejoindre directement Lisbonne ou bien l'Algarve, de Salamanque, on peut aussi continuer vers Cáceres, Badajoz et Elvas (Portugal). La route Elvas-Estremoz-Lisbonne est excellente.

➤ D'Irún à Quintanilha (Bragança) par Valladolid et Zamora (550 km)

Jusqu'à Tordesillas, même itinéraire que ci-dessus. On prend alors la route de Zamora (465 km), et on entre au Portugal soit par Miranda do Douro, et on emprunte alors l'IP 4, soit par la frontière de Quintanilha (546 km), pour pouvoir faire étape à Bragança (577 km). Puis Porto.

➤ De Burgos à Verin (Chaves) par Benavente (410 km ; 660 km d'Irún)

Peu emprunté, cet itinéraire secondaire permet de suivre, en partie, l'un des anciens chemins de Saint-Jacques-de-Compostelle et de découvrir les bourgs dont la couleur ocre ponctue l'horizontalité des campos. À la sortie de Burgos vers Palencia, prendre à droite la route de Frómista (A 231), puis de là celle de Carrión de los Condes, et ensuite celle de Sahagún où l'on tournera à gauche vers Mayorga. De Benavente à Chaves, autoroute A 52.

➤ De Saint-Sébastien au Minho par Santillana et Saint-Jacques-de-Compostelle (930 km)

Autoroute directe de la frontière française à Bilbao. Au-delà, la route suit souvent de près le littoral : parcours long et sinueux jusqu'aux environs de La Corogne. On passe tout près de Santander et de Santillana del Mar, l'un des plus beaux villages d'Espagne, et des grottes d'Altamira (peintures rupestres), avant de contourner par le nord les picos d'Europa et le parc national de Covadonga. On traverse alors les Asturies, pays vert et pays minier, dont on visitera la capitale Oviedo, et le port de Gijón, au nord par l'autoroute. Jusqu'aux Rias Altas, la route suit le littoral de la Costa Verde espagnole. On passe par La Corogne et Saint-Jacques-de-Compostelle (à 1 610 km de Paris).
Variante : une route bien plus courte traverse, après Santillana, les monts Cantabriques pour déboucher sur le plateau de León.

➤ Du col du Perthus (Pyrénées-Orientales) à Porto par Saragosse, Madrid (itinéraire conseillé) ou Valladolid et Salamanque

Du col du Perthus à Lisbonne ou l'Algarve par Saragosse, Madrid, Cáceres et Badajoz. Ces deux itinéraires concernent surtout nos lecteurs résidant ou venant par le sud-est de la France.

➤ D'autres chemins d'accès, selon vos envies et votre destination. Notamment depuis Séville, en arrivant par le sud de l'Espagne, pour gagner l'Algarve, par exemple.

EN TRAIN

➤ *Au départ de Paris, gare Montparnasse :* un TGV part à 15h50. Arrivée à Irún à 21h30, puis correspondance avec un train de nuit pour Lisbonne à 22h ; arrivée le lendemain à Lisbonne à 10h53. Une autre solution consiste à prendre le Talgo Paris-Madrid et à rejoindre Lisbonne depuis la capitale espagnole.

Les réductions

Avec les *Pass InterRail,* les résidents européens peuvent voyager dans 30 pays d'Europe, dont *le Portugal.* Plusieurs formules et autant de tarifs, en fonction de la destination et de l'âge.
– Pour les grands voyageurs, l'*InterRail Global Pass* est valable dans l'ensemble des 30 pays concernés, intéressant si vous comptez parcourir plusieurs pays au cours du même périple. Il se présente sous 4 formes au choix. Deux formules flexibles : utilisable 5 j. sur une période de validité de 10 j. (249 € pour les plus de 25 ans,

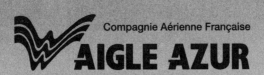

Compagnie Aérienne Française
AIGLE AZUR

Rendez-vous à bord !

© Res Publika 2007

159 € pour les 12-25 ans), ou 10 j. sur une période de validité de 22 j. (259 € pour les plus de 25 ans, 239 € pour les 12-25 ans). Deux formules « continues » : pass 22 j. (469 € pour les plus de 25 ans, 309 € pour les 12-25 ans), pass 1 mois (599 € pour les plus de 25 ans, 399 € pour les 12-25 ans). Ces 4 formules existent aussi en version 1re classe !

– Si vous ne parcourez que le Portugal, le **One Country Pass** vous suffira. D'une période de validité de 1 mois, et utilisable, selon les formules, 3, 4, 6 ou 8 j. en discontinu (à vous de calculer avant votre départ le nombre de jours que vous passerez sur les rails) : 3 j. (69 € pour les plus de 25 ans, 45 € pour les 12-25 ans, 34,50 € pour les 4-11 ans), 4 j. (89 € pour les plus de 25 ans, 58 € pour les 12-25 ans, 44,50 € pour les 4-11 ans), 6 j. (119 € pour les plus de 25 ans, 77 € pour les 12-25 ans, 59,50 € pour les 4-11 ans) ou 8 j. (139 € pour les plus de 25 ans, 90 € pour les 12-25 ans, 69,50 € pour les 4-11 ans). Là encore, ces formules existent en version 1re classe (mais ce ne sont pas les mêmes prix, bien sûr).

– Les porteurs des **cartes SNCF** (12-25, Escapades, Senior et Enfant +) et de **billets Découverte** bénéficient de leurs réductions habituelles (de 25 à 50 % pour les cartes et 25 % pour les tarifs Découverte) sur le territoire français. La carte Escapades s'adresse aux voyageurs de 26 à 59 ans qui souhaitent donner libre cours à leurs envies de voyages. Elle offre jusqu'à 40 % de réduction (25 % garantis sur tous les trains), sauf TGV de nuit, pour des allers-retours de plus de 200 km, nuit de samedi à dimanche incluse.

Pour préparer votre voyage

– **Billet à domicile :** commandez votre billet par téléphone, Internet ou sur Minitel, la SNCF vous l'envoie gratuitement à domicile. Pour cela, il vous suffit de régler par carte de paiement (pour un montant minimum de 1 €, sous réserve de modifications ultérieures) au moins 4 j. avant le départ (7 j. si vous résidez à l'étranger).

Pour réserver et acheter vos billets

– **Internet :** ● voyages-sncf.com ●
– **Ligne directe :** ☎ 36-35 (0,11 € TTC/mn).
– **Minitel :** 36-15 ou 36-16, code SNCF (0,21 €/mn).
– Également dans les gares, les boutiques SNCF et les agences de voyages agréées.

EN BUS

Qu'à cela ne tienne, il n'y a pas que l'avion pour voyager. À condition d'y mettre le temps, on peut aussi se déplacer en bus – on ne dit pas « car », qui a des relents de voyage organisé. En effet, le bus est bien moins consommateur d'essence par passager/km que l'avion. Ce système de transport est fort valable à l'intérieur de l'Europe, à condition d'avoir du temps et de ne pas être à cheval sur le confort. Il est évident que les trajets sont longs (24h pour le Portugal...) et les horaires élastiques. À bord, on peut faire sa toilette et les bus affrétés par les compagnies sont assez confortables : AC, dossier inclinable (exiger des précisions avant le départ). Et, en principe, des arrêts toutes les 3 ou 4h permettent de ne pas arriver avec une barbe de vieillard.

N'oubliez pas qu'avec un long trajet, en avion on se déplace, en bus on voyage. Et puis en bus, la destination finale est vraiment attendue ; en avion, elle vous tombe sur la figure sans crier gare, sans qu'on y soit préparé psychologiquement. Prévoyez une couverture ou un duvet pour les nuits fraîches, la Thermos remplie de liquide bouillant ou glacé à boire entre les étapes (on n'a pas toujours soif à l'heure dite), et aussi de bons bouquins.

Location de voitures au Portugal

5% de réduction aux lecteurs du GDR*

EN INDIQUANT LE NUMÉRO DE PAGE DE CETTE ANNONCE

Réservez au meilleur prix votre location de voiture auprès d'un spécialiste. Toutes nos offres sont simples, claires et flexibles, sans supplément caché :

- ☺ Kilométrage illimité
- ☺ Assurances et taxes obligatoires incluses
- ☺ Modification annulation sans frais
- ☺ Le meilleur service client avant, pendant et après la location
- ☺ Des conseillers téléphoniques disponibles sur simple appel

Engagement N°1

Vous offrir le meilleur de la location de voitures loisirs en tant que spécialistes des locations de **voitures loisirs au Portugal et dans 125 pays.**

Engagement N°2

Vous garantir **le meilleur rapport qualité/prix** du marché sur les plus grandes enseignes.

Engagement N°3

Nos prix affichés sont ceux que vous payerez, sans supplément caché, **pas 1 euro de plus !**

Engagement N°4

Tout le monde peut changer d'envie : modification ou annulation sans frais. **Même à la dernière minute et sans justificatif.**

Engagement N°5

En option : **le 0 franchise assurance "tous risques"** quelle que soit la catégorie du véhicule et quel que soit le pays de destination.

Engagement N°6

Avoir la garantie d'**un prix tout compris ferme et définitif** avec toutes les inclusions nécessaires et suffisantes avec une assistance téléphonique gratuite pour vous conseiller à tout moment.

[ad] Antidote Design · Crédit photos :Fotolia

autoescape.com — 0 820 150 300

0,12€/min

partout dans le monde

* Offre non cumulable hors camping car et promotions.

Enfin, le bus est un moyen de transport souple : il vient chercher les voyageurs dans leur région, dans leur ville. La prise en charge est totale de bout en bout. C'est aussi un bon moyen pour se faire des compagnons.

Cela dit, de nombreux lecteurs se sont plaints des conditions de voyage, parfois assez pénibles (confort, gestion des arrêts, retards...).

Les organismes de bus

▲ CLUB ALLIANCE

– *Paris* : 33, rue de Fleurus, 75006. ☎ 01-45-48-89-53. Fax : 01-45-49-37-01. Ⓜ *Notre-Dame-des-Champs. Lun-ven 10h30-19h, sam 13h30-19h.*
Circuit combiné Espagne-Portugal d'une dizaine de jours pendant les vacances de Pâques et d'été. Brochure gratuite sur demande.

▲ EUROLINES

☎ 0892-89-90-91 (0,34 €/mn). ● eurolines.fr ● *Vous trouverez également les services d'Eurolines sur* ● routard.com ● *Bureaux à Paris (1ᵉʳ, 5ᵉ, 9ᵉ arr.), La Défense, Versailles, Avignon, Bordeaux, Clermont-Ferrand, Dijon, Grenoble, Lille, Lyon, Marseille, Metz, Montpellier, Mulhouse, Nantes, Nice, Nîmes, Perpignan, Rennes, Strasbourg, Toulouse et Tours.*
Deux gares routières internationales à Paris : Gallieni : ☎ 0892-89-90-91 (0,34 €/mn ; Ⓜ Gallieni) *et* La Défense : ☎ 01-49-67-09-79 (Ⓜ La Défense-Grande-Arche). Leader européen des voyages en lignes régulières internationales par autocar, Eurolines permet de voyager vers plus de 1 500 destinations en Europe dans 32 pays, avec 80 points d'embarquement en France.
– *Pass Eurolines :* pour un prix fixe valable 15 ou 30 jours, vous voyagez autant que vous le désirez sur le réseau entre 40 villes européennes. Le *Pass Eurolines* est fait sur mesure pour les personnes autonomes qui veulent profiter d'un prix très attractif et désireuses de découvrir l'Europe sous toutes ses coutures.

EN AVION

Les compagnies régulières

▲ AIR FRANCE

Rens et résas au ☎ 36-54 (0,34 €/mn – tlj, 24h/24), sur ● airfrance.fr ●, *dans les agences Air France (fermées dim) et dans ttes les agences de voyages.*
– *Comptoir Air France à l'aéroport de Lisbonne :* ☎ 218-482-177. Tlj 6h-18h30.
– *Comptoir Air France à l'aéroport de Porto :* ☎ 22-941-31-31. Tlj 7h30-19h30.
➤ Air France dessert Lisbonne avec 5 vols/j. et Porto avec 4 vols/j. en partage de codes avec Régional au départ d'Orly Ouest ou Paris-CDG 2F.
Air France propose une gamme de tarifs accessibles à tous :
– « Évasion » : en France et vers l'Europe, Air France offre des réductions. « Plus vous achetez tôt, moins c'est cher ».
– « Semaine » : pour un voyage aller-retour pendant toute la semaine.
– « Week-end » : pour des voyages autour du week-end avec des réservations jusqu'à la veille du départ.
Air France propose également, sur la France, des réductions jeunes, seniors, couples ou famille. Pour les moins de 25 ans, Air France émet une carte de fidélité gratuite et nominative, « Fréquence Jeune », qui permet de cumuler des *miles* sur l'ensemble des compagnies membres de *Skyteam* et de bénéficier de billets gratuits et d'avantages chez de nombreux partenaires.
Tous les mercredis dès 0h, sur ● airfrance.fr ●, Air France propose les tarifs « Coups de cœur », une sélection de destinations en France pour des départs de dernière minute.
Sur Internet, possibilité de consulter les meilleurs tarifs du moment, rubrique « Offres spéciales », « Promotions ».

MIQUE-AUX-NOCES

▲ TAP AIR PORTUGAL
– *Paris : 23, bd Poissonnière, 75002. Au 2ᵉ étage. N° d'appel national :* ☎ *0820-319-320 (0,12 €/mn).* ● *flytap.fr* ● Ⓜ *Grands-Boulevards. Lun-ven 10h-12h et 13h-17h30.*
➤ La TAP Air Portugal dessert Lisbonne et Porto plusieurs fois par jour au départ d'Orly-Ouest ou Roissy-Charles-de-Gaulle, mais aussi Clermont-Ferrand, Nice, Lyon, Marseille.

▲ IBERIA
– *Paris : Charles-de-Gaulle, terminal 2 D ou Orly-Ouest hall 1.* ☎ *0825-800-965 (0,15 €/mn).* ● *iberia.fr* ●
➤ Des vols quotidiens depuis les principales villes françaises (Bordeaux, Lyon, Marseille, Nantes, Nice, Paris, Strasbourg et Toulouse) vers Lisbonne avec changement à Madrid ou Barcelone.

▲ AIGLE AZUR
☎ *0825-25-00-10 (0,15 €/mn).* ● *aigle-azur.fr* ●
➤ Proposent 1 vol/j. depuis Paris-Orly Sud pour Lisbonne et pour Porto.

Les compagnies *low-cost*

Ce sont des compagnies dites « à bas prix ». De nombreuses villes de province sont desservies, ainsi que les aéroports limitrophes des grandes villes. Réservation par Internet ou par téléphone (pas d'agence et pas de « billet-papier », juste un numéro de réservation) et aucune garantie de remboursement en cas de difficultés financières de la compagnie. En outre, les pénalités en cas de changement d'horaires sont assez importantes et les taxes d'aéroport rarement incluses. Ne pas oublier non plus d'ajouter le prix du bus pour se rendre à ces aéroports, souvent assez éloignés du centre-ville.

▲ EASY JET
Pour tte info : ☎ *0899-70-00-41 (1,34 € l'appel puis 0,34 €/mn).* ● *easyjet.fr* ●
➤ Vols quotidiens depuis Paris-Charles-de-Gaulle, Bâle-Mulhouse et Genève pour Lisbonne et Porto.

▲ RYANAIR
☎ *0892-23-23-75 (0,34 €/mn).* ● *ryanair.com* ●
➤ Vols depuis Paris-Beauvais et Marseille pour Porto ; depuis Bruxelles pour Faro.

▲ SN BRUSSELS AIRLINES
Rens et résas : ☎ *0826-10-18-18 (0,15 €/mn).* ● *flysn.fr* ●
➤ Liaisons avec Lisbonne, Faro et Porto depuis Lyon, Marseille et Paris-Charles-de-Gaulle via Bruxelles.

▲ TRANSAVIA
☎ *0892-058-888 (0,34 €/mn).* ● *transavia.com* ●
➤ 2 vols/j. depuis Paris-Orly Sud pour Porto.

▲ XL.COM
☎ *0892-23-13-00 (0,34 €/mn).* ● *http://fr.xl.com* ●
➤ Vol Paris-Faro le mercredi.

LES ORGANISMES DE VOYAGES

– Ne pas croire que les vols à tarif réduit sont tous au même prix pour une même destination à une même époque : loin de là. On a déjà vu, dans un même avion partagé par deux organismes, des passagers qui avaient payé 40 % plus cher que les autres... Authentique ! De plus, une agence bon marché ne l'est pas forcément toute l'année (elle peut n'être compétitive qu'à certaines dates bien précises). Donc, contactez tous les organismes et jugez vous-même.

– Les organismes cités sont classés par ordre alphabétique, pour éviter les jalousies et les grincements de dents.

En France

▲ BOURSE DES VOLS / BOURSE DES VOYAGES

Informations : ● *bdv.fr* ● *ou par téléphone au* ☎ *0892-888-949 (0,34 €/mn), lun-sam 8h-22h.*

Agence de voyages en ligne, bdv.fr propose une vaste sélection de vols secs, séjours et circuits à réserver en ligne ou par téléphone. Pour bénéficier des meilleurs tarifs aériens, même à la dernière minute, le service de Bourse des Vols référence en temps réel un large panel de vols réguliers, charters et dégriffés au départ de Paris et de nombreuses villes de province à destination du monde entier ! Référence les offres d'une trentaine de tour-opérateurs spécialistes.

▲ DIRECTOURS

– *Paris : 90, av. des Champs-Élysées, 75008.* ☎ *01-45-62-62-62. Depuis la province :* ☎ *0811-90-62-62 (prix d'un appel local).* ● *directours.com* ● Ⓜ *George-V. Lun-ven 10h-18h, sam 11h-18h.*

Directours présente la particularité de s'adresser directement au public, en vendant ses voyages par Internet et téléphone, ou encore à son agence, sans intermédiaire.

Spécialiste des voyages à la carte, Directours propose une grande variété de destinations dont le Portugal. Nouveautés : le Japon en circuit individuel et les capitales baltes. Directours vend aussi des vols secs et des locations de voitures.

▲ FUAJ

– *Paris : antenne nationale, 27, rue Pajol, 75018.* ☎ *01-44-89-87-27/26.* ● *fuaj.org* ● Ⓜ *La Chapelle, Marx-Dormoy ou Gare-du-Nord. Mar-ven 10h-18h, sam 10h-17h. Rens dans ttes les auberges de jeunesse, les points d'information et de résa en France et sur le site* ● *hihostels.com* ●

La FUAJ (Fédération unie des auberges de jeunesse) accueille ses adhérents dans 155 auberges de jeunesse en France. Seule association française membre de l'IYHF *(International Youth Hostel Federation),* elle est le maillon d'un réseau de 4 200 auberges de jeunesse réparties dans 81 pays. La FUAJ organise, pour ses adhérents, des activités sportives, culturelles et éducatives ainsi que des rencontres internationales. Les adhérents de la FUAJ peuvent obtenir gratuitement les brochures *Voyages en liberté/Go as you please, Printemps-Été, Hiver,* et le *Guide des AJ en France.* Le guide international regroupe la liste de toutes les auberges de jeunesse dans le monde. Il est disponible à la vente (7 €) ou en consultation sur place.

▲ LASTMINUTE.COM

Les offres lastminute.com sont accessibles sur ● *lastminute.com* ● *, au* ☎ *0899-78-5000 (1,34 € l'appel TTC puis 0,34 €/mn) et dans 9 agences de voyages situées à Paris, Nice, Toulouse, Bordeaux, Montpellier, Aix-en-Provence et Lyon.*

Lastminute.com propose une vaste palette de voyages et de loisirs : billets d'avion, séjours sur mesure ou clé en main, week-ends, hôtels, locations en France, location de voitures, spectacles, restos, etc. pour penser ses vacances selon ses envies et ses disponibilités.

▲ LUSITANIA VOYAGES

– *Saint-Ouen : 114-116, av. Gabriel-Péri, 93400.* ☎ *01-58-79-20-01. Fax : 01-58-79-20-02.* ● *lusitania.fr* ● *Rens par téléphone slt lun-ven 9h-18h, sam 9h-17h.*

Choix, qualité et accessibilité sont les trois mots-clés de Lusitania Voyages, le voyagiste « sur-mesure », spécialiste des destinations lusophones.

Présent sur le marché français depuis plus de 35 ans, Lusitania Voyages propose un large éventail de circuits et séjours dans toutes les régions du Portugal, du nord au sud et d'est en ouest, Lisbonne, Porto, Coimbra, Evora jusqu'à Faro.

protégez-vous

www.aides.org

Lusitania sera à même de concocter, selon vos goûts, un voyage à la carte. Toutes les formules possibles sont proposées dans une brochure complète, disponible sur simple demande. L'équipe, d'origine portugaise et brésilienne, connaît parfaitement la destination.

▲ NOUVELLES FRONTIÈRES

Rens et résas dans tte la France : ☎ *0825-000-825 (0,15 €/mn).* ● *nouvelles-frontie res.fr* ● *Les 13 brochures Nouvelles Frontières sont disponibles gratuitement dans les 210 agences du réseau, par téléphone et sur Internet.*

Plus de 30 ans d'existence, 1 400 000 clients par an, 250 destinations, une chaîne d'hôtels-clubs *Paladien* et une compagnie aérienne, *Corsairfly* : pas étonnant que Nouvelles Frontières soit devenu une référence incontournable, notamment en matière de tarifs. Le fait de réduire au minimum les intermédiaires permet d'offrir des prix « super-serrés ». Un choix illimité de formules vous est proposé : des vols sur la compagnie aérienne de Nouvelles Frontières au départ de Paris et de province, en classe Horizon ou Grand Large, et sur toutes les compagnies aériennes régulières, avec une gamme de tarifs selon votre budget. Sont également proposés toutes sortes de circuits, aventure ou organisés ; des séjours en hôtels, en hôtels-clubs et en résidences ; des week-ends, des formules à la carte (vol, nuits d'hôtel, excursions, location de voitures...), des séjours neige.

Avant le départ, des réunions d'information sont organisées. Intéressant : des brochures thématiques (plongée, rando, trek, thalasso).

▲ UCPA (Union nationale des centres sportifs de plein air)

– *Informations et résa :* ☎ *0892-680-599 (0,34 €/mn).* ● *ucpa.com* ●
– *Bureaux de vente à Paris, Lyon, Marseille, Nantes, Strasbourg et Bruxelles.*

Voilà près de 40 ans que 8 millions de personnes font confiance à l'UCPA pour réussir leurs vacances sportives. Et ce, grâce à une association dynamique, qui propose une approche souple et conviviale de plus de 60 activités sportives, en France et à l'international, en formule tout compris (moniteurs professionnels, pension complète, matériel, animations, assurance et transport) à des prix serrés. Vous pouvez choisir parmi plusieurs formules sportives (plein temps, mi-temps ou à la carte) ou de découverte d'une région ou d'un pays. Plus de 100 centres en France, dans les Dom et à l'international (Canaries, Crète, Cuba, Égypte, Espagne, Maroc, Tunisie, Turquie, Thaïlande), auxquels s'ajoutent près de 300 programmes itinérants pour voyager à pied, à cheval, à VTT, en catamaran, etc., dans plus de 50 pays.

▲ VOYAGES-SNCF.COM

Voyages-sncf.com, première agence de voyages sur Internet, propose des billets de train, d'avion, des chambres d'hôtel, des locations de voitures et des séjours clés en main ou Alacarte® sur plus de 600 destinations et à des tarifs avantageux. Leur site ● voyages-sncf.com ● permet d'accéder tous les jours 24h/24 à plusieurs services : envoi gratuit des billets à domicile, Alerte Résa pour être informé de l'ouverture des réservations et profiter du plus grand choix, calendrier des meilleurs prix (TTC), mais aussi des offres de dernière minute et des promotions...

Et grâce à l'Éco-comparateur, en exclusivité sur ● voyages-sncf.com ●, possibilité de comparer le prix, le temps de trajet et l'indice de pollution pour un même trajet en train, en avion ou en voiture.

▲ VOYAGES WASTEELS

65 agences en France, 140 en Europe. Pour obtenir l'adresse et le numéro de téléphone de l'agence la plus proche de chez vous, rendez-vous sur ● *wasteels.fr* ●
Centre d'appels Infos et ventes par téléphone : ☎ *0825-88-70-70 (0,15 €/mn).*

Voyages Wasteels propose pour tous des séjours, des week-ends, des vacances à la carte, des croisières, des locations mer et montagne, de l'hébergement en hôtel, des voyages en avion ou train et de la location de voitures, au plus juste prix, parmi des milliers de destinations en France, en Europe et dans le Monde.

▲ **VOYAGEURS EN ESPAGNE ET AU PORTUGAL**
☎ 0892-23-61-61. Fax : 01-42-86-16-28. *Le grand spécialiste du voyage en individuel sur mesure.* ● vdm.com ●
– *Paris :* La Cité des Voyageurs, 55, rue Sainte-Anne, 75002. ☎ 0892-23-56-56 (0,34 €/mn). Ⓜ Opéra ou Pyramides. Lun-sam 9h30-19h.
– *Bordeaux :* 28, rue Mably, 33000. ☎ 0892-234-834 (0,34 €/mn).
– *Grenoble :* 16, bd Gambetta, 38000. ☎ 0892-233-533 (0,34 €/mn).
– *Lille :* 147, bd de la Liberté, 59000. ☎ 0892-234-634 (0,34 €/mn).
– *Lyon :* 5, quai Jules-Courmont, 69002. ☎ 0892-231-261 (0,34 €/mn).
– *Marseille :* 25, rue Fort-Notre-Dame (angle cours d'Estienne-d'Orves), 13001. ☎ 0892-233-633 (0,34 €/mn).
– *Montpellier :* 7, rue de Verdun, 34000. ☎ 08-92-23-87-77.
– *Nantes :* 1-3, rue des Bons-Français, entrée rue du Moulin, 44000. ☎ 0892-230-830 (0,34 €/mn).
– *Nice :* 4, rue du Maréchal-Joffre (angle rue de Longchamp), 06000. ☎ 0892-232-732 (0,34 €/mn).
– *Rennes :* 31, rue de la Parcheminerie, 35102. ☎ 0892-230-530 (0,34 €/mn).
– *Rouen :* 17-19, rue de la Vicomté, 76000. ☎ 0892-237-837 (0,34 €/mn).
– *Toulouse :* 26, rue des Marchands, 31000. ☎ 0892-232-632 (0,34 €/mn). Ⓜ Esquirol.
Sur les conseils d'un spécialiste de chaque pays, chacun peut construire un voyage à sa mesure...
Pour partir à la découverte de plus de 120 pays, 120 conseillers-voyageurs, de près de 30 nationalités et grands spécialistes des destinations, donnent des conseils, étape par étape et à travers une collection de 27 brochures, pour élaborer son propre voyage en individuel.
Voyageurs du Monde propose également une large gamme de circuits accompagnés (Famille, Aventure, Routard...). Voyageurs du Monde a développé une politique de « vente directe » à ses clients, sans intermédiaire.
Dans chacune des *Cités des Voyageurs,* tout rappelle le voyage : librairies spécialisées, boutiques d'accessoires de voyage, expositions-ventes d'artisanat ou encore cocktails-conférences. Toute l'actualité de VDM à consulter sur leur site internet.

En Belgique

▲ **CONTINENTS INSOLITES**
– *Bruxelles :* rue César-Franck, 44 A, 1050. ☎ 02-218-24-84. ● info@insolites.be ● continentsinsolites.com ● Lun-ven 10h-18h, sam 10h-13h.
Continents Insolites, organisateur de voyages lointains sans intermédiaire, propose une gamme étendue de formules de voyages détaillée dans leur brochure gratuite sur demande.
– *Voyages découverte taillés sur mesure :* à partir de 2 personnes. Un grand choix d'hébergements soigneusement sélectionnés : du petit hôtel simple à l'établissement luxueux et de charme.
– *Circuits découverte en minigroupes :* de la grande expédition au circuit accessible à tous. Des circuits à dates fixes dans plus de 60 pays en petits groupes francophones de 7 à 12 personnes. Avant chaque départ, une réunion est organisée. Voyages encadrés par des guides francophones, spécialistes des régions visitées.
De plus, Continents Insolites propose un cycle de diaporamas-conférences à Bruxelles. Ces conférences se déroulent à l'Espace Senghor, pl. Jourdan, 1040 Etterbeek (dates dans leur brochure).

▲ **NOUVELLES FRONTIÈRES**
– *Bruxelles* (siège) : bd Lemonnier, 2, 1000. ☎ 02-547-44-22. Fax : 02-547-44-99. ● mailbe@nouvelles-frontieres.be ● nouvelles-frontieres.be ●

– Également d'autres agences à *Bruxelles, Charleroi, Liège, Mons, Namur, Waterloo, Wavre* et au *Luxembourg*.

Plus de 30 ans d'existence, 250 destinations, une chaîne d'hotels-clubs *Paladien* : pas étonnant que Nouvelles Frontières soit devenu une référence incontournable, notamment en matière de tarifs. Le fait de réduire au minimum les intermédiaires permet d'offrir des prix « super-serrés ».

En Suisse

▲ NOUVELLES FRONTIÈRES

– *Genève : 10, rue Chantepoulet, 1201.* ☎ *022-906-80-80.*
– *Lausanne : 19, bd de Grancy, 1006.* ☎ *021-616-88-91.*
Voir texte dans la partie « En France ».

▲ STA TRAVEL

● *statravel.ch* ●
– *Bienne : General Dufourstrasse 4, 2502.* ☎ *058-450-47-50.*
– *Fribourg : 24, rue de Lausanne, 1701.* ☎ *058-450-49-80.*
– *Genève : 3, rue Vignier, 1205.* ☎ *058-450-48-30.*
– *Lausanne : 26, rue de Bourg, 1003.* ☎ *058-450-48-70.*
– *Lausanne : à l'université, bâtiment BFSH2, 1015.* ☎ *058-450-49-20.*
– *Montreux : 25, av. des Alpes, 1820.* ☎ *058-450-49-30.*
– *Neuchâtel : Grand rue, 2, 2000.* ☎ *058-450-49-70.*
– *Nyon : 17, rue de la Gare, 1260.* ☎ *058-450-49-00.*

Agences spécialisées notamment dans les voyages pour jeunes et étudiants. Gros avantage en cas de problème : 150 bureaux STA et plus de 700 agents du même groupe répartis dans le monde entier sont là pour donner un coup de main *(Travel Help)*.

STA propose des voyages très avantageux : vols secs *(Skybreaker),* billets Euro Train, hôtels, écoles de langues, voitures de location, etc. Délivre la carte internationale d'étudiant ISIC et la carte Jeune Go 25.

STA est membre du fonds de garantie de la branche suisse du voyage ; les montants versés par les clients pour les voyages forfaitaires sont assurés.

Au Québec

▲ RÊVATOURS

● *revatours.com* ●
Ce voyagiste, membre du groupe Transat A.T. Inc., propose quelque 25 destinations à la carte ou en circuits organisés. De l'Inde à la Thaïlande en passant par le Vietnam, la Chine, Bali, l'Europe centrale, la Russie, des croisières sur les plus beaux fleuves d'Europe, la Grèce, la Turquie, l'Italie, la Croatie, le Maroc, l'Espagne, le Portugal, la Tunisie ou l'Égypte et l'Amérique du Sud, le client peut soumettre son itinéraire à Rêvatours, qui se charge de lui concocter son voyage. Parmi ses points forts : la Grèce avec un bon choix d'hôtels, de croisières et d'excursions, les *Fugues Musicales* en Europe, la Tunisie et l'Asie. Nouveau : deux programmes en Scandinavie, l'Italie en circuit, Israël pouvant être combiné avec l'Égypte et la Grèce, et la Dalmatie.

▲ SPORTVAC TOURS

– *Québec : 538, Notre-Dame, St-Lambert, J4P 2K7.* ☎ *1-450-465-4900. Fax : 1-450-466-3933.* ● *sportvac.com* ●
Spécialiste des séjours ski (Québec, Ouest canadien et américain, Alpes françaises) et golf (Québec, États-Unis, Mexique, République dominicaine, France, Portugal), Sportvac est l'un des chefs de file dans son domaine au Canada. Racheté début 2004, *Randonnées Plein Air* propose une sélection de voyages de groupes au Québec (Gaspésie notamment), dans les Rocheuses canadiennes, aux États-Unis (Grand Canyon), en Bretagne, en Corse, à Madère... Et l'hiver, des expéditions à ski de fond ou à raquettes.

▲ TOURS CHANTECLERC
● *tourschanteclerc.com* ●

Tours Chanteclerc est un tour-opérateur qui publie différentes brochures de voyages : Europe, Amérique du Nord, Amérique du Sud, Asie et Pacifique sud, Afrique et le bassin méditerranéen en circuits ou en séjours. Il se présente comme l'une des « références sur l'Europe » avec deux brochures : groupes (circuits guidés en français) et individuels. « Mosaïque Europe » s'adresse aux voyageurs indépendants qui réservent un billet d'avion, un hébergement (dans toute l'Europe) ou des excursions ou une location de voitures. Aussi spécialiste de Paris, le grossiste offre une vaste sélection d'hôtels et d'appartements dans la Ville Lumière.

▲ TOURSMAISON

Spécialiste des vacances sur mesure, ce voyagiste sélectionne plusieurs « Évasions soleil » (plus de 600 hôtels ou appartements dans quelque 45 destinations), offre l'Europe à la carte toute l'année (plus de 17 pays) et une vaste sélection de compagnies de croisières (11 compagnies au choix). Toursmaison concocte par ailleurs des forfaits escapades à la carte aux États-Unis et au Canada. Au choix : transport aérien, hébergement (variété d'hôtels de toutes catégories, appartements dans le sud de la France, maisons de location et condos en Floride), location de voitures pratiquement partout dans le monde. Des billets pour le train, les attractions, les excursions et les spectacles peuvent également être achetés avant le départ.

▲ VACANCES TOURS MONT ROYAL
● *toursmont-royal.com* ●

Le voyagiste propose une offre complète sur les destinations et les styles de voyages suivants : Europe, destinations soleils d'hiver et d'été, forfaits tout compris, circuits accompagnés ou en liberté. Au programme Europe, tout ce qu'il faut pour les voyageurs indépendants : locations de voitures, cartes de train, bonne sélection d'hôtels, excursions à la carte, forfaits à Paris, etc. À signaler : l'option achat/rachat de voiture (17 jours minimum, avec prise en France et remise en France ou ailleurs en Europe). Également : vols entre Montréal et les villes de province françaises avec Air Transat ; les vols à destination de Paris sont assurés par la compagnie *Corsairfly* au départ de Montréal et de Moncton (Nouveau Brunswick).

QUITTER LE PORTUGAL

PAR LA ROUTE

➣ **De Porto :** autoroute A 4-IP 4 jusqu'à Amarante et route nationale jusqu'à Vila Real, à travers les beaux paysages de la vallée du Douro. De Vila Real, l'autoroute A 24-IP 3 rejoint la frontière espagnole non loin de Chaves. De Porto jusqu'ici : 200 km, environ 2h. Puis un court tronçon de nationale débouche sur l'autoroute Vigo-Madrid, qui traverse le León et la Castille. Ce qui permet de gagner soit Madrid, soit la France, en passant par Palencia, Burgos et le Pays basque.

➣ **De Lisbonne :** plusieurs options pour rejoindre l'Espagne depuis la capitale portugaise. Si l'on est pressé, emprunter l'autoroute A 6-IP 7, qui va jusqu'à la frontière du Portugal et de l'Espagne ; compter environ 2h de route (210 km) entre Lisbonne et Elvas. Passé la frontière, on arrive à Badajoz, en Estremadura (Estrémadure), d'où l'autoroute espagnole A 66-E 803 conduit à Madrid en 4h30 ou 5h environ (410 km). Une deuxième option, plus lente, plus romantique, consiste à sortir de cette même autoroute au niveau d'Estremoz et de prendre la route IP 2-E 802 de Portalegre. On quitte le Portugal en beauté, en traversant les très beaux villages portugais de Castelo de Vide et de Marvão. Après la frontière espagnole, la route rejoint les villes de Cáceres et de Trujillo en Estrémadure, qu'il ne faut pas manquer, car on est dans le berceau des conquistadores.

➣ **De l'Algarve (sud) :** des stations balnéaires de Lagos, Portimão, Faro et Tavira, une seule et même autoroute (A 22-IP-1) directe permet de sortir du Portugal et de rejoindre Séville (Andalousie) en une heure environ de voiture, depuis la frontière Portugal-Espagne.

EN BUS

Consulter le site ● transpor.pt ● pour toutes les liaisons entre les villes du Portugal.

➣ **De Lagos (Algarve) :** bus réguliers avec *Intersul* ou la *Cie Eva* (● eva-bus.net ●) pour Séville (Espagne). Durée : 5h30, avec nombreux arrêts en route et changement à Huelva.

➣ **De Lisbonne :** avec la *Cie Eva*, au départ de la gare routière Terminal Sete Rios, au nord de la ville. Plusieurs compagnies assurent des liaisons intérieures (voir les chapitres concernés) et des liaisons internationales (voir « Comment y aller ? » ci-dessus).

EN TRAIN

■ **Informations :** ☎ 808-208-208. ● cp.pt ●

🚂 **Gare ferroviaire de Lisbonne :** départ de l'estação Santa Apolónia ou de l'estação do Oriente (Parc des Nations).

➣ **Pour Madrid :** trains-couchettes *(comboio-hotel)*. Départ de Lisbonne le soir vers 22h, arrivée le lendemain matin à Madrid (gare de Chamartín) autour de 9h.

➤ **_Pour Paris :_** train de Lisbonne à Irún (frontière hispano-française), avec un départ/j. vers 16h et arrivée à Hendaye à 7h10 le lendemain. Puis TGV d'Hendaye à Paris-Montparnasse (durée : 5h45). Au total, pour rentrer de Lisbonne à Paris en train : compter un peu moins de 22h de voyage.

EN AVION

➤ Vols directs **_pour Paris_** au départ des aéroports de Lisbonne, Porto et Faro.

QUITTER LE PORTUGAL

PORTUGAL UTILE

ABC DU PORTUGAL

- **Population :** 10,5 millions d'habitants.
- **Superficie :** 91 906 km², soit grosso modo 1/5 de sa voisine, l'Espagne.
- **Capitale :** Lisbonne.
- **Langue :** le portugais. Le français est fréquemment utilisé par des personnes ayant vécu en France. Mais dans le Sud et notamment en Algarve, l'anglais et l'allemand prédominent.
- **Régime :** démocratie parlementaire.
- **Chef de l'État :** Anibal Cavaco Silva, élu en janvier 2006.
- **Premier ministre :** José Socrates (depuis février 2005).
- **Taux de chômage :** 7 % de la population active.
- **Le Portugal compte 18 districts,** équivalents des départements français : Viana do Castelo, Braga, Porto, Vila Real, Bragança, Aveiro, Viseu, Guarda, Coimbra, Leiria, Castelo Branco, Lisboa, Santarém, Portalegre, Setúbal, Évora, Beja et Faro.
- **Territoires autonomes :** Açores, à 1 200 km au large de Lisbonne, archipel volcanique de 9 îles et quelques îlots, capitale : Ponta Delgada sur l'île de São Miguel ; Madère, à 980 km vers le sud-ouest, au large de l'Afrique, capitale : Funchal.

AVANT LE DÉPART

Adresses utiles

En France

ICEP – Office national du tourisme portugais : 135, bd Haussmann, 75008 Paris. ☎ 01-56-88-31-90 Fax : 01-56-88-30-89. • *visitportugal.com* • Ⓜ Miromesnil ; sortie av. Percier. Lun-ven 9h30-17h30. Fort bien documenté, avec de jolies brochures par région très pratiques. Excellent site internet, avec des idées de visites par thèmes.

Consulat : 6/8, rue Georges-Berger, 75017 Paris. ☎ 01-56-33-81-00. Ⓜ Monceau. Lun-ven 9h-12h30, 13h30-15h30. Consulats également à Bordeaux, Clermont-Ferrand, Dax, Lille,

Lyon, Marseille, Nantes, Nogent-sur-Marne, Orléans, Perpignan, Rouen, Strasbourg, Toulouse, Tours et Versailles.

Ambassade du Portugal : 3, rue de Noisiel, 75116 Paris. ☎ 01-47-27-35-29. • *embaixada-portugal-fr.org* • Ⓜ Porte-Dauphine. Lun-ven 9h30-13h, 14h30-18h.

Fondation Calouste-Gulbenkian : 51, av. d'Iéna, 75116 Paris. ☎ 01-53-23-93-93. • *gulbenkian-paris.org* • Ⓜ Kléber. Lun-ven 9h-17h. La fondation d'un homme riche représentant de

son pays, amoureux de sa langue et de sa culture (voir le somptueux musée à Lisbonne). Manifestations culturelles, conférences, expos et bibliothèque.
■ *Instituto Camões :* 26, rue Raffet, 75016 Paris. ☎ 01-53-92-01-00. • insti tuto.camoes.paris@wanadoo.fr • Ⓜ Jasmin. Lun-ven 10h-13h, 14h-17h. Infos culturelles et cours de portugais.

■ *Librairie portugaise Michel-Chandeigne :* 10, rue Tournefort, 75005 Paris. ☎ 01-43-36-34-37. • librai rie-portugaise.com • Ⓜ Place-Monge. Lun-sam 11h-13h, 14h-19h. Une librairie tenue par un passionné du Portugal. Tous les classiques de la littérature portugaise, et également les dernières parutions.

En Belgique

🛈 *Office de tourisme :* 15, rue Blanche, 1er étage, Boîte 5, 1050 Bruxelles. ☎ 078-79-18-18. • info@visitportugal. com • Tlj sf sam-dim 9h-17h.

■ *Ambassade du Portugal :* av. de la Toison d'Or 55, Bruxelles 10. 1er étage. ☎ 02-533-07-00. • ambassade.portu gal@skynet.be • Tlj sf sam-dim.

En Suisse

🛈 *Office de tourisme :* Zeltweg,15, 8032 Zurich. ☎ 0800-10-12-12. • info@ visitportugal.com • Tlj sf sam-dim 9h-17h.
■ *Ambassade du Portugal :* 20, Welt-poststrasse, 3015 Berne. ☎ 031-35-28-

329. Pour les visas, lun-ven 9h-14h30.
■ *Consulat :* 220, route de Ferney, 1218 Le Grand-Saconnex, Genève. ☎ 022-791-06-25 ou 63 (pour les visas). Tlj sf sam-dim 8h30-13h30.

Au Canada

🛈 *Bureau du tourisme du Portugal :* 60 Bloor St West, suite 1005, 10e étage, Toronto M4W 3B8. ☎ (416) 921-7376. • info@visitportugal.com • Lun-ven 9h-17h.

■ *Ambassade du Portugal :* 645 Island Park Drive, Ottawa (Ontario) K1Y 0B8. ☎ (613) 729-0883. • embpor tugal@embportugal-ottawa.org •

Formalités

Pour les ressortissants de l'Union européenne et de Suisse, carte nationale d'identité ou passeport en cours de validité. Pour les ressortissants canadiens, un passeport valide est nécessaire. Pour les mineurs non accompagnés, autorisation de sortie du territoire. Permis de conduire rose ou permis international. Carte verte d'assurance. Pour tout véhicule prêté, carte grise, bien sûr, et autorisation écrite du propriétaire.

Avoir un passeport européen, ça peut être utile !

L'Union européenne a organisé une assistance consulaire mutuelle pour les ressortissants de l'UE en cas de problème en voyage.
Vous pouvez y faire appel lorsque la France (c'est rare) ou la Belgique (c'est plus fréquent) ne disposent pas d'une représentation dans le pays où vous vous trouvez. Concrètement, elle vous permet de demander assistance à l'ambassade ou au consulat (pas à un consulat honoraire) de n'importe quel état membre de l'UE. Leurs services vous indiqueront s'ils peuvent directement vous aider ou vous préciseront ce qu'il faut faire.
Leur assistance est bien entendu limitée aux situations d'urgence : décès, accidents ayant entraîné des blessures ou des lésions, maladie grave, rapatrie-

ment pour raison médicale, arrestation ou détention. **En cas de perte ou de vol de votre passeport,** ils pourront également vous procurer un **document provisoire** de voyage.

Cette entraide consulaire entre les 27 états membres de l'UE ne peut, bien entendu, vous garantir un accueil dans votre langue. En général, une langue européenne courante sera pratiquée.

Assurances voyage

■ *Routard Assistance, c/o AVI International :* 28, rue de Mogador, 75009 Paris. ☎ 01-44-63-51-00. Fax : 01-42-80-41-57. Depuis 1995, Routard Assistance en collaboration avec AVI International, spécialiste de l'assurance voyage, propose aux routards un tarif à la semaine qui inclut une assurance bagages de 1 000 € et appareils photos de 300 €. Pour les séjours longs (2 mois à 1 an), il existe le Plan Marco Polo. Routard Assistance est aussi disponible en version « light » (durée adaptée aux week-ends et courts séjours en Europe). Dans les dernières pages de chaque guide vous trouverez un bulletin d'inscription.

■ *Air Monde Assistance :* 5, rue Bourdaloue, 75009 Paris. ☎ 01-42-85-26-61. Fax : 01-48-74-85-18. Assurance et assistance voyage dans le monde entier. Frais médicaux, chirurgicaux, rapatriement, etc. Air Monde utilise l'assureur Mondial Assistance. Malheureusement, application de franchises.

■ *AVA :* 25, rue de Maubeuge, 75009 Paris. ☎ 01-53-20-44-20. Fax : 01-42-85-33-69. Un autre courtier fiable pour ceux qui souhaitent s'assurer en cas de décès-invalidité accident lors d'un voyage à l'étranger. Attention, franchises pour leurs contrats d'assurance voyage.

■ *Pérès Photo Assurance (PPA) :* 18, rue des Plantes, 78600 Maisons-Lafitte. ☎ 01-39-62-28-63. Fax : 01-39-62-26-38. Assurance de matériel photo tous risques, basée sur la valeur du matériel, pris en compte dans le devis proposé. Avantage : garantie à l'année. Inconvénient : franchise et prime d'assurance peuvent être supérieurs à la valeur de votre matériel.

Carte internationale d'étudiant (carte ISIC)

Elle prouve le statut d'étudiant dans le monde entier et permet de bénéficier de tous les avantages, services, réductions étudiants du monde, soit plus de 37 000 avantages, dont plus de 8 000 en France, concernant les transports, les hébergements, la culture, les loisirs... C'est la clé de la mobilité étudiante !

La carte ISIC donne aussi accès à des avantages exclusifs sur le voyage (billets d'avion spéciaux, assurances de voyage, carte de téléphone internationale, cartes SIM, location de voitures, navette aéroport...).

Pour plus d'informations sur la carte ISIC et pour la commander en ligne, rendez-vous sur les sites internet propres à chaque pays.

Pour l'obtenir en France

Se présenter dans l'une des agences des organismes mentionnés ci-dessous avec :

– une preuve du statut d'étudiant (carte d'étudiant, certificat de scolarité...) ;
– une photo d'identité ;
– 12 €, ou 13 € par correspondance incluant les frais d'envoi des documents d'information sur la carte.

Émission immédiate.

Pour localiser un point de vente proche de vous, ☎ 01-49-96-96-49. ● isic.fr ●

■ *Voyages Wasteels :* ☎ *01-55-82-32-30.* • *wasteels.fr* • Pour être mis en relation avec l'agence la plus proche de chez vous. Propose également une commande en ligne de la carte ISIC.

En Belgique

Elle coûte 9 € et s'obtient sur présentation de la carte d'identité, de la carte d'étudiant et d'une photo auprès de :

■ *Connections : rens au* ☎ *02-550-01-00.* • *isic.be* •

En Suisse

Dans toutes les agences STA Travel *(*☎ *058-450-40-00),* sur présentation de la carte d'étudiant, d'une photo et de 20 Fs.
Commande en ligne de la carte : • *isic.ch* • *statravel.ch* •

■ *STA TRAVEL :* 3, rue Vignier, 1205 Genève. ☎ 058-450-48-30.

■ *STA TRAVEL :* 20, bd de Grancy, 1015 Lausanne. ☎ 058-450-48-50.

Carte FUAJ internationale des auberges de jeunesse

Cette carte, valable dans plus de 80 pays, vous ouvre les portes des 4 000 auberges de jeunesse du réseau Hostelling International réparties dans le monde entier. Les périodes d'ouverture varient selon les pays et les AJ. À noter, la carte est souvent obligatoire pour séjourner en auberge de jeunesse, donc nous vous conseillons de vous la procurer avant votre départ. En effet, adhérer en France vous reviendra moins cher qu'à l'étranger.

Pour tout renseignement et réservation en France

Sur place

■ *Fédération unie des auberges de jeunesse (FUAJ) :* 27, rue Pajol, 75018 Paris. ☎ 01-44-89-87-27. • *fuaj.org* • Ⓜ *Marx-Dormoy ou La Chapelle. Mar-ven 10h-18h, sam 10h-17h. Montant de l'adhésion : 10,70 € pour la carte moins de 26 ans et 15,30 € pour les plus de 26 ans (tarifs 2007).* Munissez-vous de votre pièce d'identité lors de l'inscription. Une autorisation des parents est nécessaire pour les moins de 18 ans (une photocopie de la carte d'identité du parent qui autorise le mineur est obligatoire).
– Adhésion possible également dans toutes les auberges de jeunesse, points d'information et de réservation FUAJ en France.

Par correspondance

Envoyez une photocopie recto verso d'une pièce d'identité et un chèque à l'ordre de « FUAJ » correspondant au montant de l'adhésion. Ajoutez 1,20 € pour les frais d'envoi. Vous recevrez votre carte sous quinze jours.

– La FUAJ propose également une *carte d'adhésion « Famille »,* valable pour 1 ou 2 adultes ayant un ou plusieurs enfants âgés de moins de 14 ans. Fournir une copie du livret de famille. Elle coûte 22,90 €. Une seule carte famille est délivrée pour toute la famille, mais les parents peuvent s'en servir lorsqu'ils voyagent seuls.
– La carte donne également droit à des réductions sur les transports, les musées et les attractions touristiques de plus de 80 pays. Ces avantages varient d'un

pays à l'autre, ce qui n'empêche pas de la présenter à chaque occasion. Liste de ces réductions disponible sur ● hihostels.com ● et les réductions en France sur ● fuaj.org ●

En Belgique

Son prix varie selon l'âge : entre 3 et 15 ans, 3 € ; entre 16 et 25 ans, 9 € ; après 25 ans, 15 €.

Renseignements et inscriptions

■ **À Bruxelles :** LAJ, rue de la Sablonnière, 28, 1000. ☎ 02-219-56-76. ● info@laj.be ● laj.be ●
■ **À Anvers :** Vlaamse Jeugdherberg-

centrale (VJH), Van Stralenstraat 40, B 2060 Antwerpen. ☎ 03-232-72-18. ● info@vjh.be ● vjh.be ●

– Votre carte de membre vous permet d'obtenir de 5 à 9 € de réduction sur votre première nuit dans les réseaux LAJ, VJH et CAJL (Luxembourg), ainsi que des réductions auprès de nombreux partenaires en Belgique.

En Suisse (SJH)

Le prix de la carte dépend de l'âge : 22 Fs pour les moins de 18 ans, 33 Fs pour les adultes et 44 Fs pour une famille avec des enfants de moins de 18 ans.

Renseignements et inscriptions

■ **Schweizer Jugendherbergen (SJH) :** service des membres, Schaffhauserstr. 14, 8042 Zurich. ☎ 01-360-

14-14. ● bookingoffice@youthhostel. ch ● youthhostel.ch ●

Au Canada et au Québec

Elle coûte 35 $Ca pour une durée de 16 à 26 mois (tarif 2008) et 175 $Ca à vie. Gratuit pour les enfants de moins de 18 ans qui accompagnent leurs parents. Pour les juniors voyageant seuls, la carte est gratuite, mais la nuitée est payante (moindre coût). Ajouter systématiquement les taxes.

■ **Auberges de Jeunesse du Saint-Laurent/Saint-Laurent Youth Hostels :**
– À Montréal : 3514, av. Lacombe, Montréal (Québec) H3T-1M1. ☎ (514) 731-10-15. Nº Gratuit (au Canada) : ☎ 1-866-754-10-15.
– À Québec : 94, bd René-Lévesque

Ouest, Québec (Québec) G1R 2A4. ☎ (418) 522-2552.
■ **Canadian Hostelling Association :** 205, Catherine St bureau 400, Ottawa, Ontario, Canada K2P 1C3. ☎ (613) 237-78-84. Fax : (613) 237-78-68. ● info@hi hostels.ca ● hihostels.ca ●

Carte européenne d'assurance maladie

Pour un séjour temporaire au Portugal, pensez à vous procurer la carte européenne d'assurance maladie. Il vous suffit d'appeler votre centre de Sécurité sociale (ou se connecter au site internet de votre centre, encore plus rapide !) qui vous l'enverra sous une quinzaine de jours. Cette carte fonctionne avec tous les pays membres de l'Union européenne (y compris les 12 petits derniers), ainsi qu'en Islande, au Lichtenstein, en Norvège et en Suisse. C'est une carte plastifiée bleue du même format que la carte vitale. Elle est valable un an, gratuite, et personnelle (chaque membre de la famille doit avoir la sienne, y compris les enfants). Attention, la carte n'est pas valable pour les soins délivrés dans les établissements privés.

ARGENT, BANQUES, CHANGE

La monnaie du Portugal est l'*euro.* Taux de change : 1 € = 1,57 Fs = 1,40 $Ca.

Les banques

Elles sont ouvertes du lundi au vendredi 8h30-15h (certaines banques privées sont même ouvertes jusqu'à 18h). À noter que pour changer les chèques de voyage, pas d'autre moyen que de se délester d'une commission assez élevée (de l'ordre de 4,5 %), y compris à la poste. Ils sont par ailleurs difficilement acceptés par les hôteliers.

Les cartes de paiement

La plupart des banques possèdent des distributeurs automatiques *Multibanco,* et l'on peut aisément retirer de l'argent avec les cartes *Visa* et *MasterCard* dans un grand nombre de villes, même petites et moyennes. Les explications sont souvent proposées en français. Pas de commission sur les retraits, puisque nous sommes dans la zone euro. *Attention,* le montant maximum des retraits est de 200 €/j.

Quelle que soit la carte, chaque banque gère elle-même le processus d'opposition, et le numéro de téléphone correspondant ! Avant de partir, notez donc bien le numéro d'opposition propre à votre banque en France (il figure souvent au dos des tickets de retrait, sur votre contrat ou à côté des distributeurs de billets), ainsi que le numéro à seize chiffres de votre carte. Bien entendu, conserver ces informations en lieu sûr, et séparément de votre carte. Par ailleurs, l'assistance médicale se limite aux 90 premiers jours du voyage.

– *Carte MasterCard :* assistance médicale incluse ; numéro d'urgence : ☎ (00-33) 1-45-16-65-65. En cas de perte ou de vol, composer le numéro communiqué par votre banque. • *mastercardfrance.com* •

– Pour la **carte American Express,** téléphoner en cas de pépin au : ☎ (00-33) 1-47-77-72-00. Numéro accessible tlj 24h/24, PCV accepté en cas de perte ou de vol. • *americanexpress.fr* •

– *Carte Bleue Visa :* assistance médicale incluse ; numéro d'urgence (Europ Assistance) : ☎ (00-33) 1-45-85-88-81. Pour faire opposition, contacter le numéro communiqué par votre banque. • *carte-bleue.fr* •

– Pour toutes les cartes émises par la **Banque Postale,** composer le ☎ 0825-809-803 (0,15 €/mn) et pour les DOM ou depuis l'étranger : ☎ (00-33) 5-55-42-51-96.

– Également un numéro d'appel valable quelle que soit votre carte de paiement : ☎ 0892-705-705 (serveur vocal à 0,34 €/mn). Ne fonctionne ni en PCV, ni depuis l'étranger.

En cas d'urgence – dépannage

En cas de besoin urgent d'argent liquide (perte ou vol de billets, chèques de voyage, carte de paiement), vous pouvez être dépanné en quelques minutes grâce au système *Western Union Money Transfer.* Pour cela, demandez à quelqu'un de vous déposer de l'argent en euros dans l'un des bureaux *Western Union* ; les correspondants en France de *Western Union* sont la *Banque Postale* (fermée le samedi après-midi, n'oubliez pas ! ☎ 0825-00-98-98) et *Travelex* en collaboration avec la *Société Financière de Paiement (SFDP),* ☎ 0825-825-842. Au Portugal : ☎ 800-20-68-68 8h30-20h. L'argent vous est transféré en moins d'un quart d'heure. La commission, assez élevée, est payée par l'expéditeur. Possibilité d'effectuer un transfert en ligne 24h/24 par carte de paiement (*Visa* ou *MasterCard* émise en France). • *westernunion.com* •

ACHATS

Les magasins ferment le week-end à partir du samedi 13h, à l'exception de certaines chaînes de supermarchés, comme *Pingo Doce,* qui sont ouverts tous les jours jusqu'à 22h, et *Minipreço*, du lundi au samedi 9h-20h. À noter encore que les *Intermarché, Continente, Leclerc, Corte Inglés, Lidl, Jumbo, Modelo, Alisuper* et autres supermarchés restent ouverts le dimanche pendant la saison touristique. Quant aux boutiques en ville, elles ouvrent généralement du lundi au vendredi 9h-19h avec une pause pour le déjeuner et le samedi 9h-13h.

L'artisanat du Portugal est très riche, avec en vedette les éternels *azulejos,* fameux carreaux de céramique assemblés en fresque murale. Toujours très populaires, y compris pour habiller les murs des constructions neuves, on peut en commander auprès d'artisans, en fournissant le modèle, mais attention à la facture : ce serait bête de rester sur le carreau dès le début du voyage ! Et gare aux délais d'attente ; néanmoins certains ateliers expédient à l'étranger.

Vous craquerez peut-être pour du linge de maison en dentelle (confectionné au crochet ou au fuseau), l'une des autres spécialités nationales, ou encore pour *les céramiques, la vannerie, le cuir,* etc. Il y en a pour tous les goûts aux quatre coins du pays.

Au rayon papilles, quelques spécialités de *charcuterie,* de *fromages* locaux et les boissons alcoolisées bien sûr. Impossible de revenir sans une bouteille de *porto* pour la voisine qui a nourri le chat, mais vous pourrez aussi faire bien plus original en vous approvisionnant en *moscatel, amendoa amarga* (liqueur à l'amande), *ginginha* (apéro à base de griottes), *aguardente* (eau-de-vie), *absinthe* *(absinto)* même pour les plus fouineurs, sans oublier les très nombreux et excellents vins du Portugal (lire la rubrique « Boissons » dans le chapitre « Hommes, culture et environnement »).

> ## ET LE FAMEUX COQ DE BARCELOS DANS TOUT ÇA ?
>
> *Il ne s'agit pas vraiment d'un symbole du pays, mais plutôt du succès commercial d'une légende : pour clouer le bec à ses juges, un homme condamné à tort à la guillotine avait prédit qu'un coq chanterait quand sa tête tomberait. Ce qui bien sûr se produisit. Vous trouverez des répliques du gallinacé noir, rouge et jaune absolument partout dans le pays, aux formats poupées russes, de la microfigurine à la taille réelle, à des prix très abordables.*

BUDGET

Attention, les prix fonctionnent selon la loi de l'offre et de la demande. Vous pourrez profiter de prix inférieurs à ceux que nous indiquons en basse saison et, inversement, il se peut que les hôteliers majorent encore leurs tarifs en cas de grande affluence. Raison pour laquelle nos prix sont souvent donnés en termes de fourchettes.

Hébergement (prix pour 2 personnes)

– *Très bon marché* (campings, AJ, certaines chambres chez l'habitant) *:* moins de 20 €.
– *Bon marché :* de 20 à 30 €.
– *Prix moyens :* de 30 à 50 €.
– *Plus chic :* de 50 à 70 €.
– *Beaucoup plus chic :* plus de 70 €.

Repas (prix par personne)

– *Très bon marché :* de 5 à 8 €.
– *Bon marché :* de 8 à 12 €.
– *Prix moyens :* de 12 à 20 €.
– *Plus chic :* de 20 à 35 €.
– *Beaucoup plus chic :* plus de 35 €.

Remarque : si les cartes de paiement et autres moyens modernes de paiement se sont démocratisés dans le pays, dans les établissements très modestes il faut toutefois payer en espèces.

CLIMAT

La présence de l'Atlantique apporte à la fois douceur et humidité au pays quasiment toute l'année. Toutefois, d'importants décalages se font sentir entre le Nord et le Sud et entre le littoral et l'intérieur, ce dernier étant aussi froid l'hiver qu'il est chaud l'été (environ 40 °C). Les frileux choisiront les plages du Sud, même en hiver. La température de l'eau est en moyenne de 15 °C sur la côte ouest (quasiment impossible de se baigner entre Porto et Lisbonne) et de 21 °C en Algarve. En ce qui nous concerne, nous préférons les couleurs de la nature au printemps et à l'automne.

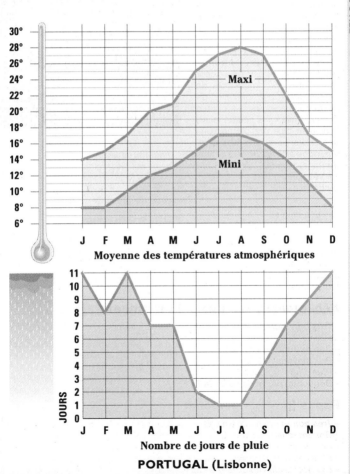

Moyenne des températures atmosphériques

Nombre de jours de pluie

PORTUGAL (Lisbonne)

PORTUGAL UTILE

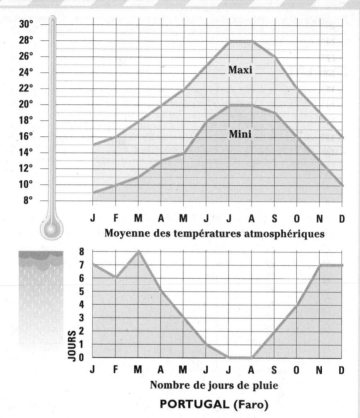

Moyenne des températures atmosphériques

Nombre de jours de pluie

PORTUGAL (Faro)

Dans le Sud, il n'est pas rare que des précipitations – raisonnables – sévissent en avril et mai. Pensez à emporter un imperméable et quelques petites laines. Attention : hôtels et appartements sont rarement équipés de chauffage pour l'hiver, et les Français habitués à un certain confort peuvent parfois souffrir du froid.

DANGERS ET ENQUIQUINEMENTS

– *Urgences :* ☎ 112.
– Signalons un petit enquiquinement qui peut grever un budget très rapidement : de nombreux lecteurs se voient présenter des notes et factures de restos farami-neuses, essentiellement à cause des *amuse-gueules* (pain, beurre, fromage, jam-bon) qu'on pose d'office sur votre table sans préciser qu'ils sont payants. Et hop ! C'est le coup de massue. Une seule solution : si vous n'en voulez pas, refusez-les dès le départ !
– S'il vous arrive malheur, on vous propose deux solutions : soit aller directement au bureau de police *(Guarda Nacional Republicana – GNR)* et déclarer le vol ou la perte de papiers, en payant sur place un timbre fiscal de 1 €, à la suite de quoi on vous délivre un certificat ; soit aller à l'office de tourisme le plus proche pour faire remplir un formulaire de vol en portugais. Ensuite, il vous faudra acheter le timbre fiscal *(selo fiscal)* de 1 € dans une librairie (il n'y en a pas dans les postes). Avec tout

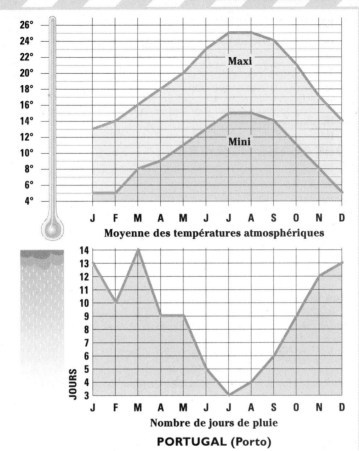

Moyenne des températures atmosphériques

Nombre de jours de pluie

PORTUGAL (Porto)

PORTUGAL UTILE

cela, vous pourrez aller voir le poste de gendarmerie *(GNR)* du district où l'incident a eu lieu. On vous y établira le document officiel qui servira pour l'assurance, entre autres. Dans le premier cas, vous en aurez pour une demi-heure, dans le second, à peu près une demi-journée.

– On observe un nouveau phénomène dans les villes : l'apparition de **gardiens de voiture** d'un genre particulier. Il s'agit d'une véritable arnaque qui consiste à vous soutirer quelques euros sous la menace d'abîmer votre voiture. Et plus la voiture est belle, plus on vous demandera d'argent. Ce sont, pour la plupart, des marginaux qui se financent ainsi. La police ferme les yeux, hélas !

– Enfin, pas mal de lecteurs nous demandent d'insister sur la **conduite dangereuse** au Portugal. Non-respect des panneaux routiers, doublement intempestif sans visibilité, certains ont même vu des conducteurs prendre un rond-point en sens inverse ! Attention aussi aux passages piétons, devant lesquels nombre d'automobilistes pilent assez facilement. Du coup, les piétons sont assez imprudents et traversent souvent de manière assurée ou sans regarder.

– L'addition ne reflète pas le repas ? La chambre de l'hôtel diffère de celle convenue lors de la réservation ? Et le personnel n'est pas disposé à vous satisfaire ?

Une seule solution : « *Quero fazer uma reclamação.* » Depuis janvier 2006, le livre de réclamations est obligatoire dans tous les établissements fournissant biens ou services au public ; en plus des cafés et restaurants, on peut désormais y avoir accès dans tout commerce, établissement touristique, lieu de spectacle ou parking gardé. En cas de problème lors de la prestation d'un service ou de l'achat d'un bien, n'hésitez pas à rédiger une réclamation en triple exemplaire comportant vos nom, adresse et numéro de pièce d'identité, ainsi que le motif de la plainte. Un des exemplaires vous sera remis. Et au cas où l'accès au *livro de reclamações* vous serait refusé, appelez la police... et profitez-en pour vous plaindre également de ce refus !

DÉCALAGE HORAIRE

Il y a une heure de décalage entre le Portugal et la France : quand il est midi à Paris, il est 11h à Lisbonne (10h en heure d'hiver).

ÉLECTRICITÉ

Le courant est du 220 V. Les prises sont de type continental, comme en France. Pour nos amis canadiens, un adaptateur sera nécessaire.

HÉBERGEMENT

Les hôtels

Ils sont classés en plusieurs catégories : la *pensão* (pension pouvant servir des repas), l'*albergaria* (petit hôtel), le *residencial* (hôtel sans restaurant), l'*estalagem* (sorte d'auberge chic) et la *pousada,* généralement très chic.

On n'est pas obligé, lorsqu'on prend une chambre, de dîner à l'hôtel. En revanche, dans les pensions qui font pension complète, le prix de la chambre peut être majoré si l'on ne prend pas le repas du soir (cela dit, beaucoup de pensions n'assurent pas les repas). Le prix de la chambre seule comprend souvent le petit déjeuner *(pequeno almoço),* mais pas toujours.

Attention : de juin à octobre et à Pâques, certains hôtels font grimper leurs prix de 30 à 50 % (!). Pendant cette période, il est prudent de réserver.

Les campings

Le Portugal dispose d'un bon réseau de campings. Les municipaux sont corrects et pas trop chers. En revanche, ceux appartenant à la chaîne *Orbitur* sont plus chers, mais en général ils sont bien organisés et propres. L'éternel problème reste le bruit, facteur commun à tous ces campings. Ceux de la chaîne *Orbitur* (● orbitur. pt ●) accordent des réductions aux détenteurs de la carte Jeune (10 %) ainsi qu'aux détenteurs de la carte *Orbitur* (15 €, valable 2 ans). À noter que presque trois quarts des campings portugais sont situés près des côtes et que, dès les beaux jours, en été ainsi que les week-ends, ils se remplissent vite. Arriver de préférence dès le vendredi.

Quoi qu'il en soit, se procurer le *Roteiro Campista, guia de parques de campismo,* mis à jour chaque année. Il indique les tarifs, les voies d'accès, les prestations fournies, etc. En vente en librairie sur place (6,20 €), dans la plupart des campings ou par correspondance (10 € par mandat postal international uniquement, à l'adresse Roteiro Campista, Apartado 3168, 1301-902 Lisboa, Portugal). Quelques infos également sur le site ● roteiro-campista.pt ●

Prévoir un adaptateur, souvent nécessaire dans les campings. Quant au ***camping sauvage,*** il est toléré mais le plus souvent déconseillé. Sachez enfin qu'il y a pas mal de vent sur la côte atlantique ; du coup, dur dur de planter la tente !

Les auberges de jeunesse

On les appelle les *pousadas* ou les *albergue da juventude* : avec ou sans la possibilité de prendre le petit déj selon l'appellation.

– La FUAJ propose deux guides répertoriant toutes les AJ : un pour la France, un pour le monde (ce dernier est payant).

– La FUAJ offre à ses adhérents la possibilité de réserver en ligne depuis la France, grâce à son système de réservation international ● hihostels.com ● 6 nuits maximum et jusqu'à 12 mois à l'avance, dans plus de 800 auberges de jeunesse situées en France et à l'étranger (le réseau Hostelling International couvre plus de 80 pays). Gros avantage, les AJ étant souvent complètes, votre lit (généralement en dortoir) est réservé à la date souhaitée. Et si vous prévoyez un séjour itinérant, vous pouvez désormais réserver plusieurs auberges en une fois.

L'intérêt, c'est que tout cela se passe avant le départ, en français, et en euros donc sans frais de change ! Vous versez simplement un acompte de 5 % et des frais de réservation de 2,25 € (non remboursables).

Vous recevrez en échange un reçu de réservation que vous présenterez à l'AJ une fois sur place. Ce service permet aussi d'annuler et d'être remboursé selon le délai d'annulation, qui varie d'une AJ à l'autre. Le système de réservation international accessible sur le site ● hihostels.com ● permet d'obtenir toutes informations utiles sur les auberges reliées au système, de vérifier les disponibilités, de réserver et de payer en ligne, de visiter virtuellement une auberge et bien d'autres astuces !

Les différents types d'habitation

La *quinta* (« ferme » en portugais), belle propriété de maître, est une sorte de manoir rural, comme dans le nord du pays avec ces maisons de propriétaires de vignobles de la vallée du Douro. Mais le terme s'est répandu un peu partout et on trouve l'appellation *quinta* aussi en Alentejo et en Algarve, terme sans doute plus « vendeur » sur le plan touristique quand une grosse maison se transforme en chambres chez l'habitant à la campagne... Un *solar* est un manoir. Le *paço* est un grand ou modeste palais urbain (hormis celui de Buçaco). Enfin, un *monte* est une grosse ferme toute blanche, qui a fait la fierté de plusieurs générations de propriétaires terriens, généralement perchée sur une colline (en Alentejo et à l'intérieur de l'Algarve). Loger dans un blanc *monte* transformé en hôtel fait partie des plaisirs qu'offre le Portugal.

Les chambres chez l'habitant

On en trouve quasiment partout. Soit des panneaux vous annoncent *alugam-se quartos,* soit les offices de tourisme régionaux vous en fournissent la liste. Relativement bon marché.

Plus chic, le *turismo de habitação*

Surtout développé dans la moitié nord du Portugal, à l'initiative de quelques propriétaires de *quintas* et de *solares*, très concentrés notamment dans le Minho.

Plus ou moins l'équivalent de nos chambres d'hôtes de charme et de prestige. Chic donc, mais moins cher que la *pousada*. De plus, la formule chambre d'hôtes permet d'obtenir des contacts avec les propriétaires, la plupart issus de vieilles familles portugaises, qui connaissent très bien l'histoire et les traditions de leur pays. Condition de réservation : séjour de 3 nuits minimum en haute saison.

■ **Turihab :** *praça da República, 4990 Ponte de Lima (voir cette ville plus loin).* | ☎ 258-74-16-72 ou 258-74-28-27. ● *turihab.pt* ●

Les *pousadas* et *estalagens*

La *pousada*, c'est l'équivalent portugais du *parador* espagnol : un établissement chic (géré par l'État), installé soit dans un monument historique (ancien monastère, château, etc.), soit dans une construction récente mais valorisée par son site exceptionnel. On ne peut y rester en général plus de 5 jours consécutifs. Possibilité de rêver sur ● pousadas.pt ● qui recense l'ensemble des *pousadas* du pays.
Les prix varient sensiblement selon la catégorie de l'établissement et la saison. Réserver le plus longtemps possible à l'avance auprès de votre tour-opérateur.

Dans le même genre, les *estalagens* (*estalagem* au singulier) sont des établissements de charme disséminés partout dans le pays dans des anciennes maisons de maître. Certains vont jusqu'à 5 étoiles. Infos sur ● estalagensdeportugal.com ●

■ *HMS* : 30, rue Médéric, 75017 Paris. ☎ 01-44-69-97-40. ● hms-voyages. | com ● Ⓜ *Miromesnil ou Villiers.*

INFOS EN FRANÇAIS SUR TV5

TV5MONDE est reçue dans le pays par câble, satellite et sur Internet. Retrouvez sur votre télévision : films, fictions, divertissements, documentaires – qui témoignent de la diversité de la production audiovisuelle en langue française – et informations internationales.
Le site ● tv5.org ● propose de nombreux services pratiques aux voyageurs (● tv5. org/voyageurs ●) et vous permet de partager vos souvenirs de voyage sur ● tv5. org/blogosphere ●
Pensez à demander dans votre hôtel sur quel canal vous pouvez recevoir TV5MONDE et n'hésitez pas à faire vos remarques sur le site ● tv5.org/contact ●

ITINÉRAIRES

Idées week-end

Lisbonne

➢ Vols directs depuis Paris et d'autres capitales régionales françaises.
Les inévitables : praça de Dom Pedro IV, praça do Comércio, quartier du Chiado pour l'architecture, le Bairro Alto pour les folles nuits lisboètes, l'Alfama et toute l'âme portugaise. Et le nord de la ville au musée Calouste Gulbenkian, le Parc des Nations pour son aquarium et le pont Vasco-da-Gama, sans oublier Belém et le monastère dos Jerónimos.
Extensions possibles sur *Cascais, Sintra* et *Estoril.*

Porto

➢ Idem, vols directs depuis Paris.
Les indispensables : la cathédrale *(Sé)*, l'église São Francisco, la gare de São Bento pour ses azulejos, le palais de la Bourse, la fondation Serralves pour les fans d'art contemporain, les quais de la Ribeira pour prendre un verre, la découverte du vieux Porto, l'observation des ponts et des ouvrages d'architecture tous différents, les caves de porto à Vila Nova de Gaia et les balades sur le Douro.

Aux origines du porto, au fil du Douro (nord)

Un chouette itinéraire ouest-est pour devenir incollable sur la fabrication du doux breuvage. De l'embouchure aux confins du Trás-os-Montes, *Porto (4 jours)* en premier lieu (voir ci-dessus), *Guimarães (2 jours)* pour son centre historique classé au Patrimoine mondial de l'Unesco – extensions possibles au nord, *Ponte de Lima (1 jour)* avec de belles demeures au calme *(quintas)* ou *Ponte da Barca (1 jour),* mieux, *Viana do Castelo* et vue sur la mer. Non loin, pour les marcheurs, le *parc national de Peneda-Gerês (2 à 3 jours).* Inévitable, *Braga (2 jours)* et l'étonnant sanctuaire de Bom Jesus. Plus au sud, beaux panoramas sur les cultures en remontant le fleuve : un vrai travail d'orfèvre ! Très vert. On visite les *quintas* fabricantes. Et *Pinhão,* terminus ! Sublime, au milieu des vertes vallées. À l'est où, vers l'Espagne, le paysage est aride, le *solar* de Mateus et son architecture baroque, *Chaves, Bragança (2 jours),* le *parc de Montesinho (2 à 3 jours)* pour faire des randos. Montagnes et terres nues, sensation de bout du monde...

L'Estremadura, entre histoire et religion (centre)

Les fans d'histoire et de monastères s'en donneront à cœur joie. Entre les fortifications *(Peniche, Óbidos, en 3 jours),* les sites romains *(Conimbriga, en 1 jour),* les monastères *(Alcobaça, Batalha, en 2 jours),* les couvents et synagogues *(Tomar, en 2 jours)* et les lieux de culte *(Fátima, Buçaco),* achevez la visite par l'une des plus grandes universités du monde, *Coimbra (3 jours).*

Lisbonne et sa péninsule (centre)

On reprend Lisbonne, ci-dessus, dans les idées week-end, en approfondissant un peu plus vers les quartiers de Madragoa et de Lapa. On ira flamber au casino d'*Estoril* un soir, faire trempette à *Cascais* (sans y dormir nécessairement). À *Sintra (2 jours),* arrêt obligatoire au Palácio nacional et à la quinta da Regaleira. Belles promenades dans les environs, vers *Pena* notamment ou *Mafra (1 jour chaque fois).*

L'Alentejo (centre – sud-est), remparts et citadelles

On suit une ligne nord-sud, et on s'infiltre dans les terres, en longeant la frontière avec l'Espagne et toutes ces belles citadelles. C'est aussi le Portugal nature, avec des paysages changeants, des vallées, des vignes (AOC Alentejo), des olives et du blé. Sans oublier les cigognes ! Trois pôles d'exploration : *Portalegre (2 jours),* sa manufacture, son couvent, et autour *Castelo de Vide (1 jour),* jolie cité médiévale avec son quartier juif. *Marvão (1 jour)* est-il le plus beau village de l'Alentejo ? Autre pôle : *Évora (3 jours),* classée au Patrimoine mondial de l'Unesco, avec son plan de rues en toile d'araignée, est une ville-musée. Cathédrale, galeries, musées, églises... *Evoramonte (1/2 journée)* est une ancienne forteresse, *Estremoz (1/2 journée)* aux magasins chaulés et *Vila Viçosa (1/2 journée)* avec le palais ducal. Puis *Elvas (2 jours)* et ses remparts. Enfin, dernier pôle vers le sud : *Beja (2 jours)* et sa plaine dorée, *Serpa (1 jour)* et son fromage, et l'Alentejo sauvage avec *Monsaraz (2 jours),* sa belle citadelle et ses bons vins.

Le sud : plages et golf

Farniente, sport de glisse, greens verts à souhait ! C'est l'Algarve. Vols directs depuis la France jusqu'à Faro, c'est bien pratique. *Faro, 3 jours* d'arrêt ! Plages et culture se mélangent bien. Vers l'est, *Olhão (2 jours)* avec les *îles de Fuzeta* et *Culatra,* les plages de *Tavira (2 jours)* et *Vila Real de Santo António (1 jour)* pour passer la frontière avec l'Espagne ! De Faro vers l'ouest, *Loulé (2 jours), Albufeira (3 jours* ou passer son chemin !), station balnéaire la plus touristique de l'Algarve. Plein de terrains de golf en route pour s'essayer aux putts. *Portimão (2 jours),* port « sardinier », et sa plage voisine sont une halte agréable. *Lagos (3 jours),* douceur de vivre, marché, plage, les vacances quoi ! *Sagres (1 jour),* pour sa forteresse d'où partit Henri le Navigateur. Mythique ! Enfin, *Odeceixe (1 jour),* un coin encore sauvage, entre mer et montagne. Possibilité de partir à l'intérieur des terres, vers *Monchique (2 jours).*

LANGUE

Pour vous aider à communiquer, n'oubliez pas notre *Guide de conversation du routard portugais* (éd. Hachette-Larousse).

Quelques mots et formules qui vous seront utiles

Politesse

oui, non	*sim, não*
s'il vous plaît	*por favor / faz favor*
merci (par un homme)	*obrigado*
merci (par une femme)	*obrigada*
bonjour (le matin)	*bom dia*
bonjour (l'après-midi)	*boa tarde*
bonsoir, bonne nuit	*boa noite*

Expressions courantes

je m'appelle	*meu nome é / chamo me*
je ne comprends pas	*não entendo / não compreendo*

Vie pratique

où se trouve... ?	*onde está... ?*
appelez un médecin	*chame um médico*
je suis malade	*estou doente*

Transports

gare	*estação*
train	*comboio*
car	*camioneta*
autobus	*autocarro*
tramway	*eléctrico*
à gauche	*a esquerda*
à droite	*a direita*
tout droit	*a direito*

Argent

combien coûte... ?	*quanto custa... ?*
puis-je payer avec la carte Visa ?	*posso pagar com cartão Visa ?*
quel est le prix... ?	*qual è o preço... ? / quanto è ?*

À l'hôtel et au restaurant

nous voudrions une chambre	*queriamos um quarto*
puis-je voir la chambre ?	*posso ver o quarto ?*
j'ai réservé...	*tenho reservado...*
toilettes, salle de bains	*casa de banho*
une douche	*um duche*
lavabo	*lavatório*
petit déjeuner	*pequeno almoço*
le déjeuner	*o almoço*
le dîner	*o jantar*
menu	*carta, ementa*
l'addition	*a conta*

Nombres

1	*um*
2	*dois*
3	*três*
4	*quatro*
5	*cinco*
6	*seis*
7	*sete*
8	*oito*
9	*nove*
10	*dez*

POSTE

Poste se dit *correios*. Il existe 2 types de boîtes aux lettres, les rouges (ordinaires) et les bleues (express). Ces dernières sont pour les courriers rapides. Mais pas d'inquiétude, tout arrivera si vous postez vos cartes postales dans les boîtes aux lettres rouges. Pour un courrier vers l'Europe, compter 0,61 € en courrier ordinaire. Timbre se dit *selo*.

POURBOIRE

Il n'est pas obligatoire, mais il est bienvenu.

SANTÉ

– ***Urgences :*** ☎ 112.
– Les médecins généralistes et spécialistes n'appartiennent pas à la Sécurité sociale « portugaise » *(a caixa),* et une consultation coûte entre 25 et 35 € ! Pour être remboursé, il faut se faire soigner à l'hôpital... généralement bondé, et parfois attendre son tour une journée entière (voire plus !) pour avoir une chance d'être reçu, perdant ainsi un temps fou. Alors on vous souhaite d'être en bonne santé. Le plus simple, c'est de se diriger vers les centres SAP (symbolisés par une croix rouge), quand il y en a !

Antimoustiques

Pour les antimoustiques, assurez-vous que les produits achetés contiennent bien, selon les recommandations du ministère français de la Santé, pour les adultes le principe actif DEET 50 et pour les enfants le principe 35/35 12,5 %. Pour les vêtements, possibilité de s'imprégner de perméthrine, permettant une protection de 6 mois. Disponibles en pharmacie, parapharmacie et en vente Web sécurisée sur ● astrium.com ●

SITES INTERNET

Pratique

● *routard.com* ● Tout pour préparer votre périple. Des fiches pratiques sur plus de 180 destinations, de nombreuses informations et des services : photos, cartes, météo, dossiers, agenda, itinéraires, billets d'avion, réservation d'hôtels, location de voitures, visas... Et aussi un espace communautaire pour échanger ses bons plans, partager ses photos ou trouver son compagnon de voyage. Sans oublier *routard mag,* ses reportages, ses carnets de route et ses infos pour bien voyager. La boîte à outils indispensable du routard.
● *portugalmania.com* ● Une autre bible sur la destination ! Très riche et en français. Des infos sur la vie quotidienne, les traditions, des dossiers spéciaux sur des thèmes d'actualité portugaise et revue de blogs. Toute la presse aussi, l'histoire de Pedro et Inès ou encore du coq de Barcelos. Un vrai coup de cœur !
● *visitportugal.com* ● En français. Le site officiel du tourisme portugais, très bien conçu et d'une extraordinaire richesse avec des rubriques logement, activités culturelles, sportives, balnéaires, itinéraires avec les lieux à visiter, détours conseillés, numéros utiles, infos pratiques, spécialités locales...
● *portugalvivo.com* ● En français. Site internet pour vivre sa passion lusitanienne au quotidien. Interviews des principaux acteurs de la culture portugaise en France, bons plans, astuces et forums sympas sur le pays.

- **portugal.org** ● En anglais. Site plein d'infos touristiques, ainsi que d'ordre général et humoristiques. On apprend ainsi que George Washington avait un penchant pour le porto.
- **embaixada-portugal-fr.org** ● Toutes les infos institutionnelles sur le pays fournies par l'ambassade du Portugal en France.
- **paginasamarelas.pt** ● Les pages jaunes, en portugais. Toutes les adresses utiles.
- **maisturismo.pt** ● Besoin d'un hôtel avec des critères précis (une piscine, une kitchenette, une garderie, etc.) ? Ce site répond à vos exigences.
- **pousadas.pt** ● Des demeures de charme dans des sites historiques, de belles propriétés, hélas aucune dans le centre de Lisbonne, mais uniquement dans les environs.
- **estalagensdeportugal.com** ● Un peu l'équivalent des *pousadas.* Idem, en périphérie de la capitale portugaise.

Sur les Açores

- **drtacores.pt** ● En français. Un site très complet (adresses, tuyaux, etc.) sur ces îles portugaises au large des côtes de l'Atlantique.

Sur Madère

- **http://turismo.madinfo.pt** ● L'autre île portugaise, avec infos tourisme et news en v.o. Très bien fait.

Sur le cheval lusitanien

- **lusitanien.net** ● En français. Un des symboles de la culture équestre mondiale. Et la fierté du Portugal. Tout un site dédié au plus ancien cheval de selle, avec son histoire. Où en trouver ? Où les monter ? En France et au Portugal.

TÉLÉPHONE – TÉLÉCOM

– **France** ➡ **Portugal :** 00 + 351 + n° du correspondant. Que l'on téléphone de France ou à l'intérieur du pays, le numéro est le même.
– **Portugal** ➡ **France :** 00 + 33 (indicatif de la France) + n° du correspondant sans le 0. Pour la Suisse, 00 + 41 et pour la Belgique, 00 + 32 et tout pareil ensuite !
– **Pour appeler en PCV** (demander « Pagar no destino ») **:** ☎ 171 en Europe ; ou ☎ 800-800-330, numéro gratuit depuis une cabine, qui donne accès à un opérateur en France.
Les numéros de téléphone en 707 et 808 coûtent le prix d'un appel local. Les numéros en 800 sont gratuits.

Portables

Les principaux réseaux de téléphone portable sont *Vodafone, Optimus* et *TMN.* Un numéro de téléphone portable compte 9 chiffres. N'oubliez pas d'activer l'option Monde avant votre départ en voyage et de recharger suffisamment votre compte (pour les appareils à cartes).

Cartes téléphoniques

On peut acheter dans n'importe quelle poste des cartes téléphoniques *Portugal Telecom* d'une valeur de 3, 5 ou 10 € et les utiliser quasiment partout dans le pays. On trouve aussi dans tous les kiosques à journaux les cartes à code qui permettent d'appeler l'étranger pour un moindre coût.

Internet

Le développement d'Internet au Portugal est très rapide. Pas mal de cybercafés un peu partout, mais aussi possibilité de surfer dans les *mairies,* les *offices de tourisme* et les *bibliothèques* (en haut débit et souvent gratuit !). Si vous êtes équipés pour le wi-fi, sachez que de plus en plus de villes, notamment en Algarve, proposent ce service gratuitement sur une zone délimitée (indiquée) de leur territoire. À la *poste* également, possibilité de se procurer une carte internet, utilisable dans tous les bureaux du pays.

Fax

Pas de problème depuis la poste *(correios),* qui assure dans chaque bureau ce service.

TRANSPORTS INTÉRIEURS

Routes

Depuis plusieurs années, le Portugal – aidé par les fonds de Bruxelles – s'est lancé dans une vaste entreprise de rénovation de son réseau routier. Les routes, ponts, rocades et autoroutes poussent comme des champignons à chaque tournant.

En attendant plus d'homogénéité dans la nomenclature et dans la signalisation, voici quelques repères routiers :

Taux d'alcoolémie : 0,5 g/l.

– Ceintures de sécurité obligatoires à l'avant et à l'arrière. Gilet de sécurité fluorescent et triangle de présignalisation obligatoires aussi à bord du véhicule.

– Les *autoroutes payantes européennes* (qui remplaceront progressivement les autoroutes) sont symbolisées par la lettre **E** *(estrada).*

> ### PRUDENCE SUR LES ROUTES !
>
> *Le Portugal est champion d'Europe de la mortalité automobile. Ses routes sont les plus dangereuses d'Europe, et une vigilance absolue est donc chaudement recommandée.*
>
> *Les raisons de cette hécatombe : le comportement des automobilistes, excès de vitesse importants, dépassement en plein virage et le mauvais équipement des routes.*
>
> *Les pouvoirs publics ont mis du temps à réagir, et un sentiment de relative impunité semble encourager les chauffards à ne rien changer à leur comportement. L'alcool est encore un autre problème...*
>
> *Attention ! La police veille : certains de nos lecteurs ont dû payer très cher une amende (et si l'on ne paie pas, le véhicule est saisi !).*

– Les *autoroutes* par **A** *(autoestrada)* s'entremêlent parfois avec les autoroutes E. La plupart des autoroutes sont payantes (et plutôt chères), à l'exception de l'A 22 dans l'Algarve, qui relie la ville de Lagos à la frontière espagnole. Limitation de vitesse : 120 km/h.

– Les *routes principales* (ancêtres des autoroutes) sont symbolisées **IP** (itinéraire principal) ou encore **IC** (itinéraire complémentaire). Limitation de vitesse : 100 km/h. Les routes nationales IP 4 et IP 5, à 3 voies, sont les plus dangereuses du Portugal. Mal signalisées, souvent en descente, sans rail de sécurité, elles sont tristement célèbres pour leur nombre élevé d'accidents, souvent très graves. Les choses se sont améliorées depuis quelques années, mais soyez néanmoins très prudent.

D'autre part, sur l'IP 5 entre Aveiro et Vilar Formoso, l'une des routes les plus dangereuses du pays, les feux de croisement doivent être allumés obligatoirement de jour comme de nuit.

– Vous trouverez aussi les *routes nationales* = **N.** Pour les *routes municipales,* le symbole est **M.** Limitation de vitesse : 90 km/h.

– En ville et dans les agglomérations, la vitesse ne dépasse pas 50 km/h.

DISTANCES EN KM ENTRE LES PRINCIPALES VILLES

	AVEIRO	BEJA	BRAGA	CASTELO BRANCO	COIMBRA	ELVAS	ÉVORA	FARO	GUARDA	LAGOS	LEIRIA	LISBONNE	NAZARÉ	PORTALEGRE	PORTIMÃO	PORTO	SANTARÉM	SETÚBAL	TOMAR	VIANA DO CASTELO	VILA REAL
BEJA	386																				
BRAGA	116	490																			
CASTELO BRANCO	200	277	306																		
COIMBRA	60	337	162	150																	
ELVAS	300	166	153	250	240																
ÉVORA	300	82	311	86	250	86															
FARO	483	146	402	290	435	311	227														
GUARDA	167	370	586	550	150	246	290	550													
LAGOS	500	162	254	82	450	327	244	82	568												
LEIRIA	120	280	603	568	72	217	190	375	225	390											
LISBONNE	250	180	223	390	200	210	135	277	318	293	140										
NAZARÉ	160	290	352	140	226	240	204	386	263	400	37	120									
PORTALEGRE	240	183	263	120	188	60	100	328	188	345	160	220	183								
PORTIMÃO	480	145	342	183	459	310	226	65	550	20	375	276	385	327							
PORTO	70	440	585	327	115	353	354	538	207	555	176	305	216	295	537						
SANTARÉM	183	204	50	537	135	195	117	300	252	320	76	80	90	154	300	240					
SETÚBAL	285	140	286	240	240	180	105	237	354	255	178	48	160	195	236	340	115				
TOMAR	138	270	388	115	82	173	182	366	213	382	47	133	85	116	365	195	66	170			
VIANA DO CASTELO	145	515	240	170	190	427	428	612	280	628	250	379	290	370	610	76	312	415	268		
VILA REAL	157	529	50	268	200	407	442	626	165	642	254	393	304	350	625	92	326	430	282	162	
VISEU	90	420	95	162	83	318	334	518	77	534	156	285	196	260	517	131	218	320	157	205	90

Attention : des lecteurs nous ont signalé qu'après avoir dormi sur une aire d'autoroute reliant Setúbal à Lisbonne, ils se sont vu taxés de façon exorbitante au péage. La cause : le ticket d'autoroute n'était valable que 12 heures ! Faites bien attention à prendre votre ticket à l'entrée de l'autoroute (certains abonnés passent sans s'arrêter). Sinon, vous seriez obligé de payer une amende à la sortie (40 €). Il y a 5 classes de tarifs sur les autoroutes ; à noter que les véhicules dont l'essieu mesure plus de 1,10 m (type monospace) paient pour la classe 2 (soit plus du double des voitures de tourisme ordinaires). Ça revient vite cher !

– En cas de panne ou d'accident sur les autoroutes, le numéro d'***urgence*** est le ☎ 808-50-85-08.

– Les cartes les plus précises sont au 1/400 000 (*Michelin* ou *Hildebrand Travel Map*) avec index des noms de lieux et plans des principales villes.

Location de voitures

La location est possible pour toute personne âgée de plus de 21 ans et titulaire d'un permis valide depuis plus d'un an (permis international pas nécessaire). Toutes les compagnies de location de voitures comme *Hertz* (☎ 0825-861-861 ; 0,15 €/mn), *Avis* (☎ 0820-05-05-05 ; 0,12 €/mn) ou *Budget* (☎ 0825-00-35-64 ; 0,15 €/mn) sont disponibles depuis la France et au Portugal.

■ ***Auto Escape :*** ☎ 0800-920-940 (n° gratuit). ☎ 04-90-09-28-28. *Fax :* 04-90-09-51-87. ● info@autoescape. com ● *autoescape.com* ● *Vous trouverez également les services d'Auto Escape sur ● routard.com ● Résa recommandée à l'avance. 5 % de réduc* supplémentaire sur présentation de ce guide, sur l'ensemble des destinations. L'agence Auto Escape réserve auprès des loueurs de véhicules de gros volumes d'affaires, ce qui garantit des tarifs très compétitifs.

Essence

L'essence se dit *gasolina,* sans plomb *sem chumbo 95* ou *98 octanes* ; le diesel se dit *diesel* ou *gasóleo*. Les prix moyens de l'essence sans plomb tournent autour de 1,25 € le litre, 1,04 € pour le gazole et 0,60 € pour le GPL. Des prix équivalents à ceux de la France.

Le train *(comboio)*

Pas la panacée, pour l'instant. Un indicateur des horaires, avec carte du réseau, paraît 2 fois par an (un en hiver, un en été) et est disponible dans les gares et les offices de tourisme, sur place et sur Internet ● cp.pt ● Faites-vous toujours confirmer les horaires avant de partir, car ils sont parfois susceptibles de changer. Par ailleurs, il y a des arrêts où il n'est possible que de monter ou seulement de descendre... et sachez que les retards sont quasi systématiques. Prévoyez de la marge !

Les trains portugais étant souvent bondés, pensez à réserver suffisamment à l'avance. D'ailleurs, pour les rapides (*Alfa Pendular* et *Intercidades*), la réservation est obligatoire. Les billets sont en vente dans les gares, les agences de voyages, dans les distributeurs *Multibanco* et même sur Internet : ● cp.pt ● Il existe des wagons de 1re classe *(conforto)* et 2e classe *(turística)*.

Des billets (*Rover Tickets* en anglais) de 7, 14 ou 21 jours (129, 221 ou 323 €), permettant de se déplacer à volonté pour un prix fixe et en 1re classe uniquement, sont en vente dans les gares principales et dans les agences de voyages. Mais il ne semble pas qu'à l'usage ces formules soient très rentables, à moins de vouloir connaître le pays de fond en comble... Valable uniquement sur les *Regionais, Inter-Regionais* et dans la région de Coimbra.

Réductions (souvent -30 %) pour les moins de 26 ans ou sur présentation de la carte d'étudiant. Valable à partir du 91e km sur les *Régionais* et les *Inter-Regionais*.

Plusieurs catégories de trains : les *Regionais* (*Regional* au singulier) qui constituent le réseau le plus étendu, les *Inter-Regionais* (ce sont des omnibus) et les *Intercidades* (plus rapides que les premiers). L'*Alfa Pendular,* encore plus rapide que l'*Intercidade,* est le train qui relie l'extrême Sud (Faro) à l'extrême Nord (Braga), en passant par Lisbonne et Porto (entre autres). En plus de la ligne *Lisbonne-Coimbra-Guarda,* les 2 trajets les plus fréquentés sont *Lisbonne-Porto* et *Lisbonne-Faro.* Informations complètes sur les trains : pour tout le Portugal sur Internet ● cp.pt ● ou ☎ 808-20-82-08 ou (00-351) 213-185-990 depuis l'étranger.

➤ *Lisbonne-Faro (et l'Algarve) :* 2 départs/j. avec l'*Alfa,* le matin et en fin d'après-midi, et 4 autres *Intercidades* quotidiens. Compter entre 3-4h de trajet. À Tunes, correspondance pour Silves, Portimão et Lagos.

➤ *Lisbonne-Porto :* plus de 10 départs/j. avec l'*Alfa* et l'*Intercidades* vers Porto via Santarém, Entroncamento, Coimbra et Aveiro (entre autres). Compter 3h de trajet. Seulement 3 trains continuent jusqu'à Braga. Un seul train pour Regua au départ de Porto.

➤ *Porto-l'Algarve :* en train *Inter-Regional* de nuit sans couchette, on peut embarquer sa voiture. Un départ quotidien le soir, arrivée vers 7h le lendemain. Dessert entre autres : Aveiro, Coimbra B, Entroncamento, Tunes, Albufeira, Faro. À Tunes, correspondance pour Lagos en train *Regional*.

➤ *Lignes internationales :* compter une vingtaine d'heures en train entre Paris et Lisbonne et une bonne nuit entre Madrid et Lisbonne. Départs tous les jours. Également des trains au départ de Porto vers Vigo, en Galice ; durée : 4h.

L'autocar *(autocarro)*

Le Portugal présente un réseau de bus dense servi par de grands autocars confortables (*pullman* avec AC pour les longs trajets), plus rapides et plus fréquents que les trains mais aussi souvent plus chers. Il est nécessaire de réserver plusieurs jours à l'avance en haute saison et la veille en mi-saison, au risque de ne pas partir le jour souhaité.

Les bus de la compagnie nationale *Rede Expressos* (de loin la plus répandue) effectuent des liaisons directes entre villes importantes : ☎ 707-22-33-44. ● rede-expressos.pt ● pour les horaires et les tarifs. Mais d'autres compagnies privées desservent aussi pas mal de destinations intérieures : *Renex, Rodonorte, Internorte,* etc. Dans certaines régions, il existe des compagnies locales. Pour connaître les liaisons entre les villes du Portugal, ● transpor.pt ● Voir aussi la rubrique « Arriver – Quitter » des villes principales qui vous intéressent. À Lisbonne, on peut prendre des bus à partir de bon nombre de stations de métro ou de gares ferroviaires, sans compter les gares routières. Également des liaisons avec l'étranger (*Eurolines,* ● eurolines.fr ●) : Madrid, Paris, Bruxelles, Genève... en direction de Lisbonne, Porto, Faro et d'une vingtaine d'autres villes. Très pratique. Pas mal de réductions pour les étudiants et les seniors.

L'auto-stop

Les auto-stoppeurs en seront pour leurs frais, l'auto-stop est très peu pratiqué et assez difficile. Aussi nous ne conseillons pas ce mode de transport.

URGENCES

– *Urgences (santé) ou pompiers :* ☎ 112 ou 115 (plusieurs langues). Pour demander l'hôpital, dites « O Hospital ».

– *Numéro d'urgence pour les touristes :* ☎ 800-296-296.

– En cas de *panne* ou d'*accident sur les autoroutes,* le numéro d'appel est le ☎ 808-50-85-08.

HOMMES, CULTURE ET ENVIRONNEMENT

« Portugal – lorsque l'Atlantique rencontre l'Europe. » Ainsi se présente ce pays du Sud, confluent des éléments terrestres et maritimes aux apparences trompeusement méditerranéennes, alors qu'il ne possède aucune ouverture vers la *Mare Nostrum*. C'est un fait qu'au Portugal, peut-être plus qu'ailleurs, la terre et l'océan ont forgé une identité particulière, très différente de celle de son voisin espagnol, ce que d'aucuns ont appelé « la singulière spécificité portugaise ». Terre océanique par excellence, happée par la mer, le Portugal y a bâti son histoire et ses mythes, sur lesquels il veille jalousement.

Ce petit pays (1/6 de la France) est aussi l'un des plus vieux d'Europe et, de par son destin solitaire, il fut relativement préservé des turbulences politiques qui ont secoué notre continent. Ainsi, il étonne généralement par sa diversité et par la richesse des découvertes qu'on y fait. Exposition universelle en 1998, Coupe d'Europe de football en 2004, le Portugal ne se laisse pas oublier, et la course aux exigences « maastrichtiennes » n'a pas encore défiguré ses charmes. Le pays tente de trouver une voie originale entre intégration européenne et respect des traditions. Et si les côtes bétonnées de l'Algarve fixent le tourisme de masse, le reste du pays recèle des endroits propres à ravir le curieux que vous êtes.

La destination est prisée, non seulement pour son doux soleil océanique et les précieux vestiges de son passé, mais aussi pour l'accueil quasi légendaire (mais tout à fait réel !) de ses habitants – notamment vis-à-vis des Français – qui vous invitent, cher lecteur, à partir là-bas, dans ce coin d'Europe, à la rencontre de l'Atlantique.

ARCHITECTURE

Art roman

Courant majeur du XIIᵉ siècle, sous l'influence d'Henri de Bourgogne, très lié à l'abbaye de Cluny. C'est surtout un art en réaction contre les Maures, en particulier dans le nord du pays. Pas mal d'églises et cathédrales portugaises ont des airs auvergnats ! Cet art de riposte donne une sensation de solidité, avec des lignes droites, comme des forteresses inattaquables. Le tout est souvent construit en granit, sans décoration superflue. Pour se faire une idée de cet art, rendez-vous à la cathédrale *(Sé)* de Coimbra ou Porto.

Art gothique

C'est à la fin du XIIIᵉ siècle que se développe cet art dont les plus fameuses représentations sont les monastères d'Alcobaça et de Batalha. Les constructions sont largement inspirées de l'architecture française, notamment à Alcobaça, qui reprend les plans de l'abbaye de Clairvaux, en Bourgogne. Les murs sont plus hauts, laissent passer plus de lumière, et les fondations sont encore plus solides. Si l'architecture ne fait pas dans la dentelle, les sculptures sont, elles, plus ciselées et plus fines.

Style manuélin

Il doit son nom à Manuel Iᵉʳ, qui monta sur le trône en 1495, en pleine époque des grandes découvertes. Curieusement, c'est un architecte d'origine française, Boytac, qui fut à l'origine de ce style.

Entre gothique et Renaissance, le style manuélin présente des caractéristiques très particulières : à l'opposé des lignes rigides de la période gothique, les piliers se tordent en spirale, sur les voûtes apparaissent de grosses nervures en relief. On a longtemps considéré ce style comme une exaltation des conquêtes, à cause du choix des motifs inspirés du monde marin – cordages, ancres, nœuds –, de la faune et de la flore exotique, sans oublier la croix de l'ordre du Christ. Mais des études récentes amènent à nuancer cette interprétation. Les éléments de ce décor faisaient aussi partie de l'univers quotidien du Portugais de la terre.

Ce style, qui symbolise la nouvelle richesse du pays, disparaîtra aussi vite qu'il s'est épanoui, avec la mort du souverain. S'il ne s'est pas manifesté exclusivement dans l'architecture (orfèvrerie, sculpture), l'exemple le plus fameux de ce style original reste la fenêtre de Diogo de Arruda, dans le couvent du Christ, à Tomar.

Art baroque

De *barroco*, qui signifie « perle irrégulière ». Après la Renaissance, le style baroque prend tout son essor à la fin du XVIIe siècle et au cours du XVIIIe siècle, au moment où le Portugal retrouve son indépendance. Les éléments décoratifs se multiplient et l'architecture évolue ensuite vers le *rococo*.

C'est la grande époque de la *talha dourada,* ces bois dorés qui recouvrent l'intérieur des églises et, en particulier, les retables des autels et les colonnes torses qui les entourent. D'ailleurs, ce qui frappe le plus, dans le clair-obscur des églises où le baroque domine, c'est l'or. L'or qui recouvre les statues de bois et rehausse les fresques, l'or rapporté par des grands navigateurs portugais, partis de Lisbonne, de Sagres, de Lagos, de Portimão. Pour se faire une idée, voir le *Palácio naciónal* de Mafra et sa débauche baroque.

Azulejos

Ils font partie du paysage portugais. Pas seulement un art décoratif : du grand art, support indémodable de l'imaginaire de tout un peuple. On les découvre à chaque angle de rue, dans les jardins publics, les gares, les églises. Ils reflètent superbement la lumière et donnent une réelle impression de fraîcheur.

Ces carreaux de faïence vernissée sont introduits au Portugal après la prise de Ceuta, au Maroc, en 1415 ; jusqu'à la fin du XVIe siècle, les azulejos sont d'abord arabes, puis andalous. D'ailleurs leur nom vient de l'arabe *al zulaicha,* qui veut dire « petite pierre polie ». Les premiers azulejos portugais datent de 1584 et sont bleus *(azul)*.

Très vite, la mode de l'azulejo se répand : ce ne sont pas seulement les palais ou les chapelles qui s'ornent d'azulejos, mais aussi les fontaines, les bancs, les bassins... La polychromie fait son apparition et, pour satisfaire la demande croissante, on fait appel aux Hollandais, qui imposent momentanément leur technique : carreaux à dessins bleus sur fond blanc (Delft). La décoration s'anime, les édifices se couvrent de scènes champêtres. Au XVIIIe siècle, Oliveira Bernardes crée une école qui rivalise avec les Hollandais... Après le tremblement de terre de 1755, l'azulejo est judicieusement utilisé pour cacher les fissures et restaurer les bâtiments endommagés. On fonde alors la Manufacture royale de céramique du Rato. Peu à peu, cependant, la fabrication s'industrialise, allant jusqu'à une certaine banalisation.

Au XIXe siècle, les fabriques sont ruinées par les guerres napoléoniennes et les guerres civiles, et on assiste à un certain abandon de cet art jusqu'aux réalisations du grand maître Ferreira das Tabuletas. Il faut attendre le XXe siècle et le mouvement Art déco pour voir la céramique murale connaître un renouveau qui se confirme dans les années 1950, grâce à de grands artistes tels que Jorge Barradas. Cet art est toujours vivant, comme l'attestent les stations du métro de Lisbonne, et, en règle générale, les azulejos les plus originaux ou les plus attrayants ne se trouvent pas dans les magasins pour touristes. Ne vous laissez pas séduire par de prétendues reliques du XVIIe siècle et renseignez-vous auprès des Portugais pour connaître des adresses fiables. Les amateurs trouveront dans notre chapitre sur Lisbonne quelques indications sur des ateliers d'azulejos.

Art contemporain

Si à l'époque salazariste les bâtiments massifs ont eu la cote, les architectes se sont libérés par la suite. L'interminable pont Vasco-da-Gama (17 km) à Lisbonne en est l'un des symboles. *Alvaro Siza Vieira,* l'un des architectes majeurs de l'époque actuelle, et classé parmi les minimalistes, est le digne héritier de Le Corbusier. Le style est fluide, aéré, très lumineux, aux courbes nettes et précises. La reconstruction du quartier du Chiado après l'incendie de 1988, le pavillon du Portugal de l'Expo universelle de 1998 à Lisbonne et l'église de Marco de Canavezes font partie de ses créations. Autres noms d'architectes portugais notoires : *Fernando Tavora* et *Souto Mora.* Ce dernier a d'ailleurs réalisé le stade de Braga pour la Coupe d'Europe de football 2004.

BOISSONS

Les vins portugais sont injustement méconnus alors que leur qualité est plus qu'honorable. Plus d'une trentaine de régions portugaises ont le droit à l'appellation d'origine ! Ce sont des vins très typés, généralement avec un taux d'alcool plus élevé que les vins français. Un très bon moyen d'apprendre à les connaître est de se rendre à une dégustation de *Viniportugal* (voir rubrique « À voir. À faire » dans la partie « Baixa et Rossio » à Lisbonne). Les productions sont généralement très petites et donnent donc des vins très différents d'une région à l'autre, et il est d'autant plus difficile de donner des noms de vins car vous ne les retrouverez probablement pas d'une boutique à l'autre. C'est pourquoi on préférera vous donner des infos sur les différentes régions productrices et sur les types de vins.

Le plus étonnant : le *vinho verde,* vin vert (car il faut le boire au printemps suivant la récolte) produit dans l'extrême nord du Portugal, très léger, est pétillant et blanc (les meilleurs), rosé (tout à fait correct) ou rouge foncé (pas terrible). Dans la même région (près de Ponte de Lima, Ponte da Barca...), on trouve aussi le *vinho maduro* (mûr) : vin sec, mais non pétillant.

– La région du *Dão* (centre nord du pays) donne un vin rouge assez léger et très fruité. Le cépage principal est le *touriga nacional* (utilisé aussi pour la production de Porto).

– La région du *Douro,* une toute petite région au nord, donne des vins parmi les plus puissants en goût de tout le Portugal. C'est également là qu'est fabriqué le fameux vin de Porto (mais qui ne représente que 47 % de la production de la région). Certains affirment même qu'un vin du Douro ne peut pas être mauvais. Alors, si vous n'y connaissez rien, achetez malin ! À Lamego, production de mousseux, frais à l'apéritif.

– La région de l'*Alentejo* a des cépages de *periquita* qui donnent un bon tanin au vin (pas mal sur les gibiers) mais finalement de moins bonne qualité que les précédents. L'Alentejo est surtout réputé pour son liège (c'est déjà un début !).

– La région du *Bairrada* produit des vins « de table » mais riches, parfumés et assez corsés qui passent très bien avec des plats de cochon ou de cabri.

– En *Estremadura* (première région productrice), on préférera nettement les blancs.

Autres dérivés alcoolisés

– *Le moscatel :* vin blanc doré et doux de la serra d'Arrábida, dans la région de Setúbal au sud de Lisbonne. Se consomme plutôt en apéritif mais parfois en dessert, surtout lorsqu'il atteint 20 ou 30 ans d'âge.

– **L'amêndoa amorga ou amarguinha :** liqueur d'amande amère, typique de l'Algarve (sud du Portugal). Très doux.

– **La ginja :** alcool à base de griottes que l'on trouve dans presque tous les cafés ou *ginjinhas* à Lisbonne et qui se déguste en apéritif. Très sucré, avec ou sans la cerise au fond du verre.

Les bières nationales

– **Sagres :** la numéro 1 des marques. La Sagres peut être blonde, rousse ou *stout*, avec un goût rappelant la *Guinness* pour cette dernière.

– **Super Bock** qui existe en *lager* ou en *stout*.

– **Cristal,** une blonde.

– **Imperial,** une blonde qu'on trouve souvent à la pression.

Le porto

Le vin de Porto provient de la vallée du Haut Douro, située dans le nord du Portugal, à une centaine de kilomètres à l'est de la ville de Porto. Là, sur environ 240 000 ha, dont 10 % seulement sont exploités, près de 25 000 viticulteurs cultivent une ving-taine de cépages, rouges et blancs, sur une terre aride et calcinée l'été par le soleil. La naissance du doux breuvage commence dans l'euphorie des vendanges. Le jus extrait des raisins passe par la fermentation, qui est rapidement arrêtée par l'adjonc-tion de 1/5 d'eau-de-vie au volume global. Le taux d'alcool se situe alors entre 19° et 22°. Bientôt vient le décuvage et le transfert du porto, dûment accompagné de son certificat d'authenticité, à Vila Nova de Gaia où la zone des chais est une extension exceptionnelle de la région d'appellation contrôlée. C'est là que, paisi-blement, solennellement, certains vins pourront atteindre la véritable perfection.

Il existe deux grandes familles de porto :

– Le *blend* est réalisé à partir de vins d'assemblage vieillis en fût, donc non millésimés. Une dou-zaine de cépages entrent dans ces compositions savantes, parmi les-quelles on trouve le porto *tinto* ; le jeune, plus doux et plus rouge est appelé *red* quand les *ruby* ou les *tawny* sont respectivement plus vieux et, au fur et à mesure, un peu plus roux ou bruns ; il y a aussi les *white* issus de raisins blancs, un peu plus vieux que les précédents, et secs ou doux selon les goûts.

– La famille des « récoltes uni-ques », issues des vendanges d'une année. On trouve parmi cel-les-ci les *reserva, tawnies* qui ont vieilli au moins 7 ans en fût (mais

PORTO ET SON HISTOIRE, BRÈVES DE COMPTOIR !

Le vin de Porto, développé depuis le XVIIe siècle, connaît son essor avec l'alliance anglaise dès 1703. Une com-pagnie fondée en 1756 définit l'appel-lation d'origine contrôlée puis le nom de vinho do Porto, déposé en 1907. La consommation s'accroît en France lors de la Première Guerre mondiale : les Français se sont vite épris de ce nou-veau vin apporté par les soldats britan-niques. Et curieusement, de digestif (au Portugal, on le boit à la fin d'un repas, et en Angleterre c'était le point d'orgue des somptueux repas de la Cour), il devient un apéritif très courant dans les bistrots populaires au cours de la IIIe République.

qui n'évoluent plus une fois mis en bouteille), les « décimaux » de 10, 20, 30 ans, voire plus, qui ont gagné au contact du chêne leurs lettres de noblesse, les *vinta-ges*, considérés comme le roi des Porto (et donc le plus cher !), réservés aux récol-tes d'années exceptionnelles et qui passent 2-3 ans en fût pour se bonifier encore après l'embouteillage, et enfin les *late bottled vintage* – LBV –, vieillis entre 4 et 6 ans puis mis en bouteille où ils peuvent espérer se bonifier – mais la qualité de la vigne est moins bonne que pour les *vintages*.

Il faut savoir aussi que la commercialisation du porto n'est légale qu'en bouteille et que la vente de vrac ne peut prétendre à l'appellation car souvent tirée de fonds de cuves plus ou moins arrangés.

Le café

Il se boit tout au long de la journée, décliné sous toutes ses formes, avec ou sans lait.

– La *bica,* café très serré, équivalent de l'*espresso* italien, est demandée *com cheirinho* (« avec un petit parfum ») pour un accompagnement d'eau-de-vie *(aguardente).* Pour une tasse un peu plus remplie, demander une *bica cheia.* Attention aux cœurs sensibles : ce café ferait décoller une fusée !

– La *carioca* est un café plus léger.

– Le *garoto* est une crème que l'on demande *claro* ou *escuro* (clair ou foncé), selon le goût.

– Le *galão* est un café au lait servi dans un grand verre, là aussi plus ou moins clair.

CALÇADA PORTUGUESA

Un peu partout au Portugal vous pourrez être surpris par un trottoir. S'il pleut, vous le trouverez glissant et son pavage lissé vous fera chanceler plus d'une fois. S'il fait sec, vous trébucherez et maudirez l'irrégularité du revêtement. Sous le soleil estival, vous pesterez contre la brillance éblouissante du calcaire. Dans tous les cas, vous aurez bien peu d'égard pour les milliers de blocs de pierre assemblés là patiemment pour votre inconfort.

Sachez cependant que cette tradition portugaise remonte au XVIIIe siècle, voire avant, et qu'elle s'est généralisée partout à partir du XIXe siècle. Offrant une souplesse et une variété de revêtements sans pareilles, elle se maintient encore aujourd'hui contre toutes les règles de la rentabilité économique. Inconfortable, irrégulière, fragile, glissante, exigeant des heures de pose et mobilisant sans honte des travailleurs infatigables qui, à l'origine, étaient des forçats, la *calçada portuguesa* permet une richesse créatrice sans équivalent. Par la simple variation des formes des blocs de calcaire blanc ou par la combinaison habile avec les cubes de basalte gris, laissez promener votre regard sur ces sols de composition pour découvrir ici ou là l'âme créatrice ou le génie malin qui aura glissé à l'insu de tous un motif incongru.

Sachez encore qu'une fois les blocs de pierre extraits de la carrière, tout le travail est réalisé à la main, de la casse méticuleuse des petits cubes calibrés jusqu'à leur ajustement et leur mise en place. Le savoir-faire qu'exige cette tradition se perd néanmoins peu à peu, par manque de vocation et par souci de rentabilité.

CINÉMA

Bizarrement, le cinéma portugais est plus connu à l'étranger que dans son propre pays ! Le plus fameux des cinéastes portugais est sans doute **Manoel de Oliveira,** le doyen des cinéastes qui tourne régulièrement un film par an. L'autre « star » du cinéma portugais est **João César Monteiro,** souvent primé dans les festivals internationaux et décédé en 2003. Tous les deux sont des représentants du « cinéma novo » qui vit le jour après Salazar. C'est un cinéma original, avec des thèmes récurrents, Dieu, l'amour, la foi, la mort. Aujourd'hui, une nouvelle génération prend le relais. Parmi elle, **Pedro Costa** et son terrifiant *Ossos* sur Lisbonne (présent également en compétition officielle au Festival de Cannes en 2006 avec *En avant jeunesse !* où l'on assiste à l'immersion de son héros, Ventura, dans les quartiers capverdiens de Lisbonne), mais aussi **Joaquim Sapinho, Manuela Viegas** ou encore **Teresa Villaverde.** Un des gros succès de ces dernières années est l'*Adam et Ève,* de **Joaquim Leitão,** avec la délicieuse actrice portugaise **Maria de Medeiros** qui a, depuis, tourné son premier film, *Capitaines d'avril,* relatant un épisode marquant de l'histoire du pays, la révolution des Œillets. Avec Joaquim Leitão, mais comme acteur cette fois ! En 2007, elle présentait sur la Croisette un documentaire sur le cinéma *Je t'aime moi non plus. Odete,* aussi, de João Pedro Rodrigues, relate la vie d'une vendeuse-patineuse dans un supermarché et d'un amant désespéré par la mort de son amour. Une vision originale de Lisbonne.

Le Portugal a attiré aussi quelques cinéastes étrangers (mais étonnement assez peu) comme le réalisateur suisse Alain Tanner, qui, dans *Requiem,* balade son personnage dans les rues de Lisbonne sous un soleil de plomb entre rêve et réalité, passé et présent, selon une adaptation du roman éponyme de Tabucchi (disponible en coll. « Folio », n° 4383, éd. Gallimard). N'oublions pas non plus *Lisbonne Story,* de Wim Wenders, sorti en 1994, où un ingénieur du son parcourt la capitale pour trouver de la musique correspondant aux images du film muet tourné par un ami, mystérieusement introuvable.

CUISINE

Si simple soit-il, un bon repas porte ici la trace de tous ces voyages, de tous ces territoires qui appartinrent un jour au Portugal, de la cannelle indispensable pour les pâtisseries à l'incontournable poudre de curry... Les tomates et pommes de terre du Nouveau Monde sont de toutes les fêtes, comme l'ail et l'oignon. Les Maures ont planté des citronniers, des orangers et appris aux Portugais à mélanger les fruits au poisson et à la viande. Et les Arabes sont les inventeurs de la *cataplana,* sorte de plat à tajine en cuivre, véritable ancêtre de la cocotte minute permettant de cuire à la vapeur toutes sortes d'aliments, donnant un goût superbe aux mollusques, poissons, viandes, légumes cuits dedans.

Quelques *petiscos* – version portugaise des tapas, mais ne le leur dites pas, ça les vexe – pour s'ouvrir l'appétit, du style beignets de morue, petits pains avec beurre en barquette et fromage blanc : une mise en bouche payante, à tous points de vue. Gardez de la place pour la suite, même si vous ne prenez, comme ça vous l'est souvent proposé, qu'une demi-portion. Commencez par l'*açorda de mariscos,* résultat étonnant obtenu en plongeant du pain perdu dans l'eau de cuisson des crevettes. Ou par un bouillon vert des familles, à base de chou. Une soupe à laquelle vous avez aussi peu de chance d'échapper qu'à la morue.

Séchée ou salée, la morue *(bacalhau)* est une invention typique de ces Portugais qui ont, dit-on, le rêve pour vivre et la morue pour survivre. Les Portugais adorent, sinon, les poissons qu'ils mangent simplement grillés, en ragoût ou en bouillabaisse *(caldeirada).*

Le porc reste leur viande préférée. Le plat le plus célèbre vient de l'Alentejo : porc mariné dans une sauce à base de poivre rouge, d'ail et d'huile d'olive, cuit à l'étouffée avec des palourdes et de la coriandre. Sublime apport de la mer aux viandes blanches qui remonte au Moyen Âge ! Dans le cochon tout est bon, ici comme partout. On se régalera donc de saucisses (à commencer par les *chouriços*), de cochon de lait mais aussi, pour changer, des fameuses tripes de veau à la mode de Porto, avec de l'oreille et de la tête de porc. Il y a aussi le poulet *(frango)* cuit à la braise, que l'on mange souvent dans les *churrascarias,* restaurants populaires que les Portugais adorent. Bon, avec les frites, une fois, ça va, deux fois, pas la peine de vous faire un dessin. Prenez plutôt le *cozido,* sorte de pot-au-feu comme on le mange à la fraîche, à Lisbonne. Comme pour tous les ragoûts, on met ce qu'on trouve.

Des plats nourrissants et riches en goûts, en tous cas. Avec un verre de vin et du pain savoureux, c'est le bonheur assuré. Quant aux herbes, sachez reconnaître la fameuse triade aromatique que vous trouverez dans toutes vos soupes et vos ragoûts : persil, menthe et coriandre. Pas de basilic, car c'est la plante des amoureux qui la gardent en pot sur le rebord de leur fenêtre pour se l'offrir en juin !

Et les fromages ? Le meilleur de tous est peut-être le *queijo da serra,* fabriqué avec le lait des chèvres élevées sur les pentes de la serra da Estrela. Onctueux à souhait. À moins que vous ne préfériez les *serpa* demi-sec, le *beja* ou l'*azeitao* crémeux. Bon, tout dépend de la saison. Vous aurez peut-être du mal à goûter un fromage frais, que les Portugais mangent saupoudré de cannelle. Idéal pour finir un repas, avec un peu de cette marmelade de coings qui a donné des idées aux Britanniques. À moins que vous ne succombiez devant le choix du rayon pâtisseries. En général, les gâteaux semblent souvent avoir usé et abusé du jaune d'oeuf et du sucre (beaucoup de sucre !), avec parfums de cannelle, de citron, d'orange, d'amande...

Ce qu'il faut savoir

N'AYEZ PAS PEUR DE JOUER LES DEMI-PORTIONS !
Bon nombre de restos proposent sur leur carte en portugais (mais pas toujours sur les cartes en langue étrangère) deux tailles de plats : *meia-dose* (demi-portion, généralement suffisant pour une personne) et dose (portion entière, que l'on peut prendre pour deux). Si vous ne précisez pas, on vous sert automatiquement une *dose*. Bien si vous avez un énorme appétit ! Le prix d'une demi-portion est moins élevé bien sûr, mais plus de la moitié de celui d'une portion, donc proportionnellement plus cher.

LES AMUSE-GUEULES QUI TUENT !
Attention aux amuse-gueules que l'on vous apporte d'office avant le repas, comme le fromage frais coupé en tranches, les olives, la charcuterie, etc. On ne vous les offre pas car vous avez l'air sympathique : sauf rares exceptions, ils vous seront comptés dans l'addition dès lors que vous commencez à les grignoter. Si vous ne les voulez pas, dites-le d'office au serveur afin qu'il les retire. Idem pour le pain et le beurre. Vous pouvez bien sûr, si vous les trouvez sympathiques, vous ruer dessus. Si vous ne prenez qu'un plat, ils vous serviront de mise en bouche !

– Choisir le plat du jour *(prato do dia)*, s'il existe : servi rapidement car il est déjà préparé, et aussi probablement plus frais.
– Certaines cartes de resto portent la mention *refeição completa,* ou encore *ementa turística,* ce qui correspond à une sorte de menu comprenant pour un prix fixe : une soupe, un plat, une boisson et parfois un dessert ou café. Peut être intéressant.
– Les maladies cardio-vasculaires sont les premières causes de décès au Portugal (grosse campagne de prévention en 2006). Le gras est en cause mais aussi l'excès de sel (pour les personnes souffrant d'hypertension ou de problèmes cardiaques, bien préciser *sem sal,* sans sel) et de sucre (les pâtisseries sont hyper-sucrées et les Portugais grignotent à toute heure de la journée). Vous voilà prévenu. Si vous faites un régime draconien, il est encore temps de changer de destination. Idem si vous êtes un végétarien convaincu. Heureusement que quelques délicieux plats typiques cités plus bas et de bons poissons grillés vous permettront de découvrir un Portugal gastronomique qui vaut le détour.

Quelques spécialités

Nous faisons confiance à votre curiosité, gourmet ou gastronome de tous bords, pour compléter cette liste indicative au cours de vos pérégrinations...
– *Caldo verde :* potage de pommes de terre et de chou émincés, agrémenté de rondelles de *chouriço* (saucisse plus ou moins épicée). Bien qu'originaire du nord du Portugal, ce potage est devenu national.
– *Canja :* consommé de poulet avec riz et abats.
– *Gaspacho à alentejana :* soupe froide composée d'ail, d'huile, de vinaigre, tomates, pain dur, origan, poivron vert, concombre. Le tout non mouliné.
– *Açorda alentejana* (ou *sopa* – plus liquide – *alentejana) :* pain dur, œufs, huile, ail, coriandre hachée, sel, eau.
– *Açorda de marisco :* sorte de panade servie avec de l'ail, de l'huile, des œufs, de la coriandre, des crevettes, des palourdes, des clovisses, des épices.

– **Arroz de marisco :** riz aux fruits de mer, délicieux quand il est bien préparé. L'*arroz de tamboril,* de l'Algarve, est préparé avec de la lotte. Autre version, plus économique, avec uniquement des *camarãoes* (crevettes).

– **Bacalhau :** on dit qu'il y a 365 manières de préparer la morue, pour varier chaque jour les plaisirs ! Pour les « petits creux » entre les repas, on trouve, dans presque tous les cafés, ces *bolinhos de bacalhau* qui sont de délicieuses croquettes. Dans les restos, les préparations les plus répandues sont les suivantes : *bacalhau cozido* (bouilli), *assado* (rôti), *assado na brasa* (à la braise), *com nata* (à la crème), *a Brás* (délicieux, à base d'oignons, pommes de terre finement coupées, œufs brouillés, olives noires, persil), *a Gomes de Sá* (morue, pommes de terre, oignons, huile, ail, olives noires, lait, œufs durs, cuit au four), etc.

– **Caldeirada :** sorte de bouillabaisse, dont la préparation et les composants varient selon les régions. En général très copieuse, elle se mange comme plat unique.

– **Amêijoas a Bulhão Pato** (Estremadura) **:** palourdes que l'on fait ouvrir comme les moules mais assaisonnées avec de l'huile, de l'ail, de la coriandre, du sel, du poivre et du citron à la fin.

– **Les poissons :** grillés *(grelhados),* rôtis *(assados),* on ne s'en lasse pas. Sur la carte : *cherne* (mérou), *espada* (poisson-épée, à ne pas confondre avec l'espadon), *espadarte* (espadon), *pescada* (merlan), *linguado* (sole), *raia* (raie), *enguias* (anguilles d'Aveiro), *polvo* (poulpe)... sans oublier la *sardinha* (pas besoin de traduire, n'est-ce pas ?), les *lulas* (calamars) et autres *chocos* (encornets) !

– **Carne de porco à alentejana :** plat emblématique de l'Alentejo, assez savoureux quand il est bien réalisé, à base de morceaux de filet de porc cuits avec de l'ail, des épices, du saindoux et... des palourdes.

– **Frango :** poulet le plus souvent cuit, coupé en deux, à la braise, et que l'on mange dans les *churrascarias* (ou qu'on peut emporter).

– **Frango na Púcara** (Estremadura) **:** petit poulet mijoté avec jambon, tomates, échalotes, beurre, moutarde, ail, porto, eau-de-vie, vin blanc, épices... dans un pot en céramique.

– **Feijoada de chocos :** haricots rouges cuisinés avec des calamars. Il faut oser, au moins une fois.

– **Feijoada à Trasmontana :** haricots blancs, cuisinés avec des morceaux de porc de différentes parties de l'animal, plusieurs sortes de saucisses et épices. Très consistant !

– **Cozido à Portuguesa :** pot-au-feu portugais pour les longues soirées d'hiver.

– **Cataplana :** un plat du Sud délicieux, qui emprunte son nom à un ustensile de cuisine typique en cuivre, composé d'un plat incurvé et d'un couvercle symétrique, permettant de cuire lentement à l'étouffée divers aliments (viandes, morceaux de poissons et fruits de mer) avec des légumes et des épices.

Des fromages...

– **Queijo da Serra** (ou simplement *Serra*) **:** fromage de brebis, fabriqué dans la serra da Estrela et que l'on trouve un peu partout. Plusieurs autres variétés : celui de Serpa, conservé dans l'huile d'olive, est divin ; celui de Castelo Branco est plus piquant mais tout aussi savoureux.

– **Fromage d'Azeitão :** près de Lisbonne, à pâte molle.

– Et de nombreux autres fromages de pays, de chèvre, de brebis et de vache, certains dans lesquels on plonge voluptueusement sa cuillère (*amanteigado,* littéralement « comme du beurre »), d'autres, à pâte affinée *(curado),* à savourer accompagnés d'un bon pain de campagne et d'un vin de pays qui a gardé le goût de la pierre et de la terre qui les ont vu naître, d'autres plus durs, le *solaio,* du côté de Porto, à la fois dur à l'extérieur et fondant à l'intérieur. Encore mieux !

Et des gâteaux

À ne pas manquer, si une petite faim vous conduit, l'après-midi, à l'entrée d'une *pastelaria,* où tous les âges se retrouvent pour savourer ces « douceurs conventuelles » au nom, pour certaines, plein d'humour :

– **Toucinho-do-Céu** (lard du ciel) : sucre, amandes, jaunes d'œufs en plus grande quantité que les blancs, farine, beurre, confiture d'une sorte de courge...

– **Papos-de-anjo** (estomac ou jabot d'ange) **de Trás-os-Montes :** confiture de fruits, œufs et jaunes supplémentaires, sucre, cannelle.

– **Barriga-de-freira** (ventre de nonne) : sucre, beurre et toujours beaucoup de jaunes d'œufs.

POURQUOI TROUVE-T-ON TELLEMENT DE PÂTISSERIES À BASE DE JAUNE D'ŒUF ?

Parce que les nonnes des couvents, à qui l'on doit la création de ces petites merveilles, utilisaient beaucoup de blancs d'œufs pour amidonner leurs cornettes. Du coup, il fallait bien utiliser les jaunes d'une façon ou d'une autre...

– **Pudim francês** ou **pudim flan :** très proche de notre flan.

– **Leite-creme :** mêmes ingrédients que pour le flan, mais préparation plus crémeuse.

– **Arroz doce :** sorte de riz au lait.

– **Pastel** (*pastéis,* au pluriel) **de nata :** flan crémeux dans une pâte feuilletée, délicieux lorsqu'il est servi tiède et saupoudré de cannelle et de sucre glace. Mais ça devient rare.

ÉCONOMIE

Le « miracle portugais »

Le gouvernement portugais s'efforce, depuis son adhésion à l'Union européenne en 1986, de moderniser le pays selon les exigences de Bruxelles. Souvent cité comme un modèle au sein de l'Union européenne, le Portugal est aujourd'hui l'un des riches pays européens, avec un taux de chômage à faire rougir les autres membres de l'Europe : 7 % de chômeurs. L'inflation, qui trônait à 23 % en 1985, est désormais maintenue au-dessous des 3 %.

La croissance a surtout été dopée par les investisseurs étrangers, attirés par une main-d'œuvre bon marché. Parmi les secteurs porteurs, citons l'industrie textile, l'automobile, avec notamment la fabrication de composants pour les voitures, les matériaux de construction, l'industrie du papier, le liège, et les vins naturellement.

Dure réalité

Mais ce temps béni des années 1990 laisse aujourd'hui un goût amer aux dirigeants du pays. Le Portugal a été le premier pays à connaître une situation de récession depuis 2003. Le taux de croissance avoisine difficilement 1 % et le chômage a lentement grimpé. Une étude récente a montré que 20 % de la population portugaise vivait avec moins de 350 € par mois. Il suffit d'ouvrir les yeux pour comprendre que Lisbonne est une ville à deux vitesses : les nouveaux quartiers, les magasins, les restaurants à la mode continuent d'attirer une clientèle souvent jeune, qui se donne les moyens (ou essaye) de vivre son rêve, tandis qu'une partie de la population se marginalise et que le reste souffre en silence (quoique, le silence, à Lisbonne, soit tout relatif).

Le gouvernement de José Manuel Durão Barroso a entamé un programme drastique d'économies budgétaires que son successeur, Pedro Santana Lopes, a essayé de poursuivre. Las ! Le Portugal compte aujourd'hui sur une reprise des exportations et de la consommation intérieure. Et l'arrivée des nouveaux pays au sein de l'Union européenne va fortement freiner les subventions de Bruxelles, manne essentielle au développement du Portugal depuis quasiment deux décennies. Elles sont assurées jusqu'en 2013, en principe. Le *Primeiro ministro,* José Socrates, élu en 2005, jusqu'alors secrétaire général du parti socialiste, a fort à faire. Ses réformes ne sont pas populaires, loin de là. S'il axe ses mesures sur le développement technologique du pays, il doit cependant rassurer la population. En 2007, 58 % de la population portugaise valide son projet d'État social. L'arrivée au pouvoir en 2006 d'un président de centre droit peut-elle arranger la situation économique du Portugal ? Anibal Cavaco Silva a promis de soutenir tous les Portugais dans leur lutte, mais le temps joue contre lui.

ENVIRONNEMENT

Les parcs

Le Portugal recèle quelques endroits charmants et préservés pour vos balades ; c'est un pays très montagneux. Le Nord est sans doute la région la plus riche pour une découverte « nature » du Portugal. Il existe un *parc national,* le parc de Peneda-Gerês, dans la région du Minho, qui regroupe plus de 72 000 ha (voir plus loin), avec des sentiers de promenade très ludiques (attention, ce n'est pas de la rando pure et dure). Aux vallées se succèdent torrents et cultures en étages. C'est encore sauvage, avec pas mal d'animaux (aigle royal, entre autres). On trouve également des *parcs naturels,* du côté de Bragança, de Vila Real, et dans la

> ### L'ÉTÉ DE TOUS LES DANGERS
>
> *Durant les étés 2004 et 2005, de nombreux incendies ont encore ravagé des zones reboisées au centre et au sud du Portugal. Comble de malheur et négligence des pouvoirs régionaux, les derniers chiffres font état de plus de 320 000 ha de forêts calcinées. À cela, il faut ajouter les 362 000 ha qui avaient déjà brûlé en 2003. Signalons en outre que la politique de reboisement n'est pas des plus heureuse. Elle impose la quasi-monoculture de l'eucalyptus, un arbre qui puise de grandes quantités d'eau dans le sol et empêche le développement d'autres espèces autochtones comme l'amandier ou le châtaignier.*

serra da Estrela, la chaîne de montagnes la plus élevée du pays.

Pas loin de Lisbonne, près de Sintra et d'Arrábida, presque au bord de l'eau, à vous jolies falaises et garrigues. Dans l'Alentejo, la serra de São Mamede offre des vues assez époustouflantes sur les riches vallées du fleuve Guadiana. Il y a bien sûr, en Algarve, le parc naturel de la Ria Formosa où se retrouvent pas mal d'oiseaux nicheurs. Ainsi que le parc naturel de la Costa Vicentina, au nord de Sagres, où la concentration d'oiseaux, principalement en automne et au printemps, vous réserve un spectacle superbe !

Vous rencontrerez aussi d'autres réserves au cours de votre voyage, et nous ne pouvons toutes les répertorier tant elles sont nombreuses. Pour organiser vos balades, voici deux bonnes adresses :

■ **Osmose :** *rua da Liberdade, 38-4° Dto, Bom Sucesso, 2615-313 Alverca.* ☎ *219-57-71-99.* ● *users.sky net.be/osmose/* ● Dans le but de valoriser à la fois les paysages naturels du Portugal, le monde rural et les économies traditionnelles, l'association Osmose se propose de développer un écotourisme conçu autour d'un triple objectif : le développement d'un tourisme intégré respectueux de l'environnement et de l'économie locale ; la pratique de la randonnée pédestre et la découverte des milieux (paysages, reliefs, faune et flore, activités traditionnelles...) ; l'éducation à l'environnement pour promouvoir une autre conception du voyage.

■ *Sistemas de Ar Livre – SAL :* ☎ *265-22-76-85.* ● *sal.pt* ● Randonnées pédestres accompagnées, à la journée ; déclinées en trois niveaux de difficulté. Coût : entre 5 et 13 €. Sans résa.

Pour se renseigner sur l'état de préservation de la nature au Portugal, une autre bonne adresse (qui n'organise pas de circuits) :

■ **ICN** (Institut de Conse_____ la Nature) : rua de Santa Ma_____ 0-294 Lisboa. ☎ 213-50-79-_____ •
Il vend des guides de _____ es pédestres avec plein d'infos sur tous les

parcs naturels et zones protégées du pays. Descriptions, centres d'intérêt, faune, flore et architecture, parcours pédestres et publications disponibles.

FADO

Quatre lettres langoureuses, qui s'attardent, pour suggérer une mélodie proprement portugaise. Le fado, c'est LA musique du Portugal. Le décrire, c'est déjà le salir car, autant qu'un chant, c'est un cri, une ambiance, un « état d'esprit » selon la célèbre *fadista* **Amália Rodrigues**. « Ni gai ni triste », d'après Pessoa lui-même, il incarne la mélancolie et la force de la destinée contre la volonté humaine. Son origine incertaine et tourmentée se rattache au mot latin *fatum,* qui, justement, signifie « destin ».

Ce chant populaire de la *saudade* célèbre la mélancolie née des différents revers de fortune qu'a connus le Portugal dans son histoire si riche : marins perdus en mer, ceux-là mêmes que les grands noms des découvreurs ont fait oublier ; disparition tragique du jeune roi Sebastião à la bataille de Ksar el-Kébir (1578) qui se solde par la perte de l'indépendance du royaume au profit du voisin espagnol ; perte du Brésil en 1822, date à laquelle le fado apparaît véritablement, mêlant d'ailleurs des éléments musicaux de *samba,* voire de *morna* capverdienne. Rapporté du Brésil par la Cour en exil, ce chant, qui était aussi dansé, s'est enraciné et transformé dans le quartier de la Mouraria de Lisbonne, l'ancien quartier des Maures, où il a gagné une influence arabo-andalouse. Riche de rencontres multiples, le Portugal a ainsi créé un chant emprunté et mûri.

Chant populaire par excellence, le fado anime les quartiers du port où viennent s'encanailler les membres de l'aristocratie. C'est l'aventure de La Severa (1820-1846), *fadista* célèbre des bas-fonds lisboètes, dont un riche noble était tombé amoureux. De cette histoire triste a longtemps perduré l'idée que le fado ne pouvait être chanté que par le peuple ou dans les salons de la noblesse. Puis, après avoir habité les rues, il se professionnalise et conquiert la scène. Dans le même temps se singularise le fado de Coimbra, repris par le milieu intellectuel de la vieille université. Plus littéraire, il est chanté, au départ, dans la rue par des interprètes masculins (encore aujourd'hui) vêtus de capes noires et donne lieu parfois à des joutes musicales. L'*estado novo* de Salazar aura tôt fait de récupérer le fado érigé en art national. Il est chargé de chanter les valeurs morales de la grandeur portugaise. Le cinéma assure son triomphe et celui d'interprètes prestigieux. Trop choyé par la dictature, il connaît un réel discrédit après la révolution de 1974 et est même interdit, cantonné aux maisons de folklore réservées aux touristes.

Aujourd'hui, le fado retrouve grâce auprès d'un public tant portugais qu'étranger. Débarrassé d'une gangue idéologique qui ne lui a jamais vraiment correspondu, il se contente de véhiculer les mélodies errantes de l'âme lusitanienne, sur les poèmes de Fernando Pessoa, David Mourão-Ferreira ou Florbela Espanca. Et de tant d'autres, connus ou méconnus, quand la nuit rassemble, au fond d'une ruelle de l'Alfama, voisins et habitués, debout, le verre à la main et la larme (d'émotion) à l'œil. Hélas, avec le tourisme de masse, les boîtes à fado ayant pignon sur rue (si l'on peut dire, vue l'architecture à Lisbonne) prospèrent en se complaisant dans des interprétations de moins en moins authentiques.

Après **Amália Rodrigues** (1920-1999), qui a longtemps incarné l'image du fado, sur scène comme au cinéma, **Carlos do Carmo** a renoué avec une certaine tendance plus engagée. **José Afonso** avait lui aussi, en bon chansonnier polémiste, usé des méandres du fado comme détours à l'oppression politique. **Maria da Fé, José Mário Branco,** ou **Fernando Machado Soares** pour celui de Coimbra, sont aussi des noms connus. Mais le plus important reste la place des jeunes talents qui ne manquent pas et assurent une relève propre à séduire un nouveau public. Parmi

HOMMES, CULTURE ET ENVIRONNEMENT

les voix masculines, **Camané** domine la nouvelle génération. Le monde entier connaît déjà la voix de **Teresa Salgueiro** du groupe Madredeus, sans que ce soit tout à fait du fado ; on a découvert aussi l'image de **Mísia,** élevée au rang de chevalier de l'ordre des Arts et Lettres en 2004 par le ministre de la Culture français ; la touche de spontanéité et de fraîcheur de **Cristina Branco** lui permet de lier, avec bonheur, tradition et modernité. Elle est connue sur la scène internationale, tout comme **Mariza,** nouvelle ambassadrice du fado collectionnant les récompenses et les salles combles. **Mafalda Arnauth** tire elle aussi les origines de son chant dans le fado, alors que **Kátia Guerreiro** joue volontiers dans un registre plus traditionnel.
– Un beau livre-album à lire (et à écouter puisque le livre contient un CD) pour découvrir l'histoire du fado, ses origines, ses différents types, ses interprètes : *Fado, chant de l'âme,* de Véronique Mortaigne ; éd. du Chêne (1998, 96 p.). Une lecture qui est aussi une belle promenade dans Lisbonne et l'histoire du Portugal.

FÊTES ET JOURS FÉRIÉS

– *1er janvier :* Jour de l'an.
– *Mardi gras :* date variable, en février généralement.
– *Vendredi saint et Pâques :* dates variables, en avril.
– *25 avril :* fête de la révolution des Œillets (fête de la Liberté).
– *1er mai :* fête du Travail.
– *12-13 mai :* premier pèlerinage à Fátima.
– *10 juin :* fête nationale.
– *13 juin :* férié à Lisbonne seulement, pour la fête du saint patron de la ville, Santo António.
– *24 juin :* fête municipale à Porto.
– *15 août :* Assomption.
– *5 octobre :* fête de la République.
– *1er novembre :* fête de la Toussaint.
– *1er décembre :* fête de la Restauration de l'Indépendance.
– *8 décembre :* fête de la Vierge.
– *25 décembre :* Noël.

FUTEBOL

La 2e religion du pays. Il alimente la moitié des conversations entre mâles portugais, et son omniprésence sur les écrans de télé de la moindre gargote hypnotise un public passionné. Le foot portugais se veut très technique, à l'image de son cousin brésilien. La vedette historique du pays, un Mozambicain au jeu plein d'élégance, s'appelait Eusébio (Ballon d'or en 1965). Les stars du moment se nomment Deco, Pauleta et surtout Cristiano Ronaldo, le nouveau petit prodige de 20 ans jouant à Manchester United, et qui attise la convoitise des plus grands clubs européens. L'autre vedette du football portugais n'est autre que l'entraîneur du club anglais de Chelsea, José Mourinho. Sacré champion d'Angleterre en 2005 et en 2006 avec son club, il est l'entraîneur le mieux payé au monde et est réputé pour son caractère bien trempé.
Les *sócios* ou supporters-actionnaires se comptent par dizaines de milliers. Leurs cotisations enrichissent surtout les trois principaux clubs : à Lisbonne, Benfica (qui joue au légendaire *Estádio da Luz*) et le *Sporting Club* du Portugal (finaliste malheureux de la coupe de l'UEFA en mai 2005), et à Porto, le FC local (vainqueur de la coupe de l'UEFA en mai 2003 et de la Ligue des champions en mai 2004).
En 2004, la grande fierté des Portugais a été d'accueillir le championnat d'Europe des Nations (classé troisième événement sportif planétaire après les J.O. et la Coupe du Monde), suivi par un milliard de téléspectateurs. Pour cette occasion, 5 stades ont été entièrement rénovés à Lisbonne, Porto et Guimarães, et 5 autres

ont été construits dans des villes de taille moyenne comme Aveiro, Braga, Coimbra, Faro et Leiria. Coût total des dépenses en travaux de rénovation et création d'infrastructures : 800 millions d'euros ! Un effort titanesque pour un pays de 10,5 millions d'habitants, mais une part de la dépense a été financée par le fonds de développement de l'Union européenne. Néanmoins l'argent investi en valait la chandelle : liesse populaire, succès commercial et sportif pour les Portugais arrivés en finale face aux Grecs. Une belle fête ! Et en 2006, le Portugal peut se targuer d'avoir atteint les demi-finales, perdues contre la France.

GÉOGRAPHIE

Le Portugal, d'une surface de 91 906 km², est situé à l'extrême sud-ouest du continent européen, à l'ouest de la péninsule Ibérique. Mais le Portugal, c'est aussi les Açores (2 355 km²) et l'île de Madère (741 km²), situées au large des côtes, en plein océan Atlantique, le même océan qui vient lécher les côtes ouest portugaises sur plus de 850 km. Avec une longueur d'environ 560 km et une largeur de quelque 220 km, le Portugal partage sa frontière à l'est avec l'Espagne, sur plus de 1 200 km. Les forêts représentent moins de 36 % du territoire.

Les plus grands fleuves du Portugal sont le Douro, qui se jette dans l'Atlantique à Porto, le Tage, dont l'embouchure est à Lisbonne, et le Guadiana, en frontière avec l'Espagne. On trouve aussi le Minho au nord et le Mondego au centre. Le Tage, fleuve mythique, marque une frontière naturelle entre le Nord et le Sud. Au nord, le relief est assez accidenté, avec de nombreuses chaînes de montagnes qui découpent le pays, comme la serra da Estrela, dont la Torre, un sommet de 1 993 m, serait le point culminant du pays s'il n'y avait le volcan Pico Alto (2 351 m), sur l'Ilha do Pico, dans les Açores.

Au sud du Tage, plaines et collines courent jusqu'à l'océan, surtout au bas de l'Alentejo entre Évora et Beja, sur cette « plaine dorée » qui fait frontière avec l'Espagne et l'Algarve. Sur le littoral, les côtes sont escarpées, érodées, mais on trouve tout de même de petites dunes et des plages de sable fin. Pas de problème pour la bronzette !

HISTOIRE

Les origines

Entre les IXe et VIIe siècles av. J.-C., les Phéniciens, puis les Grecs, s'installent dans la péninsule Ibérique, dont la côte ouest est occupée en grande partie par les *Lusitoni*. Ils sont relayés d'abord par les Carthaginois au cours du IIIe siècle av. J.-C., puis par les Romains (139 av. J.-C.), qui administrent la région en profondeur. Au Ve siècle apr. J.-C., les Barbares envahissent le pays, et les belles villes romaines ne sont plus que ruines.

En 711, les Maures, venus d'Afrique du Nord, franchissent l'actuel détroit de Gibraltar et se fixent, entre autres, dans le futur État de Portugal. C'est le début d'une période de prospérité, au cours de laquelle les Maures gouvernent avec tolérance et répandent leur culture. Très vite, cependant, un esprit de « reconquête » s'empare de la chrétienté. Des chevaliers français participent à cette sorte de croisade, tel Henri de Bourgogne, qui épouse la fille d'Alphonse VI, roi de Léon et de Castille. Il reçoit en dot le « comté portucalense », et devient ainsi comte du Portugal (1095). Son fils Alphonse-Henri (Afonso-Henriques), qui lui succède, après avoir chassé sa mère, ancienne régente, puis remporté la victoire d'Ourique sur les Maures, se proclame roi du Portugal en 1143. Il fonde la dynastie de Bourgogne, qui régnera jusqu'en 1383. Après la prise de Faro, en 1249, les Maures quittent l'Algarve. Dès 1297, les frontières du Portugal sont sensiblement les mêmes qu'au XXIe siècle, phénomène unique en Europe. L'occupation musulmane aura donc été plus courte qu'en Espagne (de deux siècles) et laisse moins de traces...

La dynastie de Bourgogne

Parmi les successeurs d'Alphonse-Henri, il faut citer Denis Ier, qui fonde en 1290 l'université de Coimbra et officialise comme langue portugaise celle parlée dans cette ville.

La fin du XIVe siècle est marquée par de nombreux conflits avec la Castille, toujours menaçante, qui rêve d'annexer cet État voisin.

Les grandes découvertes

Après la mort de Ferdinand Ier, le grand maître de l'ordre d'Avis, qui s'est distingué dans la lutte contre la Castille, est proclamé roi par les Cortes sous le nom de Jean Ier en 1385. La dynastie des Avis règne sur le Portugal pendant deux siècles, période de gloire et de prospérité. En effet, dès 1415, la prise de Ceuta est le premier jalon de l'expansion portugaise. Probablement mû par l'esprit des croisades, Jean Ier confie alors à son fils, l'infant Henrique, dit Henri le Navigateur (qui deviendra grand maître de l'ordre du Christ), le soin de mener à bien cette politique de conquête. Henri, en 1417, se fixe à Sagres, à la pointe extrême de l'Europe, entouré des plus grands

DES DÉCOUVERTES QUI VALENT DE L'OR !

Les transformations qui ont découlé de ces découvertes sont énormes. Des nouveaux pays conquis affluent de prodigieuses richesses : or d'Afrique et d'Amérique, tapis de Perse, soieries de Chine et épices des Indes (à l'époque, un gramme de poivre coûtait aussi cher qu'un gramme d'or). Le Portugal est promu au rang de grande puissance (dans une pièce de Shakespeare – on a oublié laquelle ! – il est dit : « Être aussi puissant que le roi d'Espagne et aussi riche que le roi du Portugal »). Les anciennes places commerçantes de Méditerranée déclinent au profit de ports occidentaux tels que Lisbonne.

savants de l'époque ; de là, il organise les expéditions avec, pour consigne, d'aller le plus loin dans le sud de l'Atlantique.

En 1419, Madère est découverte ; en 1432, c'est au tour des Açores, puis des îles du Cap-Vert. Les Portugais y créent des comptoirs, futures villes relativement indépendantes du pouvoir local.

Après la mort d'Henri, en 1460, la course est lancée : Bartolemeu Dias atteint le cap des Tempêtes, rebaptisé cap de Bonne-Espérance, puisqu'on avait compris que l'on pourrait atteindre par là les Indes. En revanche, à Lisbonne, Jean II doit regretter sa décision : il n'a pas cru aux projets d'un certain Christophe Colomb, un Génois d'origine juive, qui est allé chercher des fonds ailleurs, en Espagne... et qui, en 1492, découvre l'Amérique (en croyant qu'il s'agissait des Indes...).

Le traité de Tordesillas (1494) partage le Nouveau Monde en 2 grandes sphères d'influence, portugaise et castillane... En 1495 commence le règne de Manuel Ier, et les grandes découvertes se poursuivent : les Indes en 1498 (Vasco de Gama), le Brésil en 1500 (Pedro Álvares Cabral), puis en 1540 la Chine...

Le Portugal est à la tête du plus grand empire d'Occident. Il recouvre les 5 continents. On parle portugais du Brésil à Goa, du Mozambique à Macao. Cet empire, qui aura tenu 5 siècles, sera le dernier à s'effondrer, lors de la révolution des Œillets en 1974. Mais pourtant, très vite, cette puissance va s'affaiblir : d'abord la population diminue de moitié, un million d'habitants étant partis dans les nouvelles colonies ; on troque les métaux précieux contre des céréales, mais on ne cultive plus les terres... Et c'est dans ce contexte que le roi Sébastien Ier entreprend une hasardeuse expédition au Maroc contre les Maures ; l'esprit chevaleresque ne fait plus recette, semble-t-il, car l'aventure se termine mal. Sébastien Ier est tué en 1578, à Ksar el-Kébir, et une bonne partie de l'armée est anéantie... Deux ans plus tard, Philippe II d'Espagne est proclamé roi du Portugal. En 1640, les nobles portugais se révoltent : le duc de Bragance devient souverain du Portugal.

« L'amitié » anglo-portugaise

Les liens entre le Portugal et l'Angleterre vont se resserrer, les échanges commerciaux entre les deux pays s'accroître. Une certaine dépendance vis-à-vis de l'Angleterre se fait jour.

Au milieu du XVIIIe siècle, le marquis de Pombal, ministre de Joseph Ier, joue un rôle très important dans le développement du pays : il entreprend la reconstruction de Lisbonne après le terrible tremblement de terre de 1755 (relisez *Candide* de Voltaire), la réforme de l'Administration, de l'enseignement et de l'armée, et crée le Trésor public, des manufactures.

Lié à l'Angleterre, le Portugal participe à la première coalition contre la France révolutionnaire et au Blocus continental. Napoléon Ier n'hésite alors pas à envoyer trois expéditions (Junot, Soult et Masséna), qui se heurteront à une vive résistance anglo-portugaise dont les Français viendront à bout. C'est une catastrophe sur le plan artistique : de nombreuses œuvres d'art sont volées ou détruites.

La famille royale s'étant enfuie au Brésil, il faut attendre 1820 pour que le roi rentre d'exil. En 1822, le Brésil proclame son indépendance et l'économie portugaise en prend un coup... Tout au long du XIXe siècle se succèdent coups d'État et guerres civiles, les rivalités politiques entre libéraux et monarchistes allant bon train. Les souverains de l'époque sont des personnages soit fantasques, tel Ferdinand de Saxe-Cobourg-Gotha, roi de Bulgarie, qui fait élever l'incroyable palais de la Pena, soit éphémères, comme Pedro V, qui représente un bref espoir de système libéral et démocratique, mais qui meurt trop vite.

Salazar

En 1908, le roi Charles Ier et le prince héritier sont assassinés. Deux ans plus tard, le roi Manuel II abdique. C'est l'avènement de la république. Associée à un esprit urbain, voire essentiellement lisboète, et suspectée d'anticléricalisme, alors que la majorité de la population est rurale et croit encore aux miracles (celui de Fátima en 1917), elle ne parvient pas à rétablir l'ordre, ni à assainir l'économie.

En 1926, avec le soulèvement militaire de Braga, s'installe un pouvoir militaire fort. C'est dans ce contexte que le jeune Salazar, alors professeur d'économie, est sollicité pour remettre les finances à flot et tient le Portugal à l'écart de la crise de 1929 et de la Seconde Guerre mondiale. Au niveau national, sa popularité repose sur une image de lui-même qu'il cultive avec soin : célibataire ascétique n'écoutant que les conseils de la vieille gouvernante avec qui il vit, n'accumulant aucune richesse personnelle, donnant même aux pauvres, il devient difficilement attaquable ; ce qui fait sa réputation de « moine dictateur ». En fait, un seul but l'anime : le pouvoir. Devenu président du Conseil, il instaure en 1933 l'« État nouveau ». Il réussit à obtenir une certaine stabilité monétaire et entreprend une politique de grands travaux (le pont suspendu du Tage) ; le régime n'en reste pas moins dictatorial : la police d'État (la tristement célèbre PIDE) est toute-puissante, les prisons sont pleines de détenus politiques... Puis, à partir de 1960, Salazar s'engage dans une politique militaire absurde en Afrique et, surtout, à contre-courant de celles menées par les autres puissances coloniales européennes ; ce qui a largement contribué à son isolement diplomatique.

Il est intéressant de constater que le régime de Vichy avait si peu d'idéologie politique qu'il s'inspira grandement du salazarisme (Pétain a même dit : « Puisque j'ai les idées de Salazar... ») :

– retour aux valeurs traditionnelles avec l'éloge du monde paysan ;

– les métiers sont organisés sur le mode corporatif comme au Moyen Âge ; patrons et ouvriers appartiennent à la même corporation, donc travaillent dans le même but ; les grèves n'ont dès lors plus de raison d'être... ;

– la censure est rétablie.

Le Portugal mène pendant une quinzaine d'années une guerre coloniale sur plusieurs fronts (Guinée-Bissau, Mozambique, Angola) pour maintenir les lambeaux de son empire. Très coûteuse en hommes et en matériel, incapable d'enrayer la lutte de libération de ces pays, elle engloutit 50 % du budget et impose un service militaire de 4 ans qui pousse sa jeunesse à émigrer, en France notamment. Cette guerre inutile finit donc par mécontenter un certain nombre de jeunes officiers. Moins bornés et plus sensibles à la justesse des thèses de l'adversaire que les ganaches galonnées, ils forment le Mouvement des capitaines. Victime d'une chute banale (en tombant de sa chaise !), Salazar meurt en 1970. Avec le pâle Caetano à la barre, le pays va à la dérive. L'ancien pouvoir fort, miné de l'intérieur, ne tient plus que par miracle.

La révolution des Œillets

Lorsque, au matin du 25 avril 1974, se déclenche le coup d'État militaire organisé par le général de Spinola et le Mouvement des capitaines, la police politique n'oppose aucune résistance. Le reste est connu : l'explosion de joie populaire, la fête des Œillets le 1er mai, la fraternisation du peuple avec les soldats qui, éperdus de bonheur, brandissent un œillet rouge au bout du fusil. C'est la fête. Grandiose et pacifique. Jean-Paul Sartre est accueilli en triomphe.

Le Portugal connaît alors un processus de radicalisation qui s'engouffre dans le vide politique de l'après-fascisme. Spinola, premier président de la République, démissionne en septembre, remplacé par Costa Gomes. Un Premier ministre, Vasco Gonçalves, proche du PC, dirige le pays. Réforme agraire et nationalisations sont les grandes mesures sociales du régime, accompagnées de la fin de la guerre en Afrique et de la décolonisation. Une nouvelle Constitution est édictée et un Conseil de la révolution est mis en place pour veiller à l'application des réformes et empêcher le retour du fascisme.

Sur le plan des libertés, le peuple portugais connaît pendant un an et demi une sorte de période libertaire où tout est possible, sans répression policière, sous l'œil bienveillant des militaires d'extrême gauche (notamment le Copcon du commandant Otelo de Carvalho). De nouveaux espaces de liberté sont conquis. Lorsque les habitants d'un quartier ont besoin d'un local pour créer une crèche, ils occupent une maison vide. Des patrons incompétents sont chassés. Les formes d'organisation autonomes de la population et des travailleurs comme les comités de locataires, commissions ouvrières, etc., se multiplient, réussissant parfois à se fédérer au niveau d'une ville, du pays. Les tensions entre ces formes de pouvoir à la base et les partis politiques traditionnels, dont le parti socialiste de Mario Soares, ne tardent pas à s'exacerber. De grandes manifestations d'ouvriers, de paysans et de soldats ont lieu tout l'été et tout l'automne 1975.

En novembre de la même année, à la faveur d'une révolte de soldats dans une caserne, l'aile modérée du mouvement des Forces armées met un coup d'arrêt à ce que l'ensemble de la classe politique qualifie de « situation anarchique ». Le coup est rude. Il provoque une démoralisation et une démobilisation rapide de la population. De 1975 à 1985, sur le plan politique, le pays connaît une série de combinaisons politiques de gouvernements hybrides, où le parti socialiste s'allie soit avec la droite (le CDS), soit avec le centre (le parti social-démocrate). Entre-temps, le général Eanes, difficile à classer politiquement mais très attentif au maintien des conquêtes d'avril, est élu par deux fois président de la République. L'érosion politique naturelle du pouvoir provoque en octobre 1985 la baisse de popularité de Mario Soares, qui chute de 35 à 20 % des voix.

Malgré tout, Mario Soares se présente à l'élection présidentielle qui suit et, contre les pronostics, grâce à une vigoureuse campagne, est élu.

Réélu dans un fauteuil en 1991, il est obligé de composer avec un Premier ministre social-démocrate qui domine l'Assemblée : Annibal Cavaco Silva. Le 14 janvier 1996, Mario Soares, non rééligible, quitte la présidence de la République. Après 50 ans de combats politiques et deux mandats présidentiels, il décide, à 72 ans, de devenir un « citoyen comme les autres ». Jorge Sampaio, membre du parti socialiste et ancien maire de Lisbonne, lui succède.

L'Europe, toujours l'Europe, encore l'Europe

En même temps, le pays se lance dans une vaste offensive culturelle en Europe pour promouvoir son image. Entré dans l'Union européenne en 1986, le Portugal cherche immédiatement à s'intégrer. Le fleuron de cette campagne d'intégration, l'Exposition universelle à Lisbonne en 1998, commémore le premier voyage de Vasco de Gama aux Indes (en 1498). Le thème d'*Expo 1998*, « Les océans, un patrimoine pour le futur », est à lui seul tout un programme marquant bien la place de la mer dans l'identité nationale. Aux législatives d'octobre 1999, le parti socialiste d'António Guterres remporte 44 % des votes exprimés, son plus beau score depuis la chute de Salazar, mais il ne dispose toujours pas de la majorité absolue. António Guterres doit donc gouverner avec le soutien du Parti populaire, de droite, ou de la CDU, d'obédience communiste, selon le cas. Mais en décembre 2001, aux élections municipales au cours desquelles d'importants bastions de la gauche (Lisbonne, Porto, Coimbra, Faro...) basculent vers la droite, il donne sa démission, provoquant une anticipation des élections législatives. Celles-ci ont lieu début 2002 et confirment la tendance des municipales. José Manuel Durão Barroso, dernier président du PSD, est alors nommé Premier ministre. Ce gouvernement doit affronter une remontée générale du chômage et mettre en place un budget de rigueur, avec hausse de la TVA, privatisations (notamment de la compagnie d'électricité EDP), coupes claires dans le budget – une politique pas très populaire mais nécessaire, notamment pour répondre aux exigences de Bruxelles.

L'année 2003 a, de plus, été marquée par le scandale de la *Casa Pia,* une institution d'aide aux enfants défavorisés, qui s'est avérée être une véritable base arrière des réseaux pédophiles du Portugal. Tout le pays s'en est ému, tant les milieux de la politique, du showbiz ou de la société civile ont été impliqués. Sur le plan international, le parti de droite au pouvoir a soutenu l'offensive américaine en Irak, espérant une aide politique et financière d'outre-Atlantique. L'organisation de la Coupe d'Europe de football en juin 2004 a également offert une possibilité de développement et d'ouverture supplémentaire sur l'Europe. José Manuel Durão Barroso, Premier ministre portugais, est nommé la même année à la tête de la présidence de la Commission européenne. Décidément, ce pays compte plus que jamais au sein de l'Europe. Un élan sur lequel devra s'appuyer le Premier ministre socialiste, José Socrates, élu triomphalement en février 2005. Anibal Cavaco Silva, candidat du PSD (droite), avec 50,6 % des suffrages exprimés est élu, lui, président en 2006. Cet économiste de centre-droit, discret et prudent, qui fut premier ministre de 1985 à 1995, succède donc à Jorge Sampaio. Mais au Portugal, c'est le gouvernement qui mène la barque et pas le Président.

Les faits marquants de l'année 2007

Après des débats houleux, les Portugais votent par référendum pour la dépénalisation de l'avortement (vote à 59,25 %). Au jeu-concours de la chaîne de télévision RTP, l'ancien dictateur Salazar est considéré comme le plus grand Portugais de tous les temps ; émotions dans l'opinion portugaise. Le Portugal prend au 1er juillet la Présidence de l'Europe. L'Angleterre et l'Europe se mobilisent après la disparition de la petite Maddie à Portimão. M. da Camara, un riche homme d'affaires, décède sans laisser d'héritier et décide de léguer sa fortune à 70 personnes tirées au sort dans l'annuaire. De quoi se mordre les doigts d'être sur liste rouge !

LIVRES DE ROUTE

Histoire, récits de voyages, documents

– *Voyages de Vasco de Gama : relation des expéditions de 1497-1499 et de 1502-1503,* éd. Michel Chandeigne, coll. « Magellan » (1995, 398 p.). Vasco da Gama fut le premier Européen à découvrir la route maritime des Indes par le cap de

Bonne-Espérance, cette liaison tant recherchée entre l'Europe et l'Asie que Christophe Colomb cherchait à l'ouest par l'Atlantique. Cet événement capital pour le Portugal et l'Europe n'aurait pas eu lieu sans la personnalité et le courage de Vasco da Gama. Ce livre rassemble onze témoignages directs laissés par des aventuriers-fidalgos sur ses deux premiers voyages en Inde.

– *Os Lusíadas* (*Les Lusiades* ; XVIᵉ siècle), de Luís de Camões ; éd. Robert Laffont, coll. « Bouquins bilingue » (1999, 581 p.). Sous la forme d'un interminable poème en vers, une chronique épique narrant les grandes heures de l'histoire du Portugal et les hauts faits d'arme des Lusitaniens sur toutes les mers du monde. L'Espagne a *Don Quichotte,* l'Italie a *La Divine Comédie,* le Portugal a *Les Lusiades* !

– *Pérégrinations,* de Fernão Mendes Pinto ; éd. La Différence, coll. « Minos » (2002, 992 p.). En 1537, un jeune matelot s'embarque à Setúbal sur une caravelle portugaise à destination de l'Extrême-Orient. Vingt et un ans plus tard, il revient dans son pays et rédige ses mémoires sous forme de récit de voyage. Ce Marco Polo portugais a tout vu, tout ressenti, tout éprouvé. Il a connu l'Abyssinie, l'Arabie, l'Inde, Goa, Malacca, Macao, Java, la Chine et le Japon ! Il fut géographe, espion, diplomate, pirate, mercenaire, trafiquant, naufragé, « treize fois captif et seize fois vendu ». Même si Mendes Pinto enjolive et déforme parfois la réalité, son odyssée rocambolesque laisse le lecteur admiratif. Un des grands récits de voyage du XVIᵉ siècle.

– *Le Fil rouge portugais,* de Jean-Pierre Péroncel-Hugoz ; éd. Payot-Rivages (n° 518, 2004). Un essai original et brillant par un grand reporter du journal *Le Monde* fasciné par « la manière portugaise d'embrasser le monde ». Comment un si petit pays est-il parvenu à faire de si grandes découvertes et à créer un empire ? Comment le portugais est-il devenu une langue parlée par des dizaines de millions de personnes dans le monde : à Madère, dans les îles du Cap-Vert, au Mozambique, à Timor, à Macao et au Brésil ? L'auteur y répond en finesse, au fil de ses nombreux voyages à travers les continents.

– *Histoire de Lisbonne,* de Dejanirah Couto ; éd. Fayard (2000, 382 p.). Voilà un livre de fond, clair et détaillé, sur cette « reine du Tage » qui fut la clef de la puissance maritime du Portugal. Née à Lisbonne, l'auteur est professeur en France. Très belles pages sur la fondation de Lisbonne, la rencontre des trois cultures – chrétienne, juive et arabe –, les origines du fado et le tremblement de terre de 1755. Étonnante analyse de deux grands mythes fondateurs de la nation portugaise : le Cinquième Empire et le sébastianisme.

– *Femme de Porto Pim et autres histoires,* d'Antonio Tabucchi ; récit ; éd. Christian Bourgois (1987, réédité en 1993, 108 p.). « Montagnes de feu, vent et solitude », c'est ainsi que, au XVIᵉ siècle, l'un des premiers voyageurs portugais à y débarquer décrivit les Açores. Antonio Tabucchi, écrivain italien, à la fin du IIᵉ millénaire, refait le voyage dans l'archipel portugais de l'Atlantique, à la recherche des baleines et des derniers baleiniers. Il a même écrit directement en portugais *Requiem, une hallucination.*

– *Lisbonne, livre de bord. Voix, regards, ressouvenances,* de José Cardoso Pires ; éd. Gallimard, coll. « Arcades » (1998, 93 p.). L'auteur fait revivre, au cours de pérégrinations personnelles dans Lisbonne, ses souvenirs d'enfance, ses lectures et auteurs favoris dont on peut presque entendre les voix et les pas. Magique !

– *Le Goût de Lisbonne,* éd. Mercure de France, coll. « Petit Mercure » (2002). Un petit recueil de textes piochés dans l'œuvre d'amoureux éperdus de la ville. Une belle approche de la capitale lusitanienne.

Romans, fictions

– *Lisbonne, voyage imaginaire,* de Nicolas de Crécy et Raphaël Meltz ; éd. Casterman (2002, 80 p.). Album illustré où l'auteur (Raphaël Meltz) raconte le voyage à Lisbonne qu'il n'a pas fait, estimant que la lecture de livres sur cette ville lui apporte plus d'informations qu'il n'en obtiendrait lors d'un voyage sur place. Et c'est vrai ! Ce texte plein d'humour construit de citations d'auteurs portugais, de carnets de voyage, d'articles de journaux et de rapports nous apprend plein de petites choses, notamment sur la perception et la réputation de Lisbonne dans les siècles passés.

– *Ode maritime (1915),* de Fernando Pessoa ; éd. Fata Morgana (1980, 80 p.), traduit par D. Touati et M. Chandeigne. Monologue prêté à un double de Pessoa, ce poème philosophique met en relation l'interrogation sur l'identité, l'existence du moi, avec la mer elle-même, ses légendes, son histoire, sa cruauté, son caractère perpétuellement mouvant. L'Océan comme métaphore de l'instabilité universelle. Un classique de la littérature portugaise. Ne pas passer à côté de *Lisbonne* (éd. 10/18, n° 2860, 114 p.), qui a été écrit d'abord en anglais par Pessoa (il le parlait et l'écrivait couramment car il avait vécu à Durban en Afrique du Sud). Il s'agit d'un petit guide au style volontairement sobre (et sans fantaisie) où Pessoa donne la liste complète et commentée de tout ce qu'un visiteur doit voir et connaître à Lisbonne.

– *Forêt vierge,* de Ferreira de Castro ; éd. Grasset, coll. « Les Cahiers Rouges » (1938, réédité en 1998, 283 p.). Peu connu du grand public, ce beau livre, sombre et réaliste, fut publié en 1930 à Lisbonne, sous le titre *A Selva.* Traduit en français par Blaise Cendrars, sur recommandation de Stefan Zweig, il raconte la vie d'un jeune migrant portugais, seul et sans le sou, qui tente sa chance dans les années 1900, au sein d'une plantation de caoutchouc d'Amazonie, quand celle-ci apparaissait comme un eldorado. Le paradis des origines du monde dévoile vite son vrai visage : l'enfer vert ! Ennui et monotonie, climat terrible, chaleur étouffante, conditions de vie et de travail épouvantables, hostilité des Indiens à l'égard des colons. « L'Amazonie ronge l'âme » de ceux qui ne se soumettent pas à sa loi cachée, mais elle inspire des pages magnifiques à Ferreira de Castro. Le livre a été porté avec talent à l'écran par le cinéaste portugais Leonel Viera.

– Les romans de **António Lobo Antunes,** publiés aux éditions du Seuil (coll. « Points »), donnent un éclairage sans complaisance sur la ville de Lisbonne et le passé colonial du Portugal, mais aussi sur les arpents de la société portugaise. Magnifique sur le fond, mais syntaxe volontairement déstructurée qui casse le charme. Son traducteur en France, Carlos Batista, a publié *Poulailler* (éd. Albin Michel), qui raconte la vie d'un immigré portugais en France, et quelques visions originales de Fátima et du cimetière des plaisirs de Lisbonne.

– Pour saisir l'âme de Porto, reportez-vous aux ouvrages (quasiment tous publiés aux éd. Métaillé) d'**Agustina Bessa Luís,** surnommée la « Marguerite Yourcenar portugaise ». Quant à l'âme de Lisbonne, plongez-vous dans l'étrange roman *Lisbonne dans la ville noire,* de Jean-Yves Loude (Actes Sud). À la recherche d'une voix, il nous fait découvrir une ville métissée, tout en musique et odeurs.

– Les romans de **Eça de Queiroz,** écrivain de la seconde moitié du XIXe siècle dans la lignée des Flaubert, Balzac. Pour comprendre la société portugaise dans le contexte culturel de l'époque.

– *Portugal,* de Miguel Torga ; récit ; éd. José Corti, coll. « Ibériques » (1996, 141 p.). Attention, ce livre n'a rien d'un guide ! C'est un poème en prose sur un Portugal intérieur au fil des routes personnelles de l'auteur, Miguel Torga, qui, du nord au sud, nous prête ses clés du royaume.

– Et pourquoi ne pas vous lancer dans les ouvrages du prix Nobel de littérature 1998, José Saramago ? Les férus de romans historiques opteront pour l'*Histoire du siège de Lisbonne* (1989 ; éd. du Seuil, coll. « Points », n° 619, 1999, 342 p.) ; ceux qui aiment les romans « à réflexion » choisiront *Le Radeau de pierre* (1986 ; éd. du Seuil, 1990, 312 p.) ou, un bijou, *Pérégrinations portugaises* (1994 ; éd. du Seuil, 2003, 438 p.).

– *La Reine morte,* d'Henry de Montherlant ; éd. Gallimard, coll. « Folio » (n° 12, 192 p.). Un classique de notre enfance qui relate l'histoire d'Inès et de Pedro, fils d'Alphonse IV, roi du Portugal, qu'on chercha à écarter de sa jeune maîtresse. Sur la même trame, *La reine crucifiée,* de G. Sinoué (éd. Albin Michel, 2005).

MÉDIAS

Radio

On trouve quelques radios françaises « expatriées » comme *RFM Portugal*. Sur *Radio Europa,* à Lisbonne sur 90.4 FM, diffusion en soirée des programmes de *RFI*. Pas mal de musique également sur *Mega FM.* Il existe naturellement une *Radio Fado,* pour les fans de cette musique mélancolique. Les fans de foot vibreront avec *Mais futebol.* Les autres iront sur les ondes publiques *Antenna 1, 2* et *3. TSF* est une radio généraliste très prisée également.

Presse

On lit beaucoup la presse au Portugal. Une large part fait ses choux gras de l'actualité sportive, avec notamment *A Bola* (● abola.pt ●), journal in-con-tour-nable pour les fans de sport. Les autres journaux font la part belle à l'actualité nationale, avec des quotidiens comme *Diário de Notícias* (● dn.pt ●), le journal le plus lu avec 90 000 exemplaires par jour, *Correio da Manhã* (● correiomanha.pt ●) ou *Jornal de Notícias* (● jnoticias.pt ●). Côté hebdos, on trouve l'*Expresso* (● online.expresso.pt ●), magazine généraliste, et *Público* (● publico.pt ●), le journal de l'intelligentsia portugaise. Les journaux français et magazines sont facilement disponibles dans la plupart des grandes villes.

Télévision

Il existe 2 chaînes publiques (*RTP 1* et *RTP 2*). Mais ce sont les 2 chaînes privées, *SIC* (Sociedade independente de comunicação) et *TVI* (Televisão independente) qui mènent sur le front des audiences. SIC fait exploser l'audimat avec les *telenovelas* brésiliennes très olé-olé, sur lesquelles les restos sont branchés dans la journée. TVI, la petite chaîne qui monte, a été à l'initiative de l'émission *Big Brother* version lusitanienne. Il existe par ailleurs les chaînes du câble, sur lequel on capte TV5. Se reporter plus haut à notre rubrique « Infos en français sur TV5 ».

MUSÉES

En général, les musées publics sont fermés le lundi, certains jours fériés (1er janvier, dimanche de Pâques, 1er mai et 24 décembre notamment), et parfois le mardi matin.
Les musées nationaux sont gratuits pour les enfants de moins de 12 ans, les personnes de plus de 65 ans, les enseignants (avec carte professionnelle), et souvent le dimanche jusqu'à 14h pour tous. À Lisbonne, la *Lisboa Card* permet des réductions importantes, voire la gratuité dans la plupart des musées, y compris dans certaines villes alentour (se reporter à la rubrique concernée dans le chapitre « Lisbonne »). La carte internationale d'étudiant offre le demi-tarif dans presque tous les musées, mais il faut le demander. La carte Jeune permet des réductions souvent plus intéressantes, comme par exemple avec la *Lisboa Card.*
● *ipmuseus.pt* ● Toutes les informations pratiques sur les musées portugais.

PERSONNAGES

– *Henri le Navigateur (1394-1460) :* voir Sagres plus loin.
– *Afonso de Albuquerque (1453-1515) :* illustre navigateur portugais, surnommé le « Lion des mers d'Asie ». Né à Alhandra (près de Vila Franca de Xira, Ribatejo), il s'empare de Goa (Inde) en 1510 et y fonde l'un des plus solides comptoirs portugais (qui restera aux mains des Portugais jusqu'en 1961). Son tombeau se trouve dans l'église Nossa Senhora de Graça à Lisbonne.

– **Pedro Álvares Cabral** (1467-1526) : né à Belmonte. Le navigateur qui découvrit le Brésil, en mars 1500, par erreur... Avec comme premier objectif... l'Inde. Aujourd'hui, plus de 176 millions de Brésiliens parlent le portugais grâce aux caprices du vent et aux courants de l'Atlantique ! Le tombeau de Cabral se trouve à l'église de Graça à Santarém.

– **Vasco da Gama** (1469-1524) : le 22 mai 1498, 4 caravelles portugaises accostent à Calicut, sur la côte sud-ouest de l'Inde. Une première mondiale ! Vasco da Gama prouve ainsi que l'on peut atteindre l'Asie par la mer, en contournant l'Afrique par le cap de Bonne-Espérance. La route des Indes est ouverte. Cinq ans seulement après la découverte de l'Amérique par Christophe Colomb, il accomplit le vieux rêve de l'Occident d'atteindre l'Orient (par la mer et par la route de l'est), et conquiert la route de l'or, des épices, des drogues, des soieries, des pierres précieuses. Une découverte fabuleuse, qui aura des retombées immédiates sur l'économie portugaise : en 1503, le poivre se vendait cinq fois moins cher à Lisbonne qu'à Venise. On comprend que le Portugal le considère encore comme un héros. Son tombeau se trouve aujourd'hui au monastère des Jerónimos à Lisbonne. Son nom et ses titres de noblesse (dont celui de comte de Cascais) sont toujours portés par l'un de ses descendants, *Dom Vasco de Teles da Gama*, collectionneur et antiquaire à Lisbonne.

– **Fernand de Magellan** (1480-1521) : plus connu au Portugal sous son vrai nom, Fernão de Magalhães. On pense qu'il est né en 1480 loin de la mer, à Sabrosa, dans le Trás-os-Montes. Après avoir vécu dans les comptoirs portugais d'Asie, il conçoit le projet de rejoindre ces fameuses îles aux Épices par l'ouest et non par l'est (route déjà connue). Manuel Ier, le roi du Portugal, lui refuse son soutien (erreur historique !). Du coup, Magellan se tourne vers la concurrence et tente sa chance auprès de l'Espagne voisine. Le roi d'Espagne accepte de financer l'expédition. Objectif de Magellan : atteindre les Moluques par une route plus courte que celle de l'océan Indien. Le navigateur estime en effet que cet archipel se trouve à quelques centaines de kilomètres seulement des côtes de l'actuelle Amérique du Sud !

Le 20 septembre 1519, cinq navires ont à leur bord 265 hommes quittent Sanlúcar de Barrameda (Andalousie). Après une traversée de l'Atlantique, ils découvrent au cours de l'hiver 1520 un passage permettant de rejoindre l'océan inconnu : le Pacifique. C'est aujourd'hui le détroit de Magellan en Patagonie. Le scorbut et la famine font des ravages, et le 6 mars trois îles apparaissent à l'horizon. C'est l'archipel des Mariannes. Magellan les baptise îles des Larrons. Puis, arrivé aux actuelles Philippines, il obtient une exclusivité commerciale pour l'Espagne auprès du roi de Cebu. Celui-ci

MAGELLAN, TRAÎTRE OU HÉROS ?

Il apparaît comme le plus audacieux, le plus universel des explorateurs portugais. Mais voilà : Magellan ne naviga pas pour le roi du Portugal mais pour le compte de la couronne d'Espagne. Du coup, encore aujourd'hui, les Portugais ne le reconnaissent pas vraiment : il est considéré comme une sorte de traître à la nation. Magellan est pourtant le premier navigateur européen à réaliser un tour du monde (bien qu'il n'ait pu l'achever lui-même). Ça fait bien sur un CV !

parle une langue que personne ne comprend sauf un homme de l'équipage, un dénommé Enrique, l'esclave que Magellan avait ramené de son premier séjour à Malacca. En effet, Enrique parle la même langue que le roi de Cebu, le malais. Conclusion : Sumatra, d'où vient Enrique, n'est pas très loin. Ironie de l'histoire ou signe des temps : un des premiers hommes à avoir jamais fait le tour du monde est donc un esclave malais, chrétien, sur une flotte venue d'Europe ! Mais en avril 1521, Lapu-Lapu, le roi de l'île de Mactan, s'insurge contre la présence des Espagnols. Au cours d'un violent combat, Magellan succombe, transpercé par des flèches empoisonnées. Il n'était qu'à un saut de puce des Moluques. Son adjoint et rival espagnol, El Cano, achève ce premier tour du monde, et reçoit tous les honneurs à la place de Magellan. Le 8 septembre 1522, soit presque trois ans après leur appareillage, 18 hommes, sur les 265 du premier jour, entrent dans le port de Séville...

– ***António de Spínola*** (1910-1996) : son monocle, son allure noble et grave, et sa circonspection, ont contribué à donner une image mesurée, digne et sobre, à la révolution des Œillets. Avant d'être un homme politique portugais, il fut gouverneur de la Guinée (1968-1973). Il se rendit célèbre en dirigeant le coup d'État militaire du 30 avril 1974 qui renversa la dictature de Salazar. Devenu président du Portugal, Spinola s'opposa aux forces de gauche, ce qui entraîna sa démission et son exil. Revenu au Portugal en 1976, il fut promu maréchal en 1981.

– ***António Lobo Antunes*** (né en 1942) : écrivain, psychiatre, très marqué par son expérience de soldat et de médecin en Angola pendant la guerre de décolonisation. Introduit et publié en France par Christian Bourgois (traduit par Carlos Batista). Des romans poignants – *Le Retour des caravelles, La Splendeur du Portugal* – qui saisissent l'âme du Portugal et des Portugais. La tristesse d'un monde qui s'effondre (l'Empire portugais) dans le fracas des armes n'est que prétexte à dire aussi le plaisir de survivre, tant bien que mal, à cette amertume historique. La syntaxe déstructurée de Lobo Antunes captive les avant-gardistes mais déroute les classiques, qui voient en lui un provocateur.

– ***Amália Rodrigues*** (1920-1999) : la plus fameuse des chanteuses de fado portugais, surnommée la « Maria Callas lusitane ». Née dans une famille modeste mais dotée d'une prestance et d'une allure de princesse, Amália fut malmenée après la révolution des Œillets par des sectaires qui la traitèrent de fasciste. Or elle ne faisait pas de politique, rien que du grand art et des tournées dans le monde entier : le fado fut toute sa vie. Cette fadista émouvante sur la scène comme au cinéma méritait d'être enterrée au panthéon national. Sa maison, rua São Bento, près du parlement, à Lisbonne, est devenue un musée.

– ***Maria de Medeiros*** (née en 1965) : actrice de cinéma avant tout, née à Lisbonne et révélée par *Pulp Fiction,* de Quentin Tarantino, où elle jouait la petite amie de Bruce Willis, pleine de candeur. On l'a vue dans *Moi, César, 10 ans 1/2, 1 m 39,* de Richard Berry. Elle a réalisé son premier film, *La Mort du Prince* (1991), évoquant l'œuvre de Pessoa, puis son second sur la révolution des Œillets, *Capitaines d'avril,* en 1999. En 2007 est sorti *Je t'aime, moi non plus* autour du travail de l'artiste et du critique.

– ***Maria João Pires*** (née en 1944) : pianiste de renom, née à Lisbonne, célébrée sur la scène internationale, porte-parole pacifiste des « anti-guerre » en Irak en 2003.

– ***Fernando Pessoa*** (1888-1935) : écrivain né à Lisbonne, auteur du fameux *Livre de l'intranquillité* (Points Seuil), célèbre marcheur, routard avant l'heure au 75 personnalités ! On retrouve sa statue en bronze à Lisbonne, rua Garrett, accoudé à la terrasse du café *A Brasileira.*

– ***José Mourinho*** (né en 1963) : originaire de Setubal, il était en 2007 l'entraîneur de football le mieux payé au monde. Avant de partir pour le club anglais de Chelsea, il a tout gagné avec le FC Porto : Coupe de l'UEFA, Ligue des Champions et championnat du Portugal. Stratège hors pair, il laisse rarement insensible par ses coups de gueule et son art de la provocation.

– ***Manoel de Oliveira*** (né en 1908) : cinéaste prolifique (presque un film par an !). Deneuve, Malkovitch, Piccoli tournent avec lui, les yeux fermés, des films d'auteur.

– Je suis une *brune qui ne compte pas pour des prunes,* j'aime les *Banana Split* et les *Amoureux Solitaires,* qui suis-je ? Wanda Maria Ribeiro Furtado Tavares de Vasconcelos, dite *Lio,* née en 1962 à Mangalde. Aujourd'hui, Lio est actrice au théâtre (*Le Bébé*), fait du cinéma (*Mariages !*) et a publié ses mémoires, *Pop Model,* avec Gilles Verlant (éd. J'ai Lu, 2005).

– ***Agustina Bessa Luís*** (née en 1922) : souvent surnommée la « Marguerite Yourcenar portugaise ». Tous ses livres, ou presque, ont paru aux éditions Métailié. Grande figure de la littérature portugaise, elle a dirigé un journal à Porto et a collaboré à certains films de Manoel de Oliveira.

– **Linda de Suza** *(née en 1948) :* de son vrai nom, Teolinda Lança, née près de Beja, dans l'Alentejo. Elle a ému les foules avec sa *Valise en carton* dans les années 1980, racontant son arrivée en France et ses débuts dans la chanson *Chez Louisette,* à Paris.

– **José Saramago** *(né en 1922) :* écrivain, Prix Nobel de littérature 1998. Originaire du Ribatejo. Autodidacte, ancien manutentionaire, il s'est révélé à l'écriture, avec pour thème majeur le Portugal, son histoire épique, ses rêves et sa dure réalité.

– Et encore plusieurs autres personnes célèbres à retrouver dans les rubriques « Cinéma », « Fado », « *Futebol* » plus haut et « Livres de route » dans « Portugal utile ».

POPULATION

Au dernier recensement de 2001, le Portugal comptait 10,5 millions d'habitants environ, les Açores et Madère compris. Suivant une évolution propre au Vieux Continent, le pays enregistre une augmentation du nombre des personnes âgées, pour une baisse parallèle du nombre de jeunes Portugais. L'essentiel de la population est concentré le long de la façade atlantique, autour de Lisbonne principalement. Longtemps voué à l'émigration, vers les colonies, en Afrique, vers le Nouveau Monde et la France, le pays fait aujourd'hui appel à une population immigrée contrôlée par l'État pour juguler le manque de main-d'œuvre. La majorité des immigrés proviennent d'Europe de l'Est (l'Ukraine notamment), des anciennes colonies d'Afrique et du Brésil. Le Portugal compterait aujourd'hui environ 200 000 immigrés en situation régulière.

RELIGIONS ET CROYANCES

Selon une croyance (!), « être portugais, c'est être catholique mais pas forcément pratiquant ». Il est vrai que la ferveur religieuse du Portugal n'a rien à envier aux pays européens profondément catholiques comme la Pologne, l'Italie ou encore l'Irlande. Inutile d'évoquer Fátima, le Lourdes portugais, et les pèlerinages toujours très suivis de Bom Jésus, du monastère d'Alcobaça ou encore de Batalha. Tous les dimanches, de nombreux fidèles se pressent dans les églises. Mais depuis quelques années, ces dernières sont moins fréquentées. Si 90 à 95 % de la population sont catholiques, on remarque toutefois la montée des sectes religieuses telles que les Témoins de Jéhovah. D'autres sectes en provenance directe du Brésil font leur apparition progressivement, détournant les ouailles de leur chapelle, au grand dam des prêtres qui voient l'Europe et le progrès social et économique comme les grands pourfendeurs de la religion catholique aujourd'hui au Portugal. À moins que ce ne fût la séparation de l'État et de l'Église, au sortir de la dictature salazariste en 1976, qui marqua une ouverture progressive du pays vers d'autres cieux. Quant à la religion musulmane, on estime qu'elle regroupe environ 15 000 fidèles.

Juifs et marranes

Vivant depuis des siècles au Portugal, les communautés juives virent leur sort rattrapé par celui des juifs d'Espagne expulsés en 1492 par la très catholique Isabelle de Castille et son époux, le roi Ferdinand, pour obéir au diktat de l'Église espagnole. Plus de 100 000 individus furent contraints au départ, dont 60 000 environ choisirent l'exil au Portugal. En échange de la rondelette somme de 100 000 ducatines, le roi Jean II leur promit bateaux et protection pour 8 mois. Las ! Un an plus tard, les enfants juifs de 2 à 10 ans étaient enlevés à leurs parents et déportés sur l'archipel de São Tomé, où peu d'entre eux survécurent.

Le roi Manuel Ier, désireux de s'allier les bonnes grâces espagnoles, n'hésita pas non plus à ordonner la conversion forcée de tous les juifs portugais au catholicisme, en 1496. Pour ces convertis, l'appellation de crypto-juifs, ou marranes, s'impose aujourd'hui. Les plus chanceux purent s'exiler à Amsterdam (comme les ascendants du philosophe *Baruch Spinoza*), en France (les ancêtres de *Pierre Mendès France,* et la famille *Pereire*...) – notamment à Bordeaux (Michel de Montaigne avait un aïeul juif portugais) – ou au Brésil. Quant aux autres nouveaux chrétiens, mal acceptés par la population, ils furent persécutés et victimes d'un immense massacre à Lisbonne en 1506 : plus de 4 000 victimes. En 1536, le pape autorisa la mise en place d'une Inquisition portugaise, et les juifs disparurent définitivement de la place publique, confinés dans la clandestinité pour de longs siècles à venir. Pendant la Seconde Guerre mondiale, de nombreux juifs polonais persécutés par le nazisme furent sauvés de la déportation grâce à l'accueil du Portugal. Quoique surveillés par la police politique de Salazar, ils vécurent à Lisbonne presque normalement ou aux alentours de la capitale, sans être livrés aux autorités allemandes. Salazar ne tint pas compte des pressions du Reich car, orgueilleux, il n'aimait pas qu'on lui dicte sa conduite. Une partie de ces réfugiés embarqueront ensuite pour l'Argentine ou le Brésil.

On compte aujourd'hui quelque 2 000 juifs au Portugal. Le renouveau de la tradition et des cultes est frappant, notamment avec l'inauguration dans les années 1990 de la synagogue de Belmonte.

Pour plus d'infos :
– *Histoire des marranes,* de Cecil Roth (Éd. Liana Levi Piccolo, n° 10, coll. « Histoire », 2002, 346 p.).
– *La Foi du souvenir, Labyrinthes marranes,* de Nathan Wachtel (Éd. du Seuil, coll. « La Librairie du XXIe siècle », 2001, 448 p.).

SAVOIR-VIVRE ET COUTUMES

Repas

Les heures des repas sont bien plus tardives que les nôtres : le déjeuner a lieu vers 14-15h et le dîner entre 20h et 22h. Attention, en dehors de Lisbonne, les restos ferment plutôt vers 21h30.

Courtoisie et art de la parlote

Tout le monde vous le dira, les Portugais sont rarement à l'heure pour les rendez-vous. Leur gentillesse et leur disponibilité vous feront vite oublier ces quelques minutes de retard. Si vous ne connaissez pas la personne à laquelle vous vous adressez, faites précéder le nom de votre interlocuteur d'un « Senhor » pour un homme ou d'un « Senhora » pour une femme. Avec l'habitude, on vous tapera facilement sur l'épaule et on vous appellera par votre prénom, c'est bon signe ! Puis on vous fera la conversation, car ici plus qu'ailleurs on aime papoter, quitte à s'arrêter tous les 3 m dans la rue pour vous expliquer le pourquoi du comment droit

OUBLIEZ VOTRE ESPAGNOL

Un petit conseil en passant : les Portugais apprécient rarement nos efforts surhumains pour s'adresser à eux en espagnol. Pour des raisons historiques évidentes, les deux langues n'ont pas toujours fait bon ménage et c'est une façon malhabile de reconnaître la supériorité de la langue de Cervantès dans la péninsule Ibérique. L'effort s'avère d'ailleurs souvent inutile, puisque primo on comprend généralement mal la réponse (sans avoir reconnu dans quelle langue elle a été prononcée), à moins de maîtriser un max, secundo l'ami interlocuteur répond une fois sur deux dans un français parfait à faire pâlir nos immortels de la Coupole.

dans les yeux. Le fin du fin pour les hommes, c'est de papoter tout en portant sa veste sur les épaules, sans enfiler les manches. C'est toujours très tendance.

Fado

Voir cette rubrique plus haut.

Romaria

Essayez d'assister à l'une de ces fêtes : c'est l'une des manifestations les plus typiques du Portugal. Il s'agit en fait de processions religieuses, avec fêtes en série qui célèbrent le saint de la ville. Toutes ces manifestations s'accompagnent de rites et de coutumes variant d'une région et d'une ville à l'autre. Le soir, en revanche, on célèbre plutôt Bacchus et tous les dieux de la bonne chère.

Tourada

Voir cette rubrique plus bas.

Jours de la semaine

Au Portugal, la semaine commence le dimanche (Domingo ou Dom.). Le lundi étant le deuxième jour, on l'appelle Segunda-Feira (ou bien *Seg.*, ou encore 2ª). Puis viennent *Terça-Feira, Quarta-Feira, Quinta-Feira* et *Sexta-Feira.* Et pour changer un peu, le dernier jour de la semaine est *Sábado,* le samedi (pour voir si vous avez bien suivi).

Noms de famille

Comment distinguer le nom d'usage parmi les nombreux noms que déclinent les Portugais lorsqu'on leur demande leur nom complet ?
Le nom est souvent composé de deux prénoms et de deux noms (le dernier nom de la mère suivi du dernier nom du père) : le nom d'usage est alors généralement formé du premier prénom et du dernier des noms. Cette règle est cependant très souple et vous pourrez rencontrer quelqu'un ayant quatre ou cinq noms de famille et se faisant appeler par son deuxième prénom ou par ses deux prénoms.
Sachez toutefois que le prénom vient normalement avant le nom (y compris dans la plupart des classements alphabétiques) et qu'il est toujours plus aisé de joindre quelqu'un si l'on connaît son nom complet.

SITES INSCRITS AU PATRIMOINE MONDIAL DE L'UNESCO

Organisation
des Nations Unies
pour l'éducation,
la science et la culture

En coopération avec
le centre du patrimoine mondial de l'UNESCO

Pour figurer sur la Liste du patrimoine mondial, les sites doivent avoir une valeur universelle exceptionnelle et satisfaire à au moins un des dix critères de sélection. La protection, la gestion, l'authenticité et l'intégrité des biens sont également des considérations importantes.
Le patrimoine est l'héritage du passé dont nous profitons aujourd'hui et que nous transmettons aux générations à venir. Nos patrimoines culturel et naturel sont deux sources irremplaçables de vie et d'inspiration. Ces sites appartiennent à tous les peuples du monde, sans tenir compte du territoire sur lequel ils sont situés.
Pour plus d'informations : ● http://whc.unesco.org ●

– *Le monastère des Hiéronymites (Mosteiro dos Jerónimos),* chef-d'œuvre de l'art manuélin – Vasco de Gasma et Luis de Camoes y sont enterrés – et *la tour de Belém* (1983), ancienne tour de garde à Lisbonne.
– *Le monastère de Batalha* (1983), édifié pour célébrer la victoire des Portugais sur les Castillans en 1385, de style gothique, influencé par l'art manuélin.

– *Le couvent du Christ* (1983) à Tomar, l'ancien antre des Templiers et symbole manuélin de l'ouverture au monde.

– *Le centre historique d'Évora* (1986), l'ancienne résidence des rois du Portugal, avec son temple de Diane et ses maisons blanchies à la chaux, ses balcons en fer forgé et ce petit quelque chose qui rappelle le Brésil.

– *Le monastère d'Alcobaça* (1989), monastère du XIIᵉ siècle avec les tombeaux des héros Pedro et Inès et chef-d'œuvre du gothique cistercien.

– *Le paysage culturel de Sintra* (1995), la villégiature de Ferdinand II au XIXᵉ siècle, son château aux influences éclectiques, son jardin, ses couleurs, ses odeurs...

– *Le centre historique de Porto* (1996), sa gare et ses azulejos, sa cathédrale...

– *L'art rupestre préhistorique de la vallée du Côa* (1998), des gravures du paléolithique supérieur – c'était il y a plus de 12 000 ans !

– *La région viticole du Haut Douro* (2001), une organisation hors pair (ou peut-être en Chine dans les rizières et les plantations de thé !) du paysage qui donnera le célèbre Porto !

– *Le centre historique de Guimarães* (2001), une plaisante ville médiévale.

TOURADA

La course de taureaux portugaise est très différente de la corrida espagnole. Il n'y a pas de lutte à mort entre le taureau et l'homme. Au milieu du XVIIIᵉ siècle, en effet, à la suite d'une *tourada* au cours de laquelle un noble avait perdu la vie, la mise à mort fut interdite. Cette tauromachie n'en est pas moins cruelle pour autant, car les bêtes, salement blessées, sont abattues quelque temps plus tard.

Autre différence avec la corrida espagnole : au Portugal, elle s'effectue générale-ment à cheval. L'occasion d'observer la race équine portugaise par excellence : le cheval lusitanien. Autrefois, la corrida à cheval était exclusivement réservée à l'aris-tocratie. L'art de la tauromachie à pied était pratiqué par les domestiques, qui aidaient généralement leurs maîtres dans leurs combats afin de les sortir de situa-tions... difficiles.

La *tourada* commence par la course à cheval, pendant laquelle les cavaliers *(cava-leiros)* plantent entre les cornes du taureau 6 banderilles *(farpas)*. Les cavaliers excellent dans l'art de monter à cheval ; ils sont somptueusement vêtus, et leur cheval superbement harnaché. Après avoir reçu les ovations de la foule, le cavalier laisse la place aux *peãos,* hommes à pied qui, par des figures de cape, fatiguent la bête.

Enfin vient la partie bouffonne de la *tourada* : l'*arrojado*. Les *forcados* (autrefois, ils avaient une fourche), au nombre de 8, essaient de maîtriser l'animal en saisissant la bête par les cornes (protégées par du cuir et terminées par un bout de bois arrondi), le garrot et la queue. Les chocs sont parfois assez violents.

Les courses de taureaux ont lieu généralement une fois par semaine, de Pâques à octobre. Les plus réputées sont celles de Lisbonne, Santarém ou Vila Franca de Xira.

UNITAID

« L'aide publique au développement est aujourd'hui insuffisante » selon les Nations unies. Les objectifs principaux sont de diviser par deux l'extrême pauvreté dans le monde (1 milliard d'êtres humains vivent avec moins de 1 dollar par jour), de soi-gner tous les êtres humains malades du sida, du paludisme et de la tuberculose et de mettre à l'école primaire tous les enfants du monde d'ici à 2020. Les États ne fourniront que la moitié des besoins nécessaires (80 milliards de dollars).

C'est dans cette perspective qu'a été créée, en 2006, UNITAID, qui permet l'achat de médicaments contre le sida, la tuberculose et le paludisme.

Aujourd'hui, plus de 30 pays dont la France se sont engagés à mettre en œuvre une contribution de solidarité sur les billets d'avion, essentiellement consacrée au financement d'UNITAID. Ils ont ainsi ouvert la voie, pour la première fois, à une démarche citoyenne mondiale et à une fiscalité internationale pour réguler la mondialisation : en prenant son billet, chacun contribue à réduire les déséquilibres engendrés par la mondialisation.

Le fonctionnement d'UNITAID est simple et transparent : aucune bureaucratie n'a été créée puisque UNITAID est hébergée par l'OMS et sa gestion contrôlée par les pays bénéficiaires et les ONG partenaires.

Grâce aux 300 millions de dollars récoltés en 2007, UNITAID a déjà engagé des actions en faveur de 100 000 enfants séropositifs en Afrique et en Asie, de 65 000 malades du sida, de 150 000 enfants touchés par la tuberculose, et fournira 12 millions de traitements contre le paludisme.

Le *Guide du routard* soutient, bien entendu, la réalisation des objectifs du millénaire et tous les outils qui permettront de les atteindre !

Pour en savoir plus : ● *unitaid.eu* ●

HOMMES, CULTURE ET ENVIRONNEMENT

LISBONNE

Pour les plans de la ville et celui du métro, se reporter au cahier couleur.

Campée sur la rive droite de l'estuaire du Tage, la capitale lusitanienne fait figure de porte océane, sentinelle avancée à l'extrémité de l'Europe, veillant jour et nuit sur un monde ancien dont elle a suivi la mutation avec attention. On comprend facilement que cette position stratégique ait été une base idéale dans la conquête maritime du monde dit « nouveau ». Mais Lisbonne est aussi un site d'une incomparable beauté, beauté parfois déroutante, qui a su remarquablement traverser le temps. S'il y a une capitale qui s'acharne à bluffer ses visiteurs, c'est bien cette cité incroyable, que les travaux pour l'Expo 1998 ont mise à mal avant de lui faire le plus grand bien, pour parodier Camões, le poète national : « Un mal qui fait du bien, un bien qui fait du mal. » Le grand homme qualifiait ainsi la *saudade,* sentiment de nostalgie censé envahir tout Lisboète à la vue du Tage, cette « mer de paille » aux reflets dorés porteuse des rêves de voyage de tout un peuple.

UNE VILLE EN PERPÉTUELLE MUTATION

Ce sont les mots de Camões qui reviennent à l'esprit devant l'immense chantier qui continue, d'année en année, à redonner à la ville sa splendeur perdue. Comme si la nostalgie d'un âge d'or qui avait vu la ville, centre d'un vaste empire, prendre des allures de « New York du XVI⁰ siècle » poussait les Lisboètes à une sorte d'urgence. En l'espace d'un quart de siècle, on est passé ici du spleen à la glorification de la manne céleste prodiguée par l'Union européenne. « L'Europe sera notre prochaine grande découverte », disait le Premier ministre portugais à ses administrés en 1984. Non sans raison !

L'Expo 1998 commémorait les 500 ans du voyage mythique de Vasco da Gama (voir « Personnages » dans « Hommes, culture et environnement. »). Pour la circonstance, Lisbonne avait entrepris de se moderniser. Pendant une quinzaine d'années, des grues, des excavatrices, des bétonneuses ont remodelé le centre de la ville, créé de nouveaux parkings, amélioré le réseau du métro. La restauration de vieux immeubles a été accélérée. Les façades ont retrouvé leurs couleurs. On a jeté un nouveau pont par-dessus le Tage, bâti une gare ultramoderne, inventé une vie nouvelle et construit un quartier entier : l'Oriente. En même temps, le centre-ville a retrouvé sa place, ou plutôt ses places, et le quartier le plus mythique de Lisbonne, le Chiado, est revenu à la vie, renaissant de ses cendres au sens strict : l'incendie d'août 1988 n'a laissé de traces que dans la mémoire des vieux Lisboètes, la nouvelle génération lui ayant redonné la première place dans la vie de la cité.

Déjà, dans le passé, Lisbonne eut la bonne fortune de ne tomber sous la coupe que d'un seul promoteur : le marquis de Pombal, qui entreprit de lui redonner vie après qu'un tremblement de terre, doublé d'un raz de marée puis d'un incendie, l'eurent ravagée un certain 1ᵉʳ novembre 1755. Et en plus, pendant l'heure de la messe ! Dans une ordonnance inspirée par la rationalité des Lumières, le dévoué marquis retailla au cordeau toute la ville basse sinistrée, anéantie par le séisme.

Fort heureusement, des collines alentour furent épargnées, et la vie y gazouilla de plus belle, prenant des accents poétiques parfois surréalistes avec un mélange d'odeurs d'épices, comme de la cannelle, et des images de vieux pavés moussus. Prenez de bonnes chaussures et de bonnes résolutions : ne jamais se décourager devant un échafaudage, un trottoir glissant sous la pluie, un tram à l'arrêt, un restaurant fermé, il y a toujours un café ouvert pour vous, un coin de Lisbonne à découvrir, de jour comme de nuit, car s'il y a une ville où il faut savoir ouvrir l'œil, et longtemps, c'est bien Lisbonne. Quand la fatigue se fera sentir, prenez le remède le plus étonnant inventé par ici, le fameux tram 28, le plus mythique, qui du Bairro Alto à Graça en passant par la Baixa et l'Alfama, vous fera traverser le Lisbonne d'hier et d'aujourd'hui, comme dans un rêve...

QUAND LA « VILLE BLANCHE » PREND DES COULEURS...

Voyageur pressé, n'attendez pas que Lisbonne vous soit servie sur un plateau : on y grimpe dur, presque plus qu'on y descend. Mais qu'on se rassure : la séduction parfois désuète est restée intacte. Lisbonne est l'une des rares capitales européennes à être vraiment un port de mer. Ville ouverte sur l'Atlantique, et pourtant si méditerranéenne. Ville telle qu'elle est restée... avec quelque part un air canaille des années 1930, un décor d'espionnage des années 1940 et une postmodernité baroque et dense. Elle est « cinégénique » à souhait. C'est l'« autre » Casablanca, qui a séduit les cinéastes les plus talentueux, comme Wim Wenders, Alain Tanner et Samuel Fuller.

Et ce n'est pas demain que l'on mettra fin à l'irrésistible désordre qui règne partout : les balcons chargés de linge qui sèche, les tramways derrière lesquels s'accrochent des jeunes, narguant au passage les voitures ayant la mauvaise idée de passer par là, les rues tortueuses qui débouchent sur les *miradouros,* ces spectaculaires belvédères où l'on peut humer l'air du large. Un air auquel se mêle les odeurs du poisson salé en tonneau des boutiques, ou de celui que l'on fait griller au fond d'un restaurant... ou à l'entrée d'une maison. Et puis il y a tous ceux qui animent la rue, à commencer par les vendeurs de billets de loterie et les *engraxadores,* les cireurs de chaussures qui viennent redonner un lustre aux souliers mis à mal par tant d'épreuves pédestres.

Puis la féline et mauresque nuit lisboète, bercée par les douceurs océanes, vous attirera au travers des rues du Bairro Alto ou de l'Alfama, dans l'ivresse des parfums capiteux et des langueurs expressionnistes du fado. Les amateurs de modernité pousseront jusqu'aux docks, pour voir le Lisbonne d'aujourd'hui rêvant, devant le Tage retrouvé, à de nouvelles aventures.

Lisbonne se réinvente à mesure qu'on la découvre. On croit l'avoir enfin trouvée, c'est alors qu'elle se dérobe, et quand on abandonne la partie, vissé sur un banc et décidé à n'en plus bouger de tout le jour, elle nous fait son grand numéro de charme – la fameuse *saudade-party.* Et le lendemain, comme tombée du ciel dans les habits frais de l'aurore, c'est une autre ville qui s'offre pour une nouvelle découverte.

INFOS PRATIQUES SUR PLACE

Arriver à Lisbonne

En avion

Vous trouverez à l'aéroport plusieurs distributeurs de billets *(multibancos).* Un comptoir *Vodafone* vous propose également une location de téléphones portables.

▪ *Office de tourisme :* au niveau des arrivées. Tlj 7h-minuit. Vente de la *Lisboa Card* (voir plus loin la rubrique « Culture, francophonie »), des *táxi vouchers* et réservation d'hébergements.

➢ **L'Aero-Bus n° 91 :** à la sortie de l'aéroport, juste devant le hall des arrivées. Départ ttes les 20 mn 7h45-20h45. Prix : 3 €. Billet vendu à bord seulement ; gardez-le, il permet d'utiliser librement bus, trams et funiculaires durant tte la journée, jusqu'à 2h du mat'. Ce bus traverse la ville du nord au sud (11 stations) en 30 mn et dessert très bien le centre-ville : avenida da República, Saldanha, avenida da Liberdade, Restauradores, Rossio, praça do Comércio, Cais do Sodré. Demander l'arrêt, le chauffeur ne s'arrête pas systématiquement.

➢ **D'autres bus** desservent l'aéroport. En sortant de l'aéroport, les abribus se trouvent juste à droite de l'arrêt de l'Aero-Bus, hors de la zone couverte. Moins chers (1,30 €), certains d'entre eux (les n°s 44 et 45) ont un parcours très proche de l'Aero-Bus. Le bus express n° 83 passe par Marquês de Pombal (ne circule qu'en semaine) et le bus de nuit n° 208 relie Cais do Sodré à la gare do Oriente en passant par l'aéroport.

➢ **Les taxis** sont bon marché à Lisbonne, mais ceux de l'aéroport n'ont pas tous bonne réputation. La course se fait au compteur (guère plus de 10 € pour le centre-ville). Les taxis vous attendent juste à la sortie du terminal. Si vous craignez d'être trimballé le double de la distance nécessaire, vous pouvez vous procurer un *taxi voucher* forfaitaire à l'office de tourisme de l'aéroport (16-20 € pour le centre ou Belém, selon qu'il s'agisse du tarif de jour ou de nuit). Voir plus loin « Comment se déplacer ? Le taxi ».

En train

🚆 Depuis 1998, la **gare do Oriente** *(hors plan couleur d'ensemble par N7)* complète celle de **Santa Apolónia**. Bien desservie par le réseau de transports en commun (métro, bus, route), elle reçoit les trains venant du nord du Tage.
– Consigne automatique : au sous-sol, la porte à droite du poste de police (difficile à trouver : aucune indication). 8h-minuit.
🚆 **Santa Apolónia** *(plan couleur d'ensemble, M8)* fait de la résistance et accueille toujours les trains en provenance du centre et du nord du pays, de l'Espagne et de la France. Moins bien desservie par les transports en commun. Pas encore reliée par le métro mais assez proche de la Baixa pour s'y rendre à pied. Les bus et les taxis se prennent devant l'entrée principale. Guichet international : porte 54.
– *Consigne automatique :* casiers dans une salle, près des quais 6 et 7.

En bus

🚌 **Gare routière Terminal Sete Rios** *(plan couleur d'ensemble, D-E1) :* juste à côté de la gare de banlieue Sete Rios. ☎ 707-22-33-44 *(résa et horaires).* ● re de-expressos.pt ● *Reliée au centre-ville par la ligne bleue du métro. Accès avec les bus n°s 16, 726, 31, 746, 58, 768 ainsi que les bus de nuit n°s 202 et 205. Face au jardin zoologique, de l'autre côté de la route et de la place du Marechal-Delgado ; il faut passer sous le pont (bien cachée, suivre les indications pour le parking et la jouxte). De la gare ferroviaire, en sortant prendre à droite une esplanade et repérer la petite tour Rede Expressos ; l'escalier à ses pieds mène à la gare routière. Tlj 6h-1h. Gare* pour les bus nationaux et internationaux. Attention, le terminus des bus de la compagnie *TST (Transportes sul do Tejo)* desservant la région de Lisbonne n'est pas la gare routière de Sete Rios mais la praça de Espanha *(plan couleur d'ensemble, F2).*
– *Consigne à bagages gardée :* lun-ven 7h-22h ; w-e 8h (9h dim)-13h, 14h-18h.
🚌 **Gare routière Estação do Oriente** *(hors plan couleur d'ensemble par N7) : au pied de la gare do Oriente.* Ⓜ *Oriente.* Bus nationaux et internationaux (en provenance de Madrid, Paris et plein d'autres villes européennes), notamment les bus *Eurolines* qui s'arrêtent aux gares de Sete Rios et Oriente.

En voiture

– **Par le nord :** autoroute A 1 puis voie rapide *2ᵃ Circular.* Les heures de pointe sont très étendues sur cet axe.
– **Par l'ouest :** l'*IC 19* qui vient de Sintra est l'une des voies rapides les plus encombrées du pays.
– **Par le sud et l'est :** *pont 25 de Abril* (péage à partir de 1,20 €), souvent embouteillé, ou *pont Vasco da Gama,* en général moins confus mais plus cher (péage : 2,20 €). Traversée gratuite pour sortir de Lisbonne.
Attention aux départs et retours de week-end et de vacances ! Éviter également d'arriver à Lisbonne aux heures de pointe (à partir de 17h en semaine, un peu plus tôt le vendredi).
Possibilité de traverser le Tage avec le bac reliant Cacilhas et la **gare fluviale de Cais do Sodré.**
Se garer à Lisbonne est difficile. Pour éviter les amendes et la fourrière, le plus sûr est d'utiliser les parkings gardés (bien indiqués). Mieux encore, voir directement avec votre hôtel lors de la réservation : certains proposent des formules abordables.

Informations et adresses utiles

Infos touristiques

🛈 **Ask me Lisboa** (*plan couleur général I, J10*) : *praça do Comércio.* ☎ 21-031-28-10. ● askmelisboa.com ● visitlisboa.com ● Ⓜ *Chiado.* Tlj 9h-20h. Le *Welcome Centre* est situé au cœur du quartier des ministères, dans l'un des plus imposants édifices du Terreiro do Paço, pour redonner son vrai nom (ils y tiennent, manifestement) à la praça do Comércio. Service d'accueil et d'information, avec une connexion internet (payante). Dans tous les bureaux de tourisme de la ville, possibilité d'acheter la *Lisboa Card,* des *táxi vouchers* pour l'aéroport, de réserver une chambre d'hôtel et de louer un audioguide en français pour visiter la ville (15 € pour 1 ou 2 personnes) ; l'avantage, on peut le garder aussi longtemps qu'on le souhaite (mais il faut le rendre quand même !).

🛈 **Offices de tourisme de Lisbonne et du Portugal** (*plan couleur général I, I8*) : *praça dos Restauradores.* ☎ 21-346-33-14. Ⓜ *Restauradores.* Tlj 9h-20h. Installés dans le palácio Foz, les deux bureaux se partagent la même pièce.
🛈 **Autres bureaux de tourisme :**
– *À l'aéroport,* ☎ 21-845-06-60. Tlj 7h-minuit.
– *À Belém (plan couleur général II, S15) : kiosque en face du monastère dos Jerónimos.* ☎ 21-365-84-35. Mar-sam 10h-13h, 14h-18h.
– *Comptoir à la gare de Santa Apolónia (plan couleur d'ensemble, M8) :* ☎ 21-882-16-06. Mer-sam 8h-13h.

Découvrir Lisbonne autrement

■ **Lisbon Walker** (*plan couleur général I, L8,* **14**) : *rua dos Remédios, 84.* ☎ 21-886-18-40. ● info@lisbonwalker.com ● lisbonwalker.com ● *Infos, dates et horaires sur leur site internet ou en téléphonant. Billet : 15 € ; 10 € pour les moins de 26 ans ; gratuit pour les moins de 12 ans.* Une jeune association lisboète fondée et dirigée par José Manuel, un sympathique ingénieur francophone qui a sillonné le monde entier. Avec Rita et José (historien), ils organisent des visites guidées à pied dans Lisbonne, en plusieurs langues (portugais, anglais). Pour les Français et francophones, nécessité de constituer un groupe de minimum 4 ou 5 personnes pour une visite en français. Les thèmes sont variés et intéressants : les secrets de Lisbonne, la ville des Maures, le tremblement de terre de 1755, dans les pas de Pessoa... Promenades faciles d'une durée de 2h environ. Les rendez-vous et les départs se font depuis l'angle de la praça do Comércio et de la rua da Alfândega.

■ *Osmose : rua da Liberdade, 38-4° Dto, Bom Sucesso, 2615-313 Alverca.* ☎ 21-957-71-99. ● *users.sky net.be/osmose* ● L'association Osmose se propose de développer un écotourisme conçu autour d'un triple objectif : le développement d'un tourisme respectueux de l'environnement et de l'économie locale ; la pratique de la randonnée pédestre et la découverte des milieux (paysages, reliefs, faune et flore, activités traditionnelles...) ; l'éducation à l'environnement pour promouvoir une autre conception du voyage.

■ *Sistemas de Ar Livre (SAL) : avenida Manuel Maria Portela, 40-1° esq, 2900-478 Setúbal.* ☎ 26-522-76-85. ● *sal. pt* ● *Départ mat, slt le w-e. Sans résa. Coût : env 7 €.* Pour découvrir la région de Lisbonne, randonnées pédestres accompagnées à la journée ; déclinées en trois niveaux de difficulté.

Police touristique

■ *Policia de Segurança Publica (plan couleur général I, I8) : palácio Foz, praça dos Restauradores.* ☎ 21-342-16-34. *Situé dans le même bâtiment que l'office de tourisme de Restauradores, mais prendre la porte de gauche quand on est en face. Ouv 24h/24.* On y parle le français. Pour les déclarations de perte ou de vol et en cas d'agression, vol, escroquerie ou arnaque, c'est ici qu'il faut s'adresser. Accueil aimable.

■ *Pour les objets trouvés (extensos achadas) :* ☎ 21-853-54-03 (en portugais slt). *Lun-ven 9h-17h ; fermé w-e et j. fériés.*

Représentations diplomatiques

■ *Ambassade de France (plan couleur d'ensemble, F10,* **16***) : rua Santos o Velho, 5.* ☎ 21-393-91-00. ● *ambafran ce-pt.org* ● *Lun-ven 9h-13h, 15h-18h.*

■ *Consulat de France (plan couleur d'ensemble, F10,* **16***) : calçada Marquês de Abrantes, 123.* ☎ 21-393-92-92. ● *consulat.lisbonne@ambafrance-pt.org* ● *Lun-ven 8h30-12h.* Une permanence téléphonique 24h/24 donne les démarches à suivre en cas de pépin, notamment en cas de vol de passeport.

■ *Ambassade de Belgique (plan couleur d'ensemble, H5,* **18***) : praça Mar-* quês de Pombal, 14 ; 6°. ☎ 21-317-05-10. *Lun-ven 9h-12h30. Accueil téléphonique : 9h-12h30, 14h-16h. En cas d'urgence en dehors de ces horaires :* 📱 *91-981-00-31.*

■ *Ambassade de Suisse : travessa do Jardim, 17.* ☎ 21-394-40-90. *Lun-ven 9h-12h.*

■ *Ambassade et consulat du Canada (plan couleur d'ensemble, I6,* **19***) : edificio Victória, av. da Liberdade, 196-200 ; 3°.* ☎ 21-316-46-00. ● *portugal.gc.ca* ● *Ambassade, lun-ven 8h30-12h30, 13h30-17h. Consulat, lun-ven 13h30-16h.*

Postes et télécommunications

✉ *Postes : grande poste (plan couleur général I, J9-10), praça do Comércio. Lun-ven 8h30-18h30.*
– *Une autre poste (plan couleur général I, I-J8) : praça dos Restauradores, 74. Lun-ven 8h-22h, w-e et j. fériés 9h-18h.*
– *Un autre bureau à Belém (plan couleur général II, T16).*
– *Également au Parc des Nations (plan Parc des Nations, A2) : au rez-de-chaussée de la gare. Lun-ven 10h-19h.*

Cybercafés et centres téléphoniques

■ 🖥 *PT Comunicações (plan couleur général I, J8,* **11***) : praça Dom Pedro IV, 68. Tlj 8h-23h.* Plusieurs cabines téléphoniques (paiement avec carte ou après la communication), vente de cartes téléphoniques et nombreux ordinateurs, un peu tassés mais en bon état et offrant une connexion rapide.

LISBONNE

▣ *Web Café* (plan couleur général I, I8, 15) : rua Diário de Notícias, 126. Tlj 14h-2h. Un vrai café internet chaleureux où l'on peut avaler des mojitos, margaritas et autres piña coladas (les lignes ris-quent d'être floues...) en surfant sur la toile sur fond de musique jazzy. Connexion wi-fi. Le seul petit point noir : l'éclairage intimiste ne facilite pas l'écriture !

Compagnies aériennes

■ **Air France :** ☎ 707-202-800 (lun-ven 9h-19h). ● airfrance.pt ● À l'aéro-port : ☎ 21-848-21-77. Tlj 6h-18h30.
■ **Iberia :** ☎ 707-200-000 (tlj 9h-21h). ● iberia.fr ● À l'aéroport : ☎ 21-311-06-50. Tlj 6h-20h.
■ **PGA Portugália Airlines :** ☎ 707-787-070 (sem 7h30-20h30, w-e 9h30-18h30). ● flypga.com ● À l'aéroport : tlj 6h-23h30 (22h30 sam).
■ **Swiss International Air Lines :** ☎ 808-200-487 (24h/24). ● swiss.com ● À l'aéroport : ☎ 218-48-25-03. Tlj 6h-20h.
■ **Tap Air Portugal :** ☎ 707-205-700 (tlj 8h-22h). ● flytap.com ● À l'aéroport : tlj 6h-23h.

Location de voitures

Si vous avez loué une voiture pour circuler dans la ville, annulez votre réservation ! Éviter de rouler en voiture est le conseil n° 1 que nous vous donnons. Sont fous, ces Lisboètes ! Mais eux au moins savent où stationner sans avoir de PV. Gare à la fourrière, sinon, vous êtes bon pour le *reboque*. Pour les irréductibles, sachez que les horodateurs peuvent être approvisionnés pour 3h maximum. La voiture s'avé-rera en revanche pratique pour sillonner les alentours. Et le retour à l'aéroport est bien indiqué (suivre simplement les panneaux « Départ », puis « Car return »).

■ **Avis :** ☎ 800-201-002. ● avis.com.pt ● Dispose d'un guichet à l'aéroport et de plusieurs agences à Lisbonne et en banlieue.
■ **Europcar :** ☎ 21-940-77-90. ● europ car.pt ● À l'aéroport : ☎ 218-40-11-63.
■ **Hertz :** ☎ 800-238-238 (sem 9h-18h). ● hertz.com.pt ● À l'aéroport : ☎ 21-843-86-60.

Argent, change

– Pour obtenir du liquide avec les car-tes *Visa* ou *MasterCard* : nombreux dis-tributeurs.
– *Change :* à la gare de Santa Apolónia (plan couleur d'ensemble, M8, 9). Tlj 8h30-20h30. À l'aéroport, tlj 24h/24.
– *Banques :* les principales se trouvent dans la Baixa. Lun-ven 8h30-15h ; cer-taines ouvrent sam pour le change. Attention, elles facturent pour les chè-ques de voyage une commission assez importante. L'agence *Cota Cambios*, rua Áurea, 283 (plan couleur général I, J8, 10), pratique des commissions moins élevées, mais le cours est alors plus bas, il n'y a pas de miracle ! Tlj sf dim 10h-20h.
– *American Express :* ☎ 707-50-40-50 ou 214-27-82-05 (tlj 24h/24).

Culture, francophonie

– *Journaux étrangers :* Tabacaria Mónaco (plan couleur général I, J8, 1), praça dom Pedro IV, 21. Superbe mai-son de la presse 1900, vestige du vieux Lisbonne du début du XXᵉ siècle. Grand choix aussi en face de la fameuse *Antiga Confeitaria de Belém* (plan cou-leur général II, T15).
– *Livraria Ferin* (plan couleur général I, J9, 17) : rua Nova do Almada, 70-74. Lun-ven 9h30-18h30 ; sam 9h30-13h30, 15h-18h30. Dans le Chiado, une des plus vieilles librairies de Lisbonne, tenue par le jovial João Paulo Dias Pin-heiro, francophone et de bon conseil.

Un rayon intéressant de livres français.
– **Livraria Bertrand** (plan couleur général I, I-J9, **2**) : rua Garett, 73-75. Lun-jeu 9h-20h, ven-sam 9h-22h, dim 14h-19h. La plus vieille librairie de Lisbonne offre dans la salle 5 une sélection de livres en français ainsi que quelques revues.
– **Nouvelle librairie française** (plan couleur d'ensemble, H3, **3**) : av. Luís Bivar, 91 ; même bâtiment que l'Alliance française. ☎ 21-314-37-55. Ⓜ São-Sebastião ou Picoas. Lun-ven 10h30-19h30, sam 10h-12h30 ; fermé en août.
– Deux **Fnac** (rua do Carmo, au cœur du Chiado, et au centre commercial Colombo, voir la rubrique « Achats » plus bas) proposent un vaste choix de disques à prix intéressants (particulièrement en musique portugaise, brésilienne, afro et musiques du monde).
– **Alliance française et institut franco-portugais** (plan couleur d'ensemble, H3, **3**) : av. Luís Bivar, 91. ☎ 21-311-14-83 ou 00. Ⓜ São-Sebastião ou Picoas. Spectacles, expos, bibliothèque très bien fournie avec un bon florilège de la presse française et de la documentation sur Lisbonne, en français, of course !

Lisboa Card

Cette carte offre la libre circulation dans les transports urbains (métro, bus, tram, funiculaire et train des lignes de Sintra et Cascais) et 65 % de réduction sur l'Aero-Bus vers l'aéroport ; gratuité dans plusieurs musées (y compris les palais de Sintra, Queluz et de la Pena à l'ouest de Lisbonne) et réductions sur des spectacles, des circuits touristiques, des musées, des restos et certains magasins d'artisanat. Cependant, soyez sûr de vous lancer dans un marathon des musées si vous voulez la rentabiliser. De plus vérifiez que les sites que vous désirez visiter sont bien compris dedans : le musée Calouste Gulbenkian, par exemple, ne bénéficie que d'une réduction de 20 % avec la carte... mais il est gratuit pour tous le dimanche, comme plusieurs autres musées (donc si vous venez un week-end...).
– Lisboa Card de 24h : 15 € ; de 48h : 26 € ; de 72h : 31 € ; réduc de 50 % pour les 5-11 ans. Elle s'achète dans tous les offices de tourisme. Noter que la Lisboa Card a fait des petits : Lisboa Restaurant Card, Lisboa Shopping Card, etc.

Infos spectacles, agenda culturel

– La mairie de Lisbonne édite un guide mensuel sur les principales activités de la ville : l'**Agenda Cultural.** Bien fait, gratuit et pratique car au format de poche. On le trouve dans les hôtels, les musées, les théâtres et à l'office de tourisme de la praça dos Restauradores (plan couleur général I, I8).
– La revue trimestrielle **Lisboa Step by Step** propose une bonne approche d'une ville en pleine mutation. Disponible dans tous les offices de tourisme. Il existe aussi le guide bilingue **Follow me** qui, en plus, donne le programme des expos temporaires, des concerts...
– La revue culturelle gratuite **Neon,** bimensuelle, diffuse toutes les infos sur le cinéma, le théâtre, les concerts, les spectacles et les expos. Disponible dans certains lieux culturels (teatro D. Maria II, cinéma Quarteto) ou touristiques (Castelo São Jorge ou monument des Découvertes à Belém).

S'orienter

Le découpage par quartiers que vous trouverez dans le guide procède à la fois d'une cohérence géographique et d'une homogénéité sociale. Mais comme tout découpage, il est arbitraire, et certains coins auraient pu tout aussi bien glisser dans un autre ensemble de quartiers que ceux que nous avons choisis.

Comment lire une adresse ?

Dans l'ordre, une adresse comporte le nom de la rue suivi du numéro. Le cas échéant, un second numéro – auquel est accolé un « o » en exposant – précise l'étage et une ou plusieurs lettres donnent la position de la porte d'entrée par rapport à l'escalier. Par exemple, « 1° Dto » ou « 1° D » signifie 1er étage à droite. On indique « Esq » ou « E » pour *esquerdo* (à gauche), « Fte » ou « F » pour *frente* (en face de l'escalier) et « R/C » pour *rés-do-chão* (rez-de-chaussée).
Si le nom de la rue est un nom propre, bien noter le prénom : il vous permettra de trouver la rue dans l'indice alphabétique des plans de ville (« rua José Afonso » est classée à la lettre J). Idem avec les titres, tels que « doutor », « engenheiro », « Dom » ou « Dona ».

Orientation et mode d'emploi de la ville

Lisbonne s'ouvre sur le Tage, de Belém au Parc des Nations, pour des rêveries au bord de l'eau, des balades en famille et des dîners entre amis. D'un côté, les monuments des Grandes Découvertes et le grand large, de l'autre, la ville du XIXe siècle bordée par la mer de Paille ; entre les deux, le quartier des Docks *(as Docas)* et de l'avenida 24 de Julho, devenu le haut lieu de la fête lisboète.
En retrait par rapport au fleuve, la Baixa et l'avenida da Liberdade, rectilignes, organisent le cœur de la ville, où se concentrent les activités et animations diurnes entre Terreiro do Paço, Rossio et Marquês de Pombal. De part et d'autre, chacune des sept collines exhibe sa personnalité et ses panoramas sur la ville. À l'est, ce sont les vieux quartiers populaires du Castelo, de l'Alfama et de Graça. À l'ouest, le Chiado, le Bairro Alto et Madragoa déroulent leurs bars et leurs restos dans des rues où le jour est aussi animé que la nuit. En retrait, le quartier plus calme de Lapa.
Au nord de l'avenida da Liberdade, l'urbanisme est plus récent, noyant quelques *quintas* et d'anciens couvents au milieu d'immeubles de bureaux et de centres commerciaux : ces quartiers s'appellent Saldanha, Campo Grande ou Sete Rios.

Les quartiers incontournables... et les autres

– Les lieux où tout le monde va et qu'on ne peut décemment pas rater : Alfama, Baixa, Rossio, Chiado, Bairro Alto, Belém et le Nord (musée Calouste-Gulbenkian).
– Le lieu où tout le monde va mais qu'on peut rater sans trop de regrets : Ajuda.
– Un lieu peu connu mais que les routards découvrent avec ravissement : le Parc des Nations, ville du futur.

Comment se déplacer ?

– ***Pour s'orienter*** en ville, des plans gratuits sont disponibles dans les offices de tourisme, certains hôtels et magasins.
– Inutile, on ne le répétera jamais assez, de songer à utiliser la ***voiture*** à Lisbonne : circulation et stationnement difficiles, parkings chers... Les transports en commun sont nombreux, fréquents et pratiques.
– ***Le cartão Sete Colinas :*** il s'agit d'une carte de transports rechargeable ; la carte elle-même coûte 0,50 €, il faut ensuite payer pour le nombre de jours ou de tickets souhaités. La meilleure formule selon nous est la formule 1 ou 5 jours (3,20 € ou 12,90 €) qui permet d'utiliser à volonté tous les transports en commun de la ville (métros, trams, bus, funiculaires) pendant la durée donnée. Mais il est aussi possible de la recharger pour 1h (1,15 €) ou 1h30 (1,50 €) si on ne veut pas prendre une formule à la journée. Si ces formules donnent droit à des trajets illimités sur le réseau de la *Carris,* elles ne sont valables que pour le métro.
Pour l'utiliser, présenter la carte au lecteur, à l'entrée du métro et dans les bus (ne pas l'introduire). Carte valable 1 an, individuelle mais non nominative. À chaque rechargement, demander et conserver le reçu *(recibo)* en cas de mauvais fonction-

LISBONNE

nement. Cette carte, en carton souple, a le format d'une carte de crédit. Pour un séjour prolongé, une petite pochette plastique pour la protéger peut s'avérer pratique.
– Pour les tickets propres à chaque moyen de transport, se reporter aux rubriques concernées.
– *Lisboa Card :* cette carte offre la libre circulation sur les transports urbains. Pour plus d'infos lire ci-dessus la rubrique qui lui est consacrée.

Le vélo

Circuler à Lisbonne à vélo n'est pas forcément de tout repos. Pour transporter sa bicyclette non démontée dans les transports en commun, avec la *CP,* c'est possible en semaine en dehors des heures de pointe moyennant un supplément, gratuit sans restrictions le week-end ; pour la *Fertagus,* gratuit tout le temps, mais les vélos ne sont acceptés qu'en dehors des heures de pointe. En métro, possible et gratuit en semaine à partir de 21h30 et durant le week-end. Enfin, par bateau, gratuit et possible tous les jours en semaine 6h30-9h30 et 17h-20h, ainsi que le week-end.

Le métro

Infos : ☎ 213-500-115. ● metrolisboa.pt ●
Descriptif artistique des stations disponible sur le site et au *Gabinete do Cliente,* à l'intérieur de la station du Marquês de Pombal *(lun-ven 8h30-19h30).* Il existe également une brochure pour chacune des lignes.
Peu de lignes, mais elles mènent à l'essentiel rapidement. Le métro circule de 6h30 à 1h. Il existe deux zones : *coroa L,* où se concentrent les points d'intérêt touristique, et *coroa 1* en périphérie (stations de Amadora Este, Alfornelos et Odivelas).
Pour voyager dans le périmètre d'une même zone, compter 0,80 € par trajet et 6,70 € pour une carte de 10 trajets utilisable simultanément par plusieurs personnes (chaque voyageur poinçonne la carte avant d'entrer). Le ticket aller-retour *(ida e volta)* est un poil plus économique que le ticket à l'unité. Aucune réduction ; gratuit pour les moins de 3 ans.
Depuis sa naissance en 1959, le métro de Lisbonne s'est fixé comme objectif de concevoir ses stations comme des lieux d'expression de l'art portugais contemporain. N'hésitez donc pas à vous attarder dans ces authentiques petits musées souterrains : les stations Marquês de Pombal, Parque, Picoas, Campo Pequeno, Cidade Universitária, Jardim Zoológico, Laranjeiras, Alto dos Moinhos, parmi d'autres, ont ainsi chacune leur « griffe ». De même qu'une vingtaine de nouvelles stations qui raviront les amateurs de B.D. futuriste.
Par ailleurs, savez-vous où l'on trouve le plus beau spécimen de la fameuse entrée du métropolitain parisien de 1900, signée Hector Guimard, splendide témoignage d'Art nouveau ? Eh bien ! à Lisbonne, à l'une des entrées du *métro Picoas (à l'angle de l'avenida Fontes Pereira de Melo et de la rua Andrade Corvo ; plan couleur d'ensemble, H-I4).* Elle a été offerte en 1995 par la RATP, dûment restaurée et garantie authentique.

Les bus (*autocarros* ou *bus*)

Très nombreux, les bus desservent pratiquement toute la ville.
– *Points de vente et d'information Carris en ville :* au kiosque jaune situé praça da Figueira *(plan couleur général I, J8, 4 ; tlj 8h-20h)*, à la gare Santa Apolónia *(plan couleur d'ensemble, M8 ; kiosque Totobola, porte 8 ; tlj 9h-19h)*, au pied de l'ascenseur Santa Justa *(plan couleur général I, J8-9, 173 ; tlj 10h-13h, 14h-18h)*, ou devant le jardin zoologique *(plan couleur d'ensemble, D1, 4 ; tlj 8h-20h)*.
– *Bureau principal de la Carris (plan couleur d'ensemble, B11)* : rua 1° de Maio, 101-103. ☎ 21-361-30-00 ou 21-361-30-78 *(infos 24h/24).* ● carris.pt ● *Lun-ven 9h-13h, 14h-18h.* Distribue un plan du réseau, les horaires et les infos historiques (ces deux derniers n'étant pas disponibles dans les points de vente) ; infos égale-

ment disponibles sur le site internet. Pour avoir une idée du prix des titres de transport valables sur ce réseau (y compris trams et funiculaires) :
- *BUC* (1,50 €) : ticket valable pour 2 trajets (également utilisable simultanément par 2 personnes ; il suffit de le poinçonner une fois de chaque côté). Pas de correspondance possible.
- *Tarifa de bordo* : à bord, les tickets coûtent plus cher (1,30 €) et ne sont valables que pour 1 trajet, sans correspondance.
Aucune réduction ; gratuité pour les moins de 4 ans.
– Les bus circulent de 5h30 à 1h selon les lignes. Les horaires sont indiqués à chaque arrêt *(paragem)*. Mais attention, le circuit emprunté n'est pas rappelé à l'intérieur du bus. Le bus permet en outre de goûter au charme de la circulation : accélérations effrénées, freinages surpuissants... sans en encourir les risques (du moins, on vous le souhaite !). L'usage veut que l'on monte à l'avant des bus et des trams. La nuit, fonctionnement de la *Rede de Madrugada* : quelques lignes de bus relient les principales destinations de la ville entre minuit et 5h ; les numéros de ces bus commencent par 200.
– Pour ceux qui deviendraient accros, un complément indispensable, en prenant la ligne 15 du tram : la visite du ***Museu da Carris,*** qui vous offre pour 2,50 € *(Réduc pour les enfants, les plus de 65 ans et les familles)* un autre voyage, dans le temps cette fois, à travers expositions d'objets, uniformes, machines... *Rua 1° de Maio, 103, sous le pont 25 de Abril (plan couleur d'ensemble, B11). Tlj sf dim et j. fériés 10h-13h, 14h-17h.*

Le tram *(eléctrico)*

À la fin de l'été 1901, les Lisboètes inaugurèrent un nouveau moyen de transport : le premier *eléctrico* reliant Cais do Sodré à Algés. Appartenant à la mémoire de la ville, il en reste quelques-uns, que tout amoureux de Lisbonne guette dès son arrivée. Vieux trams rouges ou jaunes (ou encore aux couleurs de leur « sponsor »), en tôle et en bois clair, à l'aspect de boîtes de conserve un rien cabossées, aux frontons desquels s'affichent un chiffre et une destination. Pour avoir une chance d'être assis, mieux vaut éviter les heures de pointe. Ne faites pas comme certains touristes, toujours pressés de monter et doublant tout le monde, sous le regard noir des habitants du quartier qui font la queue, en silence, sacs et paquets à la main. Tous les titres de la *Carris* sont valables (hormis pour les circuits touristiques).
Un tramway à ne pas manquer : le *n° 28* qui effectue la traversée des quartiers les plus intéressants sur le plan historique (Bairro Alto, Alfama, Graça). Une balade inoubliable, avec des plongées éperdues qui livrent le soir des points de vue flamboyants sur la ville (voir la description du parcours plus haut dans la rubrique « Itinéraires » de la partie « Portugal utile »).
Le *n° 12* fait le tour des collines du Castelo et de l'Alfama, sans s'écarter beaucoup du trajet du n° 28 (départ praça da Figueira ou largo do Martim Moniz).
Le tram *n° 25,* qui circule entre la *casa dos Bicos* et Estrela / Prazeres, emprunte une petite partie du parcours n° 28 mais traverse Lapa et Madragoa ; un complément intéressant pour le retour (voir « Itinéraires » dans la partie « Portugal utile » en début de guide).
Pour aller à Belém, montez donc à bord du *n° 15* (voir « Itinéraires » dans la partie « Portugal utile »), et si vous voulez découvrir un dernier tram, prenez le *n° 18* jusqu'au *palácio da Ajuda.*
– *Conseils :* attention aux voleurs et aux *pickpockets* qui profitent de votre distraction, surtout lorsque le tram est bondé, ou qui, en petits groupes, jouent aux touristes dans les files d'attente...
– Il existe aussi un ***tramway touristique*** (reconstitution 1900 avec lampes, clochettes et rideaux en velours rouge) : deux parcours au choix, tram des Collines *(eléctrico das Colinas,* qui n'a rien à voir avec le *cartão Sete Colinas)* ou circuit des Découvertes *(Circuito dos Descobrimentos).* Ces circuits durent 1h20 et 1h50, avec commentaires ou guide, respectivement. Prix : 17 € par personne ; réduc de

25 % avec la *Lisboa Card*. Les titres de la *Carris* ne sont pas valables pour ces circuits. Choisir cette option si l'on est vraiment pressé, d'autant que ces trams touristiques n'ont guère le loisir de s'écarter des sentiers déjà battus. Plusieurs départs quotidiens de la praça do Comércio. Infos dans le tram rouge stationné à l'angle nord de la place.

– La même compagnie *Carris* propose aussi de découvrir en bus anglais à étage sans toit les bords du Tage vers Belém – *circuito Tejo* – ou bien les quartiers touristiques et moins touristiques de la ville en longeant le fleuve jusqu'au *parque das Nações* et en passant par l'aéroport – *Olisipo Tour*. Billet valable une journée (ce qui permet de descendre et monter à sa guise), mais charme rétro en moins. Prix : 14 € ; réduc de 25 % avec la *Lisboa Card*. Billet valable également sur le réseau de la *Carris*.

Les funiculaires *(elevadores)* et ascenseur

Miniaturisés, désuets, ils ressemblent à des jouets pour enfant sage du début du XXᵉ siècle. Ils sont utiles aux Lisboètes et aux touristes pour rejoindre leur pension perchée sur les hauteurs.

Accès avec les titres de transports valables sur le réseau de la *Carris* et la *Lisboa Card*. Régler à bord est très désavantageux.

– **Funiculaire do Lavra** *(plan couleur général I, I-J7)* : tlj 7h (9h dim)-21h. Le plus ancien (1884) et le moins connu. Relie les bords de l'avenida da Liberdade aux vieux quartiers à l'est de Restauradores. Il permet d'accéder au jardim do Torrel.

– **Funiculaire da Glória** *(plan couleur général I, I8)* : lun-jeu 7h-minuit, ven-sam 7h-0h30, dim 9h-minuit. Frère jumeau du funiculaire do Lavra, il conduit de Restauradores au Bairro Alto, près du miradouro de S. Pedro de Alcântara. Méfiez-vous des pickpockets et des voleurs à la tire à la sortie de ce funiculaire très fréquenté par les touristes (mais n'en faites pas non plus une obsession !). Ce funiculaire était en travaux lors de notre passage, mais devrait être réouvert lors du vôtre (on croise les doigts, en tout cas !).

– **Funiculaire da Bica** *(plan couleur général I, H-I9)* : tlj 7h (9h dim)-21h. Le plus beau (classé Monument national). À la différence des autres, il trace son sillon dans une rue animée et pleine de restaurants, entre la rua de São Paulo et le Bairro Alto. Attention, le funiculaire est très discret au départ de la rua de São Paulo (dans un passage couvert, il est dissimulé par une grande porte verte).

– **L'ascenseur de Santa Justa** *(plan couleur général I, J8)* : tlj 9h-21h. Valery Larbaud l'appelait « la machine à visiter la Lune ». « Julesvernesque » dans sa silhouette, il relie le Rossio à l'église du Carmo dans le Chiado. Point de vue depuis la terrasse de café (consos plutôt chères), en haut de l'escalier en colimaçon. Et ne répétez pas qu'il fut construit par Eiffel : ce fut l'un de ses élèves qui s'attela à la tâche, Raoul Mesnier du Ponsard ! *Tarifa de bordo* à 2,60 €, comprenant l'aller-retour ; une fois de plus, mieux vaut utiliser un autre billet (par exemple un *BUC*, 1,50 €).

Le taxi

La plupart des taxis sont peints en beige clair, du plus pur anonymat ; d'autres portent le vert et le noir. Bon marché, efficaces et, en général, de bonne compagnie. Les taxis ont tous des compteurs. Prévoir environ 3 à 5 € pour une course dans le centre entre, par exemple, le Bairro Alto et l'Alfama.

Attention, les bagages placés dans le coffre entraînent un supplément de prix (forfait d'environ 1,60 €, quel que soit le nombre de valises).

Plusieurs compagnies, dont *Autocoope,* ☎ 21-793-27-56, *Rádio Táxis de Lisboa,* ☎ 21-811-90-00, *Teletáxis,* ☎ 21-811-11-00. Petit supplément du fait de l'appel.

Les trains de banlieue

Les lignes de Sintra et de Cascais sont fort utiles ; différentes gares permettent l'accès à la première, alors que le train *(comboio)* pour Cascais se prend à Cais do Sodré. Voyage gratuit avec la *Lisboa Card*.

Estação do Rossio *(plan couleur d'ensemble et plan couleur général I, I-J8) :* ⓜ *Restauradores ou Rossio.* C'est le terminal des trains directs pour Sintra. Fermé pour travaux (ceux du tunnel Rossio-Campolide), sa réouverture était prévue pour le 2e semestre 2007... Si elle est encore fermée lors de votre séjour, pour aller à Sintra, prendre le train à **Sete Rios** ou **Entre Campos,** voire **Roma-Areeiro.**

Estação de Sete Rios *(plan couleur d'ensemble, D2) :* ⓜ *Jardim Zoológico ; remplace la gare du Rossio pdt les travaux. Aller-retour pour Sintra : 3,20 €. Trains 6h-2h, ttes les 10-30 mn.* De cette gare arrivent et partent également les trains de la compagnie *Fertagus,* reliant les villes au sud du Tage et la péninsule de Setúbal.

Estação de Entre Campos / Entre Campos-Poente *(plan couleur d'ensemble, H1) :* ⓜ *Entre Campos ou Campo Pequeno.* Derrière la billetterie, le *Gabinete do Apoio ao Cliente* vous attend pour répondre à toutes vos questions sur les trains urbains *(lun-ven 8h-20h).* De cette gare arrivent et partent les trains de la compagnie *Fertagus,* reliant les villes au sud du Tage et la péninsule de Setúbal.

Estação de Roma-Areeiro *(plan couleur d'ensemble, J1) :* ⓜ *Areeiro ou Roma (dans les deux cas, gare assez loin du métro).* Terminal provisoire des trains pour Sintra ; billets légèrement plus chers pour cette destination. De cette gare arrivent et partent également les trains de la compagnie *Fertagus,* reliant les villes au sud du Tage et la péninsule de Setúbal.

Estação de Cais do Sodré *(plan couleur d'ensemble et plan couleur général I, I10) :* ⓜ *Cais do Sodré ; située à 800 m à l'ouest de la praça do Comércio. Trains 5h30-1h30. Aller-retour pour Cascais : 3,20 €.* Terminal au départ duquel un train local dessert les hauts lieux de la nuit lisboète (avenida 24 de Julho et Alcântara / Docas), avant de poursuivre jusqu'à Cascais en passant par Belém, Algés et Estoril.

Les gares fluviales

Pour se rendre sur l'autre rive du Tage (l'*Outra Banda* ou *Outro Lado*), où la majorité des Lisboètes ont leurs pénates (loyers moins chers), plusieurs embarcadères selon la destination (certains sont provisoires : bien se faire confirmer le lieu de départ à l'office de tourisme) ; un seul ferry transporte les voitures (pour environ 2,50 €). Infos : ☎ 808-20-30-50. ● transtejo.pt ● Pour une minicroisière à prix modique :

Terminal fluvial do Cais do Sodré *(plan couleur général I, I10, 6) : caché derrière la gare ferroviaire.* Pour passagers seulement, à destination de Cacilhas, Seixal et Montijo (pour ce dernier, départ normalement de l'*Estação fluvial do Terreiro do Paço,* mais transféré provisoirement à Cais do Sodré). Pour Cacilhas, 5h30-2h, départ ttes les 10 à 30 mn. Pour Seixal, 6h30-23h (w-e 8h-21h), départ ttes les 20 mn (ttes les heures à partir de 20h30). Pour Montijo, 6h30-23h (dim 8h-21h), 1 à 2 départs/h. **Terminal fluvial do Cais do Sodré** *(plan couleur général I, I10, 7) :* nom identique au précédent pour cet embarcadère des ferries pour passagers et voitures à destination de Cacilhas. *Accès par l'avenida Ribeira das Naus, entre la praça* Duque de Terceira et praça do Comércio. Fermé pour travaux en 2007, le terminal devrait réouvrir en 2008... si ce n'est pas le cas, les ferries partent de l'*Estação fluvial de Belém.*

Estação fluvial do Terreiro do Paço *(plan couleur général I, K10, 8) : à côté de la praça do Comércio.* Passagers exclusivement. Pour Barreiro (joli hall décoré d'azulejos) : 5h45-2h30, départ ttes les 10-30 mn.

Estação fluvial de Belém *(plan couleur général II, T16) :* passagers exclusivement ; pour Trafaria. 6h30-22h30, 1 ou 2 départs/h. Pendant les travaux du **Terminal fluvial do Cais do Sodré** destiné aux voitures, c'est ici qu'embarquent les voitures pour Cacilhas. Départ ttes les heures en moyenne 6h-23h.

De début avril à fin octobre, un bateau touristique parcourt le fleuve en offrant des vues inédites sur les collines de Lisbonne : le **Cruzeiro no Tejo.** Durée : 2h. Départ

LISBONNE

de la station fluviale do Terreiro do Paço (praça do Comércio) tlj à 15h, avec arrêt facultatif à Belém. Prix : 20 € (réduc de 20 % avec la *Lisboa Card*) ; réduc pour les 6-12 ans et les plus de 65 ans.

Achats

À Lisbonne, vous n'aurez aucun mal à dépenser quelques dizaines, voire centaines d'euros, qu'il s'agisse de consommations sur place ou de cadeaux à emporter. Les magasins ouvrent du lundi au vendredi 9h-13h, 15h-19h ou 20h, et le samedi 9h-13h. Dans le Bairro Alto, les mœurs sont davantage aux 14h-21h, et reflètent plus les tendances actuelles de la mode. Les supermarchés et grandes surfaces (vous pouvez au moins jeter un œil !) sont ouverts aussi le samedi après-midi et le dimanche jusqu'à 23h.

☸ Pour les achats, les Portugais raffolent des centres commerciaux, et Lisbonne s'est doté en la matière de temples de la consommation qui ne désemplissent pas. Le premier s'est installé dans les tours des *Amoreiras (plan couleur d'ensemble, E6 ; av. Duarte Pacheco),* visibles de toute la ville. Le complexe comprend aussi 10 cinémas. Le deuxième a surenchéri en s'autoproclamant le plus grand centre commercial de la péninsule Ibérique : c'est le *Colombo* (Ⓜ *Colégio-Militar),* situé sur le périphérique face au stade du Benfica. Un troisième s'est ouvert après l'Expo universelle de 1998 sous une des portes d'entrée : le *Vasco da Gama (plan Parc des Nations, A2, 70 ;* Ⓜ *Oriente).* Celui-là, vous aurez du mal à y échapper : il est sur votre chemin quand vous sortez du métro pour vous rendre au Parc des Nations.

☸ Pour qui aurait la nostalgie des farfouilles sympas, le *marché de Carcavelos* bat son plein, chaque jeudi, à 20 km à l'ouest de Lisbonne, ce qui, avec le train de la côte, ne vous met qu'à 25 mn de la gare de Cais do Sodré... Et le dimanche matin, rendez-vous à la *feira do Relógio,* tout près de l'aéroport (bus n°s 5, 8, 21, 22, 31, 50, 55 ou 85 ; à l'est de la rotunda do Relógio / praça do Aeroporto).

À boire et à manger

Libre à vous, si vous ne craignez pas l'excédent de bagages, de vous approvisionner en porto, moscatel, *amêndoa amarga* (liqueur à l'amande), *macieira* (digestif local), *aguardente* (eau-de-vie) et même en absinthe *(absinto),* sans oublier les très nombreux vins du Portugal, que vous découvrirez sur place.

Pour une quasi-exhaustivité en matière d'alcool, consultez les boutiques *Napoleão,* rua dos Franqueiros, 70, dans la Baixa *(plan couleur général I, J-K8-9),* ou rua da Misericórdia, 121, dans le Bairro Alto *(plan couleur général I, 8-9).*

> ## L'IMPORTANT, C'EST (D'AVOIR) LA CERISE !
>
> *S'il y a une boisson proprement lisboète, c'est bien la ginja. Apéritif à base de cerises griottes, il coule à flot dans les typiques ginjinhas de la ville. Ou plutôt devant, il suffit de compter les noyaux sur le trottoir. Certaines de ces échoppes, minuscules, ne servent pratiquement que de la ginja, voire de l'eduardinho (un autre apéro). Quant à la ginja proprement dite, on peut en acheter un peu partout, notamment rua das Portas de Santo Antão, au n° 7 (plan couleur général I, J8). Plusieurs marques se partagent le marché.*

La *rua do Arsenal (plan couleur général I, I-J9-10)* est l'une des rues les plus connues pour offrir des parfums de nostalgie qui n'ont rien à voir avec la madeleine de Proust : ici vous trouverez du poisson salé et notamment toutes les catégories de *bacalhau.* Des magasins à l'atmosphère et à l'odeur particulière. Original, non, une morue séchée à rapporter pour les fêtes entre amis ? Moins chère qu'en France, et bien meilleure. Suffit de demander des *postas* bien épaisses et de les emballer.

Pour les amateurs de douceurs sucrées, un tour dans les nombreuses pâtisseries de la ville ne devrait pas être une trop dure punition. Quant aux amateurs de charcuterie, qu'ils se régalent en ramenant jambons et salaisons au goût authentique à des prix qui les rendent encore plus sympathiques.

Voir aussi nos autres adresses dans la rubrique « Achats » de chaque quartier.

De la tête aux pieds

Il existe, comme dans toutes les capitales, des dizaines de boutiques dédiées à l'habillement. Beaucoup d'enseignes dans la Baixa, ainsi que avenida de Roma et avenida Guerra Junqueiro, entre l'avenida Óscar Monteiro Torres et l'alameda D. Afonso Henriques *(plan couleur d'ensemble, J-K-L2 ; Ⓜ Alameda)*. Et plein de boutiques de fringues vintage, qui vous feront grimper au Chiado ou au Bairro Alto, l'humeur étant ici à l'achat.

Mais Lisbonne est peut-être d'abord un lieu où se chausser. Est-ce l'agressivité du pavé ? Ici, vous n'aurez aucun mal à trouver chaussure à votre pied, le nombre de marchands de toutes sortes et de minuscules ateliers de cordonniers impressionnant (malgré la crise du petit commerce ?). Vous pourrez par ailleurs, si le soleil est de la partie, et tout aussi plaisamment, vous hasarder dans l'une des chapelleries de la Baixa ou du Chiado pour y goûter le charme désuet de l'essayage de couvre-chefs.

Se reporter à nos adresses spécialisées dans les rubriques « Achats » des différents quartiers.

Antiquités, livres anciens, artisanat d'art...

Pour les amateurs d'antiquités, qui espèrent toujours découvrir quelques trésors oubliés au fond des greniers, rendez-vous dans les magasins de la rue qui longe le Bairro Alto jusqu'à la place du Rato *(rua da Misericórdia – Pedro V – Escola Politécnica ; plan couleur général I, G-I7-9)* et rua de São Bento. Et, bien sûr, au marché aux puces hebdomadaire, la *feira da Ladra* (la foire de la Voleuse). Détails au chapitre « Alfama... », rubrique « À voir ». Mais aussi dans d'autres quartiers... Il y a même, au cœur du Chiado, un marché du livre, le samedi, rue Anchieta, qui pourra vous consoler si vous n'avez pas envie de suivre vos compagnes ou compagnons de voyage dans leurs autres achats.

Il y a surtout quelques boutiques présentant le meilleur de l'artisanat actuel, comme *Santos Officios (rua da Madalena ; plan couleur général I, J-K8-9)*. Et d'autres qui, comme *Uma Casa Portuguesa,* font figure de petit musée de l'art populaire *(rua Anchieta, plan couleur général I, J9)*. Une boutique créée en fait de toutes pièces par des femmes parties aux sources de l'imaginaire portugais, qui jouent sur la nostalgie et l'humour, et gagnent à tous les coups.

Azulejos

Outre certains magasins d'antiquités qui vendent des pièces plus ou moins anciennes, il existe à Lisbonne plusieurs fabriques d'azulejos qui ont chacune un style propre. On les a soigneusement répertoriées pour vous (voir dans chaque quartier). Il faut savoir que ce produit d'artisanat reste relativement cher, mais vous avez l'assurance d'y trouver des pièces de qualité entièrement réalisées à la main. Pour les travaux sur commande, compter au minimum une dizaine de jours. Certains ateliers expédient à l'étranger.

LISBONNE QUARTIER PAR QUARTIER

C'est au cœur de la ville blanche que commence la balade, par les quartiers les plus célèbres (Baixa, Rossio, Chiado, Bairro Alto), en attendant la nuit pour

pousser jusqu'aux docks. Mieux vaut reprendre des forces avant de remonter l'avenida da Libertade et grimper les rues de l'Alfama jusqu'au pied du Castelo, pour voir Lisbonne d'en haut.

BAIXA ET ROSSIO

Entre l'élégant Chiado et le populaire Alfama enroulé autour de la colline du Castelo, le quartier de la Baixa constitue une pièce essentielle sur la carte de Lisbonne. Limitée au nord par le Rossio (centre historique) et au sud par le Tage, fleuve mythique se jetant dans l'océan Atlantique, voici donc la partie la plus basse de la capitale. Physiquement, la Baixa forme un grand rectangle urbain, fruit de la reconstruction de la ville par le marquis de Pombal après le terrible tremblement de terre de 1755. Les rues se coupent à

> ### FUTUR PATRIMOINE DE L'HUMANITÉ
>
> *À l'horizon 2010, la Baixa sera inscrite au Patrimoine mondial de l'humanité de l'Unesco, en même temps que le Chiado. Souhaitons que le quartier bénéficie pour le mieux de cette manne financière qui permettra de restaurer et de sauver de nombreux immeubles du XVIIIe siècle. Mais souhaitons aussi que cela ne lui enlève pas son caractère particulier, ce charme étrange, ces perspectives à la Chirico, ce style patiné de ville moderne des Lumières déjà âgée.*

angle droit et présentent un côté fonctionnel, pratique, régulier, qui séduisit les francs-maçons du Siècle des lumières. La Baixa d'aujourd'hui est un heureux mélange d'appartements et de bureaux, de petits commerces et de vie de quartier. Pour un voyageur, c'est aussi un bon endroit pour poser son sac dans l'une de ses pensions bon marché. Côté cuisine, plusieurs restaurants et tavernes économiques.

Rue das Portas de Santo Antão : rue piétonne

Où dormir ?

De bon marché à prix moyens

🛏 ***Travellers House*** (plan couleur général I, J9, **22**) : rua Augusta, 89 ; 1°. ☎ 21-011-59-22. ● info@travellershouse.com ● travellershouse.com ● Selon saison, lits 18-22 € et doubles 44-60 €, petit déj, draps et serviettes inclus. Une superbe AJ privée, centrale, pimpante à souhait avec ses parquets bien cirés, ses murs blancs illuminés par les touches de couleurs vives apportées par les tableaux, les lustres, les tapis, les poufs... Petit coin internet (gratuit), salon télé avec DVD, jolie cuisine à disposition. Les dortoirs de 4 ou 6 lits sont impeccables, équipés de couettes douillettes et de coffres individuels pratiques (tous dotés d'un petit coffre-fort). Quant aux doubles, il faut réserver : il s'agit en fait d'un appartement très coquet, au 4e étage, composé de 2 chambres, d'une cuisine et d'une salle de bains. Une vraie adresse de charme !

Des prix assez élevés, mais amplement justifiés.

🛏 ***Easy Hostel*** (plan couleur général I, K9, **41**) : rua São Nicolau, 13 ; 4°. ☎ 21-886-42-80. ● lisboneasyhostel@safo.pt ● Lits 18-20 € selon saison, petit déj, draps et serviettes inclus. On a vraiment l'impression d'être dans un grand appartement bourgeois transformé en AJ privée. Dortoirs mixtes de 4 ou 6 lits, petite salle télé avec DVD à emprunter, sympathique cuisine où des routards de tous pays ont laissé libre cours à leur inspiration sur le frigo, machine à laver, Internet... Une petite adresse confortable, impeccable, bleue et lumineuse. En partant, pourquoi ne pas griffonner votre au revoir sur le pan de mur destiné à cet effet ?

🛏 ***Pensão Prata*** (plan couleur général I, J9, **58**) : rua da Prata, 71 ; 3°. ☎ 21-346-89-08. ● pensao_prata@netcabo.

pt • *Doubles 20-25 € sans salle de bains, 35 € avec.* En plein cœur de la Baixa, grand appartement familial à la décoration sobre et sans recherche, mais les chambres, bien que vraiment exiguës pour certaines, sont impeccables, simples et agréables. Bon accueil.

🏠 **Pensão Rossio** (*plan couleur général I, J9, 54*) *: rua dos Sapateiros, 173 ; 2°.* ☎ *21-342-72-04.* • *pensao_rossio@ hotmail.com* • *Doubles 25-35 € selon confort (avec ou sans salle de bains).* Il faut traverser une boutique pour accéder à l'escalier qui mène à cette pension sans prétention, accueillante, propre et aux chambres de taille très variable : certaines vous laisseront tout juste la place de poser vos sacs alors que d'autres, d'un excellent rapport qualité-prix, sont étonnamment spacieuses.

🏠 **Residencial Coimbra e Madrid** (*plan couleur général I, J8, 50*) *: praça da Figueira, 3 ; 3°.* ☎ *21-342-17-60. Doubles 30-40 € selon confort et saison.* Dans un immeuble ancien, un large et vieil escalier mène à cette pension tenue par un monsieur sérieux en cravate. Chambres simples et propres, certaines avec salle de bains privée. Vue sur 3 côtés : la place de Figueira (et le Castelo), le Rossio, ou la rue entre ces 2 places centrales. L'adresse, très simple, n'est ni particulièrement chaleureuse ni vraiment charmante. Elle n'en reste pas moins correcte.

De prix moyens à plus chic

🏠 **Pensão Praça da Figueira** (*plan couleur général I, J8, 56*) *: travessa nova de São Domingos, 9 ; 3°.* ☎ *21-342-43-23.* • *pensaofigueira@clipx.pt* • *pensao pracadafigueira.com* • *Résa indispensable en été. Doubles 25-55 € selon confort et saison.* Confortable pension, très bien située et à l'accueil aimable. La déco est simple, mais fraîche et plutôt coquette. Le prix des chambres varie selon leur confort (salle de bains complète et AC, douche dans la chambre et toilettes sur le palier, ou encore sanitaires communs). On peut choisir l'un des deux étages, avec la vue sur la place de Figueira ou sur la rue piétonne à l'arrière (moins lumineux mais plus calme).

🏠 **Pensão-residencial Gerês** (*plan couleur général I, J8, 40*) *: calçada do Garcia, 6 ; 1° et 2°.* ☎ *21-881-04-97 et 98.* • *info@pensaogeres.com* • *pensao geres.com* • *Doubles 40-70 € avec ou sans douche, selon saison. Pas de petit déj. CB acceptées.* Vieille maison à l'intérieur soigné et bien tenu. Joli corridor aux murs en partie couverts d'azulejos. Les chambres sont plus anonymes, un rien étroites et sombres, mais l'accueil est vraiment gentil et la situation appréciable : à deux pas de l'animation du Rossio, son léger retrait lui offre une certaine sérénité.

🏠 **Albergaria Residencial Insulana** (*plan couleur général I, J9, 57*) *: rua da Assunção, 52 ; 2°.* ☎ *21-342-31-31.* • *in sulana@netc.pt* • *insulana.cjb.net* • *Doubles 50-60 € selon saison, petit déj compris.* Pension très bien située, très stylée années 1970, avec un côté fonctionnel et vieillot mais des chambres très correctes (avec douche, w-c et AC), propres et bien tenues.

Beaucoup plus chic

🏠 **Hotel Lisboa e Tejo** (*plan couleur général I, J8, 43*) *: rua dos Condes de Monsanto, 2.* ☎ *21-886-61-82.* • *reser vas@evidenciagrupo.com* • *evidencia hoteis.com* • 🅿 *Parking à tarif avantageux ; les places étant rares, demandez-en une dès la résa. Doubles 85-120 € selon saison, petit déj copieux inclus. Accès internet. Apéro maison offert sur présentation de ce guide.* Un bel hôtel design installé dans une bâtisse ancienne. Les chambres spacieuses et confortables, à la déco soignée et personnalisée, jouissent des qualités de leur catégorie (AC, TV, services...). Accueil aimable. Demandez une chambre sur l'arrière, plus calme.

🏠 **Hotel Metropole** (*plan couleur général I, J8, 42*) *: praça Dom Pedro IV (Rossio), 30 ; 1°.* ☎ *21-321-90-30.* • *metro pole@almeidahotels.com* • *almeidaho*

LISBONNE

tels.com ● Doubles 135-170 € selon saison, petit déj compris ; réduc de 10 % sur la chambre, sur présentation de ce guide. Résa conseillée (slt 4 chambres). Au cœur de la ville, des chambres sobres, élégantes, dont les salles de bains associent décor moderne et charme ancien. Les chambres les plus belles et les plus spacieuses donnent sur la place. Ambiance plutôt chic mais détendue : petit coin internet paisible, salon aux fauteuils vieux rose où les hôtes n'hésitent pas à traîner...

Où manger ?

Beaucoup de restos touristiques mais aussi de petites tavernes populaires à prix sages. Pour une restauration rapide locale, nous vous indiquons quelques-unes de ces *tascas* (gargotes locales) si prisées par les employés pressés à l'heure du déjeuner.

Très bon marché

|●| *A Tendinha (plan couleur général I, J8, 86) : praça Dom Pedro IV (Rossio). Lun-ven 7h-19h.* Une minuscule *tasca* pour manger debout et sur le pouce dans un cadre qui a gardé depuis 1840 un petit quelque chose de la place d'antan.

|●| *A Tentação (plan couleur général I, J8, 87) : praça da Figueira, 12 C/D.* ☎ 21-886-87-31. *Tlj 7h-22h.* Si vous êtes pris soudain d'une fringale imprévue, d'un côté le salé, de l'autre le sucré. Une adresse qui défie le temps, sur cette place aujourd'hui en pleine mutation. Un très bon endroit aussi pour le petit déj.

|●| *Tao (plan couleur général I, K9, 121) : rua dos Douradores, 10.* ☎ 21-885-00-46. *Tlj sf dim et lun soir 12h30-15h30, 19h-21h30. Menu 7 €.* Dans une rue calme, un resto discret sous le signe de la sagesse orientale. On prend son plateau et on choisit au comptoir un assortiment parmi les différents plats proposés. Cuisine naturelle, simple et plutôt bonne (même si un peu « fatiguée » et froide en fin de journée !) : salades, tartes, plats de légumes, beignets... Le décor, qui n'a rien d'oriental, est assez agréable, surtout à l'étage (qui n'est pas toujours ouvert). Le rez-de-chaussée ressemble davantage à une petite cantine aux jolies nappes vivement colorées.

|●| *Buffet livre (plan couleur général I, J8, 124) : rua 1° de Dezembro, 93. Menu env 6 €.* « Mangez autant que vous voulez », tel est le slogan de ce resto-buffet à volonté, situé près du Rossio. Grande salle pour gros appétit mais petits prix. Salades, viandes, *petiscos*...

De bon marché à prix moyens

|●| *Restaurante Regional (plan couleur général I, J9, 98) : rua dos Sapateiros, 68.* ☎ 21-342-10-27. *Tlj sf dim. Plats 8-14 €.* Une des cantines des cols blancs du coin. N'espérez pas y manger dans l'intimité. La salle bourdonne du bruit du service et des conversations. Ballet virevoltant des serveurs en costume. Cuisine roborative, de bonne qualité et il faut avoir un sacré appétit pour finir les plats !

|●| *Vitória (plan couleur général I, J9, 102) : rua dos Correeiros, 37-39.* ☎ 21-346-09-05. *Plats 6-11 €, menu 13 €.* Petit resto de quartier, au décor très ordinaire, servant une cuisine portugaise classique appréciée par les employés de la Baixa et par les promeneurs de passage. Spécialité : le *bife na Frigideira*, mais également des poissons simplement et bien cuisinés. Quelques tables dehors, donnant sur la rue piétonne.

|●| *O Bacalhoeiro et A Licorista (plan couleur général I, J8, 88) : rua dos Sapateiros, 222-224.* ☎ 21-343-14-15. *Tlj sf dim. Plats 6-8 €.* Une adresse appréciée des employés du quartier le midi.

Deux restos avec une cuisine en commun, selon que vous préférez manger dans une ambiance néomauresque ou sous des voûtes de brique. Très bonne *bacalhau à Minha.*

|●| *A Berlenga* *(plan couleur général I, J8, **85**) :* rua Barros Queirós, 35. ☎ 21-342-27-03. *Tlj 8h-23h30. Plats de* viande ou poisson 8-15 €. Brasserie populaire tant auprès des Lisboètes que des touristes. Décor rustique, long bar tapissé d'azulejos et de bouteilles. Adresse réputée pour la fraîcheur de ses crustacés et poissons (exposés en vitrine). Cuisine portugaise de la mer.

Beaucoup plus chic

|●| *Terreiro do Paço* *(plan couleur général I, J10, **130**) :* praça do Comércio (1100). ☎ 21-031-28-50. ● terreiro dopaco@quintadaslagrimas.pt ● *Tlj sf dim. Plats 22-26 €, repas env 50 €.* Le resto très à la mode du chef Vitor Sobral. Une cuisine légère et inspirée dans un cadre alliant modernité et traditions. Élégance et sobriété de la salle à l'assiette. Herbes et épices du monde influencent cette nouvelle cuisine portugaise, comme dans ce foie gras caramélisé et son tartare de fruits exotiques. Un lieu rare.

Pâtisseries, cafés et salons de thé

|●| *Confeitaria Nacional* *(plan couleur général I, J8, **139**) :* praça da Figueira, 18 C. *Tlj sf dim 8h-20h.* Fondée en 1829, cette vieille maison, toujours à l'effigie de Baltazar Castanheiro, va sur ses 200 ans. Une jolie bonbonnière en laque crème, avec des formes arrondies, des miroirs courbes et des serveuses en tenue classique. Le lieu a l'intimité d'un salon de thé autrichien : idéal pour papoter entre amis. Demander les torradas, ces grosses tranches de pain de mie servies grillées et tartinées de beurre salé, que l'on mange à 16h avec du chocolat chaud ou du thé. Sert aussi des petits menus (self).

|●| *Casa Chineza* *(plan couleur général I, J8, **134**) :* rua Aurea, 278. ☎ 21-342-36-80. *Tlj sf dim 7h-20h.* Depuis 1866, cette pâtisserie torréfie les meilleurs cafés d'Afrique et du Brésil, qu'on vient déguster debout, accoudé à des zincs rutilants, ou acheter par kilos entiers. Ici, on boit suavement son carioca de café qu'on agrémente, bien sûr, d'un bolo de mel da Madeira... Petits snacks très frais à midi, et possibilité d'y prendre le petit déj.

Où boire un verre ?

Ginjinhas, buvettes

Pour avaler prestement une liqueur aux cerises marinées ou une infusion de plantes, petits remontants bien appréciés des Lisboètes, rendez-vous selon votre humeur largo São Domingos, rua das Portas de Santo Antão, ou même rua Barros Queirós et rua da Mouraria. On y boit debout dans les buvettes ou sur le trottoir.

🍷 *A Ginjinha* *(plan couleur général I, J8, **141**) :* largo São Domingos, 8. Cette *ginjinha* est une buvette de poche avec vue sur la façade du Théâtre national et les cireurs de chaussures guettant les clients. Admirez en entrant les peintures sur les contrevents de la buvette, dans le style savoureux de la Belle Époque : homme en panama, femme en crinoline, le verre à la main. Pas la peine de parler portugais, le geste suffit pour se faire remplir un peu plus qu'un dé de liqueur, avec une ou deux petites cerises. Allez boire sur le trottoir, comme tout un chacun : les alentours de la buvette sont jonchés de noyaux de cerises.

LISBONNE

LISBONNE

Bar design

🍸 *A Outra Face da Lua* (plan couleur général I, J8-9, **146**) : rua da Assunção, 22. ☎ 21-886-34-30. ● baixa@aoutrafacedalua.com ● aoutrafacedalua.com ● Lun-sam 10h-19h (20h sam). L'autre face de la lune n'est pas dans l'ombre mais dans la lumière de la créativité.

Voici un bar-boutique à la mode, où l'on peut boire un verre parmi des collections de vêtements anciens redessinés par Carla Belchior, une créatrice de mode très tendance. Pour plus de détails, voir plus bas la rubrique « Achats ».

 ### Cafés littéraires

🍸 *Martinho da Arcada* (plan couleur général I, K9, **143**) : praça do Comércio, 3. ☎ 21-886-62-13. Tlj sf dim 7h-23h. Véritable monument historique datant de 1782. C'est ici que Fernando Pessoa avait ses habitudes en sortant du bureau, situé non loin. Une petite salle de bar-cantine où l'on peut manger au comptoir et une grande salle aux boiseries anciennes, tables de marbre, nappes blanches, et photos de Pessoa et de plusieurs écrivains sur les murs. Le prix Nobel José Saramago, l'écrivain brésilien Jorge Amado y sont venus pour des causeries littéraires, ainsi que des politiques comme Mário Soares ou Álvaro Cunhal. Également

ment une terrasse sous les arcades.

🍸 *Café Nicola* (plan couleur général I, J8, **144**) : praça Dom Pedro IV, 24. ☎ 21-346-05-79. Lun-ven 8h-22h, sam 9h-22h, dim 10h-19h. Un des grands cafés de la capitale. Ouvert au XVIIe siècle, il fut l'un des premiers cafés de Lisbonne, connu sous le nom de *Nicola's Tavern*. En 1929, la façade extérieure a été refaite dans le style Art nouveau. Les peintures intérieures datent de 1935. Aujourd'hui, *Nicola* reste un monument culturel, avec dans la salle du fond la statue de Barbosa du Bocage, un poète portugais d'origine française, qui était un habitué du café.

Achats

À boire et à manger

⊛ *Napoleão* (plan couleur général I, K9, **259**) : rua dos Fanqueiros, 70. ☎ 21-887-20-42. Tlj sf dim 9h30-20h. Non, ce n'est pas la cave de Napoléon mais un beau magasin-œnothèque, à la limite de la Baixa et de l'Alfama. Spécialisé dans les vins du Portugal, il propose une très grande variété de crus. Les prix sont bien affichés et l'accueil est dynamique. N'hésitez pas à demander conseil aux vendeurs.

⊛ *Manuel Tavares* (plan couleur général I, J8, **260**) : rua da Betesga, 1 AB. ☎ 21-342-42-09. ● manueltavares.com ● Tlj sf dim 9h30-19h30 (13h sam). Une charcuterie plus que centenaire (depuis 1860) de la Baixa, où vous trouverez aussi bien du chorizo de l'Alentejo que du jambon, des fromages de pays, sans oublier les vins et la fameuse marmelade de coings.

De la tête aux pieds

⊛ *A Outra Face da Lua* (plan couleur général I, J8-9, **146**) : rua da Assunção, 22. Tlj sf dim 10h-19h (20h sam). L'idée de ce magasin de *vintage clothing* (vêtements anciens et rétros) est de repenser, revoir et améliorer des vestes, des chemises, des gilets, des années 1960-1970. Grâce à la baguette magique de

Carla Belchior, une styliste lisboète inspirée, rien de triste et d'ennuyeux ! Tout est gai, coloré, fantaisiste. Il y a même du papier peint rétro à vendre et, pour refaire le monde du stylisme, un bar (voir « Où boire un verre ? »).

⊛ *Chapelaria Azevedo* (plan couleur général I, J8, **253**) : praça do Rossio, 69,

72 et 73. ☎ *21-342-75-11. Tlj sf dim 9h30-19h, sam 9h-13h.* Depuis 1886, toutes les têtes bien nées ou bien faites de Lisbonne sont passées par là. Du borsalino au panama en passant par la voilette ou le chapeau à plumes, il y en a pour tous les goûts.

Antiquités, artisanat d'art

❀ *Santos Ofícios (plan couleur général I, K9, 261) :* rua da Madalena, 87. ☎ *21-887-20-31. Tlj sf dim 10h-20h.* Le rendez-vous des amateurs d'art populaire. Homero Cardoso parcourt le pays à la recherche de ces masques de carnaval en bois, de ces fanfares, de ces personnages de crèche quasi surréalistes, de ces objets fabriqués avec des boîtes de conserve ou encore de ces belles pièces de musée, scènes de la vie quotidienne dans le nord du pays, offrant une relecture réjouissante de la vie des saints. Offrez-vous un des diables de *Mistério* (Minho) ; vous finirez par trouver qu'une enfance baignée dans la religion peut amener à voir la vie sous des formes plutôt souriantes.

LISBONNE

À voir. À faire

🎭 *Praça Dom Pedro IV (plan couleur général I, J8) :* plus communément appelée le *Rossio,* c'était déjà le cœur de la ville au Moyen Âge, l'endroit où se déroulaient fêtes et autodafés. Bordée aujourd'hui de grands cafés à terrasses et par le Théâtre national, elle a subi une refonte totale. Le Rossio reste encore aujourd'hui le cœur battant de la vie lisboète et le point de ralliement des manifestations politiques. Ce serait sur cette place qu'un fleuriste aurait offert un bouquet d'œillets à un soldat, le 25 avril 1974, en signe

> ## ATTENTION, UN ROI PEUT EN CACHER UN AUTRE !
>
> *Les pigeons, qui ne respectent rien, se moquent bien de savoir si c'est ou non la statue de Dom Pedro IV qui est au cœur du Rossio. En fait, l'artiste français chargé de sculpter le roi en bronze s'est contenté d'envoyer à sa place une statue de Maximilien, l'empereur du Mexique, qui devait traîner dans son atelier. Les Lisboètes s'en amusent, mais pas les érudits. De toute façon, si on ne vous l'avait pas dit, vous ne l'auriez même pas remarqué !*

de victoire contre la dictature de Salazar. Ce geste s'est vite répété dans la foule en liesse, donnant son nom à la révolution des Œillets.

On trouve dans les parages du Rossio un condensé des petits métiers de la rue, particulièrement du côté de la praça da Figueira voisine. C'est là qu'on s'informe autour des kiosques à journaux, que circulent les rumeurs *(boatos),* qu'on se donne rendez-vous, qu'on se revigore d'une *ginja* (voir plus haut la rubrique « Où boire un verre ? ») et qu'on se ravitaille en produits exotiques ! Dans le ballet des autobus et des taxis, dans le bourdonnement des conversations et la cacophonie des sonneries de téléphones portables, c'est là qu'on sent le mieux la pulsation de la ville.

– *Teatro Nacional Dona Maria II (Théâtre national Dona Maria II) : sur la place.* ☎ *21-325-08-00.* Inauguré en 1846, à l'emplacement d'un ancien palais royal, dans le but « d'élever et d'améliorer la moralité de la nation ». Petit café *Garrett* au rez-de-chaussée, dans une déco minimaliste mais agréable et une sympathique terrasse.

– Au n° 24, le *Café Nicola,* vieux café littéraire de Lisbonne, avec une terrasse aux beaux jours (voir la rubrique « Où boire un verre ? »).

– Au n° 73, vieux magasin de chapeaux, la *Chapelaria Azevedo* (voir la rubrique « Achats »).

⚜ *Igreja de São Domingos (église Saint-Dominique ; plan couleur général I, J8) : largo de São Domingos. Tlj 7h30-19h.* Son histoire agitée est plus intéressante que son intérieur. São Domingos aurait pu disparaître plusieurs fois, mais elle a survécu, « par miracle » peut-on dire. Fondée en 1242 par Dom Sancho II, cette église fut celle des dominicains. Les plus grandes cérémonies officielles y avaient lieu : mariages et baptêmes, couronnements et enterrements royaux. L'Inquisition y a tenu aussi plusieurs de ses sinistres autodafés et pogroms. D'après Fernando Pessoa : « En 1506, après le service divin, de nombreux Juifs ont été mis en pièces par la populace fanatisée, puis le massacre s'est étendu à d'autres parties de la ville. » L'église a été détruite en 1531. Puis elle a été à nouveau anéantie par le grand tremblement de terre de 1755. Une fois reconstruite, la voilà derechef ravagée par le grand incendie de 1959. Rouverte en 1997, elle présente un intérieur plutôt sombre, avec des piliers grignotés par les stigmates de l'histoire. Une légende prétend qu'un prêtre africain y officia au temps jadis, ce qui expliquerait pourquoi la place São Domingos est devenue le lieu de rendez-vous de nombreux Africains, originaires des anciennes colonies d'Angola, du Mozambique, de São Tomé et du Cap-Vert.

🏃🏃 *Praça da Figueira* (place du Figuier ; plan couleur général I, J8) : moins élégante que sa voisine, on y trouve une statue de Dom João I[eiro]. Au bord de cette place, la vieille *Confeitaria Nacional,* une de nos bonnes adresses de pâtisseries (voir la rubrique « Pâtisseries, cafés et salons de thé »).

🏃 *Quartier de la Baixa* (plan couleur général I, J-K8-9) : au sud du Rossio, curieux quartier au plan régulier avec rues se coupant à angle droit et bordées d'immeubles à l'architecture uniforme. La Baixa sera inscrite en 2010 au Patrimoine mondial de l'humanité par l'Unesco. C'est là que le tremblement de terre de 1755 frappa le plus durement. Le raz de marée qui s'ensuivit, s'engouffrant tout naturellement dans cet entonnoir naturel, raya de la carte tout le bas de la cité. Les maisons sur les collines (et notamment l'Alfama) furent en revanche épargnées (à quelques exceptions près).
En avance sur son époque, le marquis de Pombal fit reconstruire le quartier avec des normes et des matériaux antisismiques en suivant un plan à damier. On a trouvé dans le plan d'ensemble du quartier une influence de la franc-maçonnerie. Le chiffre 3, si cher aux francs-maçons, car symbole de la perfection de la raison, se retrouve ainsi dans les 3 grandes rues qui partent de la praça do Comércio vers le Rossio. D'est en ouest, le quartier de la Baixa est coupé par neuf rues parallèles, encore un signe maçonnique.
Chaque rue porte le nom des corporations de Lisbonne ou de métaux précieux : rua dos Correeiros (« des Selliers »), Aurea (ou d'Ouro, « de l'Or »), da Prata (« de l'Argent »), dos Sapateiros (« des Cordonniers »), etc.

🏃 *Grand magasin Pollux* (plan couleur général I, J8, **225**) : rua dos Fanqueiros, 276. Tlj sf dim 10h-19h. Envie d'une jolie vue sur Lisbonne ? Vous l'aurez en grimpant au 9e étage de ce grand magasin désuet qui abrite une petite cafétéria avec terrasse et vue sur les toits de la ville ; juste en face, l'elevador de Santa Justa.

🏃 *Núcleo arqueológico da rua dos Correeiros* (plan couleur général I, J9, **221**) : rua dos Correeiros, 9. ☎ 21-321-17-00. Visites guidées gratuites sur résa (par téléphone ou sur place) ; en anglais, jeu 17h, sam 12h et 17h ; en portugais, jeu 15h et 16h, et 4 visites sam. Dans le sous-sol d'une agence bancaire, on peut observer des vestiges (pans de mur) de la période romaine du temps où Lisbonne s'appelait Olisippo Felicitas Julia. Rien de grandiose, mais ce qui a été trouvé là est bien conservé et soigneusement mis en valeur.

🏃🏃 *Praça do Comércio* (place du Commerce ; Terreiro do Paço ; plan couleur général I, J-K9-10) : longtemps considérée comme l'une des plus belles places d'Europe. Bordée d'harmonieux édifices avec galeries à arcades, d'un arc de triomphe et d'un ponton monumental sur le Tage, elle est actuellement le siège des principaux ministères. Après avoir fait office de parking, puis de place vide, la mairie a choisi de la rendre aux promeneurs. Il fut même prévu de faire passer l'axe de circulation des quais par voie souterraine et d'ouvrir ainsi le Terreiro do

Paço sur le Tage. Mais les terrains concernés, déjà mis à mal par l'avancée du métro, risquaient cette fois d'être entraînés par les eaux.

Aujourd'hui, l'office central de tourisme est installé près de l'endroit où le roi Carlos et son fils aîné furent assassinés en 1908 (devant la poste centrale, à l'angle de la rua do Arsenal).

🍴🍴🍴 **Viniportugal** (plan couleur général I, J10, **224**) : sur la praça do Comércio. ☎ 21-342-06-90. Mar-sam 11h-19h. Les curieux, gourmands, œnologues en herbe ou confirmés peuvent venir découvrir ici les vins du Portugal, injustement méconnus. Toutes les 3 semaines, changement de région. Des passionnés vous font déguster une dizaine de vins blancs ou rouges. Pour goûter gratuitement (oui, vous avez bien lu !) 4 vins différents, il vous suffit de remplir un questionnaire avec vos impressions sur le goût, la couleur, l'odeur. Rassurez-vous, il est inutile d'être un professionnel ; donnez vos impressions, tout simplement. Quelques vins sont disponibles à l'achat à prix producteur. Si vous êtes amateur, il ne faut surtout pas louper ce petit tour dans le terroir portugais.

– À proximité se trouve la **praça do Município** (place de la Mairie ; plan couleur général I, J9-10). Une colonne coiffée d'une sphère armillaire symbolise le pouvoir municipal face à la mairie, édifiée au XIXe siècle.

↦ Vieille ville

BAIRRO ALTO, CHIADO ET CAIS DO SODRÉ ✳

Au cœur de la vieille ville, le Bairro Alto est un des quartiers les plus sympas pour séjourner, un vrai caméléon qui change de peau et d'humeur selon les heures de la journée. Assoupi en matinée, il s'éveille doucement dans l'après-midi, et il y règne alors comme une ambiance de village paisible, où le flâneur s'égare dans les ruelles, découvrant un florilège de petites boutiques originales. Mais attention, quand le soleil décline, les façades lézardées s'ouvrent et dévoilent une multitude de restos, puis de cafés, de bars, dont on ne soupçonnait même pas l'existence quelques heures auparavant. Les couche-tôt devront revoir leurs habitudes. Ici, on papillonne d'un bar à un autre, dans une ambiance chaleureuse et métissée où se retrouvent clientèle sélect et fêtards de tout poil. Du haut Bairro Alto, on oublie trop souvent que Lisbonne est un port, un vrai, avec sa mythologie de marins en goguette, soiffards et bagarreurs. Les ruas de São Paulo et Nova de Carvalho, qui se glissent honteusement sous le pont de la rua do Alecrim, à moins de 800 m de la praça Luís de Camões, leur appartiennent. Un vrai espace de liberté unique au Portugal, où toutes les tendances, toutes les nationalités et tous les appétits osent s'afficher sans complexe et se mélanger aussi bien sur les sonorités des années 1970 que sur du *heavy metal*...

Miradouro de São Pedro de Alcantara

Où dormir ? *Basilica da Estrela*

De bon marché à prix moyens

🛏 **Lisbon Poets Hostel** (plan couleur général I, I8, **64**) : rua do Duque, 41 ; 1° (1200). ☎ 21-346-10-58. ● lisbonpoets hostel@gmail.com ● lisbonpoetshostel. com ● Ⓜ Restauradores, Rossio ou Baixa-Chiado. Fermé pdt les fêtes de Noël. Selon saison, lits 18-20 € et doubles 40-44 € ; draps compris mais pas la serviette, ni le petit déj. Café offert sur présentation de ce guide. Derrière une façade anonyme, accueillante AJ privée, à la déco mêlant joliment style moderne et azulejos authentiques. Poèmes sur les murs, et les noms de leurs auteurs identifient les chambres : petits dortoirs communiquant entre eux (3, 4 ou 6 lits superposés garnis de couettes douillettes) et seulement 2 chambres doubles. Salles de bains sur le palier. Une cuisine et 2 petites salles communes conviviales comme tout avec leurs poufs colorés. Internet gratuit, laverie. Une charmante adresse croquignolette et intimiste, parfaite pour rencontrer d'autres routards.

🛏 *Oasis Backpacker's mansion (plan couleur général I, H9, 65) :* rua de Santa Càtarina, 24 (1200). ☎ 21-347-80-44. ● reservation@oasislisboa.com ● hostel soasis.com ● Lit en dortoir 18 €, double 40 €, petit déj et draps compris. Idéalement placée, à deux pas de l'activité nocturne mais dans un joli quartier paisible, cette délicieuse AJ privée offre des dortoirs de 4 à 8 lits (dont un, sous les toits, lumineux, avec vue sur Lisbonne de son petit balcon) ou des chambres doubles. Dîner possible dans la salle à manger conviviale, cuisine à disposition, connexion internet, laverie... et la cerise sur le gâteau : la terrasse-jardin, où se dresse fièrement un palmier solitaire, avec son bar et le barbecue. Une véritable ambiance backpackers règne dans cette séduisante demeure jaune à l'intérieur élégant, presque chic (beaux parquets, salon avec cheminée), mais où l'on se sent vraiment comme à la maison.

🛏 *Residencial Monte Real (plan couleur général I, H9, 25) :* calçada Salvador Correia de Sá, 32 (1200). ☎ 21-346-00-34. Doubles env 22 €. Dans une rue calme au cœur du Bairro Alto populaire, idéalement situé. Une trentaine de chambres toutes simples à la literie trampoline ; salles de bains sur le palier. Très sommaire et assez bruyant, mais cela reste relativement propre et l'accueil est sympa (avec quelques mots en français). Mais on ne va pas se plaindre, à ce prix !

Prix moyens

🛏 *Residencial Camões (plan couleur général I, I8, 21) :* travessa do Poço da Cidade, 38 ; 1° Esq (1200). ☎ 21-346-75-10. ● reservas@pensaoresidencialcamoes.com ● pensaoresidencialcamoes.com ● Doubles 30-50 € selon confort et saison, petit déj inclus. Une petite pension de très bonne tenue. Les chambres sont petites mais plutôt coquettes, certaines avec salle de bains, d'autres non. Très bon accueil.

🛏 *Pensão Globo (plan couleur général I, I8, 20) :* rua do Teixeira, 37 (1200). ☎ 21-346-22-79. ● pensaoglobo@gmail.com ● pensaoglobo.com ● Ⓜ Restauradores. Résa conseillée. Doubles avec salle de bains 40-50 € selon saison. Pour quatre, 60-75 €. Pas de petit déj. Rue calme et bien située, donnant dans la travessa da Cara. Les chambres, vraiment petites, sont toutes proprettes et agréables, même si on regrette la tendance continue des prix à grimper. Les n°s 3 et 4 sont plus spacieuses et disposent d'un petit balcon. Bon accueil. Laverie. Une bonne adresse pour ceux qui veulent sortir le soir.

🛏 *Pensão Estação Central (plan couleur général I, J8, 63) :* Calçada do Carmo, 17 ; 2°. ☎ 21-342-33-08. ● pensaoestacaocentral@clix.pt ● Doubles 30-45 € selon confort et saison. Pas de petit déj. Au cœur d'un quartier animé et, pourtant, une fois dans les chambres, l'agitation semble lointaine. Pension patinée par le temps et correcte, même si l'accueil, à l'image du cadre, manque un peu de chaleur. Le prix des chambres, avec douche et toilettes pour la plupart, varie aussi selon leur taille.

De prix moyens à plus chic

🛏 *Hotel Anjo Azul (plan couleur général I, I8, 38) :* rua Luz Soriano, 75 (1200). ☎ 21-347-80-69 ou 21-346-71-86. ● hotelanjoazul@gmail.com ● anjoazul.com ● ♨ Selon confort, doubles 40-60 € hors saison et 50-75 € en saison. Pas de petit déj. Réduc de 10 % sur le prix de la chambre sur présentation de ce guide. Un Ange bleu en plein cœur du quartier gay, avec un intérieur à la déco moderne réussie. Les chambres les moins chères sont au rez-de-chaussée et vraiment exiguës. Dans les étages, certaines affichent une mine bien élégante avec leurs couleurs sages, et d'autres jouent les pimpantes avec leurs couleurs vives qui réveillent. Avec un peu de chance, vous aurez droit à celles jouissant d'une petite terrasse privée. Une des rares adresses de charme à prix raisonnables (pour une adresse de charme, s'entend). Accueil sympathique. Clientèle gay mais pas exclusivement. Hélas, pas de petit déj possible.

🛏 *Pensão Londres* (*plan couleur général I, I8,* **29**) *: rua Dom Pedro V, 53 ; 2º (1250).* ☎ 21-346-22-03. ● *pensaolondres@pensaolondres.com.pt* ● *pensaolondres.com.pt* ● *Doubles 50-77 € selon confort (douches, bains, taille de la chambre, etc.) et saison, petit déj inclus ; quadruple 80-98 €.* Cette grande pension gérée avec une efficacité anglo-saxonne porte bien son nom : 4 étages dans un immeuble bourgeois et cossu, avec grande hauteur

sous plafond, frises et moulures. Un ascenseur facilite l'accès aux étages. Les chambres les plus onéreuses sont jolies et vraiment confortables (salle de bains et TV satellite), certaines ont même vue sur le Castelo.

🛏 *Hotel Borges* (*plan couleur général I, I9,* **62**) *: rua Garrett, 108 (1200).* ☎ 21-346-19-51. ● *hotelborges.com* ● Très bien situé, juste à la sortie du métro Baixa-Chiado, côté largo do Chiado. *Double 75 €, petit déj compris.* Un hôtel classique et standard aux chambres vastes, impeccables et calmes. L'accueil, francophone, pourrait être plus souriant.

Spécial coup de folie

🛏 *Bairro Alto* (*plan couleur général I, I9,* **34**) *: praça Luís de Camões, 8 (1200).* ☎ 21-340-82-88. ● *info@bairroaltohotel.com* ● *bairroaltohotel.com* ● *Doubles 330-410 €, également des suites, petit déj compris ; fréquentes promos jusqu'à moitié prix.* L'hôtel chic de charme complètement rénové dans des teintes chaleureuses et colorées, avec

cette touche rétro des boiseries peintes et des armoires cannées. Propose une cinquantaine de chambres pas bien grandes mais tout confort, des salles de bains carrelées au tapis de laine et parquet verni. Charmant en diable ! Salle de fitness en sus, bar en terrasse au dernier étage et un autre dans le genre branché au rez-de-chaussée.

Où manger ?

La rua da Atalaia (*plan couleur général I, I8-9*) et les rues transversales, épine dorsale du Bairro Alto touristique, concentrent un maximum de petits restos populaires, troquets de tous genres pour tous les goûts. Attention, pas mal de ces adresses sont fermées en août.

Très bon marché

|●| *Alto Minho* (*plan couleur général I, H-I9,* **70**) *: rua da Bica Duarte Belo, 61 (1200).* ☎ 21-346-81-83. Service jusqu'à 22h. Tlj sf ven soir et sam. Apéro offert sur présentation de ce guide. Dans la rue du funiculaire da Bica. La cantine du quartier. Les habitués le connaissent sous le nom de son propriétaire, Chez João. Et pour cause, depuis longtemps João réussit le tour de force de marier de bons plats copieux à des prix populaires, comme le sont ses clients. Toute la faune de ce quartier particulièrement diversifié s'y donne rendez-vous le midi. Le soir, il redevient plus paisible avec des céliba-

taires hypnotisés par l'inévitable télévision. Sa spécialité : la morue au four, cuite ou grillée. Accueil adorable.

|●| *Casa Liège* (*plan couleur général I, I9,* **71**) *: rua da Bica Duarte Belo, 72 (1200).* ☎ 21-342-27-94. Pile à l'arrêt du funiculaire. Tlj sf dim et mer soir jusqu'à 21h30. Café offert sur présentation de ce guide. Toujours l'équation magique : quantité-qualité-petits prix. Les habitués vont de la Casa Liège à l'Alto Minho (même direction). Seule la déco varie : ici, elle est plus soignée que les carreaux blancs de l'Alto Minho ; un peu plus de couleurs, voilà tout. Ils ont même accordé leurs jours de fermeture

pour que vous ne restiez jamais en rade. I●I *O Adamastor (plan couleur général I, H9, 72) : rua Marechal Saldanha, 24 (1200).* ☎ *21-347-17-26.* Dans une

toute petite maison coincée entre 2 ruelles, prolongée par une petite terrasse, une adresse toute simple avec sandwichs, soupes et plats du jour.

De bon marché à prix moyens

I●I *Vertigo Café (plan couleur général I, I-J9, 83) : travessa do Carmo, 4.* ☎ *21-343-31-12.* ● *info@vertigocafe.net* ● *Tlj. Petite restauration (quiches, salades, plat du jour 4,50-6 €).* De vieilles chaises dépareillées, des tables qui ont pris leur pied en dépouillant de vieilles machines à coudre, un faux-plafond en verre Art nouveau, un sol d'origine, des bougies colorées. Un café des temps modernes où l'on se sent bien à toute heure, du café du matin au cocktail du soir, du journal qu'on lit aux vieilles photos au mur (vrai mâles, vraies femmes fatales) qu'on compare avec la clientèle bien vivante, mélangée, qui, sur fond musical d'époque, vient ici chercher refuge. Allez choisir votre quiche ou votre plat du jour au comptoir, au fond de la salle.

I●I *Adega Tagarro (plan couleur général I, H-I9, 77) : rua Luz Soriano, 21 (1200).* ☎ *21-346-46-20. Tlj sf dim. Plats du jour 6-9 €.* La petite adresse de quartier, simple et familiale. Les gens du coin s'y retrouvent au coude à coude pour un bon poisson frais grillé ou une viande tendre qu'on choisit dans la vitrine réfrigérée. Assiettes très généreuses (demi-portion largement suffisante pour une personne) et service attentionné. Le vin de la maison au tonneau n'est pas cher et se laisse boire.

I●I *O Cantinho do Bem Estar (plan couleur général I, I9, 74) : rua do Norte, 46 (1200).* ☎ *21-346-42-65. Tlj sf lun. Plats env 11 €.* Un resto familial dédié à la cuisine de l'Alentejo. Bar-cuisine où le personnel s'active, presque en complicité avec les clients, répartis sur 5 ou 6 tables serrées les unes contre les autres dans une jolie salle blanche décorée d'azulejos. Même en semaine,

on fait la queue sur le trottoir, et du coup on commande avant même de s'asseoir. Vite fait, bien fait.

I●I *Tasca do Manel (plan couleur général I, I9, 75) : rua da Barroca, 24 (1200).* ☎ *21-346-38-13. Tlj sf sam midi, dim et la 1re quinzaine de sept. Repas 15-20 €.* Deux belles salles jaune pastel séparées par des arcades, de solides tables en bois nappées de blanc, quelques gravures napoléoniennes. Une bonne cuisine traditionnelle. Spécialités : cherne (mérou), brochettes et gibier selon la saison.

I●I *Agito bar-restaurante (plan couleur général I, I8, 81) : rua da Rosa, 261 (1200).* ☎ *21-343-06-22. Tlj sf lun 18h-2h ; resto 20h-2h. Fermé pdt les fêtes de fin d'année. Repas 15-20 €. Apéro offert sur présentation de ce guide.* Un lieu bien sympathique pour passer un joli petit bout de soirée, autour d'un verre, dans le bar coloré à l'entrée, ou dans la salle au fond sous la verrière pour savourer une cuisine du monde goûteuse (tapas, viandes, plats végétariens). En soirée, un DJ distille l'ambiance. Une fréquentation éclectique, une atmosphère détendue, comme le service, agréable et souriant.

I●I *Fidalgo (plan couleur général I, I9, 80) : rua da Barroca, 27 (1200).* ☎ *21-342-29-00.* ● *restaurantefidalgo@mail. elepac.pt* ● *Tlj sf dim. Repas 15-20 €. Digestif offert sur présentation de ce guide.* L'atmosphère se veut à la bonne franquette, avec un mur garni de bouteilles et d'une collection de porteclés ; mais point de populaire, ce n'est qu'un décor de théâtre qui attire plutôt une clientèle des médias. On y savoure une cuisine de poisson particulièrement inventive.

De prix moyens à plus chic

I●I *Cervejaria da Trindade (plan couleur général I, I8, 82) : rua Nova da Trindade, 20C (1200).* ☎ *21-342-35-06.*

♨ *Tlj 21h-2h. Plats 8-15 € ; repas 18-25 €.* Immense brasserie fondée en 1836, installée dans un ancien couvent du XIIIe siècle. Plusieurs salles en enfilade, décorées de très beaux azulejos anciens (les initiés remarqueront quelques signes maçonniques). En été, petite terrasse bien fraîche dans la verdure. Spécialités de fruits de mer, surtout les sapateiras (tourteaux) qu'on casse avec un maillet en bois sur un petit billot. Un monde fou, beaucoup d'animation.

|●| *Found You* (plan couleur général I, I8, **79**) : travessa dos Inglesinhos, 34-40 (1200). ☎ 21-346-11-37. ● foundyou@ sapo.pt ● Tlj sf mar soir et j. fériés. Fondues 13-25 € par pers. Au menu, fondues *(found you)* à toutes les sauces : bœuf, veg', fromage portugais, etc. Et 10 sortes de chocolats différents ! À partager à deux dans un cadre moderne, avec un service jeune et dynamique. Toujours beaucoup de monde.

|●| *Alecrim às Flores* (plan couleur général I, I9, **128**) : travessa do Alecrim, 4 (1200). ☎ 21-322-53-68. Tlj sf j. fériés. Résa conseillée le w-e. Plats 13-20 €. Entre 2 escaliers, une petite terrasse. Quelques tables à l'écart de la circulation pour une cuisine sans prétention où les poissons cohabitent gentiment avec la spécialité de steak, juteux à souhait et accompagné d'un grand choix de sauces. Prix un poil surestimés, mais c'est vraiment copieux. Belle salle voûtée en brique.

|●| *Buenos Aires* (plan couleur général I, I8, **96**) : calçada do Duque, 31 (1200). ☎ 21-342-07-39. Tlj sf lun ; w-e slt soir. Repas 20-25 €. Suggestions du jour au tableau noir : cuisine argentine, viande délicieuse... Petite salle un peu de guingois, enfumée, éclairage intimiste, murs patinés de jaune, ventilos, photos de Rudolph Valentino. Une tranche de tango au pays du fado.

|●| *Stravaganza* (plan couleur général I, I8, **92**) : rua do Grémio Lusitano, 20 (1200). ☎ 21-346-88-68. Tlj 12h-2h. Plats 8-17 €. Déco sobre et moderne. À la carte, on trouve un large choix de pizzas et de pâtes qui attirent un public varié. Ingrédients frais et goûteux, mais sachez que ce n'est pas pour l'ambiance qu'on vient ici.

|●| *Meson el Gordo* (plan couleur général I, I8, **129**) : rua S. Boaventura, 16 (1200). Tlj sf mer 18h-2h. Tapas 6-21 €. Ambiance voûte étoilée, musique planante ou opéra. Grand choix de tapas, plats et alcools. Un coin très agréable pour se poser le temps d'un dîner romantique, même si les portions sont un peu chiches.

Plus chic

|●| *Pap'Açorda* (plan couleur général I, I8, **78**) : rua da Atalaia, 57-59 (1200). ☎ 21-346-48-11. Tlj sf dim-lun. Repas env 35 €. Un lieu branché postmoderne qui s'est hissé au rang d'institution. Son secret : une atmosphère somme toute bon enfant dans un emballage minimaliste chic et snob. On vous offre des bonbons au bar pour vous faire patienter ; de vilains lustres en cristal atténuent l'insolence de la déco. Recettes du terroir classique savamment mitonnées.

|●| *Bota Alta* (plan couleur général I, I8, **90**) : travessa da Queimada, 35-37, rua da Atalaia, 122 (1200). ☎ 21-342-79-59. Tlj sf sam midi, dim et en sept. Repas 20-25 €. Cuisine locale servie dans un chaleureux bistrot aux murs bleus tapissés de tableaux. Précisons que l'on apprécie surtout l'endroit pour le cadre et l'ambiance, plus que pour la nourriture servie (assez chère et de qualité variable).

Beaucoup plus chic

|●| *Tavares* (plan couleur général I, I9, **131**) : rua da Misericórdia, 35 (1200). ☎ 21-342-11-12. ● restaurante@tavares rico.pt ● Tlj slt soir. Menu découverte 65 € et gourmet 85 €. Quand un cuistot français s'installe dans les murs chargés d'histoire et de dorures d'un resto lisboète datant de 1784, le résultat est détonant. Alors, c'est vrai, le style et les prix ne sont pas routards pour deux sous, mais le mélange de classicisme et d'originalité de la cuisine saura séduire les plus fortunés de nos lecteurs. Des épices et des herbes du

LISBONNE

monde entier viennent se mêler à une cuisine franco-lusitanienne revisitée audacieusement et intelligemment (ravioles de foie gras au céleri, glace au galanga, etc.). Service bien sûr stylé. La grande classe.

Où manger en écoutant du fado ?

|●| ♪ **Café Luso** (plan couleur général I, I8, **132**) : travessa da Queimada, 10 (1200). ☎ 21-342-22-81. ● cafeluso@cafeluso.pt ● Conso min : 25 €/pers. Plats 21-43 € ; menu 39 €. Fado tlj à partir de 21h (le resto ouvre à 20h). Sous des voûtes en pierre du XIIe siècle, dans les anciennes écuries et caves du palais S. Roque, on vient écouter du fado au milieu de groupes de touristes. Eh non, vous ne serez pas seul dans ce lieu de charme connu aussi pour la qualité des voix des chanteurs ! Mais ne boudez pas votre plaisir, d'autant que la nourriture y est assez honorable (heureusement vu les prix !).

Où déguster une pâtisserie ? Où prendre son café ?

|●| **Doce Real** (plan couleur général I, H8, **136**) : rua Dom Pedro V, 121 (1250). Tlj sf dim 7h-19h (13h sam). Lieu minuscule. Des pastéis de nata tièdes et des cakes chauds toute la journée, ainsi que des en-cas à emporter pour pique-niquer dans le jardin du Príncipe Real tout proche.

|●| **O Chá do Carmo** (plan couleur général I, I-J9, **137**) : largo do Carmo, 21 (1200). ☎ 21-342-13-05. Tlj sf dim 8h (10h sam)-20h ; fermé le soir de mi-juil à début août. Un lieu romantique pour les amoureux du thé et l'endroit idéal pour un bon petit déj, servi avec le sourire. On peut évidemment manger une petite douceur, comme le gâteau à la pomme et à la cannelle, fait maison. Sert aussi quiches, salades, soupes...

|●| **Pastelaria Padaria** (plan couleur général I, H-I8, **135**) : à l'angle de la rua da Rosa. Une pâtisserie-boulangerie des années 1930 ayant échappé à l'affront de l'inox et des néons qui défigurent tant de ses homologues. On peut même s'y attabler pour boire un café ou un jus d'orange frais accompagné d'une petite douceur.

Où boire un verre ? Où sortir ?

Jusqu'au début des années 1990, la rua da Atalaia et ses voisines avaient le monopole de la vie nocturne lisboète : plus de 50 bars et restaurants où étancher sa soif de plaisirs, une des plus fortes concentrations d'Europe ! C'est le Frágil, la boîte créée par le designer Manuel Reis dans un hangar, qui a lancé le quartier. Mais les noctambules sont par nature volages. Aujourd'hui, ce sont les entrepôts transformés en mégaboîtes chic et technologiques de l'avenida 24 de Julho, le long du Tage, qui ont la cote, fortement concurrencés par la zone des Docas près des bassins à flots de l'Alcântara et de Santo Amaro. Qu'importe, le parcours noctambule commence toujours ici, par un cabotage de bar en bar. Du populaire bistrot bien crasseux au plus snob. Le rappeur, le galeriste en vue, le néobaba, l'étudiant fauché... y cohabitent dans l'intelligence du petit prix des consommations. Attention, les lieux restent étrangement déserts avant 23h. Pour connaître les derniers bars sortis de la terre du Bairro Alto, procurez-vous le guide gratuit des éditions Convida, facilement trouvable dans les lieux branchés, intitulé sobrement Bairro Alto (semestriel qui existe d'ailleurs pour plusieurs quartiers).

Les cafés

🍸 **A Brasileira** (plan couleur général I, I9, **154**) : rua Garrett, 120 A (1200). Tlj 8h-2h. Un café centenaire, l'un des plus anciens de la ville. Il a conservé sa décoration chargée du XIXe siècle, lambris et miroirs, et sa fidèle clientèle d'intellos aux tempes blanches. Journalistes, vieux profs à la retraite, artistes phosphorent et dégustent leur *bica* au milieu des nombreux touristes. Un Fernando Pessoa en bronze vous attend même à sa table en terrasse dans la rue (d'ailleurs, si vous ne désirez pas figurer sur les photos des personnes qui s'arrêteront immanquablement pour prendre la photo, éviter les tables autour du cher Fernando !). Resto du sous-sol à éviter.

¶ *Cem Medos* (plan couleur général I, I8, *155*) : rua da Rosa, 99-103 (1200). ☎ 21-343-30-55. • cemmedos@iol. pt • Lun-jeu 16h-minuit, ven-sam 18h-2h ; fermé en sept. Café offert sur présentation de ce guide et 5 % de réduc sur l'achat des livres. Un café littéraire convivial et lumineux, aménagé autour d'un bar moderne en demi-lune et fréquenté par des étudiants, des intellos, des artistes. Aux murs, des expos de peintres locaux. Dans les verres, des cocktails, des vins, du thé ou de la *ginja*, la fameuse liqueur à base de griotte. Pâtisseries et petite restauration. Accueil en français, même si peu de livres dans cette langue.

¶ *Noobai Café* (plan couleur général I, H9, *145*) : miradouro do Adamasta. ☎ 21-346-50-14. Tlj 12h-2h. Du belvédère de Santa Catarina, un petit escalier mène à ce café dont la grande terrasse en surplomb offre une belle vue sur les toits de Lisbonne et le pont 25 de Abril. Idéal pour un café, un verre, loin du brouhaha urbain (en revanche, vous pouvez ignorer la carte des petits plats...). Ambiance assez jeune.

¶ *Leitaria Academica* (plan couleur général I, J9, *252*) : largo do Carmo, 13. Tlj 7h-minuit. Oh ! rien d'exceptionnel dans ce petit bout d'adresse hébergé dans une maison très rose, si ce n'est, aux beaux jours, la bien agréable terrasse sur la jolie place, sous les arbres. Un véritable appel au farniente !

Les bars à vin et les bars à bière

¶ *Solar do Vinho do Porto* (plan couleur général I, I8, *156*) : rua de São Pedro de Alcântara, 45 (1200). ☎ 21-347-57-07. • solarlisboa@ivp.pt • Juste en face du funiculaire da Glória. Tlj sf dim 11h-minuit. Un palais du XVIIIe siècle (même architecte que le palais de Mafra) aménagé en pub anglais upper class. L'Institut du vin de Porto y propose plus de 200 sortes de son illustre vin à la dégustation et à la vente.

¶ *British Bar* (plan couleur général I, I10, *158*) : rua Bernardino Costa, 52-54 (1200). ☎ 21-343-23-67. Tlj sf dim 9h-minuit. Un vrai beau bar à bière, lambrissé, avec un grand choix de mousses et de bien d'autres alcools d'outre-Manche et d'ailleurs. Attire un grand nombre de Lisboètes à la sortie des bureaux. Juste à côté, un kiosque de presse internationale.

Les bars de nuit

Il faut savoir que dans le coin des bars de nuit, on vous proposera, surtout le week-end, pas mal de drogues. Passez votre chemin ! Ces dealers ne sont pas particulièrement agressifs, mais un routard prévenu en vaut deux.

¶ *Portas Largas* (plan couleur général I, I8, *159*) : rua da Atalaia, 103-105 (1200). ☎ 21-346-63-79. Tlj. Sachez-le, une soirée au Bairro Alto démarre et souvent se finit ici, dans ce repaire d'oiseaux de nuit au plumage multicolore ouvert sur la rue. C'est toujours plein à craquer, et le samedi soir, ça déborde allègrement sur le trottoir. Belle atmosphère entre les murs à damiers de ce bar à la déco oscillant entre rustique et rétro.

¶ ♪ *Ar Puro* (plan couleur général I, I8, *160*) : rua da Atalaia, 108 (1200). Tlj sf dim 18h-2h. Un bar de poche où s'entasse une clientèle de trentenaires venue écouter, autour du comptoir tout en longueur, de la musique live de qualité. Dans les verres, de la cachaça, encore de la cachaça et rien que de la cachaça. Pure ou en cocktails divers et variés. De quoi faire monter l'ambiance.

LISBONNE

🍸 **Trois bars sans nom** (plan couleur général I, I9, **161**) aux coins des rues Travessa da Espera et rua da Barroca rendent, le week-end, la rue totalement impraticable tellement elle est noire de monde. Pour un bon bain de foule ou pour faire des rencontres, ne cherchez plus, c'est ici !

🍸 ♪ **Bar Lounge** (plan couleur général I, H9, **162**) : rua da Moeda, 1. Tlj sf lun 22h-4h. Groupes ou DJs emplissent de sons la grande salle, dont les jolies tapisseries s'accordent parfaitement au style décalé de l'endroit ! Quand la nuit tire à sa fin, la place devant le bar est elle aussi inondée de monde.

🍸 **Pavilhão Chinês Bar** (plan couleur général I, H8, **163**) : rua Dom Pedro V, 89-91 (1250). ☎ 21-342-47-29. Tlj 18h-2h (21h dim). Hallucinante création d'un célèbre architecte d'intérieur. Imaginez un collectionneur fou à qui l'on aurait confié les salons douillets d'un club anglais pour y exposer ses trouvailles. Pas un centimètre carré de murs qui ne soit exploité dans l'enfilade de ces trois salles, mais avec la méthodologie du muséum d'Histoire naturelle : les poupées en céramique, les soldats de plomb, les maquettes de bombardiers, les grenouilles en faïence, les statues de Chinois... Le lieu lui-même est bizarre, comme si ces fauteuils 1900, la moquette rouge, les lampes tamisées, le billard ancien avaient appartenu à un baron excentrique. Carte de cocktails délicieux, longue comme le bras, et surtout illustrations coquines des Années folles. Plus qu'un bar, c'est une institution !

Où écouter de la musique ?

♪ **ZDB** (Zé Dos Bois ; plan couleur général I, I9, **165**) : rua da Barroca, 59. ☎ 21-343-02-05. ● zdb@zedosbois.org ● zedosbois.org ● Petit lieu alternatif dynamique. D'abord consacré à l'art contemporain, notamment aux arts visuels (expos à l'étage), il abrite également une petite salle proposant presque tous les soirs des concerts à prix très raisonnables (d'ailleurs si les rideaux ne sont pas fermés, la scène est visible de la rua da Atalaia). Programmation éclectique.

Où danser ?

Quelques boîtes ont bien survécu, mais le Bairro Alto c'est avant tout des bars. Pour les boîtes, on ira plutôt dans le coin des Docas (voir plus loin).

♪ **Frágil** (plan couleur général I, I8, **166**) : rua da Atalaia, 126 (1200). ☎ 21-346-95-78. ● info@fragil.com.pt ● Mersam 23h30-4h. Entrée env 10 €. Sans elle, il n'y aurait pas eu de Bairro Alto. Toujours dans la course. Dans un décor hyperdesign, une faune branchée, aux diverses sexualités, se laisse aller aux rythmes des sons house, electro et dance.

Achats

À boire et à manger...

🌐 **Uma Casa Portuguesa** (plan couleur général I, J9, **262**) : rua Anchieta 11. ☎ 21-346-50-73. Tlj sf dim 10h-20h. Dans une ancienne fabrique de cosmétiques, une très jolie boutique vendant « l'âme portugaise » : la sélection de ces produits, fabriqués localement et qui ont marqué la mémoire portugaise, est éclectique et va de l'huile d'olive aux savons, en passant par les crèmes pour les mains, les jouets pour enfants, les conserves de sardines ou de thon, etc. Le packaging reste celui d'origine, d'où la charmante ambiance rétro du lieu. Attention, cependant, la nostalgie pourrait vous coûter assez cher...

⊛ **Mercearia da Atalaia** (plan couleur général I, I8-9, **254**) : rua da Atalaia, 64 A (1200). ☎ 21-342-11-04. Accueil et conseils en français dans cette boutique au cœur du Bairro Alto, où vins, fro-

mages, huile d'olive, chourizo et même chocolat vous tendent les bras. Pour en savoir un peu plus sur les produits portugais.

De la tête aux pieds

⊛ **Paris em Lisboa** (plan couleur général I, I9, **255**) : rua Garrett, 77 (1200). ☎ 21-346-81-44. Tlj sf dim 10h-19h. Du beau linge, on peut le dire. C'est à Torres Novas (100 km) qu'on fabrique les turcos (tissus éponge) les plus réputés du pays. Serviettes de toilette douces au toucher dans une gamme de coloris variée.
⊛ **El Dorado** (plan couleur général I, I9,

256) : rua do Norte, 25 (1200). Lun-mer 13h-23h, jeu-ven 13h-minuit, sam 14h-minuit. Les fringues vintage déjantées côtoient des 33 tours collectors. Le paradis des fouineurs branchés ou des nostalgiques. Au n° 32 de la rue, juste en face, les murs et le plafond blanc maculés de grandes zébrures de peintures noires servent de cadre à la vente de chaussures de tennis bigarrées.

Antiquités, artisanat d'art

⊛ **Vista Alegre** (plan couleur général I, I9, **257**) : largo do Chiado, 20-23 (1200). ☎ 21-346-14-01. Tlj sf dim 10h-19h. La plus réputée des fabriques de porcelaines portugaises, fondée en 1824 (peut se visiter près d'Aveiro). Du classique de bon ton. Idéal pour déposer une liste de

mariage (eh oui ! ici, on ne rigole pas toujours avec ces choses-là). On n'est plus obligé d'acheter le service complet, heureusement, et les prix ne sont pas tous aussi effrayants que ne le laisse penser la vitrine.

Azulejos

⊛ **Fábrica cerâmica Viúva Lamego** (plan couleur général I, J9, **252**) : calçada do Sacramento, 29 (1200). ☎ 21-346-96-92. Lun-ven 10h-19h, sam 10h-14h. Même maison que dans l'Alfama et qui a, entre autres, fourni les azulejos à la station de métro Champs-Élysées-Clemenceau à Paris. Petite réduction avec la Lisboa Card. Voir aussi la rubrique « Achats » dans le cha-

pitre « Alfama, Castelo São Jorge, Mouraria et Graça ».
⊛ **Solar** (plan couleur général I, H-I8, **258**) : rua Dom Pedro V, 68-70 (1200). ☎ 21-346-55-22. Lun-ven 10h-19h, sam 10h-13h. Cet antiquaire est spécialisé dans la vente d'azulejos anciens (XVIe-XXe siècle). Les prix sont corrects, compte tenu de la qualité, et il est inutile de discuter.

À voir. À faire

Les quartiers du Carmo et du Chiado

Le 25 août 1988, le cœur de Lisbonne brûle : un incendie s'est déclaré dans le grand magasin Grandela, au bas de la place du Rossio. Le feu se propage très vite, les pompiers accèdent difficilement aux immeubles. Les rues do Carmo, Nova do Almada, Assunção et do Crucifixo sont les plus touchées. Cet incendie a infligé à ce quartier historique l'un des plus graves dommages depuis le tremblement de terre de 1755.
Pour la reconstruction, l'architecte Álvaro Siza Vieira a tenu à préserver le style du quartier au charme années 1930, souvent attribué au fantôme errant de Pessoa. Boutiques de luxe et immeubles de standing donnent le ton. Le soir venu, l'animation quitte peu à peu le Chiado pour se glisser dans les ruelles du Bairro Alto voisin. Pour accéder au quartier du Carmo, emprunter l'âpre calçada do Carmo.

LISBONNE

🎭 🏃 Auparavant, faites un tour (d'horizon) en empruntant l'*elevador de Santa Justa* (plan couleur général I, J8-9, **173**), l'incongru et si pratique ascenseur d'un élève de M. Eiffel. Du haut de l'édifice, outre la machinerie, on a une vue sur la colline du Castelo et sur les alignements de la Baixa ; possibilité d'y prendre un verre le nez au vent (sympa mais assez cher).

> ## SACRÉ CHIADO
>
> *En nous voyant écrire naguère dans ce guide qu'on pouvait passer le Chiado sans problème, car sans grand intérêt (mea maxima culpa !), le moine fou qui a donné son nom au quartier a dû bien se marrer. C'était un bon vivant, un « coquin » dans tous les sens du terme. On le vénère certes moins pour ses vers gouailleurs que Pessoa, qui est assis pour l'éternité à quelques pas de lui, mais c'est quand même lui qui a eu le dernier mot : un quartier à son nom, plus vivant, plus jeune que jamais, où tout Lisbonne passe et repasse.*

🎭🎭🎭 **Convento Museu do Carmo – Museu Arqueológico do Carmo** (plan couleur général I, J8, **174**) : largo do Carmo. Tlj sf dim 10h-17h (18h avr-sept). Entrée : 2,50 € ; réduc avec la Lisboa Card. Cette église du XIVe siècle, l'une des plus grandes de la ville, avec sa nef à ciel ouvert, est restée dans l'état où l'a laissée le tremblement de terre de 1755. Une atmosphère vraiment magique. Joli petit musée archéologique (vestiges romains, wisigothiques et précolombiens, avec même une momie inca comme celle de Rascar Capac dans *Tintin*).

🎭 **Igreja São Roque** (plan couleur général I, I8, **175**) : largo Trindade Coelho. Lun-ven 8h30-17h, w-e 9h30-17h. Entrée libre. Elle date du XVIe siècle, mais la façade fut reconstruite après la catastrophe de 1755. Voir l'immense plafond en bois peint et surtout la très riche chapelle *São João Baptista* (4e à gauche), témoignage des caprices insensés des rois de l'époque. Elle fut construite à Rome avec tous les matériaux précieux existants, puis transportée par bateau pour être remontée ici. Attenant à l'église, un petit *musée d'Art sacré* (fermé pour travaux jusqu'en 2008) présente des œuvres européennes allant du XVIe au XVIIIe siècle.

🎭🎭 **Museu do Chiado** (plan couleur général I, J9, **176**) : rua Serpa Pinto, 4-6. ☎ 21-343-21-48. ● museudochiado-ipmuseus.pt ● Ⓜ Baixa-Chiado. Tlj sf lun 10h-18h ; fermé à Noël, Nouvel An, Pâques et 1er mai. Entrée : 3 € ; réduc ; gratuit dim avt 14h ainsi qu'avec la Lisboa Card. Musée d'Art contemporain, le musée du Chiado présente des œuvres issues de son fonds permanent mais qui tournent tous les 3 mois. Beaucoup d'installations ainsi que de la peinture et de la sculpture portugaise mais aussi internationale. C'est l'architecte français Jean-Michel Wilmotte qui en réalisa la rénovation, financée par la France. L'espace intérieur mérite à lui seul une visite pour sa conception et la mise en valeur du site autant que des œuvres. Terrasse à l'étage avec cafétéria.

Le Bairro Alto

🎭🎭🎭 Délimité à l'est par la rua da Misericórdia et le belvédère São Pedro de Alcântara, à l'ouest par l'avenida D. Carlos et le palais de São Bento, ce vieux quartier aux façades usées avec balcons fleuris est un brassage sans heurts du vieux tissu populaire, de l'émigration originaire des anciennes colonies africaines et des branchés colonisant doucement le quartier pour y créer de nouveaux lieux. Nous le décrivons dans l'introduction comme un quartier caméléon, qui change de façade et d'humeur selon les heures de la journée. Dans l'après-midi, on arpente ses ruelles calmes à la recherche de boutiques branchées ou rigolotes, dont la rua do Norte, notamment, est très friande. Un car de ramassage marqué Santa Casa ramène jusque chez elles quelques mamies du quartier, en fin d'après-midi. Elles referment leur porte avec soin, comme si le pire devait arriver. En fait, elles ont encore quelques heures de répit. En soirée, les boîtes à fado touristiques et les nombreux petits restos drainent les foules, qu'ils déversent, la nuit tombée, dans les nombreux bars du quartier, largement concentrés dans la rua da Atalaia et ses voisines proches, dans lesquelles il devient difficile de circuler à partir de 23h.

🎬 À l'est, le *miradouro São Pedro de Alcântara (belvédère São Pedro de Alcântara ; plan couleur général I, I8)*, qui surplombe un petit jardin à la française, livre une magnifique échappée sur la ville basse et le Tage.

🎬🎬 Dans l'ouest et le sud du quartier, loin de l'agitation touristique, sommeillent d'adorables rues de village où le linge sèche aux fenêtres. À partir de la petite *praça das Flores (plan couleur général I, G8)*, le Bairro Alto offre aux promeneurs un réseau d'adorables ruelles où flâner.

🎬🎬 🏃 Ne manquez surtout pas l'un des plus flamboyants couchers de soleil de votre séjour, du haut du *miradouro de Santa Catarina (plan couleur général I, H9, 177)*. Un lieu qui incite à la flânerie et au repos des sens au milieu des touristes et des jeunes qui se prélassent au soleil. Au milieu du petit parterre, la statue du monstre Adamastor, personnage mythique des *Lusiades* de Camões. On peut y rêver tout en regardant au loin le *pont du 25-Avril*. Un lieu bien vivant, avec ses bistrots en terrasse très tendance, et qui devrait devenir un

SANTA CATARINA, LIEU SHOW

Certes, certains soirs, l'ambiance vire ici à l'orage, les canettes volent, les chiens et leurs maîtres règlent leurs comptes. Rentrez vos poussettes, c'est l'heure. Demain, ces lieux risquent fort de se policer avec l'ouverture très attendue, dans un des palais voisins, du Mude, le futur musée du design et de la mode, appelé à regrouper d'ici 2009 les collections présentées jusqu'ici à Belém. Pour vous mettre en appétit, des expositions provisoires devraient voir le jour prochainement. Ouvrez l'œil... et le journal du moment !

haut lieu de la mode avec l'ouverture du « Mude » (voir encadré).

🎬🎬 Le populaire *funiculaire da Bica* vous rapproche du *mercado* avec son curieux dôme à bulbe tout en bas, à *Cais do Sodré*. Il est traditionnel d'y voir, dès 5h, marchands, ouvriers, bourgeois en goguette et étudiants déguster le réputé chocolat chaud des troquets du coin. Parfois, le dimanche, s'y tient un bal populaire animé. Le soir, si vous reprenez le funiculaire pour remonter, l'ambiance aura peut-être déjà changé, avec l'ouverture du dernier bar-salon de thé ou du dernier resto à la mode, dans les rues voisines, attirant une clientèle différente. C'est le futur quartier « tendance », celui où il fera bon se montrer dans les mois et années à venir.

MADRAGOA, LAPA ET LES DOCKS

Un quartier éclectique qui est loin d'avoir terminé sa mue, à découvrir en remontant des docks, nouveau lieu de vie depuis une décennie, de jour (presque) comme de nuit, à Madragoa et Lapa, où la bourgeoisie portugaise a fait son nid. Un quartier où résideront, côté colline, les amoureux et les touristes plus argentés, dans une des deux demeures de charme de la rua das Janelas Verdes.
Les autres y viendront pour faire la fête, côté docks, à la nuit tombée. Restos à la mode dans des décors de récupération, cafés branchés, boîtes bondées : couchetard, fêtards, braillards, rigolards et routards se filent un rencard pour boire un verre de pinard ou danser dans les bars, d'autres fument le cigare en costard, le soir, tintamarre garanti sur les trottoirs !

Où dormir ?

Très chic

🏛 *York House (plan couleur d'ensemble, F10, 53) : rua das Janelas Verdes,* | 32 (1200). ☎ 21-396-24-35. ● yorkhou selisboa.com ●De Cais do Sodré, trams n°s 29 ou 30 et bus n° 60. À deux pas du Museu de Arte Antiga. Chambres doubles 150-250 € selon saison ; petit déj en plus. Café offert sur présentation de ce guide. Ancien monastère du XVIe siècle transformé en hôtel de charme. Graham Greene et John Le Carré y séjournèrent. Exubérant et délicieux jardin intérieur avec palmiers et bougainvillées. Escaliers sculptés, dallages d'origine en terre cuite, plafonds à caissons et mobilier ancien, d'un côté, chambres design de l'autre. Apprécié pour son calme (en revanche, évitez le côté rue) et sa douceur toute monacale. Salle à manger dans l'ancien réfectoire des moines. L'été, on dîne, à prix qui sont certes à la hauteur du reste, dans le joli patio intérieur.

🛏 **As Janelas Verdes** *(plan couleur d'ensemble F10, 52) : rua das Janelas Verdes, 47 (1200).* ☎ *21-396-81-43.* ● *jverdes@heritages.pt* ● *heritage.pt* ● *Compter 200-300 € pour une double selon saison ; petit déj 14 €. Sur présentation de ce guide : pour un séjour de 2 nuits min, entrée gratuite dans ts les musées de Lisbonne à certaines périodes de l'année.* À proximité du musée national d'Art ancien, dans la pittoresque rue das Janelas Verdes, une petite maison bourgeoise du XVIIIe siècle tout droit sortie d'un roman. Atmosphère accueillante et romantique aussi bien dans les salons que dans les chambres, délicieusement désuètes (mais salles de bains ultramodernes). Objets d'art, livres, tableaux, souvenirs évoquent déjà un autre temps, et la vue sur le Tage depuis la terrasse laisse rêveur. En plus, l'accueil est délicieux, et le tout présente un charme exceptionnel.

Où manger ?

Pour grignoter le soir ou même au cœur de la nuit, voir aussi la rubrique « Où boire un verre ? » car sur les *docas,* c'est au moment où passe le marchand de sable que la vie s'éveille.

De bon marché à prix moyens

🍴 **O Tachadas** *(plan couleur d'ensemble, F9-10, 110) : rua da Esperança, 176 (1200).* ☎ *21-397-66-89. À côté de l'ambassade de France et du musée des Marionnettes. Ts les soirs sf lun et j. fériés, jusqu'à 23h. Plats env 10 €.* Un bien sympathique resto de quartier, petit et convivial, avec des spécialités goûteuses comme le *frango no churrasco* et les *grelhados no carvão,* copieusement servis.

🍴 **Varina da Madragoa** *(plan couleur général I, G9, 105) : rua das Madres, 34-36.* ☎ *21-396-55-33 et 21-397-79-98. Dans une ruelle vivante de Madragoa. Tlj sf lun et la 2e quinzaine d'août. Carte : 15-20 €.* Le décor est résolument ancien et chaleureux : murs couverts de carreaux blancs et d'azulejos patinés, tables et chaises en bois. La cuisine s'intitule « traditionnelle » et ne ment pas. Assurément un lieu plaisant où venir dîner avant de découvrir les mystères de la nuit lisboète.

🍴 **Picanha** *(plan couleur d'ensemble, F10, 104) : rua das Janelas Verdes, 96 (1200).* ☎ *21-397-54-01. Derrière le Museu de Arte Antiga. Tlj sf sam et dim midi, jusqu'à minuit. Menu 7 € le midi. Carte env 20 €. Apéro offert sur présentation de ce guide.* La rencontre d'une vieille épicerie patinée et du Brésil. La première fournit ses murs décrépis et des azulejos fatigués d'où émerge la figure bienveillante de santo Antão. Beau comme une boutique oubliée des colonies.

Plus chic

🍴 **Espaça Lisboa** *(plan couleur d'ensemble, C10, 125) : rua da Cozinha Económica, 16 (1300).* ☎ *21-361-02-* 12. Ouv le soir slt. Compter presque 30 € par pers. Au cœur de la vie nocturne du quartier, dans une ancienne fonderie qui a su allier convivialité et modernité. Superbe espace cuisine où grillent les spécialités de cabri et de cochon de lait, et espace *lounge* avec fauteuils club. Sans oublier fontaine et oliviers à l'entrée, et une hauteur sous plafond conférant à l'espace une dimension aérienne. Personnel d'une gentillesse inégalable.

|●| *Kais (plan couleur général I, H10, 126) : rua da Cintura Santos (1350).* ☎ *21-393-29-30. Situé en face de la boîte de nuit* Kapital. *Tlj sf dim. Repas 30-35 €.* Cet ancien hangar électrique abrite un des restos in de Lisbonne. Pour qui rêve de risotto d'asperges, et de coquilles Saint-Jacques au champagne, entre autres. L'espace, généreux, est réchauffé par des bougies en abondance et la présence rassurante d'oliviers plantés devant les baies vitrées. À la fois romantique et branché.

|●| *Alcântara Café (plan couleur d'ensemble, B10, 127) : rua Maria Luisa Holstein, 17 (1300).* ☎ *21-362-12-26. Ouv slt le soir, jusqu'à 1h du mat.* Compter env 30 € le repas. Un des temples du design et de la cuisine de bistrot esthétiquement présentée. Gigantesque barresto à l'architecture métallique 1900, hérissé de moulages de statues antiques, dont la *Victoire de Samothrace.* Vous l'avez deviné, le spectacle n'est pas vraiment dans l'assiette, mais dans la salle. Après, direction l'*Alcântara Mar,* une boîte gay dans le vent de l'histoire, plus viscontienne que fellinienne, quoique... Voir la rubrique « Où boire un verre ? ».

|●| *Restaurante A Travessa (plan couleur d'ensemble, F-G9, 117) : travessa do Convento das Bernardas, 12 (1200).* ☎ *21-390-20-34. En face du 39 rua das Trinas. Tlj slt le soir sf dim. Carte 25-35 €, sans la boisson.* Dans les anciennes cuisines d'un somptueux couvent du XVIIIe, restauré comme il se doit, à quelques pas du musée des Marionnettes. Viviane, belge de naissance, portugaise d'adoption, accueille ses convives avec un professionnalisme certain. Belle clientèle et beau mobilier Art nouveau, les deux créant une atmosphère certaine. Cuisine à la hauteur.

LISBONNE

Où boire un verre ? Où grignoter sur le pouce ? Où sortir ?

La communauté capverdienne s'est installée dans le quartier autour de la rue *São Bento* et dans celui de *Madragoa.* Notes de musique langoureuse et douces odeurs d'épices s'échappent des boutiques et des fenêtres. C'est un coin d'Afrique à Lisbonne. L'occasion aussi de tester les *vinhos* des anciennes *tascas* (tavernes) du quartier.

Quant à l'avenida 24 de Julho, elle est devenue l'un des pôles de la nuit lisboète. Le gros de l'animation se concentre autour de la station ferroviaire de Santos, à environ 1 km de la gare de Cais do Sodré (trains jusqu'à 2h30). On parle d'ailleurs de plus en plus du quartier de Santos, dans les médias branchés. Les établissements se livrent ici à une surenchère du meilleur décor à la plus grande joie d'une clientèle jeune, friquée et très mode.

Mais c'est du côté du bassin d'Alcântara que sort dorénavant la fine fleur des nuits lisboètes. La mode, les modes s'affichent dans les anciens docks de Santo Amaro sur les berges piétonnes avec un grand parking à l'arrière. Cuisine du monde, pour beaucoup de monde, terrasses bondées, ballet de serveurs qui n'a rien à voir avec la danse classique. On mange, on boit, on danse. Dans cette sorte de marina, tous les styles et tous les âges sont représentés : rock, salsa, blues. Dans tous ces endroits, les décibels à fond et de beaux espaces avec mezzanine. Le week-end, ça dépote : bain de foule garanti.

Les « boîtes à restos » des Docas

|●| 🍷 🎵 Peu d'adresses sortent vraiment du lot de la multitude de bar-boîte- resto des Docas *(plan couleur d'ensemble, B11, 108)* ; surtout, ne nous en

voulez pas si certaines ont disparu lors de votre passage, d'autres auront repoussé d'ici là : au *Café da Ponte* on grignote sur la terrasse avec une vue somptueuse sur le fleuve, la boîte étant située à l'étage ; au *Celtas* et à l'*Iberos* c'est bière à gogo et country-rock live ; quant à l'*Espalha Brasas* c'est un resto pour manger simplement des grillades ; pour les pizzas, c'est au *Dom Pomodoro* qu'il faut aller (bon, on ne vous oblige pas, faudrait pas nous en vouloir après !) alors que le *Marisquiera* propose des plats de poisson un peu plus élaborés. Comme ils sont accolés les uns aux autres, il vous suffit de vous balader pour voir le style qui vous convient le mieux.

|●| ♟ ♫ *Salsa Latina* (*plan couleur d'ensemble, C11-12, 150*) *: gare maritime d'Alcântara.* ☎ *21-395-05-55. Ouv jusqu'à 23h.* On peut se régaler au resto avant de monter dans la salle de danse prendre un cours de salsa ou boire une *caipirinha* sur la superbe terrasse donnant sur le Tage. Concert le w-e.

|●| ♟ ♫ *Zocco* (*plan couleur d'ensemble, E11, 151*) *: rua da Cintura do Porto de Lisboa.* ☎ *21-395-58-75. Tlj sf dim ; resto ouv le soir ; bar ouv 22h-6h.* Autre bar-boîte-resto à la mode des *docas*. Très design, sur fond de lignes droites et contrastes ombre-lumière. Un resto italien tout blanc occupe la mezzanine ; miroirs omniprésents (jusque dans les toilettes) et vue plongeante sur le sympathique bar du rez-de-chaussée et son coin canapé. Un bon compromis entre resto et boîte, bercé par de la pop.

|●| ♟ ♫ *Blues Café* (*plan couleur d'ensemble, E11, 151*) *: rua da cintura do Porto de Lisboa.* ☎ *21-395-70-85. Tlj sf dim-lun.* Un bar-resto qui sert des petits plats de style cajun et propose du jazz New Orleans certains soirs.

Les autres bars

♟ *Alcântara Café* (*plan couleur d'ensemble, B10, 127*) *: rua Maria Luisa Holstein, 17 (1300).* ☎ *21-362-12-26.* ● *alcantaracafe.com* ● *Ouv slt le soir, jusqu'à 3h du mat.* Superbe décor pour ce resto-bar branché-chic (voir la rubrique « Où manger ? »). À côté, le *W* pour danser jusqu'au lever du soleil sur une musique électronique.

♟ *Buddha Bar* (*plan couleur d'ensemble, C11-12, 150*) *: gare maritime d'Alcântara (1350).* ☎ *21-395-05-55. Mar-sam 22h-4h.* Même si l'extérieur n'est pas particulièrement avenant, les fans internationaux du *Buddha* montrent qu'ils ne se lassent pas de l'ambiance orientalisante (plutôt réussie). Bar superbe, coussins confortables, statues asiatiques... Atmosphère *lounge* qui devient plus mouvante en fin de soirée (non, pas émouvante, faut pas pousser).

♟ *Gringo's Café* (*plan couleur d'ensemble, E11, 151*) *: av. 24 de Julho,* 116-118 (1200). ☎ 21-396-09-11. *Tlj sf dim 10h-5h du mat.* Un grand tex-mex sur 3 étages avec *margaritas* à profusion. Ambiance de fiesta qui tranche sur l'esprit m'as-tu-vu du quartier.

♟ *A Barraca* (*plan couleur d'ensemble, G10, 152*) *: largo de Santos, 2 (1200).* ☎ *21-396-53-60. Au 1er étage d'un cinéma à l'architecture paquebot. Tlj sf lun 21h-2h.* Un café-théâtre (petit centre culturel en fait) qui donne aussi des concerts de très bonne qualité. Un lieu qui sert de tremplin aux artistes débutants. On danse après le show. Le décor est basique, mais on s'y amuse bien.

– Si vous avez épuisé ce florilège d'adresses et que vous êtes en manque de nouveaux lieux, il existe une façon simple de l'actualiser : acheter l'édition du vendredi du *Diário de Notícias* qui publie un supplément sur tout ce qui bouge à Lisbonne, à Porto et dans quelques autres grandes villes.

Les autres boîtes

♫ *A Lontra* (*plan couleur d'ensemble, G9, 167*) *: rua de São Bento, 157 (1050).* ☎ *21-395-69-68. Tlj sf lun à partir de 23h. Fermé lun. Entrée chère, donnant* droit à 2 *consos.* Un dancing à ne pas rater. Bonne ambiance. Clientèle mélangée : dominante capverdienne, quelques Blancs cravatés, étudiants et

société de l'époque : le roi, les grands personnages, les religieux, le peuple, les métiers, les vêtements, etc. Admirez également l'*Annonciation* du Mestre de Santos-O-Novo (technique et sens du détail remarquables).

D'autres chefs-d'œuvre des écoles allemande, hollandaise et espagnole : une *Vierge* de Hans Memling, un triptyque exquis de Jan Gossaert dit Mabuse, *La Sainte Famille* (richesse des vêtements, douceur du paysage), une *Salomé* très déterminée de Lucas Cranach. Et un Jérôme Bosch prodigieux, *La Tentation de saint Antoine,* l'anachorète zélé qui combat en lui toutes les pulsions humaines et se protège par l'ascèse des sombres œuvres sataniques.

Voir aussi les *Saint Jérôme en prière,* de Dürer, celui de Joachim Patinir avec chameau sur fond de décor alpestre (!) et l'admirable *Vierge à l'Enfant et les Saints,* de Hans Holbein. Notons encore, d'un maître portugais, une représentation de l'Enfer très pittoresque (et génialement hideuse pour faire peur aux enfants du catéchisme à l'époque).

Dans la partie moderne du musée : orfèvrerie religieuse, une crèche assez étonnante du XIXᵉ siècle, la reconstitution intégrale d'une chapelle baroque avec de merveilleux azulejos, du mobilier européen. La section la plus intéressante à nos yeux concerne l'**art indo-portugais** (objets et meubles de Goa, Inde) et plus encore l'**art namban,** fruit de la rencontre entre le Portugal et le Japon. Les *namban* sont de grands paravents japonais peints et laqués (dominante de couleurs noir et or) représentant l'arrivée des Portugais au XVIᵉ siècle dans le sud du Japon (ports de Nagasaki et de Kagoshima, dans l'île de Kyushu) en costumes bouffants portant moustaches et affublés de longs nez. Un vrai choc des cultures pour les Japonais, qui rencontraient des Européens pour la première fois de leur histoire.

|◉| ⚑ Resto-cafétaria avec belvédère donnant sur le port. Jardin très agréable. Vous pouvez y prendre un café et plus, si affinités.
|◉| ⚑ **Chà da Lapa** *(plan couleur d'ensemble, F10, 181) : rua do Olival, 8*

(1200). ☎ 21-395-70-29. *À quelques pas du musée, dans une rue parallèle. Tlj 9h-19h. Plats 9-10 €.* Un adorable salon de thé sur les hauteurs du musée. Belle atmosphère, tartes salées à midi, gâteaux savoureux.

🧍 ⛹ **Museu das Marionetas** *(musée des Marionnettes ; plan couleur d'ensemble, G9, 196) :* rua da Esperança, 146. ☎ 21-394-28-10. *Dans l'ancien convento das Bernardas. Tlj sf lun 10h-13h, 14h-18h. Entrée : 3 € ; réduc pour les moins de 5 ans, les plus de 65 ans et avec la Lisboa Card.* Des marionnettes aux têtes d'argile, immobiles, vous sourient de derrière vos vitrines. Vous entrez dans un univers de rêve, assez unique, où le Portugal éternel se reflète dans ses plus belles pièces, mais où le monde entier est aussi représenté. Laissez-vous guider par vos émotions. Quelques trucages pour vous défier, quelques secrets dévoilés, le retour à la réalité ensuite est difficile. Un petit spectacle est, de temps à autres, pendant les vacances, présenté aux jeunes visiteurs.

Les Docas

N'attendez pas forcément la nuit (voir plus haut « Où boire un verre ? Où grignoter sur le pouce ? Où sortir ? ») pour aller visiter ce haut lieu de la branchitude. La mode, les modes s'affichent dans les anciens docks de Santo Amaro sur les berges piétonnes : cafés-boîtes branchés et restos s'alignent, mainte dans une succession d'entrepôts en bois et brique rouge restaurés, face à un ancien bassin à flot converti en port de plaisance. La journée, on vient y prendre l'air du temps autant que le soleil, en terrasse, le week-end surtout. Balade assez fascinante, en fin d'après-midi, quand le soleil commence à rougir les gigantesques piles du pont du 25-Avril, qui sert de fond de décor autant que de bruit de fond.

La ruée vers les docks, à la nuit tombée, répond aux besoins d'une nouvelle clientèle lisboète ne regardant souvent pas à la dépense. Quoique, on trouve un peu de tout. Beaucoup d'adresses pour qui voudrait seulement boire un verre et danser, dans ces docas de la rua da Cintura do Porto de Lisboa, situées entre la doca de Alcântara et le cais de Sodré. Vastes complexes pour « bioutifoules pipoles » sans complexes, qui ne deviennent vraiment fréquentables que passé minuit (on parle des lieux !).

Auparavant, ce n'était qu'une avenue sinistrée d'entrepôts abandonnés. L'exiguïté des clubs du Bairro Alto, jointe à l'obligation de fermer tôt au regard des mœurs locales, les a sauvés en offrant à Lisbonne des espaces à la dimension des années techno. Un conseil : prenez des taxis et réservez, surtout les week-ends, si vous ne voulez pas vous contenter de voir, sans boire ni manger.

L'AVENIDA DA LIBERDADE, LE RATO ET LE QUARTIER DE SANT'ANA

L'avenida da Liberdade, grande avenue partant au nord du Rossio et menant aux quartiers modernes, est bordée de compagnies d'assurances, de banques et de sièges sociaux jusqu'à la place Marquês de Pombal. Percée en 1882, large de 90 m et longue de 1,50 km, elle est aux Lisboètes ce que les Champs-Élysées sont aux Parisiens. Fontaines, cascades, sculptures se cachent sous les arbres, et, dans les contre-allées, plusieurs terrasses pour boire un verre.

Si une ambiance chic règne sur l'avenida et les quartiers qui la bordent à l'ouest, celle-ci redevient populaire dans les petites rues et les quartiers plus à l'est, comme celui de Sant'Ana, autour de l'hospital de São José.

Où dormir ?

Quelques adresses très chic (voire très, très chic !) dans cette partie de la ville, mais aussi des petits hôtels ou des pensions d'un très bon rapport qualité-prix, notamment autour de la praça da Alegria.

De bon marché à prix moyens

🛏 **Pensão Pérola da Baixa** (plan couleur général I, I7, **23**) : rua da Glória, 10 ; 2° (1250). ☎ 21-346-28-75. ● pensã opéroladabaixa@hotmail.com ● Doubles 22-35 €, avec douche seule ou douche et toilettes. Pas de petit déj. Vraiment le Portugal ! Mᵐᵉ Amália a décoré sa pension comme sa propre maison : du lino brun à volutes dans les couloirs, des chambres blanches, des lits sévères en bois et toujours un détail kitsch dans la décoration. Jusque dans la fâcheuse habitude de loger la salle de bains dans une véranda installée devant les fenêtres. Propreté irréprochable. Accueil souriant, en espagnol ou en italien si cela peut vous aider.

🛏 **Residencial Nova Avenida** (plan couleur général I, I7, **24**) : rua de Santo António da Glória, 87 (1250). ☎ 21-342-36-89. ● avenida@sapo.pt ● Ⓜ Avenida. Doubles 25-45 € selon confort (avec ou sans douche, ou avec salle de bains complète). Pas de petit déj. Réduc de 10 % accordée d'oct à mars sur présentation de ce guide. Cette belle maison lisboète offre au regard un 1ᵉʳ étage « noble » avec fenêtres en ogive et entrée décorée d'azulejos lumineux. Donnant sur une rue calme, elle abrite une trentaine de chambres sur 3 étages, plus ou moins plaisantes (demander à en voir plusieurs). Une dizaine d'entre elles bénéficient d'une vue sur la ville. C'est mal isolé, genre internat d'autrefois, mais il règne dans cette pension une ambiance plaisante, l'accueil est vraiment adorable, et l'ensemble reste malgré tout d'un bon rapport qualité-prix.

Prix moyens

🛏 **Safira** (plan couleur général I, I7, **28**) : rua da Alegria, 5 ; 2° Esq (1250). ☎ 21-346-98-69. Doubles avec salle de bains env 38 €. Une entrée toute d'azulejos recouverte ; direction 2e étage pour la réception. Chambres très bien tenues, avec lits moelleux dominés par de grandes reproductions de tableaux. Une excellente adresse, non dénuée de charme, à un jet de pierre du square arboré de la praça da Alegria.

🛏 *Residencial Alegria (plan couleur général I, I7, 32) :* praça da Alegria, 12 (1250). ☎ 21-322-06-70. ● mail@alegria. com ● alegrianet.com ● 🍴 Résa indispensable. Chambres 43-48 € selon saison, petit déj inclus. Dans un bâtiment à la façade jaunâtre, des chambres modernes, calmes et claires, toutes avec salle de bains. Beau parquet vitrifié. On a bien aimé la n° 210, en angle, avec ses 2 grandes fenêtres. De toute façon, demandez-en une avec vue sur la verdure du square. Un très bon rapport qualité-prix.

🛏 *Pensão Impérial (plan couleur général I, J8, 36) :* praça dos Restauradores, 78 ; 4° et 5°. ☎ 21-342-01-66. Doubles 30-40 € selon saison. CB refusées. Une grande pension aux derniers étages d'un vieil immeuble sans ascenseur (vous allez cracher vos poumons, mais

c'est bon pour le galbe de vos mollets !). Le 4e étage offre des chambres à la déco vieillotte mais aux belles proportions, propres et calmes, avec douche pour certaines mais toutes sans toilettes. Au 5e, chambres mansardées. Celles donnant sur la place ne sont pas des plus tranquille. « Détail » concernant les douches : elles ne sont pas toujours très intimes, le petit coin réservé à celles-ci étant souvent directement dans la chambre.

🛏 *Pensão Restauradores (plan couleur général I, I8, 37) :* praça dos Restauradores, 13 ; 4°. ☎ 21-347-56-60 ou 61. Résa conseillée. Doubles avec salle de bains 35-45 €. À côté de l'*Eden,* qu'on ne peut manquer. Un vieil ascenseur toujours en état de marche (si, si !), et heureusement car il faut monter jusqu'au 4e étage ! Malgré les apparences, une pension se cache bien derrière la porte grise qui vous attend en haut de l'escalier. Ambiance vieillotte, mais les chambres sont assez grandes, très bien tenues et avec salle de bains. Pas de petit déj ; le prendre en bas, à la *Taverna Imperial.*

De prix moyens à plus chic

🛏 *Pensão Portuense (plan couleur général I, I7, 61) :* rua das Portas de Santo Antão, 151-157. ☎ 21-346-41-97. ● pensaoportuense@mail.telepac. pt ● pensaoportuense.com ● Résa indispensable. Doubles 40-55 € selon saison, petit déj inclus. Pension située dans une rue bien étroite et animée, mais peu bruyante la nuit. Chambres agréables et soignées, de bon confort avec salle de bains et AC (que vous apprécierez en été !). Certaines jouissent même d'une jolie vue sur les jardins voisins. Bon accueil.

🛏 *Pensão Nossa Senhora do Rosário (plan couleur général I, J7, 35) :* calçada de Santana, 198 A ; 1°, 2° et 4°. ☎ 21-882-00-00. ● lauraguesthouse@hotmail. com ● Doubles 50-60 € selon saison ; triple 55 € et quadruple 70 €. Apéro maison offert sur présentation de ce guide. Une adresse joliment située, dans le quartier populaire de Santana. Dans une demeure du XVIIIe siècle, une vingtaine de chambres claires, pas très grandes, bien équipées et propres. Préférer le dernier étage, pour la vue.

Beaucoup plus chic

🛏 *Casa de São Mamede (plan d'ensemble, G7, 30) :* rua da Escola Politécnica, 159 (1250). ☎ 21-396-31-66. ● casadesaomamede@hotmail.com ● saomamede.web.pt ● Doubles 80-95 €, petit déj inclus. Réduc de 10 % en nov, janv et fév sur présentation de ce guide. Une ancienne maison patricienne

de 1758, à la façade joliment restaurée. Au total, 28 chambres toutes différentes, spacieuses, meublées bourgeoisement, sous une belle hauteur de plafond, toutes avec bains ou douche, TV satellite, double vitrage et AC. Entrée et couloirs avec de beaux azulejos. Accueil aimable. Une des rares adresses de caractère et de charme à prix encore raisonnables.

⚏ **Hotel Britania** *(plan couleur d'ensemble, I6, 47) : rua Rodrigues Sampaio, 17.* ☎ *21-315-50-16.* ● *britania@herita ge.pt* ● *heritage.pt* ● *Selon saison, doubles standard 167-195 €, supérieures 210-245 € ; petit déj 14 € ; consulter leur site internet : offres intéressantes régulières. Cadeaux offerts sur présentation de ce guide : pour un séjour de 2 nuits min, remboursement des entrées dans ts les musées de Lisbonne et remboursement des green fees sur des terrains de golf à certaines périodes de l'année.* En pleine ville, dans une rue paisible parallèle à l'avenida da Liberdade, un refuge discret, calme et luxueux. Cet hôtel des années 1940 restauré dans son style d'origine propose une trentaine de chambres élégantes, spacieuses et confortables. Les plus belles restent celles du 6ᵉ étage (désolé, ce sont aussi les plus chères !) : plus design dans la déco, ces petits nids d'amour jouissent d'une très jolie terrasse.

⚏ **Hotel Heritage** *(plan général I, I7, 48) : av. da Libertade, 28.* ☎ *21-340-40-40.* ● *avlibertade@heritage.pt* ● *herita ge.pt* ● *Selon saison, doubles 220-260 € ; petit déj 14 € ; consulter surtout leur site internet : offres intéressantes régulières.* Le dernier-né de cette chaîne encore familiale qu'est *Héritage,* composée d'hôtels de caractère tous intelligemment rénovés. Celui-ci est le plus design, puisque c'est Miguel Câncio Martins, l'architecte portugais, qui s'est amusé à lui donner forme et vie. Un espace réception-salle de petit déj qui donne le ton : atmosphère sereine, couleurs du temps. Le contraste n'est que plus saisissant avec le coin herbes et médecines douces, souvenir de l'ancienne boutique d'herboristerie, à l'entrée de l'immeuble. Un ascenseur étonnant vous transportant dans le tram 28, un coin salon-bibliothèque, des chambres épurées mais confortables, il y a même une piscine de poche pour vous détendre, au retour d'une longue journée.

Où manger ?

De bon marché à prix moyens

|●| ⍭ **Esplanada** *(plan couleur général I, H7, 76) : dans le square de la praça do Príncipe Real (1250).* ▯ *96-802-66-05. Tlj 9h30-23h. Salades, pâtes et sandwichs env 7 €.* Un pavillon en demi-lune situé sous les cyprès du square, histoire de voir le ciel lisboète et de sortir des circuits touristiques. L'endroit est aussi très agréable pour un café le matin, un verre l'après-midi...

|●| **O Cantinho de São José** *(plan couleur général I, I7, 94) : rua São José, 94.* ☎ *21-342-78-66. Tlj. Plats env 6 € et repas env 10 €. Digestif offert sur présentation de ce guide.* Dans la lignée de ces cantines d'où l'on ressort non pas déçu mais repu, avec des plats du jour à oublier son régime ! Déco froide de carreaux blancs, mais endroit plein comme un œuf le midi. Ici, le cœur populaire de Lisbonne palpite. Service sans chichis ni déférence aucune.

|●| **A Tigelinha** *(plan couleur général I, J8, 95) : calçada de Santana, 62.* ☎ *21-886-92-76. Prendre les escaliers à*

droite du palais de l'Indépendance ou la calçada da Garcia à partir du largo São Domingos. *Tlj 8h-22h ; fermé 20 déc-3 janv. Repas env 10 €.* Voilà une excellente adresse, dans un quartier populaire, pour de bons petits repas pas chers arrosés du vin de la maison, avec de plus une propreté soigneuse.

|●| Beaucoup d'autres cantines populaires dans cette rue, à essayer selon les suggestions de plat du jour affichées à l'extérieur. On recommande aussi la **Floresta de Santana,** sur la droite en montant la calçada de Santana (plats à partir de 4 €) et, presque en face, le modeste **Verde Minho,** au n° 17 calçada de Santana.

|●| **Tasca do Papagaio** *(plan couleur d'ensemble, G6, 107) : rua João Penha, 32 (1250). Tlj sf dim 8h-22h.* À deux pas de la fondation Arpad Szénes – Vieira da Silva, un troquet typique comme tout avec azulejos aux murs, tapas en vitrine et jambons qui pendent au plafond, sans oublier le perroquet *(papagaio en*

v.o.) dans un coin. Bien pour un grigno-tage après les visites au comptoir ou dans la petite salle de derrière où sont servis des plats du jour bon marché.

Prix moyens

|●| *O Forninho Saloio (plan couleur d'ensemble, I6, **97**) :* travessa das Parreiras, 39-43. ☎ 21-353-21-95. *Plats 7-12 €. Café offert sur présentation de ce guide.* Le cadre est agréable, que vous choisissiez la salle, avec la télé en fond sonore, ou une alcôve plus intime. La carte est variée pour une cuisine de qualité en quantité. Spécialités : *espetadas de tamboril* ou de *novilho* (brochettes de lotte ou de bœuf). Service gentil comme tout.

|●| *Casa do Alentejo (plan couleur général I, J8, **89**) :* rua das Portas de Santo Antão, 58. ☎ 21-346-92-31. *Tlj sf lun en été. Arriver tôt. Plats 9-14 €.* C'est la maison régionale de l'Alentejo. Passé le porche anonyme, on pénètre dans un palais mauresque reconstruit à l'identique sur le modèle de celui qui se tenait là avant le séisme de 1755. Au rez-de-chaussée, vaste patio sous une verrière à plus de 10 m. Une frise en arabe proclame que Dieu est unique (toujours bon à savoir). Au 1er étage se trouvent une salle de bal avec un minuscule théâtre baroque, un bar, un fumoir et des tables de bridge, des w-c style années 1930, et 2 salles de resto décorées d'azulejos dédiés aux travaux des champs. Une adresse classique où l'on vient plus encore pour le cadre (visite libre) que pour la cuisine traditionnelle, qu'un vin maison fait très bien passer !

Où prendre le petit déjeuner ? Où déguster une pâtisserie ?

|●| ☕ *Confeitaria Marquês de Pombal (plan couleur d'ensemble, H6, **84**) :* av. da Liberdade, 244 A/B (1000). ☎ 21-356-23-62. Ⓜ *Marquês-de-Pombal. Lun-ven 7h-22h, sam 8h-17h.* Munissez-vous auprès du caissier d'une petite carte numérotée : elle vous permettra de demander l'addition, le moment venu. Entre bois et marbre, les murs rappellent la vie du célèbre marquis. Les habitués viennent prendre le petit déj, puis le café de la pause matinale avant de revenir déguster une pâtisserie accompagnée d'un *galão* pour combler le petit creux de l'après-midi. Parmi le vaste choix de gâteaux, les *azevias* (chaussons de pâte fine fourrés) sont bien tentantes. Personnel attentionné et efficace. Fait également resto le midi.

|●| *Le passeio da Avenida (plan couleur général I, I7-8, **133**) :* av. da Liberdade ; juste à la sortie du métro Restauradores. On peut y manger à l'abri ou en terrasse, ou encore grignoter une pâtisserie à sa buvette en forme de kiosque à musique. Jolis jardinets baroques.

Où boire un verre ?

Ginjinhas, buvettes

🍸 *Ginjinha Sem Rival (plan couleur général I, J8, **140**) :* rua das Portas de Santo Antão, 7. *Tlj sf dim 7h-minuit.* Notre petite *ginjinha* préférée consiste en quelques étagères remplies de bouteilles, un bar en bois et un homme jovial qui sert à boire derrière son comptoir. Demandez monsieur Jean (João), qui parle le français. Il détient le secret de fabrication de ses liqueurs, élaboré par son grand-père vers 1880. On déguste la liqueur *Eduardino,* faite à base de plantes, ou la liqueur de cerise (sorte de Guignolet local).

🍸 *Bar O Pirata (plan couleur général I, I8, **142**) :* praça dos Restauradores, 15-17. *Tlj sf dim 7h-22h.* Ce petit caboulot, si discret que l'on passe devant sans

LISBONNE

le voir, n'est pas un antre de pirates mais une cachette. On y élabore deux boissons très rares, uniques même : le *Pirata* (plus doux) et le *Perna de Pau* (plus amer). Il s'agit d'une sorte de vin mélangé avec de l'eau gazeuse, servi dans un petit ou un grand verre. Ces boissons peu alcoolisées (et non liquoreuses) se prennent en apéritif ou en digestif. La recette reste un secret de famille, comme il se doit. Sert aussi des *sandes* et des *tostas.*

Les bars à vin et les bars à bière

|●| ♟ *Enoteca Chafariz do Vinho (plan couleur général I, H7,* **157***)* : rua da Mãe d'Água à praça da Alegria (1250). ☎ 21-342-20-79. ● clientes@chafarizdovinho. com ● Tlj sf lun 18h-2h ; fermé 24 déc-10 janv. Voilà un lieu pour le moins étonnant : c'était un bâtiment appartenant au système de distribution d'eau du bas Lisbonne. Situé au bas d'une descente venant du réservoir de la place Príncipe Real. Haute salle de pierre avec citerne et fontaine, galerie mystérieuse... C'est devenu un bar à vin de qualité proposant sur fond jazzy des tapas et des douceurs pour accompagner un large choix de vins portugais et de portos de tous âges.

♟ *Bar Procópio (plan couleur d'ensemble, G6,* **153***)* : alto de São Francisco, 21 A (1250). ☎ 21-385-28-51. Dans un semblant de páteo, avec une ancienne petite fontaine et des escaliers à partir de la place des Amoreiras et de la rua João Penha. Lun-ven 18h-3h, sam 21h-3h. L'ambiance aristocratique de velours rouge et de bois patiné attire une clientèle sage et respectable. Le décorateur est le même que pour le Pavilhão Chinês. Musique douce, propre à favoriser les échanges intimes autour d'une bière étrangère ou d'un cocktail. Assez chic, mais très accueillant.

Où écouter de la musique ?

♪ *Hot Clube de Portugal (plan couleur général I, I7,* **164***)* : praça da Alegria, 39 (1250). ☎ 21-346-73-69. ● clube@hcp. pt ● hcp.pt ● Mar-sam 22h-2h. Prix variables selon les soirées.* Fondé en 1948, ce club de jazz, le plus vieux de Lisbonne, a traversé le temps et résisté même au régime de la dictature ! Programmation de qualité de groupes locaux et étrangers dans une salle bricolée underground.

À voir. À faire

🎭 🏃 *Le jardin de la place do Príncipe Real (plan couleur général I, H7-8,* **179***)* : lieu de promenade très apprécié des enfants le dimanche, tandis que les plus grands préfèrent l'ombre prodiguée par le parasol naturel d'un gigantesque cyprès. Sous la fontaine se cache un réservoir souterrain octogonal (abusivement appelé « musée de l'Eau »), avec une dizaine de mètres de hauteur. Il n'est ouvert qu'à l'occasion d'expositions temporaires à l'intérêt très relatif.
– Samedi matin, marché bio.

🌿 🏃 *Jardim Botânico (plan couleur général I, H7,* **180***)* : rua da Escola Politécnica, 58. Ⓜ Avenida. Été sem 9h-20h, w-e et j. fériés 10h-20h ; hiver sem 9h-18h, w-e et j. fériés 10h-18h. Entrée : 1,50 € ; réduc. Très ancien et riche de nombreuses essences subtropicales notamment, ce jardin offre au promeneur une oasis de fraîcheur, de calme et d'harmonie. Cultures aquatiques et plantes carnivores dans la serre. Il demanderait tout de même à être mieux entretenu. Moins intéressant en hiver...

🌿 🏃 *Museu da Ciência et Museu da História Natural (musée de la Science et musée d'Histoire naturelle ; plan couleur général I, H7,* **180***)* : rua da Escola Politécnica, 56 (1250). ☎ 21-392-18-08. Lun-ven 10h-13h, 14h-17h ; sam 15h-18h. Musée d'Histoire naturelle gratuit ; en revanche musée de la Science : 2,50 €, réduc et gratuit sam.

Squelettes de dinosaures, fossiles et minéraux assez bien classés mais les explications sont entièrement en portugais et la présentation un peu tristounette. Dans le musée des Sciences, quelques expériences pour comprendre la loi de la gravité, l'inertie, le principe du vide, la force centrifuge, les ondes, le pendule, le magnétisme, les éclipses, l'électricité et l'optique. Pas le plus impressionnant dans son genre, mais toujours intéressant pour les enfants.

🐾 **La praça das Amoreiras** (place des Mûriers ; plan couleur d'ensemble, F-G6) : ne conserve malheureusement plus aucune trace des centaines d'arbres plantés au XVIIIᵉ siècle pour alimenter la fabrique royale de soie. Mais elle reste néanmoins un délicieux espace de verdure, longé par l'aqueduc.

🐾 **Mãe d'Água e aqueduto das Águas Livres** (plan couleur d'ensemble, F-G6, **178**) : praça das Amoreiras. ☎ 21-813-55-22. La citerne (Mãe d'Água) se visite slt lors d'expos temporaires l'hiver, mais accès en été moyennant un droit d'entrée (2,50 € : vraiment cher pour ce qu'il y a à voir ; réduc pour étudiants et avec la Lisboa Card). L'aqueduc, près du grand centre commercial Amoreiras, ne se visite que l'été, du lun au sam (avec un guide les mer et ven mat) à partir de la calçada da Quintinha, alto de Campolide (plan couleur d'ensemble, D-E5). Construit entre 1732 et 1748, l'aqueduc était destiné à alimenter en eau les fontaines de Lisbonne dans une conduite tracée dans la campagne sur près de 60 km et ponctuée de tourelles caractéristiques : les « sources ». L'aqueduc enjambe ensuite la vallée de l'Alcântara grâce à 35 arcs d'une longueur totale de 940 m : le plus haut culmine à 65 m. L'eau arrive ensuite dans la Mãe d'Água, citerne des Amoreiras construite au début du XVIᵉ siècle, où elle est stockée sous d'imposantes voûtes de pierre. Elle s'écoule le long d'une cascade de mousse et de calcaire dans un bassin d'une transparence parfaite malgré les 7 m de profondeur. Mis en valeur par un éclairage subtil, ce lieu distille à juste titre une atmosphère particulièrement paisible et rafraîchissante. La promenade aménagée au sommet de l'aqueduc a été fermée en 1844 pour cause de multiplication excessive de suicides.

🐾 Si ces lieux éveillent votre curiosité, vous pouvez visiter le **Museu del Água** (musée de l'Eau ; plan couleur d'ensemble, N7, **217**), rua do Alviela, 12. ☎ 21-810-02-15. Bus nᵒˢ 35 et 107. Lun-sam 10h-18h. Entrée : 2,50 € ; demi-tarif pour étudiants et titulaires de la Lisboa Card ; gratuit le 22 mars, le 18 mai, les 1ᵉʳ et 5 juin et le 1ᵉʳ oct.

Installé dans une ancienne station de pompage, ce musée raconte l'histoire de l'eau courante à Lisbonne. Une vidéo d'une quinzaine de minutes (en français sur demande) permet de découvrir, entre autres, l'aqueduc et la Mãe d'Água, vus de l'intérieur. Le bâtiment voisin abrite la gigantesque pompe à vapeur de la fin du XIXᵉ siècle, qui servait à acheminer l'eau vers les différentes parties de la ville. Cette salle des machines a été remarquablement restaurée : manomètres en laiton, pompes et conduites diverses constituent un superbe témoignage d'archéologie industrielle du XIXᵉ siècle.

🐾🐾 **Fundação Arpad Szénes – Vieira da Silva** (plan couleur d'ensemble, F-G6, **178**) : praça das Amoreiras, 58. ☎ 21-388-00-44. ● fasvs.pt ● Ⓜ Rato. Tlj sf mar et j. fériés, lun-sam 11h-19h, dim 10h-18h. Entrée : 2,50 € ; demi-tarif pour les moins de 25 ans, les étudiants et avec la Lisboa Card ; gratuit pour les moins de 14 ans et pour ts lun.

Dans une annexe de l'ancienne manufacture de soieries, le musée présente des peintures des années 1930 aux années 1970 du célèbre couple d'artistes de la mouvance cubiste. Chassés par le gouvernement portugais, ils ont habité presque toute leur vie en France (ce qui explique le titre des tableaux). Tous les trimestres, des expositions temporaires sont consacrées à des artistes qui ont influencé leur œuvre ou qui s'en sont inspirés. Prolonger par la visite de la **station de métro**

Cidade Universitária (près de l'Université), entièrement et magnifiquement décorée par Maria Elena Vieira da Silva.

À proximité du largo do Rato, rua Alexandre Herculano, jetez un regard aux immeubles des n°s 57 et 65, superbes édifices Art nouveau, en particulier le garage *Auto-Palace.*

🎭 *Casa-Museu da Fundação Medeiros e Almeida (plan couleur d'ensemble, H6) :* rua Rosa Araújo, 41. ☎ 21-354-78-92. • *fundacaomedeirosealmeida.pt* • Ⓜ *Marquês de Pombal. Tlj sf dim, lun-ven 13h-17h30, sam 10h-13h. Entrée : 5 € ; réduc ; entrée gratuite sam 10h-13h. Visites guidées sur résa : 6 €. Infos disponibles en français. Self-service avec terrasse couverte.*

Fondation créée par l'homme d'affaires António Medeiros e Almeida (1895-1986) pour assurer la conservation de sa collection d'art décoratif. Musée installé dans sa propre maison, demeurée telle quelle, et dans l'ancien jardin qu'il a aménagé dans ce but. Quantité impressionnante d'objets achetés au Portugal et à l'étranger, notamment lors de ventes aux enchères en Europe et aux États-Unis. Excellente mise en valeur, dans une succession de salles à admirer du sol au plafond. *Chapelle* au retable en *talha dourada* et au chœur garni d'azulejos.

– *Au 1er étage,* mobilier portugais, indo-portugais, anglais et français (meubles style Boulle, cartonniers à tiroirs secrets, fauteuils recouverts des fables de La Fontaine). Intéressante salle Louis XIV. Tapisseries flamandes et françaises. Tableaux d'artistes portugais (Mestre da Lourinhã, José Veloso Salgado) et des Boucher, Delacroix, Van Goyen, Huysmans. Service à thé ayant appartenu à Napoléon et collection insolite de *paliteiros* (porte-cure-dents) dans la salle réservée à l'argenterie. Magnifique *sala do lago* – disponible pour vos réceptions – avec ses fontaines et représentations des quatre continents aux murs et au plafond.

– *Au 2e étage,* appartements privés de Margarida et António, restés en l'état. Immense salle de bains pourvue d'un appareil de musculation ancien modèle (vous ne trouvez pas que ça a des allures d'appareil de torture ?).

– De retour au *rez-de-chaussée,* collection de montres et d'horloges de styles et origines variés : réveil à bougie, horloge japonaise à cadran vertical (XVIIIe), montre maçonnique, montre érotique, etc. Vitrine consacrée aux montres Breguet. Porcelaine chinoise également : quelques pièces rares et bien conservées.

🎭 *Cinemateca Portuguesa (plan couleur général I, H7) :* rua Barata Salgueiro, 39. ☎ 21-359-62-00. • *cinemateca.pt* • Ⓜ *Avenida. Tlj sf dim, l'ap-m et en soirée. Billets : 2,50 €. Programme disponible à l'office de tourisme.* Occupe une ancienne maison bourgeoise du XIXe siècle, dont l'adaptation en cinémathèque est vraiment réussie. Au rez-de-chaussée, un vestibule à voûte étoilée donne sur deux salles de projection (au programme : grands classiques du cinéma, y compris portugais, ainsi que des films moins connus et rétrospectives de qualité). Accès au 1er étage par un double escalier – décoré d'une colonne en boîtes de bobines de film – ou par un patio néomauresque. Dans la petite salle 6 x 2, projection gratuite de documentaires. Expos temporaires sous la verrière ; petite librairie et bibliothèque dédiées au cinéma. Café-resto pour déjeuner sous les vieilles affiches (plats à partir de 8 €) ou pour prendre un café sur la délicieuse terrasse.

🎭 *Praça dos Restauradores (place des Restaurateurs ; plan couleur général I, I-J7-8) :* au centre de cette place se dresse le monument commémorant la guerre de Restauration, qui débuta en 1640. L'obélisque a été érigé en 1886. En descendant de la praça dos Restauradores vers la place du Rossio sur le côté droit, la *gare du Rossio,* aux allures de palais, offre une curieuse façade, avec deux portes en forme de fer à cheval, pastiche du style manuélin.

À l'est de l'avenida da Liberdade

🎭 *Rua das Portas de Santo Antão (plan couleur général I, I-J7-8) :* piétonne dans sa partie proche du Rossio, cette rue animée, très touristique (avec le bon et le moins bon), est bordée de quelques monuments importants. Du n° 92 au n° 100, le très grand **Coliseu dos Recreios,** ouvert en 1890 et construits sur les plans des ingénieurs français Goulard et Bauer (☎ 21-324-05-80 ; ● coliseulisboa.com ●). Opéra comique jusque dans les années 1980, c'est aujourd'hui une grande salle de concert.

– À gauche de cet édifice, la **Sociedade de Geografia de Lisboa,** fondée en 1875. *Lun-ven 10h-13h, 14h-17h.* Jetez un coup d'œil, dans le hall d'entrée, sur le grand tableau (Veloso Salgado, 1898) représentant Vasco da Gama devant le Samorin de Calicut. Une des statues représente Cabral, le découvreur du Brésil.

– Au n° 113, le **Teatro Politeama,** avec une façade aux frises sculptées et une grande verrière en anse de panier.

– Au n° 110, l'**Atheneu,** grand gymnase de 1880, doté de trois belles portes au fronton sculpté. Le rez-de-chaussée est occupé par le restaurant *Solmar.* L'intérieur de l'*Atheneu* a retrouvé sa vocation primitive et abrite aujourd'hui un complexe sportif (gymnase, piscine, salle de basket, cours de yoga, de karaté, de danse...).

🍴 🏃 *Le jardim do Torel (plan couleur général I, I-J7, 172) :* accès par la rua Júlio Andrade, en haut du funiculaire de Lavra. Oublié sur certains plans de ville, il offre au promeneur éreinté un lieu de repos inespéré. Minuscule parc très goudronné surplombant l'avenida da Liberdade, il brille sous le soleil du soir. Mais c'est la nuit qu'il est le plus beau et le plus mystérieux, avec son éclairage intimiste et, surtout, ses escaliers qui vous ramènent peu à peu vers la civilisation.

🍴 🏃 *Le quartier de Sant'Ana (plan couleur général I, J7-8) :* perché entre les deux avenues convergeant vers la Baixa, il s'étend de part et d'autre de la calçada du même nom. À deux pas du centre, c'est un véritable quartier populaire avec ses gargotes, ses ruelles, ses cris et ses senteurs. Il permet de monter au *campo dos Mártires da Pátria* ; encore un petit parc avec ses coqs et ses cygnes, et aussi la statue étonnamment vénérée d'un brave docteur (voir encadré). *O senhor doutor Sousa Martins* a dû et doit encore soigner beaucoup de monde. Mais – est-ce un hasard ? – tout près se trouvent la morgue, l'institut médico-légal et la plus grande concentration d'entreprises de pompes funèbres de la ville...

> **UN SAINT HOMME MODESTE**
>
> *Le bienheureux frère saint José Thomas, qu'on appelait en son temps Sousa Martins (1843-1897) et qui n'appartient à aucune chapelle, reçoit à toute heure. Modeste, il vous attend à la porte de la faculté. Docteur en sciences qu'il était. Tranquille. Et puis, on a commencé à lui attribuer de multiples qualités. Il est passé de l'hérésie à la sainteté sans pouvoir dire « ouf ». Pendant longtemps, il fut entouré de béquilles, de lunettes d'aveugles, de godasses devenues inutiles et de tous les morceaux du corps (en cire !) qu'il avait guéris. Aujourd'hui, des plaques de marbre, c'est plus respectable.*

ALFAMA, CASTELO SÃO JORGE, MOURARIA ET GRAÇA

Si ailleurs il suffit parfois de passer un pont, ici, il suffit de gravir une colline pour se retrouver au cœur d'un quartier cher à tous les amoureux de la ville. Sur les pentes de la colline médiévale du Castelo São Jorge s'étagent les plus vieux quartiers de Lisbonne – Alfama, Graça et Mouraria – aux ruelles tortueuses et aux venelles étroites, formant un dédale qui ravira le promeneur.

Un aller simple pour l'Alfama

Prenez place, c'est le moment. Le fameux tramway 28 vous emporte, tout bringuebalant, par-delà le temps, au long des rues pentues, jusqu'au cœur de l'Alfama, le seul quartier populaire de Lisbonne ayant survécu au tremblement de terre de 1755 comme à l'Expo universelle de 1998.

Avec un peu de chance vous tomberez sur un vieux modèle en taule jaune canari et bois clair, et pourrez poser plus qu'une fesse sur une petite banquette en lattes de bois. Vous aurez le temps d'admirer les finitions cuivrées de l'intérieur de l'engin, et la placidité du wattman, à l'avant, barrant un volant en acier de la taille d'un gouvernail de skipper. Quelques petits malins ne montent pas mais s'accrochent à l'arrière du tram...

Lorsque le wattman actionne la cloche commence un voyage mémorable, la mécanique filant droit sur ses rails avant d'aborder des virages à épingle spectaculaires et frôler à quelques centimètres près les angles des façades, les étals des magasins, les piétons qui doivent jouer aux toreros entre les voitures stationnées, encapuchonnées de gris pour les protéger, et les trams qui viennent en face.

Profitez des arrêts forcés qui permettent à un livreur de décharger sa marchandise, pour admirer les devantures des pâtisseries et des épiceries fines, débordant de gâteaux, de fruits confits, de pots remplis de *marmelada,* de jambon fumé, de fromages et vins de pays.

Descendez du tram, si l'attente se prolonge, et allez vous perdre dans le dédale des rues de l'Alfama.

Castelo de São Jorge : vue

L'âme de Lisbonne

Ce quartier, c'est l'âme de Lisbonne. Longtemps habité par les pêcheurs et les marins, il est resté éminemment populaire, avec ses personnages bien typés : truculentes matrones, artisans, commerçants ambulants, gamins frondeurs, vieillards malicieux prenant le frais... L'Alfama est le quartier le plus ancien et le plus connu de la capitale, emblème du Lisbonne populaire et oublié. Les Wisigoths l'habitèrent avant les Arabes, qui lui donnèrent d'ailleurs son nom : Alfama, déformation d'*alhama,* mot évoquant d'anciennes fontaines sur la colline. Il consiste en un réseau inextricable de ruelles tor-

LES ANGES NOIRS DE SAINT-VINCENT

São Vicente, le saint patron de Lisbonne, est représenté un peu partout avec une palme dans une main et une caravelle dans l'autre. Sans oublier bien sûr ses célèbres compagnons de route, ces deux corbeaux qui ont permis à Alphonse Ier de ramener sa dépouille en bateau jusqu'ici. Depuis, ces adorables volatiles sont devenus les anges protecteurs de tout un peuple (touche pas à mon corbeau !). Il faut être un chat impie pour oser chasser un de leurs descendants.

tueuses, volées d'escaliers *(calçadas),* culs-de-sac, passages voûtés, cours intérieures, patios minuscules fleuris et venelles ne menant nulle part (les *becos)* et bordées de mille maisons enchevêtrées, agglutinées, présentant autant de styles différents.

Le flâneur s'y déplace à pied. Il peut y admirer de belles façades à encorbellement, délavées par les pluies, des balcons en fer forgé ou sculptés, dissimulés par les draps qui claquent au vent, des toits à pignons, des lucarnes de poètes... Et bien plus encore : de vrais oiseaux en cage, de faux nains en liberté derrière des barreaux cachant un amour de jardin. Un clocher qui se rappelle au souvenir des vivants, des chiens qui aboient, des chats prudents qui observent, des touristes qui passent, repassent, soufflent, s'essoufflent, portés par les sortilèges de ce vieux quartier. Une jeune femme étend son linge à la fenêtre. Une voisine allume la télé, c'est l'heure du match de foot. Pas la peine de pousser les portes d'une *baixa* éclairée au néon ou d'une épicerie vendant de tout, même en hiver, c'est ouvert...

Au fil de la promenade apparaît de temps en temps le Tage et la mer de Paille, qui surgit tel un miroir bleu et étincelant (quand le soleil brille) au débouché d'une ruelle, entre deux vieux immeubles presque collés, ou entre deux échafaudages.

Retour sur le chemin emprunté par « L'Estrela 28 » qui surgit, avec ses fils d'acier se détachant sur fond de ciel bleu. Le Miradouro de Santa Luzia fait partie des lieux magiques du quartier. Des bougainvillées en fleurs, des jeunes qui jouent aux cartes sous les arcades... La fresque concernant la conquête de Lisbonne sur un des murs extérieurs de l'église attire moins de monde que la vue imprenable sur le fleuve et les toits, les clochers, le monastère de Saint-Vincent, véritable patron de la ville (voir encadré). Un chat avance sur les tuiles, en contrebas, guettant la nourriture accrochée à un vasistas, pour mieux se conserver. Des taches ocre, jaunes, bleues transforment peu à peu la « ville blanche », le soir venant. Magique !

Saudade party

Le soir, il se dégage de l'Alfama une atmosphère presque moyen-orientale. Ça tient de la casbah et du théâtre de rue permanent.

C'est l'heure où les touristes mal informés fuient le quartier. Pas malfamé, pourtant, l'Alfama. Pas plus de vol à la tire qu'ailleurs. Et pour les affamés, c'est le couvert assuré. Devant le resto *A Morgadinha de Alfama* (voir « Où manger ? »), vous entendrez parler français. La patronne est de l'ancienne génération et n'a pas sa langue dans la poche. Tout en faisant cuire le poisson, elle vous fera mieux comprendre ce qui se passe, ici, derrière ces façades soutenues par des béquilles de bois. « Bientôt, ce sera comme à Montmartre, il n'y en aura plus que pour les riches, mais nous, les pauvres gens, nous l'aimons, notre quartier. » Assis devant une dorade magnifique ou des sardines grillées, vous commencerez à craindre pour l'avenir de ces maisons décrépies dont les vieux habitants sont chassés petit à petit vers la périphérie.

Une musique triste monte d'une des ruelles voisines. Pour quelle « saudade » party ? Du bois pour tenir les murs, un ménate qui s'éclate, quelques tables avec des assiettes retournées, des pavés, des tables bancales, des guirlandes pour donner de la couleur à la nuit. La TV des voisins, en fond sonore, ne dérange pas les deux guitaristes qui accompagnent une chanson triste, comme chantait déjà leur maman.

C'est ici qu'on vient pour découvrir le vrai fado, cet art de la rue autour duquel les hommes et les femmes du quartier se retrouvent encore pour chanter leur ville, leur vie, leur souffrance, leur pauvreté. C'est le fado des amateurs, à entendre dans une *tasca* plutôt que dans un resto à touristes... Faut simplement accepter de venir tard, de rester debout, un verre d'alcool à la main...

C'est la vie qui continue, mais pour combien de temps ? La nostalgie a beau ne plus être ce qu'elle était, on se surprend à traîner, tard dans la nuit, accompagnés seulement par les chiens du voisinage, sous le regard plus attendri qu'ils voudraient le montrer des habitants d'un des derniers quartiers encore bien vivants, jour et nuit, à Lisbonne.

La fête de Santo António (saint Antoine)

Chaque année au mois de juin, l'Alfama célèbre António, le saint patron de la *Sé* et du quartier. Pour beaucoup, saint Antoine est souvent considéré comme le saint patron de Lisbonne, et donc il serait en concurrence avec São Vicente (saint Vincent). En réalité, saint Antoine est seulement le saint patron de la *Sé,* la cathédrale qui est située dans l'Alfama. Il est devenu par extension le saint patron de l'Alfama. C'est lui qui mène la procession, dans les ruelles et sur les places. Un grand moment de vie collective à partager. Profitez-en pour offrir à l'élu(e) de votre cœur un petit pot de basilic porte-bonheur (ça changera du muguet). Lors de cette fête religieuse très populaire, chaque rue, dans un fiévreux esprit de compétition, tente d'être plus colorée, plus lumineuse que celle d'à côté. Les cuisines, les tables sont de sortie, on grille des sardines un peu partout, le *vinho verde* coule à flots ; l'Alfama vit entièrement dans la rue, dans une atmosphère de kermesse indescriptible.

➤ *Pour gagner l'Alfama,* prendre bien sûr le tram n° 28 de la rua da Conceição, dans la Baixa, ou le bus n° 37 du Rossio.

– *Les « miradouros »* *(ou belvédères) :* s'y rendre au coucher du soleil pour la beauté du paysage. Le *miradouro da Santa Luzia* *(zoom couleur Alfama, G6)* possède une petite buvette où l'on peut siroter un verre en admirant le paysage avec le Tage au loin.

– *Conseils :* attention, le succès touristique du quartier attire aussi des prédateurs, petits trafiquants, voleurs à la tire et faux guides. Leur périmètre d'action : la cathédrale, le musée de l'Artillerie. Mais pas d'angoisse, le quartier reste très sûr dans l'ensemble.

Adresses utiles

■ **Lisbon Walker** *(plan couleur général I, L8, 14) :* rua dos Remedios, 84. ☎ 21-886-18-40. ● *lisbonwalker.com* ● Une jeune association dynamique et pleine d'idées qui organise des balades à pied dans l'Alfama. Pour en savoir plus, se reporter à la rubrique « Informations et adresses utiles. Découvrir Lisbonne autrement » dans la partie « Infos pratiques sur place ».

▣ **Internet @lfanet** *(plan couleur géné-*ral I, L8, **13**) : rua dos Remédios, 89. ☎ 21-886-19-12. Tlj sf dim 9h30-20h. Boutique qui vend aussi des journaux et de la papeterie.

▣ **Artes@net** *(plan couleur général I, L8, 12) :* rua das Escolas Gerais, 134. ☎ 21-885-04-26. *Dans l'Alfama, à 400 m du miradouro Santa Luzia. Tlj 10h-19h.* Fait aussi café et magasin de souvenirs.

Où dormir ?

De bon marché à prix moyens

🛏 **Casa de Hospedes Brazil-Africa** *(plan couleur général I, K9, 55) :* travesa das Pedras Negras, 8. 1°. ☎ 21-886-92-66. ● *pensaobrasilafrica.com* ● *Doubles 32 €.* À la limite de la Baixa et de l'Alfama. Le propriétaire espagnol a de l'affection pour le Portugal, mais c'est souvent une souriante employée qui ouvre la porte. Chambres modestes et bien arrangées, agréablement meublées et décorées avec soin. Certaines avec lavabo seul (douche extérieure), d'autres avec douche intérieure. Les toilettes sont sur le palier. Nos préférées : la n° 10, de couleur rose avec 2 fenêtres d'angle, et la n° 11. Bon rapport qualité-prix-accueil.

🛏 **Pensão Ninho das Aguias** *(plan couleur général I, K8, 59) :* costa do Castelo, 74. ☎ 21-885-40-70. *Doubles 35-50 € selon saison.* Incroyable pension hors du temps, accrochée à la colline du château, avec son jardin fleuri dominant le nord de Lisbonne. Seules les chambres du rez-de-chaussée ont la douche à l'intérieur, sinon elle est sur le palier avec les toilettes. Au 1er étage, charmantes chambres avec lavabo seul, et une vue magnifique. On aime les n°s 12, 13 ou 14. C'est simple et charmant à la fois, coquet et chaleureux, et si peu cher pour un confort suffisant.

De prix moyens à plus chic

🛏 **Pensão São João da Praça** *(plan couleur général I, K9, 31) :* rua São João da Praça, 97 ; 2°. *À l'étage au-dessus de la Pensão Sé.* ☎ *et fax : 21-886-25-91. Doubles 35-60 € selon confort (lava-bo-bidet ou douche-w-c).* Dans une rue juste derrière la cathédrale *(Sé),* une adresse solide sans grand confort dans une maison ancienne avec un café-restaurant très agréable au rez-de-chaussée *(Pois Café).* Demander la n° 304, avec vue sur le Tage. On nous a signalé des problèmes de réservation, attention.

🛏 **Pensão Sé** *(plan couleur général I, K9, 31) :* rua São João da Praça, 97 ; 1°.

☎ 21-886-44-00. ● belmina_neves@iol. pt ● *Chambres doubles 40-70 € selon saison. Petit déj copieux et varié, apéro ou café offert sur présentation de ce guide.* Neuf chambres dans un grand appartement privé. Murs blancs, mobi-

lier ancien et africain : la maîtresse de maison a été directrice d'hôtel en Afrique du Sud et parle même le français. Deux chambres ont vue sur la cathédrale, mais d'autres n'ont pas de fenêtres. Deux salles de bains communes.

Beaucoup plus chic

🛏 *Albergaria Senhora do Monte (plan couleur général I, K7, 33) :* calçada do Monte, 39. ☎ 21-886-60-02. ● *mais deturismo.pt/sramonte ●* ⓜ *Martim-Moniz. Tram n° 28 ; descendre à l'entrée de calçada do Monte. Doubles 95-130 € selon saison. Pour une chambre avec terrasse privée offrant une vue sur la ville (n°s 1, 2, 3 et 4), compter 150 €. Apéritif offert sur présentation de ce guide.* On

peut y prendre un verre en attendant d'aller dîner. Hôtel moderne et fonctionnel, situé au miradouro da Nossa Senhora do Monte, dans un quartier ancien et charmant. Chambres impeccables (douche-w-c et AC) avec vue superbe. Resto panoramique au dernier étage, peut-être une des plus belles vues de Lisbonne.

Très chic

🛏 *Solar dos Mouros (plan couleur général I, K9, 60) :* rua do Milagre de Santo António, 6. ☎ 21-885-49-40. ● *so lardosmouros.com ● Doubles 140-240 €.* Un vieil immeuble de l'Alfama, transformé en hôtel de charme, accroché au flanc sud de la colline du château. Les 12 chambres sont toutes décorées avec raffinement et originalité (œuvres d'art, mobilier design). Vue sur le Tage et l'Alfama (plein sud), ou sur le Castelo (plus d'ombre). Une excellente adresse pour couple en lune de miel, pour les amoureux qui ne comptent pas et tous ceux qui ont Lisbonne au cœur, comme les « amants du Tage » (titre d'un roman de Joseph Kessel).
🛏 *Solar do Castelo (plan couleur général I, K8, 45) :* rua das Cozinhas, 2. ☎ 21-887-0909. ● *solar.castelo@heritage.pt* ● *heritage.pt ● Doubles 210-310 €, mais*

voir aussi promotions sur Internet ; petit déj-buffet 14 €. Une bien belle demeure construite au cours de la seconde moitié du XVIIIe siècle dans l'enceinte du château São Jorge sur le site auparavant occupé par les cuisines du Palais d'Alcáçova. Il n'y a plus aujourd'hui que les paons pour faire la cour et terroriser les non-familiers (un, ça va, mais six ou sept, bonjour les dégâts). Occupant 2 étages et une mansarde, l'hôtel, entre cour (intérieure) et jardins (avec vestiges médiévaux), mélange volontiers les genres. Décor arabisant sympathique mêlant éléments de style pombalin, canapés en cuir et chaises en fer forgé. Un refuge antibruit et antistress. Le taxi vous dépose à l'entrée du château, une voiture de golf vient vous chercher. La classe.

Où manger ?

Dans ces quartiers populaires, les petites tavernes sympas abondent. Ici, on s'arrête plutôt au hasard, quand une bonne odeur vient vous titiller les narines. Idéal pour sentir battre le cœur fatigué de la vieille ville, de jour comme de nuit (n'écoutez pas les âmes bien pensantes qui vous déconseilleront de venir rôder dans notre quartier préféré à la nuit tombée).

Dans l'Alfama

De bon marché à prix moyens

🍽 *A Morgadinha de Alfama (zoom couleur Alfama, L9, 99) :* rua da

Regueira, 37. ☎ 21-886-54-24. *Par le haut, accès en tram n° 28 ; en venant de*

LISBONNE

la Baixa, arrêt suivant le miradouro Santa Luzia, puis descendre. Tlj sf dim. Si vous venez à plusieurs, réservez. Compter 11-13 €. L'endroit est minuscule mais chaleureux à souhait, à l'image de l'accueil (quand la patronne est au téléphone avec sa copine Isabelle, soyez patients ou allez boire un verre en face, et en terrasse, le bar lui appartient !). On s'y régale de poisson grillé d'une fraîcheur étonnante, servi avec quelques pommes de terre au goût parfait, et d'un bon vin de pays, avant de terminer par le délicieux arroz doce de la maison. La patronne francophone sert tout en faisant la cuisine et en parlant de sa vie. Pas de langue de bois, ici, ça soulage. Possibilité de louer l'appartement au-dessus (250-300 €/sem). Pour rester dans l'ambiance...

|●| **Comidas de Santiago** (zoom couleur Alfama, L9, **120**) : largo do Contador Mor, 21. Ouv 11h-17h. Compter 13-15 €. Petit resto donnant sur une adorable placette pavée et ombragée, sur le chemin qui monte au château (Castelo). Bien à midi pour manger au soleil, sans se poser de questions existentielles : salades, soupes, petits plats locaux.

|●| **Barracão de Alfama** (zoom couleur Alfama, L9, **106**) : rua de São Pedro, 16. ☎ 21-886-63-59. Plats à partir de 6 € ; menu 13 €. Dans une ruelle de l'Alfama, un lieu hors du temps. Azulejos aux murs, ambiance familiale, et cuisine copieuse bien mitonnée. Accueil jovial du patron.

|●| **Almargem** (plan couleur général I, K9, **91**) : travessa do Almargem, 4. ☎ 21-886-90-69. En contrebas de la cathédrale, tout près de la Sé Guesthouse. Tlj sf dim. Formule-plat env 7,50 €. Petite taverne qui sert une cuisine portugaise traditionnelle à prix doux. Spécialités : secretos de porco preto et différentes cataplanas.

|●| **Lautasco** (zoom couleur Alfama, L9, **93**) : beco do Azinhal, 7. ☎ 21-886-01-73. Tlj sf dim jusqu'à 22h30 ; fermé 23 déc-3 janv. Compter env 15 € pour un repas. Apéro offert sur présentation de ce guide. Cachée dans un cul-de-sac du bas de l'Alfama, une auberge à l'ancienne donnant sur une placette ombragée par un caoutchouc géant. Ici, on cuisine de façon très classique des plats portugais savoureux.

|●| **Pois Café** (plan couleur général I, K9, **112**) : rua São João da Praça, 93-95. ☎ 21-886-24-97. Tlj sf lun 11h-20h. Un savoureux café-salon-snack où l'on peut se poser un instant (« Pause Café » en v.f.), grignoter sur des chaises de bar, s'enfoncer dans des coussins pour lire, ou somnoler dans des divans moelleux avec son jus posé sur une vieille malle récupérée. Dans une grande salle voûtée, décorée dans un style à la fois alternatif, écolo et design, un lieu tenu par une équipe féminine tonique. Comme une des responsables vient d'Autriche, vous apprécierez encore plus les gâteaux. Par ailleurs, tartes salées délicieuses, salades, sandwichs et petits plats préparés dans la cuisine ouverte sur la salle. Vrais jus d'orange, cafés à toute heure.

Dans la Mouraria

De bon marché à prix moyens

|●| **Casa de pasto O Eurico** (plan couleur général I, K8, **101**) : largo de São Cristovão, 3-4. ☎ 21-886-18-15. À côté de l'église du même nom, en remontant la rue das Farinhas. Ouv jusqu'à 22h. Fermé sam soir et dim. Plats à partir de 5 €. Derrière les murs de ce resto de quartier se retrouve à midi la ruche bourdonnante des employés de la chambre de commerce voisine. Bon accueil d'une gentille dame. Bien bonne cuisine familiale où poisson et viande arrivent ex æquo.

|●| **Cartuxinha** (plan couleur général I, K8, **122**) : rua das Farinhas, 7. ☎ 21-886-29-90. Tlj jusqu'à 2h du mat (17h dim). Plats 3-6 €. En plein dans le vieux quartier de la Mouraria (là où vivaient les Maures naguère). Minuscule resto de cuisine africaine tenu par Adelino et Belinha, un couple aimable originaire de São Tomé e Príncipe (ancienne colonie portugaise) au large du Gabon. Cuisine savoureuse et traditionnelle de l'Angola, du Mozambique, de São Tomé (évidemment !) et du Cap-Vert (plutôt pour le soir)

|●| *O Cantinho do Aziz* (plan couleur général I, K8, **123**) : rua de São Lourenço, 3. ☎ 21-887-64-72. Petit, propre et accueillant, tenu par une gentille dame venue du Mozambique, ancienne colonie portugaise. Pas bien gai, mais on n'est pas là pour rigoler. On y mijote de bons petits plats indo-africains, c'est l'essentiel. Spécialités : le *caril de cabrito* et le *caril de carne indiano*.

À Graça

Bon marché

|●| *Cantinho da Fátima* (plan couleur général I, L7, **103**) : rua da Graça, 111. ☎ 21-887-87-72. Non, ce n'est pas que la cantine de Fátima, mais une petite adresse propre, modeste et accueillante, où l'on sert des plats goûteux à prix doux. Bonne étape dans ce quartier populaire.

Plus chic

|●| *Chapitô* (plan couleur général I, K9, **100**) : rua Costa do Castelo, 7. ☎ 21-886-73-34. Ouv (resto) 12h-15h, 19h30-minuit. Sur résa. Compter 25 € pour un repas ; menu 28 €. À flanc de colline, dominant un paysage de toitures, avec une vue épatante sur le Tage. Un petit complexe culturel à deux vitesses, avec d'un côté un bar à tapas le soir sur l'esplanade intérieure, un petit chapiteau pour des spectacles de cirque, un bar musical de nuit (sous-sol). Très sympa. À ne pas confondre en revanche avec le resto, plus tendance, au 1er étage de cette divine maison surplombant l'Alfama. Plusieurs menus au choix déclinant les saveurs portugaises, brésiliennes, et s'aventurant dans la cuisine fusion. Service aimable et diligent.

Très chic

|●| *Bica do Sapato* (plan couleur d'ensemble, N8, **113**) : av. D. Henrique, armazém B, Cais da Pedra à Santa Apolónia. ☎ 21-881-03-20. Tlj sf dim et lun midi. Compter 50 € au resto et 25 € à la brasserie. Ancien entrepôt des docks à côté de la gare, transformé en haut lieu high-tech de la branchitude lisboète. Grandes baies vitrées donnant sur le Tage, jeux de miroirs. Plusieurs parties : brasserie, resto et sushi-bar, le tout appartient à l'acteur John Malkovich. Cuisine haut de gamme très bien élaborée.

Où boire un verre ?

🍷 *Pois Café* (plan couleur général I, K9, **112**) : rua São João da Praça, 93-95. ☎ 21-886-24-97. Mar-dim 11h-20h. À ne pas rater, car il s'agit d'un endroit rare dans l'Alfama (voir « Où manger ? »).
🍷 *Bar das Imagens-Costa do Castelo* (plan couleur général I, K8-9, **148**) : calçada do Marquês de Tancos, 1. ☎ 21-888-46-36. Mer-sam 16h-2h du mat, dim 15h-21h ; fermé lun et janv-fév. C'est bel et bien en fin d'après-midi et au crépuscule qu'il faut se poser sur cette délicieuse terrasse, au-dessus des toits. Voilà un vieux bistrot bercé par la musique, qui a été repris par des gens créatifs et sympathiques. Possibilité également de grignoter sur le pouce.
🍷 *Kiosko Portas do Sol* (zoom couleur Alfama, L8, **147**) : sur le largo das Portas do Sol. Tlj jusqu'au crépuscule, et très tard en été (1h du mat). Un petit kiosque, quelques tables et chaises sur une terrasse en plein air, donnant sur les toits et les clochers de l'Alfama, et le Tage au loin. Un endroit très agréable, surtout en fin d'après-midi, face à un envoûtant paysage.
🍷 *Kiosko do Largo de N. S. da Graça*

*(plan couleur général I, L7, **149**) : sur le belvédère qui jouxte l'église Nossa Senhora da Graça. Deux buvettes ouv jusqu'à 2h du mat. Un lieu extraordinaire au crépuscule. On peut y boire un* verre en regardant Lisbonne illuminée par le couchant. Rendez-vous des jeunes et des amoureux, des flâneurs inspirés et des promeneurs solitaires, des artistes et des poètes de Lisbonne.

Où sortir ? Où danser ?

♫ **Lux** *(hors plan couleur d'ensemble par N7) : av. Infante Dom Henrique, armazém 1, Cais da Pedra à Santa Apolónia.* ☎ 21-882-08-90. ● *luxfragil. com* ● *Tlj sf lun 22h-6h. Entrée libre.* Grande boîte de 2 000 m² sur plusieurs niveaux, ouverte par ce même Manuel Reis qui a « fait » le Bairro Alto autour du *Frágil* ou l'avenida 24 de Julho autour du *Kapital*. Y gravite la fine fleur de la nuit et du spectacle. Un ensemble plein de promesse et de folie. C'est à 5h du matin qu'on voit la queue se former à l'entrée ! Ici passent les plus grands DJs internationaux pour mixer dans un décor assez hallucinant de vidéos graphiques, de métal (hurlant) et de lasers. 🍸 À deux pas de là, on fait une autre queue, pour pouvoir entrer au *Bica do Sapato (plan couleur d'ensemble, N8, 113), av. Infante D. Henrique, armazém B, Cais da Pedra à Santa Apolónia.* Un sushi-bar à la mode lisboète où l'on en prend plein la vue, surtout quand on regarde côté Tage... Et plein le verre, si l'on se laisse aller à quelques folies.

♪ **Docas do Jardim do Tabaco** *(plan couleur général I, L9) :* en bas de l'Alfama, d'anciens docks ont été réaménagés et abritent aujourd'hui des cafés et des restos ouvrant leur terrasse sur la mer de Paille.

Les maisons de fado *(casas de fado)*

Le fado est né ici, dans les tavernes miteuses de l'Alfama, au cours du XIXᵉ siècle (voir un peu plus loin le Museu do Fado). Rien à voir avec les usines à touristes que les tour-opérateurs recommandent aujourd'hui. Un seul conseil : fuyez ! Vous y perdriez de précieux euros, et surtout vous rateriez votre rencontre avec ce blues portugais. Des lieux authentiques existent encore, voici ceux qui nous plaisent le plus.

|●| ♪ **A Parreirinha de Alfama** *(zoom couleur Alfama, L9, **115**) : beco do Espírito Santo, 1.* ☎ *21-886-82-09. À côté du largo do Chafariz de Dentro. Tlj sf dim 20h-2h.* Au fond d'une petite courette, on descend quelques marches, et on entre dans une salle basse, décorée d'azulejos : voilà une *casa de fado* du quartier de l'Alfama devenue certes touristique, mais encore authentique dans l'esprit. Bons spectacles avec, notamment, d'excellents guitaristes et chanteuses. On y mange, et plutôt bien !

|●| ♪ **Clube de Fado** *(plan couleur général I, L9, 119) : rua São João da Praça, 92-94.* ☎ *21-885-27-04.* ● *info@ clube-de-fado.com* ● *clube-de-fado. com* ● 🍴 *Menu complet 45 €.* Une des maisons de fado les plus réputées de Lisbonne, située à l'ombre de l'église São João da Praça, à moins de 300 m de la cathédrale *(Sé)*. Le propriétaire, Mário Pacheco, est un très bon guitariste. Décoration classique, et salle plutôt petite. Artistes professionnels de haut niveau.

|●| ♪ **Casa de Linhares-Bacalhau de Molho** *(plan couleur général I, L9, 118) : beco dos Armazéns do Linho, 2.* ☎ *21-886-50-88. Tlj à partir de 20h.* Pas plus cher, mais dans un décor plus chic que les précédents, il ne s'agit pas d'une petite taverne mais d'une grande salle voûtée (plafonds hauts de 7 m) du XVIIᵉ siècle, spacieuse et aménagée avec soin, au sous-sol d'un vieil immeuble. Spectacles de fado traditionnel de qualité. Celeste Rodrigues, la sœur d'Amália Rodrigues, s'y produit souvent. Cuisine portugaise goûteuse et très bon accueil.

|●| ♪ **A Baiuca** *(zoom couleur Alfama et plan couleur général I, L9, **114**) : rua São Miguel, 20.* ☎ *21-886-72-84.* ● *abaiuca@sapo.pt* ● *Tlj sf mar-mer ; fermé 17 juil-17 août. Résa conseillée. Plat du jour env 10 €, repas complet env 20 €. Fado jeu-lun.* Une salle minuscule aux

couleurs de l'Alfama, à peine 30 couverts que l'on tente de répartir tant bien que mal. Cuisine familiale bien mijotée. Se succèdent alors, au chant, plusieurs personnes (des amateurs de grand

talent) : le serveur, puis un copain, une grand-mère du quartier, ou une voisine habituée des lieux. Attention, amuse-gueules encore plus chers qu'ailleurs.

Achats

Vins, liqueurs, boissons

🏵 **Adivinho** (plan couleur général I, K9) : travessa do Almada, 24. ☎ 21-886-04-19. • adivinho.com • Marie-Aude et Philippe Do Rosário tiennent avec passion cette cave à vins où l'on trouve la plupart des crus intéressants du Portugal. Ils vendent aussi des produits alimentaires et de l'huile d'olive. Prix raisonnables, et très bon accueil en français.

De la tête aux pieds

🏵 **Sapateria** (plan couleur général I, K9) : calçada de Santo André, 1 A. ☎ 21-886-63-50. À deux pas du Castelo São Jorge. Une boutique minuscule tenue par un chausseur expérimenté et passionné, qui fait tout lui-même et à la main. Ici, on se gausse des démons de la mondialisation et on se rit des délocalisations. Chaussures en cuir, de tous les styles mais toujours de qualité, qui conviendront aux collectionneurs et aux routards cherchant chaussures à leurs pieds.

Azulejos

🏵 **Santa Rúfina** (plan couleur général I, K9) : calçada do Conde de Penafiel, 9. ☎ 21-887-60-18. Ruelle en pente qui monte de la rua de São Mamede à la Costa do Castelo. Tlj sf w-e. Cette petite fabrique ne met guère d'éclat dans son souci d'attirer le chaland. C'est davantage au curieux qu'elle ouvre sa vieille porte vitrée pour lui permettre de découvrir un panneau en cours de réalisation ou un passionné courbé sur son pinceau, occupé à peindre une céramique. Ici tout est réalisé de A à Z, de la fabrication du « biscuit » – le carreau de terre de 14 x 14 cm – à la cuisson de l'azulejo en passant par le savant geste qui consiste à enduire une face de poudre de verre liquide. Pour voir, pour acheter, pour apprendre aussi.

🏵 **Fábrica cerâmica Viúva Lamego** (plan couleur général I, K6) : largo do Intendente, 25. ☎ 21-885-24-08. • viuvalamego.com • Tlj sf dim (fermé le sam en juil-août). Le chauffeur de taxi vous regardera étonné si vous lui donnez cette adresse dans la Mouraria, car la rue reste un haut lieu de la prostitution. Mais la façade est si belle (la fabrique date de 1849), et les carreaux des copies du XVIIe siècle si remarquables qu'il finira par vous croire vraiment intéressé. Aussi bien des lampes, des fontaines que des carrelages. Si vous souhaitez uniquement des frises à poser avec du carrelage acheté chez vous, pensez à mesurer l'épaisseur dudit carrelage.

À voir. À faire

⚜ **Igreja da Conceição Velha** (église de la Vieille Conception ; plan couleur général I, K9, **184**) : rua dos Bacalhoeiros, 123 A. Lun-ven 8h-17h, sam 8h-13h, dim (messes) 12h10-13h. Admirez son portail manuélin qui, seul, échappa au tremblement de terre. Le pilier central de ce portail supporte une curieuse statue de saint Michel. Il tient une épée dans une main et une balance dans l'autre. Le plus étrange réside dans sa tenue. Il porte un vêtement de femme, autrement dit il s'expose comme un travesti. En outre, il porte une calotte sur la tête. Ces détails ont été

LISBONNE

interprétés par les historiens. Ils signifient que l'église a été bâtie à l'emplacement d'une synagogue. Le catholicisme a donc remplacé le judaïsme. Cette statue de saint travesti signifierait le « travestissement » de la religion juive en religion chrétienne (ouf, on respire !).

🚶 **Casa dos Bicos** (plan couleur général I, K9, **185**) : rua dos Bacalhoeiros, 10. Tlj sf w-e 9h30-17h30. Entrée gratuite. Très près du port. Ce vieux palais date du XVIe siècle et présente une curieuse façade de couleur crème, faite de pierres taillées en « pointes de diamant » qui rappelle les maisons vénitiennes. Longtemps ce fut la demeure d'Afonso de Albuquerque, gouverneur des Indes, et de ses descendants. Une des dernières demeures témoignant de l'ancienne prospérité du quartier au XVIe siècle, quand les familles nobles y résidaient encore. Héberge aujourd'hui un centre culturel.

🚶🚶 **Museu do Fado** (musée du Fado ; plan couleur général I et zoom couleur Alfama, L9, **186**) : largo do Chafariz de Dentro, 1. ☎ 21-882-34-70. Tlj sf lun et certains j. fériés 10h-18h. Entrée : 3 € ; demi-tarif pour les étudiants et les porteurs de la Lisboa Card.
Ce musée attachant occupe une vieille station de pompage et de distribution de l'eau, recueillie au chafariz (fontaine) d'en face. L'espace intérieur est fort agréable et propose une découverte du fado (des fados, devrait-on dire). Intéressantes pièces comme cette maquette d'une maison close, de la belle époque (casa da Mariquinhas), ce genre de lieu où le fado lisboète (comme le tango argentin) a fait ses débuts. Une collection de pochettes de disques rappelle que le premier disque de fado fut gravé en 1904. On découvre aussi la guitare portugaise (belle collection) qui a des formes plus arrondies (forme de bulbe) que la classique. Les plus grands guitaristes y sont à l'honneur, compagnons indispensables des fadistes. Un atelier de luthier a été reconstitué.
On apprend que le fado de Coimbra est moins connu, moins populaire (car plus lyrique et poétique) que le fado lisboète né dans les tavernes et les bouges des bas quartiers de la ville. Un panneau montre la sévérité de la censure à l'époque de Salazar, qui interdisait certaines paroles voire des chants entiers de fado. En fin de visite, on arrive dans une salle qui reconstitue l'ambiance d'une casa de fado.
🍴 La boutique du musée dispose d'un large choix de disques pour acheter, après la visite, quelques morceaux choisis.

🚶 **Sé Patriarcal** (la cathédrale ; plan couleur général I, K9, **187**) : tlj 9h-19h (17h dim-lun).
Construite au XIIe siècle à la place de la grande mosquée maure pour signifier le triomphe de la Reconquête. Malgré de nombreuses restaurations, elle a nettement gardé une allure de forteresse romane. À l'intérieur, styles roman et gothique s'entremêlent sans heurts. Nef sombre aux ouvertures étroites. Belle grille romane fermant une chapelle du déambulatoire du XIVe siècle. Quelques beaux sarcophages comme celui de Bartolomeu de Joanes (1324), de Lopo Fernandes Pacheco (1349) avec son chien à ses pieds (pierre patinée par les caresses), et de son épouse D. Maria Vilalobos qui lit un livre de prières (moins caressé).
Tesouro (musée du Trésor de la Sé) : tlj sf dim 10h-17h. Entrée : 2,50 €.
En entrant dans la cathédrale, accès tout de suite par la droite de la nef. Quelques pièces étonnantes comme ces reliques de la main de São Vicente (le vrai saint patron de Lisbonne) contenues dans une boîte en argent et ce curieux bras reliquaire de saint Grégoire de Nazianze, père de l'église grecque qui vécut au IVe siècle de l'ère chrétienne. À travers deux petites vitres percées dans le métal doré, on voit les os pétrifiés des doigts du saint.
Dans la salle du Chapitre, aux vieux planchers de bois, superbe vue sur le Tage. Là, un trône liturgique du XVIIIe siècle semble attendre l'arrivée d'un prince de l'Église. La pièce la plus précieuse du trésor est enfermée dans un solide coffre métallique, lui-même protégé par une robuste vitre incassable, d'épaisses grilles en fer, et deux très larges volets en bois. Il s'agit du joyau du Trésor : un ostensoir en or de 17 kg,

haut de 94 cm, et incrusté de 4 120 pierres précieuses ! Offert à la *Sé* par le roi Dom João I*eiro*, il a une valeur inestimable. Divisé en 7 parties, il contient de nombreux et beaux symboles de la religion catholique et notamment un pélican qui surgit parmi 4 anges pour nourrir ses petits. Si vous adorez cet ostensoir, c'est pour l'éternité !

Claustro *(cloître)* : *accès par le fond de la nef, par la galerie de droite. Oct-avr lun-sam 10h-17h, dim 14h-18h ; mai et sept, tlj 10h-19h. Entrée : 2,50 €.* Construit au XIIIe siècle avec des colonnes ornées de beaux chapiteaux romans. Au centre, un chantier de fouilles archéologiques a révélé des pans de murs, des restes d'une ruelle d'époque romaine (Ier siècle apr. J.-C.), une citerne médiévale et des vestiges de maisons d'époque maure (un bout de mur de couleur rose).

¶ *Igreja Santo António* *(église Saint-Antoine ; plan couleur général I, K9, **188**)* : *largo de Santo António da Sé. À côté de la Sé. Bus n° 37 ; tram n° 28.* Élevée au XVIIIe siècle à l'emplacement de la maison natale de saint Antoine de Padoue, un portugais du XIIIe siècle devenu le saint patron de la Sé et de l'Alfama. Intérieur dans les tons saumon et de style baroque. La crypte serait ce qui reste du lieu de naissance du saint. Cette église est le point de départ le 13 juin (jour de la fête de Santo António), de grandes processions dans l'Alfama.

¶ *Museu Antonino* *(plan couleur général I, K9)* : *sur la gauche du porche de l'église Santo António. Tlj sf lun 10h-13h, 14h-18h. Entrée : moins de 2 € ; gratuit avec la Lisboa Card.* Né en 1195 à Lisbonne, Fernando de Bulhões entre en religion sous le nom de Frei António. En 1222, il rencontre saint François à Assise, puis il combat l'hérésie albigeoise dans le sud de la France. Théologien, il enseigne à Montpellier, Toulouse, Le Puy et Limoges, retourne en Italie, où il meurt en 1231 à l'âge de 36 ans. L'année suivante, il est canonisé par le pape Grégoire IX. Ce petit musée présente ce destin foudroyant d'un homme réputé pour ses sermons. Statuettes, médailles, objets de culte, peintures et livres : avec le temps un culte « antoniste » et une « industrie des images » sont nés et se sont popularisés à Lisbonne.

¶ *Museu do Teatro Romano* *(plan couleur général I, K9, **222**)* : *patio do Ajube, 5. Entrée par la rua A. Rosa, qui longe la cathédrale (Sé) sur le côté gauche (en regardant la façade).* ☎ *21-882-03-20.* ● *museu-teatroromano.net* ● *Tlj sf lun 10h-13h, 14h-18h. Entrée gratuite.* Grand bâtiment rectangulaire aux murs blancs et lumineux, où l'on a le sentiment de pénétrer dans une galerie de design contemporain. Quelques vestiges d'époque romaine (morceaux de colonnes, sculptures) et à l'étage, belle vue sur le Tage, en part par un passage au-dessus d'une fosse (restes de maisons) on accède au 3 B rua São Mamede, l'entrée du site du théâtre romain d'Olisipo. Dédié à l'empereur Néron, il a été construit près du forum, entre 14 et 27 apr. J.-C. Longtemps enfoui, redécouvert en 1798, les archéologues ne l'ont vraiment fouillé qu'à partir de 1964. Un grand hangar métallique au design plus affligeant abrite ce qu'il en reste (*orchestra* de forme hémisphérique).

¶¶ *Miradouro de Santa Luzia* *(belvédère de Santa Luzia ; zoom couleur Alfama et plan couleur général I, L9, **218**)* : *largo de Santa Luzia.* Par la rua Augusto Rosa, on parvient à ce lieu cher à tous les amoureux de la ville, dédié à l'ordre de Malte, qui devrait s'être remis de ses travaux lors de votre passage. À l'ombre (toute relative) de l'église se cache un charmant petit jardin, malheureusement mal entretenu. Sous les arcades se retrouvent les joueurs de cartes, les amoureux, les familles en promenade. Tous indifférents aux touristes venus s'en mettre plein les yeux. De la terrasse s'appuyant sur d'anciennes murailles arabes, on bénéficie en effet d'un très beau point de vue sur les toits de l'Alfama et sur le Tage.

▼ Petit kiosque avec bar pour prendre un verre et l'air du temps de l'autre côté du jardin.

¶¶ *Fundação Ricardo Espirito Santo Silva* *(musée des Arts décoratifs ; zoom couleur Alfama, L8-9, **190**)* : *largo das Portas do Sol, 2.* ☎ *21-881-46-00.* ● *fress. pt* ● *Bus n° 37 ; tram n° 28. Tlj sf lun et j. fériés 10h-17h. Entrée : 5 € ; réduc avec la Lisboa Card.*

On le classe dans la catégorie des musées d'Arts décoratifs, mais c'est bien plus qu'un simple musée. Installé dans le palais Azurara, une ancienne demeure du XVIIe siècle, non loin de l'église Santa Luzia, ce musée dépend de la Fondation Espírito Santo, dédiée à la protection du patrimoine et des arts. Malgré son nom qui évoque une œuvre religieuse charitable, il s'agit en fait d'une fondation privée portugaise, créée par Ricardo Espírito Santo (1900-1954), le bien-nommé, qui fut un riche banquier, collectionneur et mécène de la première moitié du XXe siècle. Ses descendants dirigent aujourd'hui une des plus grandes banques du Portugal, dans le même esprit, espérons-le.

La fondation gère en outre *l'École supérieure des Arts décoratifs et l'Institut des Arts et Métiers* dont les locaux attenants au bâtiment principal abritent des ateliers d'ébénisterie, de décoration et de reliure de livres. Les élèves fabriquent de remarquables copies de meubles anciens. L'école est si réputée pour sa qualité (et ses prix) que la Maison Blanche (Washington) lui achète son mobilier d'État !

À l'intérieur du musée, beau carrosse à l'entrée, intéressantes collections de mobilier portugais et colonial des XVIIe et XVIIIe siècles, recréant l'atmosphère d'une jolie demeure aristocratique de l'époque. Observer les meubles de style indo-portugais, les porcelaines de Chine, les meubles en bois tropical du Brésil (salle XVIIIe siècle), et les étonnants caparaçons en velours et argent. À l'étage, oratoire portable, peinture sur cuivre très rare représentant la Sainte Famille, dans le style luso-japonais dit « art nanban ».

|●| ⚶ *Cafétéria du musée :* dans la cour intérieure où il fait bon se poser, au calme, près de la margelle d'un vieux puits. On peut y trouver à boire et à manger, comme il se doit. Accès possible en dehors de la visite du musée même.

🚶🚶🚶 🚶 *Castelo São Jorge* (château Saint-Georges ; plan couleur général I, K8, **191**) : ☎ 21-880-06-20. Bus nos 31 et 37, ou trams nos 12 et 28. Ouv mars-oct 9h-21h ; jusqu'à 18h le reste de l'année. Billet : 5 € ; réduc pour étudiants et titulaires de la Lisboa Card.

On arrive au château en remontant le largo Chão de Feira. Construit sur la plus haute colline de Lisbonne, sur la première forteresse connue qui date de 138 av. J.-C., le Castelo domine le vieux quartier de l'Alfama, telle une sentinelle aux murs crénelés, entouré d'une belle ceinture d'arbres et de paisibles jardins. Phéniciens, Romains et Maures l'ont occupé au fil des siècles. On retrouve ainsi des vestiges de la période wisigothique dans les parties les plus anciennes, et des éléments arabes. Après la reconquête de Lisbonne par les croisés, et l'expulsion des Maures, en 1147, les rois chrétiens le rebaptisèrent du nom de saint Georges, martyr et guerrier de Cappadoce, vénéré par les croisés. Le secteur médiéval de Santa Cruz, englobé dans l'enceinte extérieure, autour du château, constitue le plus vieux quartier de Lisbonne. Possibilité de se balader sur le chemin de ronde en escalier. Le panorama sur la ville et le Tage est, bien entendu, magnifique.

– *Jardins et belvédère :* la promenade côté ouest est plantée de vieux oliviers. On y trouve un restaurant chic et cher, mais qui peut mériter une escale, rien que pour la beauté de la vue.

– Dans l'enceinte, l'espace *Olisipónia. Ouv 10h-13h, 14h-17h30 (dernières entrées à 12h30 et 17h). Audioguides (qui ne fonctionnent pas toujours bien) en langue française.* Ces salles voûtées de l'ancien palais royal virent le navigateur Vasco da Gama rendre compte de son voyage au roi Dom Manuel. Des montages audiovisuels montrent le développement urbain, les grandes découvertes sont célébrées sur un curieux écran simulant la rotondité de la Terre et, enfin, l'histoire de la ville est projetée sur un mur de 36 écrans au format télévision.

🚶🚶 *Mosteiro de São Vicente de Fora* (monastère de Saint-Vincent-hors-les-Murs ; plan couleur général I, L8, **192**) : largo de São Vicente. Le tram n° 28 passe juste devant. Tlj sf lun 9h-12h30, 15h-18h. Entrée : 2,50 €.

Il domine la colline de l'Alfama depuis des siècles. Fondé en 1147, suite à la reconquête de Lisbonne, il a été remanié au XVIe siècle. Façade classique et austère. Il faut fouler son plancher en bois du Brésil pour voir l'autel à baldaquin d'une lourdeur baroque incroyable. On peut admirer aussi la citerne souterraine qui date de l'époque des Maures (avant le XIIe siècle).

Plus intéressante est la visite du **cloître** du monastère. Superbes azulejos du XVIIIe siècle, représentant la prise de Lisbonne aux Arabes, et le clou de la visite : une collection unique d'azulejos représentant **38 fables de La Fontaine** (qui ne sont pas les plus connues). Voir aussi l'ancien réfectoire des

> **INDIENS... VAUT MIEUX QUE DEUX, TU L'AURAS !**
>
> *Jean de La Fontaine le reconnaissait : c'est dans Khalila et Dimna (éd. Albin Michel, 2006), un recueil de fables indiennes du VIe siècle, où évoluaient des animaux, qu'il puisa pour créer ses fameuses Fables. Reconnaîtrez-vous celles qui sont l'objet de la curiosité des visiteurs du monastère Saint-Vincent ?*

moines, qui héberge le mausolée de la dynastie des Bragance ; de João IV, le restaurateur de la monarchie au XVIIe siècle, à Samuel II, qui mourut en Angleterre en 1932.

– Le toit du monastère est accessible aux visiteurs et de là-haut la vue est extraordinaire.

🍴 *Feira da Ladra (la foire de la Voleuse, appelée couramment aussi marché aux puces ; plan couleur d'ensemble, M7-8, 193) :* c'est le marché aux puces de Lisbonne, qui se tient sur le campo de Santa Clara, mar et sam jusqu'à 17h. Tram n° 28 pour s'y rendre. Passer sous l'arche à gauche de São Vicente da Fora. Belle vue sur la mer de Paille. Le paradis des chineurs. Beaucoup de fripes, bibelots, vieux jouets. Ne manquez pas, aux n°s 124-126, une superbe façade due au célèbre céramiste de la fin du XIXe siècle, Luís Ferreira das Tabuletas.

🍽 Petit resto juste à côté avec de bons poissons frais.

🍴 *Igreja de Santa Engrácia – Panteão nacional (église Santa Engrácia – Panthéon national ; plan couleur d'ensemble, M8, 194) :* Tlj sf lun et j. fériés 10h-17h. Entrée : 2 € ; gratuit avec la Lisboa Card, pour les moins de 14 ans et après 14h dim. C'est le monument imposant tout à côté de l'église São Vicente, qui rappelle à tout un chacun que « tout vient à point à qui sait attendre ». Traduction non littérale de la formule « obra de Santa de Santa Engrácia » : c'est l'expression utilisée en effet à Lisbonne quand on commence une chose et qu'on ne la finit pas.

Elle figure, cette étonnante église, au *Guinness Book des Records* : commencée au XVIIe siècle, elle a été achevée en... 1966 ! C'est alors qu'on y a installé le Panthéon national des grands hommes de l'histoire portugaise : Vasco da Gama, Henri le Navigateur et plus récemment la chanteuse de fado Amália Rodrigues.

🍴 *Museu Militar (Musée militaire ; plan couleur d'ensemble, M8, 195) :* largo Museu de Artilharia ; en face de la gare Santa Apolónia, mais entrée par l'autre côté. ☎ 21-884-25-69. Bus n°s 4, 9, 39 et 90. Tlj sf lun 10h-17h. Entrée : 2,50 € ; demi-tarif pour les étudiants ; réduc avec la Lisboa Card. Installé dans l'ancien arsenal royal de l'Armée datant du XVIIIe siècle, avec des murs revêtus d'azulejos et ornés de peintures, riches témoins de leur temps. Toute l'histoire du pays racontée à travers ces collections d'armes présentées dans un cadre qui ne craint pas les télescopages historiques. Remarquable collection de canons.

Le quartier de Graça

Pour ceux qui aiment la marche, la flânerie, la découverte hors des sentiers battus, le quartier de Graça mérite d'être exploré au rythme lent des promeneurs. On y accède à pied depuis la colline du Castelo ou par la rua Voz do Operário avec le tram n° 28. Là aussi, vieux quartier populaire sympathique. Si les maisons ne présentent pas d'intérêt architectural particulier, en revanche, vie locale intéressante, rues animées, boutiques pittoresques.

LISBONNE

🏃🏃 *Largo da Graça* (plan couleur général I, L7-8) : à deux pas du miradouro de Graça et du charmant escalier qui descend dans la Mouraria et qui répond au doux nom de caracol, « escargot ». Ne manquez pas, tout à côté, un bel exemple de *calçada portuguesa* dans l'escalier du square. Au n° 18, le vieux palais Tavora avec sa belle porte (blason). Il n'appartient plus à la famille Tavora mais a été transformé en appartements privés.

Pour qui voudrait découvrir ces ancêtres de nos HLM qu'étaient les villas plurifamiliales, prenez le temps de voir la Vila Sousa au n° 82 largo da Graça (face à l'église). C'est un grand immeuble en U, couvert de céramiques bleues. Allez aussi flâner rua do Sol à Graça, aux nos 57-59. Vous pourrez traverser à pied la *Vila Berta*, étonnante rue de village avec des jardinets, devant ce qui était certainement, à la fin du XIXe siècle, un bel ensemble de villas ouvrières.

🏃🏃 *Igreja da Graça* (plan couleur général I, L7-8) : largo da Graça. Ouv dans la journée ; accès libre. Pour l'écrivain Fernando Pessoa, c'était l'une des plus belles églises de la ville. Elle borde la jolie place (largo da Graça) qui se termine par le belvédère *(miradouro)*. Après la reconquête de Lisbonne en 1147 (qui fut une ville maure) par Dom Afonso Henriques, une partie de l'armée campa sur cette colline. Des moines s'y installèrent, et y construisirent un premier petit oratoire. L'église fut édifiée en 1556, détruite par le tremblement de terre de 1755, puis reconstruite dans le style baroque du XVIIIe siècle.

Très belle nef richement décorée, surplombée par des loges nobles dignes de celles d'un théâtre royal. Sur le côté gauche après la porte d'entrée, une salle (c'est indiqué *recepção*) abrite les sarcophages de quatre vice-rois des Indes dont le célèbre conquistador Afonso de Albuquerque (1453-1515). Après sa mort, sa dépouille fut ramenée de Goa (Inde) à Lisbonne. L'église est connue pour être le siège d'une confrérie *(Irmandade)* religieuse très active.

🏃 *Rua da Graça* (plan couleur général I, L6-7) : quelques tavernes avec vin au tonneau. Au n° 98, un vieux cinéma Art déco abrite un supermarché. Par la *rua Josefa Maria,* on accède à une autre petite cité ouvrière, la rua Virgínia Rosalina, dédale de ruelles pavées et bordées de maisonnettes à balcons avec des escaliers métalliques extérieurs. C'est le *bairro Estrela d'Ouro,* édifié en 1908, comme en témoigne le grand panneau en azulejos rua Rosalinas.

🏃🏃 *Miradouro da Nossa Senhora do Monte* (plan couleur général I, K7) : l'un des plus charmants belvédères de Lisbonne. Il livre, en plus des autres belvédères, une vue très étendue sur les quartiers nord de Lisbonne, et au sud sur le miradouro Nossa Senhora da Graça, le Castelo et la colline de l'Alfama, avec au loin le Tage, le pont du 25-Avril. Un endroit très agréable au coucher du soleil, pour voir la ville blanche rosir de plaisir. Au bord de la placette ombragée se tient la chapelle Nossa Senhora do Monte, modeste et mignonne, avec des murs blancs. En montant, au n° 27 de la rue Senhora do Monte, belle demeure cachée en partie par des citronniers, et coiffée d'une tourelle vitrée en bois.

Le quartier de la Mouraria

➤ Par la *calçada do Monte,* rejoindre la *Mouraria.* Nombreuses ruelles étroites en escalier. Après la reprise de Lisbonne aux Maures, beaucoup d'entre eux restèrent et se fixèrent dans ce quartier, d'où l'origine de son nom, comme vous l'aviez certainement deviné. Ils conservèrent longtemps leur religion, leurs coutumes, et bien sûr leurs commerces. Aujourd'hui, la Mouraria ne vit plus que du souvenir de ses cabarets bourrés de marins ivres, de ses hôtels borgnes, abritant des amours à la petite semaine, des rixes parfois sanglantes entre demi-sel. Petits restos pour petites bourses. Évitez la nuit, si vous ne vous sentez pas à l'aise dans ces rues moins fréquentées que celles de l'Alfama.

🎏 Vieille *rua do Capelão, beco do Forno.* Au-dessus s'élèvent de luxuriants jardins en terrasses avec palmiers.

🎏 *Largo da Severa :* au n° 2, une plaque sur le mur d'une petite maison rappelle la mémoire de Maria Severa Onofriana, la « Severa », la légendaire chanteuse de fado, morte à 26 ans (1846). Elle y vécut pendant sa courte vie. En face, au n° 1 B, la maison où vécut un grand interprète du fado : Fernando Maurício, né en 1933.

À l'est de l'Alfama

🎏🎏 *Museu nacional do Azulejo et convento de Madre de Deus* (hors plan couleur d'ensemble par N7, **197**) *:* rua Madre de Deus, 4. ☎ 21-810-03-40. ● mnazulejo-ipmuseus.pt ● Bus n°ˢ 18, 39, 42, 104 et 105. *Situés à l'est de l'Alfama, au bord du Tage, dans le quartier de Xabregas. Mar 14h-18h, mer-dim 10h-18h. Dernier billet vendu à 17h30. Entrée : 3 € ; demi-tarif pour les moins de 25 ans ; gratuit dim et j. fériés avt 14h et avec la* Lisboa Card.

De l'ancien couvent reconstruit après le tremblement de terre, il reste le petit cloître et le très beau portail manuélin de l'église. L'intérieur fut remarquablement restauré.
– *L'église* est un bel exemple de l'art religieux à la fin du XVIIIᵉ siècle. Dans l'immense nef, murs couverts de panneaux d'azulejos hollandais bleu et blanc du XVIIᵉ siècle, de peintures encadrées, et magnifiques *talhas douradas* (bois sculptés dorés), ce qui donne une dominante bleu et or à cette église. Le *corso alto* (en fait, la galerie supérieure) propose la même orgie de dorures. Tableaux flamands et portugais. Superbe plancher en jacaranda (bois précieux du Brésil).
– L'exquis claustrino **(cloître manuélin)** du XVIᵉ siècle et son voisin plus grand sont réservés au musée. Commence alors un voyage onirique dans l'univers de ces carreaux de faïence, depuis leur apparition au XVᵉ siècle jusqu'à aujourd'hui. Ils ont servi de support à tous les thèmes : guerre, chasse, portraits, végétaux, navires, animaux, légendes... On se souvient que le mot « azulejo » vient de *al zulaicha* qui signifie pierre polie en arabe.
– *Salle 2 :* salle dite « Coro » (au 1ᵉʳ étage) avec des stalles en bois et une vingtaine de vitrines dorées abritant des reliques. Vue sur l'intérieur de l'église.
– *Salle 5 :* grand panneau italo-flamand du XVIIᵉ siècle qui évoque le dessin d'une tapisserie.
– *Vista panorâmica de Lisboa :* dans la galerie, au premier étage au-dessus du grand cloître, immense panneau d'azulejos montrant Lisbonne avant le tremblement de terre de 1755. Il provient de l'ancien palais dos Condes de Portugal et mesure plus de 22 m, sur 1,15 m de large. Réalisé entre 1700 et 1725, le panneau révèle le caractère maritime et religieux de la ville. On a compté une cinquantaine d'églises, chapelles et couvents. Noter aussi le nombre des *quintas,* résidences que les familles riches possédaient à la campagne. On voit nettement la tour de Belém, le monastère des Jerónimos, la colline du Castelo.
Complétez cette initiation, maintenant que vous êtes incollable sur la question, par les pièces réalisées par des créateurs contemporains, que vous retrouverez dans la plupart des nouvelles stations de métro.

🍴 *Cafétéria du musée :* aménagée dans les anciennes cuisines du couvent, elle donne sur le vaste patio qui abrite un jardin intérieur. Fond de décor d'azulejos d'une cuisine de fumerie de poissons. Le lieu idéal pour se reposer de ses émotions. Quiches, salades, plats du jour, à prix aussi sages que le lieu.

LE PARC DES NATIONS

Pour y aller, plutôt que la voiture ou le bus, prendre le métro jusqu'à la station Oriente. Vous y êtes ! Après avoir accueilli l'Expo 1998, le Parc des Nations reste le cœur du vaste projet de réhabilitation urbaine de cette zone de Cabo Ruivo, qui n'était qu'un ramassis de raffineries désaffectées, d'aires de stockage de matériel militaire rapporté des colonies, d'entrepôts abandonnés.

Sur ces 300 ha et ces 5 km de rive sont prévus, d'ici un terme fixé aux années 2015-2020, bureaux, zones commerciales, logements et aires de loisirs. Ainsi est en train de naître, progressivement, un nouvel espace de vie autour de ce parc conçu comme un pôle commercial et culturel. L'ouverture de la galerie commerciale Vasco da Gama, idéalement placée (*plan Parc des Nations, A2, 70*) semble effectivement avoir insufflé une dynamique à cette zone en devenir. Toujours est-il que Lisbonne s'est dotée pour l'occasion de nouvelles infrastructures propres à lui donner une stature de capitale internationale.

Où dormir ?

Une poignée d'hôtels haut de gamme a fleuri dans un quartier trop récent pour accueillir des adresses comme on les aime. L'auberge reçoit jeunes et moins jeunes, et les petits dortoirs sont idéaux pour les familles.

Auberge de jeunesse

▥ **Pousada de Juventude** (*hors plan Parc des Nations par A1, 10*) : rua de Moscavide, 47 (1011). ☎ 21-892-08-90. Résa : ● lisboaparque@movijovem. pt ● ♿ Située à l'angle avec l'avenida D. João II (entrée par l'Instituto Português da Juventude). À 100 m à l'est de la gare de Moscavide ; bus n° 44 depuis l'aéroport ou le centre ; Ⓜ Oriente puis 1 km à pied. Parking à proximité (gratuit). Résa à l'avance. Compter selon saison 11-13 € pour un lit simple en dortoir et 30-37 € la double (avec douche-w-c), petit déj compris. Auberge de jeunesse soutenue par le gouvernement, excentrée mais bien sympa et bien tenue. Petits dortoirs (de 2 ou plusieurs lits) avec douches à partager. Bar, resto self-service, petite cuisine à disposition, consigne (apporter son cadenas). Internet gratuit.

Où manger ?

Grand choix de restaurants et de snacks de toutes sortes dans la rua da Pimenta transformée en terrasse géante (au nord du Pavilhão Atlântico). Plus calme et complètement au sud du Parc des Nations, le passeio de Neptuno abrite également une série d'établissements avec esplanade. Au milieu, entre le centre commercial et le fleuve, tendance chic. Cuisine souvent « internationale », parfois brésilienne... ou portugaise !

■ **Adresses utiles**		**31** Mestre Doce	
🛈 Point d'information			
✉ Poste		🍷 ♫ **Où boire un verre ?**	
🚈 Gare ferroviaire d'Oriente		**Où sortir ?**	
🚌 Gare routière d'Oriente			
		50 Peter Café Sport	
🛏 **Où dormir ?**		**51** Havana	
10 Pousada da Juventude			
		⚙ **Achats**	
▥ **Où manger ?**			
		70 Centre Commercial Vasco	
30 Atanvà		da Gama	

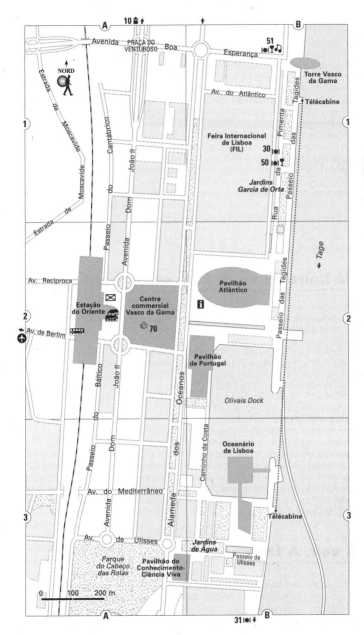

LISBONNE

LISBONNE – PARC DES NATIONS

De bon marché à prix moyens

|●| *Atanvá* (plan Parc des Nations, B1, 30) : rua da Pimenta, 43/45 (1990). ☎ 21-895-04-80. *Au milieu de la zone de restos, juste au sud de la travessa da Canela. Tlj sf mer. Repas 15-25 €.* Une oasis de tradition au Parc des Nations ! Ici, la viande portugaise (d'origine contrôlée) est à l'honneur : des grillades de veau de Trás-os-Montes au porc noir alentejan. Plats copieux et pot-au-feu mémorable *(cozido).* Grand choix de vins, dont les bouteilles sont soigneusement alignées dans leurs casiers. Tout autour, photos et affiches évoquent la vie rurale d'autrefois. Une cuisine de qualité et un service attentionné qu'on aimerait plus fréquents dans le quartier. Et en sortant, on dit au revoir avec l'accent de l'Alentejo : « Atanvá » !

|●| *Mestre Doce* (hors plan Parc des Nations par B3, 31) : passeio de Neptuno, loja 11 (1990). ☎ 21-894-60-43. *Ouv 9h-minuit. Plats du jour env 7 €* et verre de vin 0,80 €. Une collection de petites maisons traditionnelles, quelques tables et une terrasse avec vue sur la serra da Arrábida composent le décor. Au menu, cuisine portugaise et bonne humeur. Quand la patronne vient s'enquérir de la satisfaction des clients, on a déjà l'impression de faire partie des habitués. Laissez-vous tenter par l'originale morue *a Toninho* (passée au four avec des pois chiches et des œufs brouillés) et, si vous avez encore faim, par un petit dessert du « Maître Sucré », gâteau roulé au coulis de fruits des bois ou mousse à la mangue.

Où boire un verre ? Où sortir ?

Nombreux lieux concentrés rua da Pimenta, essentiellement fréquentés par une clientèle jeune, mais aussi familiale, qui vient ici un peu « comme à la campagne » passer le week-end.

|●| ♟ *Peter Café Sport* (plan Parc des Nations, B1, 50) : rua da Pimenta, 39. ☎ 21-895-00-60. *Situé plus ou moins au milieu de la rue. Ouv 11h-1h (2h ven-sam). Carte 14-20 € env.* Né lui aussi sous le signe de la baleine, le petit frère du célèbre café des Açores est recouvert de pavillons de navires, plafond compris. Pub tout en bois, pour siroter une bière avant le dîner ou la discothèque, ou bien grignoter une *tosta mista* à toute heure. Arrière-salle plus tranquille. Carte entre produits de la mer et steaks divers. Terrasse, bien sûr.

|●| ♟ ♫ *Havana* (plan Parc des Nations, B1, 51) : rua da Pimenta, 115/117.

☎ 21-895-71-16. *Tout au bout de la brochette de bars, du côté tour Vasco da Gama. Tlj sf lun-mar hors saison 12h-4h. Entrée payante après 23h.* Bar-resto la journée (cuisine d'inspiration cubaine, évidemment), bar où l'on danse le soir venu. Cette maison bourgeoise de La Havane accueille une clientèle à la moyenne d'âge un peu plus élevée que celle de la concurrence, sur fond de décor très théâtral. Les accords latinos animent la piste de danse ; la mezzanine est plus calme. Live le jeudi soir et cours de salsa le dimanche à 18h.

À voir. À faire

♣♣ *Le Parc des Nations :* il faut bien voir dans cet espace reconstruit de toutes pièces une préfiguration de ce que devrait être la ville du futur, avec la volonté affirmée de se placer comme précurseur en matière d'urbanisme. Apparaissent ici les règles essentielles de l'aménagement urbain : espace vaste et ventilé, ouverture sur le fleuve retrouvée, priorité accordée aux piétons et aux transports propres (électriques notamment), importance réservée aux espaces verts et aux jardins, omniprésence de l'art dans le paysage. Il faut ajouter la proximité d'un nœud de communication qui associe transports ferroviaire et routier (le pont, les autoroutes), ainsi que l'objectif délibéré de partager l'occupation du parc entre logements, bureaux, centres commerciaux, espaces culturels et de loisirs.

On peut prendre en compte enfin l'aspect écologique avec une alimentation du site entier en eau chaude et eau froide à partir d'une même centrale, plus économique, une collecte pneumatique des déchets domestiques, une concentration souterraine des réseaux électriques, des canalisations, des communications par fibre optique dans des galeries accessibles facilement... Prouesse architecturale assurément, ce nouveau quartier est donc aussi, et surtout, un essai de définition de ce à quoi devra ressembler la ville de demain avec sa technologie discrète et sa gestion parcimonieuse des ressources. À défaut d'une âme, l'animation ne manque pas dès que le soleil se fait généreux. Un bel exemple à suivre en matière de ville nouvelle.

Le parc lui-même s'organise autour des attractions nées de l'Expo 1998, à commencer par l'océanorium. Embarqué sur ce navire-aquarium posé sur l'eau, on peut passer des heures au milieu des requins, des raies, s'émerveiller à la vue de loutres de mer faisant la planche, de manchots curieux faisant les beaux sous notre nez. Venez tôt, même en semaine, si vous voulez profiter du silence et du petit déjeuner en famille, car la direction semble avoir du mal à gérer le succès : aucun contingentement, d'où le stress de nos chères loutres quand des hordes de gamins des écoles viennent hurler et courir en tous sens dans ces lieux propices à la rêverie. C'est devenu bien sûr la balade des week-ends en famille, avec arrêt dans les jardins ou en terrasse. Boutiques, restos et un casino tout neuf sont là, comme on peut l'imaginer, pour attirer le chaland ou les flâneurs autour de musées et de programmes culturels.

– **Télécabine** (plan Parc des Nations, B1 et B3) : oct-mai, lun-ven 11h-19h, w-e 10h-19h ; juin-sept, lun-ven 10h-20h, w-e 10h-21h. Aller : 3,50 € ; aller-retour : 5,50 € ; gratuit pour les moins de 5 ans ; réduc. Pour qui voudrait survoler les lieux sans perdre trop de temps, prendre la télécabine.

🅘 **Point d'information** (plan Parc des Nations, B2) : situé au carrefour de l'alameda dos Oceanos et de l'esplanada Olímpica, en face du centre commercial, côté Tejo. Rens également au ☎ 21-891-93-33 ou sur le site ● parquedasnacoes.pt ● Tlj 10h-19h (20h le w-e). Distribue un plan gratuit du quartier et donne toutes les infos sur les concerts, les activités culturelles et sportives (locations de vélos, patins, kayaks, catamarans, pédalos...). Une riche présentation du parc, des réalisations urbanistiques et programme des activités.

– **Cartão do Parque das Nações :** 16,50 € (8,50 € pour les enfants ; réduc). En vente au point d'information. Cette carte permet l'accès à l'océanorium, au pavillon de la Connaissance, à la télécabine et au petit train touristique qui fait le tour du Parc ; donne droit à des réduc (commerces, restos).

– **Parking payant** (silo) : av. de Berlim, dans la 1re rue à droite après la station-service pour qui vient de la 2a Circular – attention, le parking en sous-sol juste après la station-service est un peu plus cher.

– **Toilettes :** indiquées sur le plan du point d'information. Sinon, possibilité d'aller au centre commercial ou à la gare.

🕷🕷🕷 🧍 **Oceanário de Lisboa** (Océanorium ; plan Parc des Nations, B3) : ☎ 21-891-70-02 ou 06. ● oceanario.pt ● Tlj 10h-20h (19h en hiver, dernière entrée 1h avt). Entrée : 10,50 € ; réduc, dont ticket familial, et avec la Lisboa Card ; gratuit pour les moins de 4 ans.

Posé sur l'eau dans l'ancien bassin des Olivais, ce gigantesque navire imaginaire à la couverture de verre ondulé suggérant les flots a été conçu par l'architecte américain Peter Chermayeff (aquarium d'Osaka, au Japon). L'océanorium est certainement la tentative tout à la fois la plus audacieuse et la plus réussie de l'Expo 1998. Dans le bassin central, contenant l'équivalent de quatre piscines olympiques, évoluent des poissons de haute mer : requins, raies, tortues... Assez magique, si la foule des grands jours n'est pas au rendez-vous. L'ensemble est accessible sur deux étages à travers des vitres bombées permettant une vision à 180°. Quatre autres aquariums recréent quatre régions océaniques du globe en associant sur deux niveaux l'espace terrestre et aérien et le milieu marin correspondant. Ainsi le visiteur peut-il passer de l'Atlantique des Açores, avec sa formidable diversité naturelle, à la côte rocheuse du Pacifique où les loutres marines, vedettes maison incontestées, évoluent dans des forêts d'algue kelp, faire un détour par l'océan Indien et ses récifs coralliens animés de poissons multicolores, sans oublier l'Antarctique, ses paysages glacés et ses manchots. C'est au total près de 15 000 spécimens qui donnent vie à ce qui est devenu un des sites les plus visités de Lisbonne. Venez dès l'ouverture, pour mieux apprécier l'atmosphère des lieux.

🎭🚶 *Pavilhão do Conhecimento – Ciência Viva* (Pavillon de la Connaissance – Science vive ; plan Parc des Nations, A-B3) : à l'angle de l'alameda dos Oceanos et du passeio de Ulisses (entrée par le largo Diogo Cão). ☎ 21-891-71-00. ● pavcon hecimento.pt ● ♿ Mar-ven 10h-18h, w-e 11h-19h. Billet : 6 € ; réduc, notamment pour les familles, enfants et personnes à mobilité réduite.
Un pavillon dédié à la science et à la connaissance. Plein de manipulations de science amusantes pour les petits et les grands. Expos temporaires intéressantes. Internet gratuit (affluence en fin de journée et le w-e).

🎭 *Pavilhão Atlântico* (plan Parc des Nations, B2) : gigantesque coquillage retourné face au Tage, le pavillon Atlantique est devenu la salle de spectacle multi-usages de Lisbonne et accueille concerts, événements sportifs et autres manifestations d'envergure.

🎭 *Pavilhão de Portugal* (plan Parc des Nations, B2) : du plus bel effet architectural avec sa dalle en béton incurvée (65 m de long sur 50 m de large), le pavillon du Portugal est désormais le siège du Conseil des ministres. C'est Alvaro de Siza Vieira (auteur de la reconstruction du Chiado) qui en est le concepteur.

🎭🚶 *Les jardins :* au bord du Tage ont été aménagés des espaces verts racontant l'aventure botanique des découvertes, avec ce que l'Europe doit aux plantes rapportées des voyages d'exploration. Les *jardins de Água* (plan Parc des Nations, B3) mettent en scène l'élément liquide, si essentiel à l'équilibre écologique de la planète. Quant aux *jardins Garcia de Orta* (plan Parc des Nations, B1), ils donnent au parc une couleur verte bienvenue. Mais leur entretien régulier n'est pas toujours assuré, dommage. Au nord, le *parque do Tejo* étend ses pelouses depuis la tour Vasco da Gama jusqu'au-delà du pont.

🎭🎭 *Estação do Oriente* (gare d'Oriente plan Parc des Nations, A2), à la conception futuriste, est due à l'architecte espagnol Santiago Calatrava. Elle dessert l'ensemble du pays et l'Europe en complément de la gare de Santa Apolónia. Ses entrailles abritent aussi un vaste centre commercial, qui relie la station de métro Oriente et le Parc des Nations. Le métro s'est doté d'une ligne desservant la gare do Oriente : elle compte 6 stations à partir d'Alameda, dont la décoration, toujours en azulejos, est l'œuvre de céramistes de renom. Des petites merveilles !

🎭 *Ponte Vasco da Gama* (plan Parc des Nations, B1) : dans la partie nord du parc. La plus haute construction du Portugal (145 m). Sa réouverture après travaux devrait vous permettre d'aller prendre l'air du large sur la terrasse panoramique (gare aux coups de vent et au vertige).

🎭🎭🚶 *Ponte Vasco da Gama* (hors plan Parc des Nations, par B1) : il a battu des records de hauteur avec ses 13 km dont 8 km au-dessus des flots – une jolie prouesse technique. Mais cela a eu un coût : près d'une dizaine de vies humaines. Reste l'admirable tablier haubané brillant le soir sous les feux du soleil couchant. Conçu pour résister aux tremblements de terre, le pont est construit en plusieurs parties, ce qui lui procure une flexibilité maximale. Autrement dit, en cas de secousses prolongées, le tablier suspendu par les haubans bougera aussi bien en longueur qu'en largeur (imaginez la balançoire !), mais avec un astucieux système de sécurité pour éviter le télescopage des autres parties.

AU NORD DE L'AVENIDA DA LIBERTADE, AUTOUR DU MUSÉE GULBENKIAN

Un quartier d'affaires, certes un peu à l'écart du centre touristique, mais qui a l'avantage du calme, sitôt l'activité retombée. Quelques parcs publics et jardins privés ont su résister à l'urbanisation. Bien desservi par le métro, les bus et le train.

Où dormir ?

Parmi les nombreux hôtels pour hommes et femmes d'affaires, une offre hétéroclite bien plus abordable : camping, auberge de jeunesse, petits *residenciais*... et aussi le seul lieu de tourisme d'habitation de la ville.

Camping

⚒ *Parque Municipal de Campismo de Monsanto (hors plan couleur d'ensemble par A5) : dans le parc de Monsanto, à l'ouest de la ville, à 5 km du centre (1000).* ☎ *21-762-31-00.* ● *info@lisboa camping.com* ● *lisboacamping.com* ● *Bus nº 714 de la praça da Figueira (qui passe par Cais do Sodré et Bélem) et le nº 750 de la gare d'Oriente puis par Algés ; bien demander au chauffeur « parque de campismo ». Bus de nuit nº 202 (depuis Cais do Sodré, Rato ou Sete Rios). Entrée par l'estrada da Circunvalação, sur le bord ouest du parc. Nuit 17-22 € pour 2 pers avec petite tente et voiture. Loc de bungalows 2-6 pers ; env 75 € pour quatre en hte saison.* Un vaste camping joliment aménagé, en terrasses, sous les pins, mais très fréquenté en haute saison et, surtout, pensez aux boules Quiès pour oublier le bruit de fond des voitures sur les autoroutes environnantes ! Épicerie, distributeur automatique, journaux, piscine, minigolf et resto. Si vous n'avez pas de voiture et si vous ne vous déplacez pas en camping-car ou avec une tripotée d'enfants, préférez plutôt une petite adresse dans le centre de Lisbonne. En effet, les quelques économies réalisées sur le prix de l'hébergement seront vite grignotées par le coût des transports et le temps que vous passerez dedans (comptez une bonne demi-heure pour rejoindre le centre).

Auberge de jeunesse

🏠 *Pousada de juventude Lisboa (plan couleur d'ensemble, H4, 26) : rua Andrade Corvo, 46 (1000).* ☎ *21-353-26-96.* ● *lisboa@movijovem.pt* ● Ⓜ *Picoas (sortie poente).* ⚒ *Près du Sheraton. Bus nºˢ 91, 44 et 45 de l'aéroport ; nº 90 depuis la gare de Santa Apolónia (arrêt « Picoas ») ou nº 746 (arrêt « Marquês de Pombal »). Résa conseillée. Lit* en dortoir 4 ou 6 lits 16 €, double avec salle de bains 43 €, petit déj compris. Carte des AJ indispensable. Propre, fonctionnel et des chambres d'un bon standing, même si l'AJ dans son ensemble n'a pas le charme des AJ privées du centre (mais elle est aussi un peu moins chère). Self-service, bar, Internet. Apporter son cadenas.

– **Attention :** depuis plusieurs années, dans le centre de Lisbonne, une femme prétendant venir d'Afrique du Sud et avoir perdu toutes ses affaires (volées ou bloquées à l'aéroport) vous demande de l'aider, de lui prêter des sous, qu'elle vous rendra bien sûr, et que de toute façon vous la trouverez à l'AJ puisqu'elle loge là-bas... Vous pensez bien que les employés de l'AJ la connaissent ! Non pas pour ses séjours dans les lieux, mais pour les nombreux malheureux qui viennent leur raconter la même histoire !

Bon marché

🏠 *Residencial Beirã (plan couleur d'ensemble, E2, 39) : rua Professor* Lima Bastos, 97 (1000). ☎ 21-724-85-60 ou 68. Fax : 21-724-85-69.

LISBONNE

ⓜ *Jardim-Zoológico ou Praça-de-Espanha. Gare : Sete Rios. Double avec douche et toilettes 25 €, triple 35 €, petit déj compris.* CB refusées. Taillé sur mesure pour ceux qui prennent le car ou le train tôt le matin, vu la proximité des gares routière et ferroviaire. Dans une rue calme, en face de l'hospital de Oncologia et de son parc. Petite pen-sion modeste et proprette, aux murs blancs et bleus. À part ça, déco dépour-vue de fantaisie. Chambres un peu étri-quées ; celles donnant sur la cour sont sombres et sans vue. Mais accueil pré-venant et prix « petit budget » défiant toute concurrence dans ce quartier d'hôtels chic.

Prix moyens

🛏 **Residencial Lord** *(plan couleur d'ensemble, I3, 51) :* av. Defensores de Chaves, 23 ; 4° Dto (1000). ☎ 21-352-14-30 ou 21-353-18-28. • *residencial lord.com* • ⓜ *Saldanha. Dans une rue parallèle à l'avenida da República (assez bruyante) ; préférer les chambres côté cour. Env 40 € la double, 60 € la triple, petit déj inclus.* CB refusées. Réduc de 10 % en hiver sur présentation du guide. Un vieil ascenseur mène à ce petit hôtel aux chambres simples et sans style particulier mais bien tenues.
🛏 **Residencial Horizonte** *(plan couleur d'ensemble, H4, 44) :* avenida António Augusto de Aguiar, 42 (1000). ☎ 21-353-95-26. • *recidehorizonte@netcabo. pt* • *hotelhorizonte.com* • ⓜ *Parque. En face de la station de métro. Double avec salle de bains et AC 50 €, petit déj inclus.* Bon rapport qualité-prix dans le quartier. Depuis la réception, au sous-sol, ascenseur à grille qui monte jusqu'aux chambres spacieuses et confortables. Ensemble plutôt ano-nyme et standard mais accueil char-mant (et, rassurez-vous, les chambres sont beaucoup moins glauques que la réception !). Préférer les étages les plus élevés et donnant sur la rue, pour la vue (les chambres sur l'arrière sont plus calmes).

Beaucoup plus chic

🛏 **Quinta Nova da Conceição** *(hors plan couleur d'ensemble par A1, 49) :* rua Cidade de Rabat, 5 ; 1° (1000). ☎ 21-778-00-91. • *qtnovaconceicao@ netcabo.pt* • *quintanovaconceicao. com* • ⓜ *Alto-dos-Moinhos. Bus n°s 16, 746, 54, 58, 768 et 205 (arrêt « Bairro-Novo »). En sortant du métro, descen-dre la rua Major Neutel de Abreu, puis prendre à gauche la travessa Carlo Paggi, puis à droite. Double env 155 €.* On ne s'attend pas à trouver ce char-mant « petit palais » rose du XVIIIe siè-cle dans ces quartiers envahis par les tours toutes plus laides les unes que les autres (ah, elle n'est plus belle à voir la campagne du Lisbonne d'antan !). Trois chambres tout confort, meublées et décorées avec goût. Cette maison de famille est tenue par Dona Teresa, fran-cophone, toujours aux petits soins pour ses hôtes. Jardin, piscine et terrain de tennis pour la détente. Bibliothèque et salon de jeux pour les loisirs. Parking privé.

Où manger ? Où boire un verre ?

Très bon marché

🍴 **Restaurante O Mocho** *(hors plan couleur d'ensemble par H1) :* Facul-dade de Ciências – Campo Grande (1000). ☎ 21-757-15-48. *À 300 m du Museu da Cidade, sur le même trottoir, en direction d'Entre Campos : un peu après l'indication « Faculdade de Ciên-cias » apparaissent les parasols de la terrasse. Tlj 7h-23h. Formule déj 5 €, comprenant soupe, plat du jour et des-sert ; pizzas, hamburger et autres plats délicats env 5 €, viande env 10 €.* Resto U servant tout le monde, aussi bien dans la première salle, en arc de cercle, où l'on se frotte au coude à coude avec les étudiants, que dans la 2e salle, dissimulée près du comptoir, plus calme et à la déco plus travaillée (pour cette dernière, venir tôt ou réserver). Ce n'est pas vraiment la cantoche : pas de self ; le service est assuré par quelques serveurs en chemise à carreaux, empressés mais un peu débordés à l'heure de pointe. Le menu est toujours une affaire. À la carte, choix de viandes et poissons grillés, et toute une série de préparations de steaks : c'est simple, correct et ça remplit l'estomac ! Permet de faire une pause-déjeuner entre les deux musées du Campo Grande.

De bon marché à prix moyens

|●| ***Restaurante Oh ! Lacerda*** *(plan couleur d'ensemble, G2,* ***116****)* ***:*** *av. de Berna, 36 A (1000). ☎ 21-797-40-57. Tlj sf dim. Plats 9-13 €. Digestif offert sur présentation de ce guide.* Ancienne boucherie de l'après-guerre. Ici, on vient surtout pour les steaks, fameux, et notamment pour « A Cortador ». Beaucoup d'employés des administrations voisines et du musée Gulbenkian.

|●| 🍸 ***Linha d'Água*** *(plan couleur d'ensemble, G4,* ***73****)* ***:*** *rua Marquês de Fronteira – Parque Eduardo VII (1000). ☎ 21-381-43-27. Monter tout en haut du parc Eduardo VII et tirer à droite dans le jardin Amália Rodrigues. Tlj 7h30-20h. Env 10 € le repas.* Dans son îlot de verdure planté au milieu de la ville, cette cafet' tout en vitres propose une cuisine variant peu de celle d'autres self-services, tout en restant acceptable (soupe, plats du jour, buffet de garnitures, quiches, salades, desserts, jus de fruits maison). Les employés du coin ne s'y trompent pas et viennent surtout pour le cadre : la terrasse, au bord d'un petit lac artificiel, est très prisée par beau temps. Et le week-end, c'est en famille que l'on vient profiter de la pelouse et de l'absence de voitures.

LISBONNE

À voir. À faire

MÉDITER DANS LE MÉTRO

Visitez la très belle station de métro Parque, œuvre de deux artistes – belge et française (profitez d'un voyage sur cette ligne de métro : il est possible de tout visiter sans sortir de la station). Elle est consacrée à l'esprit humain, aux Droits de l'homme et aux découvertes : belles phrases offertes à la méditation des usagers, sur fond bleu cobalt inspiré des azulejos du palácio Fronteira.

🚶 ***Le parc Eduardo VII*** *(plan couleur d'ensemble, F-G-H4-5)* ***:*** *Ⓜ S. Sebastião ou Parque.* En haut de l'avenida da Liberdade, un vaste espace vert organisé en jardin à la française ; idéal pour un pique-nique en famille ou un somme au soleil sur les talus latéraux. Dans sa partie nord-ouest, un petit lac et des jeux pour enfants en font un espace de détente et de promenade. Tout en haut, belle vue plongeante sur l'avenida da Liberdade, la Baixa et le Tage. Perché au-delà du monument, le ***jardim Amália Rodrigues*** permet d'apercevoir les collines au nord de la ville.

Dans la partie sud-est, jetez un œil au ***pavilhão Carlos Lopes*** *(plan couleur d'ensemble, G-H4,* ***170****)*, le palais des sports local. Côté parc, ses murs extérieurs sont couverts de scènes d'azulejos narrant les exploits de la nation portugaise contre ses ennemis maures et espagnols. À l'intérieur, scènes plus bucoliques de vie rurale traditionnelle.

🚶🚶 ***Estufa Fria*** *(la Serre froide ; plan couleur d'ensemble, F-G4,* ***171****)* ***:*** *située dans le parc Eduardo VII. ☎ 21-388-22-78. Ⓜ Marquês-de-Pombal ou Parque. Tlj 9h-17h (18h été). Entrée : 1,60 € ; réduc ; gratuit avec la* Lisboa Card *et pour les moins de 12 ans.*

Dépaysement total et balade agréable dans de petites allées ombragées, au milieu des plantes exotiques et des espèces rares, dans le chuintement des cascades, le clapotis des bassins et des fontaines. Une véritable oasis de poésie végétale en pleine ville. Les Lisboètes disent que celui qui n'a pas fait l'Estufa Fria aux quatre saisons ne connaît pas Lisbonne.

🐾🐾🐾 *Museu Calouste-Gulbenkian* (plan couleur d'ensemble, G2-3, **198**) : av. de Berna, 45 A. ☎ 21-782-30-00. ● gulbenkian.pt ● Ⓜ S. Sebastião ou Praça de Espanha (pas toujours bien fréquentée). Bus n°s 16, 726, 746 et 56. Tlj sf lun et j. fériés 10h-18h. Entrée : 3 € ; billet combiné avec le centre d'Art moderne (voir ci-dessous) 5 € ; réduc avec la Lisboa Card ; gratuit pour les étudiants et les plus de 65 ans ; gratuit pour ts dim. Audioguide en français (4 €) permettant d'en savoir un peu plus sur ce qui est exposé (les présentations étant très concises).

Construit selon les principes architecturaux de Frank Lloyd Wright, intégrant l'harmonie du bâti avec la nature, et niché dans le magnifique parc de Palhavã, ce musée fait partie du plus prestigieux centre culturel d'Europe, la *Fondation Gulbenkian*.

|●| *Deux cafétérias* donnant sur le parc. Attention à la queue à l'heure de midi. Mieux vaut arriver tôt.

Fondation Gulbenkian

Elle organise des spectacles, des concerts, des manifestations culturelles comme « Jazz em Agosto » (tous les ans). La Fondation monte également de grandes expos d'œuvres contemporaines. Une activité débordante qui lui vaut d'être considérée comme un second ministère de la Culture.

Calouste Gulbenkian

Le destin étonnant de Calouste Gulbenkian mérite un livre à lui tout seul. Il a su utiliser sa fortune à bon escient et transmettre une grande partie de son patrimoine au Portugal, par affection pour ce petit pays du sud de l'Europe où il se sentait bien. De lui, il faut retenir ceci : Gulbenkian n'était pas portugais mais arménien (fils de commerçants, de lointaine origine princière). Il fut citoyen de l'Empire ottoman jusqu'en 1919, puis citoyen britannique. Né à Istanbul, il a vécu à Londres et à Paris, et s'est installé à Lisbonne pour y passer ses vieux jours. Immensément riche, doué d'un génie pour les affaires, il a consacré ses loisirs à une passion unique et dévorante : sa collection d'œuvres d'art. Il n'achetait que s'il aimait, après s'être bien renseigné sur la qualité des pièces, et jamais pour spéculer ou revendre.

Visite du musée

On notera l'élégant aménagement des salles avec des planchers de bois précieux. Les grandes salles s'ouvrent sur le parc par de larges baies vitrées. Peu d'objets exposés, mais chacun d'eux est digne d'intérêt.

– *Arte egípcia* (art égyptien) : les plus vieilles pièces du musée se trouvent dans cette salle, juste à droite en entrant. Une vieille momie mesure à céréales en albâtre et, à côté, le bas-relief égyptien de la princesse Merytytes, en calcaire polychrome.

– *Arte greco-romana* (art gréco-romain) : de superbes bijoux gréco-romains en or ciselé. Une pièce de monnaie grecque frappée à Syracuse représente un quadrige (un char conduit par 4 chevaux, donc, et un personnage qui semble bien grand par rapport à eux !). On dit que ce serait la première pièce de la collection, achetée par Gulbenkian à l'âge de 14 ans.

– *Arte da Mesopotâmia* (art de Mésopotamie) : la pièce maîtresse est ce bas-relief représentant Assurbanipal, avec une écriture cunéiforme sculptée dans l'albâtre qui barre le bas-relief en son milieu.

– *Arte do Oriente Islâmico* (art de l'Orient islamique) : des vases syriens, des enluminures persanes, des faïences (toujours persanes) du XIIIe siècle, et surtout une belle collection de tapis très anciens. Gulbenkian avait une affection particulière pour les tapis, car ses parents en faisait le commerce à Istanbul. Noter aussi les étonnantes lampes de mosquée du XIVe siècle, dont une qui porte des fleurs de lys, symbole du royaume de France.

– *Arte arménia* (art arménien) : Gulbenkian était d'origine arménienne, d'où son intérêt particulier pour cet art. Parmi les pièces, voir le remarquable évangéliaire arménien.

– **Arte do Extremo-Oriente** (art d'Extrême-Orient) **:** dans cette section asiatique ont été rassemblés des objets en porcelaine chinoise et des vases dans les tons vert et noir (du XVIIIe siècle). Une vitrine présente de fabuleuses boîtes laquées du Japon qui servaient de coffrets à pique-nique, des tabatières et des boîtiers à médicaments (les kimonos n'ayant pas de poche, il faut emporter les affaires dans des boîtes que l'on peut accrocher à la ceinture). Une autre très belle pièce est le « biombo de Coromomandel », un grand paravent chinois de la fin du XVIIe siècle, probablement commandé par l'empereur de Chine.

– **Arte europeia** (art européen) **:** l'art des Flandres et du nord de l'Europe y est représenté par quelques très beaux tableaux de l'école Hollandaise du XVIIe siècle. Impossible de tout énumérer : Centaures, de Rubens, peintures de Franz Hals, de Van Dyck, et d'autres Rubens comme le Portrait d'Hélène Fourment, sa femme. Portrait d'un vieillard, de Rembrandt, où seuls visage et mains sont éclairés pour mieux souligner le poids des ans. L'art d'Angleterre n'a pas été oublié. Citons un merveilleux Constable. Tapisseries, livres rares. Portrait d'une jeune fille, de Ghirlandaio, d'une finesse extrême.

– **Artes decorativas** (arts décoratifs, France, XVIIIe siècle) **:** cette salle abrite des pièces rares achetées par Gulbenkian au musée de l'Hermitage à Saint-Pétersbourg (Russie). Après la révolution de 1917, les communistes soviétiques avaient besoin d'argent et décidèrent de vendre des œuvres de leur plus prestigieux musée, pour renflouer les caisses de l'État. Certaines pièces portent toujours le blason de la famille impériale de Russie. Noter l'armoire aux panneaux noir et or, signée Boulle, un pastel de Quentin de Latour et le portrait du maréchal de Richelieu. Intendant des menus plaisirs et proche du roi, celui-ci défraya la chronique française au Siècle des lumières. Par ses frasques, il aurait inspiré le personnage de Valmont dans Les Liaisons dangereuses. Ami de Voltaire, ne sachant qu'à peine lire et écrire, il a quand même fini à l'Académie française ! Voir aussi les meubles ayant appartenu à la reine Marie-Antoinette, notamment son fauteuil. C'est l'original, mais il en existe une réplique en France.

– **Ourivesaria** (orfèvrerie) **:** pièces en or et en argent réalisées par la famille Germain, qui est représentée sur une peinture. Œuvres de Biennais, l'orfèvre de Napoléon, dont un service à thé en argent doré de style Empire (gros samovar).

– **Peinture et sculpture** (France, Angleterre et Italie des XVIIIe et XIXe siècles) **:** une salle est consacrée à la série des célèbres Venise, de **Francesco Guardi** (Gulbenkian a toujours préféré Guardi à Canaletto) montrant Venise au XVIIIe siècle. Dans les autres salles, plusieurs Corot, Manet, Degas, Monet, et des bustes de nos plus grands sculpteurs. De Rodin, deux anges d'une grâce stupéfiante. Une toile de 1887 d'un peintre peu connu, Dagnan-Bouveret : Les Bretonnes au pardon, montre un visage de femme songeur et mélancolique ; la précision et la netteté du trait pourraient laisser penser qu'il s'agit d'une photographie. De Turner, célèbre peintre anglais, un splendide et violent Naufragés du Minotaure. On est au cœur de la tourmente et non loin d'elle : c'est le style Turner qui partait en mer les jours de tempête, se faisant attacher au mât des bateaux pour mieux observer la mer déchaînée. Il a peint aussi un extraordinaire Quillebeuf.

– **Œuvres de René Lalique :** le maître verrier inégalé de la fin du XIXe siècle était un ami proche de Gulbenkian. Celui-ci lui acheta un nombre important d'œuvres, des bijoux de scène, des compositions élégantes parfois étranges et souvent insolites, comme ce pectoral incrusté de pierres précieuses. Il représente une femme au visage de déesse orientale sur un corps de libellule. Ce genre de bijou pectoral se pose sur une poitrine féminine. Les ailes bougent selon le volume de la poitrine. Si le buste est important, les ailes se déplient vers le haut ; s'il est petit, les ailes restent repliées. Lalique avait réalisé des bijoux de scène pour la comédienne Sarah Bernhardt, à laquelle Gulbenkian aurait prêté cette curieuse femme-libellule.

🏃🏃 🧍 **Le parc de la Fondation Gulbenkian :** à la fois jardin botanique, jardin public et annexe des deux musées qui l'entourent. On peut y déceler une lointaine inspiration japonaise. Le cadre luxuriant se dispute les faveurs des amoureux, des retraités, des étudiants, des jeunes mariés en quête de photo inoubliable et des touristes. Les multiples variétés végétales servent d'écrin aux sculptures contemporaines présentées ainsi dans un décor de choix. Près du musée Gulbenkian, un eucalyptus centenaire.

🏃 *Centro de Arte Moderna José de Azeredo Perdigão* (plan couleur d'ensemble, G3, **226**) **:** *de l'autre côté du parc.* ☎ 21-782-34-83. ● camjap.gulbenkian.pt ● Ⓜ *S. Sebastião. Bus nᵒˢ 718 et 742. Mêmes horaires et tarifs que le musée Gulbenkian.* Le centre d'Art moderne de la Fondation Gulbenkian porte le nom de l'avocat et ami du grand collectionneur. Il abrite les œuvres majeures de la peinture portugaise moderne de 1910 à nos jours, ainsi qu'une collection d'art moderne britannique. Ces œuvres ont été achetées après la mort de Calouste Gulbenkian par l'administration du musée. Expos temporaires de bonne qualité (qualité qu'on ne retrouve malheureusement pas dans les plats proposés à la cafétéria).

🏃 *Praça dos Touros* (plan couleur d'ensemble, I1, **199**) **:** *à l'angle de l'avenida da República.* Ⓜ *Campo Pequeno.* Cent ans d'âge. En brique rouge et coiffées de dômes à bulbe qui les font ressembler à un monastère russe, ces belles et curieuses arènes semblent un peu, suite à leur restauration, sorties de chez Disney. Dans la galerie qui les entoure, plusieurs boutiques, cafés et restos.

🏃 *Museu da Cidade* (hors plan couleur d'ensemble par H1) **:** *Campo Grande, 245.* ☎ 21-751-32-00. Ⓜ *Campo Grande. Bus nᵒ 36 depuis le centre. En sortant du métro, c'est en face (juste derrière le pont), le petit palais blanc qui fait l'angle. Tlj sf lun et j. fériés 10h-13h, 14h-18h. Entrée : 2,70 € ; réduc (étudiants,* Lisboa Card *et* carte Jeune) *; gratuit pour les personnes à mobilité réduite, les moins de 18 ans et les plus de 60 ans ; gratuit pour ts dim mat et le 18 mai.*
Pourquoi faut-il aller si loin pour tout apprendre sur Lisbonne ? Dommage que tout soit en portugais (et que la muséographie, très traditionnelle, n'éveille guère la curiosité) ; cela dit tableaux, maquettes et reconstitutions se comprennent sans la langue. Installé dans un beau palais du début du XVIIIᵉ siècle, le *palácio Pimenta*, un ancien *retiro* royal flanqué d'un beau jardin fréquenté par les paons. Un nom très significatif, désignant une belle demeure, proche de la ville, où il faisait bon « se retirer » pour faire la fête. Peintures et gravures de la ville d'avant le tremblement de terre, plans du marquis de Pombal pour la reconstruction de la Baixa, ainsi que des reconstitutions d'intérieurs de la même époque.
De temps en temps, expositions temporaires dans les pavillons Branco et Preto, au fond du parc.

🏃 *Museu Bordalo Pinheiro* (hors plan couleur d'ensemble par H1) **:** *Campo Grande, 382.* ☎ 21-755-04-68. ● museubordalopinheiro.pt ● Ⓜ *Campo Grande. Bus nᵒ 36 depuis le centre. En face du museu da Cidade, de l'autre côté du parc-esplanade, dans une petite maison blanche. Tlj sf lun 10h-18h. Entrée : 2,10 € ; réduc ; conditions de gratuité identiques à celles du Museu da Cidade.* Rafael Bordalo Pinheiro est le caricaturiste de la société portugaise de la fin du XIXᵉ siècle. Un Daumier lisboète. Créateur du personnage de Zé Povinho, allégorie du peuple (*povo*) portugais. Amusant, même si les caricatures sont moins percutantes quand on ne connaît pas le contexte ou les individus représentés (cela n'empêche pas d'admirer le coup de crayon). Le musée comprend également des pièces de céramique du même auteur (on a faible pour les théières !) et une galerie pour les expositions temporaires.

🏃🏃 *Le jardin du Campo Grande* (hors plan couleur d'ensemble par E1) **:** encore un parc, tout en longueur, débordant de verdure. Les Lisboètes s'y ruent le dimanche pour faire des tours en barque sur un petit lac artificiel.

Un peu plus à l'ouest

🏃🏃 *Jardim zoológico* (plan couleur d'ensemble, C-D1, **202**) **:** *praça Marechal Humberto Delgado.* ☎ 21-723-29-00 ou 10. ● zoo.pt ● Ⓜ *Jardim Zoológico. Tlj*

10h-20h (18h en hiver). Entrée : 15 € ; enfants (3-11 ans) : 9,50 € ; petite réduc avec la Lisboa Card *et la carte Jeune. Attention : billetterie au fond à gauche de la zone non payante, après tous les restos (ne pas confondre avec* Animax, *qui n'a rien à voir).* Le réaménagement du jardin zoologique fera plaisir aux amoureux des bêtes qui n'aiment pas voir des animaux tristement encagés. Dans le parc d'une ancienne *quinta,* où le chic kitsch du XIX⁰ siècle s'estompe peu à peu. Spectacle de dauphins impressionnant *(tlj à 11h, 15h, 17h en été ; en hiver : tlj à 11h et 15h, sf mar 17h).* Le billet d'entrée permet l'accès à toutes les attractions (télécabine, reptilarium, delphinarium, spectacles d'oiseaux en vol libre, alimentation de certains animaux à heures fixes) ; seul le petit train est en plus. Belles perspectives du miradouro dos Moinhos sur l'aqueduc das Águas Livres et le parc Monsanto. L'endroit est vaste et on peut y passer la journée.

🛏️ 🧒 *Museu da Criança (le musée des Enfants ; plan couleur d'ensemble, D2) :* praça Marechal Humberto Delgado. ☎ 21-726-80-82. *Accès par le portail du jardim zoológico, puis sur la droite, derrière le kiosque d'information. W-e et j. fériés 10h-18h ; juil-août, tlj. Entrée : 4,50 €.* Le musée des Enfants accueille une expo permanente, « En moi, il y a un trésor », destinée aux 5-12 ans (accompagnés d'un parent) pour apprendre à mieux se connaître, découvrir son entourage et voyager dans l'imaginaire. Du labyrinthe au grenier fabuleux en passant par le jardin des talents, la visite est accompagnée par un animateur. Un sympathique musée, bien conçu, au personnel enthousiaste et souriant.

🛏️ 🧒 *Palácio Fronteira (plan couleur d'ensemble, B2, 201) : largo de São Domingos de Benfica, 1.* ☎ *21-778-20-23.* Ⓜ *Jardim Zoológico.*
– En métro et à pied : le plus simple et le moins onéreux à notre avis. À 10 mn à pied du jardin zoologique. En sortant du métro, longer le jardin zoologique en laissant la grille sur sa droite, tourner à droite et à gauche pour arriver dans la rua das Furnas. Partir à droite et remonter toute la rua das Furnas puis la São Domingos, dans son prolongement, jusqu'à la grande passerelle aux pieds bleus qui enjambe la voie ferrée et l'autoroute. En descendant de celle-ci, le palais rougeoyant est face à vous, sur la gauche.
– Accès en taxi : le plus rapide et pas si cher si on partage la course (env 5-6 € depuis la place Marquês de Pombal). Donner au chauffeur l'adresse complète du palais plutôt que le nom, pour éviter les confusions.
– En bus : n° 70 depuis Sete Rios, arrêt « Palácio Marqueses de Fronteira » (1 à 2 bus/h).
– Visites guidées slt : juin-sept, à 10h30, 11h, 11h30 et 12h ; oct-mai à 11h et 12h. Jardins ouverts également 14h30-16h30. Fermé dim et j. fériés. Billet : 7,50 € ; pour les jardins slt : 3 € ; gratuit pour les moins de 14 ans.
« Cette maison ne m'appartient pas, j'appartiens à cette maison » : telle est la conception philosophique de son propriétaire, Dom Fernando de Mascarenhas, douzième marquis de Fronteira, qui l'habite toujours. Tout aristocrate qu'il est, ce grand démocrate et humaniste participa à la révolution des Œillets en permettant des réunions d'opposants à la dictature dans sa propriété. Un marquis « rouge », en somme, professeur de philosophie et d'histoire, adepte selon certains d'un élégant et pacifiste « marquisme-léninisme ». Grâce à lui, ce palais fut l'un des rares endroits à avoir échappé à une reconversion en administration, après 1974. La direction en est assurée par une fondation privée *(Fundação das Casas de Fronteira e Alorna),* modèle de conservation du patrimoine souvent cité en exemple au Portugal et en Europe. La Fondation a obtenu plusieurs récompenses et prix internationaux. Le palais organise aussi des expositions culturelles, des concerts et des rencontres. Dom Fernando n'ayant pas d'héritiers, il a chargé un de ses neveux de continuer son œuvre.
Le palácio
Voici l'un des meilleurs exemples de palais portugais du XVII⁰ siècle. Il s'agit d'une *quinta,* c'est-à-dire une résidence à la campagne, sorte de « palais secondaire »

d'une famille noble qui possédait son palais principal en ville. Cette campagne ayant été envahie par des banlieues hérissées d'immeubles et de tours modernes, il faut faire un effort d'imagination pour restituer le paysage bucolique de cette époque.

Un premier choc : une grande partie des murs intérieurs et extérieurs de ce palais baroque est ornée d'azulejos. Ils devaient éblouir les invités du premier marquis. À l'intérieur, on visite le hall d'entrée orné d'une grande fontaine et la vaste salle de la bataille aux murs couverts de panneaux d'azulejos. Ils représentent les grandes batailles de la guerre de Restauration (elle dura 27 ans) opposant le Portugal à la Castille. C'est un des aïeux de l'actuel propriétaire qui mena cette guerre jusqu'à la victoire, permettant au Portugal de retrouver son indépendance. Belle salle à manger avec ses azulejos de Delphes (du XVIIIe siècle), les seuls du palais qui ne soient pas portugais.

Les salons, plus richement meublés et vivants que les autres pièces, abritent des commodes de style français du XVIIIe siècle, des tapisseries d'Inde, et une peinture de la mère de Dom Fernando (très belle femme). De la bibliothèque-véranda, très jolie vue sur le jardin, avec en perspective les quartiers modernes (et peu esthétiques) du nord de Lisbonne.

Le jardin

Organisé autour d'un grand bassin, surmonté par la galerie des Rois (statues, bustes) et surplombant un parterre de haies taillées au tracé géométrique. Le moindre recoin de ce charmant et mystérieux jardin a été décoré par des azulejos représentant aussi bien des scènes mythologiques, poétiques, historiques et allégoriques que des scènes de la vie quotidienne, parfois burlesques ou grotesques. Beaucoup plus récent, un panneau d'azulejos de Paula Rego, représentant le feu, borde le jardin situé devant la galerie des rois.

– Pour en savoir plus, lire le très bel ouvrage de Pascal Quignard : *La Frontière, azulejos du palais Fronteira,* aux Éditions Chandeigne.

🚶 👫 ***Museu da Música*** *(hors plan couleur d'ensemble par C1) :* rua João Freitas Branco. ☎ 21-771-09-90. ● *museudamusica-ipmuseus.pt* ● Ⓜ *Alto dos Moinhos.* Installé au niveau de la billetterie, à l'intérieur de la station de métro (décorée par Júlio Pomar : avez-vous reconnu Fernando Pessoa et Luís de Camões ?). Tlj sf dim-lun et j. fériés 10h-18h. Entrée : 2 € ; réduc ; gratuit pour les moins de 14 ans et avec la Lisboa Card. Dans une salle garnie de vitrines, le musée de la Musique présente une partie de sa collection d'instruments du XVIe siècle à nos jours – principalement européens mais aussi venus d'Afrique et d'Asie – issus pour la plupart de collections privées. Au milieu des clavicordes trône le premier piano à queue apparu au Portugal, apporté par Franz Liszt pour un concert au théâtre São Carlos. Toutes sortes de guitares et autres cithares. Un souffle de fantaisie côté vents, avec un cor en porcelaine et deux trombones à tête de serpent, plutôt étonnants. Et aussi un *serpentão,* venu de l'époque où le tuba n'était pas encore enroulé sur lui-même. Également quelques peintures, photos et gravures. Dommage que le musée manque cruellement d'explications, ce qui le rendrait parlant aux non-avertis.

🚶 🚶 ***Fonoteca Municipal*** *(plan couleur d'ensemble, H-I3, **200**) :* praça Duque de Saldanha ; Edifício Monumental, loja 17. ☎ 21-353-62-31 ou 32. ● *fonoteca.cm-lisboa.pt* ● Ⓜ *Saldanha.* Mar-sam 10h-20h. Réservé aux plus de 12 ans. Si la visite du musée de la Musique vous a donné envie de passer à l'écoute, partez à la recherche de la phonothèque, bien cachée au sous-sol du centre commercial, entre la librairie *Ponto de Encontro* et un kiosque à journaux. Attention : ne pas se tromper de centre commercial ! Pour découvrir tous les styles de musique, du Portugal et d'ailleurs : écoute gratuite sur place, sur présentation d'une carte d'identité ou d'un passeport. Accès également aux nombreux CD, DVD, CD-Rom, partitions et revues.

🚶 👫 ***Parque florestal de Monsanto*** *(plan couleur d'ensemble, A5, **219**) :* infos, Espaço Monsanto, ☎ 21-817-02-00 ou 01. ● *cm-lisboa.pt/pmonsanto* ● Bus nos 711 (Baixa), 729 (Belém et Ajuda) et 70 (Sete Rios). Poumon vert de Lisbonne, cette ancienne carrière, dont les pierres ont recouvert bien des trottoirs de la ville, offre 900 ha de verdure aux marcheurs, patineurs, VTTistes, pique-niqueurs, etc. L'été, nombreux concerts gratuits en plein air dans le cadre de « Lisboa em Festa » (programme à l'office de tourisme). Organisation d'activités sportives et de découverte du parc de Monsanto, parfois payantes. Aux premiers rayons de soleil, les familles profitent des jeux pour enfants et du point de vue sur la ville du **Parque Recreativo do Alto da Serafina** *(plan couleur d'ensemble, B3, 220 ; avr-sept 9h-20h, oct-mars 9h-18h ; entrée gratuite).*

BELÉM ET AJUDA

Belém, quel joli nom ! Le mot signifie « Bethléem » en portugais. Signe prémonitoire. C'est en appareillant d'ici, le 8 juillet 1497, que Vasco da Gama découvrit les Indes, ouvrant ainsi la route vers la Chine et le Japon. L'effervescence des découvertes y a laissé une concentration impressionnante de monuments, dont le plus beau de Lisbonne : le monastère dos Jerónimos. En 1940, Salazar a mis en scène, sur la vaste esplanade qui lui fait face, l'Exposition du monde portugais. Les jardins et le nom de praça do Império sont restés, alors que tous les bâtiments, construits à la hâte pour l'occasion, ont été démontés. Seul le monument des Découvertes conserve la mémoire de cette manifestation puisqu'il a été reconstruit, en dur cette fois-ci, en 1960. Au milieu de tout cela a surgi un « petit » dernier en 1992 : l'énorme CCB, *Centro cultural de Belém,* qui s'efforce de dynamiser le quartier avec des manifestations de prestige et devrait abriter lors de votre passage le nouveau *musée d'Art moderne et contemporain.*

Un dimanche matin à Belém

Rien de tel qu'une petite balade dominicale dans Belém pour découvrir le quartier qui fut le point de départ de tous les rêves portugais. Venez tôt : tranche de vie garantie (et la plupart des musées gratuits jusqu'à 14h !). Tant pis pour ce que vous aurez fait la veille au soir. Le tram n° 15 vous y mène directement depuis Cais do Sodre. Il file le long des docks où vous avez peut-être terminé la nuit, comme des centaines de Lisboètes, guettant les premières lueurs dans le ciel, derrière les gigantesques piles du pont du 25-Avril.

Quelques coureurs, à pied ou à VTT, s'arrêtent une fois passé le pont. On gonfle poumons et vélos, en guettant l'arrivée des premiers bus, des premiers taxis jetant des Japonais fiévreux. Les marchands de souvenirs finissent de s'installer. Le train jaune et gris reliant Lisbonne à Cascais passe en fond sonore, emmenant vers la mer d'autres promeneurs du dimanche.

Quelques Lisboètes venus en famille longent le fleuve pour approcher le plus près possible de la célèbre tour manuéline sur le Tage, cette Tour-Pénélope, qui attend toujours l'arrivée, de moins en moins certaine, de caravelles et de galions chargés de marchandises, épices et autres trésors de Macau, tissus des Indes, émeraudes et topazes du Brésil.

Torre de Bélem, pas besoin de raconter quoi que ce soit, tout le monde se souvient d'un temps où le Portugal était le maître du commerce le plus étendu du monde. Grâce à ses navigateurs. Ah le bon temps de la colonisation de Madère, des Açores, de l'exploration des côtes de l'Afrique ! Comment voudriez-vous que les anciens n'aient pas la nostalgie en regardant cette tour d'où partit Vasco da Gama pour son voyage aux Indes (1498-1499), et tant d'autres jusqu'à Magellan, qui a fait, à sa façon, une sacrée révolution en réussissant le 1er tour du monde ?

Un dimanche à Bélem, c'est tout un programme à la carte avec quelques incontournables, évidemment : la messe à la cathédrale, qu'on aperçoit, de l'autre côté des jardins et de la route, longue barre de pierres blanches du monastère-nécropole dos Jeronimos. Des scouts, des vieilles dames se pressent pour monter les marches.

Pour qui ne voudrait pas rester pour la messe, une visite au musée de la Marine, quasiment mitoyen, est un régal. On se croirait dans les caves et les pièces d'apparat du château de Moulinsart, avec toutes ces maquettes de bateaux, ces tableaux de combats navals, ces portraits hauts en couleurs. Avant la fin de la messe, filez rue de Belém, aux jolies petites maisons d'un étages, avant la ruée.

La ruée s'arrête en fait devant l'*Antiga Confeitaria de Belém*. Certains feront la queue devant les comptoirs tandis que d'autres essayeront de trouver une place assise pour goûter les *pasteis de nata* qui ont fait la réputation de cette fameuse pâtisserie-bar située dans les anciens bâtiments d'un monastère (voir la rubrique « Où déguster une pâtisserie ? Où prendre un café ? »).

Si vous passez par là **le troisième dimanche du mois,** ne manquez pas **la relève de la garde,** à 11h tapantes, devant le palais présidentiel : du grand spectacle gratuit comme on n'en fait plus. Et filez ensuite jusqu'au célèbre musée des Carrosses, le plus visité de toute la ville, et à juste raison. Vous pouvez même jeter un œil au passage, si c'est encore gratuit, au « musée des souvenirs » qu'abrite le palais présidentiel.

Où dormir ?

🛏 *Pensão Setubalense* (plan couleur général II, T15-16, **27**) **:** rua de Belém, 28, 1° Esq (1300). ☎ 21-363-66-39 ou 21-364-87-60. ● pensaosetubalense. pt ● À 300 m du monastère des Jerónimos. Résa conseillée. Doubles 40-60 € selon confort (avec ou sans AC). Façade ancienne sur une rue commerçante et animée, mais intérieur propre et bien tenu avec des chambres fleuries au sol carrelé, équipées de douche-w-c, téléphone et TV. En demander une sur l'arrière : pas de vue, mais c'est calme. Bon accueil.

Où manger ?

Bon marché

Dans la *rua Vieira Portuense* (entre la rua de Belém et le Tage), plusieurs restos avec terrasse donnant sur la verdure, en rang d'oignons et bondés à midi ! Néanmoins, l'endroit reste sympa et profite de la proximité d'un parc ombragé.

|●| *Cafetaria Quadrante* (plan couleur général II, S16, **109**) **:** dans le centre culturel de Belém, en face des Jerónimos. ☎ 21-301-96-06 (programme). Ouv 12h30-16h et lorsqu'il y a des spectacles au centre, de 19h-21h également. On peut s'y restaurer à moindres frais dans un décor qui lorgne vers le XXIe siècle. Terrasse ouverte sur le Tage, fort sympathique. Juste à côté, un café (tlj 10h-22h).

|●| *Floresta A Belém* (plan couleur général II, T16, **111**) **:** praça Afonso de Albuquerque, 1A (1300). ☎ 21-363-63-07. Tlj sf lun jusqu'à 23h (16h dim). Le plus populaire, non sans raison. Ici, mieux vaut prendre son mal en patience et faire la queue. On y croise des militaires en goguette, des vieux pêcheurs, de jeunes pécheresses et des familles nombreuses. Et d'autres touristes, par l'odeur alléchés.

« Où déguster une pâtisserie ? Où prendre un café ? »

🍴🍴🍴 |●| 🚶 *Antiga Confeitaria de Belém* (plan couleur général II, T15, **138**) **:** rua de Belém, 84 (1300). Juste avt d'arriver au monastère dos Jerónimos. Tlj jusqu'à 23h (22h dim). Réputée depuis 1837 pour sa spécialité : les *pastéis de nata* ou *pastéis de Belém*, petits flans ronds lovés dans une délicieuse pâte feuilletée, saupoudrés de cannelle et de sucre glace selon les goûts de chacun, que l'on déguste dans une des multiples salles. Plus de 30 000 de ces délicieuses gâteries s'écoulent ici, les jours d'affluence. On peut assister à la fabrication, derrière une vitre. Admirer au passage les azulejos du XVIIe siècle, superbes de naïveté, qui courent sur tous les murs des différentes salles, jusque dans les toilettes.

Achats

À boire et à manger

🏵 **Coisas do Arco do Vinho** (plan couleur général II, S16, **212**) : rua Bartolomeu Dias, loja 7/8 (1400). ☎ 21-364-20-31. ● coisasdoarcodovinho.pt ● Tlj sf lun et j. feriés 11h-20h. Une boutique pour vrais amateurs de vins portugais, tenue par 2 spécialistes, derrière le centre culturel de Belém, dans l'ombre duquel elle prospère (mais pas yop-là-boum ! ici, on est entre gens sérieux). Belle sélection et bons conseils. Vous craquerez peut-être, côté épicerie, pour une grande huile d'olive ou des fruits en bocaux au vin de Porto.

Azulejos

🏵 **Faianças e Azulejos do Páteo** (plan couleur général II, U14, **203**) : rua do Guarda Jóias, 44. ☎ 21-364-21-71 ou 21-364-83-02. Quartier d'Ajuda, tram n° 18, dans l'une des rues qui descendent de l'esplanade du palais d'Ajuda. Tlj sf le w-e. Sans doute l'atelier le plus typique de Lisbonne. Il offre en plus de son cadre (« À voir. À faire. Ajuda ») une visite où prime la convivialité. On passe par le Páteo Alfacinha, joliment restauré, puis par une boulangerie à l'ancienne (Padaria, au n° 6), avant de ressortir et de passer sous un porche indiquant « Horta ». Choix de faïences, de panneaux d'azulejos représentant des scènes navales ou des paysages, de carrelages, avec une certaine prédilection pour un dessin et des tons classiques. Travaille surtout sur commande.

🏵 **Fábrica Sant'Anna** (plan couleur général II, U15) : calçada da Boa-Hora, 96. ☎ 21-363-82-92. Quartier d'Ajuda, trams n°s 15 ou 18. Passer par la cour en admirant les échantillons sur les murs et entrer par la 1re porte à droite. Les ateliers se visitent à la demande aux heures d'ouverture du magasin (lun-ven, sf en août). De la fabrication des pièces, en argile du pays, à la peinture et à la cuisson, parcours guidé des différentes étapes de la création d'un azulejo. La boutique à elle seule vaut le déplacement. Elle présente un vaste choix de carreaux ou de faïences dans un cadre beaucoup plus agréable que son annexe étriquée de la rua do Alecrim, sclérosée par la fréquentation touristique. Du plus humble carreau à une somptueuse frise, il y en a pour tous les goûts... et toutes les bourses.

À voir. À faire

À Belém

À environ 6 km de la praça do Comércio, en direction d'Estoril. Prendre soit le train à Cais do Sodré, soit le tram n° 15 ou les bus n°s 43 ou 28. En voiture, pas franchement pratique de passer d'un côté et de l'autre de la voie des trains entre l'avenida da India et l'avenida de Brasília ; pour circuler entre le côté Tage et le côté ville, on doit parfois effectuer plusieurs kilomètres pour trouver un passage à traverser.

🏃🏃 **Le pont du 25-Avril,** orgueil du régime salazariste, terminé en 1966. À l'époque, évidemment, il s'appelait Salazar comme la moitié des rues du pays. Il fut

LISBONNE

débaptisé au profit de la date rappelant le début de la révolution des Œillets. Ce pont, une petite merveille, eut, bien sûr, son heure de gloire et quelques records (hauteur des pylônes et de la travée centrale), mais le temps file et jeunesse passe. Face au pont Vasco-da-Gama, il ne pèse plus grand-chose. Mais le soir, lorsqu'il brille de tous ses feux, le spectacle est tout de même bien joli.

🕯 Dans la 1ʳᵉ ruelle à gauche en venant du monastère, le **beco do Chão Salgado** (*impasse du Sol Salé*). Il n'y a en effet rien à voir, si ce n'est une colonne commémorant ce rien. C'est le seul témoignage de l'élimination d'un rival de Pombal qui, n'étant pas encore marquis, avait déjà quelque ambition. Vous êtes au cœur du domaine d'une des familles nobles les plus anciennes du Portugal, impliquée dans un attentat contre le roi Joseph Iᵉʳ (manqué, mais on ne badine pas pour si peu !). La demeure fut rasée, le sol couvert de sel, les biens confisqués et les propriétaires joyeusement exécutés sur la place publique, sur ordre d'un certain ministre du nom de Carvalho. Les rois n'oublient pas ce genre de service et, quelques années plus tard, ce dernier sera fait marquis de Pombal.

Belém, côté ville

🕯🕯🕯 🚶 ⓘ **Mosteiro dos Jeró-nimos** (*monastère des Hiéronymites ; plan couleur général II, S15, 205*) : *praça do Império.* ☎ 21-362-00-34. • *mosteirojeronimos. pt* • *Tlj sf lun et j. fériés 10h-17h (18h en été). Entrée : 4,50 € ; demi-tarif pour les moins de 25 ans ; gratuit pour les moins de 15 ans, dim avt 14h et avec la Lisboa Card. Classé au Patrimoine mondial de l'Unesco en même temps que la tour de Belém.*

Miraculeusement épargné par le tremblement de terre de 1755, c'est tout simplement un monument magnifique, grandiose, à ne pas manquer. Sa construction, décidée par le roi Manuel Iᵉʳ

> **SI ÇA VOUS BOTTE !**
> *La fabrique de bottes la plus célèbre de Lisbonne n'attire pas les foules. Ici, on continue de travailler le cuir comme autrefois. Un cuir de grande qualité. Une centaine de bottines, et autres bottes de cheval, pas plus, sortent chaque année de cet atelier hors du temps. Des oiseaux dans les cages, de vieilles pendules, des plantes vertes, de belles pierres aussi polies que ceux qui œuvrent ici. Un grand livre conserve la mémoire des pieds (et surtout des semelles) des grands de ce monde venus se faire chausser.*
> *– Sapataria Barroso, rua de Belém, 44.* ☎ 21-363-81-10. *Tlj sf sam-dim.*

en 1496, a été en quelque sorte « dopée » par le retour de Vasco da Gama des Indes et les prodigieuses richesses qu'il a rapportées. Mais les travaux ont duré près d'un siècle. Son nom provient de l'ordre monastique de saint Jérôme, dont l'une des missions était de veiller au bien-être et à la foi des marins. L'église (accès gratuit) peut à juste titre, avec le monastère de Tomar, être qualifiée de chef-d'œuvre de l'art manuélin. Encadré de deux magnifiques fenêtres, le portail sud, foisonnement végétal et orgie de niches ouvragées garnies de statues, est un chef-d'œuvre dû à Boytac. En haut, admirez la statue d'Henri le Navigateur. Le portail ouest est en partie caché par le long édifice rajouté au XIXᵉ siècle dans un pastiche laborieux de l'église. Superbe, fascinant ! Dans la multitude de détails gothiques, on distingue, de part et d'autre de la porte en accolade, le roi Manuel et son épouse.

À l'intérieur, nef d'une grande audace architecturale. Seulement soutenue par de très fines colonnes sculptées, à l'encontre de toutes les techniques en pratique en Europe à l'époque. Elles résistèrent au tremblement de terre. Admirez la décoration des piliers et les nervures en palmier. Vitraux admirables d'une richesse de couleurs surprenante. Dans l'entrée, proches l'un de l'autre, les **tombeaux de Vasco da Gama et de Luís de Camões.**

On accède au cloître datant du XVIᵉ siècle par le portail ouest. Cour de palais plutôt que cloître, l'un des plus riches du monde, par l'invraisemblable profusion de détails et l'exubérance de l'ornementation, mélange original d'inspiration végétale, religieuse et royale. La rénovation a restitué la couleur sable de la pierre d'Alcântara, ce qui permet d'apprécier la finesse du travail sur les colonnettes et les gargouilles. Sur le mur du fond, un simple bloc de granit signale la *pierre tombale de Fernando Pessoa*. Ne pas manquer de se balader dans la galerie supérieure : une salle présente sur un grand panneau circulaire un synopsis de l'histoire du Portugal, très bien fait et illustré, avec des commentaires multilingues.

¶ *La chapelle du Restelo* (plan couleur général II, R14, **206**) : accessible par le haut de l'avenida Torre de Belém. Si vous avez aimé, faites un saut dans le Restelo pour admirer la chapelle dos Jerónimos, jadis dans le domaine du monastère. C'est le même Boytac qui a œuvré, mais ici l'austérité domine, renforçant encore l'impression de volume. On ne peut malheureusement pas y entrer. Remarquez toutefois les gargouilles. Joli belvédère avec vue plongeante sur la tour de Belém dans les reflets de la mer de Paille. Peu fréquenté.

¶ ♖ *Museu da Marinha* (musée de la Marine ; plan couleur général II, S15, **207**) : situé dans la partie XIXe siècle du monastère. ☎ 21-362-00-19. ● museumarinha. pt ● Tlj sf lun et j. fériés 10h-18h (17h hors saison). Entrée : 3 € ; demi-tarif pour les moins de 18 ans et les étudiants ; réduc (25 %) avec la Lisboa Card ; gratuit dim jusqu'à 14h.
Le musée (qui sera peut-être en rénovation lors de votre passage), étalé sur deux bâtiments, rappelle que le Portugal, malgré sa petite taille, fut une grande puissance maritime aux XVe et XVIe siècles. Bien avant les autres nations européennes, le Portugal lança des expéditions sur les mers inexplorées, découvrant des contrées jusque-là inconnues. Commencer, si le circuit n'est pas remis en cause par les travaux, par les salles consacrées à la marine marchande et à la construction navale. C'est une mise en bouche pour plonger, ou plutôt naviguer, dans l'univers reconstitué de l'aventure des découvertes. Maquettes magnifiques, instruments rutilants et mystérieux, peintures, uniformes et même des cabines (et royales s'il vous plaît !) d'un paquebot du XIXe siècle. Pour les amateurs, belle série de maquettes de bateaux, tableaux de combats navals, et portraits hauts en couleur.
En face, de l'autre côté de la cour, changement d'échelle ! Après quelques barques de pêche, une étonnante embarcation avec toutes ses rames, sorte de galère d'apparat pour messieurs les souverains, attend ses admirateurs, dans cet immense hangar. Un hangar où l'on vous rappellera que l'aventure maritime fut aussi celle des premiers hydravions.
Le voyage continue, cette fois en direction des étoiles, avec le *planétarium Calouste Gulbenkian* qui vous permet de jeter un œil sur un autre univers (séances à heures fixes).
|●| Petite *cafétéria* sympa, près de la boutique, à la sortie, pour avaler quelques croquettes sur le pouce. Terrasse sur la cour très agréable.

¶ *Museu Nacional de Arqueologia* (plan couleur général II, S15, **208**) : praça do Império. ☎ 21-362-00-00. ● mnarqueologia-ipmuseus.pt ● Tlj sf lun et certains j. fériés 10h-18h. Entrée : 3 € ; demi-tarif pour étudiants et professeurs ; gratuit dim avt 14h et avec la Lisboa Card. Installé dans l'aile du monastère qui servait de dortoir, ce musée a choisi de mettre en valeur ses collections d'objets (de la préhistoire à l'époque médiévale) à travers des expositions temporaires et thématiques. Seule une magnifique collection de bijoux et d'orfèvrerie reste permanente ainsi qu'une salle égyptienne contenant, entre autres, deux sarcophages. Et elle vaut son pesant d'or. Un agréable voyage dans le passé pour les connaisseurs ou les curieux.

¶ ♖ *Museu Agrícola Tropical* (Jardin tropical ; plan couleur général II, T15, **209**) : largo dos Jerónimos. ☎ 21-363-70-23 ou 28-08. Derrière la rue de Belém, il jouxte le palais présidentiel. Bus n°s 27, 28, 29, 43 et 51. Tlj sf lun 10h-17h. Entrée : 1,50 € ; réduc. Sur 7 ha, l'ancien *jardim do Ultramar* présente des espèces végétales acclimatées des anciennes provinces portugaises : Brésil, Angola, Mozambique, Cap-Vert, Macao... Une bonne occasion de rompre ici avec l'astreinte muséophage. Assis sur un banc, entouré des essences de l'arboretum et d'oiseaux enjoués, vous profiterez d'un dépaysement paisible.

➤ Passez devant *l'ancien palais royal* devenu résidence du président de la République. Belle couleur, rose pâle, certainement sans rapport avec son hôte. Il abrite le *Museu da Présidencia da Republica (tlj sf lun 10h-18h)* qui est, comme vous l'aviez deviné certainement, un petit musée du souvenir permettant, comme à Château-Chinon ou partout dans le monde, de stocker les cadeaux en trop, qui n'ont pas trouvé place dans les armoires de la présidence. Amusant si on n'en abuse pas, tout comme le spectacle assez incroyable de *la relève de la garde,* le troisième dimanche de chaque mois. Même les chiens sortent en musique, accompagnant la garde descendante tandis qu'une fanfare donne envie d'applaudir à tout rompre, au passage des chevaux, des casques dorés (et pas seulement par le soleil), des musiciens à cheval, imperturbables. À ne pas manquer, d'autant plus que c'est gratuit.

Museu dos Coches *(musée des Carrosses ; plan couleur général II, T15-16, 210) : praça Afonso de Albuquerque, la place juste au-devant d'arriver au monastère.* ☎ 21-361-08-50. ● *museudoscoches-ipmuseus.pt* ● *Bus nos 14, 27, 28, 29, 43, 49 et 51. Tlj sf lun et certains j. fériés 10h-18h. Entrée : 3 € ; demi-tarif pour les moins de 25 ans, professeurs et retraités ; gratuit dim avt 14h et avec la Lisboa Card.*
Il occupe (pour l'instant, voir encadré) l'ancien manège du palais de Belém. Pour les amateurs, exposition de plusieurs dizaines de carrosses royaux, coches, berlines du XVIe au XIXe siècle, la plupart

ROULEZ CARROSSE !

« *Le musée national des Carrosses sera relogé dans de nouveaux locaux, sur le versant est de la Praça do Império, ce qui permettra d'y exposer l'ensemble de la collection. Le manège royal réintègre son lieu d'origine et promet une animation d'art équestre, etc.* » *Deux informations publiées début 2007 qui ont causé des frayeurs aux visiteurs. Blasé, le responsable confirme tout en signalant qu'il en entend parler depuis des années. Ouf, on respire, pour le moment, on peut encore profiter de ce lieu magique ! Mais faites vite, on ne sait jamais...*

somptueusement peints et décorés. Souvenirs d'un temps où Lisbonne ne connaissait pas les embouteillages, où les taxis étaient des voitures de voyage conduites par des postillons montés, aux intérieurs rouge et or, aux rideaux en soie brodée... Laissez-vous griser par cette machine à voyager dans le temps, cachée dans un somptueux manège à deux pas de la présidence de la République.
Imaginez-vous sortant, royal, dans cette litière du XVIIIe siècle, carrosse ouvert pour les vieux matous de l'époque, qui possédait deux places en vis-à-vis et était transportée par deux mules attelées. Idéal pour les rues étroites et tortueuses du centre-ville. Le musée abrite une collection de carrosses royaux et pontificaux. Le carrosse du XVIIe siècle de Dom Pedro II présente un style français. Le plus luxueux est un carrosse du XVIIIe siècle de l'ambassadeur du Vatican, orné de motifs dorés évoquant la rencontre de l'océan Indien et de l'Atlantique. Défilent devant vos yeux faussement moqueurs chaises à porteurs, berlines, voitures de promenade de la seconde partie du XIXe siècle, style cabriolet à deux roues, qui plaisait tant aux jeunes princes et princesses pour aller danser aux « docas » de l'époque. Et comment ne pas s'arrêter devant cette étrange chaise de poste, avec ses deux rideaux de cuir sur le devant où s'ouvrent deux hublots avec des glaces, sorte de Belphégor roulant avant l'heure pour un polar du temps, bien réel, puisqu'il n'empêcha pas l'attentat contre le roi José Ier ?

Museu Nacional de Etnologia *(plan couleur général II, S14, 211) : av. Ilha da Madeira.* ☎ 21-304-11-60. ● *mnetnologia-ipmuseus.pt* ● *Dans une avenue per-*

pendiculaire au Tage, sur la droite juste avt d'arriver au monastère dos Jeróni-mos ; le musée est à 200 m sur la droite. Tlj sf lun et j. fériés , mar 14h-18h, mer-dim 10h-18h. Entrée : 3 € ; demi-tarif pour les moins de 25 ans, professeurs et retraités ; gratuit dim avt 14h et avec la Lisboa Card. Pour mettre en valeur ses riches collections, le musée a opté pour des expositions temporaires et thémati-ques. À travers la présentation d'objets, de documents sonores et de vidéos, apparaissent divers aspects de la vie des sociétés portugaises ou lusophones. Très bien fait.

🏃 *Centro cultural de Belém et Museu Berardo (plan couleur général II, S16, 212) : le long du Tage, face au monastère dos Jerónimos. Infos sur les manifestations :* ☎ *21-361-29-13. Ouv tlj 10h-19h (22 h le w-e en été). Entrée : 5 €. Gratuit le dim.* Une sorte de Lincoln Center portugais, grand comme une cité maya. Construit en 1990 par les architectes Vittorio Gregotti et Manuel Salgado, il a été conçu pour doter le Portugal d'un outil culturel performant. Il s'est affirmé comme le rendez-vous incontournable des intellectuels et des artistes, des collégiens et des touris-tes. Salles de congrès, auditoriums pour concerts et spectacles vivants, grandes expos, etc. Assez mal fléché cependant. Très beau café avec terrasse sur le Tage. Pour ceux que ça intéresse, grand centre de documentation sur l'Union euro-péenne au rez-de-chaussée.

Le centre culturel abrite désormais le nouveau **musée d'Art moderne et contemporain.**
La collection Berardo, une des collections les plus importantes au monde, était jusqu'alors répartie entre le musée d'Art moderne de Sintra et le centre culturel de Belém. Ce nouvel espace permet de présenter plus régulièrement quelques cen-taines d'œuvres d'art moderne et contemporain parmi les 4 000 réunies par cet homme d'affaires de Madère entré dans la légende du XXᵉ siècle. Picasso, Miró, Bacon, Dali, Warlhol, Man Ray, Vieira da Silva, Mondrian, Pollock et tant d'autres se retrouvent ici, rien que pour vos yeux...
– *Pratique :* pour rejoindre les bords du Tage, prendre la passerelle à l'angle de la praça Afonso Albuquerque face au musée des Carrosses et à la gare maritime de Belém, ou emprunter le passage souterrain face au monument des Découvertes.

Belém, côté Tage

🏃 *Monumento das Descobertas* (monument des Découvertes ; plan couleur général II, S16, **213**) : ☎ *21-303-19-50. Tlj sf lun 10h-17h30 (18h30 mai-sept). Entrée : 2,50 € ; petite réduc avec la* Lis-boa Card *et pour les étudiants.*
Élevé en 1960 pour le 500ᵉ anni-versaire de la mort d'Henri le Navi-gateur, il reprend la construction provisoire qui trônait à la même place lors de l'exposition de 1940. Il avance, telle une proue de navire, sur le Tage. Derrière l'infant Henri le Navigateur sont représen-tés tous les grands personnages de l'histoire portugaise.

POUSSEZ PAS DERRIÈRE !
C'est le souvenir de l'ancien dictateur Salazar qui vous accueille, sur le rivage du large fleuve devenant estuaire, avec ce monument des Découvertes, monoli-the sculpté dans les années 1960 en remplacement de celui créé pour une autre expo universelle, vingt ans aupa-ravant. Un monument que certains Lis-boètes réfractaires à l'esthétique sala-zariste ont baptisé non sans humour « Poussez pas derrière » et qui repré-sente une foule de héros aux noms célè-bres s'avançant à la queue leu leu vers le Tage, derrière l'infant Henri le Navigateur.

Sur l'esplanade, belle marquete-rie de marbre de 50 m de diamètre, dessinant une rose des vents. Au centre, un planisphère dresse l'inventaire des découvertes portugaises. On peut y trouver des vertus pédagogiques en essayant toutefois d'oublier qu'il s'agit là d'un cadeau offert par l'Union sud-africaine à l'ami Salazar. Autour, pavage en noir et blanc figurant les flots, tels qu'ils couvraient le Rossio.

Possibilité d'accéder au sommet, à 50 m d'altitude (ascenseur + 42 marches). Le belvédère n'offre rien d'extraordinaire, sinon l'occasion d'apprécier l'esplanade, les jardins de la praça do Império et l'ensemble du quartier, qui ne manque pas de charme.

%%% 🏃🚶 🚲 ⓦ *Torre de Belém* *(plan couleur général II, R16, **214**) : av. da India.* ☎ 21-362-00-34. Tlj sf lun 10h-17h (18h mai-sept). Entrée : 3 € ; demi-tarif pour les moins de 25 ans et les plus de 65 ans ; gratuit dim et j. fériés avt 14h et avec la Lisboa Card. Visite guidée mar-ven sur résa.* L'un des monuments emblématiques du patrimoine portugais. La tour a servi de tour de contrôle maritime pendant des siècles, surveillant les navires à l'embouchure du Tage, attendant le retour des caravelles, guettant l'arrivée des galions chargés de marchandises précieuses, épices de Moluques, porcelaines de Chine, tissus des Indes, émeraudes et topazes du Brésil. À elle seule, cette petite tour est le plus beau symbole de l'épopée portugaise sur toutes les mers du monde. Elle fut édifiée en 1515 par le roi Manuel, dans une période féconde en découvertes maritimes. Il s'agit d'une élégante construction qui trônait initialement au milieu du fleuve, mais, depuis le séisme de 1755, la tour a bougé dans le lit du Tage, sans jamais être détruite. Un miracle ! Noter les très belles croix lusitaniennes aux créneaux et les ornementations d'inspiration mauresque qui couronnent les tours d'angle. L'intérieur se visite. La tour était une tour de garde, mais elle abritait aussi un bureau qui enregistrait tous les mouvements des bateaux. Quatre étages de salles voûtées d'ogives ou d'arêtes. De la terrasse supérieure, belle vue sur le Tage, le monastère dos Jerónimos. En sous-sol, c'est-à-dire au niveau du Tage, salle des Gardes dont le centre, avant d'être recouvert d'un double plafond (en toile et plexi), était à ciel ouvert. On voit aussi l'entrée d'un cachot obscur.

🍖 *Museu da Electricidade* *(musée de l'Électricité ; plan couleur général II, U16, **216**) : Central Tejo, av. de Brasília.* ☎ 21-363-16-46. Tlj sf lun 9h-18h. Entrée : 2,50 €. Le musée en lui-même n'a pas grand intérêt. En revanche, le bâtiment en brique, construit en 1914, demeure un bel exemple d'architecture industrielle. Vient d'être rénové.

Ajuda

Situé sur l'une des sept collines de Lisbonne, enserré entre le parc de Monsanto et le Tage, le pont du 25-Avril et Belém, ce quartier populaire est peut-être l'un des plus authentiques de Lisbonne. Il reste bien quelques *páteos,* mais c'est à Ajuda qu'ils sont le moins rongés par l'urbanisation. Un *páteo* était à l'origine un véritable petit quartier, né dans la seconde moitié du XIXe siècle de l'afflux vers la capitale, d'ouvriers, artisans et autres gens de petits métiers à la recherche d'une vie meilleure. Habitat spontané, amas de constructions disparates autour d'une cour ou d'une ruelle, cachés des regards extérieurs, ces *páteos* préservent une vie autonome quasi villageoise derrière une simple grille ou une porte close. Tous les habitants se connaissent, se saluent et se retrouvent pour festoyer. Certains disposent même de lavoirs communs, d'une boulangerie, d'une taverne, voire d'une école, d'une chapelle et de petits commerces. Mais la modernité est passée par là et il vous sera difficile de distinguer ces petits lieux préservés, d'autant que le quartier autour ne présente pas grand intérêt.

🍖 *Páteo Alfacinha* *(plan couleur général II, U14, **203**) : rua do Guarda Jóias, 44.* ☎ 21-364-21-71. ● pateoalfacinha.com ● Bus nos 32, 38, 42 et 60 ou tram n° 18 jusqu'au largo da Boa Hora (face à un hôpital militaire rouge), puis, faisant face à ce bâtiment, prendre à droite travessa Moinho Velho et enfin à gauche ; en remontant la rue, c'est sur la droite. Accessible aussi à partir du largo da Ajuda (devant le palais) ; c'est la rue qui descend de l'angle sud-est de la place.* Une construction contemporaine sur le plan imaginaire d'un *páteo* traditionnel. Franchissez la grille et demandez à l'accueil si vous pouvez visiter (car c'est privé !). De mars à septembre, évitez le samedi, traditionnellement consacré aux agapes et autres libations nuptiales (ou alors allez-y assez tôt en matinée, ce qui permet de franchir certaines portes entrouvertes...). Puis laissez-vous guider par votre imagination. La plupart des matériaux utilisés proviennent d'autres édifices ruinés par le temps. En suivant les panneaux d'azulejos, les balcons suspendus, les escaliers dédalesques, vous découvrirez un petit village abritant quelques boutiques, un atelier de céramique (voir plus haut « Achats. Azulejos »), des salles de réception et un resto *(slt pour groupes, résa par téléphone)*. Ne manquez pas la chapelle de « Saint Antoine Fatigué » (d'avoir tant porté le petit Jésus).

⚜ **Palácio Nacional da Ajuda** *(plan couleur général II, U14, **204**) :* calçada de Ajuda. ☎ 21-363-70-95. Tram n° 18 de la praça do Comércio ; descendre 2-3 arrêts avt le terminus. Bus n°s 14, 32, 42 et 60. Tlj sf mer et j. fériés 10h-17h (dernière entrée 16h30). Entrée : 4 € ; demi-tarif pour les moins de 25 ans et retraités ; gratuit dim et j. fériés avt 14h et avec la Lisboa Card. À visiter pour découvrir l'une des dernières résidences de la famille royale de Bragança, jusqu'à l'avènement de la République (1910). Destiné à remplacer la bâtisse de bois qui abrita durant trente années la famille royale, chassée de ses appartements par le hoquet tellurique de 1755, cet imposant palais néoclassique, commencé en 1802, fut retardé par l'invasion napoléonienne et le départ des souverains pour le Brésil. Le musée offre au visiteur d'intéressants témoignages sur la vie quotidienne d'une cour européenne au XIXe siècle : mobilier, décoration, expos à thèmes variés sur la famille, du XVIe siècle à 1910.

Plage

Tout a été dit sur les plages de Lisbonne : polluées, surpeuplées, sales. Vrai et faux à la fois. Toujours est-il que Lisbonne a le rare privilège d'avoir les pieds dans l'eau. La plage la plus proche est à quelques stations de train du centre au départ de la gare de Cais do Sodré. Idéal pour couper la journée.

△ **Carcavelos** (à moins de 30 mn) *:* 2 km de sable, à 700 m de la gare. Prendre le train, destination São Pedro (1,50 €). Sortir à Carcavelos, du côté du *terminal rodoviário*. Au rond-point, prendre à gauche, direction Marginal. Accès à la plage par le souterrain. Pas d'arbres, pas d'ombre !

➤ **Passeio Marítimo de Oeiras** *:* 3 km de promenade entre la plage de Santo Amaro et le fort de São Julião da Barra (limite sud de la plage de Carcavelos). Accessible en train (Santo Amaro). Possibilité de louer des vélos à *CiclOeiras,* situé dans l'enceinte de la *piscina oceânica* (gratuit).

QUITTER LISBONNE

EN AVION

Voir la rubrique « Arriver à Lisbonne. En avion » pour utiliser les bus, métros et taxis... dans l'autre sens. Un plan bon marché pour rejoindre l'aéroport sans rester coincé dans les embouteillages consiste à prendre le métro jusqu'à Areeiro, puis à prendre le bus n° 5 ou le n° 22 (du côté du magasin *Chaves do Areeiro,* au début de l'avenida Almirante Gago Coutinho) jusqu'au terminal des départs (*partidas* – 1er arrêt à l'aéroport). Du côté des départs, un bureau de poste est ouvert tous les jours pour vos dernières cartes postales, et un distributeur de timbres fonctionne 24h/24. Vols directs *pour Paris* au départ de l'aéroport de Lisbonne.

EN TRAIN

Les trains nationaux et internationaux sont de la responsabilité de la *CP* ; ceux qui ont pour terminus la *gare de Santa Apolónia* ont normalement pour avant-dernier arrêt la *gare do Oriente*. Les billets sont en vente dans ces deux gares ; pour le réseau national, on peut aussi les acheter à la petite gare d'*Entre Campos*. Réservation obligatoire pour les trains rapides (*Alfa* et *Intercidade*). Prix en général plus élevés que le bus. Pour les trains de banlieue, la *CP* règne de ce côté-ci du Tage, la compagnie *Fertagus* assurant la traversée du fleuve (vue magnifique !) pour desservir les gares de la péninsule de Setúbal depuis les gares lisboètes de *Roma-Areeiro (plan couleur d'ensemble, J1), Entre Campos (plan couleur d'ensemble, H1)* et *Sete Rios (plan couleur d'ensemble, D2)*. Réduc pour les moins de 12 ans et les plus de 65 ans ; gratuit pour les moins de 4 ans.
– CP : ☎ 808-208-208. ● cp.pt ●
– Fertagus : ☎ 707-127-127. ● fertagus.pt ●
Bien faire la queue pour la bonne compagnie pour acheter son billet : distributeurs et guichets à dominante verte pour la *CP* réseau urbain, bleu clair pour la *CP* réseau national, bleu et rouge pour la *Fertagus*.

🚆 **Estação do Oriente** *(hors plan couleur d'ensemble par N7) :* se reporter à la rubrique « Arrivée à Lisbonne. En train ».
🚆 **Santa Apolónia** *(plan couleur d'ensemble, M8) :* se reporter à la rubrique « Arrivée à Lisbonne. En train ».

🚆 **Estação Cais do Sodré** *(plan couleur d'ensemble et plan couleur général I, I10) :* se reporter à la rubrique « Comment se déplacer ? Les trains de banlieue » au début du chapitre « Lisbonne ».

➤ **Pour Setúbal :** environ 1 train/h 5h40-0h40. Durée : une petite heure. Moins cher que le bus.
➤ **Pour Tomar :** environ 1 train ttes les heures depuis *Entre Campos, Santa Apolónia* ou *gare do Oriente,* 5h30-22h30. Durée : 2h-2h20.
➤ **Pour Évora :** 4 trains/j., dont un avec changement à Casa Branca, au départ d'*Entre Campos* et *Santa Apólonia*. Durée : environ 1h50.
➤ **Pour Coimbra :** au moins 1 train/h 6h-21h. Départ de *Santa Apolónia* ou de la *gare do Oriente.* Durée : 2h-2h30.
➤ **Pour Porto :** même train et mêmes fréquences que celui de Coimbra. Durée : 3h min.
➤ **Pour Faro :** 4 trains/j. 8h30-19h30, au départ de la *gare do Oriente* ou de *Entre Campos*. Durée : 3h-3h40.

EN VOITURE

➤ Vers le nord : voie rapide *2ª Circular,* puis autoroute A 1. Les heures de pointe sont très étendues sur cet axe.
➤ Vers l'ouest : l'IC 19 qui va vers Sintra est l'une des voies rapides les plus encombrées du pays.
➤ Vers le sud et l'est : pont 25 de Abril, souvent embouteillé, ou pont Vasco-da-Gama, en général moins confus. Traversée gratuite pour sortir de Lisbonne.
Attention aux départs et retours de week-end et de vacances ! Éviter également de sortir de Lisbonne aux heures de pointe (à partir de 17h en semaine, un peu plus tôt le vendredi).
Possibilité de traverser le Tage avec le bac à partir de la *gare fluviale de Cais do Sodré* en direction de Cacilhas.

EN BUS

🚌 *Gare routière Terminal Sete Rios* *(plan couleur d'ensemble, D-E1) :* pour l'accès, se reporter à la rubrique « Arrivée à Lisbonne. En bus ».
– *Petit guichet d'informations :* sem 8h-19h, w-e 9h-18h.
– *Guichet international :* face au guichet pour les bus nationaux. Lun-ven 8h-18h, sam 8h-13h. Attention : pour éviter les déconvenues, mieux vaut acheter les tickets à l'avance (obligatoire pour les trajets internationaux).

■ *Informations :* ☎ 707-22-33-44 *(résas et horaires).* ● rede-expressos. pt ●
■ *Cie Eva :* ☎ 808-22-44-88 ou 213-58-14-66. ● eva-bus.com ●
■ *Transportes Sul do Tejo* (plan couleur d'ensemble, F2-3) : *praça de Espanha.* ☎ 21-726-44-15. ● tsuldote jo.pt ● Compagnie desservant la péninsule de Setúbal, au sud de Lisbonne. Attention, ces bus ne partent pas de Sete Rios, mais de la praça de Espanha.

➢ *Pour Setúbal :* avec la compagnie Transportes Sul do Tejo, environ toutes les heures 6h-1h ; durée du trajet : environ 40 mn. Également des liaisons en bus avec la gare Lisboa Oriente : environ 1 bus toutes les heures 7h-20h. Trajet plus cher que par le train de la *Fertagus.*
➢ *Pour Santarém :* 9 bus/j. en semaine, 4 le w-e. Durée : environ 1h.
➢ *Pour Tomar :* 2 bus/j. Durée : 1h45.
➢ *Pour Fátima :* une vingtaine de bus/j. 7h-19h30. Durée : 1h30.
➢ *Pour Alcobaça :* 4 bus/j. Durée : 1h50.
➢ *Pour Nazaré :* une dizaine de bus/j. Durée : 1h50.
➢ *Pour Évora :* environ 15 bus/j. 7h-19h. Durée : 1h45 (direct), 2h30 avec arrêts en route.
➢ *Pour Coimbra :* 16 bus/j. 7h-minuit. Durée : 2h20 (direct).
➢ *Pour Porto :* 13 bus/j. 7h-minuit. Durée : 3h30-4h selon arrêts.
➢ *Pour Portimão :* les bus pour Lagos s'arrêtent aussi à Portimão. Durée : 3h35. Avec la *Cie Eva* 6 bus/j. Durée : 3h10.
➢ *Pour Lagos :* 4 bus/j. 8h-18h. Durée : 4h. Avec arrêts à Silves.
➢ *Pour Faro :* 7 bus/j. 7h-1h. Durée : 3h50-4h40. Avec la *Cie Eva* : 6 directs/j. en semaine, un peu moins le w-e. Durée : 3h15-4h.

🚌 *Gare routière Estação do Oriente* (hors plan couleur d'ensemble par N7) : *au pied de la gare do Oriente.* Ⓜ Oriente. Pour les bus internationaux (à destination de Madrid, Paris et plein d'autres villes européennes), plusieurs compagnies ont leur point de vente vers les taxis, côté gare routière. Plus d'infos et moins d'attente qu'à *Sete Rios.*

■ *InterCentro/Alsa :* ☎ 21-895-29-60, lun-ven 7h-21h, sam jusqu'à 15h. Bureaux : rua Eng. Vieira da Silva, 8 E. ☎ 21-330-15-00. ● intercentro@inter centro.pt ●
■ *Eurolines :* ☎ 21-895-73-98. ● euro linesportugal.com ● Lun-sam 8h30-13h, 14h-18h30.

EN BATEAU

⛴ La compagnie *Transtejo* assure la traversée du Tage depuis divers embarcadères. *Informations :* ☎ 808-20-30-50. ● transtejo.pt ● Voir également la rubrique « Comment se déplacer ? » au début du chapitre « Lisbonne ».

➢ *Pour Cacilhas* (rive gauche du Tage) : *terminal fluvial do Cais do Sodré (plan couleur général I, I10, 6 et 7).* Pour passagers et voitures.
➢ Bateaux aussi pour *Seixal, Barreiro, Montijo* et *Trafaria,* villes portuaires voisines de Cacilhas. Passagers uniquement.

LISBONNE

LES ENVIRONS DE LISBONNE

C'est le moment de louer une voiture, si vous vous sentez en manque. Pas de difficultés majeures pour sortir de Lisbonne par l'autoroute, en dehors des inévitables bouchons, aux heures de pointe. Soyez zen, et surtout restez-le, quoi qu'il arrive. Une fois sorti de l'autoroute, le jeu consiste à repérer le panneau indicateur resté en place, qui devrait vous guider jusqu'au prochain village. Si vous vous perdez dans les hauteurs de la sierra da Sintra, en guise de consolation, profitez de la chance que vous avez de découvrir des routes que peu de touristes explorent d'ordinaire. Évitez le stress, jusqu'au retour à l'aéroport, qui ne devrait pas poser de problème majeur si vous suivez les indications : « arrivée » (et non « départ »), puis « car return », bien indiqué.

CAP À L'OUEST

QUELUZ   (2745)   28 000 hab.

À 10 km à l'ouest de la capitale, sur la route de Sintra *(IC 19)*. Étrange banlieue très urbanisée où l'une des rares traces du passé consiste en ce palais royal, inspiré en toute modestie du château de Versailles.

Arriver – Quitter

➤ *Depuis Lisbonne :* trains de la gare du Rossio (ou, si les travaux ont encore pris du retard, de la gare de Sete Rios), direction *Sintra, Monte Abraão* ou *Mira Sintra – Meleças.* Descendre à la station Queluz-Belas. En sortant du côté du quai 1, tourner à gauche et continuer tout droit (palais à 800 m, bien indiqué).

Où dormir ? Où manger très chic ?

🏠 I●I *Pousada de Dona Maria I :* largo do Palácio. ☎ 21-435-61-58. ● pousadas.pt ● *Doubles avec bains et w-c env 200 € selon saison (moins cher en sem). Au resto, repas 30-60 €.* Face au palais, la tour de l'Horloge aux murs rose bonbon et qui servait autrefois de logement au personnel des rois abrite aujourd'hui pas loin de 25 chambres et 2 suites luxueuses, hautes de plafond et étonnamment modernes. Petit théâtre privé. Les anciennes cuisines du château, derrière la statue, prêtent leur cadre à un resto de prestige, le *Cozinha Velha*.

À voir

🏛🏛🏛 🏃 *Le palais :* ☎ 21-434-38-60. *Tlj sf mar et j. fériés (même le 29 juin, fête locale) 9h30-17h (dernière admission 16h30). Pour les jardins, horaires identiques en hiver et fermeture à 18h en été. Compter 4 € pour le palais et les jardins ; réduc ; gratuit avec la* Lisboa Card *et dim avt 14h. Dépliants intéressants (1 €).*

Construit au XVIIIe siècle, avec des apports rococos, croulant sous les ors, il servit d'écrin à la décadence de la cour royale. La reine Maria I, qui l'habita pendant une bonne partie des 39 années de son règne, y sombra dans la folie (comme quoi !). Mais cette décadence fut douce. On s'y étourdissait au rythme des fêtes galantes et des goûters princiers dans le parc à la française. Junot en fit sa résidence pendant l'occupation française du Portugal par les troupes de Napoléon, entre 1807 et 1810. Aujourd'hui, le palais sert de résidence aux hôtes de marque. Des concerts et des spectacles équestres y sont également donnés.

Succession éblouissante d'appartements à la décoration foisonnante, notamment la *salle du Trône,* surchargée de lustres de Venise et de cariatides, le *corredor dos azulejos,* véritable B.D. de l'imaginaire du XVIIIe siècle, etc. Dans la salle des Ambassadeurs *(embaixadores),* l'assise d'un des fauteuils réservé au roi est surélevée : normal, il ne fallait pas qu'un invité puisse faire ombrage au roi ! Dans le jardin, un grand canal bordé d'azulejos, où l'on circulait autrefois en nacelle au son des harpes. Entraînements de l'école d'art équestre le matin, en semaine.

ESTORIL   (2765)   23 800 hab.

À 20 km à l'ouest de Lisbonne, à l'embouchure du Tage (quand le fleuve rencontre l'Atlantique). Une ville où il fait bon vivre et même mourir, pour parler comme le père de James Bond, qui participa à sa gloire en faisant de son « casino royal » la vedette d'un de ses romans.

Estoril bénéficie en fait d'un microclimat très particulier (deux floraisons par an, paraît-il !) ; aussi a-t-elle été surnommée « la ville des deux printemps ». Son casino high-tech, racheté par le Chinois Stanley Ho, riche magnat de Macao, son golf, son open de tennis, son Grand Prix de moto et ses boutiques chères font oublier le passé. Pourtant, cette ville fut naguère la première station balnéaire du Portugal.

Comme à Dinard ou à Biarritz, derrière la façade luxueuse, des kyrielles de villas patriciennes dorment dans des jardins secrets, donnant à ce lieu une image « chic-rétro » d'avant la mode des bains de mer. On peut quand même se baigner à Estoril, sur une plage de sable très propre, en contrebas de la voie ferrée. Pour dormir pas cher il n'y a presque rien, tout comme à Cascais d'ailleurs, dont Estoril est considérée comme la zone résidentielle.

UN PEU D'HISTOIRE

Au début du XXe siècle, de riches Anglais, en quête de douceur hivernale, découvrirent Estoril et s'installèrent dans des villas cossues, aujourd'hui propriétés des grandes familles portugaises. Pendant la Seconde Guerre mondiale, Estoril fut le rendez-vous des agents secrets. Ils séjournaient tous au *Palácio,* alors truffé de micros, comme *Popov,* fameux agent russe en 1941, ou les britanniques *Graham Greene* et *Ian Fleming,* plus connus maintenant comme romanciers que comme espions. Inventeur du personnage de James Bond 007, Fleming s'inspira du casino d'Estoril pour écrire *Casino Royale,* un roman porté à l'écran en 1967 par Hollywood (disponible en DVD) et à nouveau adapté en 2006, avec le nouveau James Bond, Daniel Craig, et Eva Green. Un autre James Bond, *Au service de Sa Majesté,* fut tourné en partie à Estoril.

La station servit aussi de lieu d'exil et de séjour pour des têtes couronnées chassées du trône. Le roi Juan Carlos d'Espagne y passa une partie de son enfance avant la restauration de la monarchie en Espagne. C'est pour ça qu'il parle si bien le portugais. Le comte de Paris, héritier des rois de France, y vécut de nombreuses

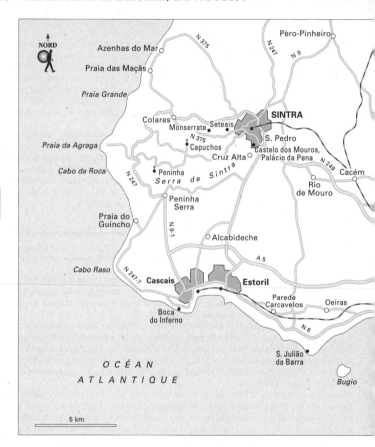

années. La reine de Bulgarie y vit toujours. Humberto d'Italie vivait à Cascais. Quant à Salazar, le dictateur portugais qui mima les monarques absolus, il habita le fort d'Estoril.

Arriver – Quitter

➤ **En train** (station située près de la mer, dans le centre-ville) **:** pour Lisbonne, ttes les 30 mn 5h30-1h30. À Lisbonne, station Cais do Sodré. Compter 30 mn de trajet.
➤ **En bus** (à côté de la gare ferroviaire) **:** pour Sintra prendre le n° 418. Fréquence : ttes les heures 6h30-1h30. Il existe aussi une navette directe pour l'aéroport de Lisbonne, le bus n° 498 qui circule de 6h du mat jusqu'à 22h.

Adresse et info utiles

🄸 **Junta de Turismo da Costa do Estoril :** arcados do Parque. ☎ 21-276- | 95-03. ● visiteestoril.com ● Face au parc (avec le casino dans le fond), c'est

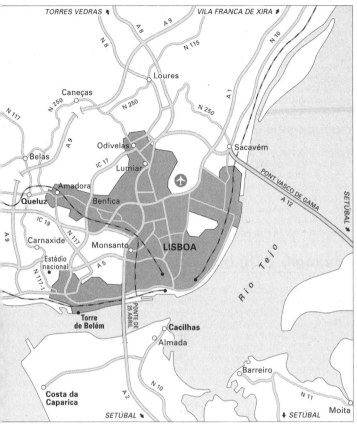

LA PRESQU'ÎLE DE SINTRA

juste à gauche, près du bord de mer. Lun-sam 9h-19h (20h en été), ainsi que dim et j. fériés 10h-18h. Très bien documenté. Accueil très pro, un vrai bonheur. Fait aussi des réservations pour

une chambre au dernier moment.
– De fin juin à fin août, *foire de l'artisanat portugais* dans le parc derrière le casino. Guinguettes et spectacles folkloriques.

Où dormir ?

Prix moyens

🏠 *Casa Londres :* av. Fausto Figueiredo, 7. ☎ 21-468-23-83. ● email@casa londres.com ● casalondres.com ● À 300 m de la plage et bien situé par rapport à la gare. À l'intersection de l'avenue Fausto et de Marginal, en allant vers Cascais, tourner à droite vers le teatro Amoreira et le campo de Jugos ; c'est un

peu plus haut. Une dizaine de doubles 35-60 € selon saison. Petit déj offert sur présentation de ce guide. Villa restaurée abritant des chambres impeccables et claires avec douche-w-c (pas d'AC). Notre préférée : la n° 202, avec 3 fenêtres. Vue sur un jardin calme. Très central. Très bon accueil.

Plus chic

🛏 **Residencial Smart :** rua Maestro Lacerda, 6. ☎ 21-468-21-64. ● reser vas@residencialsmart.com ● residen cialsmart.com ● ♿ Prendre l'avenue perpendiculaire à la mer, direction Sintra, puis la 3ᵉ à droite. Excentré mais en même temps très au calme. Chambres doubles 55-90 € avec petit déj. Dans une villa familiale, modernisée et agrandie, des chambres confortables, dont certaines avec vue sur mer. Accueil chaleureux. Jardin, piscine pas fabuleuse (mais la mer n'est pas loin) et garage gratuit.

Beaucoup plus chic

🛏 **Hotel Inglaterra :** rua do Porto, 1. ☎ 21-468-44-61. ● geral@hotelinglater ra.com.pt ● hotelinglaterra.com.pt ● Dans le quartier à l'est du parc municipal. Doubles « standard » 80-200 €. Petit déj offert sur présentation de ce guide. Estoril dans sa pompe d'antan : un palace victorien qui survit comme hôtel 4 étoiles racheté par la chaîne *Best Western*. Chambres hautes de plafond et soignées équipées d'AC, minibar, TV câblée. Magnifique piscine remplie toute l'année. Sur une colline, offrant un joli panorama sur la mer, au loin. Tout ce luxe se paie, bien sûr.

Où manger ? Où boire un verre ?

🍴 **La Villa :** praia do Tamariz, 3. ☎ 21-468-00-33. Compter 25-30 € pour un repas complet. Une jolie maison jaune posée sur la plage. De grandes baies vitrées s'ouvrent sur les flots turquoise tandis qu'au son d'une musique jazzy on y déguste des petits plats raffinés avec du poisson frais, du foie gras ou des bonnes viandes. Sinon, sushis, sashimis et makis, en direct de la mer. Très bien présenté.

🍴 **Garrett :** av. de Nice, 54. ☎ 21-468-03-65. À côté de la poste (correios). Tlj jusqu'à 19h. Pâtisserie-salon de thé où l'on croise de jeunes mamies venues papoter, des couples avec bébé, des familles locales, etc. En dépit de la déco de l'entrée, on est loin du *tea room* anglais et plus proche de la brasserie. Bons petits plats chauds, mais on vient surtout ici pour la partie sucrée, et notamment la spécialité maison, le *quadrado moka*, gâteau à la crème et... au moka.

🍴 🍹 **Les bars-restaurants de la plage de Tamariz :** en été, la plage de Tamariz se transforme, dit-on, en rendez-vous de la jet-set. On vient y boire un verre et danser dans une ambiance estivale et festive. Hors saison, c'est plus popu, il faut bien le reconnaître. Mais pas de laisser-aller pour autant. Plein de snacks en bord de plage, entre Estoril et Cascais, où manger sur le pouce un plat typique comme un bon vieux *fish and chips* (et oui, ici, c'est local) ou une salade. Bon, le plus dur, c'est de trouver de la place. Pour le reste, vous l'aviez deviné, ce n'est pas dans l'assiette que ça se passe !

CASCAIS   (2750)   33 300 hab.

Une modeste plage de sable blond bien entretenue et un petit port, dans une baie très urbanisée, adossée à un vieux village aux ruelles blanches. Cascais, c'est rien de le dire, a du charme et déborde de vitalité. Côté cour, un quartier piéton aux maisons basses avec des magasins, des bars et des restos qui magnétisent pendant l'été la foule bourdonnante des touristes. On a alors bien du mal à trouver de la place sur les terrasses de la *praça de Camões* où le café est à prix parisien. Côté jardin, la mi-saison (c'est-à-dire mai, juin et sept, oct) où l'on découvre la vie quotidienne d'une bourgade qui maintient sa taille humaine, et ses activités de pêche, autour de son fort du XVIIᵉ siècle toujours aux mains des militaires.

Cascais est aussi une ville à vocation sportive. La plage du Guincho sur la côte ouest draine chaque année des surfeurs et des véliplanchistes chevronnés.

Aspect négatif, comme la grenouille qui rêve d'être aussi grosse que le bœuf, Cascais ne cesse de construire. Les promoteurs font main basse sur les derniers espaces libres, et le béton grignote la ville.

UN PEU D'HISTOIRE

À l'époque des grandes découvertes, Cascais était la « grande sentinelle de Lisbonne », que les caravelles et les galions, chargés d'or ou d'épices, apercevaient en premier au retour de leurs voyages. La ville fut l'un des premiers ports à posséder un phare.

Elle joua le rôle de porte d'entrée de la flotte du roi d'Espagne Philippe II en 1580, quand celui-ci décida d'envahir le Portugal, puis elle fut une ardente combattante pour la restauration de l'indépendance du Portugal au XVIIᵉ siècle. En 1808, l'acte de reddition des troupes napoléoniennes fut signé à Cascais par Junot, au nom de Napoléon Iᵉʳ.

Au XIXᵉ siècle, devenu la résidence d'été de la famille royale portugaise (la mode des bains de mer faisant fureur), ce bout du monde si agréable à vivre se mit à imiter de plus en plus sa voisine, Estoril.

Arriver – Quitter

🚌 *Terminal des bus :* au-dessus du grand centre commercial.
🚂 *Gare ferroviaire :* largo da Estação, à 400 m à gauche de l'office de tourisme lorsque l'on est face à la mer, un peu au-dessus de la praia da Rainha.

➤ *Liaisons avec Estoril :* en train (à peine 5 mn de trajet) ; ou à pied pour découvrir les couleurs de l'Atlantique au fil des saisons. Pour cela, emprunter la promenade aménagée le long de la corniche, sur env 2 km à partir de la praia do Tamariz (en contrebas de la gare).

➤ *Correspondances avec Lisbonne :* Cascais n'est qu'à 30 ou 40 mn (gare de Cais do Sodré) par le train selon les arrêts. Trains du lundi au vendredi, ttes les 20 ou 30 mn 5h30-1h30 du mat. Billet aller : 1,30 €. Idem en sens inverse.

➤ *Connexions avec Sintra :* bus ttes les heures (ligne n° 417) ou par la jolie route côtière (ligne n° 403). Compter dans ce cas env 1h de trajet.

➤ Navette ttes les heures depuis l'aéroport de Lisbonne. Compter 40 mn de trajet, en fonction des habituels embouteillages...

Adresses et infos utiles

🛈 *Office de tourisme :* rua Visconde da Luz, au bout de l'avenida Marginal. ☎ 21-484-40-86. ● visiteestoril.com ● Lun-sam 9h-19h (20h en été et 18h dim et j. fériés). Plan de la ville et résa d'hôtels. Très efficace.

■ *Vélos :* location gratuite de vélo sur présentation de sa carte d'identité. Devant la forteresse ou devant la gare (voir « Arriver – Quitter » ci-dessus). Pra-tique pour se rendre à la praia do Guincho (voir « En suivant la route côtière vers Sintra »).

@ *Café internet :* rua Sebastião J. Carvalho e Melo, 17. ☎ 21-484-01-50. Tlj sf dim 9h30-20h. Un vrai café avec Internet, cher, mais tout neuf, rapide, avec écrans plats, gravure de CD pour vos photos à partir de la carte mémoire. En plus, on peut y grignoter.

Où dormir ?

Bon marché

🛏 **Pensão Avenida :** *rua da Palmeira,14. ☎ 21-486-44-17. Elle est si discrète que même l'office de tourisme l'a oubliée ! En venant de ce dernier, prendre l'avenida Valbom, puis la 1re petite rue sur la gauche. Sans doute une des pensions les moins chères de* Cascais : *doubles presque coquettes autour de 30 € ; douche-w-c sur le palier. Une rareté ! Chambres très propres, tenues par une gentille dame minutieuse qui n'apprécie pas les hôtes bruyants, et elle a bien raison.*

Beaucoup plus chic

🛏 **Hotel da Vila :** *travessa da Alfarrobeira, 1-3. ☎ 21-484-73-20. ● info@hoteldavila.com ● hoteldavila.com ● Doubles 140 €. Remise de 10 % en basse saison et petit déj (buffet) offert sur présentation de ce guide. Dans le quartier piéton, non loin de l'office de tourisme, une grande bâtisse de toutes les couleurs qui abrite un hôtel tout récent avec des chambres bigarrées, bien conçues, fonctionnelles et claires. TV à écran plat, AC et quelques places de parking gratuites (mais limitées) sinon payantes.*

🛏 **Casa da Pergola :** *av. Valbom, 13, dans le centre piéton. ☎ 21-484-00-40. ● pergolahouse@vizzavi.pt ● pergolahouse.com ● Fermé déc-fin fév. Une adresse en or, qui vaut l'argent qu'on dépense pour elle : compter 97-129 € la double, petit déj inclus. Pour un coup de folie ou un séjour en amoureux. Une belle et confortable maison de famille du XIXe siècle donnant sur un ravissant jardin fleuri. Magnifiques azulejos en façade. Chambres toutes différentes* (ah, la salle de bains violette !), *décorées avec goût. Salon commun dans le style British, avec cheminée.*

🛏 🍴 **Farol Design Hotel :** *av. Rei Humberto II de Italia, 7. ☎ 21-483-01-73. ● farol.com.pt ● À 1 km au sud de la ville. Compter 130-300 € la double selon vue, confort et saison. Un des Design Hotels les plus surprenants du pays. La décoration intérieure (toutes les chambres sont différentes et agréables à vivre) a été confiée à une équipe de designers portugais : c'est à la fois beau et original, avec beaucoup d'attention dans les détails, chaleureux et accueillant, surtout à la nuit tombante. Alliance réussie du confort et du style minimaliste. Chambres avec vue sur la mer pour la plupart. Dispose d'un bar chaleureux, d'une terrasse et d'une piscine. Accès internet. Et pour qui voudrait casser sa tirelire, cuisine délicieuse proposée à la carte, dans un resto aux couleurs et saveurs du temps.*

Où manger ? Où boire un verre ?

Il y a toujours une **churrascaria** pour nourrir les affamés en ville et des restos de luxe pour attirer une clientèle qui, à la nuit tombée, vient ici chercher un supplément d'âme (et de prix aussi, bien sûr !).

De bon marché à prix moyens

🍴 🍷 **Bar Esplanada Santa Marta :** *av. Rei Humberto II de Itália. ☎ 21-482-19-86. Tlj sf lun et j. fériés. Compter 10 €. Ce petit café surplombant la praia de Santa Marta possède tout simplement la plus mignonne terrasse de la ville. On y vient pour boire un café ou manger un* poisson grillé choisi dans la vitrine et on y reste un peu pour la vue splendide sur le phare et la mer en contrebas.

🍴 **Dom Pedro I :** *beco dos Inválidos, 4. ☎ 21-483-37-34. À deux pas de la belle mairie, en montant un escalier pavé, on arrive dans ce resto à prix tout doux* *(menu du jour 6,50 €).* Poissons et viandes se partagent la carte à égalité et si la salle est un peu vieillotte (mais typique), nous avons craqué pour les quelques tables en terrasse.

À voir

🐚 *L'église paroissiale :* datant du XVIe siècle, elle a subi pas mal de secousses au fil des siècles, mais, ô miracle, elle est toujours ornée de bois sculpté et doré et de nombreux panneaux d'azulejos que le temps a su épargner.

🐚 *Le Musée municipal :* tlj sf lun et j. fériés 10h-17h. Installé dans le palais des comtes de Castro Guimarães, au bord de l'eau, ce qui fait tout son charme. Beaux meubles de style indo-portugais, et collection intéressante, qui plus est. Allez-y à pied en garant votre voiture au parking de la citadelle, et en jetant un œil sur les panneaux d'azulejos dans le parc, si vous n'êtes pas encore saturés.

🐚 *Boca do Inferno :* à 1 km au sud-ouest de la ville. La « Bouche de l'Enfer » n'a rien de démoniaque (peut-être autrefois ?). Pour un regard contemporain, ce n'est qu'une excavation dans la falaise où la mer s'engouffre avec fracas.

EN SUIVANT LA ROUTE CÔTIÈRE VERS SINTRA

Ici, la côte prend un éclat particulier. La nature, particulièrement en basse saison, devrait vous offrir son lot d'émotions, surtout quand le vent vient s'engouffrer dans les falaises, soulever le sable du bord des routes, emporter les chapeaux et les lunettes des visiteurs imprudents. Poussez jusqu'au Cap da Roca, et faites un détour par Colares, pour vous remettre de vos émotions devant un verre de vin du pays.

Où camper ?

🏕 *Camping Orbitur do Guincho :* à 9 km de Cascais, en allant vers Sintra par la route côtière. ☎ 21-487-10-14. • orbitur.pt • De la gare de Cascais, bus réguliers (nᵒˢ 415 et 405) 7h-20h. Après les plages de Guincho, en venant de Cascais, prendre à droite la direction d'Areia ; c'est 1 km plus haut sur la colline. Tte l'année. Compter 8-15 € env en hte saison pour deux, et jusqu'à plus de 80 € en bungalow pour quatre. Site de 1 000 emplacements agréables dans une pinède ombragée, à 1 km de la plage seulement (vue sympa), mais beaucoup de vent parfois. Sanitaires corrects et propres. Resto et supermarché.

Où dormir ? Où manger chic sur la côte ?

|●| *Furnas do Guincho :* estradado do Guincho, 2750 Cascais. ☎ 21-486-92-43. 🦽 À env 3 km de Cascais, sur la gauche de la route côtière, face à la mer. Tlj jusqu'à 23h. Résa conseillée en été. Env 30 € par pers. Grand resto réputé pour sa cuisine de la mer, préparée avec soin. Évitez les jours d'affluence. Spécialité du lieu : le poisson cuit en croûte de sel. À déguster sur la terrasse surplombant la mer ou dans la salle cosy à l'intérieur.

🏠 |●| *Convento de Sâo Saturnino :* Azoia, 2705-001 Sintra. ☎ 21-928-31-92. • contact@saosat.com • saosat. com •1 km env avt de tourner vers Sintra, prendre en direction du Cabo da Roca ; avt d'arriver au village, petit chemin sur la gauche. Compter 130-160 € la double selon vue, confort, durée du séjour et saison. Repas sur résa 25 €. Un lieu rare, qui divise érudits et politiques locaux, incapables de dire si les ruines sur lesquelles ce couvent a été érigé par des contemporains malins, sont authentiques ou non. Un lieu secret, dont il faut profiter, en suivant vaillamment une route empierrée jusqu'à un portail préservant la tranquillité des lieux. Des animaux domestiques de toutes sortes vous accueillent, l'espace, la vue, le jardin donnent envie de prolonger l'instant de la découverte. Chambres plus ou moins spartiates, avec vue sympathique pour certaines, et confort pour toutes. Feu dans la cheminée pour les jours de grand vent, musique d'ambiance, tapis sur carrelage rouge rassurant, lumières douces. Piscine. Bon petit déj servi en terrasse ou dans l'ancienne cuisine. Et table d'hôte sur demande. Comme le propriétaire et son fils parlent français, vous devriez pouvoir profiter de votre séjour au maximum.

À voir. À faire

⌂ **Praia do Guincho :** *à env 8 km de Cascais, la plage vedette de la région. De Cascais, bus n*os *405 ou 415 qui passent chacun une fois/h 7h-18h30 env. Douze départs/j. depuis la gare routière, le trajet dure 20 mn. Sinon, balade sympa à vélo.* Immense, plate et venteuse, c'est le paradis des surfeurs. Plusieurs championnats y sont organisés. Mais pour les simples mortels que sont les baigneurs, ses courants peuvent être dangereux. Très fréquentée en été, notamment pour ses restaurants.

🎏 **Le cabo da Roca :** *à env 20 km à l'ouest de Cascais. Pour s'y rendre, bus n*o *403, 9h10-19h10 (9 €).* La pointe du Raz (Finistère) n'est pas l'extrême pointe du continent, contrairement à ce que pensent bon nombre de Bretons ! Le cabo da Roca est, en fait, le point le plus occidental de l'Europe,.. Du continent européen, pour être précis, car les Irlandais ne seraient pas contents.
À la longitude de 9° 30' ouest, cette falaise abrupte surplombe l'Atlantique du haut de ses 145 m. Elle est le prolongement maritime du massif de Sintra qui descend et s'achève ici face au large. Selon Pline, les Lusitaniens y venaient adorer la Lune. Luís de Camões en parle dans ses *Lusiades* comme le lieu « où la terre finit et où la mer commence ». Pas besoin d'être poète pour écrire ça, direz-vous. Vous pouvez toujours tenter d'écrire votre propre journal de bord, si le vent vous laisse un peu de répit. Vous pouvez aussi acheter à l'office de tourisme *(ouv 9h-18h30 en hiver, jusqu'à 19h30 en été)* une attestation (5 ou 10 €) prouvant votre passage.
Un lieu assez magique, hors saison, surtout quand le vent se lève. Accrochez-vous à votre volant ou tenez bien votre chapeau et vos lunettes de soleil, les jours de tempête.

🎏 **Adega Regional de Colares** *(cave régionale de Colares) :* ☎ *219-28-73-33. Tlj 9h-13h, 14h-18h.* À 10 mn de Sintra, faites une pause pour découvrir un village réputé pour ses vins rouges, produits en petite quantité. Si vous vous mêlez à un groupe, vous aurez peut-être l'occasion de goûter ces raretés.
À Colares, possibilité de prendre la vieille route de Sintra menant tout droit (si l'on peut dire) à la *quinta* da Capela et aux autres curiosités en tous genres qui font le charme de cette partie de la sierra (voir plus loin « Dans les environs de Sintra »).

SINTRA
(2710)   5 000 hab.

◉ Sintra, ce nom dur comme du granit évoque la pureté cristalline de ses sources. Petite ville très étalée, accrochée à sa montagne, entourée de forêts profondes : c'est le nez de l'Europe, mais aussi un pied de nez aux stations de villégiature voisines. La tête voltigeant allègrement dans l'art sacré, voire mystique, les jambes engoncées dans un délire architectural à grande échelle.

Vous voici aux portes d'une incroyable ville désinhibée, où les villas pleines de charme rivalisent avec les palais les plus fous, le tout blotti dans un écrin de verdure et de douce fraîcheur, même en plein cœur de l'été.

Imaginez plutôt... Vous avez quitté la côte depuis peu et vous avez préféré (à juste titre, car elle reste féerique) prendre sur votre droite la « route des *quintas* ». Une petite route défoncée qui a conservé les traces du temps où la capitale du Portugal, à une trentaine de kilomètres, était seulement entourée de *retiros,* luxueuses propriétés où l'on faisait retraite, et de ces fameuses *quintas,* maisons à mi-chemin entre la ferme et le petit palais, refuges idéaux contre la chaleur de la grande ville. Impossible de les visiter pour la plupart, sauf celles qui ont été transformées en maisons d'hôtes, comme cette *quinta da Capela* (voir plus loin) cachée de la route par de hauts murs et que vous avez failli manquer, faute de panneau.

La vision colorée dans le lointain d'un palais semblant sorti d'un conte de fées vous incite à continuer votre chemin quand, par-dessus les hauts murs couverts de lierre, surgit au milieu des arbres la *quinta da Regaleira* : un autre palais, à la façade de pierre tellement chargée de sculptures symboliques qu'on se croirait cette fois dans un roman gothique... Et vous n'êtes pas au bout de vos surprises !

UNE COLLINE INSPIRÉE

Vous comprendrez vite pourquoi le pèlerinage dans cette ville chargée de richesses et de mystères, classée au Patrimoine de l'humanité par l'Unesco, est indispensable. Longtemps, Sintra fut une source de méditation et d'inspiration pour bon nombre d'artistes et d'écrivains romantiques. **Lord Byron** et **Andersen** y séjournèrent. **Paul Morand** n'échappa pas à l'étrange attraction de cette ville et en décrivit les azulejos « craquelés et délités par les racines des caoutchoutiers et arbousiers ». L'écrivain portugais **Ferreira de Castro,** découvert par Stefan Zweig et traduit en français par Blaise Cendrars, y passa la fin de sa vie dans un petit hôtel. L'auteur de *Forêt vierge,* hanté par l'Amazonie où il avait vécu, demanda qu'on l'enterre sous un gros bloc de granit anonyme, dans la montagne de la Lune. Un petit musée lui rend hommage (voir plus bas).

Évidemment, pour profiter de la sérénité des lieux, vous avez pris la précaution de venir hors saison ou du moins hors week-end. Ouf, nous voilà rassurés, vous pouvez donc commencer votre pèlerinage. Il ne devrait pas être triste, si vous savez varier les plaisirs.

Orientation

Passez directement à l'office de tourisme en arrivant, afin de chercher un plan. Pas facile de se repérer sinon entre *São Martinho,* le quartier historique, *São Pedro,* plus résidentiel, et *Santa Maria,* là où se trouve la gare (à *Portela de Sintra*). Sans oublier les environs immédiats, avec le circuit de Pena et les *quintas* à voir tout autour.

Sintra, ceci dit pour vous consoler, c'est avant tout une atmosphère. Il faut s'y promener à pied, s'y perdre (ça tombe bien !), s'en éloigner, y revenir, sentir les essences des espèces plantées là par des botanistes passionnés.

Arriver – Quitter

🚂 **Gare de chemin de fer :** av. Dr Miguel Bombarda. Au nord de la ville, à env 1 km. Petit bureau d'informations touristiques (☎ 21-924-16-23).

🚌 **Terminal d'autobus à Portela de**

Sintra : ☎ 21-469-91-00. ● scotturb. com ● Prévoir env 4 € l'aller-retour. Un bus touristique *Scott URB* (le n° 434) part de la gare ferroviaire de Sintra tlj 10h-18h env, ttes les 20 mn, pour un circuit en boucle desservant Sintra-centre, Castelo dos Mouros, Palácio da Pena, S. Pedro, à nouveau Sintra-centre et la gare. Très pratique.

➢ **En train :** de Lisbonne (gare du Rossio ou pendant les travaux de la gare de Sete Rios), trains ttes les 15 mn au moins ; 45 mn de trajet, prévoir 4 € l'aller-retour. Ou bien de la gare do Oriente ou d'Entre Campos, en passant par Benfica et Queluz. Ne pas descendre à Portela de Sintra...

➢ **En bus :** compter 9 € le forfait pour emprunter tous les bus de la région pendant 7h30, et 12 € pour un ticket combiné au train au départ de Lisbonne (sinon, pas valable).
Si vous voulez visiter Sintra et Cascais dans la journée au départ de Lisbonne, nous vous conseillons vivement de commencer par Sintra car les monuments ferment tôt alors qu'à Cascais il ne vous reste plus qu'à vous allonger sur la plage. Bus *Scott Urb* devant la gare ferroviaire.

➢ Un adorable vieux *tram* fait l'aller et retour de Sintra jusqu'à la mer (praia das Maçãs) les ven, sam et dim pour 2 €.

Adresses et infos utiles

🔲 **Office de tourisme :** praça da República, 23. ☎ 21-923-11-57. ● cm-sintra.pt ● *Tout à côté du palais royal. Ouv 9h-19h (20h juin-sept). Fermé les 24 et 25 déc, 1ᵉʳ janv, j. de Pâques et 1ᵉʳ mai.* Francophone et très accueillant. Propose la liste des pensions et des hôtels, des fiches bien faites sur les randonnées. Distributeur automatique.

✉ **Poste :** à proximité de l'office de tourisme et dans le quartier de la gare (2 km du centre historique).

– Attention, les *taxis* de Sintra sont beaucoup plus chers que ceux de Lisbonne. On vous compte 5 à 6 € pour la moindre course.

– **Marché à la brocante :** les 2ᵉ et 4ᵉ dimanche de chaque mois, dans le quartier de São Pedro. Également des fruits et légumes (moins chers !). Très animé. Tous les ans, le 29 juin, il s'élargit en une grande foire des antiquaires et des artisans de la région. Pour s'y rendre, prendre le bus n° 433.

– De juin à septembre, les palais historiques de la ville accueillent un *festival de Musique et de Ballets* réputé. Rens à l'office de tourisme ou ☎ 21-910-71-10.

Où dormir ?

De prix moyens à plus chic

🏠 **Casa de Hospedes Maria da Parreirinha :** rua João de Deus, 12-14. ☎ 21-923-24-90. *À 1 km du centre, derrière la gare, à côté du poste de police. Parking gratuit. Double env 40 €. Pas de petit déj ni d'AC. CB refusées.* Petite pension avec des chambres propres et ordinaires, mais salles de bains petites. Une adresse familiale. Le resto, si vous voulez dîner, se trouve quelques mètres plus bas. En dépannage, si vous arrivez tard, mais bien plus sympa de dormir dans le centre de Sintra.

🏠 **Cinco B&B :** *de l'office de tourisme, prendre la rue Gil Vicente, arriver au bout, tourner à droite, c'est à 20 m sur la gauche.* 🔲 91-450-22-55. Compter 70 € pour 2 pers et éventuellement 2 enfants. Un vrai B & B à l'anglaise, et pour cause, Carole Haynes, si elle est installée depuis plus de 10 ans au Portugal, est d'origine britannique. Un seul appartement, coquettement aménagé et très douillet, avec cuisine équipée, salon et terrasse fleurie, dans une belle maison en pierre. Quant à la vue ! Un coin de campagne au cœur de Sintra.

🏠 **Vila Marques :** rua Sotto Mayor, 1. ☎ 21-923-00-27. Fax : 21-924-11-55. *À 300 m du centre historique. Double 40-75 € selon confort et saison (pas de petit déj).* Belle maison du XIXᵉ siècle aux murs couleur saumon, bordée à l'ouest par un jardin ensoleillé qui domine la vallée. À l'intérieur, les azulejos, les statues religieuses, les meubles patinés par le temps confèrent un charme vieillot à la maison. Chambres de bon confort familial (dont deux avec douche-w-c sur le palier). Certaines ouvrent directement sur le jardin où des oies glissent sur un petit bassin.

🛏 *Vitral :* rua Gil Vicente, 20, 1°. ☎ 21-924-05-47. 🖥 96-500-92-73. *Dans une petite rue qui descend à droite de l'office de tourisme, à 50 m sur la droite. Env 45 € la chambre double.* Une vraie maison d'hôtes où l'on est courtoisement accueilli par António Luís Pedro Baptista qui se mettra en quatre pour vous faire passer un agréable séjour à Sintra. Chambres claires et confortables avec de grandes salles de bains et de hauts lits à l'ancienne mais aux matelas tout neufs. Une excellente adresse dans le centre historique.

🛏 *Pensão Residencial Sintra :* travessa dos Avelares, 12. ☎ 21-923-07-38. • pensao.residencial.sintra@clix.pt • residencialsintra.blogspot.com • *De la gare, prendre le bus direction le village de São Pedro et demander l'arrêt Arrabalde. Doubles 45-90 €, petit déj inclus, selon vue et saison.* TV satellite. Vieille bâtisse bourgeoise assez isolée, dans un parc. Une quinzaine de chambres, certaines vieillottes, d'autres rénovées, à chacun ses envies. Belle piscine. Une bonne adresse, parking compris. Accueil très souriant.

Beaucoup plus chic

🛏 |●| *Lawrence's Hotel :* rua Consigliere Pedroso, 38-40. ☎ 21-910-55-00. • lawrenceshotel.com • *Après le musée Ferreira de Castro. À partir de 100 € la nuit. Petit déj inclus et resto autour de 35 € par pers avec un menu qui change ts les mois.* Construite en 1764, cette belle bâtisse accueillit d'illustres personnages tel Lord Byron. Chambres cossues, toutes différentes, certaines avec vue sur la forêt alentour, où l'on est seulement dérangé par le murmure de la cascade, tandis que d'autres possèdent un beau lit à baldaquin. Tout dépend si l'on préfère vivre d'amour ou d'eau fraîche !

Où dormir dans les *quintas* des environs ?

Sachez que les environs immédiats de Sintra recèlent des *quintas* toutes plus charmantes les unes que les autres, pour ceux qui préfèrent le luxe et l'isolement.

Plus chic à très chic

🛏 *Quinta das Sequoias :* AP 1004. ☎ 21-923-03-42 ou 21-924-38-21. • guesthouse@quintdassequoias.com • quintadasequoias.com • *À Sintra, prendre la route de Monserrate, dépasser le palais de Seteais et continuer à monter ; à 1 km env, sur la gauche, route privée menant, 2 km plus loin, à la Casa da Tapada (la « maison d'hôtes », en v.f.). Fermé 15 nov-15 mars. Chambres doubles 160 €.* Apéritif de bienvenue offert sur présentation de ce guide. Une délicieuse maison d'hôtes isolée en pleine forêt, à l'écart du monde et du bruit. Bâtie à flanc de coteau, cette ancienne ferme, décorée par Cândida Gonzalez avec d'authentiques pièces de collection, est idéale pour les passionnés d'art. Les amoureux demanderont la chambre dans la tour (vue sur le palais !) avec son adorable baignoire à sabots. Accueil très courtois et attentif. Petite piscine et parking gratuit. Adresse non-fumeurs. Délicieux petit déj servi dans l'ancienne cuisine, près d'une énorme cheminée.

🛏 *Palácio de Seteais :* av. Barbosa do Bocage, 10. ☎ 21-923-32-00. • htpse teais@tivolihotels.com • *De Sintra, prendre la direction de Monserrate, c'est à env 2 km. Doubles à partir de 140 €, petit déj inclus.* La vie de château, ça vous tente ? Vous voici dans un palais de la fin du XVIIIe siècle, entouré d'un grand parc (accessible aux non-résidents), et de jardins à la française avec une vue sur toute la vallée en contrebas. Chambres avec plus de 3 m sous plafond, du beau mobilier d'époque, salle de bains en marbre et tout le confort moderne, cela va de soi. Superbe piscine et accueil en français. Parfait !

🏠 **Quinta da Capela :** *estrada velha de Colares, 2710 Sintra.* ☎ *21-929-01-70.* ● *quintadacapela.com* ● ♿ *À 500 m des jardins de Monserrate, à partir de Sintra, prendre la direction du village de Colares. Doubles env 140 € avec douche ou bains. Réduc de 10 % sur le prix de la chambre, sur présentation de ce guide.* Une adresse exceptionnelle. La vue est douce, le silence total. On loge, en fait, dans un petit hameau du XVIIIe siècle. Derrière la maison, un bassin avec des cygnes blancs, et quelques fauteuils assortis dans l'herbe. Ce ne sont pas les tourterelles grimpées sur le toit et accrochées aux tuiles qui feront tache dans le paysage. Les chambres sont assez confortables mais on préfère de loin le cottage n° 2 avec sa terrasse privative (pour le même prix qu'une chambre !). Cette ancienne ferme possède aussi une piscine et un sauna.

Où manger à Sintra et à São Pedro ?

Sintra, si merveilleuse soit-elle, est une ville assez chère. Pour qui rêve de taverne populaire, il faut s'éloigner un peu, du côté de São Pedro de Sintra. Là, rua João de Deus, une impasse derrière les quais : de nombreux *restos* populaires, ouverts tard le soir, dont le sympathique *Dom Pipas*.

Prix moyens

|●| **Tulhas :** *rua Gil Vicente, 4-6.* ☎ *21-923-23-78. À droite de l'office de tourisme. Tlj sf mer. Compter 15 € pour un repas.* Petite salle au décor rustique, qui n'a pas beaucoup changé en 25 ans (admirez les fresques anciennes). Savoureuses spécialités locales. Comme le resto figure dans tous les guides et qu'il est très prisé des locaux également, vous ne risquez pas d'être seul devant votre *bacalhau com natas*, une vraie brandade de morue à l'ancienne, toujours aussi savoureuse, à moins que vous ne craquiez pour une morue à la crème, avec des frites maison.

|●| **Taverna dos Trovadores :** *praça D. Fernando II, porta 6.* ☎ *21-923-35-48.* ♿ *Tlj sf dim jusqu'à 2h du mat. Plats du jour env 12 €. Concerts le w-e vers 23h. Apéritif, café ou digestif offert sur présentation de ce guide.* À côté du marché à la brocante. Au fond de la Lojas do Picadeiro, une cour pavée entourée de boutiques d'artisanat. Taverne musicale avec véranda qui sert une gentille cuisine familiale et généreuse. Accueil cordial de Fernando Pereira, jovial maître de ces lieux dont le nom complet devrait vous éclairer : *Taverne des troubadours qui boivent du blanc et du rouge à n'importe quelle heure du jour ou de la nuit* (figure dans le *Guinness des Records*). Grand parking à côté !

|●| **Al Fresco :** *rua Serpa Pinto, 2.* ☎ *21-924-63-53. En face du marché bimensuel, à 1,5 km du centre historique. Tlj sf lun et dim midi lorsqu'il y a marché.* Un resto italien contemporain dans un bel espace éclairé avec soin. Si les pâtes (copieuses et délicieuses) et les pizzas (toutes fines) sont à l'honneur, on peut aussi y manger des plats plus sophistiqués de viande, comme les *saltimbocca alla romana* et du poisson. Belle carte des vins italo-portugaise. Service très pro.

Où déguster une pâtisserie ?

Les 2 spécialités de Sintra sont les *queijadas,* petits gâteaux à base de fromage blanc et de cannelle, et les *travesseiros,* pâte feuilletée fourrée de crème d'amande. On peut les acheter un peu partout dans les *pastelarias,* quoique...

Au XIIᵉ siècle, quand les rois se tapaient ces petites merveilles, on ne parlait pas encore de faux et de contrefaçons. Sachez tout de même que ce n'est pas sans raison qu'on vous parle ici des maisons qui s'enorgueillissent d'appartenir à l'association restreinte autant que lucrative des « fabricas das quijadas de Sintra ». Car on en trouve un peu partout, de ces délicieuses tartelettes au fromage et aux amandes, et même sur le bord des routes du côté de Cascais, mais dans ce cas ce sont des « copies ». Même les œufs ne sont pas authentiques, paraît-il.

|●| *Casa Piriquita : rua das Padarias, 1 et 18. ☎ 21-923-06-26. Tlj sf mer.* Dans la rue pavée qui monte face au *palácio nacional.* C'est ici que sont fabriqués « à l'ancienne » les *queijadas* et les *travesseiros.* Il faut faire la queue avec son numéro d'attente avant d'être servi. Une annexe avec terrasse a ouvert un peu plus haut dans la même rue. Servent aussi quelques plats simples et bon marché, idéal pour le midi.
|●| *Casa de Chá Raposa : rua Conde Ferreira, 29 (à côté de la mairie). ☎ 21-924-44-82. Face à la mairie de Sintra, prendre la rue Dr Alfredo da Costa, puis* la *1ʳᵉ à gauche. Tlj sf lun, mar-ven 12h-19h, sam-dim 16h-21h. Repas 10-15 € ; formule « thé + gâteau » env 10 €.* Si la perspective de circuler dans des rues noires de monde en fin d'après-midi vous fatigue, réfugiez-vous dans cet adorable salon de thé. Une atmosphère de vraie bonbonnière : des bouquets de fleurs séchées, des statues, des bougies, des odeurs de gâteaux, de tartes. Tout est à savourer, tout est à vendre. À commencer par la maison, qui a changé de propriétaire lors de notre passage. « Cha s'fait pas » !

Où boire un verre ?

🍷 *Loja do Vinho : praça da República, 3. ☎ 21-924-44-10. Sur la place principale. Ferme à 20h.* Bar à vin où le porto se taille la part du lion, bien sûr. Quelques tables au rez-de-chaussée, mais le plus sympa est de s'attabler dans la petite cave aux murs tapissés de bouteilles. C'est le moment de s'instruire sur l'incroyable diversité des vins portugais. Fromages et charcuterie locale pour accompagner vos dégustations.
🍷 *Binhoteca : rua das Padarias, 16. ☎ 21-924-08-49.* Adresse sympathique où vous trouverez une sélection de plus 100 vins portugais au verre, classés par variété et région d'appellation d'origine. Pour les petites faims, une très bonne sélection de fromages et saucissons du Portugal.

À voir dans le centre

Attention, les lundi, mardi et mercredi, il y a toujours un des palais fermé alors que les autres jours, tous sont ouverts.

🏛🏛 🚶 *Palácio nacional de Sintra : largo Rainha D. Amélia. ☎ 21-910-68-40. ● pnsintra@ippar.pt ● Tlj sf mer et certains j. fériés 10h-17h30 (dernière admission à 17h). Entrée : 4 € ; réduc ; gratuit dim avt 14h et avec la Lisboa Card.* De l'extérieur, on est toujours un peu surpris par les deux gigantesques cheminées qui ne sont autres que celles des cuisines, ajoutées au XIVᵉ siècle (et qui mériteraient bien une nouvelle couche de peinture !). Pour Manuel Iᵉʳ, le dernier reconstructeur de ce château bricolé du XIIIᵉ au XVIᵉ siècle, seul l'intérieur comptait. Il voulait concurrencer le palais de l'Alhambra de Grenade. Vu le niveau de l'affluence incessante des groupes, c'est réussi ! Sintra ayant lancé la mode des azulejos dans tout le Portugal, son palais principal en devint la brillante vitrine. Ne manquez pas l'étonnante pagode chinoise en ivoire du XVIᵉ siècle, haute de près de 2 m, exposée dans la *sala Chinesa,* pièce où fut enfermé pendant neuf ans (de 1674 à 1683) le pauvre vieux Alfonse VI, qui avait tout perdu : sa femme, sa liberté, son royaume (c'est son frère qui en a profité, mais c'est une autre histoire). Tout aussi surprenants, les plafonds peints d'oiseaux (cygnes, pies, colombes, etc.) tout au long de la visite. Mais c'est dans la salle des Blasons *(sala dos Brasões)* qu'on mesure la force de la royauté de l'époque : au plafond sont peints les blasons des 72 familles de l'aristocratie portugaise du XVIe siècle (l'âge d'or des Découvertes). Voilà les chevaliers des mers lointaines : Albuquerque, Soutomayor, Menezes, Brito, Cabral, Mascarenhas... Également à voir, les énormes cuisines avec leurs fours et leurs marmites.

🐾🐾🐾 🏃 *Quinta da Regaleira :* ☎ 21-910-66-50. ● *regaleira@mail.telepac.pt* ● *En quittant le centre de Sintra par la rua Barbosa du Bocage (celle de l'office de tourisme), on passe immanquablement devant le palais. Ouv 10h-20h avr-sept (18h30 hors saison ; 17h30 en hiver). Entrée : 10 € avec 2h de visite guidée en français (résa obligatoire), 5 € en visite libre avec documentation en français ; réduc. Compter 1h30 env.*

À l'intérieur de ce palais, à la façade de pierre tellement chargée de sculptures symboliques qu'on se croirait dans un roman gothique, cafétéria avec une merveilleuse terrasse. Les enfants adoreront le jardin. Se munir éventuellement d'une lampe de poche pour parcourir les souterrains (ne pas en acheter exprès, quand même !). Relevant un peu du parcours de santé (le site se situe à flanc de colline), le parc invite à flâner et à se perdre. Le plan pas vraiment clair s'en charge d'ailleurs très bien pour vous !

Le style de ce palais tout à fait hors normes et bien peu académique hésite, pour tout vous dire, entre le néogothique et le néomanuélin. La demeure, ses annexes et le parc sont nés au début du XXe siècle de l'imagination exaltée d'un riche propriétaire, Carvalho Monteiro, associé à l'architecte italien Manini.

Toute sa fortune, accumulée au Brésil grâce au monopole du commerce du café et des pierres précieuses, suffit à peine pour transformer, entre 1904 et 1911, ce qui était déjà un beau domaine en une demeure capable d'accueillir les grands de l'époque. Hélas, l'intérieur vous semblera un peu dénudé, faute de meubles (ce sont les salles de réunion de la municipalité). Le mobilier et les collections de Monteiro ont été vendues : montres au musée de Besançon, papillons au musée de Coimbra, bibliothèque à Washington.

Il fallait le microclimat de la région pour aménager un *jardin spirituel et romantique* (la partie la plus étonnante de la visite), mêlant les plantes exotiques et la végétation spontanée, qui allait devenir, pour les générations à venir, le point de départ d'un étrange voyage.

On pourra se satisfaire du caractère fantaisiste du lieu ou alors tenter d'en capter sa dimension philosophale. Bien plus qu'un simple jardin, il s'agit d'un enclos représentant la quête spirituelle de l'homme dans l'univers, au sens le plus noble du terme. Suivez le guide (c'est obligatoire) de la « chemin de l'initié » qui vous mènera, de symboles franc-maçonniques en constructions dans le style néomanuélin, de la terrasse des Chimères au fond d'un puits monumental *(poço iniciático),* espèce de tour inversée de 27 m de profondeur. Un escalier en colimaçon y descend. Une plongée à l'intérieur de soi-même (traduction libre) avant de retrouver le chemin du paradis, qui passe par un lac que les nostalgiques de Louis II de Bavière regarderont avec envie.

Ce n'est peut-être pas vraiment un hasard si on doit à un cousin de ce dernier, devenu par son mariage avec la reine Maria II roi du Portugal, la construction, en 1840, du délirant palais de la Pena et de son parc (voir plus loin « Le circuit autour de Pena »).

🏃 *Le musée d'Art moderne :* av. Heliodoro Salgado, 2. ☎ 21-924-81-70. ● *museu@sintramodernart.com* ● ♿ *Dans l'ancien casino de Sintra. Tlj sf lun 10h-18h. Entrée : 3 €.*

Consacré à la production artistique internationale de 1945 à nos jours, ce musée voit aujourd'hui son avenir compromis par la disparition de la collection Berardo, qui a quitté Sintra pour Belém où elle devrait avoir intégré la Fondation d'art moderne et contemporain, dans les locaux du centre culturel.

Des expositions thématiques devraient continuer de faire découvrir ici quelques-unes des œuvres en provenance de l'Europe et surtout des États-unis. Tapiés, Warhol, Karel Appel, etc. Ces œuvres permettront de jeter un autre regard sur le siècle écoulé.

🚶 🚶 *Museu do Brinquedo* (musée du Jouet) : rua Visconde de Monserrate. ☎ 21-924-21-71. ● museu-do-brinquedo.pt ● ⚒ Face au Palácio nacional. Tlj sf lun 10h-18h. Entrée : 4 € ; réduc avec la Lisboa Card. Toujours propriété de la fondation Arbues Moreira, ce réjouissant musée pour accros de jouets en tôle, de 7 à 77 ans, possède près de 40 000 pièces de toutes les époques, qui sont loin d'être présentées en totalité dans les vitrines des différents étages. Soldats de plomb, trains électriques, cirques, poupées de cire, de porcelaine... Tout y est, alors faites attention aux détails. Vous resterez songeur devant ces parades hit-lériennes, ces crocodiles d'Afrique avec lesquels jouent de petits Noirs, ces très beaux carrosses pour enfants nobles, et autres souvenirs d'un temps que les moins de vingt ans ne peuvent pas connaître... Jetez un œil avant de partir à l'atelier de réparation, et faites-vous plaisir en vous arrêtant à la boutique.

🚶 *Museu Ferreira de Castro* : rua Consiglieri Pedroso, 34. ☎ 21-923-88-28. ● museu.fcastro@cm-sintra.pt ● Tlj sf lun, mar-ven 10h-12h30, 14h-18h, w-e et j. fériés 14h-18h. Entrée gratuite. Ce petit musée intéressera les connaisseurs de l'Amazonie et de sa littérature, qui ont lu le chef-d'œuvre A Selva (en français : Forêt vierge). Né dans une famille pauvre du nord du Portugal, Ferreira de Castro (1898-1974) émigra – seul et jeune – au Brésil où il travailla dans une plantation de caoutchouc dont le nom « Paradis » n'était qu'une antiphrase. Il découvrit avec effroi la rudesse de l'enfer vert et les conditions de vie épouvantables des *sering-ueiros*. Revenu au Portugal, il devint journaliste et écrivit plusieurs livres dont A Selva, témoignage unique en son genre, inspiré de son expérience dans la jungle. Stefan Zweig découvrit ce beau livre et le proposa à Grasset, qui le fit traduire par Blaise Cendrars, un autre « grand adorateur » du Brésil. À travers de nombreux documents et objets, le musée raconte la vie de cet écrivain remarquable – bien que peu connu – qui a écrit les plus belles pages sur la forêt amazonienne.

À voir. À faire en dehors du centre : le circuit de Pena

Le reste de la visite peut difficilement se faire à pied, ou alors vous allez y passer du temps. Il existe un billet forfaitaire (durée limitée d'utilisation : 7h30) pour tout visi-ter avec le seul bus n° 434, appelé *circuito da Pena*. Voir la rubrique « Arriver – Quitter ».

🚶🚶 🚶 *Parque da Pena* (Parc de Pena) : tlj 9h30-18h en hiver, 9h-19h en saison (20h en été) ; billetterie fermée 1h avt. Entrée : 4,50 € ; gratuit avec la Lisboa Card. Même entrée que le palais, et possibilité de billet combiné (8 €). Visite guidée possible (résa). Sur près de 200 ha se jouse là une symphonie de verdure aux essences les plus diverses, de rocailles, fontaines et pièces d'eau. Il n'y manque que les fées. Plusieurs chemins permettent de se promener sans risque de se perdre car le parc est ceinturé par un mur. Libre alors de partir à la découverte de la vallée des fougères arborescentes et des séquoias géants, du jardin des camé-lias, du mystérieux chalet de la Comtesse et enfin de la Cruz Alta, calvaire du XVI⁰ siècle qui culmine au point le plus haut de la serra, à 529 m. Le panorama y est bien sûr... à la hauteur.

Il est possible sur une journée d'enchaîner à pied ces visites à partir de la vieille ville de Sintra (voir plus loin « Randonnées pédestres »).

🚶🚶🚶 🏃 *Palácio nacional da Pena* : à 4 km de Sintra (marcheurs attention, ça grimpe dur !). ☎ 21-910-53-40. ● pnpena@ippar.pt ● Tlj sf lun 10h-17h30 (19h en été) ; dernière entrée à 16h30 en hiver, 18h en été. On vous conseille d'arriver tôt à cause des groupes. Entrée : 7 €, ou 4 € pour le parc seul ; gratuit avec la Lisboa Card (sf pour l'entrée du parc à 4 € qui est obligatoire). On doit laisser ses sacs à l'entrée. Bar-resto ouv 12h-16h.

Perché à 500 m au-dessus de la mer au milieu du parque da Pena. On traverse une superbe forêt pour y accéder. Depuis le portail, encore 1 km de montée à pied ou en car (payant). De fausses murailles jaune canari, des tours gothiques rouge écarlate, un pont-levis qui n'a jamais fonctionné, quelques minarets, un ou deux dômes mauresques (qui disparaissent parfois dans la brume) et un donjon. Cela ne vous rappelle rien ? Louis II de Bavière et ses châteaux de contes de fées ! Mais le palais de la Pena est plus ancien que le château bavarois de Neuschwanstein, ce qui peut surprendre. Le plus fou des deux cousins n'étant pas forcément celui qu'on pense, c'est donc bien à celui qui devint, par son mariage avec la reine Maria II, roi du Portugal, que l'on doit la construction, à partir de 1840, du délirant palais de la Pena et de son parc.

Des airs de musique baroque vous accompagnent dans cet invraisemblable château à l'architecture encore plus fantaisiste que fantastique. Clin d'œil aux films d'horreur, avec ce monstre caché au-dessus de la porte, soutenant une marquise, les pieds dissimulés dans d'énormes coquillages où poussent des cactées.

L'intérieur ne déçoit pas non plus : à l'exception d'un cloître et d'une chapelle manuélins authentiques, uniques rescapés de l'ancien couvent des frères hiéronymites, les pièces – assez petites – reflètent le goût du XIXe siècle. La muséographie, plutôt réussie, permet d'imaginer la vie dans ces lieux, avec ces prototypes de salles de bains à la Jules Verne (chambre de Carlos Ier), ces chambres quelque peu surchargées, ce salon arabe débordant de coussins... Dans le salon Indien, beaux meubles en teck de style indo-portugais. Dans le salon Meissen, étonnante table avec des pieds en porcelaine de Saxe !

La sortie en plein soleil, sur la terrasse, rend encore plus nostalgique le passage par le jardin d'hiver, et plus triste l'arrivée dans le « salon Noble » rempli, comme toujours de symboles maçonniques. Quant à l'inspiration mauresque, avec les stucs, elle est évidente. Il faut imaginer les danses d'autrefois, pendant le carnaval, avec les 72 bougies du lustre néogothique allumées pour l'occasion, comme les torchères des quatre Turcs qui boudent toujours, dans leur coin. Pensez que tout est resté en l'état depuis la chute de la monarchie et la fuite des souverains en Grande-Bretagne en 1910.

Encouragée par le prince consort Ferdinand de Saxe Cobourg-Gotha, toute la bonne société fit de Sintra son lieu de villégiature préféré. Ainsi naquirent manoirs et palais autour d'un centre urbain déjà en plein essor. Une balade à pied jusqu'au château des Maures, pour reprendre contact avec la réalité, s'impose.

🏃 *Castelo dos Mouros* : à 3 km au sud, par la route du palácio da Pena. Mêmes horaires et tarifs que le parque da Pena. Quand on vient à pied depuis Sintra, bien penser à passer par le parking pour prendre le ticket avant de continuer à monter. L'ancienne forteresse maure du VIIIe siècle n'a plus que ses remparts à vous offrir, le reste étant passé par pertes et profits lors de sa prise par le roi Alphonse-Henri au XIIe siècle. Les murailles ont été restaurées au XIXe siècle. En parcourant le chemin de ronde qui épouse le relief tourmenté, on découvre de superbes panoramas, du pont de Lisbonne au cabo da Roca.

➤ DANS LES ENVIRONS DE SINTRA

Le reste de la balade nécessite cette fois une voiture, mais vaut largement le déplacement. Comme vous avez peut-être la chance d'être hébergé dans une des *quintas* des environs, le problème est déjà certainement réglé. Attention, simplement, les routes sont étroites et les locaux n'aiment pas laisser la priorité à d'autres.

🌴 *Le parc et le palais de Monserrate :* à 4 km à l'ouest de Sintra. ☎ 21-923-73-00. Tlj. Mêmes horaires et tarifs que le parque da Pena. Visites guidées en anglais, en portugais et en espagnol du palais et du parc à 10h et 15h : 8 €, sur rendez-vous slt. Entrée du parc : 4 €. Amateur de promenades romantiques, ce parc vaste comme le flanc de la colline qu'il occupe est le vôtre. Il a bénéficié des extravagances de ses deux propriétaires anglais successifs : l'écrivain voyageur William Beckford (XVIIIe siècle) et Francis Cook, un richissime lord qui y a édifié au XIXe siècle un palais de style moghol, dont la rénovation devrait s'achever prochainement. Tous deux n'ont pas lésiné sur les arbres exotiques, les cascades, les promontoires. Un vrai jardin botanique terriblement décadent, à la fois historique, romantique et exotique. Un jardin anglais un peu fou, à parcourir à son rythme, en toute liberté.

🌴 🍷 *Palácio de Seteais :* rua Barbosa du Bocage, 8. ☎ 21-923-32-00. Fax : 21-923-42-77. À 1,5 km sur la route de Colares. Ce fut la demeure au XVIIIe siècle du consul de Hollande. Sa façade ocre et blanc est célèbre pour l'arc ajouté au XIXe entre les 2 ailes du bâtiment. Bien qu'il soit reconverti en palace, il est toujours agréable d'y prendre un verre. Et plus si affinités (resto cher mais remarquable). Très belle vue sinon, pour vous consoler, sur le palácio da Pena et le verger de citronniers.

🌴 *Convento dos Capuchos* (couvent des Capucins) : à 8 km, entre Sintra et le cabo da Roca, par la route qui conduit au parque da Pena. Attention : on n'y accède pas en bus. ☎ 21-928-96-21 pour les visites guidées. ● parquesdesintra.pt ● Tlj 9h30-18h (19h en été) ; dernière admission 1h30 avt la fermeture. Visites guidées (de 1h). Téléphoner avt pour savoir à quelle heure la visite en français a lieu. Entrée : 4 € ; visite guidée 8 € ; réduc pour étudiants et avec la Lisboa Card. Construit au XVIe siècle, il a été habité jusque vers le milieu du XVIIIe par huit moines. L'entrée, masquée par des rochers, conduit dans un monde miniature : cellules lilliputiennes où l'on pénètre en se baissant, une minichapelle et un miniréfectoire, puis le potager. La présence du liège, sur les portes et les plafonds entre autres, servait à se protéger de l'humidité. L'ensemble témoigne de l'extrême pauvreté et de l'ascétisme qui y régnait.

🌴 *Le monastère de Peninha :* sur la même route, un peu plus loin en tournant à gauche. Après une courte ascension à pied, vous bénéficierez sur un superbe point de vue sur la côte et toute la région depuis ce monastère.

🏖 🚶 *Les plages :* la côte de Sintra est célèbre pour ses petites plages engoncées dans la falaise – praia da Adraga, praia Grande, praia das Maçãs et praia do Magoito. Pour aller à pied de l'une à l'autre par la côte, voir « Randonnées pédestres ». Un ancien tramway – l'*eléctrico* – circule entre Sintra et praia das Maçãs (plage des Pommes). Départ près du musée d'Art moderne, dans le quartier de la gare. Renseignements sur les horaires et les tarifs à l'office de tourisme et à la gare de Sintra (mais on ne garantit pas qu'il fonctionne toute l'année !).
Au nord de praia das Maçãs, village photogénique de *Azenhas do Mar,* minuscule assemblage de maisons agrippées au rocher. Connu pour ses moulins à eau, qui lui ont donné son nom, et pour sa piscine naturelle d'eau de mer (accès gratuit). Sans parler de son restaurant, très réputé auprès des amateurs locaux de poissons et de fruits de mer. Si les prix vous semblent élevés, réfugiez-vous au snack bar, *Terraço da Azenha.*

Randonnées pédestres

Tout un tas de possibilités de randonnées dans les parages, d'une demi-journée à plusieurs jours. L'office de tourisme propose 5 fiches-randonnées très bien faites, en français, en anglais et bien sûr en portugais : Quintas, Castelo, Seteais, Santa Maria et Pena. On trouvera également sur le site de l'ICN (● icn.pt ●) des parcours pédestres dans la serra de Sintra. Il s'agit en fait d'un parc naturel qui s'étale entre l'embouchure de la rivière Falcao et Cascais, en partie classé au Patrimoine mondial par l'Unesco depuis 1995. Eucalyptus, lauriers, arbousiers, fougères et genêts poussent en pagaille sur ces terrains volcaniques. Pour toute info concernant les randos : ☎ 21-924-72-00. ● fpcampismo.pt ●

➤ *Parcs et châteaux :* il est possible d'aller à pied jusqu'au *palácio da Pena* en passant par le *Castelo dos Mouros* (ruines du château des Maures) et en profitant au passage des sous-bois agréables de la serra. Pour cela, il est assez facile de se repérer avec le plan de Sintra distribué par l'office de tourisme. Prendre en haut de la vieille ville la rua Marechal Saldanha puis, à droite, la rue qui monte vers l'église Santa Maria. Continuer, puis prendre à droite une rue pavée assez raide qui accède à un tourniquet. Ici commence un parcours de sous-bois qui mène immanquablement au *Castelo dos Mouros* (aller-retour en 2h à partir du *palácio nacional* en comptant la visite des remparts). Pour rejoindre le *palácio da Pena,* prendre la direction du parking au sortir du *castelo* puis suivre la route qui monte. On accède ainsi au *parque da Pena* et au palais du même nom. Compter une journée pour profiter pleinement de cette balade agrémentée de pauses bucoliques.

➤ Le GR 11 longe la *côte atlantique* entre praia da Adraga et praia do Magoito (sentier balisé). Deux balades de 5 km environ : de praia da Adraga à praia das Maças et de Azenhas do Mar à praia do Magoito.

ERICEIRA   (2655)   6 500 hab.

Ce petit port de pêche, situé à 25 km au nord de Sintra, a su s'affranchir des contraintes imposées par la nature et plonger dans la mer du haut de sa falaise. Lorsque les éléments se déchaînent, les bateaux sont hissés à quai par des tracteurs, remplaçant les bœufs d'antan. C'est d'ailleurs l'une des rares villes où l'on observe, à la basse saison, une rue longeant la plage où sont stationnés, les uns derrière les autres... des bateaux rangés soigneusement.
Bien sûr, aujourd'hui, le tourisme est devenu l'activité principale, et le week-end les foules se pressent dans les rues. Quant aux prix, ils s'envolent en juillet et en août. Mais, fort heureusement, le travail des promoteurs s'est concentré dans la partie sud de la ville, sans d'ailleurs en faire un lieu désagréable. Tout le quartier nord a su conserver son authenticité autour de la chapelle dédiée aux marins, dans une harmonie de murs en blanc et bleu.

Arriver – Quitter

➤ La station de bus est située sur la route nationale, derrière l'église São Pedro. Des bus *Mafrense* passent toutes les heures pour *Lisbonne* (via Mafra ; moins de 5 € pour 1h10 à 1h30 de trajet), ainsi que pour Sintra. Pour *Torres Vedras,* situé au nord, compter 4 à 5 bus/j.

Adresses utiles

🛈 *Junta de Turismo :* rua Dr Eduardo Burnay, 46. ☎ 261-86-31-22. ● ericeira. net ● Lun-ven 10h-13h, 14h30-18h30 ; sam 10h-13h, 15h-22h ; dim 10h-13h, 15h-19h (plus tard en été). Sert aussi de centre téléphonique.

🚌 *Compagnie de bus Mafrense :* ☎ 26-186-27-17.

🖥 *Cybercafé :* praça da República, 1. ☎ 21-265-53-47. Ouv 11h-23h.

Où dormir ?

Camping

⚠ **Parque de campismo de Mil Regos :** Estrada Nacional 247. ☎ 261-86-27-06. ● ericeiracamping.com ● À 1 km au nord de la ville, sur la droite de la route principale (bien indiqué) en direction de Ribamar et Talefe. En juil- août, compter 16 € pour une tente, une voiture et 2 pers. Camping municipal sur une colline ombragée. Sol un peu dur mais fonctionnel et bien entretenu. Resto, minimarché, blanchisserie, piscine.

Prix moyens

🛏 **Hotel Pedro O Pescador :** rua Dr Eduardo Burnay, 22. ☎ 261-86-91-21. Fax : 261-86-23-21. Double 35-55 € selon saison, petit déj compris. Des chambres aux murs blancs avec du mobilier de couleur vive, comme un air de fête, certaines avec une vue (partielle) sur l'océan. Petit patio intérieur fleuri, très plaisant. Accueil charmant.

🛏 **Hospedaria Bernardo :** rua Prudência Franco da Trinidade, 11. ☎ 261-86-23-78. ● hospedariabernardo@iol.pt ● hospidariabernardo.com ● Dans une rue qui monte à partir de la praça da República. Double 25-40 € selon confort et saison. Ici, pas 2 chambres pareilles : certaines avec une petite véranda, d'autres équipées d'un coin cuisine, d'autres encore avec un frigo et un four à micro-ondes et toutes avec salle de bains. À vous de voir selon vos besoins mais sachez que le rapport qualité-prix est, de toute façon, fort honnête. Bon accueil.

🛏 **Pensão Gomes :** rua Mendes Leal, 11. ☎ 261-86-36-19. Dans une rue juste à côté de l'office de tourisme, sur la praça da República. Doubles 35-40 € avec ou sans douche-w-c, selon saison. Le charme d'un ancien hôtel anglais resté en l'état, mais pas de décadence, tout est impeccable : les parquets sentent bon la cire, et les chambres, assez grandes, sont meublées simplement.

Plus chic

🛏 **Residencial Vinnus :** rua Prudêncio Franco da Trindade, 19, 1°. ☎ 261-86-38-30. 📱 91-223-59-19. Situé 50 m plus haut que la praça da República. Doubles 20-60 € selon saison et confort. Chambres propres, sans prétention, avec douche-w-c et TV, donnant sur une rue calme. Pas d'AC. La chambre n° 15, familiale, possède une cuisine, pratique pour les plus longs séjours.

Où manger ? Où boire un verre ?

|●| **Pastelerias** et **café-restos** en terrasses autour de la praça da República.

Très bon marché

|●| **Snack O Cantinho :** rua 5 de Outubro, 4. Juste à côté du resto Tropicana. Tlj sf lun jusqu'à minuit. Sandwichs 2 et 3 €. Bon et pas cher du tout. Petite terrasse sympa pour boire un verre.

|●| **Canastra :** rua Capitão João, 8 A. ☎ 261-86-53-67. Sur la corniche. Un petit snack-bar qui ne paye pas de mine, mais c'est vraiment le meilleur endroit, avec ses 3-4 tables dehors, pour admirer le coucher du soleil en buvant un verre de blanc accompagné de quelques crevettes. Un air de vacances.

Prix moyens

Ⅰ●Ⅰ *Restaurante Tropicana :* rua 5 de Outubro, 4. ☎ 261-86-32-33. Tlj sf jeu. Produits de la mer frais, cuisinés par la patronne. Un petit resto populaire, où l'on mange en rêvant des tropiques. Bons petits vins.

Ⅰ●Ⅰ *Esplanada das Furnas :* rua das Furnas, n° 2. ☎ 261-86-48-70. Tlj. Compter 20-25 €. En bord de mer, devant le petit parc. Poisson hyper-frais à déguster dans la salle avec de grandes baies vitrées ou sur la terrasse surplombant les flots.

Ⅰ●Ⅰ *Grelhador :* praça dos Navegantes, 17. ☎ 261-86-44-72. Tlj sf mar. Spécia-

lités terra e mar *pour 2 ou 4 pers (10-15 € par pers env).* Dans une salle de style campagnard avec sol en tomette, un bar surmonté de tuiles et des nappes à carreaux, le seul endroit où, en été, on peut écouter du fado *ao vivo.*

Ⅰ●Ⅰ *Toca do Caboz :* rua Fonte do Cabo, 71. ☎ 261-86-22-48. À côté du Mar d'Areia. Compter 8-15 €. Cuisine au rez-de-chaussée, et salle avenante et pimpante à l'étage, aérée par des ventilateurs. Spécialités de la mer et quelques incursions au Brésil : *picanaha na brasa* et *feijoada de Búzios.*

À faire

⚲ *Plages :* plusieurs plages de sable au pied des falaises, du nord au sud, séparées par des petites avancées rocheuses : entre autres *praia do Algodio, praia dos Pescadores* (port et bateaux de pêche) et *praia do Sul* (plage du Sud) après l'hôtel *Vila Galé,* au pied d'une falaise abrupte. Plusieurs compétitions de surf ont lieu, entre autres *Praia Ribeíra d'Ilhas* (fin août et début septembre).

➤ DANS LES ENVIRONS D'ERICEIRA

🏃🏃 *Sobreiro :* à 6 km d'Ericeira, sur la route de Mafra. Reconstitution d'un charmant village portugais en miniature avec le moulin (et son mécanisme), la forge, la menuiserie, la chapelle... Un peu plus loin, une taverne traditionnelle et un petit port. Gentiment fait. Évidemment, on peut acheter des souvenirs. C'est même le but. Camping en face.

⚲ Plusieurs *plages* ponctuent le tracé de la côte, confortablement installées dans les irrégularités de la falaise.

MAFRA   (2640)   55 100 hab.

Petite ville pittoresque dont le principal intérêt est de posséder le *palais-monastère* le plus vaste de toute la péninsule Ibérique. Un écrivain prétendait qu'il fallait visiter Mafra « à titre de pénitence ». Contrairement à l'Escurial en Espagne, la colline de Mafra offre une vue peu étendue. Les entourages du château sont exigus : pas de grands jardins ombragés, pas d'écrin de verdure ; mais l'intérieur révèle sa taille gigantesque et quelques très belles pièces.

À voir

🏃🏃 🏃 *Palácio nacional de Mafra :* ☎ 26-181-75-50. ● ippart.pt ● Tlj sf mar 10h-17h. Entrée : 4 € ; réduc ; gratuit avec la Lisboa Card. Avec un guide accompagnateur, compter 1h15 de visite. Certains guides pour les groupes scolaires sont en costume d'époque.

Bâti au XVIIIe siècle sur 4 ha, l'édifice possède 860 pièces et 4 500 portes et fenêtres. À l'origine, ce devait être un modeste couvent que le roi João V avait promis d'édifier si la Providence lui accordait un héritier. Il fut entendu. Mais la visite du palais de l'Escurial de son rival espagnol, le roi Philippe II, le mit au défi de faire mieux. Tout l'or venu du Brésil y passa entre 1717 et 1740 ; 50 000 ouvriers y travaillèrent pendant treize ans. En vain. Car le choix d'un architecte prussien fut en grande partie responsable de sa lourdeur. Ce fut une résidence d'été des rois, leur résidence d'hiver étant le palais d'Ajuda à Belém (Lisbonne).

– *À l'intérieur :* une colossale basilique, aux marbres remarquables, des appartements royaux, le labyrinthe du monastère prévu pour 300 moines et occupé partiellement par l'armée (École militaire d'Infanterie). La salle la plus intéressante est l'*hospice des moines,* intact, avec sa série de chambres-couchettes et sa pharmacie. Une chambre de prière conserve un fouet métallique pour les moines-flagellants désireux de se repentir de leurs fautes. Un des salons conserve un étonnant jeu de boules en bois du XVIIIe siècle, ancêtre du flipper moderne. Ne pas manquer d'admirer l'imposante (salle de 85m de long) *bibliothèque* baroque abritant 38 000 ouvrages. Les rayons en bois du Brésil restent sobres dans leur apparence, car la décoration est inachevée (contrairement à la bibliothèque de l'université de Coimbra, tout en dorures). Une particularité à noter : les ouvrages anciens sont protégés naturellement par une colonie de petites chauve-souris, volontairement maintenue dans la salle par le conservateur. Ces bébêtes se nourrissent en effet d'insectes rongeurs, évitant donc que ceux-ci grignotent le cuir et le papier des ouvrages.

AU SUD DU TAGE : LA PÉNINSULE DE SETÚBAL ET LA COSTA AZUL

Deux petites excursions tout d'abord, pour le plaisir de traverser le fleuve. Cacilhas, sur la rive gauche du Tage, offre ses panoramas sur la capitale. Plus éloignée, la Costa da Caparica marque le début des plages de la péninsule de Setúbal.

CACILHAS   (2800)   7 000 hab.

Si vous voulez connaître l'impérissable sensation de quitter ou d'aborder Lisbonne à la manière des grands navigateurs, alors défiez les flots et embarquez-vous. Certes la caravelle locale, silhouette ramassée et rouillée aux couleurs d'une marque de carburant, est un *cacilheiro.* Il vous fera néanmoins traverser la mer – de Paille – pour découvrir... Cacilhas. Las ! Ce n'est pas l'Amérique ! On peut aimer l'urbanisme années 1960-1970 et être séduit par la grâce aérienne des chantiers navals. Préférer cependant la petite balade le long du cais do Ginjal.

Arriver – Quitter

En bateau

Liaison entre *Cais do Sodré* et *Cacilhas* : bateaux pour passagers ou ferries avec possibilité d'embarquer sa voiture. *Infos :* ☎ *808-20-30-50.* ● *transtejo.pt* ● Voir la rubrique « Comment se déplacer ? Les gares fluviales » dans la partie « Lisbonne pratique ».

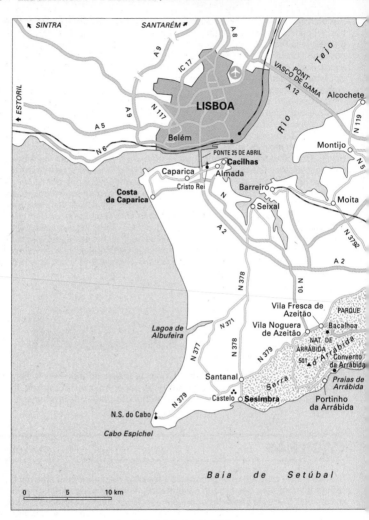

En bus

■ *Compagnie Transportes Sul do Tejo (TST) :* ☎ *21-042-70-00.* ● *tsuldo tejo.pt* ● Bureau d'informations bien caché au milieu des bus, garés devant l'embarcadère de Cacilhas.

➢ *De et pour Costa da Caparica :* bus n°s 135 (30 mn de trajet) et 124 (1h) ; dernier retour de Costa da Caparica à 1h20.

➢ *De et pour Fonte da Telha :* bus n° 127 ; dernier retour de Fonte da Telha à 23h40. Billet à bord : 2,50 €.

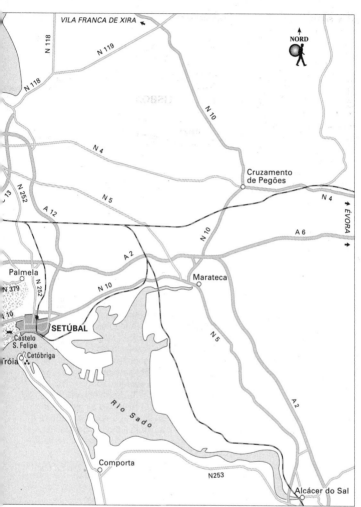

LA PRESQU'ÎLE D'ARRABIDA

En voiture

Si vous tenez vraiment à aller de Lisbonne à Cacilhas en voiture, prenez soit le ferry (voir plus haut) ou traversez le pont 25 de Abril et suivez les indications Almada Centro-Cacilhas. Si vous êtes coincés dans les embouteillages ou que vous vous perdez en chemin, vous penserez sans doute que le voyage en bateau aurait été plus agréable !

– Grand parking à côté du chantier naval, juste avant le terminal des bus : 3 € pour 24h. Attention : stationnement limité à 48h maxi ; fonctionne du lundi au vendredi 24h/24 et le samedi 7h-15h.

Où manger ?

Nombreux petits restos à côté de l'embarcadère. Pour manger tout en admirant Lisbonne, ouvrez-vous l'appétit en marchant jusqu'au *Ponto Final*.

|◉| *Ponto Final :* cais do Ginjal, 72. ☎ 21-276-07-43. *Tourner à droite en sortant du bateau et aller tout au bout du quai : reconnaissable à sa façade jaune et blanc. Tlj sf mar. Plats 10-17 €.* Présence surprenante de ce « vrai » resto, dans un coin perdu, tout au bout du quai. Superbe vue sur Lisbonne en terrasse, décoration foisonnant de détails pour la salle (des poteries aux fleurs séchées) et à tendance licencieuse (voire carrément lourde) pour les toilettes. Fréquenté par les touristes et les Lisboètes à la recherche de calme. Accueil agréable. Bons plats de poisson. Goûtez-le donc grillé, arrosé d'un filet d'huile d'olive chaude parfumée à l'ail ; ou bien cuisiné avec du riz, version *arroz de tamboril*. Côté fruits de mer, *arroz de marisco* fameux. Choix de viandes également et carte des vins encore plus fournie que celle des plats. Bien pour dîner en admirant Lisbonne à la tombée du jour, même si c'est un peu cher, quand même.

À voir. À faire

🐾 *Petite balade :* cette escapade offre une vue imprenable sur Lisbonne, peut-être la plus belle pour ceux qui ne sont pas venus en avion. Poursuivez sur le quai du Ginjal jusqu'aux restos. D'un côté le Tage, de l'autre des ateliers et des entrepôts plus ou moins à l'abandon. Il règne là une ambiance très particulière : la vue est magnifique, les entrepôts à l'abandon sont un rien inquiétants... Empruntez l'escalier (peu engageant) masqué par le restaurant *Ponto Final* ou bien l'ascenseur panoramique *(1 € aller-retour ; tlj 8h-minuit),* un peu après le resto, pour atteindre un *miradouro.* Au fond du largo da Boca do Vento, à gauche face au *páteo Prior do Crato,* la rua do Registro Civil conduit à un petit jardin partageant le promontoire avec un fort militaire (prendre à gauche en haut des escaliers rouges). De là, on a une vue superbe sur Lisbonne, le pont 25 de Abril et le Tage. Point n'est besoin de pousser jusqu'au Christ-Roi puisque l'essentiel est là. Mais si vous y tenez, l'ascenseur du *Cristo Rei* est ouvert tous les jours 9h30-18h, et il vous en coûtera 4 € (accès par la calçada da Cerca, puis en prenant toujours à droite ; depuis l'embarcadère, bus n° 101). Au point d'informations, plans gratuits du centre d'Almada et du *Concelho* (ce dernier inclut la Costa da Caparica).
En revenant sur le largo da Boca do Vento, par la calçada da Cerca, on accède à un joli petit palais à la vue imprenable. Un centre d'art contemporain y a élu domicile et organise des expositions temporaires *(tlj sf lun 9h-18h ; entrée libre).* Joli petit jardin botanique.

– Pour rejoindre directement la gare fluviale depuis le *páteo do Prior do Crato,* on peut descendre au choix n'importe quelle rue du côté opposé à la calçada da Cerca, car tous les chemins mènent... à Cacilhas !

COSTA DA CAPARICA   (2825)   11 700 hab.

Costa da Caparica, c'est à la fois cette longue bande de sable bordant la péninsule de Setúbal et une petite ville vivant du tourisme et de la pêche. Intéressante principalement pour ses plages et pour le surf... et pour sa jolie falaise.

Arriver – Quitter

En bus

➢ **Lisbonne :** bus *TST* n° 153 (au départ de la praça de Espanha à Lisbonne ; *plan d'ensemble, F2*). Un à 3 bus/h ; dernier retour de Costa da Caparica à minuit. Env 40 mn de trajet sans les embouteillages.

Un peu plus onéreux, mais évite les files d'attente du pont 25 de Abril : prendre le train *Fertagus* jusqu'à **Pragal** depuis Roma-Areeiro, Entre Campos et Sete Rios, puis les bus n°^{os} 124 (départ ttes les 20 mn) ou 194.

➢ **Cacilhas :** bus n°^{os} 135 (rapide) et 124. À Costa da Caparica, descendre à l'arrêt « Praça da Liberdade ». Le terminal des bus est un peu excentré (praça Padre Manuel Bernardes) ; pour le retour, mieux vaut prendre le bus avenida Dr Aresta Branco ou praça da Liberdade après s'être renseigné sur les horaires à l'aller.

En voiture

Depuis Lisbonne, prendre le pont 25 de Abril puis l'IC 20.
– Parkings au bout de l'avenida 1° de Maio (dans le prolongement de la voie rapide), tout près de la plage. Vite pleins en été.

En petit train

De juin à fin septembre, ainsi qu'à Pâques et les week-ends à partir de mai si le temps est favorable, un petit train dessert les plages entre **Costa da Caparica** et **Fonte da Telha**. Il se prend sur la plage même, avenida General Humberto Delgado. Départ ttes les 30 mn. Compter 1,50 € pour la moitié du parcours (de la 2e à la 9e station), 2,50 € jusqu'au terminus (billet aller-retour avantageux).

Adresse utile

🄸 **Office de tourisme :** av. da República, 18. ☎ 21-290-00-71. Accès par la praça da Liberdade, du côté opposé à l'arrêt de bus. Lun-ven 9h30-13h, 14h-17h30 ; sam 14h-17h30 (fermé sam oct-mai). Distribue un plan de la ville, un plan du *concelho*, les horaires des marées *(tabela de marés)*, les horaires de bus, de bateau. Connexion internet gratuite. Accueil efficace et charmant.

Où dormir ?

Campings

🄼 **Campings ombragés :** sur l'avenida Afonso de Albuquerque, côté plage (prendre à droite aux feux marquant la fin de la voie rapide). **Campings** situés plus près de la plage, mais sans ombre : à l'opposé, le long de la estrada florestal Terras da Costa (au sud de la ville). Le seul acceptant les campeurs sans carte internationale de camping est celui de la chaîne *Orbitur*. L'été, penser à réserver.

🄼 **Camping Orbitur :** av. Afonso de Albuquerque, Quinta de Santo António. ☎ 21-290-13-66. ● info@orbitur.pt ● or bitur.pt ● Bus n° 29 ou 15 mn de marche. Selon saison, 12-16 € pour 2 pers avec tente et voiture (un peu moins en hte saison si on laisse sa voiture dehors). Nuit en bungalow 4-5 pers 60-90 €. Grand camping installé dans une pinède, à 1 km du centre-ville ; sans accès direct à la plage (à 500 m). Resto, épicerie, terrain de jeux, discothèque.

🄼 Autres campings : **Costa Velha**, ☎ 21-290-01-00 ; **Clube de Campismo do Concelho de Almada** (praia da Saúde), ☎ 21-290-22-72 ; **Costa Nova**, ☎ 21-290-30-21.

Auberge de jeunesse

🛏 **Centro de Lazer São João de Caparica :** *rua Bernardo Santareno, 3, Santo António da Caparica.* ☎ *21-291-82-50.* ● *info@centrolazercaparica. com* ● *centrolazercaparica.com* ● *Bus TST n° 29 jusqu'au niveau du camping Inatel ; prendre à droite rua Miguel Torga, puis la 1re à gauche, rua Bernardo Santareno ; aller jusqu'au bout de la rue. Réception 10h-22h30 (fermé 13h-13h30, 20h-20h30). Nuit 14-16 € en dortoir de 4 ou 8 lits ; doubles 35-42 € avec salle de bains, 25-33 € sans, petit déj compris.* Dans un quartier calme, à 10 mn à pied de la plage, une superbe auberge de jeunesse, où tout est organisé pour un séjour agréable : chambres claires, salles communes spacieuses et décorées avec soin, et un accueil qui donne envie de revenir. Bien tenue. Appartient à la municipalité (pas de carte des AJ). Piscine, terrain de tennis, bar, repas sur commande, laverie. Consigne gratuite. Formule hébergement et cours de bodyboard à prix spéciaux, en week-end ou à la semaine.

À faire

La côte forme une immense **plage**, accessible à pied depuis le centre-ville ; vue dégagée sur la capitale, la serra de Sintra, Cascais et la Costa Azul. Beaucoup de succès auprès des Lisboètes, le week-end et l'été ; plages moins polluées que celles entre Lisbonne et Cascais. Les différentes plages se succèdent au-delà de Fonte da Telha. Pour y accéder, prendre le petit train (voir « Arriver – Quitter ») et descendre le plus loin possible ; le terminus se trouve à la 20e station, Fonte da Telha. On y trouve les naturistes, de même que sur les plages de Bela Vista et Dezanove ; cette dernière est également fréquentée par la communauté gay. Après, la côte redevient sauvage. Chaque station possède soit une buvette, soit un barresto. L'un des plus branchés est le *Waikiki* (praia da Sereia, n° 15). Toute la jeunesse de l'avenida 24 de Julho s'y retrouve. Piste de danse le week-end. Le dernier petit train (le plus souvent archiplein) étant à 19h30, les oiseaux de nuit devront appeler un taxi pour le retour.

Pour le surf, bodyboard, windsurf et kitesurf, préférer les plages au nord de la ville, à partir de la plage Palmeiras Parque.

– *Criée* en fin de journée, quand les pêcheurs reviennent sur la côte : entre les plages de Bexiga et Nova Praia ou à Fonte da Telha.

➤ Départ du **GR** longeant la côte au convento dos Capuchos (voir « Dans les environs de Sesimbra »), au sommet de la falaise fossilisée (classée paysage protégé).

SESIMBRA   (2970)   38 300 hab.

À 37 km au sud de Lisbonne et 27 km à l'ouest de Setúbal, agrippée à une barre de falaises, à l'ombre d'un castelo arabe juché sur une montagnette, la ville de Sesimbra semble glisser imperceptiblement vers la mer. C'est son charme, d'ailleurs. Pas une rue ou ruelle qui ne débouche soudain sur le bleu magnétique d'une échappée océane. L'Atlantique y dessine une plage de sable effilée, agréable au printemps mais très fréquentée en été. Dommage que l'urbanisation ronge les proches abords de la ville et que l'empreinte du tourisme y devienne un peu trop marquée...

C'est aussi un port de pêche abrité et hyperactif, qui fournit en produits de la mer (du frais, rien que du frais !) les tables des nombreuses tavernes.

Arriver – Quitter

🚌 *Gare routière :* av. da Liberdade. Attention, la gare est censée déménager (mais quand exactement... ?). Liaisons avec Lisbonne et Setúbal

assurées par la compagnie *TST (Transportes Sul Tejo)*. ☎ 21-223-30-71. ●*tsul dotejo.pt* ●

➢ *Lisbonne :* de Lisbonne, départ de praça de Espanha. Env 1 bus/h 7h-19h (20h30 au départ de Lisbonne) et ttes les 2h w-e et j. fériés. Durée du trajet : 1h15.
➢ *Cacilhas :* en sem 1 à 2 bus/h 6h-minuit, w-e 1 bus/h.
➢ *Setúbal :* env 1 bus ttes les 2h, 7h-19h (20h de Setúbal).

Adresse utile

🏛 *Office de tourisme :* largo de Marinha, 27. ☎ 21-228-85-40. ● *mun-sesimbra.pt* ● *Sur l'avenida dos Náufragos, près de la forteresse, en bord de*

mer. Juin-sept, tlj 9h-20h ; oct-mai, tlj 9h-12h30, 14h-17h30. Bien documenté et accueillant. Plan de la ville.

Où dormir ?

Campings

⚔ *Parque municipal de campismo Forte do Cavalo :* porto de Abrigo. ☎ 21-228-85-08. ● decl_dtc_st@mun-sesimbra.pt ● mun-sesimbra.pt ● À 1 km après le port en venant du centre-ville. En été, un bus relie le centre au camping ; hors saison, il s'arrête au port. De mars à fin oct. Nuit 10-12 € pour 2 pers avec tente et voiture. À flanc de colline, en surplomb de la mer, avec de l'ombre. Emplacements en terrasse. Un peu l'usine tout de même, avec ses 1 000 places.
⚔ *Parque de Campismo Fetais :* à

Fetais, près d'Aldeia do Meco (voir « Dans les environs de Sesimbra »). ☎ 21-268-29-78. ● informacoes@campingfetais.com ● campingfetais.com ● À Aldeia do Meco, suivre les indications « campismo ». À 30 mn à pied de la plage par un sentier ombragé, petit camping dans une pinède. Env 14 € pour 2 pers avec tente et voiture ; douches chaudes payantes. Bien aménagé, assez mignon et familial. Supérette et petit resto pas cher. Une jolie piscine (payante) avec une pataugeoire pour les petits.

Plus chic

🏠 *Casa da Terrina :* Quintola de Santana. ☎ 21-268-02-64. ● sesimbra27@yahoo.co.uk ● casadaterrina.com ● Belle propriété rurale à Santana, à env 3 km de Sesimbra ; suivre les panneaux d'indication. Parking gratuit. De mars à mi-oct. Doubles avec salle de bains

50-70 € selon saison, avec ou sans terrasse, petit déj inclus. Cinq chambres bien meublées ; certaines avec terrasse privée (les plus chères). Jardin agréable autour d'une piscine protégée par une haie de buis et des cyprès.

Où manger ?

Bon marché

🍴 *Forno de Sesimbra :* rua Professor J. Marquès Pólvora, 27. ☎ 21-228-12-

71. Dans une ruelle parallèle à la mer dans le quartier de pêcheurs, au-des-

sus de l'office de tourisme. Plats 3-5 €. Self-service efficace et économique proposant une demi-douzaine de plats chauds, salades et desserts. Cuisine de cantine tout à fait acceptable et salle pas désagréable.

Prix moyens

|●| *Café Marisqueira O Rodinhas :* rua Marquès de Pombal, 25. ☎ 21-223-15-57. Tlj sf mer et en oct. Repas 10-15 €. On y fait souvent la queue, donc arriver de bonne heure, le midi comme le soir. Le plus sympathique petit resto de Sesimbra. Quelques tables dehors, une salle modeste mais animée, des serveurs aimables et efficaces, et surtout d'excellents plats de la mer : poisson, coquillages, *caracóis, choco frito* (sei-che frite)... Excellent rapport qualité-prix.

|●| *Restaurante Virgilinda :* rua Jorge Nunes, 11-13. ☎ 21-223-14-10. Dans une rue qui part du largo dos Bombaldes. Tlj sf mer ; fermé 20 déc-20 janv. Repas 12-17 €. Café offert sur présentation de ce guide. Tasca sans prétention avec, en face, une annexe à la petite salle qui, elle, est vite remplie. Spécialité de poisson bien frais.

Manifestations

– *Carnaval :* du sam au mer après le Mardi gras. Très coloré et célèbre. Défilé costumé sur un rythme de samba.

– *Foire et fête du Senhor Jesus das Chagas :* ts les ans, le 4 mai (qui est un jour férié à Sesimbra), la statue du saint patron de la ville visite les rues jusqu'au sommet du bourg. Guirlandes, musique et sardines grillées.

– *Pèlerinage de Nossa Senhora do Cabo Espichel :* le dernier dim de sept. L'événement remonte au XIIe siècle. C'est l'occasion de voir revivre ce site exceptionnel situé aux environs de la ville.

➤ *DANS LES ENVIRONS DE SESIMBRA*

🏛 *Cabo Espichel :* à 11 km à l'ouest de la ville. Depuis le Moyen Âge, les pèlerins ont ce bout du monde sur leur carnet de route. La Vierge serait apparue vers l'an 1200 sur cette langue de terre aride en à-pic au-dessus de l'océan. Cela a suffi pour qu'on y édifie, au XVIIIe siècle, une cité de pèlerinage livrée et abandonnée aujourd'hui aux fantômes du vent : une longue place bordée de maisons, se terminant par une église monumentale, qui fut elle restaurée *(tlj 9h30-13h30, 14h30-17h30)*. Elle a servi de décor au cinéaste chilien Raoul Ruiz pour l'adaptation de *L'Île au trésor*. L'esprit du cabo Espichel ne souffle plus car il est gâché (surtout le dimanche) par les cohortes de voitures mal garées, défiguré par la profusion anarchique des baraques à souvenirs. On préfère tout de même le cabo da Roca.

🏖 *Praia Aldeia do Meco :* à quelques kilomètres au nord de Sesimbra. L'une des dernières plages de la costa da Caparica, l'immense cordon de sable qui prend naissance aux portes de Lisbonne. Large, bordée de dunes, elle est restée assez sauvage malgré les engorgements inévitables de l'été. Moins familiale que ses voisines.

Randonnée

Un parcours de grande randonnée relie Sesimbra et Costa da Caparica (Capuchos). Le GR 11, *Rota do Cabo* (qui fait partie des chemins de Saint-Jacques), obéit à la signalétique officielle (rouge et blanc) et suit les anciens chemins empruntés par les pèlerins en marche vers le sanctuaire du cabo Espichel. Un camping

(Lagoa de Albufeira), situé presque à mi-chemin, permet de faire étape ; on trouve aussi au sud de cette lagune quelques villages à vocation balnéaire proposant diverses formules d'hébergement. L'ensemble du circuit, non mesuré, avoisine les 50-60 km.

Ceux qui veulent n'emprunter qu'une partie de ce circuit et revenir en bus peuvent le faire entre Sesimbra et Azoia (2,5 km du cabo Espichel sur la route qui y mène), soit une vingtaine de kilomètres, ou de Costa da Caparica à Fonte da Telha, environ 8 km plutôt mal balisés.

Le départ de ce parcours pédestre se fait au château de Sesimbra ou au convento dos Capuchos, sur la place face à l'église, accessible depuis Almada-Cacilhas par plusieurs bus desservant Costa da Caparica.

■ **CIMO** *(Club Ibérico de Montanhismo e Orientação) : praceta Francisco Vieira de Almeida, 1, Cova da Piedade, 2800-406 Almada.* ☎ *21-258-30-29.* ● *cimo.* *pt* ● Association qui publie le livret des GR de tout le Portugal, dont le GR 11 évoqué ci-dessus.

LA SERRA D'ARRÁBIDA

LE PARC NATUREL DE LA SERRA D'ARRÁBIDA

🎋🎋 Ce massif calcaire culmine à 500 m et demeure un espace réservé où la nature domine. Versants abrupts couverts par la végétation dense du maquis, corniches rocheuses surplombant la mer transparente, cette serra est un véritable dépaysement. Pour la découvrir, il convient d'emprunter, entre Sesimbra et Setúbal, la route 379-1 qui passe par les sommets, suivie de la 10-4 qui revient par Portinho da Arrábida, assurément l'une des plus belles plages du coin. Beaucoup de monde aux beaux jours. Cette région est aussi le domaine de deux spécialités : le *fromage d'Azeitão* et le *moscatel,* ce vin doré et doux que l'on peut déguster (avec modération !) en guise d'apéritif à une terrasse de café de Setúbal.

Adresses utiles

🛈 **Office de tourisme de Azeitão :** *rua José Augusto Coelho, 27, Vila Nogueira de Azeitão.* ☎ *21-218-07-29. Lun-sam 10h-13h, 14h-18h ; dim 10h-13h.*
■ **Parque natural de Arrábida :** *praça da República, 2900 Setúbal.* ☎ *26-554-11-40. Lun-ven 9h-12h30, 14h-17h30.* Vente du guide des randonnées dans la réserve.
■ **Instituto da Conservação da Natureza :** *rua de Santa Marta, 55, 1150-294 Lisbonne.* ☎ *21-350-79-00.* ● *icn.pt* ● *Lun-ven 10h-13h, 14h-17h.*

À voir. À faire

🎋 **Convento da Arrábida :** *sur la N 379.* ☎ *21-218-05-20.* ● *arrabida@foriente.pt* ● *Mer-dim 15h-16h. Prix : 3 €/pers ; gratuit pour les moins de 12 ans et les plus de 65 ans.* Sur la N 379, sur les hauteurs, au détour d'un virage, guettez l'apparition de ce monastère de franciscains fondé en 1542. Très belle vue en venant de l'ouest sur ces belles bâtisses blanches qui s'agrippent à la colline (en venant de Setúbal, s'arrêter non pas là où le couvent est indiqué – on ne voit que la grille ! – mais après le virage suivant).

🎋 **Visite des caves de José Maria da Fonseca-Adega :** *rua José Augusto Coelho, 11, Vila Nogueira ; à côté de l'office de tourisme.* ☎ *21-219-89-40. Lun-ven 9h30-12h, 14h15-16h15 ; w-e 10h-12h, 14h15-16h15. Gratuit.*

Des circuits pédestres ont été balisés dans le parc naturel protégé entre Setúbal, Palmela, Sesimbra et la mer. Dans ce paysage de maquis et de masses rocheuses calcaires, la nature prodigue ses senteurs aux périodes douces du printemps et de l'automne. En été, attention à la canicule ! Soyez également très prudent : la réserve a déjà fortement souffert alors d'importants incendies en 2002 et 2004, il serait dommage que ça recommence ! Toutes les informations concernant le parc et le guide des randonnées, très bon marché et fort soigné, avec cartes topographiques actualisées, est édité en portugais et disponible au *Parque natural de Arrábida* et à l'*Instituto da Conservação da Natureza* (voir ci-dessus les « Adresses utiles »).

SETÚBAL   (2900)   114 500 hab.

À 50 km au sud de Lisbonne, dans une grande baie intérieure, très abritée, Setúbal (prononcer « Stoubal ») est une cité industrielle et commerçante, ainsi qu'un important port de pêche. Si la ville ne dégage pas un charme spontané, elle n'en est pas pour autant complètement dépourvue, du fait de son site dans une baie bien abritée et de son exposition : plein sud. On apprécie aussi le petit quartier piéton commerçant.

Arriver – Quitter

En bus

🚌 *Gare routière :* Estação Rodoviária TST, *av. 5 de Outubro, 52.* ☎ 26-55- | 84-40 (horaires) ou 26-553-84-51. • tsul dotejo.pt •

➤ *Lisbonne (praça de Espanha ; plan couleur d'ensemble, F2) :* ttes les heures env 5h-23h30 (de Setúbal) et 6h-1h (de Lisbonne) ; durée du trajet : environ 40 mn. Également des liaisons en bus avec la gare *Lisboa Oriente* : environ 1 bus ttes les heures 7h-20h.

En train

🚆 *Gare ferroviaire :* praça do Brasil. ☎ 808-208-208 ou 707-127-127.
➤ *Lisbonne (des gares de Roma-Areeiro, Entre Campos et Sete Rios) :* 1 à 2 bus/h. Liaisons assurées par la compagnie *Fertagus*.

En bateau

➤ *Tróia :* ferry 24h/24 pour *Tróia,* de l'autre côté de la baie de Setúbal. Liaisons ttes les 30 mn en journée et ttes les heures 22h-7h. Billet : un peu plus de 1 € (6,50 € pour une voiture et 2 personnes). *Infos :* ☎ *26-523-51-01.* La péninsule de Tróia est un endroit sauvage, hormis Tróia qui est une zone touristique et sans grand intérêt.

Adresses utiles

🛈 *Office de tourisme municipal :* rua de Santa Maria, apartado 80. ☎ 26-553-42-22. • mun-setubal.pt • *Dans une rue perpendiculaire à l'avenida 5 de Outubro. Lun-sam 9h30-12h30, 14h-* | 18h ; ouv dim en été 14h-18h. Excellent accueil et service efficace.
🛈 *Office de tourisme régional :* travessa Frei Gaspar, 10. ☎ 26-553-91-20. • visitcostaazul.com • *Dans une rue*

piétonne adjacente à l'avenida Luisa Todi. Lun 9h30-12h30, 14h-19h ; mar-ven 9h30-19h ; sam 9h-12h30, 15h-19h ; dim 9h30-12h30. Dans un

superbe bâtiment avec un sol transparent au travers duquel on peut voir des ruines datant du IIe siècle de notre ère. Accueil en français.

Où dormir ?

Camping

🏕 **Parque de Campismo do Outão :** estrada da Figueirinha, à 6 km à l'ouest de Setúbal, sur la route N 10-4 vers Sesimbra en longeant la côte. ☎ 26-523-83-18. Tte l'année. Env 15 € pour 2 pers avec tente et voiture. Un grand terrain de 800 places, au sol bien sec, coincé entre la mer et route, ombragé, avec des sanitaires corrects. Attention, le terrain accueille principalement des caravanes qui restent là à l'année.

Bon marché

🛏 **Pousada da juventude :** largo José Afonso. ☎ 26-553-44-31 ou 707-20-30-30 (central de résa). ● setubal@movijovem.pt ● pousadasjuventude.pt ● Dans le centre-ville, près de l'avenida Luisa Todi. Carte des AJ obligatoire. Fermé en oct. Lits en dortoir 9 €, doubles 18-22 € avec ou sans salle de bains ; draps et petit déj inclus (mais pas les serviettes de toilette). Dans un bâtiment moderne et blanc, sur une grande place étonnante, mêlant vieilles bâtisses et constructions modernes. Une trentaine de chambres propres, agréables et très bien tenues, pour 2 ou 4 personnes. Pas de laverie, mais néanmoins un excellent rapport qualité-prix.

Prix moyens

🛏 **Hotel Residencial Bocage :** rua de São Cristovão, 14. ☎ 26-554-30-80. Dans le quartier piéton, dans une ruelle perpendiculaire à l'avenida Luisa Todi. Doubles avec salle de bains 35-46 € selon saison, petit déj compris. CB acceptées. Réduc de 10 % sf juil-août sur présentation de ce guide. Un fringant petit hôtel de tourisme, avec des chambres standard fort bien tenues, confortables, des petites salles de bains où il faut négocier chaque manœuvre mais impeccables. Accueil charmant.

🛏 **Residencial Setubalense :** rua Major Alfonso Palo, 17 ; 1°. ☎ 26-552-57-90. ● booking@setubalense.com ● setubalense.com ● Doubles avec salle de bains 40-60 € selon saison, petit déj et parking compris. CB acceptées. Au cœur du quartier piéton, une bonne adresse pour dormir au calme dans des chambres de bon confort, claires (surtout la n° 103) et à la déco monacale. Bon accueil.

Beaucoup plus chic

🛏 **Quinta do Patrício :** estrada do Castelo de S. Filipe. ☎ 26-555-04-75. ● turismo@quintadopatricio.com ● quintadopatricio.com ● À 1 km du centre. Prendre la route de la pousada de São Filipe (panneau), qui monte sur la colline, puis, 200 m env avt l'entrée du château, emprunter un chemin sur la droite. Doubles avec salle de bains 80-90 €, petit déj compris. Élégante villa rose à flanc de colline, parmi les oliviers, les cyprès et les eucalyptus, surplombant la baie de Setúbal. Chambres mignonnes, meublées avec goût. Certaines sont plus spacieuses. Jardin très agréable, avec un ancien moulin transformé en logement. Belle piscine.

Où manger ? Où boire un verre ?

On va à Setúbal pour manger dans des ambiances populaires – ça, c'est le côté pêcheur et laborieux – ou pour déguster des variétés de poisson – ça, c'est l'avantage du port. Cela dit, les deux ne sont pas incompatibles, la preuve : plusieurs petits restos bon marché dans le centre autour de la place Machado dos Santos. Le soir, plusieurs bars branchés (dont l'*Avenue Café* et le *Lounge Café*) bordent l'avenida Luisa Todi.

🍸 *Quiosque 3 Rosas :* juste à la sortie de Setúbal, en direction du Parc naturel de la serra d'Arrábida, une petite route bifurque vers la mer et la praia Albarquel. Là, on peut prendre un verre les pieds dans le sable. À droite, belle vue arborée ; à gauche, au loin on voit l'île de Tróia et malheureusement aussi le béton des immeubles en construction.

🍴 *Restaurante Baluarte do Sado :* praça da República, 1. ☎ 26-553-77-63. ⚓ Entre l'avenida Luisa Todi et le port, derrière le marché, face à un parking. Repas 15-20 €. Apéro offert sur présentation de ce guide. Le royaume du poisson, que l'on choisit au comptoir avant de s'installer dans la grande salle un peu froide. Plats simplement accompagnés de patates à l'huile et à l'ail et d'une salade. C'est simple, bon, frais et généreux. Par contre, il manque quelques indications concernant les prix...

🍴🍸 *Tasca da Fatinha :* rua da Saúde, 58. ☎ 26-523-28-00. Juste à côté des docks des pêcheurs. Repas 15-20 €. Une petite salle plutôt agréable, une terrasse abritée du vent, du poisson que l'on choisit dans la vitrine réfrigérée et qui grille ensuite dehors, une vue sur le port et ses bateaux de pêche colorés. Un p'tit air de vacances malgré le parking juste devant. Produits frais et service agréable. Au-dessus, un bar de nuit, le *Lokavista Klub,* avec une vue dégagée sur le port.

Où déguster une pâtisserie ?

🍴 *Pâtisserie Capri :* largo da Misericórdia, 38. ☎ 26-552-30-20. Dans le centre piéton, derrière l'office de tourisme régional. Fermé 13h30-15h. Large choix de délicieuses pâtisseries, notamment l'orange confite (laranja cristalizada), l'une des spécialités sucrées de la ville. Sert aussi des petits plats le midi, à déguster en salle ou sur la petite terrasse sur la place.

À voir

🏃 *L'église de Jésus :* praça Miguel Bombarda. Au bout de l'av. 5 de Outubro. Tlj sf dim-lun et j. fériés 9h-12h, 13h30-18h. Entrée libre.
Église construite par l'architecte du monastère dos Jerónimos à Lisbonne et considérée comme la première manifestation de l'art manuélin. Portail flamboyant. À l'intérieur, étonnantes colonnes torsadées qui méritent le coup d'œil et de beaux azulejos du XVIIe siècle.

🏃 *Museu de Setúbal :* praça Miguel Bombarda ; à côté de l'église de Jésus. Tlj sf dim-lun et j. fériés 9h-12h, 13h30-18h. Entrée : 1,10 € ; gratuit pour les moins de 16 ans.
Petit musée occupant le cloître de l'église et présentant, entre autres peintures, de superbes primitifs portugais du XVIe siècle, attribués à un artiste inconnu, surnommé le « maître du retable de Setúbal ». L'ensemble, notamment la façade de l'église, était néanmoins « légèrement » défiguré par les travaux en cours lors de notre passage.

🏃🏃 *Le Musée ethnographique :* av. Luisa Todi, 162. ☎ 26-523-93-65. Tlj sf dim-lun et j. fériés 9h-12h30, 14h-17h30. Entrée libre.

LES ENVIRONS DE LISBONNE

Costumes, artisanat traditionnel et populaire, et nombreuses maquettes amusantes (des bateaux notamment) réalisées par des artisans de Setúbal.

🏃 *Museu do Trabalho Michel Giacometti :* praça Defensores da República. ☎ 26-522-74-34. À l'est de l'avenida Luisa Todi. Tlj sf dim-lun et j. fériés 9h30-18h. Entrée : 1,10 € ; gratuit pour les moins de 16 ans. Installé dans une ancienne conserverie de poisson, ce musée du Travail a vu le jour grâce aux efforts de l'ethnologue corse Michel Giacometti qui, au lendemain de la révolution, a écumé les campagnes pour sauver tous les outils du passé qui moisissaient au fond des granges. La petite visite guidée (en français) commence par la reconstitution d'une vieille épicerie de l'avenida Liberdade à Lisbonne. Celle-ci a fermé ses portes en 2000 et le musée a récupéré la boutique. Autre partie consacré à l'agriculture et au tissage du lin. Enfin, la partie consacrée à la conserverie de poisson présente les différentes étapes de la préparation du poisson (notamment la fabrication des boîtes de conserve). Remarquez l'homme à vélo tourné vers la fenêtre : c'était lui qui faisait le tour des ouvriers pour annoncer l'arrivée du poisson, avant d'être remplacé par une sirène (qu'on fera peut-être sonner pour vous... mais si vous êtes sages seulement !). Un petit musée simple, mais sympathique, comme l'accueil.

Manifestations

– *Festival de cinéma de Tróia :* début juin. ● festroia.pt ● Embarquement pour les cinématographies luso-ibériques dans l'annexe balnéaire 100 % béton de la ville.
– *Feira de Santiago :* la dernière semaine de juillet et la 1re semaine d'août à Manteigadas, à 2 km de Setúbal. Grande messe de l'industrie, de la gastronomie et du folklore.

➤ *DANS LES ENVIRONS DE SETÚBAL*

🏃 *La réserve naturelle de l'estuaire du Sado :* face à Setúbal et au sud de la cité touristique de Tróia, les envasements de l'estuaire du Sado forment un monde à part. Les villages de pêcheurs parfois sur pilotis et une nature préservée méritent une balade de style « auto-pédestre », avec la possibilité de revenir par le littoral, de Tróia à Setúbal.

➤ Trois petites *balades* sont conseillées dans les environs proches de Setúbal autour de la pointe de Mitrena (difficile d'accès), des moulins de Mouriscas (magnifique mais pas très bien indiqué) et près de Gâmbia. Brochure descriptive éditée par l'office de tourisme de la région de Setúbal, le parc naturel de la serra d'Arrábida et la réserve naturelle de l'estuaire du Sado. Le mieux est de demander la brochure à l'office de tourisme régional ou le bureau du parque natural de Arrábida (voir plus haut les coordonnées de ce dernier dans la rubrique « Le parc naturel de la serra d'Arrábida »).

🏃 *Alcácer do Sal :* ce village tranquille a dû être un bourg médiéval actif sur le cours du Sado. Il n'en est resté qu'une inertie étrange, qu'il s'agisse des eaux ou des façades défraîchies. Mais la courbe du quai et l'entrelacs des ruelles abritant quelques vieux bistrots ne laissent pas indifférent.

L'ALGARVE

Région qui occupe tout le sud du Portugal, et plus abritée que la côte occidentale. Le littoral nord-sud qui s'étend du cap de São Vicente jusqu'à Odeceixe reste la portion la plus préservée grâce au parc naturel de la Costa Vicentina. De Lagos à Faro, la côte du *Barlavento* est sans doute la plus développée. Enfin, sur le *Sotavento,* de Faro à la frontière espagnole, on tombe sous le charme de la belle Tavira.

Au printemps, jardin du Portugal. Autrefois, la région la plus occidentale conquise par les Maures. « Algarve » vient d'ailleurs de *Al-Gharb* : l'Ouest. Lieu commun de dire que c'est la Côte d'Azur du Portugal. Avec une particularité quand même : un nombre incalculable de terrains de golf disséminés le long des côtes. Le soleil y brille la plus grande partie de l'année, et le tourisme portugais en fait depuis longtemps son porte-drapeau, pour tenter de partager avec l'Espagne la manne des touristes anglo-saxons, français, allemands et scandinaves.

> ## SOUS LE BÉTON, LA PLAGE
> *Certes, les tours de béton poussent un peu partout, n'importe où ; il n'y a pas de plan général d'aménagement et les nouvelles constructions fleurissent au gré des municipalités, seules responsables de l'urbanisation de leur territoire. Mais dès que l'on s'éloigne de ces monstres, il reste, face au bleu profond de l'océan, l'ocre des falaises, le blanc de la chaux qui badigeonne les murs des maisons des pêcheurs. Toutes les couleurs que l'on retrouve sur les longues barques assoupies sur les plages en attendant l'heure de la marée.*

D'où quelques conseils qu'il vaut mieux lire avant de s'y rendre. Qui dit tourisme de masse dit concentration de gens, usines à loisirs, bétonnage, vie chère, etc. L'Algarve, en maints endroits, n'y échappe pas. Pour les agoraphobes, nous avons déniché quelques repaires encore préservés.

L'Algarve, en fait, c'est bien mieux que tous ces clichés. Vous découvrirez, à défaut de grandes plages désertes (sauf peut-être hors saison !), plutôt d'attrayantes petites villes, des villages charmants un peu en marge, aux toits coiffés de cheminées ouvragées évoquant la lointaine présence sarrasine, un joli arrière-pays et même de sauvages montagnes.

L'Algarve véritable ne commence vraiment qu'après la pointe de Sagres. La côte ouest jusqu'à Odeceixe subit les vents froids de l'Atlantique au point que la mer y affiche quelques degrés de moins. La région y gagne en tranquillité. Ses paysages de falaises déchiquetées qui rappellent la Bretagne, et ses forêts de pins qui font songer aux Landes échappent encore à l'appétit des promoteurs. Les amoureux de la nature y trouveront leur compte.

Transports

➢ **En avion :** les vols nationaux et internationaux arrivent à l'aéroport de Faro.
➢ **En bus :** de Lisbonne, de nombreux bus (compagnies *Eva* et *Rede Expressos,* entre autres) descendent sur l'Algarve.
– *Rede Expressos* assure jusqu'à 9 départs/j. en saison. Avec des arrêts à Setúbal, Ourique, Albufeira, Almancil, Faro, Olhão, Tavira et Vila Real. ● *rede-expressos.pt* ●

Infos (24h/24) : ☎ *707-22-33-44.* Guichets de *Rede Expressos* dans les villes de l'Algarve ayant une gare routière ; sinon, se procurer les infos dans les points de vente *Eva.*

– *Eva Transportes* dessert l'ensemble de la région jusqu'au fin fond des petits ports et villages de l'intérieur, puis l'Andalousie. Cinq bus/j. (quatre le dimanche) depuis Lisbonne. Deux bus/j. de Lagos à Séville, en passant par Portimão, Albufeira, Faro, Olhão, Tavira et Huelva. Également un bus express *(Trans Rápido)* empruntant la A 22 entre Lagos et Faro : ☎ *289-89-97-00.* ● eva-bus.net ● Se reporter à la rubrique « Arriver – Quitter » de chacune des localités concernées.

Il existe un *pass turístico* de la société *Eva Transportes* valable pour 3 j., permettant de circuler librement entre Lagos et Loulé. D'autres *passes* sont proposés pour Monchique et Caldas de Monchique. En vente dans toutes les gares routières de ce parcours.

➢ **En train :** il dessert quotidiennement la plupart des grands points d'intérêt entre Lagos et Vila Real de Santo António (frontière espagnole), à savoir : Portimão, Silves, Alcantarilha, Albufeira, Loulé, Faro, Tavira. ☎ *808-20-82-08.* ● cp.pt ● Attention : les gares ne se trouvent pas toujours dans les villes mais parfois dans les proches environs.

➢ **En voiture :** depuis Lisbonne, la A 2 (payante) relie l'Algarve en 2h30 environ. Embranchement avec la A 22 à hauteur d'Algoz, au nord-ouest de Faro. Sinon, un itinéraire alternatif par la IC 1 en passant par Ourique, mais beaucoup plus long. La A 22 (gratuite pour l'instant), connue sous le nom de *Via do Infante,* s'étire de la frontière espagnole (Castro Marim) jusqu'au nord de Lagos. La N 125 relie toutes les villes du littoral.

Infos utiles

🅸 Les **offices de tourisme** de la région de l'Algarve sont bien implantés dans les principales villes de la région. Bien documentés, notamment pour l'hébergement en *appart-hôtels* et appartements à louer dans des résidences. ☎ 289-80-04-00. Leur portail ● visitalgarve.pt ● est également très réussi. Hélas, pas de version française pour l'instant.

➢ Sur place, pour ne pas en perdre une miette, n'oubliez pas de vous procurer les documents d'infos gratuits disponibles dans les offices de tourisme, bars, etc. Parmi lesquels :

– **Algarve Guia :** fascicule mensuel édité par le bureau de tourisme de l'Algarve, qui répertorie les événements culturels (expositions, musique, théâtre...), fêtes, marchés, etc. de nombre de villes algarviennes.

– **Welcome :** journal annuel s'adressant à la communauté anglo-saxonne, indique les bonnes adresses du coin et dresse la liste des fêtes et manifestations locales.

ODECEIXE

À la limite entre l'Algarve et l'Alentejo, à 47 km de Lagos. Un petit village blanc, avec une rivière tranquille qui trace ses méandres entre des collines endormies, des champs de blé, des pâturages verts... Et 4 km plus loin, la mer ! La plage, un large trait de sable, est coincée entre les falaises, à l'embouchure de cette rivière. Avant, il y avait juste un café et une poignée de maisons en surplomb. Maintenant, c'est un peu plus construit. Le village, en escargot autour de sa minuscule place, est resté en arrière sur la route de Sagres. Lui aussi se montre à la hauteur. Pas d'excroissance de béton, une vie d'autrefois, même si le succès touristique commence à donner des idées aux habitants.

L'ALGARVE

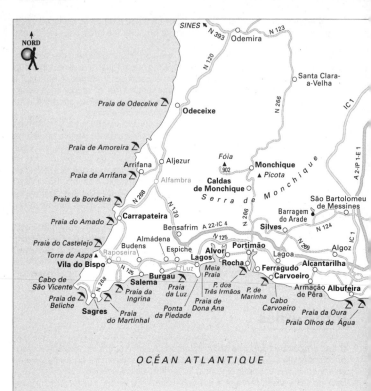

Arriver – Quitter

En bus

🚌 Le **terminus** se situe en bas du village, sur la route de la plage. Billetterie *Rede Expressos* dans le kiosque à journaux *(lun-ven 9h-13h, 14h-18h ; w-e* *9h-13h).* Les billets *Eva* et *Rodoviária do Alentejo* s'achètent directement dans le bus.

➢ **De et pour Aljezur et Lagos :** 2 bus/j. *Rede Expressos* (un à midi, un le soir).
➢ **De et pour Lagos via Aljezur :** avec *Eva*, 5 bus/j.
➢ **Pour Lisbonne** via les villes de l'Alentejo : *Rede Expressos* assure une liaison le mat et une autre en fin d'ap.-m. Également avec *Rodoviária do Alentejo*, avec changement à Santiago do Cacém.

En voiture

➢ Par la N 120 depuis Lagos et par la N 268 depuis Sagres et Vila do Bispo.

L'ALGARVE

Adresse et info utiles

🛈 **Office de tourisme :** *en arrivant à la plage d'Odeceixe. Pas de téléphone. En hiver (fermé janv) 9h30-12h, 13h-16h ; en été 9h-20h.*
– **Navette** *(comboio turístico) :* petit train décapotable vert et jaune qui relie le centre-ville à la plage. *Fonctionne juin-sept 9h15-20h ; départ ttes les 30 mn env. Coût : 1 € par trajet.*

Où dormir ? Où manger ? Où boire un verre ?

Dans le village : de nombreuses chambres chez l'habitant et appartements à louer, souvent signalés par des écriteaux. Quelques restos. Attention aux pensions à proximité des bars : cela peut se révéler très bruyant.

⋏ **Camping São Miguel :** *à 1,5 km au nord sur la route d'Odemira, après avoir passé le pont sur la ribeira de Odeceixe.* ☎ 282-94-71-45. ● *camping.sao.mi guel@mail.telepac.pt* ● *campingsaomi* guel.com ● Compter 15-25 € env selon saison pour 2 pers, voiture et tente. Bien ombragé. Piscine et tennis payants. Sa façade et son tennis masquent des sanitaires qui ne datent pas d'hier !

N'accepte pas les animaux.

🏠 🍽 **O Retiro do Adelino** : rua Nova, 20. ☎ 282-94-73-52. Plats du jour 5-10 €. Loue également des chambres 25-35 € selon saison, et un appartement 70 €. Deux salles propres et sans chichis, et une vingtaine de tables où déguster poisson, viande, lapin, *feijoada* de gambas... Une adresse sympa que les villageois semblent apprécier.

🏠 **Casa Hospedes Celeste** : rua Nova, 9. ☎ 282-94-71-50. • casaceleste@iol.pt • casahospedesceleste.com • En face d'Adelino. Derrière une belle façade jaune et blanc, huit chambres doubles 35-60 € selon saison, petit déj compris. Café offert sur présentation de ce guide. L'ensemble est récent, coquet et bien entretenu. Les chambres sont petites mais joliment colorées et confortables, avec douche ou bains. Accueil très gentil.

🏠 **Pensão Luar** : rua da Várzea, 28. ☎ 282-94-71-94. À la sortie du village, sur la route de la plage. Doubles 40-60 € selon saison, petit déj compris. Des chambres tout confort dans une grande villa moderne à flanc de colline avec vue sur les champs.

🍽 **Taberna do Gabão** : rua do Gabão. ☎ 282-94-75-49. Du largo 1º de Maio (fontaine), prendre la 1re rue à gauche. Tlj sf mar. De prix moyens à un peu plus chic. Le resto gastronomique de la ville, tenu par un couple de Portugais ayant vécu en France. Beau décor rustique. Spécialités de l'Alentejo et françaises.

🍽 🍸 **Blue Sky Bar** : sur le largo 1º de Maio. ☎ 282-94-71-69. Bar-pizzeria avec discothèque au 1er étage.

🏠 🍽 Sur la plage, sublime, quelques **chambres** dans les rares maisons et dans le **café-restaurant Dorita** en surplomb de la plage. Confort minimum. Compter 30-50 € la chambre double avec bains selon saison. Vue sur la rivière et la mer. Cuisine légère de plage en saison.

Où dormir ? Où manger dans les environs ?

🏕 **Parque de Campismo do Serrão** : à 3 km au nord d'Aljezur. ☎ 282-99-02-20. • info@parque-campismo-serrao.com • parque-campismo-serrao.com • Arrêt des bus Eva et Rede Expressos entre Lagos et Odeceixe. Compter 12-18 € env selon saison pour 2 adultes, voiture et tente. Bien entretenu, ombragé, avec piscine, tennis... Deux blocs sanitaires. Déborde vite en été. À 5 km (de piste !) de la plage d'Amoreira.

🍽 **O Chefe Dimas** : à Aldeia Velha, sur la N 120 à 1,5 km au nord d'Aljezur en direction d'Odeceixe. ☎ 282-99-82-75. Tlj sf mer 12h-22h30. Plats de poisson 8-14 € servis en version ultrafraîche et copieuse. Fruits de mer en saison uniquement. Salle intérieure banale et terrasse couverte mais venteuse, et près de la route ! Service rapide et attentionné.

À voir. À faire

Le village nous a vraiment charmés avec ses maisonnettes et son atmosphère reposante. Au retour de la plage, promenez-vous au hasard des ruelles qui montent jusqu'au joli **moulin** toujours en activité *(oct-mai, tlj sf w-e 10h-12h, 13h-16h)*, perché au sommet du village. De là, magnifique vue panoramique sur la campagne environnante au coucher du soleil.

Plages

Elles se trouvent à l'intérieur du parc naturel de la Côte Vicentine, espace protégé de 75 000 ha où vivent plus de 750 espèces de plantes et d'animaux. Le camping sauvage est interdit.

🏖 La vaste plage d'**Odeceixe,** abritée, vaut vraiment le détour, enserrée par l'océan, la rivière et les falaises ! La partie gauche, accessible à marée basse ou par la falaise (descente dangereuse), est naturiste.

⌂ Plus au sud, entre Odeceixe et Aljezur, *Amoreira* est une plage large et ouverte, entre les dunes. Deux routes pour s'y rendre : l'une, de 6 km, pleinement praticable, part d'Aljezur, l'autre, 3 km de piste, du *Parque de Campismo do Serrão* (voir plus haut « Où dormir ? Où manger dans les environs ? »). Petit resto de poisson à proximité.

⌂ Enfin, *Arrifana*, au sud d'Aljezur, est une plage très prisée des surfeurs. Site assez impressionnant où une longue bande de sable assez étroite se déroule au pied de falaises de roches sombres. Quelques chambres à louer en saison *(moradias turísticas)*, 6 ou 7 restos dont l'*Oceano,* qui fait aussi épicerie. Peu de bus pour s'y rendre. Mieux vaut être motorisé.

CARRAPATEIRA
(8670)

Petit village à environ 2 km de la mer et à 16 km au nord de Sagres. Pour les amateurs de calme et de solitude. Paysage accidenté de collines, dunes, bras de mer s'enfonçant dans les terres. Petite place centrale, un minimarché, un parking et trois bars. Puis deux superbes plages, le paradis des surfeurs.

Arriver – Quitter

➤ *Bus Eva* 2 fois/j. depuis *Aljezur* et une liaison de *Vila do Bispo.*
➤ En *voiture* depuis Vila do Bispo par la N 268 direction Aljezur.

Où dormir ? Où manger ?

🛏 *Pensão das Dunas :* rua da Padaria, 9. ☎ et fax : 282-97-31-18. *Quatre chambres doubles 30 €, aux belles couleurs méditerranéennes, avec salle de bains commune, et 4 studios avec kitchenette tout aussi charmants : 20-60 € selon saison et nombre de pers. Petit déj (4,50 €) servi sur demande. Résa très conseillée.* Une bâtisse, blanc et bleu, vers la plage. La terrasse fleurie, avec des chats alanguis au soleil, est un enchantement. Petit resto juste à côté. L'accueil peut paraître un peu frais au premier abord.

🍽 *O Sítio do Rio :* un peu avt la plage de Bordeira, à 1 km au nord. ☎ 282-97-31-19. 🖥 962-37-28-85. *Fermé généralement vers nov-déc. Prix moyens.* Maison de style hacienda au milieu des dunes, tenue par une famille qui a choisi de s'orienter vers la simplicité et la qualité grâce aux produits biologiques de son jardin. Plats végétariens, mais également de la très bonne viande de l'Algarve. Carte en français.

Plages

⌂ *Praia de Bordeira :* appelée aussi *praia Carrapateira,* à 2,5 km du village. Une grande étendue de sable protégée du vent par un mur de dunes. La rivière de Carrapateira y dessine une minilagune qui la met à l'abri des voitures.

⌂ *Praia do Amado :* à 2 km de Carrapateira et à 4 km au sud de la première plage, de même taille mais beaucoup plus civilisée. Panneau indicatif tout de suite à gauche avant d'entrer dans Carrapateira quand on arrive par le sud. Deux snacks et une école de surf. Entre ces deux plages, la route serpente sur la lande désertique de la falaise. Accessible en voiture du village. La nature à l'état brut pour méditer face à l'océan. C'est ce même horizon qui a décidé Henri le Navigateur à lancer ses caravelles à l'assaut de l'inconnu, un peu plus loin, à Sagres.

VILA DO BISPO   (8650)   5 381 hab.

À 10 km de Sagres et à 23 km de Lagos. Village-carrefour aux allures fanto-matiques, possédant une croquignolette église baroque. Décoration inté-rieure superbe : lustre en cristal, nef décorée d'azulejos du XVIII° siècle, pla-fond peint, chapelle rococo, autel richement sculpté et doré. Ouvert le dimanche midi pour la messe.

Arriver – Quitter

En bus

➢ *De et pour Sagres :* avec *Eva,* une quinzaine de bus/j. en sem, et entre 7 et 9 bus le w-e. En fin de mat et en début d'ap-m, bus pour le *cap São Vicente.*

➢ *De et pour Salema, Burgau et Lagos :* Eva assure une quinzaine de départs en sem et entre 7 et 9 le w-e. En milieu d'ap-m en sem slt, bus pour *Alvor, Praia da Rocha* et *Portimão.*

Où dormir ? Où manger ?

🛏 *Pensão Mira Sagres :* rua 1° de Maio, 3. 📱 914-65-41-06. ● naturimar@gmail.com ● En face de l'église. Dou-bles 20-50 € selon saison. Grande mai-son traditionnelle toute blanche, avec un jardin intérieur. Vastes chambres hautes de plafond, au confort simple et un peu ancien. Des travaux sont pré-vus, qui pourraient modifier un peu la configuration des lieux. Bon accueil. Fait aussi bar.

🍴 *Tasca Neptuno :* 1ʳᵉ à gauche dans la rua 1° de Maio qui part de la pension Mira Sagres. Plats de viande ou de pois-son à moins de 7 €. Une petite cantine sans prétention, où se retrouvent les gens du coin. Loue également des chambres à l'extérieur de la ville. Accueil très gentil.

🍴 *Restaurante A Eira do Mel :* vers la nouvelle route de la praia do Castelejo, à la sortie du village. ☎ 282-63-90-16. 📱 917-55-56-67. ● eiradomel@eiradomel.com ● Tlj sf sam. Compter 30 € env pour une cataplana (2 pers). Déco d'auberge rustique pour ce resto gas-tronomique. Hors-d'œuvre très variés et légumes bio. La plupart des plats de poisson et de fruits de mer sont pour 2 personnes. Plusieurs viandes propo-sées : porc, lapin, agneau, sanglier... Une option végétarienne : les légumes au curry.

Plages

⌇ *Praia do Castelejo :* à 4 km du village. Enclavée entre deux falaises sombres. Hélas, pas de bus pour y aller.

⌇ *Praia da Ingrina :* à env 4 km aussi mais vers l'est, un peu après le village de Raposeira, en direction de Lagos – Portimão. Une plage aux eaux calmes au sein d'une petite baie encore peu fréquentée, excepté par quelques campeurs.

SAGRES

À 33 km de Lagos. Une cité déchiquetée par les falaises, affrontant souvent des vents violents et des vagues furieuses. Le cap attira Henri le Navigateur pour sa solitude, annonciatrice de celle qu'allaient affronter plus tard, en mer, les futurs découvreurs de continents.

Le site est pittoresque avec sa succession de baies profondes et de promontoires. Le caractère encore sauvage de certains paysages fait corps avec la légende du grand Navigateur, surtout l'hiver, quand souffle la tempête. Quant à la ville, longtemps enclavée, elle se résume à une rue principale et à une place bâties au XIXᵉ siècle sur les ruines du tremblement de terre de 1755. Ses quelques plages et son petit port de pêche ont suffi pour que la nationale 125 de Lagos fasse éclore des lotissements hôteliers, heu-

À QUAI

Henri le Naviguateur (1394-1460), membre de la Milice du Christ, organise les premières expéditions maritimes portugaises depuis la forteresse de Sagres. Étrangement, il ne voyagera pas lui-même, exigeant de ses marins journal de bord, croquis précis, cartes manuscrites rigoureusement tracées et annotées. C'est grâce à lui que fut conçue la caravelle, remarquable petit navire (20 m de long, sur 7 à 8 m de large !) capable de transporter une vingtaine d'hommes (ils dormaient tous sur le pont), et de revenir à son port de départ ! À la mort d'Henri, une petite partie de l'Atlantique a été découverte et le littoral de l'Afrique de l'Ouest a été reconnu par des marins portugais.

reusement à bonne distance du centre. Il règne dans ce Finistère de l'Europe une atmosphère de bout du monde assez plaisante, qui tranche avec l'agitation touristique des villes-stations balnéaires plus à l'est sur la côte algarvienne.

Arriver – Quitter

En bus

Pas de gare routière ; les bus arrivent et partent de l'avenida Comandante Matoso, la rue principale, à côté de l'office de tourisme. Achat des tickets dans le bus.

➢ *De et pour Vila do Bispo :* avec *Eva,* 14 bus/j., 6h30-19h50, entre 7 et 9 le w-e.
➢ *De et pour Salema, Burgau et Lagos :* Eva assure une quinzaine de liaisons en sem et entre 7 et 9 le w-e.
➢ En fin de mat et en début d'ap-m, bus pour le *cap São Vicente.*
➢ En milieu d'après-midi en sem slt, bus pour *Alvor, Praia da Rocha* et *Portimão.*

Adresses utiles

🛈 *Office de tourisme :* av. Comandante Matoso. ☎ 282-62-48-73. Tlj sf dim-lun 9h30-12h30, 13h30-17h30.
◼ *Sagres Natura :* ☎ 282-62-40-72. ● sagresnatura.com ● Derrière la praça

da República. Compter env 30 €/j. Organise des sorties en canoë dans les grottes de Sagres, des circuits guidés à VTT sur la côte, et dispense aussi des leçons de surf et bodyboard.

Où dormir ?

Camping

⛺ *Camping Orbitur :* ☎ 282-62-43-71. ● info@orbitur.pt ● orbitur.pt ● À 2 km de Sagres sur la route du cap Saint-Vincent, tourner à droite, c'est fléché. Compter 9-19 € selon saison pour 2 pers, tente et voiture. Bâti sur une hauteur dans une pinède, donc ombragé. Supermarché, resto, bar. Pas de

L'ALGARVE

bus pour s'y rendre mais loue vélos et mobylettes. Location de bungalows également. Hélas, sanitaires parfois pas très propres. La mer est à 1 km par une petite route goudronnée.

Bon marché

🛏 *Chambres chez l'habitant :* notamment dans la rue qui mène à la praça da Repùblica quand on vient de Lagos et dans la ruelle qui va du café Conchinha à la forteresse. Faire jouer la concurrence.

De prix moyens à beaucoup plus chic

🛏 *Residencial Dom Henrique :* praça da República. ☎ 282-62-00-00 ou 03. *Doubles avec bains, TV, téléphone, AC 45-77,50 €, 50-85 € avec vue sur mer et terrasse, selon saison, petit déj compris. Bâtisse récente, sans charme. Dix-sept chambres modernes et confortables, avec des touches marines. Celles qui ont une vue sur la mer sont vraiment plus agréables. Accueil souriant. Propose aussi des locations de VTT et organise des excursions en bateau et en jeep.*

🛏 |◉| *Pousada do Infante :* ☎ 282-62-02-40. ● recepcao.infante@pousadas. pt ● pousadas.pt ● Sur un plateau dominant la mer, prendre l'av. Comandante Matoso, c'est fléché sur la droite. Résa conseillé. *Doubles avec petit déj 120-230 € selon saison. Menu 30 €.* Grand bâtiment récent, tout blanc, à l'aspect un peu austère au premier abord, mais dont l'architecture a su respecter le style du pays. Sobriété et charme sont habilement conjugués dans les parties communes. Les chambres, colorées, sont décorées avec goût et très confortables (TV, AC, téléphone, minibar...). Piscine surplombant la mer.

Où manger ? Où boire un verre ?

|◉| Praça da República, plusieurs petits *cafés* concurrents où se prélasser en terrasse au soleil et se restaurer légèrement : on a bien aimé, à droite, le *Conchinha,* idéal pour le petit déj.

|◉| *Restaurante A Tasca :* sur le port de pêche, au bout de la ville. ☎ 282-62-41-77. ● sagritur@sapo.pt ● Tlj sf mer. *De prix moyens à un peu plus chic.* Décoration originale fondée sur le principe de la récupération : bouteilles, couverts, lampes sont cimentés aux murs. Au fond, un ancien four sert de cave à vin. Grande terrasse surplombant le port et les bateaux en cale sèche. Large choix de spécialités à base de poisson et de fruits de mer (poisson grillé, *cataplana* de lotte...). Bons desserts maison. Un peu plus cher qu'ailleurs, mais la qualité y est.

🍷 *Dromedário Bistro :* av. Comandante Matoso. ☎ 282-62-42-19. ● dromedariosagres@mail.telepac.pt ● Cette ancienne taverne est devenue un bar à la mode, un des endroits phares de la vie nocturne de Sagres : cadre simple, musique plutôt rock, et raz-de-marée de cocktails !

|◉| *Bossa Nova Restaurant :* av. Comandante Matoso, derrière le Dromedario. ☎ 282-62-45-66. Pizzas, pâtes, salades, plats végétariens, etc. à prix raisonnables dans une ambiance conviviale sans chichi. Grande salle-terrasse en retrait de la rue.

À voir

🎗🎗 *La forteresse de Sagres :* tte l'année tlj sf 1er mai, 25 déc. Oct-avr 9h30-17h30 ; mai-sept 9h30-20h. Grand parking devant la forteresse. Tarif : 3 € ; réduc ;

gratuit jusqu'à 14 ans. Petit dépliant : 1 €. Visite de groupe en anglais et portugais :
11h30, 12h, 13h30, 14h30, 15h, 16h.

Un haut lieu de l'histoire puisque Henri le Navigateur décida d'y installer son école de navigation, qui permit les grandes expéditions maritimes. Né en 1394, l'infant Henri n'agissait pas dans le but désintéressé de découvrir de nouvelles contrées. Il cherchait d'abord les mines d'or africaines. Pour financer ses projets, il devint membre de l'ordre du Christ. Cet ordre religieux interdisait le mariage, mais lui permit d'armer des vaisseaux. Les célèbres croix rouges sur les voiles étaient les emblèmes de l'ordre. L'infant recrutait les membres d'équipage dans les prisons.

Mais de toute cette activité, il reste peu de traces. Construit sur un promontoire rocheux, c'est surtout le site qui est impressionnant. La route qui en fait le tour (plus de 2 km) offre des vues superbes jusqu'au cap São Vicente. Les remparts restants, bâtis selon les principes de Vauban, datent du XVIIIe siècle. Dans la cour, une immense rose des vents dessinée sur le sol, malheureusement laissée à l'abandon. C'est ici qu'au XVe siècle, une équipe de savants, géographes, marins et astronomes, prépara scientifiquement les grandes aventures maritimes du Portugal. Notamment par le perfectionnement de l'astrolabe, l'invention de la navigation astronomique, l'établissement de cartes océaniques, la conception d'un type nouveau de bateau (la caravelle), etc.

Plages

Attention, sur toutes ces plages les courants sont forts, mieux vaut se montrer prudent.

△ **Praia da Mareta :** *la plus proche, juste en bas de la praça da Repùblica.* Assez classique. Idem pour sa voisine la ***praia da Baleeira*** qui partage son sable avec le port.

△ **Praia do Martinhal :** *à 5 mn de marche après le port.* La plus grande. Seuls les surfeurs et les véliplanchistes y trouveront vraiment leur compte, car le vent n'y est jamais au chômage technique.

△ **Praia de Beliche :** *à env 2 km vers l'ouest, dans une anse définie par la pointe de Sagres et le cabo de São Vicente.* Moins fréquentée et protégée des vents.

➤ DANS LES ENVIRONS DE SAGRES

🐾 **Le cabo de São Vicente :** *à 6 km de Sagres, la pointe occidentale de l'Europe continentale. Pour s'y rendre, voiture, location de vélos en ville ou bus depuis Sagres.* Falaise de 80 m dominée par un phare. Paysage assez dépouillé. Couchers de soleil superbes. Au Moyen Âge, ne racontait-on pas qu'ils étaient cent fois plus grands qu'ailleurs ? Petite anecdote : le phare date de 1906 et est situé à côté d'un ancien couvent de nonnes qui, au XIXe siècle, avant la construction du phare, lorsqu'il y avait du brouillard, agitaient toute la journée des centaines de clochettes pour prévenir les bateaux approchant, le cap étant en effet très dangereux. La nuit, elles faisaient brûler un grand feu pour le signaler.

SALEMA
(8650)

À 21 km à l'ouest de Lagos, vers Sagres. Plage encore sympa mais de plus en plus touristique. À la mode, donc prix gonflés. Location de pédalos et de planches à voile.

L'avant et l'arrière-saison y sont quand même bien agréables et permettent mieux de profiter du charme des lieux.

Arriver – Quitter

En bus

➣ La plupart des bus *Eva* faisant le trajet *Sagres-Lagos* s'y arrêtent. Une douzaine de liaisons en sem, entre 7 et 9 le w-e.

Où dormir ?

Camping

⚿ *Camping Quinta dos Carriços :* 8650-196, à Budens, Salema. ☎ 282-69-52-01. ● quintacarrico@oninet.pt ● quintadoscarricos.com ● À 1 km avt d'arriver à Salema, en venant de Lagos. Dépasser Budens, au feu à gauche direction Salema. Compter env 18 € en saison pour 2 adultes, voiture et tente. 15 oct-15 mai, réduc de 10 % sur le camping. Tenu par des Hollandais. En bord de route mais agréablement situé au creux d'un vallon, et bien aménagé. Douches chaudes payantes, épicerie, resto, machines à laver et coffre. Quelques petits appartements avec terrasse, pas très bon marché. Résa de 3 nuits minimum en appartement. Une partie du camping est réservée aux nudistes. Bon accueil.

De bon marché à un beaucoup plus chic

⌂ *Chambres chez l'habitant :* sur le port et dans le village. Les « anciens » viennent vous les proposer dès qu'ils vous voient descendre vers la plage.

⌂ *Chambres d'hôtes Romantik Villa :* Vivenda Felicidade. Urbanization beach villas Lote MS, Salema. ☎ 282-69-56-70. ▯ 967.059.806. ● romantikvilla@sapo.pt ● romantikvilla.com ● Doubles 75-85 € selon saison, petit déj compris ; appartement 95-120 € selon saison, sans petit déj. CB refusées. Dans un quartier résidentiel et calme, sur les hauteurs de Salema. Trois chambres impeccables et claires, avec frigo, bouilloire, sèche-cheveux, TV. Appartement pour deux, un peu plus cher mais avec une cuisine et une vue imprenable sur l'océan. Piscine. Joli jardin bien entretenu et très agréable avec hamac à l'ombre d'un grand palmier, barbecue... Elysabete, brésilienne polyglotte, a passé quelques temps à Genève avant de poser ses valises en Algarve. Elle vous accueillera chaleureusement avec ses 2 labradors, qui savent rester discrets !

Où manger ?

|●| *O Carapau Francês :* en bas du village, face à la plage. Fermé en général sam. Prix moyens. CB refusées. Petite salle intérieure et tables en terrasse sous une bâche à l'abri du vent. Spécialités grecques et portugaises, avec aussi pizzas et pâtes, au cas où vous oseriez bouder *sardinhas* et *carapaus* (chinchards). Simple et sans prétention.

|●| *Atlântico :* juste au-dessus de la plage. ☎ 282-69-51-42. Plats 7-14 €. Belle salle intérieure, et grande et agréable terrasse dominant le vaste océan. Très sympa aussi pour un petit déj ou un verre.

BURGAU   (8600)

À 14 km à l'ouest de Lagos. Charmant petit village typique dont les maisons blanches descendent doucement vers la mer. Hélas, de plus en plus gâché par la gangrène de l'urbanisation galopante dans le coin. Comme à Salema et à Sagres, les prix sont montés en flèche. Petite plage protégée par deux avancées rocheuses. Pas de port, on hisse les barques directement sur la plage.

Arriver – Quitter

En bus

➤ Une douzaine de liaisons avec *Eva* (trajet *Sagres-Lagos*) en sem, entre 7 et 9 le w-e.

Où dormir dans les environs ?

🏠 **Hospedaria Belo Horizonte :** *Cerro dos Vales, Almádena, 8600 Lagos.* ☎ *282-69-76-05.* ● *info@hbelohorizon te.com* ● *hbelohorizonte.com* ● *Sur la N 125, juste avt Almádena en venant de Lagos. Résa indispensable en été. Chambres doubles 25-50 € selon saison, petit déj compris. Apéritif offert sur* présentation de ce guide. Grande villa blanche et ocre au-dessus de la route, tenue par un couple de Portugais qui a longtemps vécu en France. Une quinzaine de chambres avec frigo, TV et petite véranda. Cuisine à disposition. Piscine, tennis, billard, ping-pong. Propreté un peu limite.

Où manger ?

|○| Plusieurs snacks et restos avec des cartes copiées-collées. Rien de bien passionnant. Sinon, un supermarché en haut du village, en face de l'église.

LAGOS

(8600)   27 041 hab.

À 17 km à l'ouest de Portimão et à 80 km de Faro. Lovée au fond d'une baie, une ville devenue très touristique mais qui a su préserver une certaine personnalité. C'est de ce port que partirent, aux XVe et XVIe siècles, les premières grandes expéditions maritimes. La vieille ville, enserrée dans ses remparts, possède beaucoup de charme.
Elle affiche souvent complet, y compris en hiver avec une colonie importante d'Anglais établis à demeure. Nombre d'entre eux possèdent une résidence dans les proches environs. C'est ce qui explique le cosmopolitisme de Lagos, renforcé par le contingent d'Allemands attirés chaque année par ses grandes plages de sable.

Arriver – Quitter

En bus

🚌 **Gare routière** *(hors plan par A1) :* Terminal Rodoviário *en face de la marina, à 6 rues du vieux centre. Billetterie d'Eva Transportes,* ☎ *282-76-29-* 44. Représente toutes les autres compagnies. Six lignes de bus urbains pour circuler en ville.

➤ **De et pour Lisbonne via Portimão :** entre 4 et 6 départs/j. avec *Eva Transportes.* Durée : env 4h.

L'ALGARVE

➢ *De et pour Lisbonne via Aljezur et les villes de l'Alentejo :* 1 bus/j. avec *Rede Expressos*. Compter 5h de trajet. Sinon, *via Silves,* 4 bus/j. plus rapides (en 3h30).
➢ *De et pour Aljezur et Odeceixe :* 2 bus/j. avec *Rede Expressos*.
➢ *De et pour Vila do Bispo et Odeceixe via Aljezur :* avec *Eva,* 5 bus/j.
➢ *De et pour Albufeira et Faro :* avec le *Trans Rápido* d'*Eva,* jusqu'à 7 départs/j. Ce service permet de prendre gratuitement la correspondance avec le bus de ville pour l'aéroport de Faro (n°s 14 et 16 à la *rodoviária* de Faro) en présentant votre billet d'avion. Également un service régulier à Albufeira avec 6 bus *Eva* en semaine et quatre le w.-e. Arrivée à Faro en moins de 2h.
➢ *De et pour Portimão :* avec *Frota Azul* (service géré par *Eva*), env 1 départ/h 7h-20h. Durée : 40 mn.
➢ *De et pour Alvor, Praia da Rocha et Armação de Pêra :* avec *Eva* et la compagnie *Coastline*. Une dizaine de départs en semaine, moitié moins le w.-e.
➢ *De et pour Sagres :* nombreuses liaisons quotidiennes en passant par Burgau, Salema et Vila do Bispo. Un seul bus/j. pour le cabo de São Vicente.
➢ *De et pour Évora :* avec *Rede Expressos,* un bus/j. Changement à Albufeira. Durée : 6h30.
➢ *De et pour l'Espagne :* *Eva Transportes* dessert Séville via Huelva. Deux départs/j. dans les deux sens. Durée : 6h30.

En train

🚉 *Gare ferroviaire (hors plan par B1) :* la *estação* se trouve derrière la marina. | À 300 m de la gare routière en traversant le pont bascule.

➢ *De et pour Lisbonne :* 4 trains/j. (dont un *Alfa Pendular*) avec changements à Tunes. Env 3h30 de trajet.
➢ *De et pour Évora :* 1 départ/j. (changements à Tunes et à Casa Branca).
➢ Lagos est aussi le terminus des trains régionaux desservant toute l'Algarve jusqu'à Vila Real de Santo António. Compter une dizaine de trains quotidiens vers l'est desservant **Portimão, Silves, Tunes, Albufeira, Loulé, Faro, Olhão, Tavira** et **Vila Real de Santo António.**

En voiture

La A 2 relie Lisbonne à l'Algarve à hauteur d'Algoz (au nord-ouest de Faro) où elle rejoint la A 22. Cette dernière se termine (ou commence) au nord de Lagos.
À l'ouest, les N 268 puis 125 relient Sagres et Vila do Bispo à Lagos.

Adresses et infos utiles

🛈 *Office de tourisme municipal (plan A1) :* à l'angle de la rua Marquês de Pombal et de Lima Leitão. ☎ 282-76-41-11. ● cm-lagos.pt ● *(mairie).* En plein centre. Hors saison, lun-ven 10h-18h, sam 10h-14h ; en été, tlj 10h-20h.
🛈 Un autre **bureau de tourisme,** de l'*Algarve celui-ci (hors plan par A1),* dans le *síto de São João,* au bout de l'avenida dos Descobrimentos qui longe le chenal. ☎ 282-76-30-31. Oct-avr, lun-ven 9h30-17h30, sam-dim 9h30-13h ; mars-sept, lun-ven 9h30-19h, sam-dim 9h30-13h, 14h-17h30. C'est le premier que vous rencontrerez si vous arrivez de Portimão par la N 125. Bien documenté.
⛵ *Bateaux pour les grottes de Ponta da Piedade (voir « Dans les environs de Lagos ») :* sur le quai. Plusieurs agences avec kiosques de vente le long de la promenade et dans la marina. Les départs s'effectuent en fonction des marées (car certaines grottes deviennent inaccessibles à marée basse). Compter 10-17 € selon saison et heure (moins cher en fin de journée). Bateaux également au départ de Ponta da Piedade par l'embarcadère à côté du phare. Possibilité d'aller en bateau

L'ALGARVE

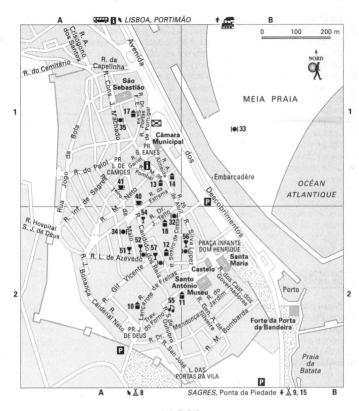

LAGOS

■ **Adresses utiles**

🛈 Office et bureau de tourisme
✉ Poste
🚌 Gare routière
🚂 Gare ferroviaire

⚠ 🏠 **Où dormir ?**

8 Parque de Campismo da Trindade
9 Valverde
10 Pousada da juventude
11 Chambres chez l'habitant
12 Chambres chez l'habitant
13 Pensão Caravela
14 Pensão Marazul
15 Camping Turiscampo
17 Residencial Lagosmar
18 Residencial Cidade Velha

🍽 **Où manger ?**

32 Restaurante O Cantinho do Mar
33 A Barrigada
34 Casinha do Petisco
35 Adega Típica

☕ **Où prendre le petit déjeuner ?**
Où déguster une pâtisserie ?

40 Gomba
41 Padaria central Gilberto Amelio

🍸 🎵 **Où boire un verre ?**
Où sortir ? Où danser ?

51 Joe's Garage
52 Mullen's
54 Rosko's
55 RGB
56 Café Xpreitaqui
57 Snack-Bar Império do Mar

jusqu'à Sagres, toute la journée. L'arrêt à Sagres dure 2h, ce qui est un peu juste pour aller à la forteresse, située à 2 km du port après la visite de la ville. Compter 30-50 €.

■ **Bom Dia :** sur la marina. ☎ 282-76-46-70. ● bomdia.info ● Agence dynamique qui propose différents types d'activités comme des croisières journalières en voilier : les grottes de Ponta da Piedade, croisière-grillades... Mais aussi du *snorkelling*, windsurfing, kayak, rando à cheval...

■ **Club de plongée : Blue Ocean Divers,** motel Âncora, Estrada do Porto de Mós. ☎ 282-78-27-18. ● blue-ocean-divers.de ● CB refusées. École qui organise des plongées à la journée ou demi-journée et loue du matériel.

■ **Location de vélos :** chez **Motorent,** rua Vasco da Gama, ed. Vasco da Gama, loja 8B. ☎ 282-41-69-98. Face à une place moderne entre la station Repsol et la gare routière. Vélos et VTT en formule 3 ou 7 j. 20-55 €.

■ **Urgences : hôpital Distrital de Lagos,** rua Castelo dos Governadores. ☎ 282-77-01-00 ou 282-77-01-16.

◙ **Internet :** rua Infante de Sagres, 146 A. ☎ 282-76-22-93. C'est la rue qui part de la praça Gil Eanes vers les remparts. Lun-jeu 14h-20h30 ; ven 9h30-13h, 14h-17h ; sam 10h-12h30. Service gratuit de la municipalité de Lagos (30 mn/j.). Également une zone wi-fi gratuite dans le *centre culturel,* situé rua Lançarote de Freitas, 7 (plan A2). ☎ 282-77-04-50.

– **Parkings :** payants le long de l'avenida dos Descobrimentos, à hauteur du marché et de la poste ; mais gratuit en continuant l'avenue vers Sagres.

Où dormir ?

Manne touristique aidant, grand turnover de propriétaires dans les hôtels. Quant aux chambres chez l'habitant, elles ne sont pas toutes en conformité avec les règles de sécurité et d'hygiène.

Campings

⛺ **Camping Turiscampo** (hors plan par B2, **15**) : à Espiche, sur la N 125, à 4,5 km de Lagos en direction de Vila do Bispo – Sagres. ☎ 282-78-92-65. ● info@turiscampo.com ● turiscampo.com ● Depuis Lagos, prendre le bus Eva pour Vila do Bispo. À 1,5 km de la plage de Luz. Tte l'année. Compter 11-21 € env pour un couple, tente et voiture. Moyennement ombragé et bien entretenu dans l'ensemble. Belle piscine « californienne » et solarium. Supermarché, machines à laver. Resto à prix un peu élevés. Location de bungalows.

⛺ **Valverde** (hors plan par B2, **9**) : à praia da Luz, à 1,5 km de la plage et de l'agglomération de Luz, et à 4 km de Lagos. ☎ 282-78-92-11. ● info@orbitur.pt ● orbitur.pt ● Desservi par les bus Eva depuis Lagos. Compter 12-23 € selon saison pour 2 pers, voiture et tente. Chaîne *Orbitur.* Assez ombragé, fleuri, gigantesque, et avec un resto-self. Bungalows. Possibilité de résa et de séjours prolongés. Très familial. Choisissez un emplacement éloigné de l'entrée pour le calme. Piscine agréable. Bar, supermarché, machines à laver.

⛺ **Parque de Campismo da Trindade** (hors plan par A2, **8**) : rossio da Trindade, apartado 680. ☎ 282-76-38-93 ou 282-76-76-90. ● info@campingtrindade.com ● campingtrindade.com ● Accès par le bus n° 13 (circulaire) depuis la gare. Compter 13-16 € env selon saison pour deux, tente et voiture. Le plus proche de la vieille ville. Entouré d'immeubles et d'un mur surmonté de barbelés, terrain dur mais à l'ombre des eucalyptus. En dernier recours.

De bon marché à prix moyens

🏠 **Pousada da juventude** (plan A2, **10**) : rua Lançarote de Freitas, 50. ☎ 282-76-19-70. ● lagos@movijovem.pt ● pousadasjuventude.pt ● Prendre la rua Cândido dos Reis de la praça Gil Eanes. Lits en dortoir 11-16 € et chambres doubles 26-43 € selon saison. Très bien situé, en plein centre, près des principaux bars. Dans un immeuble récent bien équipé (cuisine, billard, Internet), une soixantaine de lits. Si c'est plein, on saura vous conseiller des chambres chez l'habitant.

☖ Nombreuses **chambres chez l'habitant.** On vient vous accueillir à la gare, à l'arrêt de bus ou au hasard des rencontres.

– **Mme Maria de Abreu Pimenta** possède notamment 5 chambres dans une maison du centre : rua Soeiro da Costa, 44 (plan A2, **12**). ☎ 282-76-29-99. Au bout de la rua 25 de Abril. Doubles avec bains et frigo 35-45 € selon saison. Réduc de 10 % sur le prix de la chambre en basse saison. La plupart des chambres sont grandes, l'une d'elles a même un petit coin cuisine. Celle avec terrasse sur la rue nous a bien plu. Possibilité de se préparer le petit déj. Accueil chaleureux. Bref, une excellente adresse.

– Une autre bonne adresse : **chez Hilidio Albino** (plan A-B2, **11**), rua de São Gonçalo de Lagos, 23. ☎ 282-76-13-28. Dans une rue piétonne calme, perpendiculaire au musée Santo António. Doubles 25-35 € selon saison. Un couple de retraités sympa propose, au fond de leur maison, qu'il faut traverser, une première chambre donnant sur un petit patio. Sur les toits, 2 autres chambres se partagent une salle de bains et une terrasse qui offre une vue sur les toits du quartier. Possibilité de préparer son petit déj. Un bon plan.

☖ **Pensão Caravela** (plan A1, **13**) : rua 25 de Abril, 8 (rue principale). ☎ 282-76-33-61. Dans la rue piétonne en face de l'office de tourisme. Ouv en saison (à partir d'avr). Résa conseillée. Doubles 45 €, petit déj compris. Aux 1er et 2e étages d'un immeuble simple mais propre, de petites chambres avec lavabo et douche ou lavabo et bidet. Certaines sur rue, d'autres sur cour. Évidemment, un peu bruyant. Néanmoins, souvent complet.

☖ **Pensão Marazul** (plan A1, **14**) : rua 25 de Abril, 13. ☎ 282-77-02-30. ● pensaomarazul@hotmail.com ● pensaomarazul.com ● Presque en face de la Caravela. Fermé janv. Doubles avec douche ou bains 35-50 € selon saison, petit déj inclus. Sur 2 étages, le confort d'un hôtel de tourisme : TV et téléphone... Une vingtaine de chambres de bonne taille et propres, certaines ayant vue sur le chenal mais plus bruyantes à cause du parking en face et de la route fréquentée.

De prix moyens à plus chic

☖ **Residencial Cidade Velha** (plan A2, **18**) : rua Dr Joaquim Tello, 7. ☎ 282-76-20-41. ● residcidadevelha@netvisao.pt ● Ouv avr-oct. Chambres doubles avec bains, TV, téléphone 45-65 € selon saison. Dans un immeuble moderne des années 1970, dont l'atout principal est d'être dans une rue calme. Chambres confortables mais impersonnelles.

☖ **Residencial Lagosmar** (plan A1, **17**) : rua Dr Faria e Silva, 13. ☎ 282-76-37-22. Dans une rue très calme, à une centaine de mètres de la praça Gil Eanes. Fermé nov-mars. Chambres doubles avec douche ou bains, TV, téléphone 35-75 € env selon saison, petit déj compris. Solarium sur le toit.

Où manger ?

Pas mal d'établissements attrape-gogos sur la rue principale : méfiance donc. À Lagos, un resto plein à craquer n'est pas toujours synonyme de qualité ou de fraîcheur... même à proximité du marché.

De bon marché à prix moyens

|●| **Restaurante O Cantinho do Mar** (plan A2, **32**) : rua Soeiro da Costa, 6. ☎ 282-76-77-22. Tlj sf dim. Menu touristique 8,50 €. En plein centre, une

L'ALGARVE

petite salle coquette à la déco marine chaleureuse où l'on se retrouve pour déguster les coquillages, la *caldeirada à Cantinho*... Simple, frais et bon.

|●| *A Barrigada* (plan B1, *33*) : estrada de S. Roque, Meia Praia. ☎ 282-79-24-53. *Tlj sf lun. Assiette 9 €. Pas de menu, mais plats du jour sur l'ardoise.* De l'autre côté du chenal. Traverser le pont de la marina et prendre le chemin à droite de la gare ferroviaire ; c'est au bout de la presqu'île. Baraque de pêcheurs en dur avec une véranda, des tables en bois sombre et des bancs. Le poisson est servi en formule « barrigada », autrement dit pour s'en mettre plein la panse. Copieux et savoureux. Service jeune et efficace. Fado le samedi soir.

|●| *Casinha do Petisco* (plan A2, *34*) : rua da Oliveira, 51. ☎ 282-08-42-85. *Tlj sf dim. Fermé 20 j. autour des vac de Pâques. Prix moyens.* Dans une petite rue calme. Belle salle traditionnelle. Spécialités de poisson grillé, mais aussi un succulent *camarão à casinha* (gambas), qui, tout comme le *bife a casa* (steak), ont fait la renommée du lieu. On s'est régalés avec les *lulinhas* ou petits calamars grillés. Les petites faims trouveront leur compte avec les salades de thon ou de sardines à prix modiques. Accueil charmant.

|●| *Adega Típica « A Forja »* (plan A1, *35*) : rua dos Ferreiros, 17. ☎ 282-76-85-88. *Entre la praça Gil Eanes et l'église de São Sebastião. Tlj sf sam. Prix modérés.* Le resto populaire par excellence. Une jolie façade blanc et bleu on ne peut plus simple cache une salle mêlant pierre apparente et déco marine, où locaux et expatriés viennent se restaurer d'une cuisine copieuse. Carte en français annonçant poisson, coquillages et viande.

Où prendre le petit déjeuner ? Où déguster une pâtisserie ?

☕ *Gomba* (plan A1, *40*) : rua Cândido dos Reis, 56. ☎ 282-76-21-88. À l'angle de la rua da Estrema. *Tlj sf dim 8h-20h.* Petite salle proprette où l'on vient prendre son *pequeno almoço* avec un croissant maison, ou bien sa *bica* à toute heure de la journée. Gâteaux maison, plus crémeux ici qu'ailleurs, assassins pour la ligne mais excellents pour le moral. Quelques en-cas salés, comme le croissant jambon-beurre, faute de baguette...

☕ *Padaria central Gilberto Amelio* (plan A1, *41*) : rua 1º de Maio, 29. *Tlj sf dim 7h-20h.* Jolie façade blanche ancienne, avec son ouverture en arcade. Les locaux, jeunes et moins jeunes, ne s'y trompent pas. C'est ici qu'ils viennent s'approvisionner en croissants, gâteaux, pains, tout droit sortis du four !

Où boire un verre ? Où sortir ? Où danser ?

La nuit, Lagos ne s'appartient plus. Elle devient une zone franche aux mains des Anglais et des Irlandais. La plupart des bars sont des clones des pubs de l'île de Sa Majesté et de bien d'autres stations balnéaires où l'on se retrouve lors des *happy hours*. Ils sont éparpillés dans toute la ville, mais les ruas Cândido dos Reis, 25 de Abril, Marreiros Neto et 1º de Maio en concentrent un bon nombre.

🍸 |●| *Café Xpreitaqui* (plan B2, *56*) : rua Silva Lopez, 14. ☎ 282-76-27-58. Sympathique bar relooké avec brique apparente, vieux ustensiles dédiés au dieu Arabica, et tables décorées de grains de café et autres céréales. Vous l'aurez compris, le petit noir est la spécialité du lieu. Mais vous pourrez aussi y déguster de délicieux *smoothies*, milk-shakes et jus de fruits frais. En journée, sert une restauration rapide composée de quiches, soupes, salades... Animé le soir.

🍸 |●| *Mullen's* (plan A2, *52*) : rua Cândido dos Reis, 86. ☎ 282-76-12-81. *En face du cinéma. Resto ouv jusqu'à 22h, bar jusqu'à 2h ; fermé généralement la 2ᵉ quinzaine de janv et en nov.* La salle évoque une énorme auberge d'autrefois (tonneaux de vin, murs blancs, tables en bois collectives) mais innove avec, au fond, un grand bar pour écluser des pintes de bière. Carte brève et efficace à base notamment de grillades. Fond sonore agréable tendance latino, jazz, et ambiance sympa !

▼ |●| Snack-Bar Império do Mar (plan A2, **57**) : rua Cândido dos Reis, 117. Ouv 10h-4h du mat. Un lieu sans prétention pour se restaurer de sandwichs, pâtes, pizzas à prix modiques, tout en matant une des trois télés branchées sur une chaîne sportive ! Un endroit sympa aussi pour boire un verre jusqu'à point d'heure.

▼ Joe's Garage (plan A2, **51**) : rua 1° de Maio, 78, juste derrière le Mullen's. Joue sur le mythe des road movies. Clientèle de néo-routards bronzés dans la fraternité du blues, des seventies et de la pop.

▼ Rosko's (plan A2, **54**) : rua Cândido dos Reis, 79. Directement téléporté d'Irlande. Toutes les habitudes de là-bas. Clientèle trentenaire et classe moyenne en vadrouille. Inflation de cocktails, et parties de darts (fléchettes) en perspective.

♫ RGB (plan A2, **55**) : rua 5 de Outubro, 11. À gauche, au bout de la rua de São Gonçalo qui part de la praça da República. Une disco sur 2 étages.

À voir

Le Musée municipal (plan B2) : rua General Alberto Silveira. Dans une rue qui part de la praça da República. Tlj sf lun et j. fériés 9h30-12h30, 14h-17h. Entrée : 2,20 € (musée + chapelle). Un peu fourre-tout mais très vivant. Riche collection ethnographique. Émouvantes œuvres populaires pleines de naïveté, petits métiers reproduits en terre cuite. Tout sur la vie des pêcheurs et des paysans (outils, souvenirs, etc.). Un document unique : la « Charte des privilèges » accordés à la ville en 1504. Petite salle d'art sacré.

La chapelle Santo António (plan B2) : mêmes horaires que le musée et accès par ce dernier. Reconstruite après le tremblement de terre de 1755, auquel seul l'autel a survécu (début du XVIIᵉ siècle). Un chef-d'œuvre du baroque et de la talha dourada. Une avalanche de bois sculpté doré, tranchant sur le bleu des azulejos. Superbe plafond en trompe l'œil. Différents tableaux représentant les miracles de saint Antoine, le saint le plus célèbre du Portugal. Il faut dire qu'il a, entre autres, ressuscité le fils d'un pêcheur, guéri le pied amputé d'un adolescent, rendu la vue à un aveugle, mais il est surtout connu pour avoir prêché aux poissons, faute d'avoir pu trouver des hommes dans les églises. Beau jubé doré surmonté d'une balustrade.

Très agréable promenade dans les **ruelles de la vieille ville.** Au hasard de vos pas, d'autres églises. Vers les remparts, sur le largo Dr Vasco Gracias, l'église do Carmo, en ruine.

Praça da República : la grande maison à arcades à l'angle d'une rue fut, au XVIᵉ siècle, le seul marché aux esclaves d'Europe. Dominant le petit port de pêche, le forte de Pau de Bandeira, fortin du XVIIᵉ siècle.

Plages

Praias de Pinhão, de Dona Ana et do Camilo : accès par un petit chemin suivi d'un escalier d'une centaine de marches. La première est à 1 km du centre ; les deux autres à 3 et 4 km respectivement. Pour Dona Ana, bus n° 14. De jolies criques à l'ouest de la ville, coincées entre les falaises.

Meia Praia : à l'est, derrière la gare, le long de la voie ferrée. Bus n° 12 depuis la gare routière. Quatre kilomètres de sable à partager avec beaucoup d'autres amateurs d'héliotropisme.

Manifestations

– **Grand marché** : *chaque 1ᵉʳ sam du mois.* Vers le stade municipal.
– **Arte Doce** : *un w-e fin juillet.* Les gourmands vont être contents : c'est la fête de la pâtisserie locale. Hmm !
– **La fête Agosto Banho 29** : *le... 29 août, près du fort et sur la plage.* C'est la dernière fête traditionnelle qui existe encore à Lagos. Chaque année, musique, concerts, stands culinaires, expos artisanales et bain collectif symbolisent la fin de l'été.

➤ DANS LES ENVIRONS DE LAGOS

🏃🏃 **Ponta da Piedade :** *à la sortie de la ville, vers Sagres. Prendre la direction de la praia de Dona Ana (bus nº 14), puis tourner à droite.* Roches déchiquetées, rouges, ocre, prenant des teintes dorées au crépuscule. Succession d'arches, aiguilles, criques et cavités modelées, travaillées sans cesse par la mer. Un spectacle naturel d'une réelle beauté. On peut se promener sur les falaises.
Possibilité de partir en balade avec les pêcheurs. Ils sont experts dans l'art de se faufiler entre les roches. Voir « Adresses et infos utiles ».

D'ALVOR À PORTIMÃO

Côte hypertouristique. Un peu le symbole du tourisme algarvien.

🏃 À **Alvor,** au bout de la rue du 25-Avril, très jolie église manuéline blanche et orange.
➤ **Pour y aller :** 6 bus *Coastline* en semaine depuis Lagos, 4 le w-e.

Où dormir ? Où manger ?

🏕 **Camping da Dourada :** *à env 500 m du centre d'Alvor, sur la route de Lagos.* ☎ 282-45-91-78. ● campingdourada@ walla.com ● Compter 15 € env pour deux, tente et voiture. Camping relativement calme et assez grand, avec des parcelles ombragées. Douche payante. Piscine, resto-pizzeria et supermarché à proximité. Animaux acceptés.
◧◧ **Restaurante Buganvilia :** *rossio de* S. Pedro, à Alvor. ☎ 282-45-94-12. *Plats du jour 6-10 €. En venant de Portimão, au carrefour d'Alvor, prendre la direction du centre ; le resto est à droite.* Au rez-de-chaussée d'un immeuble blanc, avec un bougainvillier sur la terrasse. Bonnes spécialités de la mer (palourdes à la *cataplana,* espadon, riz aux fruits de mer...).

À faire

⛰ Plaisante **praia dos Três Irmãos** avec, là aussi, de nombreuses roches rousses découpant la plage. Quelques gargotes. En voie d'urbanisation galopante. Juste après s'étalent sur plusieurs kilomètres les usines à touristes. La route qui suit la côte mène jusqu'à la fameuse Praia da Rocha.

PORTIMÃO   (8500)   47 189 hab.

À 16 km de Silves et 17 km de Lagos. L'Algarve laborieux a ici son adresse. Avec plus de 45 000 habitants, cet important port sardinier, défiguré par une forêt de tours hideuses et par des conserveries en partie frappées par la crise, présente peu d'intérêt. Et pourtant, son quartier piéton envahi par les tables des restos ainsi que son port animé lui aussi de nombreux restaurants sont des destinations d'escapades très prisées des touristes de Praia da Rocha, sa voisine balnéaire (à 3 km).

Arriver – Quitter

En train

🚂 **Gare ferroviaire :** *au nord de la ville.* Le bus de ville *Vai e Vem* (ligne verte) la relie à la gare routière.

➢ Portimão est sur la ligne Lagos-Vila Real de Santo António. Neuf trains/j. depuis Faro, autant de Lagos.

En bus

🚌 **Gare routière :** *à côté du largo Dique, qui jouxte les quais après la praça Manuel Teixeira Gomes.*

➢ **De et pour Alvor et Lagos :** avec *Eva* (ligne Lagos-Albufeira), env 1 départ/h 7h-20h. Durée : 40 mn. Pour Lagos, aussi avec *Coastline* et *Rede Expressos.*

➢ **De et pour Praia da Rocha, Armação de Pêra, Albufeira et Faro :** service régulier avec *Coastline.* Également un service *Trans Rápido* d'*Eva Transportes* : ☎ 282-41-81-20. Bureau dans le port. Ce dernier permet de prendre gratuitement la correspondance avec le bus de ville pour l'aéroport de Faro (nos 14 et 16 à la *rodoviária* de Faro) en présentant votre billet d'avion.

➢ **De et pour Silves, Monchique et Sagres :** service régulier avec *Frota Azul* et *Rede Expressos.*

➢ **De et pour Lisbonne via Lagos, Aljezur et les villes de l'Alentejo :** 1 bus/j. de *Rede Expressos.* Compter 5h de trajet. Sinon, **via Silves,** 4 bus/j. plus rapides (en 3h30).

Adresses et info utiles

ℹ️ **Office de tourisme municipal :** *av. Zeca Afonso.* ☎ 282-47-07-17. • *cm-portimao.pt* • (mairie). Face au stade de foot. Lun-ven 9h-17h30.

🚌 **Navette de bus pour Praia da Rocha :** *bus de ville* Vai e Vem *(ligne bleue)* avec plusieurs arrêts en ville, dont un au sud de la praça Manuel Teixeira Gomes. Compter 1,20 € par trajet, ou pass touristique journalier à 3 €.

◼️ **Urgences :** *hospital do Barlavento Algarvio. Sítio do Poço Seco.* ☎ 282-45-03-30.

– **Marchés :** grand marché aux puces *(gypsy market)* le premier lundi du mois derrière la gare ; un autre, consacré aux denrées périssables, tous les jours avenida São João de Deus.

Où dormir ?

🏠 **Pousada da juventude :** *lugar da Coca Maravilhas, Cardosas.* ☎ 282-49-18-04. • *portimao@movijovem.pt* • *pousadasjuventude.pt* • En travaux lors de notre passage. AJ très excentrée. Se renseigner à l'office de tourisme.

🏠 **Residencial Pimenta :** *rua Dr Ernesto Cabrita, 7.* ☎ 282-42-32-03. Fax : 282-42-32-04. Dans une rue proche du centre piéton et de l'alameda praça da República. Doubles 30-50 € selon saison, avec bains, AC, téléphone, TV, petit déj compris. Un immeuble moderne qui offre des chambres assez grandes et à la déco un peu datée. Supermarché à côté.

🛏 *Residencial Santa Isabel : rua Dr José Joaquim Nunes, 4.* ☎ 282-42-48-85. *Dans le centre piéton, entre la rua Direita et la rua Júdice Biker. Doubles 35-40 € selon saison, avec douche, TV,* petit déj compris. Un autre immeuble moderne, qui propose des chambres petites, simples et bien tenues. Fait aussi resto.

Où manger ? Où déguster une pâtisserie ?

La sardine est la reine de la ville. On en trouve pas mal le long du port de pêche, à l'est des quais : de nombreuses échoppes de grillades dans les rues autour du pont qui enjambe la rivière. Et puis, furetez dans les restos, les prix sont toujours sensiblement les mêmes, et les suppléments (pommes de terre, salade, etc.) sont rarement comptés. Également plusieurs snacks en enfilade le long du marché municipal sur l'avenida São João de Deus. À noter que bon nombre de restos ferment le lundi.

|●| ☕ *A Casa da Isabel : rua Direita, 61.* ☎ *282-48-43-15.* ● *acasadaisabel@sapo.pt* ● *Tlj 9h-21h (22h en été).* Très belle façade d'azulejos pour cette pâtisserie en pleine zone commerçante. Cinq tables à l'intérieur du coquet salon de thé où sont présentés des gâteaux à la caroube, à la figue, à la carotte... plus appétissants les uns que les autres ! Prix très sages et service souriant.

PRAIA DA ROCHA   (8500)

À 3 km au sud de Portimão, l'une des plus belles plages de la côte : un immense cordon de sable au pied d'imposantes falaises. Mais aussi la première de l'Algarve à avoir été bétonnée. Une ville de tours a remplacé les anciennes villas du début du XXe siècle, dont seules quelques-unes survivent comme de frêles oasis. Quant à la plage, elle est traversée par une promenade en bois le long de laquelle sont reliés des restos tous semblables. Fleuron du tourisme anglais, pardon... portugais. Animation 24h/24. Reste le fort, au bout de l'avenue Tomas Cabreira, avec sa vue, son café et sa terrasse bien agréable.

Arriver – Quitter

En bus

➤ *De et pour Portimão :* ttes les 20 mn (ttes les 45 mn les dim et j. fériés) avec le bus de ville *Vai e Vem* (ligne bleue) 7h-20h.

Adresses utiles

🛈 *Office de tourisme : en face de la plage, sur l'av. Tomás Cabreira, au bout de la estrada da Rocha.* ☎ *282-41-91-32. En été, tlj 9h30-17h30 ; le reste de l'année, 9h30-13h, 14h-17h30.*

💻 *Windcafé.com : av. Comunidade Lusiada, ed. Girassol, loja 8.* ☎ *282-48-35-33.* ● *windcafe.com* ● *Depuis l'office de tourisme prendre l'estrada da Rocha* et au 1er rond-point tourner à gauche. Ouv 10h-22h. Fermé dim en hiver. Cybercafé, lavomatique, librairie (échange de livres), expositions... Voilà un lieu intéressant et qui sort de l'ordinaire. Si vous ne savez pas quoi faire, vous trouverez sûrement une occupation ici !

Où dormir ?

De prix moyens à beaucoup plus chic

▲ *Residencial Toca :* rua Eng. Francisco Bivar. ☎ 282-41-89-04. ☎ et fax : 282-42-40-35. Sur la 1ʳᵉ rue parallèle au front de mer, à hauteur de la rua Albuquerque. Ouv en saison (avr-oct). Chambres doubles 45-75 €, petit déj compris. Quelques chambres simples dans une maison à la façade blanche.

▲ *Hôtel Bela Vista :* av. Tomás Cabreira ; à côté de l'office de tourisme. ☎ 282-45-04-80. ● inf.reservas@hotel belavista.net ● hotelbelavista.net ● Chambres doubles bien équipées 55-120 € selon saison, petit déj inclus. Un château seigneurial sur 2 étages construit au début du XXᵉ siècle, dans un superbe style mauresque. Une grande terrasse plantée de palmiers surplombe la mer. Dans le hall, de magnifiques azulejos anciens sont mis en valeur par les lambris de bois. Bar et belle salle de jeux.

Où manger ?

|●| *Cervejaria e marisqueira Praia da Rocha :* rua Bartolomeu Dias. Dans la 1ʳᵉ rue à gauche après le grand hôtel Algarve. Tlj sf dim. Menu touristique 12,75 € tt compris. Resto de poisson et de fruits de mer proposant un plat du jour très compétitif et copieux. Service lent.

|●| *Pizzeria La Campanina :* av. Tomás Cabreira, au bout de l'avenue, dans la direction opposée au fort. ☎ 282-48- 32-24. Tlj sf mar. Bon marché. Pour les allergiques aux fruits de mer, une cuisine simplissime (pâtes, crêpes, pizzas, etc.) servie dans une petite salle, décorée façon chalet de montagne avec nappe et rideaux à carreaux rouge et blanc, et bric-à-brac accroché au plafond (fleurs, bottes d'oignons, abatjour en fer...). Également quelques tables à l'entrée sous une bâche égayée de lampions.

➤ *DANS LES ENVIRONS DE PRAIA DA ROCHA*

■ 🏃 *Slide & Splash :* sur la estrada Nacional 125, entre Estombar et Lagoa. ☎ 282-34-16-85. ● slidesplash.com ● Des bus partent des principaux hôtels de Lagos, Sagres et Albufeira. Ouv avr-oct 10h-17h (17h30 juin et sept, 18h juil-août). Billet adultes : 17,50 € ; enfants : 14,50 € ; gratuit pour les enfants de moins de 5 ans. Plusieurs toboggans assez impressionnants qui rappellent les pistes de bobsleigh. À l'intérieur des toboggans, un courant d'eau qui permet de descendre à une vitesse vertigineuse. Éviter les week-ends.

FERRAGUDO

(8401)

Sur l'autre rive de l'estuaire de Portimão se cache un petit village de pêcheurs beau comme le vieux Saint-Tropez. Quelques rues en escaliers avec des chats qui paressent au soleil, une église souriante juchée sur un promontoire et un port de pêche où l'on prend encore la peine de se saluer. Et tout ça uniquement parce que Ferragudo se trouve assiégé par une zone industrielle des moins engageante. Vue directe sur les tours de Praia da Rocha et les usines abandonnées. Les malins y trouveront cependant une petite infrastructure touristique, de belles plages, et deux adresses où manger très sympathiques (voir plus loin).

Arriver – Quitter

➢ **En train :** Ferragudo est sur la ligne Lagos – Vila Real de Santo António. À 5 mn de Portimão.
➢ **En bus :** de Portimão, bus *Eva* quotidiens.
➢ **En voiture :** prendre la N 125 direction est (Faro, Albufeira, etc.). Passer le pont de Portimão et, au feu, prendre la 1re à droite.

Où dormir ?

🛏 Quelques *chambres chez l'habitant,* mais nous n'indiquons plus ni noms ni inter-médiaires qui se sucrent copieusement sur le dos des propriétaires. Renseignez-vous auprès des commerçants sur place.

Camping

⛺ **Camping de Ferragudo :** *à 2 km à l'est du village, sur la route côtière.* ☎ 282-46-11-21. *Le bus de Portimão (Eva, Frota Azul) s'arrête à proximité. Carte internationale de camping exigée* (impossible de l'acheter sur place). *Compter 25 € env pour 2 adultes, tente et voiture. Sur une colline ombragée, assez grand mais sans charme. Super-marché, resto. À 1 km de la mer.*

Où manger ?

🍽 **O Barril :** *travessa do Caldeirão, 1-5.* ☎ 282-46-12-15. 🍴 *Dans une ruelle derrière la place centrale. Tlj sf mar. Congés : en déc. Digestif offert sur pré-sentation de ce guide.* Tables et bancs rustiques sur la traverse à l'abri du soleil, ou salle à la déco marine. Grill à l'exté-rieur. Assez touristique, mais excellent poisson frais du jour grillé, *cataplana,* fruits de mer et viandes. Les lundi et mercredi soirs, on y mange au son du fado. Très sympa !
🍽 **Le Paradis :** *vale da Azinhaga.* ☎ 282-46-11-23. ● paradis@sapo.pt ● 🍴 *À l'extérieur du village, sur la route de* Carvoeiro, après le camping, sur la gau-che. Tlj sf mer 18h-minuit ; fermé nov-fév. Compter 20 € à la carte, boissons non comprises. CB refusées. Un lieu qui porte bien son nom ! Des crevettes à l'orange aux calamars frits en passant par les brochettes maison, c'est un régal. Accueil chaleureux, musique de fond brésilienne. Vanda, la patronne, est une Portugaise née en Angola et ayant vécu au Venezuela. Des prix pas très routards, mais l'adresse en vaut la peine ! Attention, il y a souvent du monde.

À voir

🎨 **L'atelier Bongard :** *rua Infante D. Henrique, 62.* ☎ 282-46-13-83. ● atelierbon gard.com ● *En venant de Portimão, avt de descendre vers Ferragudo. Tlj sf w-e.* Ce Suisse vit depuis trente ans au Portugal et vous accueille dans son atelier-maison jaune et vert. Autodidacte et talentueux, il s'est spécialisé dans les azulejos (plutôt modernes !). Décoration intérieure, extérieure, il peint tout et explique volontiers son travail et ses techniques.

Plage

🏖 *À 1 km à l'est, après le fort.*

CALDAS DE MONCHIQUE

(8550)

À 20 km de Portimão. La serra de Monchique, barrière naturelle aux vents humides de l'Atlantique, tout en bénéficiant toujours du merveilleux soleil de l'Algarve, favorisa l'éclosion d'une végétation dense et exubérante. De ses origines volcaniques naquirent des sources d'eau chaude. À peine à 300 m d'altitude, Caldas de Monchique, station thermale datant de l'époque romaine et mise au goût du jour, se niche au creux d'un vallon abondamment fleuri. Depuis une dizaine d'années, Caldas semble frappée par un mauvais sort : inondations en 1997, incendies de forêt en 2003 et 2004. De plus, les beaux thermes où l'on « prenait les eaux » ont été transformés en un village-spa assez aseptisé. L'ancien casino est le seul bâtiment à avoir conservé son style d'origine. On préfère les environs, pour une vraie découverte de la nature et de la gastronomie locale.

Arriver – Quitter

➤ **En bus :** de Portimão et Silves, bus *Eva* quotidiens.
➤ **En voiture :** prendre la N 266 direction Monchique.

Où dormir ?

De prix moyens à beaucoup plus chic

🛏 **Albergaria do Lageado :** en haut du village. ☎ 282-91-26-16 ou 282-91-38-69. Fax : 282-91-13-10. Fermé nov-mars. Doubles avec bains 45-55 € selon saison, petit déj compris. Une belle pension sur 2 étages, noyée dans la végétation. La seule structure indépendante de la ville thermale. Confortable et cosy, mais chambres un peu étouffantes en été. Piscine à l'eau thermale dans le jardin en terrasses.

🛏 **Vila Termal de Caldas de Monchique :** ☎ 282-91-09-10. ●reservas@monchiquetermas.com ●monchiquetermas.com ● La réception du complexe se trouve à l'hôtel Central. Les prix sont les mêmes pour les 4 hôtels, Termal, Central, Dom Lourenço et Dom Carlos. Doubles 90-130 € selon saison, petit déj

compris. Accès à la partie balnéario (thermes) et spa (soins corporels, tarifs en sus) : lun 9h-13h, mar 10h30-13h, 15h-19h, mer-dim 9h-13h, 15h-19h. Tarif : 15 € pour les pers logeant dans l'un des établissements du complexe, et 25 € pour les autres. Enfants de moins de 12 ans non admis. Idéalement situés, quoiqu'un peu encaissés, les thermes s'étalent dans un cadre calme et agréable. L'édifice historique du XIXᵉ siècle de l'hôtel Central est superbe, sobrement décoré de quelques meubles anciens et offre un confort moderne. Forfaits hébergement + cures thermales. L'hôtel Termal a l'avantage d'être dans le même bâtiment que les bains, mais vue pas terrible sur l'usine de mise en bouteilles.

Où manger ?

🍴 **O Maximino :** estrada de Monchique. ☎ 282-91-14-27. Sur la N 266. En venant de Silves ou de Portimão, à 1 km avt Caldas de Monchique. Tlj sf lun. Sorte de resto routier spécialisé dans le jambon du pays, la charcuterie et les

saucisses traditionnelles de la serra. Tables rustiques à l'avant ou nappées à l'arrière, à vous de choisir. Dans l'assiette, tout est bon ; mention spéciale au poulet grillé avec les vraies chips maison. Le commander au plus vite ; en attendant, vous jetterez votre dévolu sur le jambon à la coupe et le fromage de montagne. Rapport qualité-prix imbattable. Accueil familial de la plus grande gentillesse.

À voir. À faire

🚶 **La source thermale :** *dans un minuscule bâtiment à droite de l'ancien casino* (*panneau* buvette). Le verre d'eau est payant. Pour se désaltérer et goûter l'eau de Caldas, commercialisée dans tout le pays.

🚶 **Le jardin du parc thermal :** *à droite du bar* O Tasco, *prendre le chemin qui monte sur la colline.* Belle promenade en boucle sous les eucalyptus le long d'un petit ruisseau. C'était la balade de la bourgeoisie espagnole qui fréquentait la station au XIXe siècle.

MONCHIQUE   (8550)   6 441 hab.

À 26 km de Portimão seulement et à 6 km au nord de Caldas de Monchique, la capitale de la serra de Monchique est un gros bourg de montagne qui possède de mignonnes ruelles pavées en escalier et une jolie église manuéline. Admirer surtout le portail assez unique : les colonnettes torsadées forment des nœuds et semblent dessiner une couronne d'épines. C'est aussi un pays d'artisanat, où vous rencontrerez quelques fabricants de chaises-ciseaux en bois, typiques de la région. À 10 mn à pied, ruines de l'ancien *couvent de Nossa Senhora do Desterro* (sa transformation future en hôtel pourrait rendre le site inaccessible aux personnes n'étant pas clientes de l'hôtel, se renseigner à l'office de tourisme).

Arriver – Quitter

En bus

🚌 **Gare routière :** *dans le centre, sur le largo dos Chorões.* Attention, un nouveau terminal est en projet.
➤ **Pour Portimão et Silves :** bus *Eva* quotidiens.

En voiture

➤ Prendre la N 266 direction Monchique.

Adresses et infos utiles

🛈 **Office de tourisme :** *largo de São Sebastião ; près du mirador.* ☎ 282-91-11-89. ● cm-monchique. pt ● (mairie). Après le rond-point, suivre le panneau « Fóia ». Hors saison, lun-ven 9h30-13h, 14h-17h30 ; en été, tlj 9h30-19h.

■ **Alternativtour :** *sitio das Relvinhas, apartado 122.* ☎ 282-91-32-04. 📱 965-00-43-37. ● alternativtour.com ● Orga-

nise toutes sortes d'activités dans la serra : randonnées, parcours VTT, escalade...

📶 **Zone wi-fi** gratuite sur le largo dos Chorões (la place où se trouve la roue à eau sculptée). Café sur la place.

– Un parcours pédestre indiqué par de petits panneaux permet de découvrir le village.

Où dormir ?

Prix moyens

🛏 *Residencial Estrela de Monchique :* rua do Porto Fundo, 46. ☎ 282-91-31-11. *Dans la rue qui monte à droite du largo dos Chorões. Doubles avec bains 35-40 €.* Tout le confort dans des chambres agréables et fraîches. Celles du 2e étage ont une petite terrasse. Patronne accueillante.

🛏 *Pensão Residencial Miradouro da Serra :* rua Combatentes do Ultramar.

☎ *282-91-21-63. Du largo dos Chorões, prendre à droite la rua Eng. Duarte Pacheco, la residencial est après l'office de tourisme. Doubles 35 € avec douche, 40 € avec bains.* Immeuble sans charme mais bien entretenu. Une vingtaine de chambres tout confort, assez grandes et chauffées, réparties sur 3 étages. Belle vue depuis les 2e et 3e étages. Supermarché en bas.

Plus chic

🛏 |●| *Quinta de São Bento :* à 4,5 km de Monchique, sur la route de Fóia. ☎ 282-91-27-00. ● quintasaobento@aeiou.pt ● quintasaobento.online.pt ● *Résa conseillée. Doubles avec bains 70 €, petit déj copieux compris.* Ferme typique au milieu d'une magnifique forêt de pins et d'eucalyptus. Salle à manger gentiment désuète. Quatre chambres confortables avec de grands lits douillets aux draps lourds... car les nuits sont fraîches dans la serra. Piscine. Resto servant d'excellentes spécialités régionales. LA référence gastronomique de Monchique.

Où manger ?

De bon marché à prix moyens

|●| *Palmeirinha dos Chorões :* rua Serpa Pinto, 23 A. *En venant de Caldas, sur la rue peu avant le largo dos Chorões. Tlj sf lun. Menu 11 €.* Une petite *tasca* qui propose des plats régionaux sur sa terrasse en surplomb de la vallée : morue et plusieurs plats de viande. Simple et bon marché. Décor moderne de snack.

|●| *Restaurante e marisqueira O Fernando :* à l'ouest de Monchique, sur la route de Fóia. ☎ 282-91-32-43. Grande salle amicale donnant sur la vallée verdoyante. Clientèle d'habitués. Simple, propre et très correct.

De prix moyens à plus chic

|●| *A Charrete :* rua Dr Samora Gil, 30-34. ☎ 282-91-21-44. *Dans le prolongement de la rua do Porto Fundo, une rue piétonne qui monte en escalier et part du largo dos Chorões. Tte l'année.* Une auberge de ville proposant des plats de l'Algarve et de l'Alentejo. Décor chaleureux avec, sur les murs, l'exposition des collections du propriétaire : horloges publicitaires et vieille vaisselle.

|●| *Restaurante Jardim das Oliveiras :* sur la route de Fóia, après O Fernando. ☎ 282-91-28-74. Ancienne ferme au milieu... des oliviers. Grande et belle salle rustique où trône la cheminée, puis quelques tables à l'extérieur, où l'on peut trouver de l'ombre sous les arbres et les parasols avec la course du soleil. Goûter aux entrées typiques de la région. Salades et omelettes pour les petites faims, puis du gibier et des potées plus consistantes pour les journées frisquettes. Carte en français. Une bonne adresse.

➤ *DANS LES ENVIRONS DE MONCHIQUE*

🏃🏃 *Fóia :* le point culminant de la serra de Monchique (902 m), à 8 km à l'ouest par la N 266-3. Bus 2 fois par semaine en été depuis Monchique. La route grimpe à travers une forêt d'eucalyptus et de pins qui se dénude progressivement. Du sommet, occupé par une petite pyramide, vue panoramique sur l'Algarve avec Portimão et Lagos dans le lointain. Mais aucun risque de solitude, cette destination figure dans tous les catalogues de tourisme. Il y a aussi un café et un hôtel. Les non-motorisés se consoleront en grimpant de Monchique au *mont Picota* (770 m), le deuxième sommet de la serra. Une marche d'environ 1h30 (pour y aller) à travers un bois de chênes-lièges et d'arbousiers. Pour trouver avec précision le départ du sentier, se renseigner au village. Sinon, randonnées organisées par l'agence *Alternativtour* (voir plus haut « Adresses et infos utiles »).

🏃 *Santa Clara-a-Velha :* à env 30 km de Monchique, on traverse l'Algarve vers l'Alentejo. En voiture, suivre la route de Lisbonne. Pour ceux qui remontent vers le nord, une étape extrêmement agréable. Charmant village, très accueillant. Un superbe lac de barrage à 4 km ; le plus grand du Portugal. Tout en étant éloigné des « coins à touristes », Santa Clara offre une animation fort sympathique.

SILVES (8300) 34 909 hab.

À 16 km au nord-est de Portimão, un détour intéressant. Ancienne capitale d'un puissant royaume arabe, Silves se posa en rivale de Lisbonne par sa riche vie artistique et intellectuelle. Ses ruelles pavées et tortueuses bordées de maisons blanches et, çà et là, les ruines rouges des remparts ne manquent pas de charme. Située à l'entrée de l'arrière-pays, elle reste un peu à l'écart du tourisme de masse. Lors de la Reconquête, les chrétiens rasèrent les vingt mosquées de la ville. Plus de 500 années de présence islamique disparurent ainsi. Les chrétiens conservèrent néanmoins, pour des raisons stratégiques, l'imposante *Al Hamra,* le castelo rouge qui domine la ville. Vue superbe en venant d'Albufeira.

Arriver – Quitter

En bus

Pas de gare routière « en dur » à Silves ; les bus s'arrêtent devant le marché et au pont romain. Billetterie pour ttes les compagnies derrière le marché. *Lun-ven 8h-12h, 14h-17h ; sam 8h-13h.*
➤ *De et pour Lagos et Portimão :* avec *Rede Expressos, Frota Azul.*
➤ *De et pour Alcantarilha, Armação de Pêra et Albufeira :* avec *Eva.*
➤ *De et pour Lisbonne :* avec *Rede Expressos* en 3h env. Jusqu'à 4 départs/j.

En train

🚉 *Gare :* à 2 km au sud de la ville, en direction de Lagoa. ☎ 282-44-23-10. Un bus assure la navette 5 fois/j., mais cela ne coïncide pas toujours avec les arrivées et les départs.

➤ Neuf trains/j. *de et pour Lagos et Portimão* en une trentaine de mn. Autant pour *Faro.* Compter 1h de trajet. Également *de et pour Lisbonne* avec changement à Tunes.

Adresse utile

🛈 **Office de tourisme :** *rua 25 de Abril, 26-28.* ☎ 282-44-22-55. ● *cm-silves. pt ● (mairie). En haut de la ville, près de* la mairie. Hors saison, lun-ven 9h30-13h, 14h-17h30 ; en été, horaires continus.

Où dormir ?

🛏 **Residencial e restaurante Ponte Romana :** ☎ *282-44-32-75. Maison rouge de l'autre côté du rio Arade par le vieux pont piéton dit « romain ». Doubles 30 €.* L'hôtel est derrière le resto, au calme. Une quinzaine de chambres avec bains, confortables et propres. Terrasse au dernier étage. Bon accueil. Le resto est plutôt touristique (fermé le lundi). Préférez les plats du jour, simples et efficaces.

Où dormir ? Où manger dans les environs ?

🛏 |●| **Quinta do Rio – Country Inn :** *sítio Santo Estevão, 217.* ☎ *et fax : 282-44-55-28. À 5 km au nord-ouest, en direction de Messines, à proximité de la route de São Bartolomeu. Résa conseillée. Doubles 45-55 € selon saison, petit déj compris. Table d'hôtes slt (bonne cuisine italienne) sf en août 18 €/ pers, sans les boissons. En pleine cam-* pagne, au milieu des orangers, un couple d'Italiens sympathiques et francophones propose quatre chambres au mobilier simple mais de qualité. Le jus d'orange fraîchement pressé, et les confitures maison sont un régal. Une bien belle bâtisse empreinte de sérénité. Bon rapport qualité-prix.

Où manger ? Où boire un verre ? Où sortir ?

|●| 🍷 ♪ **Café Inglês :** *rua do Castelo, 11.* ☎ *282-44-25-85. Derrière la cathédrale. Tlj sf sam midi et lun soir. Carte 15 € env.* Une grande terrasse ombragée pour manger dehors quand il fait beau, ou une salle agréable à l'intérieur avec hauts plafonds, murs colorés, parquet, poêle en hiver. Pas mal de plats variés dont certains végétariens, et de savoureuses pizzas. Ici, pas de télé (ouf !), mais des concerts de temps en temps, plutôt jazzy.

|●| **O Pina :** *rua Latino Coelho, 11.* ☎ *282-44-25-22. En sortant de l'office de tourisme, prendre à gauche jusqu'au GNR (Guarda Nacional Republicana), c'est la deuxième rue à droite. Plats du jour 5 € env (copieusement servis).* Sympathique cantine du coin, aux murs couverts d'azulejos et gérée avec dyna- misme. Une affaire familiale où tout le monde met la main à la pâte. Plébiscitée midi et soir par une clientèle locale d'habitués.

|●| **Churrasqueria Valdemar et Ú Monchequeiro :** *sous les arcades du marché municipal, sur le quai. Assez bon marché.* De merveilleuses grillades de poisson et de poulet faites devant vous. On s'installe sous des auvents et autres *tivoli* pour engloutir brochettes de porc et *mistas* de poisson pantagruéliques. Populaire et touristique à la fois.

|●| 🍷 **Café Dona Rosa :** *praça do Município.* Les quelques tables sous les arcades de la place, ne laissent en rien deviner la bonbonnière en azulejos qui se cache derrière. Chaises et canapés en fer forgé, coussins moelleux. Quelques sucreries et petits en-cas simples.

À voir

🏯🏯 **La cathédrale** *(Sé) : tlj 8h30-18h30.* Construite au XIIIe siècle. Elle présente, à l'extérieur, un mariage contrasté de façade blanche et de grès rouge, du plus bel effet. Les gargouilles la surveillent. Portail principal et nef d'un gothique pur et élégant. La longue fenêtre en ogive du chœur et le transept donnent de l'élan à l'édifice massif. Nombreux sarcophages et splendides pierres tombales armoriées. Chœur gothique flamboyant d'une belle envolée. En face de la *Sé*, jolie fenêtre manuéline.

🍴 *Le castelo :* ouv 9h-17h30 (dernière entrée). Entrée : 1,50 € env. Superbement restauré. L'intérieur abrite aujourd'hui un joli jardin. Dans la partie la plus élevée du château, deux citernes, creusées par les Arabes au Xe siècle, alimentaient autrefois la ville. Ses beaux remparts en grès rouge se distinguent de loin. Du chemin de ronde, point de vue pittoresque.

🍴 *Praça do Município :* au bout de la rua 25 de Abril, belle porte de ville dans les remparts. À côté du Café Dona Rosa, un tout nouveau **Centre d'interprétation du patrimoine islamique dans l'Algarve.** Entrée gratuite. Infos en français (CD-Rom) sur les repérages de vestiges de la culture islamique et maure dans de nombreuses villes de l'Espagne et du Portugal, y compris Silves. Explications sur l'héritage maure dans l'art des azulejos, les techniques agricoles ou encore la briqueterie.

🍴 Balade sympa dans les *ruelles* aux maisons basses et colorées. Vestiges, de-ci de-là, de l'enceinte de la ville.

🍴 *Museu arqueológico :* rua da Porta de Loulé, 14. Dans une ruelle au départ du largo D. Jerónimo Osorio, situé au-dessus de la praça do Município. Tlj sf dim et j. fériés 9h-18h. Présentation très moderne de l'histoire de la ville au travers de différents vestiges archéologiques trouvés dans la région. Squelette d'un guerrier musulman. Le centre est occupé par une impressionnante citerne d'eau d'une dizaine de mètres de profondeur.

Fête et manifestation

– *Fête de la Bière :* 5 j. en juillet. Date variable selon les années ; se renseigner à l'office de tourisme ou à la division culturelle (☎ 282-44-30-13). Groupes de musique brésilienne, folk, etc., et bière à gogo pour trois fois rien. Blondes portugaises et bières du monde entier.
– *Festival médiéval :* une semaine en août. Stands, défilés, costumes...

➤ DANS LES ENVIRONS DE SILVES

🚶 Au nord-est, le *lac du barrage d'Arade.* Site calme et sympa.

CARVOEIRO   (8401)

À 5 km au sud de Lagoa et à 13 km de Portimão. Village de pêcheurs, face à une petite crique coincée entre deux falaises. Aujourd'hui, petite plage très animée où l'on peut louer des jet-skis ou faire du ski nautique. Assez charmant, même si les lotissements neufs envahissent les collines environnantes. En été, très fréquenté par les familles allemandes et anglaises.

Arriver – Quitter

En bus

🚌 Pas de *gare routière* principale à Carvoeiro. Elle se trouve à Lagoa, 5 km au nord. De là, connexions *Eva* et *Rede* | *Expressos* pour *Albufeira, Faro, Silves, Lisbonne,* etc.

➢ *De et pour Lagoa et Portimão :* service régulier d'*Eva*.

En train

🚃 *La gare* se trouve à Estômbar-Lagoa, 8 km au nord de Carvoeiro.
➢ Plusieurs trains/j. *de et pour Lagos, Portimão, Faro et Lisbonne* avec changement à Tunes.

Adresses utiles

🛈 *Office de tourisme :* sur la place devant la plage. ☎ 282-35-77-28. En principe tlj 10h-13h, 14h-17h30 ; en été, 10h-19h.

@ Plusieurs **cybercafés** *dans la rua dos Pescadores, à l'angle de la rua do Escondidinho, autour de la poste.*
▪ *Laverie :* rua dos Pescadores, 129.

Où dormir ?

Plusieurs pensions, quantité de maisons et d'appartements à louer à la semaine, et un hôtel de luxe. Quelques chambres chez l'habitant que l'on peut dénicher en patientant devant l'office de tourisme.

De bon marché à prix moyens

🛏 *Casa Marítima :* estrada do Paraiso. ☎ 282-35-63-30. *Prendre la route de la corniche à droite de la plage, puis continuer jusqu'au carrefour et suivre la direction Portimão. Arrêt bus Eva juste en face. Doubles autour de 30 € avec salle de bains.* Dans un quartier résidentiel. Maison simple, fraîchement chaulée proposant deux chambres en étage avec petite terrasse. Dispose également d'un appartement avec cuisine à l'extérieur.

🛏 *Pensão Mistral :* rua dos Pescadores, 118. ☎ 282-35-40-00. *À l'entrée de la ville en venant de Lagoa. Ouv juin-sept. Doubles au 1er étage 30 €, avec salles de bains partagées.* Grande bâtisse blanc et bleu, avec un balcon imposant. Pension à l'air familial. Resto en contrebas, dans un petit jardin. Malheureusement, un peu bruyant en raison de son implantation entre les routes d'entrée et de sortie de la ville.

De prix moyens à plus chic

🛏 ▮◖▮ *Guest-house O Castelo :* rua do Casino, 59-61. ☎ 282-35-74-16. • ca steloguesthouse@netvisao.pt • *Sur la route de la corniche, à droite de la plage. Ouv tte l'année. Doubles 30-70 € env selon confort et saison.* Quatre chambres impeccables dont deux avec balcon, au confort dernier cri. Trois d'entre elles ont une vue imprenable sur la mer. Possibilité de se préparer le petit déj (frigo, cafetière électrique à disposition) dans la cuisine équipée. Au rez-de-chaussée, le resto joue sur la note gastronomique élégante dans une salle rustique. Bon accueil.

🛏 *Vivenda Brito :* Cerro dos Pios.

☎ 282-35-72-22. ▯ 962-67-78-39. • in fo@vivendabrito.com • vivendabrito. com • *Prendre la route de la corniche à gauche de la plage ; monter jusqu'à la place de l'église et 1re rue à gauche. Dans une zone résidentielle. Ouv tte l'année. Double 25-60 €, studio 30-75 €, appartement 40-95 € env selon saison.* L'ensemble est moderne et très bien équipé ; même la chambre possède son frigo et des appareils ménagers pour préparer son petit déj. Mention spéciale à l'appartement avec salon et cheminée. Belle piscine. Barbecue.

Où manger ? Où boire un verre ?

|●| **Pastelaria Mar Café :** *rua dos Pescadores, 57.* Rien d'extraordinaire, un cadre quelconque, mais ce snack-bar propose un petit déj continental ou anglais très copieux. Idéal aussi pour un petit creux entre 12h et 14h. Les gens du coin viennent s'y restaurer.

|●| **Restaurante A Fonte :** *à hauteur du n° 15 de la rua dos Pescadores.* Petit resto avec tables en haut des escaliers. Sardines, poulet et côtelettes de porc à des prix raisonnables. Simple et popu.

|●| **Restaurante Tia Ilda :** *rampa do Paraíso, 18.* ☎ 282-35-78-30. ⚒ *Au début de la route de la corniche de droite. Ouv 12h-minuit. Fermé lun. Congés : fin oct-fin nov. Carte 20 € env pour un repas.* Bel intérieur rehaussé de couleurs chaudes et agréable terrasse avec vue sur l'océan. Longue carte qui passe en revue les classiques sardines, tapas, pizzas, et même des fondues !

|●| **Restaurante O Boteco :** *praia do Paraíso.* ☎ 282-35-72-65. *Ouv tlj. De prix moyens à chic.* Situé au-dessus de la falaise ; la terrasse offre une belle vue sur la mer. Pour fuir les chaleurs du bas de la ville. Carte variée et nourriture très correcte. Parking.

♣ **Manoel's Jazz Club :** *prendre la route de la corniche à droite de la plage ; dépasser le resto O Boteco et, au carrefour, prendre la direction centre ; le club se trouve dans un complexe résidentiel. Ouv lun et ven à partir de 22h.* Musique live dans une cave, avec groupes de musique latine et africaine.

➤ DANS LES ENVIRONS DE CARVOEIRO

🏖 **Praia de Marinha :** *à 3 ou 4 km à l'est.* Classée parmi les 5 plus belles plages du pays. Elle est dominée par une falaise de 50 m qui l'encercle dans ses avancées rocheuses. Assez écolo, pas de constructions autour, ça change. Très belle, et mérite le déplacement.

➤ En été, bus *Eva* depuis Lagoa. De Carvoeiro, bus *Eva* jusqu'à Carvalho, puis 1 km de marche.

– **Parcours de golf Vale de Milho :** *à 3 km de Carvoiero.* ☎ 282-35-85-02. ● *vale demilhogolf.com* ● En direction du phare (farol d'Alfazina). Tte l'année, tlj sf mar et ven mat de 8h à la tombée de la nuit. Green fee : 9 trous 23 €, 18 trous 36 €. Loc de clubs 15-22 € et de trolleys 3-4,50 € selon parcours. Débutants acceptés ! Voici un parcours où l'on peut s'initier à ce sport considéré comme inaccessible, à des prix très raisonnables. C'est un *par 3* (distances rapprochées) où l'on peut faire des parcours de 9 ou 18 trous. Ne loue pas les chaussures, mais on peut jouer en tennis avec une semelle en gomme. Possibilité de prendre des cours avec un sympathique prof canadien ; réserver à l'avance. Resto et bar.

ALCANTARILHA
(8300)

Joli village, un peu à l'écart de la route, entre Albufeira et Lagoa. Blanc et coloré tout à la fois. D'une homogénéité architecturale presque parfaite. Une forêt de toits aux tuiles vénérables, avec de curieux angles en pagode. Sous leurs corniches, des centaines de nids d'hirondelles. Façades blanches rehaussées de tons pastel. Église avec un maître-autel de style manuélin. À droite de l'église, une petite chapelle abrite un ossuaire.

Arriver – Quitter

➤ **En bus :** depuis **Armação de Pêra, Albufeira** et **Silves** avec *Eva*.

➤ *En train :* la gare est à 5 km du village. Alcantarilha est sur la ligne Lagos-Vila Real de Santo António. Neuf trains/j. dans les 2 sens, depuis *Faro* et *Lagos.*

Où dormir ? Où manger ?

Camping

⊠ *Camping Canelas :* entre Alcantarilha et Armação de Pêra. ☎ 282-31-26-12 ou 13. ● *turismovel@mail.telepac.pt* ● Arrêt bus Eva devant l'entrée. Tte l'année. Compter 16 € pour 2 adultes, tente et voiture. Bon accueil. Trois piscines et tennis. Très ombragé, et vite bondé en saison.

De prix moyens à beaucoup plus chic

🛏 *Casa do Catavento :* escorrega do Malhão. ☎ 282-44-90-84. ● *casa.do.catavento@sapo.pt* ● *casadocatavento.com* ● À 7 km des plages. Du centre d'Alcantarilha, aller vers Alcantarilha-gare (estação) ; sur la route E 269, tourner à droite vers Algoz et, 500 m plus loin, à gauche ; suivre le fléchage. Fermé nov-janv. Résa conseillée. Quatre chambres doubles, dont une suite, 47-85 € selon confort et saison, petit déj compris. Maria, qui parle très bien le français, a posé ses valises dans cette belle *quinta* sise au milieu des champs d'orangers et d'amandiers, après 12 ans passés au Mozambique. Calme et repos assurés. Piscine, bibliothèque, jeux... N'accepte pas les animaux.

🛏 |●| *Capela das Artes :* quinta da Cruz, apartado 101. ☎ 282-32-02-00. ● *admin@capeladasartes.com* ● *capeladasartes.com* ● À l'entrée du village, sur la N 125. Fermé déc-fév ; resto fermé lun. Doubles 55-100 € selon confort et saison. Réduc de 10 % sur le prix de la chambre, sur présentation de ce guide. Une trentaine de chambres tout confort pour cet hôtel qui a beaucoup de charme. Piscine, resto, et une chapelle. Différentes salles d'expo d'œuvres d'art, pour une « conception différente de l'art de vivre ». C'est réussi !

➤ *DANS LES ENVIRONS D'ALCANTARILHA*

🍴 *Armação de Pêra :* à 18 km à l'ouest d'Albufeira. Bus Eva depuis Silves, Alcantarilha, Albufeira, Portimão, Lagos et Faro. Ancien port de pêche, Armação de Pêra n'a pas échappé au fléau de l'urbanisation anarchique sur les côtes. On y vient surtout pour sa plage, la plus grande d'Algarve, où de jolies barques colorées attendent sur le sable. Également, des vestiges d'une forteresse du XVIIIe siècle subsistent, surmontés d'une petite chapelle. Beau point de vue sur la côte.
Sur la falaise, à 3 km, sur la droite en regardant la mer, autre petite chapelle, *Nossa Senhora da Rocha.* En dessous, quelques grottes accessibles par bateau. Au cas où vous auriez un petit creux en chemin, voici quelques bonnes adresses :

|●| *Zé Leiteiro :* rua Portas do Mar. ☎ 282-31-45-51. Longer le bord de mer en direction de Praia dos Pescadores ; le resto est dans une ruelle, non loin de la criée, à hauteur du resto Serol. Compter 10 € par pers, avec salade et frites. Une dizaine de tables à l'extérieur sous l'auvent, puis une salle. Formule *rodízio* comme au Brésil : le service ne s'arrête que lorsque vous êtes repu. Idéal pour les gros appétits.
|●| Si vous cherchez la garantie du poisson frais, il faut tourner vos talons vers le resto voisin, le *Serol.* ☎ 282-31-21-46. Tlj sf mer. Prix moyens.
|●| *Pastelaria Fortaleza :* à côté des vestiges de la forteresse, à 100 m du précédent. Café et pâtisserie traditionnelle avec des tables sur le trottoir « spéciale bronzette ». Bonnes glaces, *pastéis de nata* et une excellente pâte d'amandes à la noix. Laisser vos envies vous guider...

L'ALGARVE

ALBUFEIRA   (8200)   31 281 hab.

À 40 km de Faro et 50 km de Lagos. La station balnéaire la plus touristique de l'Algarve. Une foule énorme. Le produit des amours monstrueuses de Saint-Trop' et de Benidorm. Cependant, elle a pour elle de ne pas avoir été créée artificiellement et de posséder encore un certain caractère, notamment dans le centre-ville. Quelque chose subsiste de l'ancien village de pêcheurs. Ruelles étroites en escaliers, maisons blanches agglutinées jusqu'au bord d'une énorme falaise, devant laquelle s'étend une plage rapidement bondée en été. Accès à la plage centrale par un tunnel sous la falaise. D'autres plages plus larges de part et d'autre.

Pour les amateurs de vie nocturne et de bars-karaoké-écrans géants où l'on parle toutes les langues de l'Ancien et du Nouveau Monde, sauf le portugais... l'endroit rêvé ! Un conseil : ne pas tenter d'y pénétrer en voiture, vous tourneriez des heures avant de trouver une place. Ça ne serait plus des vacances ; pour les autres non plus, d'ailleurs...

Arriver – Quitter

En bus

🚌 *Gare routière (terminal rodoviário) :* av. Caliços ; vers la sortie de la ville. ☎ 289-58-97-55. Desservie par la ligne rouge de bus de ville *Giro*. L'arrêt le plus proche du centre est à la mairie *(câmara municipal)* ; de là, soit descendre à pied vers la zone piétonne et les plages, soit prendre la ligne verte ou bleue. Billetterie *Eva* qui vend aussi des billets d'autres compagnies. *Eva Transportes :* ☎ 289-58-81-22.

➢ *De et pour Silves :* avec *Eva.* Départs réguliers.
➢ *De et pour Faro, Almancil, Quarteira, Armação de Pêra, Portimão, Praia da Rocha et Lagos :* avec *Coastline.*
➢ *De et pour Faro, Armação de Pêra, Portimão, Praia da Rocha et Lagos :* avec le service *Trans Rápido* d'*Eva* sur la A 22.
➢ *De et pour Lisbonne via Loulé :* avec *Eva.*
➢ *De et pour Lisbonne :* avec *Rede Expressos.*
➢ *De et pour Huelva et Séville :* avec l'expresso d'*Eva* et avec la compagnie *Damas.*

En train

🚆 *Gare ferroviaire :* à 5 km env au nord, à Ferreiras. Reliée au centre par bus *Eva.*
➢ Albufeira est sur la ligne Lagos-Vila Real de Santo António. Une dizaine de trains/j. dans les 2 sens, depuis Faro et Lagos. Pour Lisbonne, changement à Tunes.

En voiture

➢ *Depuis Lisbonne :* par la A 2 puis embranchement sur la A 22 et la N 125.

Adresses utiles

🛈 ✉ *Office de tourisme et poste :* rua 5 de Outubro, 8. ☎ 289-58-52-79. ● cm-albufeira.pt ● *(mairie). Près du* tunnel menant à la plage. Oct-avr, tlj sf le w-e, lun-ven 9h30-13h, 14h-17h30 ; en été, tlj, mar-jeu 9h30-19h, ven-lun

9h30-13h, 14h-17h30.

■ *Bus :* 3 lignes circulaires de bus de ville *Giro*, fonctionnant 7h-20h hors saison et jusqu'à minuit en été. Coût : 1 €.

▣ *Wind Café :* au centre commercial California, *rua Cândido dos Reis, 14. 2ᵉ étage.*

■ *Lavomatique :* au centre commer-

cial California, *rua Cândido dos Reis, 14. 2ᵉ étage.*

– *Parkings :* gratuit à *Inatel,* en haut de la falaise qui surplombe la plage des pêcheurs. Un autre *rua María Teresa Semedo Azevedo.* Parkings payants *dans l'avenida da Liberdade et l'avenida 25 de Abril.*

Où dormir ?

Pensez à réserver, ou arrivez en début de matinée. La ville est prise d'assaut l'été.

Camping

⛺ *Camping Albufeira :* estrada de Ferreriras. ☎ 289-58-76-29. ● campingalbufeira@mail.telepac.pt ● campingalbufeira.net ● ⚕ Proche du centre de santé *(centro de saúde). À quelques km à l'extérieur de la ville, sur la route de Fer-*

reiras. De la gare routière, prendre le bus Giro ligne rouge. Compter 23 € env pour *deux, avec tente et voiture.* Peu ombragé. Vaste et souvent bondé. Trois piscines, un supermarché... Assez cher.

De bon marché à prix moyens

🛏 De nombreuses *chambres chez l'habitant* par l'office de tourisme, ou directement par les rabatteurs à l'arrêt des bus.

🛏 *Pensão Residencial Albufeirense :* rua da Liberdade, 18. ☎ 289-51-20-79. ● monicabarret@gmail.com ● *Dans la rue qui conduit à l'arrêt des bus du largo Engenheiro Duarte Pacheco ; à deux pas de la rua 5 de Outubro. Fermé nov-avr. Doubles avec bains 40-75 € selon saison, petit déj inclus.* Grande maison d'angle. Refait à neuf. Déco et literie de qualité. Toutefois assez bruyant, car situé en pleine animation du quartier piéton. Préférer les chambres donnant sur la ruelle.

🛏 *Maria Luisa Semião de Sousa Engrila :* rua Latino Coelho, 52. ☏965-240-794. Fax : 289-587-641. *Loue des petits appartements 30-50 € pour 2 pers, 50-70 € pour 3-6 pers, selon saison.* À l'écart du centre et du bruit, sans être trop loin. Si vous êtes en voiture,

n'hésitez pas à leur téléphoner, on se fera un plaisir de venir vous chercher. De petits appartements, du studio au 3-pièces, avec vue sur mer, proposés par la sympathique famille Engrila, un couple d'un certain âge – madame est polyglotte – aidé de leur belle-fille Isabel, très serviable.

🛏 *Residencial Limas :* rua da Liberdade, 25. ☎ 289-51-40-25. *Peu après* la pension Albufeirense. *Chambres doubles avec ou sans bains 30-50 € selon saison.* Petite pension sans prétention et vieillotte mais qui offre des chambres au confort simple et très bien tenues. Accueil sympa dans une ambiance familiale. Assez calme.

🛏 ▣ *Pensão Silva :* au niveau du 21 de la rua 5 de Outubro ; entrée à 10 m, dans une ruelle. ☎ 289-51-26-69. *Chambres avec lavabo, acceptables, 30-45 €.* Idéal pour les petits budgets. Souvent complet. Au 1ᵉʳ étage, salle de resto et nourriture très correcte.

De prix moyens à beaucoup plus chic

🛏 *Residencial Dianamar :* rua Latino Coelho, 36. ☎ 289-58-78-01. ☏964-18-35-96. ● info@dianamar.com ● dianamar.

com ● *Dans le quartier calme de la ville, en montant l'escalier à droite du tunnel de la plage. Fermé nov-mars. Doubles* avec douche ou bains 45-65 € selon saison ; les plus chères ont vue sur mer. Cette pension offre le confort standard des hôtels de tourisme. Chambres agréables avec balcon, récemment rénovées. Attention, *residencial* souvent pris d'assaut par les tour-opérateurs qui l'ont inscrit sur leurs listes ; la plage est en effet presque en dessous.

🛏 *Residencial Vila Branca :* rua do Ténis, 4. ☎ 289-58-68-04. ● vilabranca@ iol.pt ● À l'écart du centre, vers la sortie ouest de la ville. Doubles avec bains 40-70 € selon saison, avec ou sans balcon. Une résidence neuve ayant l'avantage de posséder un grand nombre de chambres aux normes internationales (TV, téléphone, AC, minibar). Trois d'entre elles (n°s 31, 32 et 33), au dernier étage, ont vue sur les toits de la ville et la mer au loin.

🛏 *Residencial Vila Recife :* rua Miguel Bombarda, 12. ☎ 289-58-37-40. ● vila recife@sapo.pt ● grupofbarata.com ● Près de l'église São Sebastião, que l'on rejoint par la rua da Igreja Nova au milieu de la rua 5 de Outubro. Fermé nov-mars. Résa conseillée. Doubles avec bains 50-75 € env selon saison. Une des plus belles pensions de la ville. Au fond d'un superbe jardin avec palmiers et piscine. L'intérieur possède beaucoup de charme, avec un bar sous la véranda. Plafonds peints et ouvragés dans certaines chambres. Pas mal de touristes.

🛏 *Hôtel Baltum :* av. 25 de Abril, 26. ☎ 289-58-91-02 à 05. ● info@hotelbal tum.com ● hotelbaltum.com ● À 50 m de la plage des pêcheurs, à l'ouest de la plage d'Albufeira. Du largo Cais Herculano, remonter tout droit vers l'av. 25 de Abril. Doubles avec bains 35-75 € selon saison, petit déj compris. Bel établissement des années 1950 à la façade sobre. Chambres de standing. Grande terrasse bar-resto au rez-de-chaussée, donnant sur une ruelle très animée.

🛏 *Residencial Polana :* rua Cândido dos Reis, 32. ☎ 289-58-34-00. ● info@ hotelcalifornia.com.pt ● hotelcalifor nia.com.pt ● Réception auprès de l'hôtel California, 30 m plus loin. Doubles avec bains 50-130 € selon saison, petit déj compris. Au cœur de l'animation nocturne, environné de bars et de restos ; donc très bruyant, mais idéal pour les noctambules. Exiger une chambre qui ne donne pas sur la rue. Chambres impersonnelles mais bien équipées (téléphone, AC, TV). Celles du dernier étage disposent d'une petite terrasse.

🛏 *Residencial Atlântica :* rua Padre Semedo de Azevedo, 13. ☎ 289-51-21-20. Fax : 289-51-40-51. Dans une rue située entre l'église de Santa Ana et l'église Matriz. Avr-sept. Sept appartements à louer, avec cuisine, salle de bains, balcon. Prix moyens (40-60 €), variant selon la taille. *Residencial* simple, propre et soigné comme une résidence de vacances. Très calme.

Où manger ?

Plusieurs restos touristiques dans la rua da Liberdade, qui proposent, à midi, des formules avantageuses. Question qualité, c'est autre chose... Signalons également la petite travessa dos Arcos, à droite après *Pensão Silva.*

De bon marché à prix moyens

|●| *O Rei do Petisco :* rua 5 de Outubro, 84. Menu 9 €. Quelques tables sur le trottoir, ou petite salle au 1er étage. Simplissime et pas cher.

|●| *O Zuca :* travessa do Malpique, 6. ☎ 289-58-87-68. Du largo Duarte Pacheco (place centrale), prendre la ruelle en face de l'ex-centrale électrique. Tlj sf mer. Menu 12 € couvert compris. Accueil familial, déco simple et écrans télé.

|●| *O Penedo :* rua Latino Coelho, 15. ☎ 289-58-74-29. Dans la rue à droite du tunnel de la plage, après le Bar Bizarro. Prix moyens. Adresse gentiment gaie, offrant de sa terrasse une belle vue sur la plage. Grands classiques comme le poulet piquant piri-piri. Service sympa.

|●| *Casa da Fonte :* rua João de Deus, 7. ☎ 289-51-45-78. Dans la rue à droite juste avt le tunnel de la plage. Plats

9-19 €. *Digestif offert sur présentation de ce guide*. Une jolie cour blanc et bleu où trône un citronnier qui la protège de l'animation. Dans ce havre de calme, on déjeune fort bien de grillades de viande et de poisson sur des tables en bois. L'intérieur est tout aussi chaleureux. Cela attire bien sûr une clientèle moins routarde, mais les prix restent raisonnables.

Où manger une glace ? Où boire un verre ? Où écouter de la musique ?

♥ *Gelataria La Coppa* : *rua João de Deus, 16. En face de la* Casa da Fonte. *Fermé hors saison.* Le paradis des glaces traditionnelles.

♟ ♪ *Bar Bizarro* : *esplanada Dr Frutuoso Silva, 30. Au début de la rua Latino Coelho, après la praça Miguel Bombarda. Tlj sf dim.* Sa terrasse s'est appropriée une partie de l'esplanade en surplomb de la plage. Vue panoramique sur l'horizon autour de quelques en-cas occidentaux. À l'intérieur, ambiance de petit pub anglais sous le soleil. Ambiance détendue dans l'après-midi, et musique live certains soirs.

À voir

🎋 Si vous choisissez de vous promener à l'aube, vous trouverez un certain charme à la *vieille ville,* lacis de ruelles tortueuses. Dans la rua Henrique Calado, petite *chapelle de la Misericórdia,* du XVIe siècle, avec portail manuélin.

🎋🎋 *L'église São Sebastião* : *praça Miguel Bombarda.* Transformée en musée d'Art sacré. Beau maître-autel tout bleu et doré. Remarquable panneau d'azulejos du XVIe siècle, représentant la Résurrection. Juste à côté, l'église paroissiale, *Nossa Senhora da Conceição,* propose une intéressante Vierge baroque sur fond d'angelots vaporeux.

🎋 *Marchés* : *gypsy market les 1er et 3e mar du mois, praça Caliços, près de la gare routière à gauche de l'avenue dos Descobrimentos, côté extérieur à la ville.* Également un marché alimentaire, situé un peu avant, au niveau du GNR. Marché coloré aux allures de médina. Bon choix de poissons, légumes et fruits.

Les plages des environs

🏖 *Praia da Oura* : *à 2 km à l'est.* Grande plage cernée de falaises et... noire de monde. Si vous en avez le courage : plusieurs bus de ville (lignes verte et bleue) par jour ; également bus *Eva* qui relie Albufeira à Faro par la côte ; ou encore à pied en prenant la route que l'on rejoint par les escaliers au bout de l'avenida 25 de Abril.

🏖 *Praia Olhos de Água et praia da Falésia* : *7 km et 10 km plus loin. Accessibles par le bus* Eva *desservant les plages à l'est d'Albufeira jusqu'à Faro (Oura, Santa Eulália, Olhos de Água...).* La première est toute petite et aussi fréquentée que la praia da Oura ; en revanche, la seconde offre une vaste étendue de sable au pied d'un mur de falaises.

LOULÉ

(8100)   62 295 hab.

À 16 km seulement au nord-ouest de Faro, ce gros bourg paisible se singularise par la vie locale qu'il a su préserver. Une forte tradition d'artisanat héritée de la période maure y est toujours très vivace. L'Algarve agricole se donne rendez-vous au marché du samedi. C'est aussi l'occasion de découvrir un petit centre historique autour d'un musée d'ethnographie locale, d'une belle église gothique du XIIIe siècle dont le clocher est un minaret reconverti, ainsi qu'un beau et surprenant marché couvert du début du XXe siècle.

Arriver – Quitter

En bus

🚌 **Gare routière :** au bout de l'avenida 25 de Abril, sur laquelle se situe l'office de tourisme.
➤ **De et pour Faro :** une vingtaine de bus *Eva* en sem, un peu moins le w-e.
➤ **De et pour Lisbonne via Albufeira :** 4 départs/j. avec *Eva*.
➤ **De et pour Quarteira (plage) :** service régulier d'*Eva*.

En train

🚆 **Gare :** à 5 km au sud-ouest, vers Quarteira. Reliée par bus *Eva* allant à Quarteira.
➤ **De et pour Lisbonne via Lagos :** avec changement à Tunes, jusqu'à 6 trains/j.
➤ **De et pour Faro** et ttes les villes jusqu'à **Vila Real :** 3 *Intercidades*, 1 *Alfa Pendular* et 2 *regionais*.

Adresse et info utiles

🏢 **Office de tourisme :** av. 25 de Abril, 9. ☎ 289-46-39-00. ● *cm-loule.pt* ● *(mairie). À 50 m du largo Gago Coutinho (rond-point avec la praça da República). Lun-sam 9h30-13h, 14h-17h30 (19h en été). Bon accueil, et en français.*
– **Marchés :** le samedi pour le *gypsy market,* sorte de marché aux puces, au nord-ouest du centre, vers la estrada de Boliqueima. Se termine vers 14h ; tous les jours sauf le dimanche pour le marché d'alimentation, dans le marché couvert (l'édifice aux toits rouges) et autour de celui-ci : l'occasion d'acheter des productions locales (morue, miel, gâteaux, fruits secs...). Ces marchés, très animés, attirent beaucoup de monde.

Où dormir ? Où manger ?

Bon marché

🛏 |●| **Residencial-restaurante Cavaco :** largo São Francisco, 44-45. ☎ 289-46-26-17. À la fin de la rua Nossa Senhora da Piedade, en face de l'igreja da Ordem Terceira de São Francisco. Doubles 30 € env. La pension est dans le même immeuble que le resto et donne sur une place aménagée, moderne et vivante. Chambres simples et un peu bruyantes, avec un confort minimum. Cuisine simple dans la grande salle du resto.

De prix moyens à beaucoup plus chic

🛏 **Casa Beny :** rua São Domingos, 13. ☎ 289-41-77-02. ● *casabeny@portugalmail.com* ● *Au carrefour d'où part la praça da República, au-dessus de la pharmacie. Doubles avec douche ou bains 40-65 € selon saison, avec petit déj. Belle demeure bourgeoise jaune et blanc décorée d'une balustrade abri*tant, sur 2 étages, des chambres-bonbonnières charmantes et tout confort : moulures au plafond, têtes de lit recouvertes de tissu, double vitrage, AC, TV câblée. Terrasse sur le toit où prendre le petit déj. Très bon rapport qualité-prix.
🛏 **Loulé Jardim Hotel :** praça Manuel

de Arriaga. ☎ 289-41-30-94. ● hotel@ loulejardimhotel.com ● loulejardimhotel. com ● À l'ouest du centre. De la praça da República, prendre la rua 5 de Outubro après le largo Dr Bernardo Lopez, puis la rua Vasco da Gama après le largo de São Francisco, la place est au bout d'une rue sur la gauche. Doubles avec bains et TV 49-72 €, 55-77 € avec balcon, petit déj compris. Belle bâtisse.

blanche liserée de jaune et vert, sur une place calme, à deux pas du centre. Chambres spacieuses et modernes, agencées autour d'un patio arboré. Celles du quatrième étage ont un petit balcon avec vue sur la ville. Piscine au 3ᵉ étage. Au rez-de-chaussée, belle salle commune lumineuse avec accès wi-fi gratuit. Bon accueil.

Où manger ? Où boire un verre ?

|●| **A Moagem :** rua Maria Campina, 37. ☎ 289-42-54-18. Du largo de Gago Coutinho, prendre l'av. 25 de Abril, c'est la première à droite. Tlj sf dim. Fermé 1 sem en sept et de Noël à début janv. Plats 7-13 € env. Déco chaleureuse tendance néorustique avec fers à cheval accrochés au mur, joli comptoir recouvert de bouteilles de vins... ça change un peu des néons ! Spécialités de l'Algarve et de l'Alentejo, quelques tapas et de bons desserts (notamment anglais) pas très chers. Cuisine bien présentée, fine et goûteuse. Terrasse dans la rue aux beaux jours.

|●| **Mythos :** rua Almeida Garrett, 8. ☎ 289-46-20-67. Entre le marché et l'igreja Matriz de São Clemente ; dans une rue calme, derrière le resto O Pescador. Tlj sf dim. Resto végétarien agréable, avec un petit jardin ; repas goûteux. Si vous en avez assez du poisson... Fait aussi boutique de produits diététiques.

|●| **Restaurante Avenida Velha :** av. José da Costa Mealha, 40. ☎ 289-41-67-35 ou 64-74. Tlj sf dim midi. Plats 5-12 €. Ne vous laissez pas impressionner par les drapeaux de la façade. Ici, vous êtes chez une famille de collectionneurs, les Anacleto. Ils ont accumulé des pièces de monnaie, des tableaux, des poupées en céramique,

des verres rigolos. Il reste quand même de la place pour manger. Ambiance désuète, le tout un peu sombre. Fait aussi pension.

|●| Plusieurs restos populaires autour du marché couvert, dont le **Retiro dos Arcos :** av. Marçal Pacheco, 25. Dans un renfoncement. Plats 5-8 €. Cuisine à base de viande et de poisson qui remporte un franc succès auprès d'une clientèle d'habitués. On comprend pourquoi. Bon rapport qualité-prix. Ou **O Pescador :** rua José Fernandes Guerreiro, 54. Plats copieux 7 € env. Grande salle décorée de maillots, fanions et coupes dédiés à la gloire du cyclisme.

🍸 **Calcinha :** praça da República, 67. Un beau café du début du XXᵉ siècle, resté en l'état ou presque. Boiseries en bois précieux du Brésil, lustres au néon. Statue en fer du poète local António Aleixo sur le trottoir. Un clin d'œil à celle de Pessoa devant son café préféré à Lisbonne... Petite restauration.

|●| **O Manel :** av. José da Costa Mealha, 92. ☎ 289-41-57-51. Tlj sf dim soir et lun. Congés : nov. Plats 5-13 €. Grande salle banale avec néon et grand écran TV, mais cuisine portugaise familiale de bonne qualité. Le patron a vécu 8 ans en France. Bon accueil.

Où dormir ? Où manger dans les environs ?

🏠 **Chambres d'hôtes Quinta dos Valados :** à Corcitos. À 10 km au nord de Loulé, un peu après Querença. 📱 962-70-35-66. ● quintadosvalados@ sapo.pt ● quintadosvalados.com ● Doubles 50 €, petit déj compris (jus

d'orange frais, confitures maison, jambon et fromage locaux...). Table d'hôtes 15 € (boisson comprise). Au milieu des champs, dans une ancienne ferme transformée en une belle bâtisse rurale mêlant le charme de matériaux bruts (pierre, bois) au confort. Belle cheminée. Cinq chambres toutes différentes avec bains et TV. Terrasse ombragée agréable. Piscine. Accueil très gentil de Laurent et Marie-José, couple franco-portugais qui, après vingt ans passés dans l'hôtellerie, se consacre aujourd'hui à ce havre de paix.

🛏 *Monte dos Avós : rua da Eira, à Vár-zeas de Querença.* 📞 *936-61-62-22.* • *in fo@montedosavos.net* • *montedosavos. net* • ♿ *Au nord de Loulé, en direction de Tôr. Doubles avec douche ou bains 50 €. Appartements 45-65 € env. Café ou digestif offert sur présentation de ce guide.* Indiqué par des panneaux bleus. Dans un vallon au milieu des champs. Ensemble moderne d'inspiration traditionnelle dans les tons jaune et ocre. Les maisonnettes autour de la maison principale sont de bon confort. Les 2 appartements sont plus spacieux, et leur déco rappelle la Provence mais en pleine serra. Ils disposent d'une cuisine équipée. Salle de jeux, snooker, piscine et possibilité de faire son barbecue. Accueil gentil.

🍴 *Restaurante de Querença : sur la place de l'église, à Querença.* ☎ *289-42-25-40. À 8 km au nord de Loulé par la N 396, belle route sinueuse et montante.* Grande salle au 1er étage donnant sur la vallée paisible de l'arrière-pays et ses vergers. Les plats du jour sont signalés par un petit carré noir sur le menu. Bons plats de viande, en particulier le *grão À Algarvia,* un ragoût de porc avec des pois chiches, du potiron et des poires. Le patron fait aussi d'excellentes confitures et liqueurs d'agrumes avec les fruits de son verger. Également, au rez-de-chaussée, un bar avec quelques tables dehors sous des parasols, où se restaurer de plats simples.

🍴 *Os Agostinhos : sítio do Semino, sur la N 396 entre Loulé et Quarteira.* ☎ *289-31-30-64. Au sud de Loulé, à 3 km d'Almancil, presque en face du parc Aquashow. Arrêt des bus* Eva *et* Coastline *entre Quarteira, Loulé et Almancil. Tlj sf lun. Venir tôt, ou réserver en saison. Plats du jour 7-13 €.* Énorme salle de 700 places, parking en conséquence. Grill à l'extérieur. Ses plats de viande valent bien sa réputation. Difficile de trouver un meilleur rapport qualité-prix. Ambiance familiale. Malgré sa grande capacité, il est vite complet car pris d'assaut en saison.

À voir

🍴 **Le musée municipal de la Cuisine traditionnelle :** *Alcaidaria do Castelo, rua D. Paio Peres Correia, 17.* ☎ *289-40-06-42. Lun-ven 9h-17h30, sam 10h-14h. Entrée à prix symbolique ; même ticket que le musée d'Archéologie.* Donne aussi accès aux murailles du château et à la salle des archives. L'exposition permanente reconstitue une parcelle de la vie rurale en regroupant des ustensiles tels que jarres pour l'huile, tamis, bols colorés dans lesquels l'on mangeait la soupe à l'ail.

🚶 **Le musée municipal d'Archéologie :** *même adresse que le musée de la Cuisine et mêmes horaires.* Installé dans l'ancienne résidence du gouverneur. Sa collection comprend l'archéologie avec des objets du Néolithique trouvés dans la région, ainsi que de sépultures de l'âge de bronze. Également quelques objets provenant du château de Salir et des vestiges d'une maison maure du XIIe siècle.

Festival et manifestations

– **Carnaval :** *en fév, du dim au Mardi gras.* Trois jours de parade colorée, de musique et de fête. Très traditionnel (depuis 1906 !).

– **Procession de Nossa Senhora da Piedade :** *de l'église de São Francisco, à Pâques.* Le moment le plus intéressant est celui où la procession remonte l'icône datant du XVIe siècle à l'église, quinze jours après l'avoir fait sortir. Beaucoup de monde.

– **Festival de jazz :** *en juin-juil, pdt un w-e. Dans plusieurs endroits de la ville.* Se renseigner à l'office de tourisme.

➤ *DANS LES ENVIRONS DE LOULÉ*

🎭🎭🎭 *La chapelle de São Lourenço :* à 2 km du village d'Almancil en allant vers Faro et à 6,5 km de Loulé ; perchée sur une colline, à côté du cimetière. Tlj sf lun mat 10h-13h, 14h30-17h ; dim, slt pdt les messes 9h-11h. Entrée : 2 €.
Architecture extérieure d'une élégance raffinée. À l'intérieur, chef-d'œuvre du décor d'azulejos. Toute l'église en est tapissée : les murs, la voûte en berceau, la coupole au-dessus de l'autel baroque. Plafond en trompe l'œil, sur le thème de la vie de saint Laurent. Merveilleux travail. À signaler également, la galerie d'Art moderne.

➤ Et puis si vous avez fait le détour par Loulé, c'est que vous êtes sensible à ce magnifique arrière-pays du *Barrocal* (région fertile aux sols calcaires) s'enfonçant dans la serra do Caldeirão, toute vallonnée et tachetée d'arbousiers et d'oliviers. Poursuivez et retrouvez un rythme naturel après « Albufeira, la frénétique ». N'hésitez pas à vous perdre au fil des petites routes et chemins, qui offrent de belles balades.

🎭🎭 *Querença :* adorable petit village blanc sur une colline couverte de vergers. Il se résume à quelques maisons autour d'une place et d'une église à clocher avec un portail manuélin. À croquer !

🎭 *Fonte Benemola :* site protégé jouxtant Querença. Paysage paisible traversé par une rivière, sur les bords de laquelle poussent quelques espèces végétales peu communes en Algarve. Circuits pédestres. Le parc comprend également des grottes avec des vestiges archéologiques. Mais tout cela est en voie de dégradation lente, dommage. Vues imprenables sur le littoral et la mer depuis le belvédère de Cerro dos Negros.

🎭 *Rocha da Pena :* ce bel escarpement rocheux culminant à 489 m est un haut lieu d'escalade avec bon nombre de voies équipées. Site classé. C'est aussi un parcours pédestre d'environ 5 km (en boucle) qui ménage de beaux points de vue jusqu'à la mer et un intéressant dénivelé ; en prime, et en haut, bien sûr, la découverte d'un mur datant du Néolithique. Accès à partir de Penina par le chemin à droite avant le village en venant de Pena.

🎭🎭 *Alte :* un joli village tout blanc, accroché à son coteau comme pour éviter de tomber sur la route en contrebas. Il revendique une certaine harmonie avec son allée bordée de cyprès et de lauriers-roses, ses rues pavées et ses maisons blanches typiques de l'Algarve. Rapidement parcouru, il abrite une église qui conserve, malgré le tremblement de terre de 1755, quelques beaux témoignages du XVIe siècle portugais : portail manuélin, superbes et rarissimes azulejos sévillans dans l'une des chapelles consacrées à saint Sébastien. Le chœur et ses chapelles latérales rococo s'ouvrent par un arc en plein cintre orné d'une torsade. Le village est réputé pour sa source d'eau naturelle. Quelques ateliers d'artisanat local également. À l'entrée du village, bureau d'information touristique *(fermé le w-e)* et petit musée rural.

FARO   (8000)   58 305 hab.

À **300 km de Lisbonne, 238 km d'Évora et 80 km de Lagos. Capitale de l'Algarve, c'est non seulement la ville la plus vaste de la région mais aussi une des plus préservées au niveau de l'art de vivre traditionnel. Son centre piéton, qui s'étire depuis la marina, et son vieux quartier, à l'abri des remparts, ne manquent pas d'âme. Il faut s'y promener – au printemps – pour apprécier pleinement le charme des façades délabrées, les jolies ruelles pavées, l'odeur** enivrante des orangers sur la place de la *Sé*, ou voir les cigognes nicher un peu partout sur les toits de la ville.

Aujourd'hui, c'est une cité paisible, pas trop touristique (la plage est éloignée). Après les usines à vacances et le béton, ça repose. Et puis Faro vous propose aussi quelques haltes gastronomiques, dans la douce fraîcheur de ses nuits...

HARO SUR FARO !

Il reste, certes, peu de traces des civilisations qui la façonnèrent. De l'occupation romaine, quelques ruines au nord de la ville. De celle des Arabes, son nom (d'Ibn Faroun, ancien gouverneur de la ville). De la période médiévale, pas grand-chose : la ville fut détruite par le tremblement de terre de 1755. Faro fut la première ville portugaise qui mit les armées napoléoniennes en déroute.

Arriver – Quitter

En avion

✈ **Aéroport :** *à 7 km à l'ouest de la ville.* ☎ *289-80-08-00. Bus n⁰ˢ 14 et 16* | *devant la gare routière. Le n° 16 circule 8h-21h.*

➢ Vols nationaux et internationaux en provenance de la plupart des pays du nord de l'Europe. Également de Séville, Madrid et Barcelone, et même des pays du Maghreb. Voir le chapitre « Comment y aller ? » en début de guide.

En bus

🚍 **Gare routière** *(Rodoviária ; plan A2) : av. da República ; à l'ouest de la marina, dans les locaux de l'hôtel* Eva. | Le réseau de bus interurbains est très bien développé.

– La principale compagnie de bus locale est *Eva Transportes* (☎ 289-89-97-60). Elle dessert toutes les villes et tous les villages de l'Algarve jusqu'aux moindres recoins. Les guichets d'*Eva* vendent aussi les billets de *Rede Expressos*.

➢ **De et pour Lisbonne :** 9 bus/j. *Rede Expressos* (durée : env. 3h). Entre 4 et 6 départs/j. avec *Eva*. Même durée.

➢ **De et pour Beja (Baixo Alentejo) :** 3 bus/j. avec *Rede Expressos*. Durée : env 3h.

➢ **De et pour Évora (Alto Alentejo) :** 3 bus/j. avec *Rede Expressos*. Durée : env 4h.

➢ **De et pour l'Espagne :** seulement jusqu'à Séville via Huelva avec *Eva.* Deux bus/j., le matin et en milieu d'après-midi. Compter env 4h30 pour Séville.

En train

🚆 **Gare ferroviaire** *(estação ; plan A1) : largo da Estação. Après la gare routière en remontant l'avenida da* | *República. Le centre est à moins de 10 mn à pied. Rens départs et arrivées au niveau national :* ☎ *808-20-82-08.*

➢ **De et pour Lisbonne :** 4 trains rapides/j. (dont un *Alfa Pendular* desservant Loulé et Albufeira). Compter env 3h de trajet.

➢ **De et pour Porto :** en *Inter-Regional*, un train de nuit quotidien. Durée : 8h.

➢ **De et pour Évora :** un train régional. Trajet : 6h avec changements ; de même depuis Beja.

➢ **De et pour Albufeira :** une douzaine de trains/j. faisant le trajet en 30 mn.

➢ **De et pour Lagos :** 8 trains régionaux directs/j. Durée : env 1h30.

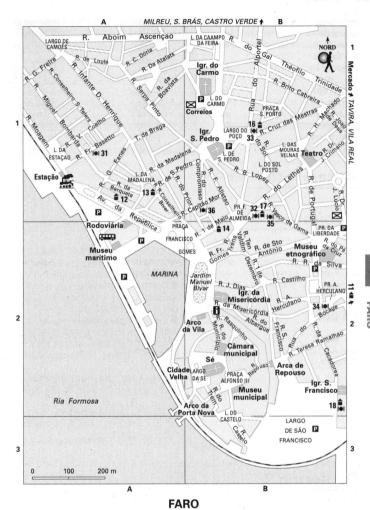

MILREU, S. BRÁS, CASTRO VERDE ↑

NORD

Mercado ↑ TAVIRA, VILA REAL

FARO

FARO

■ **Adresses utiles**

🛈 Office de tourisme
✉ Poste et téléphone
🚂 Gare ferroviaire
🚌 Gare routière

⌂ **Où dormir ?**

11 Pousada de juventude
12 Pensão Avenida
13 Residencial Madalena
14 Pensão-residencial Oceano
16 Residencial Adelaïde

17 Pensão-residencial Central
18 École d'Hôtellerie et de Tourisme de l'Algarve

🍴 **Où manger ?**

18 Restaurant de l'École d'Hôtellerie de l'Algarve
31 Adega Nova
32 Dois Irmãos
33 Taska
34 Cantinho da Ronha
35 Fim do Mundo
36 Capitão Mor

➢ Faro se trouve également sur la ligne entre **Lagos** et **Vila Real de Santo Antó-nio** : 8 trains *Regionais* quotidiens directs depuis Lagos (en passant par Portimão, Silves et Albufeira, entre autres), une douzaine depuis Vila Real (arrêts à Tavira et Olhão).

En voiture

Compter environ 2h30 sur la A 2 (payante) pour relier Lisbonne à Faro (embranchement avec la A 22 à hauteur d'Algoz), et vice versa. Pour le reste des villes côtières, par la A 22 ou la N 125.

À Faro, la signalisation en ville laisse vraiment à désirer. En attendant plus de cohérence, le plus simple pour quitter la ville sans être pris dans le lacis des ruelles est de prendre la direction de l'aéroport. Et cela, quelle que soit votre destination finale. Un bon point : énorme parking gratuit de 900 places sur le largo de São Francisco, au pied de la vieille ville.

Adresses et infos utiles

▣ **Office de tourisme** *(plan B2)* : rua da Misericórdia, 8. ☎ 289-80-36-04. ● cm-faro.pt ● *(mairie)*. Près du jardin Manuel Bivar, devant le port. Oct-avr : mar-jeu 9h30-17h30, ven-lun 9h30-13h, 14h-17h30 ; mai-sept : lun-ven 9h30-19h. Très bon accueil, compétent et en français. Demander les dépliants sur les parcours découverte de l'Algarve rural *(roteiros)*, des itinéraires très bien ficelés (mais en anglais). Guichet aussi à l'aéroport. Visite guidée et commentée de Faro, gratuite, les vendredi et lundi.

▣ **Região de turismo do Algarve :** av. 5 de Outubro, 18. ☎ 289-80-04-00. ● rtalgarve.pt ●

✉ **Poste et téléphone** *(plan B1)* : largo do Carmo. Lun-ven 8h30-18h30, sam 9h-12h30. Également un bureau rua Dr João Lúcio, slt en sem.

■ **Consulat de France :** pas de représentation à Faro mais à Vilamoura, près de Quarteira. ☎ 289-31-37-31.

■ **Consulat de Belgique :** rua de Santo António, 68. 2° Dto. ☎ 289-89-95-90.

■ **Consulat du Canada :** rua Frei Lourenço Santa Maria, 1 ; 1er étage. ☎ 289-80-37-57.

■ **Urgences : Hospital Distrital de Faro,** rua Leão Penedo. ☎ 289-89-11-00.

➢ **Pour se déplacer en ville :** 5 lignes de bus urbains, dont 2 desservant l'aéroport et la plage.

Où dormir ?

En été, les hôtels sont chers et pourtant vite complets. S'y prendre le plus tôt possible. Les hôtels sélectionnés, en dehors de l'auberge de jeunesse, sont près de la marina et du centre piéton, à proximité les uns des autres.

De très bon marché à prix moyens

🛏 **Pousada de juventude** *(hors plan par B2, 11)* : rua da Polícia da Segurança Pública. ☎ 289-82-65-21. ● faro@movijovem.pt ● www.pousadasjuventude.pt ● À l'est de la ville, à 15 mn à pied du centre, de l'autre côté des remparts. Lits en dortoir à 11-13 € selon saison, chambres doubles 22-38 € selon confort et saison, petit déj compris. Construction moderne jaune et bleu accolée au grand parc de la ville, à deux pas d'un grand parking. Pas de couvre-feu. Cuisine commune et salle de TV. À côté, centre d'information pour la jeunesse avec bibliothèque et Internet.

De prix moyens à plus chic

🛏 *Residencial Adelaïde (plan B1, 16)* : rua Cruz das Mestras, 9. ☎ 289-80-23-83. ● *adelaideresidencial@aeiou.pt* ● *ade laideresidencial.com* ● ♿ *Doubles avec douche ou bains 35-50 € selon saison.* Maison centenaire qui s'est offert un lifting complet. Ce qu'elle a perdu en charme, elle l'a regagné en luminosité, en couleurs et en confort : ascenseur, agréable patio et petit jardin. Les chambres sont toutes équipées de frigo, AC, TV... certaines ont une terrasse.

🛏 *Pensão-residencial Central (plan B1, 17)* : largo Terreiro do Bispo, 12. ☎ 289-80-72-91. *Doubles avec bains 40-50 € selon saison.* Son nom n'est pas trompeur : cette pension, très bien tenue par un couple accueillant, est à deux pas du centre piéton. Au 1er étage, une douzaine de chambres grandes et agréables. On a bien aimé celle avec terrasse donnant sur la rue. Bon rapport qualité-prix.

🛏 *Residencial Madalena (plan A1, 13)* : rua Conselheiro Bivar, 109. ☎ 289-80-58-06 ou 07. ● *residencialmadalena@ clix.pt* ● Dans une rue qui part de la praça Francisco Gomes, sur le port. *Fermé à Noël. Doubles avec salle de bains 35-55 € selon saison.* Petite pension agréable, proposant des chambres simples et propres. Celles donnant sur la rue sont bruyantes ; mieux vaut passer la soirée dans les nombreux bars à proximité. Les chambres ont également TV et téléphone.

🛏 *Pensão-residencial Oceano (plan B2, 14)* : travessa Ivens, 21-1. ☎ 289-82-33-49 et 289-80-55-91. Fax : 289-80-55-90. À droite au début de la rua

1° de Maio qui part du port. *Doubles 35-50 € selon saison.* Petite pension un peu provinciale mais très bien tenue et bien située. Les chambres avec bains sont grandes, même si les salles de bains elles-mêmes sont petites. Préférez, comme toujours – sauf si vous avez emporté vos boules Quiès – les chambres ne donnant pas sur l'une des deux rues animées.

🛏 *Pensão Avenida (plan A1, 12)* : av. da República, 150. ☎ 289-82-33-47. En sortant de la gare, longer les rails par la droite ; un peu avt et en face du grand hôtel Eva. *Grandes chambres doubles confortables avec bains et TV 30-45 € env selon saison.* Si le bruit ne vous fait pas peur... vous serez ici en face de la gare routière et proche des chemins de fer. Pratique pour les départs de bonne heure.

🛏 *École d'Hôtellerie et de Tourisme de l'Algarve (plan B2, 18)* : largo de São Francisco. ☎ 289-81-02-00. ● *reserva sehta@inftur.min.economia.pt* ● *Deux formules d'hébergement : hôtel, tte l'année, double 60-80 €, ou chambres d'étudiants, juil-sept, 45 € la double et 50 € la triple. Voir aussi « Où manger ? ».* Dans un ancien couvent du XVIe siècle, entièrement rénové et décoré avec goût. Une dizaine de chambres doubles avec parquet et tissus chatoyants qui font ressortir le côté brut des matériaux design. Tout confort : AC, téléphone, TV. Les 20 chambres d'étudiants, avec bains, sont esthétiquement moins recherchées mais d'un très bon rapport qualité-prix.

Où dormir dans l'arrière-pays ?

🛏 *Residencial São Brás* : rua Luís Bivar, 27, São Brás de Alportel. ☎ 289-24-22-13. Fax : 289-84-19-95. À 100 m de la place centrale, le largo de São Sebastião, côté opposé à l'office de tourisme. *Chambres doubles avec bains 35-50 €, petit déj inclus.* Manuel Carrusca de Sousa vous ouvre les antres de sa maison qui date d'il y a 150 ans. Cette massive bâtisse, recouverte d'azulejos à l'extérieur, est un véritable

musée à l'intérieur où s'entassent des antiquités : énorme coffre-fort (votre argent y sera en sécurité !), gramophone, vieux meubles, statues, miroir immense... Les chambres, un peu vieillottes (mais ça a son charme !) et humides, sont néanmoins spacieuses, avec TV et téléphone. Terrasse agréable. Accueil adorable et en français.

🛏 |●| *Pensão A Tia Bia* : à Barranco do Velho. ☎ 289-84-64-25. Fax : 289-84-

FARO

64-20. À 12 km au nord de São Brás de Alportel. Au bord de la route sur la droite, en face d'un café. Chambres doubles avec salle de bains, TV, téléphone 45-50 € selon saison, petit déj compris. Un peu cher par rapport à la qualité proposée et au manque de charme de la pension. En revanche, idéalement situé pour les randonnées dans la région. Bon resto recommandé par les locaux.

Où manger ?

Bon marché

Attention : en centre-ville, vous découvrirez peut-être, surpris, certains restaurants qui se recommandent encore du *Guide du routard* alors qu'ils ont disparu de ces pages depuis plusieurs éditions. Soyez vigilant.

I●I Au **marché** *(Mercado municipal ; hors plan par B1),* grande et moderne halle couverte située largo Dr Francisco de São Carneiro, vous trouverez plusieurs snack-bars et petits restos pas chers. Parmi eux, *O Palhacinho* propose une variété de plats du jour à prix très attractifs et possède une terrasse donnant sur la vaste place.

I●I **Adega Nova** *(plan A1, 31) : rua Francisco Baretto, 24.* ☎ 289-81-34-33. *Dans une rue perpendiculaire à la gare. Tlj 12h-23h. Plats 5-12 €.* Une néotaverne au cadre chaleureux et à l'ambiance conviviale. Derrière le bar en longueur, les marmitons transforment des monceaux de victuailles en bons plats de l'Algarve et de l'Alentejo servis à la clientèle assise à de grandes tables en bois comme au Moyen Âge. Une mezzanine au fond, avec une table unique pour dominer la salle. Carte en français.

I●I **Fim do Mundo** *(plan B1, 35) : rua Vasco da Gama, 53. Tlj sf mar.* L'adresse se fait discrète ; c'est peut-être pourquoi elle est plus authentique que les autres restos de pêcheurs du quartier. D'ailleurs, les tables d'habitués sont nombreuses. Spécialités de poisson et de fruits de mer (selon l'arrivage). Très bonnes grillades. Menu traduit en français.

I●I **Cantinho da Ronha** *(plan B2, 34) : rua do Bocage, 55.* ☎ 289-81-38-72. *Au niveau du n° 31 de la praça Alexandre Herculano, passer par la travessa sous l'immeuble. Tlj sf dim.* Plus excentré qu'excentrique (salle très banale), mais des prix sages, et une cuisine généreuse et traditionnelle.

Prix moyens

I●I **Taska** *(plan B1, 33) : jardim de S. Pedro, rua do Alportel, 38.* ☎ 289-82-47-39. *Tlj sf dim. Menu touristique 15 €, avec un riz aux fruits de mer ou des filets de porc aux coquillages, boisson comprise.* Resto animé et chaleureux proposant dans un cadre néorustique, avec un écran géant que l'on hésite à considérer comme de l'art abstrait, une cuisine goûteuse, entre anguilles frites et excellent riz aux couteaux de mer. On se régale aussi avec la moulinade de maïs aux petits coquillages, ou avec les calamars frits à l'ail et la mousse de cacahuètes. Une bonne adresse, un peu à l'écart des nombreux pièges à touristes du centre-ville. Accueil très gentil.

I●I **Dois Irmãos** *(plan B1, 32) : largo Terreiro do Bispo, 14.* ☎ 289-82-33-37. ♿ *Fermé 2 j. à Noël. Plats 7-12,50 €. Compter 15-20 € min en soirée.* Apéritif maison offert sur présentation de ce *guide.* Une institution à Faro depuis 1925. Faisons confiance aux locaux qui apprécient cette salle tout en profondeur à la déco typique, surtout à midi, car les prix et la clientèle, à la tombée de la nuit, jouent dans la catégorie touristique. On trouve des spécialités de *cataplana* de crevettes et autres plats typiques de la région dans la carte en français.

I●I **Restaurant de l'École d'Hôtellerie de l'Algarve** *(plan B2, 18) : largo de São*

FARO

Francisco. ☎ 289-81-02-00. *Voir aussi « Où dormir ? ». Ouv oct-mai, lun-ven, le midi slt. Résa obligatoire. Menu 12 € avec entrée, plat de poisson ou viande, et dessert.* À l'étage de ce couvent transformé en école, une belle salle blanche ponctuée de fauteuils jaunes, très design, dans laquelle s'affaire un escadron d'élèves désireux de mettre en pratique les bons conseils de leurs maîtres. Ça change des restos habituels, et le cadre est des plus agréable. ⦿ *Capitão Mor (plan B1, 36) : rua*

Capitão Mor, 10. ☎ 289-80-34-88. • *ca pitaomor@sapo.pt* • *Tlj sf dim. Carte 10-20 €. Loue aussi des chambres : 35 € la double. Digestif offert sur présentation de ce guide.* Un lieu assez étonnant. Vous revenez, transi, d'une balade dans la « lagune aux beaux songes », vous pensez à Corto Maltese, et vous le retrouvez là, au coin d'une rue, à la fin de sa vie, reconverti en tenancier de bistrot. Poussez la porte, commandez une *cataplana*, laissez-vous vivre, le rêve continue...

Où manger ? Où déguster une pâtisserie dans l'arrière-pays ?

⦿ *Adega Nunes : sítio Machados, São Brás de Alportel.* ☎ 289-84-25-06. *Sortir de la ville de São Brás de Alportel en direction de Faro ; à 3 km sur la gauche, un panneau indique « Barracha », avt l'entrée dans Machado ; le resto se trouve à 300 m à gauche sur une butte ; il y a un bâtiment abritant des tonneaux, car les propriétaires sont aussi viticulteurs. Tlj sf dim. Plats 5-8 €. CB refusées.* Les 2 salles de resto sont décorées de façon rustique et sobre. Accueil réservé, mais service rapide. Ici, les connaisseurs viennent pour savourer une authentique cuisine du terroir mijotée. Plats originaux et succulents comme le *jantar de grão* (pois chiches avec pâtes, porc, potiron et patate douce), le *coelho frito* (le lapin frit)...
⦿ *Luís dos Frangos : estrada de Tavira, São Brás de Alportel.* Autrement dit « Louis des Poulets » ! Le rendez-vous indétrôné des amateurs de poulet grillé. Grande salle, grand barbecue, grosse portion à petit prix.
⦿ *Casa dos Presuntos : à Cortelha.* ☎ 289-84-61-84. *À 15 km au nord de São Brás de Alportel, à l'entrée du village sur la gauche. Tlj. Plats du jour 6,50-8 €.* Ici, pas de touristes ou de menu spécial en anglais. Pas de déco, juste une grande salle, avec une cheminée, où de nombreux locaux viennent le

week-end en famille alors que d'autres s'accoudent au bar par lequel on entre. Si vous avez la chance de tomber sur le sanglier à l'étouffée, n'hésitez pas, mais la marmite est difficile à finir ! Grande variété de gibiers et grand choix de vins locaux. Le lieu parfait après (ou avant !) une balade dans la région.
🍽 *Tesouros da Serra : sítio do Tesoureiro, São Brás de Alportel.* ☎ 289-84-35-81. • *geral@fatimagalego.com* • *Après São Brás, à env 3 km en longeant l'av. da Liberdade. Après la montée sinueuse, prendre à gauche à hauteur du Café Manta et continuer 1 km. Lun-ven 9h-18h ; sam 10h-12h, 14h-19h ; dim 14h-19h.* Petit salon de thé de 4 tables où l'on déguste de délicieux gâteaux confectionnés avec des produits locaux comme la caroube *(alfarroba)*, les amandes ou les figues. Les étonnantes boules à la caroube ressemblent aux truffes, mais sans un gramme de cacao ajouté. Excellentes figues farcies aux amandes entières. Pour digérer le tout, rien de tel qu'une tisane que l'on compose en choisissant les herbes du pays dans les bocaux placés sur le comptoir. À moins que vous ne lui préfériez un verre de liqueur de caroube maison, au goût proche d'une célèbre liqueur de café d'origine irlandaise. En avant les calories ! Vente à emporter également.

Où boire un verre ? Où sortir ?

🍷 ⦿ *Café Aliança (plan B2) : rua Francisco Gomes, 7-11. Tlj sf dim.* Dans un

bâtiment du début du XXe siècle mélangeant néoclassicisme et Art nouveau, une salle vaste comme un hall de gare, et une petite terrasse pour prendre l'air du temps. Petite restauration sans grand intérêt. Possède aussi un espace internet ouvert 11h-21h.

🍷 La majorité des bars et des discothèques ont pris racine dans les 3 rues adjacentes *Conselheiro Bivar*, *travessa José Coelho* et *rua do Prior*, qui partent de la praça Francisco Gomes sur le port. Les étudiants les appellent les « rues du crime », mais tout est relatif ! La plupart des établissements n'ouvrent qu'en seconde partie de soirée. Tous les genres sont représentés :

du café pour ados festifs aux bars design les plus branchés. Certains, d'ailleurs, n'ont rien à envier à leurs homologues de Lisbonne.

🍷 *A Cabana (plan A1) :* rua Conselheiro Bivar, 46. Tout en bois, ce sympathique bar de nuit dégage un petit quelque chose de chaleureux. Déco réussie, avec ces lampes-tempête accrochées aux murs.

– Grande **salle de billard** au 34, av. 5 de Outubro. Dans la grande avenue qui prolonge la rua Santo António. Ouv jusqu'à 2h.

À voir

🏛️ **Cidade Velha** *(la vieille ville ou ville close ; plan A-B2-3) :* face à la mer, à gauche du port, un vieux quartier entouré de remparts circulaires. On y pénètre par trois portes dont l'*Arco da Vila*, belle arche du XVIIIᵉ siècle décorée à l'italienne. La *rua do Município*, bordée de nobles demeures bourgeoises en granit, mène à la place de la Cathédrale, bordée d'orangers. Remarquer à droite la toiture surprenante du *palais épiscopal*, formée de petites pyramides, typiques de l'Algarve. Ne pas manquer de revenir visiter la vieille ville et même d'y dîner une fois la nuit tombée. Un charme incomparable. Très bien éclairée, presque déserte, superbe.

🏛️ **La Sé** *(la cathédrale ; plan B2) :* tlj 10h-17h (18h en été). Messe 9h en sem et 12h dim. Pour un **panorama** intéressant de Faro et de sa lagune, monter à la tour. Visite : 2,50 €. D'apparence massive et livrant un contraste bienheureux entre la pierre nue et les façades blanches. Le gros rocher à campanile est le seul vestige subsistant de la cathédrale gothique détruite par le tremblement de terre. Les cigognes y font leur nid. L'intérieur à trois larges nefs manque d'unité avec des chapelles latérales tantôt dorées de style rococo, tantôt gothiques et décorées d'azulejos polychromes. L'une d'entre elles possède de superbes azulejos du XVIIIᵉ siècle représentant Joseph, Marie et l'enfant Jésus. Remarquable orgue rouge en bois peint.

🏛️ *Museu municipal (plan B2) :* praça Alfonso III. Tlj sf lun ; oct-mai, en sem 10h-18h, w-e 10h30-17h ; juin-sept, en sem 10h-19h, w-e 11h30-18h. Entrée : 2 €. Situé derrière le chevet de la cathédrale, il occupe un ancien couvent avec un beau portail Renaissance. Pierres romaines et art sacré dans un superbe cloître roman à galeries superposées. Cela dit, ce n'est pas le musée le plus intéressant de la ville.

🏛️🏛️ **Igreja do Carmo** *(plan B1) :* largo do Carmo. Ouv 10h-13h, 15h-17h (18h en été). Fermé sam ap-m et dim. Entrée libre sf chapelle des Os : 1 €. Bel édifice baroque sur une place autrefois bordée de camélias. Chapelle de Santo Alberto, ruisselante d'or : colonnes torsadées, *putti,* et feuilles d'acanthe. Superbe Vierge polychrome du XVIIIᵉ siècle.
Mais le plus surprenant reste cette chapelle des Os *(capela dos Ossos),* située derrière l'église (il faut passer par la sacristie à droite de la nef). Les murs sont entièrement recouverts de crânes et d'os humains. En 1816, on déterra tous les morts du cimetière pour faire cette décoration d'un goût douteux. C'était une façon de les faire revivre, si l'on peut dire, comme dans les catacombes de Palerme. Âmes sensibles, s'abstenir.

🏛️🏛️🏛️ 🚶 *Museu marítimo (plan A2) :* dans la capitainerie, à côté du grand hôtel Eva *sur le port de plaisance. Tlj sf w-e et j. fériés 9h-12h, 14h30-17h. Entrée : 1,50 €.*

Un musée très intéressant. Nombreuses maquettes de bateaux, notamment celle du *São Gabriel*, la caravelle de Vasco da Gama qui permit de découvrir l'Inde. Présentation des techniques de pêche de la région. On disposait d'énormes filets en mer pour pêcher le thon au harpon.

🎣 🚶 *Museu etnográfico (plan B2)* : *praça da Liberdade.* ☎ 289-82-76-10. *Du port, prendre la rua Santo António, une rue piétonne* particulièrement commerçante. *Tlj sf w-e et j. fériés 9h-12h30, 14h-17h30. Entrée : 1,50 €.*

> **LE COPEJO**
>
> *Cette technique très violente constituait un véritable combat entre le pêcheur et le poisson. Après avoir été harponné, le poisson était saisi à bras-le-corps, pour être ensuite jeté dans la barque. À chaque poisson son filet : en escargot pour les poissons sauteurs, long de plus de 800 m pour les grands bancs de sardines, nasse à filières pour piéger les poissons anguilliformes.*

Des objets domestiques et des outils de la région. Quelques photos de maisons typiques et de paysans en costumes traditionnels. La reconstitution des intérieurs des maisons est une véritable réussite.

➤ *DANS LES ENVIRONS DE FARO*

➢ *Balade en catamaran à la découverte de la lagune de Ria Formosa :* rendez-vous à l'embarcadère, une fois passé l'Arco da Porta Nova, tlj 11h et 15h. 🖉 917-81-18-56. ● ilha-deserta.com ● *Compter 20 € pour la balade ; demi-tarif pour les enfants 5-11 ans.* Balade-découverte sympa de 2h30, avec un guide qui vous fera découvrir les charmes cachés de la lagune de Ria Formosa, protégée doublement par ses cinq îles, qui forment une barrière naturelle contre l'océan, et par son statut de parc naturel. Un statut tardif – puisque créé en 1987 – qui a quand même permis d'éviter le pire, sur ces 270 km². Une balade qui évoque les productions de sel d'autrefois, la vie des pêcheurs de coquillages, le vol des oiseaux migrateurs, avant d'arriver sur l'**ilha de Barreta,** la seule que l'on puisse qualifier sans rire d'« île déserte », parmi les cinq, très étroites, qui ferment la lagune, parallèlement à la côte. Même s'il y a un peu de monde, vous pourrez vous détendre sur la plage, avant d'aller boire un verre à l' Estaminé (ouvert seulement en saison). Libre à vous de vous échapper sur les sentiers qui serpentent à travers les dunes, mais ne vous éloignez pas des lattes de bois qui les matérialisent. Flore et faune sont ici à l'abri du massacre réalisé par les hommes dans les îles voisines.

➢ *Un bateau permet de rejoindre l'**ilha de Barreta,*** tlj de juin à mi-sept, en 30 mn. Compter 7 € env l'aller-retour. Départs 10h, 11h30, 13h et 16h15 de l'embarcadère (plan A3).

🎣🚶 *Ruínas da Milreu :* à 9 km au nord de Faro, avt le village d'Estói. Tlj sf lun 9h-12h30, 14h-18h (17h en hiver). Ruines romaines connues surtout pour la *mosaïque aux poissons* recouvrant l'une des piscines des thermes. Une mosaïque polychrome parfaitement conservée. Superbe.

🎣 *São Brás de Alportel :* à 17 km au nord de Faro. Joli village traditionnel dans les hauteurs où se tient, le dimanche de Pâques, la fête des torches fleuries en honneur au Christ ressuscité. En outre, bonnes tables de campagne (voir « Où manger dans l'arrière-pays ? »). Office de tourisme au n° 23 du largo de São Sebastião. ☎ 289-84-31-65. Lun-ven 9h30-13h, 14h-17h30.

⛵ *Praia de Faro :* plage à 6 km au sud-ouest de la ville, sur l'île de Faro. Bus nᵒˢ 14 ou 16 à la gare routière. La route passe devant l'aéroport. Jolie plage de sable, malheureusement peu ombragée. Quelques restos aux prix parfois élevés et des snacks pas trop chers. À évitez les week-ends.

Même si l'on dédaigne la bronzette, la balade sur la *ilha de Faro* vaut le déplacement. Cette étroite langue de sable a quelque chose d'émouvant. En effet, l'extrémité orientale habitée par les pêcheurs est amputée, chaque année, d'environ 50 cm par les colères de la mer : on peut voir des pans de mur, l'encadrement d'une porte, pour tout souvenir d'une des maisonnettes frappées à mort.

|●| Sur l'île, les plus fauchés iront manger au **Bistro** les meilleurs *tostas* de Faro, en apéritif ou au repas. Ambiance sympa.

OLHÃO   (8700)   42 272 hab.

À 8 km à l'est de Faro. Le plus grand port de pêche de l'Algarve. Un vieux quartier avec quelques maisons en terrasses qui rappellent les constructions d'Afrique du Nord. Édifiée au XVIIIe siècle sur l'emplacement de cahutes de pêcheurs, c'est l'une des villes les plus récentes de l'Algarve. À voir surtout, un marché au bord de la lagune, une grande halle en brique rouge avec de surprenantes tours à l'orientale. Très animé le matin, tout comme les rues piétonnes dans le centre. Mais Olhão possède surtout l'avantage de se situer à proximité des îles de la lagune de Ria Formosa, havre de paix sur des kilomètres de plage... En bateau, liaisons régulières pour les îles d'Armona et Fuzeta.

Arriver – Quitter

En bus

🚌 **Gare routière :** *rua General Humberto Delgado. Dans une rue à gauche* | *au début de l'avenida da República.*

➢ Bus réguliers Eva **de et pour Lisbonne, Tavira, Faro...** ainsi que 2 départs/j. pour l'Espagne.

En train

🚂 **Gare ferroviaire :** *av. dos Combatentes da Grande Guerra. À gauche à* | *l'extrémité de l'avenida da República, au niveau du jardim João da Serra.*

➢ Olhão est sur la ligne de Lagos-Vila Real. Une douzaine de trains journaliers *depuis Faro.* Aussi **de et pour Lisbonne** avec changement à Faro et Tunes.

En voiture

➢ Par la N 125 **de et pour Faro,** puis embranchement avec la A 22 pour le reste de l'Algarve.

Adresses utiles

🛈 **Office de tourisme :** *largo Sebastião Martins Mestre.* ☎ *289-71-39-36.* ● *cm-olhao.pt* ● *(mairie). Fait l'angle avec la* | *rua do Comércio, qui se trouve au bout de l'avenida da República. Tlj sf w-e 9h30-13h, 14h-17h30 (19h en été).*

⛵ **Bateau pour les îles :** après le jardim Patrão Joaquim Lopes, à l'est de l'avenida 5 de Outubro, sur le bord de mer. Un autre embarcadère à Fuzeta.

Où dormir ?

Campings

⛺ **Camping do Sindicato dos Bancários do Sul e Ilhas :** à 1,2 km à l'est de la ville. ☎ 289-70-03-00. • parque. campismo@sbsi.pt • sbsi.pt • Compter 10-15 € env selon saison pour deux avec tente et voiture. Longe la voie ferrée (peu de trains la nuit). Propre, grande piscine payante, mais éloigné de la mer. Vaste et ombragé (mais faites vite !). Tennis. Resto et supermarché.

Très nette tendance à la saturation pendant l'été. Sanitaires insuffisants. Bruyant.
⛺ **Parque de Campismo de Fuzeta :** à 8 km à l'est, face à l'île da Armona. ☎ 289-79-34-59. Fax : 289-79-40-34. Aménagé sur un coude de la lagune et près de la voie ferrée. Propre et assez bon marché, mais aussi bondé et bruyant. Bateau pour l'île.

De prix moyens à beaucoup plus chic

🏠 **Pensão Bicuar :** rua Vasco da Gama, 5. ☎ 289-71-48-16. • pensao-bicuar@iol.pt • pension-bicuar.net • Bien situé. Face au Jardin Patrão J. Lopez, prendre la rua Dr F.F. Lopez puis la rua de São Estevão, la rua Vasco da Gama est dans le prolongement. Résa conseillée. Doubles 35-45 € avec douche (w-c sur palier), familiales 45-55 €. Sur 3 étages, des chambres bien tenues, à la déco traditionnelle en bois sombre. Pas de petit déj mais une cuisine à dispo et une terrasse vraiment sympa avec vue sur les toits de la ville et, au loin, la mer !
🏠 **Pensão Boémia :** rua da Cerca, 20. ☎ 289-71-45-13. • pensaoboemia@gmail.com • Sur l'avenida da República, un peu avt l'église Matriz, prendre sur la gauche la rua 18 de Junho ; la pension est ensuite dans la 4e rue à gauche. Doubles 45-60 € selon saison, avec douche, w-c et TV ; 75 € avec terrasse. Réduc de 10 % sur le prix de la chambre en nov et janv-avr. Dans un quartier vivant et populaire. Extérieur plutôt

classique pour cette maison blanche rénovée dont l'agencement intérieur possède tout le charme des immeubles tarabiscotés d'autrefois. Dispose de chambres pas très grandes, mais claires et modernes (AC). Le patron, gentil et dévoué, parle le français à la perfection et connaît bien la ville.
🏠 **Pensão Bela Vista :** rua Téofilo Braga, 65-67. ☎ 289-70-25-38. ⛵ À deux pas de l'office de tourisme. Doubles 35-45 € selon saison. Maison fraîche et bien tenue par son propriétaire qui parle français et aime les couleurs. Chambres spacieuses et très propres. Bon rapport qualité-prix.
🏠 **Quinta da Murteira :** N 125 ; tout à côté du village de Fuzeta. ☎ 289-79-47-48. • geral@quintamurteira.com.pt • quintamurteira.com.pt • Huit appartements avec salon, cuisine, terrasse, 45-100 € env. Une adresse recommandée par des locaux, où il fait bon se poser, face aux salines. Piscine.

Où manger ?

De bon marché à prix moyens

Tout le long de l'avenida du 5 de Outubro qui longe le rivage, plusieurs restos plus ou moins équivalents et à petits prix dont le Barra Nova ou le Ria Formosa.

🍽 **Casa de Pasto Vai e Volta :** largo do Grémio, 2. ☎ 289-71-46-42. Sur une placette proche des rues piétonnes. Tlj

sf dim et en déc. Menu 8,50 €. Quelques tables en terrasse sous une bâche suffisent pour savourer des grillades de poisson... à volonté. Comme tout ce qui est simple, c'est bon ! La patronne a passé de nombreuses années en France, et en a même ramené... un mari, fort sympathique.

|●| **O Tamboril :** av. 5 de Outubro, 174 A. ☎ 289-71-46-25. *Sur le port, à l'ouest de l'avenue, à côté de la police. Tlj sf lun hors saison ; fermé en principe en nov.* Compter env 20 €. *Apéritif maison offert sur présentation de ce guide.* Une de nos plus anciennes adresses, et de qualité constante. Bonne ambiance dans une grande salle tenue par une famille. Large variété de poisson et de fruits de mer. Spécialités régionales telles que la *caldeirada de peixe mista* (bouillabaisse faite avec le poisson pêché du jour). Patron sympa, qui parle le français. Encore un collectionneur : cette fois-ci, d'assiettes de clubs de football (il en a plus de 500 !).

|●| **O Bote :** av. 5 de Outubro, 122. ☎ 289-72-11-83. *Sur l'avenue longeant le bord de mer, en face du marché municipal.* Resto de pêcheurs propret et accueillant. Cuisine simple à base de poisson grillé et de fruits de mer.

Manifestation

– **Festival des Crustacés :** du 10 au 15 août. Crevettes, gambas, langoustes à gogo à tous les stands, spectacles...

➤ *DANS LES ENVIRONS D'OLHÃO*

🏃 **Quinta de Marim :** *à 1 km à l'est, vers Tavira.* ☎ 289-70-41-34 ou 35. *Tlj 9h30-12h30, 14h-18h.* Maison du parc naturel de la lagune de Ria Formosa. Plusieurs bâtiments exposent le mode de vie des pêcheurs de la lagune, leurs techniques de pêche originales : les filets étaient posés sous l'eau à l'aide de chiens d'eau, une race spécifique de l'Algarve. Également un vieux moulin à marée, assez remarquable. Pour les adeptes du *bird watching*, des randonnées de 2h30 sont organisées dans les dunes et les marais, où de nombreuses espèces survivent malgré la pollution croissante des eaux.

🏃 **Ilha da Armona (et de Fuzeta) :** ses plages de sable blanc face à l'océan s'étendent à l'infini et sont plus belles que celles donnant sur la lagune. Bien sûr, les lotissements de vacances y ont poussé comme des champignons. Mais heureusement, ils n'ont pas encore envahi toute l'île. Quelques cafés et restaurants près de l'embarcadère pour se sustenter. Départs en bateau d'Olhão toutes les heures en été. Durée : 15 mn. Il est également possible de prendre un bateau depuis l'embarcadère de Fuzeta, à 12 km à l'est d'Olhão par la route nationale. L'île est à cet endroit très étroite. Départs devant les bungalows toutes les demi-heures en été.

🏃 **Ilha da Culatra :** le bateau s'arrête d'abord à **Culatra** sur la plus petite île, envahie de résidences mélangées à des habitations de pêcheurs. Difficile d'imaginer la vie sur l'île autrefois, quand la pêche, lors des passages des bancs de thons, assurait la subsistance de toute une communauté. À **Farol**, le deuxième arrêt sur la plus grande île, ce n'est guère mieux. Les résidences encerclent les belles plages de l'océan, tandis que celles de la lagune sont sales. Bateau l'été ttes les 2h. Durée : 30 mn pour Culatra et 45 mn pour Farol.

TAVIRA   (8800)   25 105 hab.

À 30 km à l'est de Faro et à 21 km d'Olhão, une ville côtière qui devrait vous laisser un joli souvenir de l'Algarve. Tavira, qui fut au XVIe siècle la cité la plus peuplée de la région, n'a pendant longtemps pas été touchée par l'urbanisation touristique. Et cela pour trois raisons : d'abord, la mer est à 3 km ; ensuite, le sol ne se prête pas à la construction de grands hôtels ; enfin, la longue gestion socialiste de la municipalité (certes passée à la social-démocratie depuis 1978) a toujours résisté aux rêves de marina des promoteurs immobiliers. Tavira a changé, mais elle garde encore une fraîcheur et un naturel sympathiques. Qu'il fait bon se promener le long du rio Gilão, le fleuve qui la traverse, et de l'enjamber à la nuit tombée en empruntant ses jolis ponts ! Elle peut aussi se vanter de posséder sur son canton un nombre record de monuments religieux... sur lequel personne ne semble vraiment s'accorder d'ailleurs ! Une bonne trentaine d'églises, donc, dont la majorité à Tavira même, et une quinzaine de couvents. Autre particularité : ses toits en biseau, qui donnent à la vieille ville une belle unité architecturale, et dont les 14 toits du musée contemporain sont le meilleur exemple.

Arriver – Quitter

En bus

🚌 **Gare routière :** *rua Gonçalo ; au bord de la rivière, à gauche de la praça da República.*

➢ **De et pour Lisbonne :** *4 bus* expressos/j. d'*Eva*. Arrêts à Olhão et Faro.
➢ Bus tout le long de la journée en provenance de **Faro** et de **Vila Real de Santo António.** Également bus *Eva* **de et pour Lisbonne, Huelva** et **Séville.**

En train

🚃 **Gare ferroviaire :** *à 1 km du centre, en haut de la rua da Liberdade. Tavira, qui se trouve sur la ligne Lagos – Vila Real, est très bien desservie (une quinzaine de trains* **depuis Faro,** dont les deux tiers vont jusqu'à Vila Real). Également trains **de et pour Lisbonne** avec changement à Faro et Tunes.

En voiture

➢ La A 22 et la N 125 pour tout l'Algarve.

Adresses utiles

🏛 **Office de tourisme :** *rua da Galeria, 9.* ☎ *281-32-25-11.* ● *cm-tavira.pt* ● *(mairie). Dans une ruelle à droite de la rua da Liberdade, en venant de la praça da República. Tlj 9h30-17h30 (19h en saison).* Un des offices les plus serviables. Renseignements en français. Demander sur place le calendrier des manifestations.
– Visites guidées possibles du centre historique l'été en anglais, se renseigner à l'office.
■ **Lavandaria Lavitt :** *rua das Salinas, 6.* ☎ *281-32-67-76. Lun-ven 9h-18h,* sam 9h-15h. Lavage à sec et selfservice.
🚤 **Bateau pour les plages de l'ilha de Tavira (et le camping de l'île) :** embarcadère (dans le centre-ville, à côté de l'ancien marché municipal) ne fonctionnant qu'en été. Bateau 9h-20h. Aller-retour : 1,50 €. Attention, pas mal de monde à 19h en été.
– Sinon, embarcadère à *Quatro Águas,* à 2 km à l'est de la ville (environ toutes les 30 mn). Bus en saison au départ de la gare routière.

Où dormir ?

Campings

⛺ **Camping Ilha de Tavira :** *sur l'île de Tavira, à 2 km de la ville.* ☎ *281-32-17-* 09. ● *camping@campingtavira.com* ● *campingtavira.com* ● *À quelques*

L'ALGARVE

minutes de la plage. Ouv Pâques-sept. Compter env 14-20 € selon saison l'emplacement pour 2 pers. Bien équipé, et très animé l'été, donc assez bruyant. Rationnement de l'eau en haute saison. Prévoir un répulsif anti-moustiques. Pour y aller, voir « Adresses utiles ». Obligation de laisser sa voiture près de l'embarcadère du bateau.

🏕 *Camping O Caliço :* à Vila Nova de Cacela, à une dizaine de km à l'est de Tavira. ☎ 281-95-11-95. • transcampo@ mail.telepac.pt • Au-dessus du village. De Tavira, prendre le bus pour Vila Real de Santo António et demander au chauffeur de s'arrêter. Tte l'année. Compter env 10-15 € selon saison pour deux avec voiture et tente. Douches et piscine gratuites. Ombragé et propre mais bondé en été, malgré l'éloignement. La plage se trouve 2 ou 3 km plus bas, à côté du hameau de Cacela Velha. Voir « Dans les environs de Tavira ».

De prix moyens à plus chic

🏠 *Pensão-residencial Castelo :* rua da Liberdade, 22. ☎ 281-32-07-90. Fax : 281-32-07-99. 🍴 Tout à côté de l'office de tourisme. Doubles 35-65 € selon saison, avec ou sans bains. Anciennement située au n° 4 de la même rue, la pension a fait peau neuve de la première à la dernière chambre. Deux d'entre elles ont un balcon.

🏠 *Residencial Lagoas Bica :* rua Almirante Cândido dos Reis, 24. ☎ 281-32-22-52. De la praça da República, traverser le pont romain et continuer dans la rua Cabreira, puis tourner à droite dans la rua Almirante Cândido dos Reis. Résa conseillée. Doubles avec ou sans bains 30-40 € selon saison. Dans un immeuble avec un patio intérieur fleuri, des chambres simples et reluisantes de propreté. Pas de petit déj, mais frigo à disposition et belle terrasse où manger avec vue sur les toits de la ville. Excellent accueil francophone.

🏠 *Residencial Imperial :* rua José Pires Padinha, 24. ☎ 281-32-22-34. • residen cial.imperial@gmail.com • Sur la rive de la praça da República, presque en face du marché. Doubles avec bains 35-60 € selon saison, petit déj compris. Au 1er étage d'un petit immeuble, des chambres simples avec TV et AC. Certaines donnent sur un mur mais l'ensemble est bien tenu. Vue sur la rivière ou sur l'arrière. Assez bruyant.

🏠 *Pensão-residencial Princessa do Gilão :* rua Borba d'Água de Aguiar, 10-12. ☎ 281-32-51-71 à 74. Sur les quais, à droite après avoir traversé le pont en venant de la praça da República ; ou par la passerelle face au marché. Doubles avec douche et w-c 40-50 € selon saison, petit déj compris. Grand immeuble à la façade imposante, bien situé au bord de la rivière. Belles chambres dotées de tout le confort, propres et claires. Plusieurs disposent d'un balcon. Celles donnant sur la rue sont bruyantes mais ont vue sur la rivière.

De plus chic à beaucoup plus chic

🏠 *Casa Vale del Rei :* à Almargem, direction Vila Real, à env 4 km de la ville. ☎ 281-32-30-99. • casavaledelrei@hot mail.com • casavaledelrei.co.uk • 🍴 Prendre à gauche au panneau « turismo rural » ; la route va vers le vieux pont d'Almargem ; au carrefour, tourner à gauche et c'est à 150 m. Chambres doubles avec bains 60-85 € selon saison, petit déj compris. Une ancienne ferme coiffant une colline couverte de vignes et d'arbres fruitiers. Deux suites et 5 chambres spacieuses, avec vue sur les ondoiements algarviens. Terrasse ombragée pour le petit déj (extra, avec jus de fruits frais de la propriété), une fontaine décorée d'azulejos, une piscine... et les plages à moins de 2 km.

🏠 *Quinta do Caracol :* rua S. Pedro, 9. ☎ 281-32-24-75. • quintadocaracol@ mail.telepac.pt • quintadocaracol.pa-net.pt • Derrière la gare, à 1 km du centre par l'avenida da Liberdade et la rua Miguel Bombarda qui la prolonge. Neuf appartements pour 2 à 5 pers avec bains 70-130 € selon saison, petit déj compris. Une oasis de verdure et de fleurs au cachet indéniable abrite quelques maisonnettes blanchies à la chaux et ourlées de bleu. Bel aménagement de meubles régionaux. Cet ancien domaine agricole a brillamment réussi sa reconversion : le bar disparaît sous un toit de bambou, la citerne est devenue une piscine, le court de tennis se confond avec la pelouse, et même le parking trouve sa place sous les arbres. Attention cependant au bruit (route nationale à 100 m, et chemin de fer à 50 m...).

🛏 *Quinta da Lua :* Bernardinheiro, 1622-X. ☎ 281-96-10-70. ● quintada lua@iol.pt ● quintadalua.com.pt ● À

4 km de Tavira. Prendre la N 125 en direction de Faro ; tourner à droite vers Santo Estevão et suivre les panneaux « Quinta da Lua ». Doubles avec bains, terrasse privée et tt le confort 85-140 €, suite 165 €, petit déj inclus (et original !). Magnifique demeure au milieu des orangers, des vignes et d'un jardin très soigné. Les chambres, spacieuses, sont élégantes et raffinées, décorées avec un souci d'équilibre entre le moderne et le rustique. Les plafonds sont parés de roseaux (technique traditionnelle) et de poutres apparentes. Belle piscine évidemment, et des propriétaires très accueillants. Excellente adresse de charme.

Où manger ?

▮●▮ *Petisqueira Belmar :* rua Almirante Cândido dos Reis, 16. ☎ 281-32-49-95. À côté de la Residencial Lagoas Bica. Fermé dim hors saison. Poisson bon marché 6-12 € env. Petite adresse sympa souvent pleine. Le patron a vécu une vingtaine d'années en France. Plats copieux, une demi-portion peut suffire.

▮●▮ *Bica :* rua Almirante Cândido dos Reis, 24-26. ☎ 281-32-38-43. En dessous de la Residencial Lagoas Bica. Fermé déc. Plats 7-13 €. L'adresse toujours aussi populaire de la ville. Salle rudimentaire, plats copieux et solides.

▮●▮ 🖵 *Cyber-café Anazu :* rua Jacques Pessoa, 11/13. ☎ 281-38-19-35. Facile

à trouver, le long du fleuve, côté rive gauche, en bas de l'immeuble recouvert d'azulejos. Tlj sf dim. Connexion à Internet : 1 € les 15 mn. Peu de plats, mais des tables dehors sous les parasols. Jolie vue sur la ville blanche.

▮●▮ *O Pátio :* rua António Cabreira, 30. ☎ 281-32-30-08. C'est la rue presque en face du vieux pont. Tlj sf dim (sf en août) ; fermé fév. Menu touristique un peu léger à 12 €. Beaucoup de spécialités pour 2 pers, comme la cataplana maison, à partir de 20 €. Ce resto bénéficie d'une bonne réputation. Décor intérieur chaleureux et terrasse panoramique. Quelques soucis de fraîcheur parfois.

Où manger dans les environs ?

▮●▮ *Marisqueira Fialho :* sítio do Pinheiro, Torre de Aires, 8800 Luz de Tavira. ☎ 281-96-12-22. À env 300 m après Luz de Tavira en venant de Tavira, sur la N 125, il y a un cimetière à gauche (murs blancs, cyprès) ; au panneau « Torre de Aires » prendre la route sur 1 km ; en arrivant au plan d'eau, tourner à droite et suivre le chemin de terre qui la longe sur un autre km. Le resto est un peu plus loin sur la droite. Une adresse très fréquentée en saison. Soupe maison, ensopada de enguias (ragoût d'anguilles), crevettes, amêijoas (palourdes) et autres coquillages, poissons tout juste pêchés attendent dans une vitrine que le cuistot les grille dehors

à l'entrée pour vous.

▮●▮ *Marisqueira Restaurante Quatro Águas :* à Quatro Águas, à 1,5 km de Tavira. ☎ 281-32-53-29. ● 4aguas@4a guas.com ● Suivre la direction « Ilha da Tavira » ; le resto est le 1er à gauche 50 m avt l'embarcadère. Tlj sf lun et de midéc à mi-janv. Compter 20 €. Apéritif maison offert sur présentation de ce guide. Terrasse couverte agréable, donnant sur la lagune. Service plus prévenant et cuisine plus recherchée que dans les restos de pêcheurs habituels, mais aussi plus cher. Nombreux plats de poisson et de fruits de mer. Bonnes pâtisseries.

À voir

Tavira, une des cités les plus plaisantes de l'Algarve, invite à la découverte à pied, à la rencontre de ses églises baroques, de ses quais animés et de ses places charmantes.

🚶 *Le pont romain* qui enjambe le fleuve Sequa, joliment restauré, ne se franchit qu'à pied.

🚶 *Igreja da Misericórdia : dans la vieille ville, en face de l'office de tourisme, en allant vers le Castelo dos Mouros. Tlj sf dim-lun.* Façade avec un joli portail Renaissance entouré de colonnes corinthiennes et surmonté d'un linteau sculpté. À l'intérieur, très beaux azulejos du XVIIIᵉ siècle.

🚶 *Le Castelo dos Mouros : en haut de la ville. Monter la ruelle à gauche de l'office de tourisme jusqu'aux remparts. Ouv jusqu'à 17h.* Des jardins, joli panorama sur les toits en biseau de Tavira et la lagune. En face, imposante masse blanche de l'*église de Santa Maria do Castelo (visite 10h-13h, 14h-18h ; tarif : 1 €),* qui semble avoir été posée au-dessus de la ville. Belle chapelle gothique décorée d'azulejos polychromes et chœur peint en trompe l'œil.

🚶🚶 *La Câmara Obscura : calçada da Galeria, 12.* ☎ 281-32-17-54. ● cdepa.pt ● *Dans la tour de Tavira, l'ancien château d'eau de la ville, à deux pas du castelo. Tlj (sf dim hors saison) ; mai-sept 10h-17h30, oct-avr 9h30-17h. Tarif : 3,50 € ; réduc. Durée : 20 mn env. Attention, horaires et tarifs susceptibles de modification.* Dans un ancien château d'eau construit en 1931. Voué à la destruction sur volonté de la mairie, il a finalement été transformé, après référendum auprès de la population locale, en un lieu culturel et touristique unique en Algarve. Fonctionne sur le principe de la *câmara obscura* ou « chambre noire », un des premiers procédés photographiques. Une fois entré dans une salle... obscure, on découvre Tavira, à 360° et en temps réel, projeté à travers deux lentilles sur un cercle incurvé, sorte de grande vasque. On peut observer, comme si on y était (et même mieux !), la ville en pleine activité, les gens arpentant ses rues pavées, les oiseaux planant dans le ciel, les amoureux se bécotant sur la muraille du château... Visite intéressante et ludique, non dénuée d'humour et d'anecdotes savoureuses. Où l'on apprend par exemple l'origine des deux noms de la rivière, pourquoi le pont romain date en fait du Moyen Âge, ou encore les spécificités des voitures portugaises.
Petit café en bas de la tour.

🚶 *Igreja São José do Hospital : monter la rua da Liberdade et longer à gauche pour arriver sur une placette mignonne bordée de camélias.* Façade baroque de l'église surmontée de deux clochers. Au-dessus des fenêtres en ogive, toits pyramidaux typiques de l'Algarve. N'ouvre ses portes que pour des funérailles...

➤ DANS LES ENVIRONS DE TAVIRA

🚶 *Luz de Tavira : petit village au bord de la nationale, à une quinzaine de kilomètres d'Olhão vers Tavira.* On n'y passe donc pas pour sa tranquillité mais pour son élégante église Renaissance blanc et gris. Beau portail en pierre et porte latérale de style manuélin ornée de frises de vignes et de pampres et entourée de colonnes torsadées. Voir également, si vous avez une petite faim, « Où manger dans les environs ? ».

🏖 *Ilha da Tavira : à 2 km de la ville.* On y trouve les plages. Pour s'y rendre, voir « Adresses utiles ». De même taille que l'île da Armona, sa voisine à l'ouest. Il faut cependant marcher jusqu'à la pointe pour découvrir les immenses plages bordées de dunes dont vous rêviez, la façade sur la lagune étant marécageuse. Vous n'y serez évidemment pas seul. Plusieurs bars et restos en cas de fringale. Un camping également (voir « Où dormir ? »).

△ *Praia do Barril :* une dizaine de bus/j. depuis Tavira (10 mn de trajet). Sinon, en voiture, aller jusqu'à Pedras del Rei (5 km). Parking. Puis on traverse à pied le rio sur une passerelle jusqu'au petit train qui mène en 15 mn à la plage (1 €). Fonctionne de 8h jusque tard dans la soirée (9h-20h hors saison). On peut aussi faire le chemin à pied le long de la voie à travers la lagune. Belle plage de sable blanc, quelques dunes et un cimetière d'ancres marines. Location de parasols et de chaises longues. Si vous allez plus loin vers l'est, vous trouverez la *Praia do Homen Nu,* autrement dit une plage naturiste.

🍴 *Cacela Velha :* à 10 km à l'est de Tavira, en direction de Vila Real de Santo António. À ne pas confondre avec Vila Nova de Cacela. Pittoresque et paisible village juché sur un promontoire dominant une côte sauvage, avec des champs d'oliviers en terrasses. Il semble que Cacela eut dans le passé une activité importante. L'église blanche du XVIe siècle domine le paysage de lagune et les champs d'oliviers. Elle fut construite sur une chapelle du XIIIe siècle et renferme une diversité de styles intéressante. La forteresse, quant à elle, a été édifiée en 1770 sur des soubassements d'origine romaine. Possibilité de louer des vélos, depuis la plage, pour s'y rendre. Restos de coquillages sur la place pour se refaire une santé.

△ *Praia Verde :* sur la même route, à une quinzaine de km. Indiquée. Accessible en voiture. Grand parking peu ombragé, puis sentier. Plage équipée : snacks, restos, maître-nageur, location de parasols, chaises longues...

VILA REAL DE SANTO ANTÓNIO   (8900)   18 158 hab.

À 20 km à l'est de Tavira, cet ancien poste frontière était le point de passage obligé pour traverser le Guadiana, le fleuve qui sépare le Portugal de l'Espagne. La majorité du trafic se fait aujourd'hui par un pont, à 7 km au nord. Industrielle et commerçante, la ville présente peu d'intérêt, excepté le fait qu'elle a été reconstruite au XVIIIe siècle par le marquis de Pombal selon le plan des rues à angle droit de la Baixa à Lisbonne. Et en 5 mois, pour l'essentiel ! On connaissait déjà le préfabriqué, à l'époque...

On y trouve toujours des ferries pour rejoindre sa jumelle espagnole, la blanche Ayamonte. De nombreux Espagnols les utilisent d'ailleurs pour venir faire leurs courses en ville !

C'est aussi le départ de la route N 122, qui remonte vers l'Alentejo par les beaux villages de Castro Marim, Azinhal, Odeleite, Mértola... Une route qui a perdu en charme ce qu'elle a gagné en efficacité, depuis sa transformation en voie express jusqu'aux limites nord de l'Algarve. Si vous voulez gagner du temps, et éviter le centre-ville, prenez, avant d'entrer dans l'agglomération, la direction de Castro Marim. Si vous craignez la monotonie, surtout hors saison, quittez la N 122 pour suivre les caprices du fleuve, entre Foz de Odeleite et Alcoutim. Paysages magnifiques, surtout au printemps, lorsque les « estevas » (les cistes, symboles de l'Algarve) sont toutes en fleur et que les collines se parent d'un blanc majestueux.

Arriver – Quitter

🚣 🚌 🚆 *Embarcadère des ferries, gares routière et ferroviaire :* à quel- | ques mètres les uns des autres sur l'avenida da República.

En bus

➤ *De et pour Lisbonne :* 4 bus *expressos*/j. d'*Eva*. Arrêts à Tavira, Olhão et Faro. Compter 5h de trajet.

L'ALGARVE

➤ **De et pour Faro :** un bus env ttes les heures, 7h-19h. Durée : 1h30. Arrêts à **Tavira** et **Olhão.**

➤ **De et pour Mértola et Beja :** bus tlj vers 8h30 ; 15 juin-15 sept, second départ en milieu d'ap-m. Durée : 1h30 pour Mértola et 2h25 pour Beja.

➤ **De et pour Huelva et Séville :** 2 bus/j. avec *Eva.* Compter 2h de route jusqu'à Séville. De Séville et Huelva, 2 bus *Eva*/j.

En train

Vila Real est le terminus de la ligne de Lagos.

➤ Une douzaine de trains/j. **depuis Faro.** Autant pour le retour.

➤ Quatre trains **de et pour Lisbonne** avec 2 changements, à Faro et à Tunes.

En voiture

➤ Par la A 22 et la N 125 sur l'ensemble de l'Algarve. Passage vers l'Espagne par la A 49.

En ferry pour l'Espagne

➤ **Vers Ayamonte,** de l'autre côté du fleuve Guadiana, toutes les 30 mn 8h-19h mai-septembre, ttes les 40 mn hors saison. Compter environ 1,50 € par personne. À Ayamonte, suivre la rue en face du débarcadère jusqu'à une place (là, il y a un plan de ville). Pour aller à la gare routière, il faut traverser la ville. Bus pour Huelva et, de là, correspondances pour Séville. Les bus sont plus fréquents que les trains entre Huelva et Séville.

Adresse utile

🔲 **Office de tourisme :** à Monte Gordo, station balnéaire à 3 km à l'ouest de Vila Real. ☎ 281-54-44-95. ● cm-vrsa.pt ● (mairie). Sur le bord de mer, à côté du casino. Tlj 9h30-17h30 (19h en saison).

Où dormir ?

Camping

⛺ **Parque de campismo municipal de Monte Gordo :** 3 km avt Vila Real. ☎ 281-51-09-70. ● cmvrsa@mail.tele pac.pt ● cm-vrsa.pt ● Tte l'année. Compter 10-17 € env selon saison pour deux avec voiture et tente. Vaste et ombragé, à côté d'une belle plage de sable. Hélas, l'entassement estival fera fuir les amateurs de calme et d'hygiène. Monte Gordo est en effet la ville de loisirs la plus bétonnée de l'Algarve.

De prix moyens à beaucoup plus chic

🏠 **Residencial Baixa Mar :** rua Teófilo de Braga, 3. ☎ 281-54-35-11. Résa conseillée. Chambres spartiates 45 €. Dans une rue perpendiculaire au fleuve. Pas vraiment de charme.

🏠 **Hôtel Guadiana :** av. da República, 94-96. ☎ 281-51-14-82 et 92. ● hotel guadiana@sommermar.net4b.pt ● hotel guadiana.com.pt ● Face au fleuve Gua-diana. Doubles avec bains, TV, téléphone, 50-70 € selon saison, petit déj compris ; suite 60-80 € selon saison. Grand hôtel des années folles, classé Monument historique. Chambres cosy avec bergère, tentures et embrasses. Boiseries et lustre en cristal dans la belle salle à manger.

Où manger ?

|●| *Caves do Guadiana :* av. da República, 89-90. À droite, quand on sort de l'hôtel Guadiana. Tlj sf jeu. Poisson grillé et calamars frits.

Où manger dans les environs ?

|●| *Restaurante Santo António :* à Ponta de Santo António, une langue de terre au sud de Vila Real. ☎ 281-51-15-39. De Vila Real, longer l'avenida da República et tourner à droite en direction de Monte Gordo. La route de la plage (ponta da Areia) est à gauche, juste avt le phare blanc. À la carte. Prix moyens. Resto au bord de l'estuaire du Guadiana. Spécialités de poissons, donc, comme la cataplana de amêijoa ou de tamboril.
|●| *Bar-restaurante Pezinhos*

N'areia : sur la plage de Praia Verde, à 6 km de Vila Real en direction de Tavira par la N 125, juste avt Altura. ☎ 281-51-31-95. ● geral@pezinhosnareia.com ● Fermé de mi-déc à mi-fév. Ouv jusqu'à 2h du mat en été. Comme son nom l'indique, on peut y manger les pieds dans le sable sur la terrasse à l'ombre des parasols en paille. Spécialités de poisson, snack et cocktails. Puis l'on profite de la longue plage de sable blanc. Location de parasols et chaises longues.

À faire

➤ *Remontée en bateau du fleuve Guadiana jusqu'à Foz de Odeleite,* à une vingtaine de kilomètres au nord, en direction de l'Alentejo. Depuis que le service régulier des bateaux a été abandonné, le rio Guadiana est devenu une artère silencieuse parcourue seulement par quelques bateaux de plaisance. Il est néanmoins encore possible de découvrir ses rives sauvages dominées par une poignée de forteresses et de vieux moulins. La société *Rio Sul* organise plusieurs excursions par semaine. Un déjeuner et plusieurs arrêts baignade sont au programme. *Rens et résa :* ☎ 281-51-02-00. ● riosul-tours.com ●

Manifestation

– *Fête de la ville :* le 1er dim de sept. Procession.

➤ *DANS LES ENVIRONS DE VILA REAL DE SANTO ANTÓNIO*

🏃🏃🏃 *Le château et le parc naturel de Castro Marim :* à 5 km au nord. Tlj 10h-17h (19h en été). Visite gratuite. Cette grosse forteresse en surplomb du petit village gardait la frontière jusqu'à ce que le tremblement de terre de 1755 la détruise en partie. Très beau panorama du haut des remparts sur le fleuve et les maisons du village, gardées également par un autre fort du XVIIIe siècle sur une colline voisine. Les marais salants qui entourent la ville en direction de Vila Real sont devenus une réserve naturelle qui se visite. Très riche faune d'oiseaux attirés par les eaux poissonneuses.

🄸 Renseignements à l'*office de tourisme :* rua Dr José Alves Moreira, 2-4. ☎ 281-53-17-28. ● cm-castromarim. pt ● (mairie). Tlj sf le w-e 9h30-17h30.

🏃 *Alcoutim :* *à 44 km au nord.* Ceux qui remontent vers Mértola pourront quitter la N 122 pour faire étape dans ce petit village paisible bâti en amphithéâtre au-dessus du fleuve. Vestiges d'un château du XIVᵉ siècle, quelque peu retouché par la suite.

🛏 Ce village a l'avantage de posséder une superbe *pousada da juventude,* dominant le fleuve. ☎ *281-54-60-04.* ● al coutim@movijoven.pt ● *pousadasjuven* *tude.pt* ● *Lits en dortoir 11-14 € selon* *saison, chambres doubles 26-43 €* *selon confort et saison.*

L'ALENTEJO

La plus grande province du Portugal. L'un de ses paysages les plus caractéristiques aussi. Dès que sont franchies les serras qui séparent l'Algarve de l'Alentejo, on aborde un gigantesque océan de plaines dont les ondoyantes collines seraient les vagues.

Un autre monde, un autre rythme, jusqu'« en deçà du Tage », comme son nom l'indique. Grenier à blé du pays, premier producteur mondial de liège, l'Alentejo, un tiers de la superficie du pays, ne regroupe pourtant que 6 % de la population. C'est que le climat ici est rude : glacial et venté l'hiver, torride et poussiéreux l'été.

Outre les conditions climatiques, le faible peuplement de l'Alentejo s'explique également par ses structures sociales. S'il est des pays où une majorité de petits paysans cultivent de minuscules lopins de terre, l'Alentejo est plutôt celui des latifundia, immenses propriétés dirigées par une poignée de seigneurs tout-puissants. Certaines d'entre elles représentent plusieurs milliers d'hectares.

Suivant la nature du terrain, plusieurs paysages, plusieurs méthodes de culture : le *montado* (céréales plantées entre les chênes-lièges) où, tous les trois ans, les terres sont laissées en jachère pour faire des pâturages ; le *campo*, vaste plaine où l'on pratique la monoculture (en général, du blé). Enfin, lorsque les champs sont trop pierreux, les grandes plantations d'oliviers et la vigne.

UN PEU D'HISTOIRE

Le « latifundiaire » employait un minimum d'ouvriers agricoles permanents et faisait venir pour les récoltes plusieurs centaines de saisonniers. Beaucoup de terres étaient cependant en friche. Elles furent longtemps l'objet de grandes luttes de la part des ouvriers agricoles dont le mot d'ordre était : « La terre à ceux qui la travaillent. » Sous la dictature de Salazar, l'Alentejo fut un incessant foyer d'agitation pour réclamer une réforme agraire, de meilleurs salaires et conditions de travail.

Fief du parti communiste portugais, celui-ci a su conserver, à travers ses « maisons du peuple », ses « clubs de quartier », le souvenir des grandes heures du parti d'autrefois. Dans toutes les bonnes maisons, on trouve, accroché au mur, le portrait de Catarina Eufemia, jeune héroïne paysanne, tuée par les gendarmes en 1954. Nul ne s'étonnera que, à la faveur de la révolution de 1974-1975, les paysans aient imposé une importante réforme agraire. Les latifundiaires ne purent conserver qu'une centaine d'hectares chacun. Les autres terres furent redistribuées et gérées en coopératives agricoles. En 1977, 500 unités collectives de production employaient plus de 50 000 travailleurs. Cependant, un lent processus de restitution des terres à leurs anciens propriétaires s'est mis en place depuis quelques années.

QUE DÉCOUVRIREZ-VOUS ?

Contrairement aux idées reçues, l'Alentejo n'est pas monotone. Le paysage change sans arrêt mais de façon subtile : par la nature du terrain et sa végétation, le mouvement des collines, les bourgs et villages chaulés chaque année. Compte tenu des conditions climatiques mentionnées plus haut, la meilleure saison pour apprécier l'Alentejo est de loin le printemps : tapis de fleurs et senteurs raffinées vous donnent le tournis. Vertes collines tantôt mouchetées des blancs pétales de cistes à perte de vue, tantôt tapissées de violine luzerne piquée de boutons d'or et de coquelicots ou encore recouvertes d'oliviers et de chênes-lièges, et souvent couronnées ici ou là d'un *monte* ou d'un village d'une blancheur éclatante. Cela dit, l'automne est bien agréable aussi, bien qu'il ne reste plus que les chênes-lièges et les cistes pour donner un peu de contraste aux collines jaunies par la canicule de l'été.

On distingue le *Bas-Alentejo* et le *Haut-Alentejo*, lui-même divisé en deux parties. Ces divisions correspondent aux trois seules vraies villes de la province : *Beja, Évora* et *Portalegre.*

> ## N'OUBLIEZ PAS DE *MONTE* LÀ-HAUT !
>
> *La principale forme d'organisation sociale que vous rencontrerez est le* blanc monte, *héritier de structures féodales. Vous pourrez même loger dans certains d'entre eux, transformés en maisons d'hôtes pleines de charme. Le* monte, *c'était la ferme-atelier-dortoir de l'ouvrier agricole. Un* monte *pouvait regrouper plusieurs dizaines de travailleurs et leurs familles, plus les saisonniers. D'où, de loin, cette impression de rue unique, bordée de maisons basses identiques et dominée par la demeure du maître.*

Dans cette région peu industrialisée, apprêtez-vous à découvrir d'émouvantes cités médiévales et des bourgs fortifiés, longtemps chargés de surveiller l'ennemi castillan. Le fait d'être isolée et laissée pour compte fut longtemps la faiblesse de la région. Elle a cependant su tirer parti de cette situation particulière.

L'Alentejo, c'est la garantie d'un dépaysement total. Et pour les amateurs de vin et de gastronomie locale authentique, un vrai régal. Fromages, jambons fumés, charcuterie, miel, rien que de bons produits qui font la vraie richesse de ce pays à la cuisine emblématique. Pains, huile d'olive, herbes aromatiques donnent du corps et de la saveur aux incontournables soupes, aux *migas* (mélange de pain, ail, bouillon de viande, coriandre), aux *ensopados* (comme le traditionnel ragoût de mouton avec des pommes de terre et pain trempé), aux *açordas* et autres panades à l'ail. Quant aux vins, qui vous aideront à faire passer tout ça, il existe huit sous-régions viticoles, dont certaines vous deviendront vite familières : Portalegre, Borba, Redondo, Reguengos... Des vins d'origine contrôlée (DOC Alentejo). D'autres plats, en saison, vous surprendront agréablement, du moins on l'espère, comme le *lebre com feijões brancos,* plat de lièvre aux haricots blancs. Et puis, il y a toutes ces douceurs conventuelles qui devraient faire de vous des inconditionnel(le)s des *pastelerias,* les cuisinières d'aujourd'hui ayant su faire bon usage des recettes inventées autrefois par les sœurs des couvents.

Notre itinéraire part du sud (la partie côtière de l'Alentejo, à l'ouest, étant un monde à part), mais on peut le prendre par tous les bouts. Nous avons tenté de couvrir le maximum de terrain, de surprise en coup de cœur, dans cet Alentejo rural où seuls quelques anciens, au coin des rues, et des dames au long bec, au bord des champs, s'intéresseront (et encore !) à votre passage sur leur terre : ici se trouve en effet le plus grand sanctuaire de cigognes d'Europe. Il suffit de lever la tête, vous verrez, perchés au sommet des arbres ou des poteaux, et même sur certaines vieilles cheminées de ferme ou d'usines, des dizaines de nids desquels les petits s'élancent au mois de juin.

Suivez-nous de Mértola à Marvão, des plaines à blé aux citadelles frontalières, avec la possibilité de vous évader à tout moment pour découvrir d'autres villages perchés. Pour ceux qui disposent de très peu de temps, et viendraient directement de Lisbonne, voici notre sélection, du nord au sud : *Castelo de Vide, Marvão, Portalegre, Estremoz, Évora, Elvas, Monsaraz* (le plus beau village, *ex aequo* avec Marvão).

MÉRTOLA   (7750)   8 714 hab.

Par Almodôvar ou par la N 122, la route rapide venant du sud, voici déjà les grandes plaines à blé ondoyantes. Impossible de passer par ici sans goûter au pain, fameux, qui accompagne tout naturellement un excellent fromage de brebis : tout au long du Guadiana, on peut voir ces moulins à eau servant, l'été, à moudre la farine, tâche confiée, l'hiver venu, aux moulins à vent... Et puis, tout à coup, une fantaisie de terrain inattendue, un spectacle saisissant : sur un éperon rocheux, découpé par le rio Guadiana d'un côté et par son affluent, le rio Oeiras, de l'autre, apparaît Mértola. Une véritable ville-musée qui vous permettra de vous replonger d'un coup dans l'histoire, la tradition et la nature de cette région marquée par l'éternelle rivalité des Maures et des chrétiens : dernier port intérieur du Guadiana, il fut un entrepôt commercial actif avant même de devenir un *municipium* important sous l'occupation romaine, puis la capitale d'un véritable royaume musulman avant d'être le premier siège des chevaliers de l'ordre de Santiago...

Adresses utiles

🖹 *Office de tourisme :* rua da Igreja, 33. ☎ 286-61-01-09. • cm-mertola.pt • (mairie). En saison, tlj 9h30-12h30, 14h-18h (17h30 en hiver). Liste d'hébergements. Plan de la ville-musée, très précieux pour organiser la visite (compter une bonne demi-journée).

🚌 *Gare routière :* av. Aureliano Mira Fernandes ; près du rond-point en bas de la ville. Bus quotidien vers Lisbonne à 10h.

🖳 *Corte Gafo Servi :* 🖳966-15-99-85. Fax : 286-61-11-69. Spécialisée dans le loisir de plein air, cette agence de Mértola propose une pléiade d'activités. Il y en a pour tous les goûts : escalade, randonnées à cheval, *moutain bikes,* canoë, découverte de la faune et de la flore, safaris-photos et même *paintball.*

Où dormir ? Où manger ?

En attendant un hypothétique camping ou une auberge de jeunesse, peu de logements bon marché à Mértola.

🛏 *Clube Náutico de Mértola :* rua Dr Serrão Martins. ☎ 286-61-20-44. • nauticomertola@clix.pt • Ce club nautique possède quelques chambres à l'entresol. Compter 20 € par pers en lits superposés (2 ou 4 lits par chambrée). Réduc de 10 % sur présentation de ce guide. Mobilier tout neuf, TV et clim' partout, sanitaires communs parfaitement tenus. Un peu cher à deux, pour ce qui ressemble fortement à une AJ ; mais avantageux si l'on voyage en solo. Location de kayaks. On peut utiliser gratuitement le gymnase pour faire quelques exercices.

🛏 *Residencial Beira Rio :* rua Dr Afonso Costa, 108. ☎ 286-61-11-90. • beira.rio@mail.com • beirario.co.pt • C'est la rue qui descend vers le Guadiana, en contrebas de la rua Dr Serrão Martins. Chambres doubles confortables 30-45 € avec bains, TV et AC, petit déj compris. Grande bâtisse fraîche très bien tenue. Demander une

chambre avec balcon, ou même carrément avec terrasse (un peu plus cher) pour la vue sur la rivière. Bon accueil.

🛏 *Casa das Janelas Verdes :* rua Dr Francisco Gomes, 38-40. ☎ 286-61-21-45. Suivre le fléchage à l'entrée de la vieille ville. Chambres doubles avec bains 50 €, petit déj compris. Pas très spacieux, et la déco tend à être un peu chargée (on ne compte plus les portraits de Jésus !). En tout cas, c'est très couleur locale. Belle terrasse fleurie, attenante à une antique maison aux murs épais qui protègent de la chaleur. Du charme, mais un confort décevant pour le prix.

🍴 *Restaurante Alengarve :* av. Aureliano Mira Fernandes. ☎ 286-61-22-10. Petite adresse qu'on vous indique en passant. Prix corrects (plats 5-10 €). Semble réputé auprès des Portugais de la région, vu l'affluence. En tout cas, spécialités régionales excellentes : notamment le poisson de la rivière et le

L'ALENTEJO

cabrito. Service aimable et de bon conseil.

|●| *Casa de Pasto Tamuge :* rua Dr Serrão Martins, 34-36. Une petite salle coincée entre le café et la cuisine familiale du resto. Nombreuses viandes et spécialités de la mer. Pour se remplir la panse à petit prix dans une ambiance authentique.

|●| *Café-restaurante Migas :* dans le marché municipal, à l'entrée de la vieille ville. ☎ 965-78-21-59. Dans une salle aux allures de petit bistrot, bonne cuisine traditionnelle : gaspacho, migas com carne de porco, açorda de bacalhau... Familial et à prix moyens.

Où dormir dans les environs ?

🏠 *Casa dos Loendros :* à Alcaria Ruiva (14 km). ☎ 286-99-81-87.📱 917-13-20-97. ● info@casadosloendros.com ● ca sadosloendros.com ● ☒ Sur la route de Beja, tourner à gauche vers Alcaria ; c'est la 1re maison quelques centaines de mètres avt le village. Fermé 20 déc-10 janv. Chambres doubles avec bains, TV et AC/chauffage 60-65 €, copieux petit déj maison compris ; réduc hors saison. De l'eau minérale offerte par la maison sur présentation de ce guide.

Deux chambres, possédant 2 grands lits chacune, sont séparées par un vestibule ; le plan idéal pour une famille nombreuse. Décoration charmante. Cette agréable propriété avec piscine est tenue par un couple franco-portugais très accueillant et connaissant bien la région. Les amoureux de la nature et les marcheurs seront séduits par l'endroit et bien chouchoutés par Ana et Pierre.

Où boire un verre ?

🍸 *Lancelote Bar :* beco Senhora da Conceição ; en contrebas de la Casa das Janelas Verdes. *Dans la vieille ville.* Suivre le fléchage. Slt le soir, à partir d'env 21h ; fermé lun. Petit bar branché avec expos de peinture et bière à gogo. Rendez-vous de la jeunesse locale sur la minuscule terrasse dominant la ville basse.

À voir

La ville de Mértola a mis en place un circuit de visite intégrant les huit musées-ateliers de cette citadelle longtemps repliée sur ses murailles, qui s'ouvre lentement à la curiosité publique. *Passez à l'office de tourisme chercher le plan de la ville et grimpez jusqu'au château, qui abrite le premier de ces petits musées, dans sa tour, pour acheter votre billet d'entrée global :* 5 € pour l'ensemble des visites, demi-tarif pour les étudiants. Sinon, il vous faudra payer à chaque entrée de musée (soit 2 € à chaque fois). Musées ouv aux mêmes horaires que l'office de tourisme et fermés lun (sf la cellule romaine, gratuite et ouv tlj).

🐾 Imposant *château fort,* édifié par les Arabes au temps de l'invasion, puis investi par les chrétiens et finalement abandonné au XVIIIe siècle. Petite salle jetant un premier pont entre période romane et période islamique. Du donjon, beau panorama sur l'avalanche de toits du village et sur la région.

🐾 Les différents petits *musées* que vous découvrirez ensuite en faisant le tour de la vieille citadelle exposent en fait les différents produits des fouilles qui ont permis à ce bourg, le plus arabe du Portugal, de naître une seconde fois : le *musée d'Art islamique,* la *maison romaine,* découverte à l'emplacement de l'actuelle mairie, le *Musée wisigoth,* la *cellule d'art sacré* et une *basilique paléochrétienne,* qui clôt le circuit. Ajoutez à cela un *atelier de tissage* à l'ancienne, qui a donné une nouvelle vitalité à la production des bonnes vieilles couvertures, un *atelier de céramique* et un *centre de la pierre taillée*, et votre demi-journée sera bien remplie.

Manifestations

– **Festival des Arts islamiques :** *en mai, tous les 2 ans* (prochain en 2009).
– **Le Festival de juin :** *le 24 juin,* mais cette fête se déroule en réalité durant tt le mois. Elle donne lieu à des concerts, des rencontres et événements sportifs, des expositions, des jeux... bref, une foire de village.

UNE CURIEUSE ÉGLISE-MOSQUÉE

Au pied du château, a mesquita, une église-mosquée avec son toit crénelé à pinacles. Construite sur l'emplacement d'une mosquée, voici l'un des rares héritages de l'invasion des Arabes au Portugal. Elle en a conservé le plan et l'architecture intérieure : rangées de fines colonnettes avec arcs et chapiteaux tous différents, soutenant le plafond voûté en ogive. Derrière l'autel, la niche correspond au mirhab et certaines portes sont à arc outrepassé (en forme de trou de serrure).

➤ DANS LES ENVIRONS DE MÉRTOLA

🎥🎥 **Mina de São Domingos :** *à 17 km au nord-est de la ville, sur la route de Serpa.* Les amateurs de paysages à la Mad Max pourront visiter cette ancienne mine de cuivre de plusieurs hectares. Elle employait plus de 6 000 mineurs jusqu'à sa fermeture en 1968. Tout le site a été dynamité. Dans le village, plusieurs rues de corons. La mine se trouve derrière la poste *(correios).* Quant aux anciens bureaux de l'administration, ils ont été reconvertis en hôtel 5 étoiles ! Un paysage lunaire de cratères et de squelettes de béton que l'on peut parcourir sur plusieurs kilomètres de piste jusqu'au village de *Santana de Cambas,* d'où l'on rejoint la route de Serpa. Pour une visite guidée, téléphoner à la mairie : ☎ 286-64-75-34.

🛏 ▮◉▮ **Pensão São Domingos :** *au centre.* ☎ 286-64-71-87. Café-resto populaire qui fait penser à un bon vieux resto routier. Sert une excellente et copieuse | cuisine régionale à petits prix, pour ceux qui passent la journée dans le coin. Également des chambres neuves confortables *(40 € la double avec petit déj).*

BEJA (7800) 35 300 hab.

La capitale du Bas-Alentejo ne possède évidemment pas le charme et la noblesse d'Évora, sa concurrente du Nord, mais elle est accueillante et agréable. Ex-« Pax Julia » des Romains, la ville fut occupée pendant quatre siècles par les Arabes. Aujourd'hui, la cité vit tranquillement du commerce des céréales et de l'huile d'olive. Les silos à grains sont les nouvelles forteresses du plateau de l'Alentejo, cette « plaine dorée » *(Planicie Dourada)* qui a donné son nom à la région.

Arriver – Quitter

En bus

🚌 **Gare routière :** *rua da Cidade de S. Paulo.* ☎ 284-31-36-20. Dans le | *quartier du stade, au sud-est de la ville.*

L'ALENTEJO

➤ Les lignes reliant Lagos à Tomar et Elvas à Faro passent par Beja et desservent également *Évora, Sines, Moura, Lisbonne.* Nombreux bus en semaine, plus rares le w-e. Normalement, toujours un bus en fin de matinée et un second le soir.

En train

🚆 *Gare ferroviaire :* à la sortie de la ville, route de Serpa. ☎ 284-32-61-35.
➤ *Lisbonne :* départs vers 9h20 et 18h20 depuis la capitale. À l'inverse, depuis Beja, 2 trains rapides/j., normalement autour de 8h30 et vers 19h. Seulement 2h20 de trajet.
➤ *Évora :* avec changement à Casa Branca. Deux trains/j., en début de matinée et en fin d'après-midi. Prévoir 1h15 en tout.
➤ *L'Algarve :* un train le matin, l'autre en début d'après-midi, ainsi qu'un train de nuit. Après 1h de trajet, changement à Funcheira. De là, trains desservant soit l'ouest de l'Algarve (Portimão, Lagos), soit le centre et l'est (Albufeira, Faro, Tavira, Vila Real).

Adresses utiles

🏢 *Office de tourisme :* rua Capitão João Francisco de Sousa, 25. ☎ 284-31-19-13. ● cm-beja.pt ● (mairie). Dans le quartier piéton. Tlj sf dim et j. fériés 10h-13h, 14h-18h. Très serviable. Carte avec toutes les infos utiles. Renseignements en français. Expo-vente d'artisanat.
✉ *Poste :* rue Luís de Camões. Près du marché.

Où dormir ?

Camping

⛺ *Campismo Beya :* av. Vasco da Gama, à côté du stade et de la piscine. ☎ 284-31-19-11. ● cm-beya.pt ● À 5 mn de l'arrêt des cars. Selon saison, compter 4-8 € pour 2 pers avec une tente et une voiture. Réduc pour les détenteurs de cartes de camping et les étudiants. Remises si l'on reste plus d'une sem. Un peu d'ombre, mais sol plutôt triste (graviers). Sanitaires propres.

Bon marché

🏠 *Pousada da juventude* (AJ) : rua Prof. Janeiro Acabado. ☎ 284-32-54-58. Fax : 284-32-54-68. Au sud-est de la gare routière. La nuit autour de 11 € en dortoir de 4 ou 6 lits, ou 24-30 € (22-25 € nov-mars) en chambre double avec ou sans w-c. C'est encore cher, mais toujours intéressant dans cette région où les petits budgets ne sont pas vernis. À côté, un centre internet (qui ferme à 18h !).

Prix moyens

🏠 *Residencial Bejense :* rua Capitão João Francisco de Sousa, 57. ☎ 284-31-15-70. ● residencial-bejense@sapo. pt ● residencialbejense.com ● Non loin de l'office de tourisme. Chambres doubles 40-45 €, petit déj inclus. Digestif offert sur présentation de ce guide. Coquette pension gérée avec beaucoup de soin et de délicatesse par sa propriétaire, qui vous reçoit chaleureusement. On est accueilli par des photos de famille un peu nostalgiques accrochées au mur. Chambres élégantes avec salle de bains, téléphone et TV.

Beau salon décoré d'assiettes et superbe salle de petit déj.

🛏 **Residencial Rosa do Campo :** rua da Libertade, 12. ☎ 284-32-35-78. Chambres doubles 40-50 €, lumineuses, et grandes chambres de 3, 4 ou 5 lits pour les famille, petit déj inclus. TV, AC. Une dame adorable vous accueille, en portugais, dans cette jolie maison fraîche, calme et conviviale, où l'on bénéficie, depuis certaines chambres, d'une vue reposante sur un jardin. Belle adresse.

🛏 **Pensão Santa Bárbara :** rua de Mértola, 56. ☎ 284-31-22-80. ● pensao.bar bara@mail.telepac.pt ● residencialsanta barbara.pt ● En plein centre piéton, dans une rue qui coupe la rua Francisco de Sousa. Fermé à Noël et au Jour de l'an. Chambres doubles 43-48 € avec douche ou bains, TV, téléphone et AC. Prix spécial accordé ou petit déj offert sur présentation de ce guide. Impeccable et confortable, même si les chambres ne sont pas très grandes.

Beaucoup plus chic

🛏 **Pousada de São Francisco :** largo D. Nuno Álvares Pereira. ☎ 284-31-35-80. Fax : 284-32-91-43. ♿ Chambres doubles avec petit déj à partir de 130 € hors saison, qui grimpent à 175 €, voire 185 € du 1er mars au 31 oct et pdt certaines fêtes. Installée dans un magnifique couvent du XIIIe siècle, d'architecture manuéline. Une rénovation habile a su tirer profit des volumes énormes. Immense hall d'entrée très solennel,

qu'on oublie très vite. Le mobilier raffiné est disposé parcimonieusement, dans les couloirs, les salons, afin de mettre la pierre en valeur. Chambres agréables et claires, avec de grandes salles de bains. Beau jardin sur l'arrière avec piscine et tennis. La chapelle du XVIIe siècle sert de salle de conférences. Pour le resto, voir « Où manger ? », plus bas.

Où manger ?

De très bon marché à bon marché

|●| **Restaurante O Romana :** rua da Biscainha, 27. ☎ 284-32-60-34. Après la jonction des ruas F. de Sousa et Mértola, prendre la 2e à droite. Tlj sf w-e et 15 juil-15 août. Plat du jour 5-7 €. Plusieurs restos populaires dans cette rue. Le Romana est l'un des plus coquets : dans une petite salle, décoration soignée, patron sympa et une cuisine simple, roborative.

|●| **Churrasqueira O Alemão :** largo dos Duques de Beja, 11-12. ☎ 284-31-14-90. Derrière le couvent de N.S. da

Conceição. Plats 5-8 €. Des grillades servies dans 2 petites salles blanches en surplomb de la ville basse. Et le midi, beaucoup de monde pour les déguster. Normal, puisque c'est bon, copieux et pas cher. Excellent service.

|●| **Tem Avondo :** rua Alexandre Herculano, 25 A. ☎ 284-32-89-56. Dans le centre, à deux pas des rues piétonnes. Tlj sf sam. Resto familial simple et copieux. Quelques plats de fruits de mer qui ne font mal ni au porte-monnaie ni à l'estomac.

Prix moyens

|●| **Restaurante A Esquina :** rua Infante D. Henrique, 26. ☎ 284-32-31-79. Certes, l'endroit ne paie pas de mine et se trouve à l'extérieur de la vieille ville, mais il n'en est pas moins l'un des meilleurs rapports qualité-prix de Beja. Alors pourquoi ne pas aller y déguster

un ragoût d'agneau, par exemple ? |●| **Restaurante Alentejano :** largo dos Duques de Beja, 6-7. Sur la place derrière le couvent N.S. da Conceição. Cette brasserie animée draine une clientèle d'employés du coin. Dans l'une des 2 salles éclairées au néon

L'ALENTEJO

(encore et toujours !) et sous les pla- fonds de bois sculpté, ambiance à la bonne franquette et bons plats de l'Alentejo sont de rigueur. Possède éga- lement des chambres.

|●| **Restaurante Alcoforado :** largo de São João, 23. ☎ 284-32-63-08. Tout près du Musée régional. Tlj sf lun. Menu 12 €. Repas 15 €. Dommage que l'accueil comme la cuisine ne soient plus au top. Spécialités alentejanes tou- tes simples : ensopado de borrego (ragoût d'agneau), gaspacho (en sai- son), etc. Tentez votre chance, nous, c'était un jour sans.

Plus chic

|●| **Restaurant Teotonius :** rua do Touro, 8. ☎ 284-32-80-10. Menu touris- tique 12 €. Carte 20-25 €. Une salle élé- gante, voûtée comme il se doit, où l'on déguste une cuisine qu'il serait exagéré de qualifier de raffinée car toujours à base des produits qui font la richesse et l'authenticité de cette plaine dorée : migas (soupes roboratives) et autres açordas de bacalhau. Belle atmos- phère, bon accueil.

|●| **Pousada de São Francisco :** voir « Où dormir ? » plus haut. 🍴 Menu tou- ristique 26 €. Carte 30 €. Si certaines pousadas sont à fuir à l'heure du repas vespéral, celle-ci au contraire bénéficie d'un cadre, d'une cuisine et d'un ser- vice tout à fait à la hauteur. Idéal pour décompresser, sur fond de musique d'époque, devant des plats préparés par des cuisinières qui perpétuent vaillamment la tradition des religieuses d'autrefois qui avaient inventé là, entre autres, les meilleurs gâteaux du Portu- gal. Demandez une table près du jardin, si possible.

Où boire un thé ? Où déguster une pâtisserie ?

🍷 **Café Luiz da Rocha :** rua Capitão João Francisco de Sousa, 63. ☎ 284- 32-31-79. À côté de la pension Bejense. Fermé dim mai-sept. Il règne une bonne atmosphère de sous-préfecture dans cette grande salle de café-pâtisserie, qui fait également office de resto (prix doux).

|●| **Pastelaria Maltesinhas :** rua dos Açoutados, 12. ☎ 284-32-15-00. Ouv 8h30-20h. À ne pas manquer, pour déguster les meilleurs gâteaux de la ville, à toute heure. Jeunes et vieux se retrouvent ici pour goûter à quelques douceurs conventuelles. L'Alentejo est riche de ces salons de thé spécialisés dans la reconstitution des recettes éla- borées autrefois par les nonnes.

À voir

🏛🏛🏛 **Le Musée régional :** largo dos Duques de Beja. Installé dans le couvent de la Conceição, dont vous admirerez l'élégante balustrade gothique. ☎ 284-32-33-51. Tlj sf lun et j. fériés 9h30-12h15, 14h-17h15. Entrée : 2 € (valable aussi pour le musée d'Art wisigoth).
Bâtiment blanc et massif orné d'éléments d'architecture gothique en pierre, de fenêtres en ogive et surmonté d'un beau clocher. C'est ici que vécut une religieuse, Sor Mariana Alcoforado, célèbre pour avoir eu une liaison passionnée avec un offi- cier français guerroyant là au temps de Louis XIV : Cette aventure a inspiré Guille- ragues, un écrivain et diplomate français, qui publia en 1669 les célèbres Lettres portugaises. Il les présenta comme étant la traduction d'une véritable correspon- dance entre les deux amants. On a découvert au XXe siècle que l'auteur de ces lettres n'était autre que Guilleragues lui-même !
À l'intérieur, magnifique chapelle baroque, pur chef-d'œuvre de talha dourada. Orfè- vrerie religieuse. Autel en marqueterie de marbre. Cloître décoré d'azulejos inhabi- tuels, jaune et bleu ou vert et blanc. Vestiges archéologiques de tous les anciens

locataires de Beja : Romains, Wisigoths et Arabes. Collection de primitifs (dont un remarquable *São Vicente*) et quelques Ribeira.

🎭🎭 Tout le quartier fourmille de ruelles pittoresques. En contrebas du musée, petite *église Santa Maria,* du XVe siècle, blanche et trapue. Elle est précédée d'un narthex surmonté de pinacles. À l'intérieur, dans la travée de gauche, un arbre de Jessé : une sculpture baroque représentant un arbre qui s'élance du corps endormi du patriarche Jessé et dont chaque ramification se termine par l'un des douze ancêtres du Christ (sans compter la Vierge sur la branche la plus haute, tenant l'enfant Jésus). Un véritable arbre généalogique ! Par la rua dos Infantes, face au musée, on arrive à la noble *praça da República.* On y trouve l'ancien et le nouvel hôtel de ville et l'*igreja da Misericórdia,* avec son portail ressemblant à une halle de foire (normal ! Initialement, l'édifice était destiné à être un abattoir !). Rua Dr A. Branco et largo do Lidador, beaux balcons en fer forgé.

🎭 **Le castelo :** *tlj sf lun 10h-13h, 14h-18h en saison ; 9h-12h, 13h-16h le reste de l'année.*
Construit au XIIIe siècle sur des fondations romaines, il fut plusieurs fois rasé et reconstruit après les invasions espagnoles ou françaises. Grimpez les 200 marches du donjon pour bénéficier, par temps très clair, d'un panorama portant très loin (jusqu'à Évora, Setúbal et Mértola, dit-on).
Balade tout autour du *castelo* pour découvrir, rua D. Manuel I, un vieil hôpital du XVe siècle, la cathédrale et, un peu en contrebas, l'*église Santo Amaro,* l'une des plus anciennes du Portugal (VIe siècle). Chapiteaux wisigothiques. Abrite aujourd'hui un petit **musée d'Art wisigoth** (mêmes horaires et même ticket que le *Musée régional*).

Manifestation

– **Grande foire du printemps** *(Ovibeja) : fin avril-début mai. Dans le parc des foires et des expositions* (parque de feira e exposição) *situé au sud-est, à l'extérieur de la ville.* Exposition d'ovins et d'artisanat.

➤ *DANS LES ENVIRONS DE BEJA*

Si vous voulez parfaire votre initiation ou vous repaître d'architecture manuelo-mudéjar portugaise, vous pourrez, en une demi-journée, faire le circuit Vidigueira – Alvito – Viana do Alentejo. Ce circuit peut aussi se faire au départ d'Évora.

🎭 **Vidigueira :** petite ville réputée pour son vin (catégorie des *vinhos maduros*). Ensuite, en allant vers Alvito, à environ 3 km et en retrait de la route sur la droite, petite promenade aux ruines du *monastère São Cucufate* (fresques) érigé sur l'emplacement d'une villa romaine à deux étages.

🎭 **Alvito :** château du XVe siècle, au style assez unique en son genre dans la région. Dans son patio, élégantes fenêtres géminées aux arcs mudéjars en brique et aux fines colonnes de marbre. Abrite une *pousada.* Belle *igreja Matriz* avec ses flèches coniques et ses merlons échancrés évoquant les influences mudéjars, là aussi, de certains de ses bâtisseurs.

🎭🎭 **Viana do Alentejo :** un autre plaisir des yeux, et pas le moindre ! Pourtant pas vraiment visible de prime abord. Garez votre véhicule sur la place à l'ombre des remparts et franchissez le porche. Promenez votre regard, grimpez jusqu'à l'église : n'est-il pas incroyable, ce portail ? Cette étonnante ratatouille d'éléments gothiques, mudéjars, manuélins et de décoration baroque n'est-elle pas époustouflante ? Et cette église, n'est-elle pas surprenante, sertie à l'intérieur de la muraille ? Par son style, elle est très semblable à celle d'Alvito, mais vue des remparts qui l'encerclent, il s'en dégage un charme singulier. Des remparts également, belles plongées sur les rues de la ville. Avant de repartir, allez vous promener vers la jolie fontaine Renaissance.

🚶 *Portel :* encore un blanc village protégé par une grise forteresse. Pour ceux qui n'auraient pas encore attribué tous les prix au classement des plus jolis bourgs alentejans. Et comme vous passiez tout près, on ne sait jamais !...

🚶 *Beringel :* les fans de Linda de Suza seront certainement tentés de faire un pèlerinage à son village natal, Beringel (à 10 km à l'ouest de Beja). Village d'ailleurs sans intérêt, et où il vaut mieux ne pas évoquer le nom de la chanteuse depuis la parution de *La Valise en carton.* Le livre n'a pas fait plaisir à tout le monde !

SERPA
(7830)   16 400 hab.

Serpa-la-Blanche ! Quelle fierté, quel orgueil presque, à organiser un concours annuel de la rue la plus blanche. À tel point que les murs de la vieille ville semblent avoir disparu sous les couches de chaux, murs aux reflets moelleux comme une croûte de brie. C'est sûrement pour les protéger que le roi dom Dinis les a ceints d'une muraille au XIIIe siècle. L'aqueduc a été ajouté au XVIIe siècle pour unir de ses arches l'ondoiement des collines d'oliviers à la rectitude épaisse des murs de la cité. Déambuler dans ses ruelles pavées, à la recherche des citronniers et des orangers capables de désaltérer l'assoiffé de passage, fait partie de son charme. Tout comme une dégustation improvisée du fameux fromage de Serpa et des *queijadas,* **ces gâteaux au fromage frais qui sont un vrai délice.**

Arriver – Quitter

➤ *Pour Beja :* trois bus partent le matin (35 mn).
➤ *Pour Moura :* env 9 bus/j. (1h15 de route).
➤ *Pour Lisbonne :* quelques **bus express,** 2 bus du lun au jeu et le dim, et 3 bus le ven. Durée : 3h30.

Adresses utiles

🏢 *Office de tourisme :* largo D. Jorge de Melo. ☎ 284-54-47-27. ● cm-serpa. pt ● (mairie). En plein centre, près de la praça da República. Tlj 9h-12h30, 14h-17h30. Exposition d'artisanat local. Personnel serviable, parlant le français.

Délivre un plan de la ville très pratique. 🖥 On peut consulter gratuitement le Web à l'**Espaço Internet** municipal, à 30 m de l'office de tourisme. Lun-ven 9h30-19h, sam 11h-19h, dim 13h-19h.

Où dormir ?

Camping

⛺ *Camping municipal :* largo de São Pedro. ☎ 284-54-42-90. 🚿 Tout près de la ville. Compter autour de 7 € pour deux avec une tente et une voiture.

Un des campings les plus soignés du pays. Sanitaires nombreux et propres. Piscine publique située juste en face, grande et avec des espaces ombragés.

Bon marché

🛏 **Casa de Hóspedes Virgínia :** *rua do Rossio, 75.* ☎ *284-54-91-45.* 📱 *962-93-78-70. Chambres pas bien grandes ni très jolies, mais à de tels tarifs (25 € la double sans petit déj), on ne peut guère être exigeant. Quelques chambres avec* douche (cabine plastique), d'autres sans. La maison, calme et agrémentée de bibelots redoutables, donne sur une charmante place. Une adresse propre et suffisamment confortable pour une courte halte à Serpa.

Prix moyens

🛏 **Residencial Beatriz :** *largo do Salvador, 10, juste à côté de l'église.* ☎ *284-54-44-23.* ● *residencialbeatriz.com.pt* ● *Chambres doubles avec bains 42 €, petit déj compris. Belle résidence de tou*risme qui s'applique à offrir des chambres dotées du dernier confort : AC, décoration rustique, TV, téléphone et salle de bains. Une grande terrasse sur le toit pour découvrir la ville. Bon accueil.

Plus chic

🛏 **Casa da Muralha :** *rua das Portas de Beja, 43.* ☎ *284-54-31-50.* ● *casa.mural ha@safo.pt* ● *casadamuralha.com* ● *Au pied de l'aqueduc romain, maison du XIXᵉ siècle accolée aux murailles près de l'une des portes de la ville. Chambres doubles 65 € avec bains, TV, téléphone, AC et minibar, petit déj inclus. Cinq belles chambres confortables, toutes différentes et meublées dans le style alentejan. Jardin magnifique égayé par de beaux citronniers. Accueil charmant.*

🛏 **Zens Village :** *largo da Corredoura, 10.* ☎ *284-54-05-40. Fax : 284-54-05-49. Chambres doubles 60 € ; suite 100 €. Coup de cœur pour cette maison qui cache, derrière une façade vieille de quatre siècles, une atmosphère de bien-être aussi colorée* qu'apaisante, que l'on retrouve délicieusement à travers couloirs et chambres, parmi les plus étonnantes que vous rencontrerez sur votre route. La propriétaire a redonné vie à cette demeure en lui offrant ses souvenirs de voyage, ses rêves d'ailleurs. Préférerez-vous la chambre japonaise, avec sa baignoire dans le sol, ou « l'Atlandide », rêve en bleu reposant, ou encore « l'Africaine », avec ses sculptures magnifiques ? Ou peut-être la suite orientale, avec son salon mauresque, ou la chambre grecque, avec ses portes d'origine ? Si vous voulez du local, la chambre « Alentejo », aménagée dans une ancienne cuisine, devrait vous ravir. Qui plus est, adorable piscine dans la courette. Resto à deux pas, appartenant à la même maison.

Beaucoup plus chic

🛏 🍴 **Estalagem de São Gens :** *à 3 km au sud de Serpa.* ☎ *284-54-04-20.* ● *es talagemsgens.com* ● *Chambres doubles avec petit déj à partir de 75 € hors saison et 120 € en hte saison. Menu touristique env 23 €. Grosse villa de style contemporain bizarroïde (construite en 1959, et ça se voit !), perchée en haut d'une colline d'oliviers, où il fait bon* s'arrêter un soir, pour profiter d'un environnement bucolique. Piscine. Cuisine régionale très correcte. Ceux qui ont décidé de photographier les plus belles églises trouveront, juste à côté, l'adorable *chapelle de la Guadalupe*. Surmontée d'un dôme arabe, elle prend le soir de douces teintes roses.

Où manger ?

🍴 **Adega Molho O Bico :** *rua Quente, 1.* ☎ *284-54-92-64.* 🍴 *À l'intérieur des* murailles, dans une ruelle à droite de la mairie (praça da República). Tlj sf mer.

L'ALENTEJO

Digestif offert sur présentation de ce guide. Belle salle aux murs massifs précédée de grandes jarres à vin typiques du pays. On vient là pour déguster des grillades aussi bien que la traditionnelle *feijoada alentejana,* ou encore la *cabeça de borrego* (tête d'agneau) sans parler des desserts maison, absolument succulents, *requeijo* (fromage frais nappé de miel du pays), *doce d'avó* ou *tassa alentejana.* Les plats sont si copieux qu'une demi-portion peut suffire.

|●| Café Casa O Cuiça : *rua das Portas de Beja, 18.* ☎ 284-54-95-66. 🏃 *Fermé dim, ainsi que de mi-sept à mi-oct. Plats 6-8 €. Café offert sur présentation de ce guide.* Sous les voûtes fraîches, on peut, sans façons, goûter aux spécialités maison : *tosquiados* et *tortas.* Fréquenté surtout par les autochtones.

|●| Restaurante-snack-bar A Tradição : *alameda Abade Correia da Serra, 14.* ☎ 284-54-80-51. Autre adresse qui ne trompe pas son monde. Bien bonne cuisine portugaise et accueil irréprochable, le tout à des tarifs bien sages.

À voir. À faire

➤ Balade romantique dans les ruelles étroites : aristocratiques dans le centre près de la mairie, populaires et familières autour du château. On accède au **castelo** *(ouv 9h-12h30, 14h-17h30)* en grimpant par les escaliers près de l'office de tourisme sur le **largo dos Santos Proculo e Hilário,** charmante place empierrée, plantée d'oliviers et de cyprès. À l'angle, la tour de l'Horloge, qui faisait jadis partie des fortifications, surmontée de pinacles entourant le clocher. Belle **église Santa Maria** à façade blanche. Derrière, l'entrée du château avec sa tour écroulée. Les maisons basses du quartier ont reçu tant de coups de badigeon que leurs murs ont pris un aspect velouté et que tous les angles se sont polis et arrondis. Le château abrite un modeste **musée archéologique,** dispensant une collection bien peu spectaculaire (cailloux, poteries...) – mais l'entrée est gratuite.

🦵 **Le Musée ethnographique :** en face de l'hôpital, dans le quartier derrière la praça da República. *Tlj 9h-12h30, 14h-17h30. Entrée libre.* Collections d'instruments agraires dans l'ancien marché municipal.

🦵 **Le musée de l'Horlogerie :** *rua dos Cavalos, partant de la praça da República.* ☎ 284-54-31-94. *Tlj sf lun, mar-ven 14h-17h ; w-e 10h-12h, 14h-17h. Entrée : 2 €.* Dans un ancien couvent du XVIᵉ siècle heureusement restauré, exposition retraçant l'évolution de l'horlogerie au Portugal depuis trois siècles et demi. Quelques pièces originales (dans les deux sens du terme).

DE QUOI EN FAIRE UN FROMAGE

Les plaines entourant Serpa produisent l'un des meilleurs fromages de chèvre de l'Alentejo, le queijo de Serpa. Il est, bien sûr, servi dans les restaurants de la région. Mais on peut aussi l'acheter directement chez un producteur, José Bule, rua da Liberdade, contre les murailles à l'extérieur, ou à la fabrique Lactoserpa, rua do Governador qui part de la praça da República. Les gourmands iront ensuite directement goûter aux queijadas de Serpa, des tartelettes garnies de fromage sucré. Petite fabrique artisanale à la Casa Paixão, rua da Barbacã, en face de l'office de tourisme.

🦵 **Le couvent São Francisco :** à la sortie nord de Serpa en direction de Vale de Vargo. Couvent du XVᵉ siècle restauré. Église avec un narthex surmonté de pinacles et de créneaux. Large nef et chœur orné d'un grand autel rococo.

Manifestations

– **Fête de Nossa Senhora de Guadalupe :** à Pâques, dans l'église jouxtant la pousada. Cortège ethnographique et historique en plus de la cérémonie religieuse.

– *Foire :* du 24 au 26 août. Tout le pays s'y rassemble.

➤ DANS LES ENVIRONS DE SERPA

🍴 *La cascade du Pulo do Lobo* (le Saut du Loup) *:* à env 18 km au sud. Pour les motorisés slt. Prendre la N 260 vers Beja, puis à Baleizao suivre Cabeça Gorda vers Amendoeira, puis Pulo do Lobo. Paysage de collines arides où le Guadiana traverse une étroite gorge rocheuse avant de se précipiter une dizaine de mètres plus bas pour rejoindre son affluent. La cascade est mal fléchée. Attention, piste accidentée de plus en plus étroite, pour redescendre ensuite vers l'affluent du fleuve qu'il faut suivre quelques kilomètres avant d'arriver à proximité de la cascade.

MOURA   (7240)   16 300 hab.

Citadelle de pierre sur une colline que l'on aperçoit de loin, au milieu des oliviers qui fournissent une des meilleures huiles du pays. C'est aussi une station thermale pelotonnée autour de son château maure.

Arriver – Quitter

🚌 *Gares routières :* les bus venant de Beja s'arrêtent à la station dans le quartier de la gare, près du largo José Maria dos Santos ; ceux d'Évora s'arrêtent praça Sacadura Cabral, près du marché municipal, dans la ville haute.

➤ *Pour Évora :* 1 bus/j., à 7h du mat. Les billets s'achètent à l'épicerie près de l'arrêt de bus à partir de 6h30. Le dimanche, un 2ᵈ bus part en fin de journée et va jusqu'à Lisbonne. Sinon, pour rejoindre la capitale, il faut passer par Beja.

➤ *Pour Beja :* environ 6 bus/j., mais slt trois le w-e. Ils desservent Serpa au passage.

Adresses et infos utiles

🛈 *Office de tourisme :* largo Santa Clara. ☎ 285-25-13-75. ● cm-moura. pt ● (mairie). Au sud de la ville. Lun-ven 9h-13h, 14h-17h ; w-e 10h-13h, 14h30-17h30. Français parlé. Conseils sur les randonnées à faire dans les environs. Expo-vente.
■ *Établissement thermal :* les eaux bicarbonatées calciques soignent les rhumatismes. La source Pisões, à proximité, fournit l'*Águas do Castelo*, bien connue des assoiffés !
■ *Piscine :* superbe, en plein air, avec terrasse, musique, dans une rue en contrebas du parc de l'établissement thermal.

Où dormir ?

De prix moyens à plus chic

🏠 *Residencial Casa de Moura :* largo Dr Rodrigues Acabado, 47. ☎ 285-25-12-64. ● jluischarata@sapo.pt ● Dans la ville haute, prendre, près du grand bâtiment gris et blanc du marché municipal, la rua Associação S.M. Santana e Costa jusqu'au bout. Chambres doubles avec bains env 36 €, petit déj inclus, servi au bar d'en bas. Cette adresse de centreville, mignonne et très bien tenue, propose des chambres d'un bon rapport qualité-prix. Bon accueil.
🏠 *Residencial Alentejana :* largo José Maria dos Santos, 40. ☎ 285-25-00-80. ● residencialalentejana.com.pt ● Sur une très grande place, face à la station

essence Galp. *Double 35 € avec salle de bains, TV, AC, petit déj compris.* Cette vieille maison tout en longueur offre des chambres très bien sous tout rapport. Confortables, parfaitement tenues, à un prix légèrement inférieur à celui qu'affichent la plupart de ses concurrents. On a une préférence pour les chambres de la partie ancienne (à gauche en entrant). Excellent accueil.

🛏 *Residencial Santa Comba :* praça Sacadura Cabral, 34. ☎ 285-25-12-55. ● j.pato@sapo.pt ● Dans la ville haute, en face du marché. *Chambres propres, confortables, 37-47 € avec le petit déj.* Une belle maison entièrement rénovée. Accueil francophone. Chambres nickel. Bon rapport qualité-prix.

🛏 *Hotel de Moura :* praça Gago Coutinho, 1. ☎ 285-25-10-90 et 91. ● hotel demoura.com ● ♿ *Chambres doubles confortables avec bains 45-65 €, petit déj compris, qui augmentent de 10 € en pleine saison, le w-e et les j. fériés. Réduc de 10 % sur le prix de la chambre, sur présentation de ce guide.* Ancien palais face à un square élégant. Façade avec balustrade, décorée d'azulejos polychromes. Il a été racheté avec les eaux de la ville par la société Nestlé. On a cru bon de lui faire subir une rénovation aux normes internationales : même si les chambranles de portes en marbre et les moulures ont été conservés, les chambres, avec TV câblée, ont un peu perdu du charme d'autrefois. Seule l'immense chambre n° 101, donnant sur le square, a été sauvegardée dans son état initial. Il reste néanmoins d'impressionnants volumes et une ambiance historique plaisante. L'hôtel dispose d'un parking payant.

Où dormir dans les environs ?

Plus chic

🛏 *Horta de Torrejais :* estrada da Barca, Aparjado 116. ☎ 285-25-36-58. 📱 963-27-25-62. ● torrejais@sapo.pt ● torrejais.cjb.net ● De Moura, descendre l'avenida do Carmo et prendre la 3e rue sur la gauche ; traverser le pont et continuer sur la route principale sur env 1 km, jusqu'au panneau indiquant la Horta de Torrejais ; vous arrivez alors au cœur d'une oasis, un chef-d'œuvre d'architecture intérieure et extérieure. *Cinq chambres d'hôtes doubles 70 € avec le petit déj. Café et fruits du verger* offerts sur présentation de ce guide. Résa très conseillée ! Catarina et Luís Infante Ferreira ont reçu un prix d'architecture pour avoir rénové à l'ancienne la ferme avec des techniques presque oubliées (les roseaux couvrant le plafond, schiste du sol...). Un coin feu, un salon, une cuisine agencés et meublés tout en épure. Une piscine, un petit pont de bois traversant la rivière, des oliviers centenaires, un jardin et un potager : une adresse vraiment charmante, qui se mérite.

Où manger ?

Bon marché

🍽 Trois adresses populaires, parmi d'autres, où l'on sert, comme entrée au resto ou en apéritif au bar, une spécialité de la région, des *caracóis*, des petits escargots cuits avec des oignons, du laurier et de l'origan : *restaurante O Casão do Carmo,* rua Nova do Carmo, 39, le *café Molho* au n° 11 ou encore le *restaurante churrasqueira A Bia,* un peu plus loin dans la même rue (fermé mar). Situés dans une rue en contrebas derrière le jardin public, dans la ville haute. Cuisine traditionnelle bon marché.

Prix moyens

🍽 *O Tunel :* rua dos Ourives, 13. ☎ 285-25-33-84. Première rue à gauche dans la rua Conselheiro Augusto de Castro, qui part de la praça Sacadura

Cabral. Tlj sf dim. Dans cette belle salle voûtée à la décoration rustique, on vous proposera de bonnes spécialités régio- nales servies par un personnel affable. Pour les petites faims, les plats sont déclinés en demi-portion.

À voir

🍴 Se rendre d'abord dans la ville haute. Grand **jardin public** des sources therma- les, abondamment fleuri. Arbres aux essences multiples, et ambiance de ville de cure. Terrasse au-dessus des remparts, pour profiter d'une vue qui englobe les champs d'oliviers à l'infini. En fin d'après-midi, le glouglou des nombreuses sour- ces est bien rafraîchissant. Vestiges du **castelo**, bâti sur les ruines d'un fort musul- man, autour duquel s'amorce une restructuration du site.

🍴 Juste à côté, la très pittoresque **église São João Baptista** (début XVIe siècle) et son élégant portail manuélin à arc trilobé et décoration végétale. À l'intérieur, azu- lejos polychromes du XVIIe siècle. Noter la curieuse chaire et sa colonne torsadée en marbre. En face de l'église, superbe *fontaine das Três Bicas.*

🍴 Se promener ensuite dans la **Mouraria**, l'ancien quartier maure, composé de quelques rues et d'une place. L'un des rares au Portugal à présenter encore une belle homogénéité. Maisons basses surmontées de grosses cheminées ajourées, et atmosphère animée au crépuscule.

🍴 **Musée de l'Huile d'olive – Lagar de Varas do Fojo** : *rue São João de Deus, 20. Près de l'*Hotel Moura. *Tlj sf lun 9h30-12h30, 14h30-17h30. Entrée libre.* Ancien pressoir en fonctionnement de 1810 à 1941. Presse à traction animale munie de 4 grosses meules. Observez ensuite le système de pression à froid, puis celui de pression à chaud, qui fournit une huile de moindre qualité. Visite guidée en portu- gais. Intéressant si vous comprenez cette langue.

Manifestations

– **Foire de printemps :** *le 2e w-e de mai.*
– **Foire d'automne :** *3 j. pendant la 1re sem de sept.*
– **Procession et fête de N.S. do Monte Carmo :** *mi-juillet.* Groupes folkloriques, musique, gastronomie et tauromachie.

➤ VERS ÉVORA PAR L'ALENTEJO SAUVAGE... ET LE BARRAGE D'ALQUEVA

Par *Póvoa, Amareleja, Mourão, Monsaraz,* vous allez vraiment découvrir intime- ment le pays, même si la construction du barrage d'Alqueva (devenu le plus grand lac d'Europe) a définitivement tourné ce qui était pour nous une des plus belles pages du Portugal profond.
Inutile de dire que la mythologie paysanne en a pris un sérieux coup. Cela étant, la vision de ces eaux qui s'insinuent au creux des vallons et de ces îles nouveau-nées n'est pas vilaine du tout. On peut même découvrir ce paysage en bateau de 4 à 25 passagers. Parcours fixes d'un port à l'autre, ou location à la journée. Pas donné. S'adresser au centre d'information du barrage, à proximité de celui-ci. ☎ 285-25- 07-30.
Les premières références au besoin de créer une réserve d'eau sur le fleuve Gua- diana remontent à plus d'un siècle, mais le projet de construire le barrage a été officialisé seulement en 1975. D'études en interruptions diverses, les premiers bétonnages ont commencé en 1998 seulement, et le remplissage en eau n'a vrai- ment démarré qu'en 2002. Des chiffres impressionnants : un réservoir d'eau de près de 80 km de long, une hauteur maximale, pour le barrage, de 96 m, plus de

L'ALENTEJO

3 150 millions de m³ en volume utile... Certains mettent déjà sur le compte du barrage les changements climatiques autant que les mutations sociologiques qui ont méchamment perturbé la vie des habitants. Il a fallu notamment reconstruire à l'identique, quelques kilomètres plus loin, le village de Luz. Les habitants sont depuis suivis psychologiquement, leur cas faisant l'objet d'études approfondies.

MOURÃO   (7250)   3 180 hab.

Insupportablement blanche. Superbes balcons en fer forgé. Cheminées étonnantes, s'élevant comme de gros minarets ciselés. Sur la place principale, frais jardin avec son kiosque central et église du XVIII° siècle. Une arche traverse la rue sans regarder. Fier château gothique en haut d'une colline dépouillée, sur laquelle viennent mourir les ruelles pavées de briques et de schistes. Les minuscules maisons s'essoufflent à monter si haut. Du château, comme toujours, on garde un œil sur le Castillan et l'autre sur l'Arabe...

Où dormir ?

🛏 **Solar de São Bento :** *rua de São Bento, 35.* ☎ *et fax : 266-58-62-77. À deux pas du square central, dans la rue qui monte à la forteresse. S'il n'y a personne, s'adresser au Café Solar, de l'autre côté de la place. 35-45 € petit déj* *compris.* Des chambres pimpantes et tout confort (bains, TV, chauffage) dans une maison envahie de fleurs en plastique. Peu d'autre choix à Mourão, mais celui-ci est très convenable.

MONSARAZ   (7200)

C'est le seul piton rocheux de toute la région, aux confins du Portugal et de l'Espagne. Comment vouliez-vous qu'on n'y construisît pas une ville fortifiée, naturellement dépassée un jour par les nouvelles technologies guerrières, et depuis... oubliée ?
Nous vous conseillons d'y passer la nuit, car la vieille citadelle retrouve vraiment toute son authenticité une fois les derniers cars de touristes partis. D'après nous, Monsaraz est une étape incontournable : si vous êtes venu jusqu'ici en quête d'ambiances, de poésie et d'histoire, vous ne serez pas déçu. Quelques possibilités de balades en empruntant les chemins alentour, dont ceux qui descendent de la colline en direction de *Telheiro* (belle fontaine du début XVIII° siècle, dont l'eau est d'une grande pureté).

Arriver – Quitter

➤ Pendant les vacances scolaires, un *bus*/j. en semaine à l'aller comme au retour relie *Évora* et *Monsaraz* ; le reste de l'année, il y a 3 liaisons/j. en semaine. *Attention :* il n'y a pas de bus le w-e. Changer à Reguengos de Monsaraz ; correspondance de durée variable (1-2h). Le bus vous laisse au pied de la forteresse.

Adresse utile

🏢 **Office de tourisme :** *largo D. Nuno Alvares Pereira, sur la place centrale.* ☎ *266-55-71-36.* ● *cm-reguengos-mon* *saraz.pt* ● *(mairie). Tlj 10h-13h, 14h-17h30.*

Où dormir ?

Une dizaine de jolies pensions *intra muros* et de belles propriétés dans les alentours. En revanche, rien de vraiment bon marché. En été, téléphonez pour vous assurer des disponibilités.

Prix moyens

🛏 *Casa Santo Condestável :* rua Direita, 4 (rue principale). ☎ 266-55-71-81. Chambres doubles avec bains et TV 30-50 €, petit déj compris. Cette noble demeure du XVIIᵉ siècle appartient à la paroisse, qui l'a fort bien rénovée et en gère le fonctionnement. Nombreux crucifix et meubles d'époque. Qu'on opte pour le charme des voûtes ou celui des plafonds peints, on appréciera les salles de bains en pierre. Accueil délicat.

🛏 *Casa Antonino Pinto :* largo D. Nuno Alvares Pereira, 10. ☎ 266-55-73-88. En face de l'église. Chambres doubles avec bains 35-40 €. Petit déj offert sur présentation de ce guide. Six chambres propres, bichonnées par un couple charmant. Malgré les prix assez doux, elles ont du confort et du caractère. Terrasse avec une vue superbe. Situation on ne peut plus centrale. Un bon rapport qualité-prix.

Plus chic

🛏 *Casa Dona Antónia :* rua Direita, 15. ☎ 266-55-71-42. ▯ 968-91-86-52. ● in fo@casadantonia-monsaraz.com ● casa dantonia-monsaraz.com ● 🍴 Chambres doubles 40-50 € selon saison, avec douche et w-c, TV et AC. Suite avec une immense terrasse pour 75 €. Petit déj offert sur présentation de ce guide. Cinq chambres et une suite coquettes, jardin pour se réfugier et jolie vue pour rêver. Beau patio. Propriétaire très accueillante. Vélos à disposition.

🛏 *Casa de Nuno :* rua José Fernandes Caeiro, 6, à quelques mètres de la place centrale. ☎ 266-55-71-46. Fax : 266-55-74-00. Chambres doubles avec salle de bains et TV env 60 €, petit déj compris. Grande maison à la décoration un peu fatiguée. Jolie vue depuis les chambres et la terrasse. Bon confort. Jardin à l'écart du flux des visiteurs, auquel on accède par une succession de paliers.

Beaucoup plus chic

🛏 *Estalagem de Monsaraz :* à 200 m de la ville. ☎ 266-55-71-12. ● estalagem demonsaraz.com ● Chambres doubles 80-90 € ; suites Junior 90-95 €. Adresse à l'emplacement fort bien choisi, avec une jolie piscine à flanc de colline. Vue superbe, surtout depuis la terrasse du toit. Chambres confortables, avec sol de pierre partout, réparties autour du jardin. Salon convivial avec cheminée. Pour le prix, on mériterait cependant un petit déj-buffet plus original.

🛏 *Hotel rural Horta da Moura :* en contrebas de la ville, à 2 km. ☎ 266-55-01-00. ● hortadamoura.pt ● 🍴 Chambres doubles 75-85 € nov-mars, puis 85-110 € ; suites à partir de 85 € en basse saison et 100 € ensuite ; petit déj 7,50 €. ½ pens possible. Cette grosse ferme blanche a été reconstruite par les derniers artisans sachant travailler à l'ancienne. À l'intérieur, le grand luxe d'une demeure patricienne. Cheminées dans les suites, salon cosy, meubles anciens et des volumes immenses. Grande salle de billard et un fumoir. Également un resto, une piscine, des quads, un court de tennis et des attelages de chevaux pour jouer au *gentleman farmer.*

🛏 *Monte Alerta :* en contrebas de la ville, à 3 km. ☎ 266-55-01-50. ● montea lerta.pt ● Chambres doubles 75 € (50 € hors saison), petit déj compris ; suite 100 € ; le tout avec AC, TV et vaste salle de bains en marbre. Un monte plein de charme, dont les premiers bâtiments datent du XIXᵉ siècle. Idéal pour une cure antistress, avec ses trois living-rooms cosy, fauteuils de cuir, vieux meubles sculptés, collection de pendules et cheminée pour l'ambiance. Certes, la déco est chargée, la faute à des bibelots spéciaux. Beau jardin, piscine.

Superbe salle de billard et d'échecs. Volières pour ceux qui recherchent la compagnie des perroquets.

Où manger ?

|●| *Restaurante Lumumba :* dans la rue principale, sur la gauche avt l'église. ☎ 266-55-71-21. Tlj sf lun, 1re quinzaine de juin et la 2e quinzaine de sept. Cuisine familiale ultra-copieuse et de qualité à prix réellement doux. Ne vous faites donc pas de souci si vous n'arrivez pas à déchiffrer le menu ou si le serveur traîne un peu pour prendre la commande : vous êtes entre de bonnes mains. Une excellente adresse.

|●| *Santiago :* rua de Santiago, 3. ☎ 266-55-71-88. Plats 9 €. Entrée par le côté bistrot, pour prendre l'ambiance. Bonne cuisine régionale servie par un patron parlant le français qui n'en profite pas pour vous estamper (ça devient rare, on apprécie d'autant plus). C'est bien agréable aussi de venir boire un verre l'après-midi sur la terrasse surplombant la plaine.

|●| *O Alcaide :* rua de Santiago, 18. ☎ 266-55-71-68. Tlj sf jeu et les premières quinzaines de juil et d'oct. Carte 15 €. Cuisine régionale honnête, servie dans une petite salle (non-fumeurs) dominant le paysage : *migas de pão com carne de porco, ensopado de borrego...* On a connu service plus chaleureux.

Où dormir ? Où manger dans les environs ?

🏠 *Casa Saramago :* rua de Reguengos, à Telheiro centre. ☎ 266-55-74-94. 🖥 965-55-90-70. ● *casasaramago-monsanaz.com.pt* ● *Doubles 60 €, petit déj inclus. Réduc de 10 % sur présentation de ce guide.* Cette ancienne ferme possède un charme indéniable, et la vue magnifique sur la campagne et la citadelle ne gâche rien. Mobilier patiné et outils agricoles aux murs, voilà pour l'ambiance rustique. Côté confort, rien ne manque : bains, w-c, AC, TV. Jolie piscine en prime. Une adresse très bien tenue et qui pratique des prix tout à fait justifiés.

🏠 *Monte Saraz :* Horta dos Revoredos à Barrada de Monsaraz. ☎ 266-55-73-85. ● *info@montesaraz.com* ● *montesaraz.com* ● 🚗 *De Monsaraz, prendre la direction de Reguengos de Monsaraz ; 2 km après le village de Telheiro, prendre à droite le chemin en terre indiqué par la pancarte « Olival da Pega » et suivre le fléchage. Chambres ou suites 75-85 € pour deux, petit déj inclus. Plu-sieurs petites maisons à louer pour 2 nuits min, possédant salon-cheminée et cuisine. Certaines sont équipées de TV avec Canal + et de chauffage au sol. Deux suites.* L'architecture d'origine du *monte* est merveilleusement bien mise en valeur : les petits escaliers bordés d'épais murs blancs, les pièces contiguës débouchant sur une mezzanine, le bassin au centre du patio, qui était jadis une grange et a conservé une partie de ses murs d'origine... L'ensemble a beaucoup de charme et le proprio hollandais se révèle un hôte extrêmement chaleureux. Sans cesse en train de bricoler et de faire retaper son *monte*, il veille à ce que tout soit intégré, l'ancien dans le neuf, le neuf dans l'ancien, avec beaucoup de goût. Belle vue sur Monsaraz. Jardin fleuri de roses et mare à nénuphars. Parking.

|●| *A Ladeira :* à Telheiro. Plat du jour 7-10 €. Un petit bar-resto du cru, très propre sur lui et agréable. Simple, bien préparé, bon accueil.

À voir

🚶 D'une homogénéité architecturale parfaite, imposant sa blancheur insolente, la *rua Direita* aligne de superbes maisons seigneuriales du XVIe siècle, avec armoiries. Festival de balcons en fer forgé, de ruelles aux gros pavés de grès. Dans l'*antiga rua do Castelo,* portes en ogive.

🍴 Sur la place principale, *pelourinho* traditionnel et, dans l'**église** gothique, un tombeau de marbre sculpté, du XIVᵉ siècle. Large nef à deux travées. Chœur et chapelles latérales baroques. Face à l'église, **hôpital de la Misericórdia** comprenant une salle de réunion au décor intéressant, malheureusement fermée au public.

🍴 *Museo de Arte Sacra : juste à côté de l'église. Tlj 10h-18h. Entrée : 1 €.* Statuaire religieuse, tenues de culte (chasubles brodées) et, le plus important, une fresque du XVᵉ siècle dite « du bon et du mauvais juge » où le mauvais juge a deux visages. Il faut qu'on vous précise qu'avant ce bâtiment abritait un tribunal. Un musée succinct, mais pas mal.

🍴 Tout au bout du village, le **château fort** et son chemin de ronde surveillant les vignes de la région, qui donnent le fameux *Reguengos de Monsaraz*. Dans la cour, une minuscule *praça de touros* en amphithéâtre (voir ci-dessous « Manifestations »).

Manifestations

– **Grande fête de l'Artisanat :** *la 2ᵉ sem de juillet.* Expositions de peinture, sculpture, céramique, groupes de musique et troupes de théâtre.
– **Festa Senhora Jesus dos Passos :** *le 2ᵉ w-e de sept. Vacada* dans la cour du château (sorte de corrida sans chevaux ni mise à mort) et procession dans les rues du village.

Où acheter et déguster du bon vin dans les environs de Monsaraz ?

Vous êtes ici au cœur d'une des grandes régions viticoles du Portugal, produisant les célèbres *reguengos, monsaraz* et *espero.* Une coopérative et plusieurs producteurs se partagent la production.

■ **Monte do Limpo :** *près de Monsaraz.* ☎ 266-55-70-24. ● montedolimpo. pt ● *Prendre la direction de Reguengos et tourner à gauche comme pour aller à Horta de Moura. Visites tlj sf lun 10h-19h. Ouv à ts pour une visite guidée des terres et avec une dégustation simple (5 € par pers) ou gastronomique (15 € par pers).* Super accueil, vraiment très gentil et passionné. Français parlé. Seulement 8 ha de vigne et 40 000 bouteilles par an : ici, fi de l'industrie. On produit en famille et on vend au détail. Avec un seul souci : celui de la qualité !

■ **Herdade do Esporão :** *à 3 km au sud-ouest de Reguengos.* ☎ 266-50-92-80. ● esporao.com ● *Depuis le centre-ville, prendre la direction de la zone industrielle et suivre les panneaux. Très grosse coopérative. Visite des caves et dégustation possibles pour les individuels, mais sur résa préalable et à heures fixes : 12h, 15h30 et 17h. Magasin ouvert 10h-19h (18h30 en hiver)* pour acheter, outre le *reguengos,* du vin liquoreux *(vinho abafado),* de l'eau-de-vie et de l'huile d'olive.
|●| **Restauration** de très bon niveau également sur place, avec dégustation comme il se doit. Propose une alliance mets-vins parfois surprenante. En revanche, compter autour de 35 € par personne sans les vins ! Vraiment pas donné. Résa préférable.

🛈 **Office de tourisme :** *à Reguengos, rua 1° de Maio, au rez-de-chaussée de la mairie.* ☎ 266-50-80-40. *Tlj 9h (10h le w-e)-12h30, 14h-17h30.* Informations sur les possibilités de visite ou de dégustation.

L'ALENTEJO

➤ DANS LES ENVIRONS DE MONSARAZ

🍴 Pour ceux que cela intéresse, **São Pedro de Corval** s'enorgueillit d'être la capitale des cruches, ou plutôt l'un des principaux centres de poterie du pays ; on compte pas moins de 32 ateliers *(olaria)*.

🍴 *Les mégalithes :* la région semble avoir inspiré nos ancêtres des temps préhistoriques. Plusieurs menhirs et pierres levées ont été découverts autour de la route de Reguengos. Celui de **Bulhoa** (4 km) est le plus proche. À **Outeiro** (10 km) se dresse l'un des plus beaux menhirs phalliques d'Europe. Entre Monsaraz et le Guadiana, près de la frontière, on trouve le **cromlech do Xerez,** une enceinte de cinquante bébés menhirs autour de leur chef haut de 4m. L'ensemble a été transplanté en 2004 à cause de la montée des eaux de barrage. Imaginez le travail, même avec des techniques modernes ! Évidemment, le fait qu'il ne soit plus à son emplacement originel enlève pas mal de son sens à l'édifice. Toujours situé dans les environs de Monsaraz, l'office de tourisme vous fournira un plan pour vous y rendre.

ÉVORA   (7000)   56 000 hab.

Incontestablement l'une des plus belles cités du Portugal, d'ailleurs classée au Patrimoine mondial de l'Unesco. On peut se demander par quel miracle la capitale de l'Alentejo a pu ainsi traverser les soubresauts de l'histoire sans en souffrir les dommages.

Oubliez ses faubourgs moches, ses embouteillages sur les boulevards circulaires, qui surprennent à leur arrivée ceux qui avaient conservé d'Évora le souvenir d'une petite ville repliée sur son passé. Dans une totale harmonie, malgré cette périphérie si disgracieuse, elle offre au voyageur un panorama des civilisations qui sont passées par là.

Les mégalithes sont à l'extérieur de ses murs mais, des Romains aux aristocrates savants du XVIIIe siècle, chacun a laissé là sa pierre à l'édifice. En fin d'après-midi ou à la nuit tombée, la balade est magique et mélodieuse.

Malheureusement, en haute saison, l'affluence touristique entraîne des retombées néfastes tant sur l'ambiance générale que sur l'accueil. Préférer le printemps ou l'automne pour la découvrir, en prenant votre temps, car tout ici se visite à pied, comme vous pouvez l'imaginer. Heureusement, les bonnes *pastelarias* ne manquent pas, pour vous permettre d'attendre l'heure sacro-sainte du dîner, dans cette ville qui cultive sa réputation gastronomique.

UN PEU D'HISTOIRE

Baptisée *Liberalitas Julia* par César, ce fut une importante place forte des Romains. Respectant la chronologie de l'histoire, les Wisigoths leur succédèrent un temps, avant de céder la place aux Arabes. Ceux-ci renforcèrent les murailles romaines mais, curieusement, il ne subsiste plus rien de leurs réalisations architecturales. Des Romains aux maîtres du baroque, tous laissèrent pourtant quelque chose. Il est vrai que lors de la Reconquête, les chrétiens, à peine descendus de cheval, se hâtaient de raser les mosquées.

Cependant, fait courant au Portugal, les bâtisseurs succédant aux Arabes intégrèrent tous des éléments décoratifs ou architecturaux arabes dans leurs œuvres. Aux XVe et XVIe siècles, Évora abrita la Cour et connut une vie culturelle et artistique très riche. L'Inquisition en fit ensuite la capitale des jésuites et de l'intolérance, jusqu'à ce qu'en 1759 le marquis de Pombal, rebâtisseur de Lisbonne, les en chassât et supprimât leur université. Ce coup terrible signa le déclin intellectuel de la ville, qui sombra dans une profonde léthargie et se mua par la suite en vulgaire gros bourg agricole. Il semble même que les troupes napoléoniennes ignorèrent son existence et ne la pillèrent donc pas. Tant mieux pour les touristes d'aujourd'hui, ravis de découvrir cette magnifique ville-musée...

Comment y aller ?

➤ Nombreux **bus** depuis les principales villes du Portugal. Le moyen de locomotion idéal pour arriver à Évora. Durée : 1h45. Départs de Sete Rios à Lisbonne.
➤ **En train :** Évora est reliée à **Lisbonne** plusieurs fois/j. Compter 3h de voyage environ pour les *Regionais,* 30 mn de moins pour les 3 *Intercidades.*

Adresses utiles

🏢 **Office de tourisme** (plan B2) **:** *praça do Giraldo.* ☎ 266-73-00-32. ● *cm-evora.pt* ● *(mairie). Tlj sf les j. fériés 9h-19h (18h en hiver).* Bon plan en couleur de la ville et petit guide culturel intéressant. Liste des hôtels et pensions agréées.

✉ **Poste** (plan B2) **:** *rua de Olivença. Tlj sf w-e 8h30-18h30. Autre bureau pratique sur largo de porta de Moura (plan C2), ouv en sem 9h-12h30, 14h-18h et sam mat.*

Transports

Difficile de se garer dans le centre entre 8h et 20h en haute saison. Attention, la police use de plus en plus fréquemment du sabot. Heureusement, il existe un vaste parking gratuit au sud des remparts, sur Rossio de São Brás et praça de Touros *(plan B-C3).* Plus de 1 000 places.

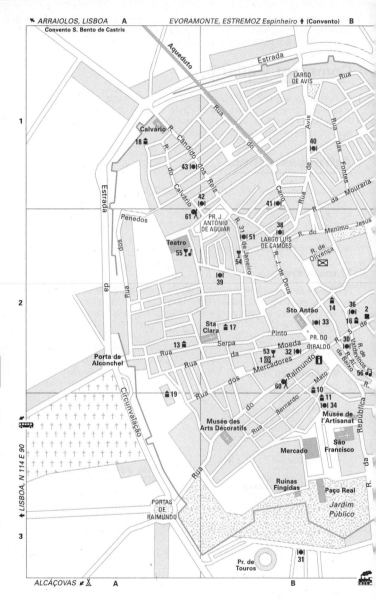

ÉVORA

↖ ARRAIOLOS, LISBOA A EVORAMONTE, ESTREMOZ Espinheiro ✝ (Convento) B

Convento S. Bento de Castris

Aqueduto

Estrada

LARGO
DE AVIS

Rua

1

Calvário

18 ⌂

R. Cândido dos Reis

R. do Calvário

43 |⊙|

42

61 ⊁

PR. J.
ANTÓNIO
DE AGUIAR

Penedos

Rua dos

Estrada da

Teatro

55 ⅄♪

R. 31 de Janeiro

51

54

39 |⊙|

41 |⊙|

38

LARGO LUÍS
DE CAMÕES

R. J. de Deus

R. do Menino Jesus

R. de Olivença

✉

Rua de Avis

Rua das Fontes

R. da Mouraria

Cano

40 |⊙|

R.

2

Sta
Clara 17 ⌂

13 ⌂

Pinto

Serpa

Rua

Rua

da

dos

Mercadores

53 ▼

1 @

32 |⊙|

Moeda

Sto Antão

|⊙| 33

PR. DO
GIRALDO

ℹ

Raimundo

60 ⊁

14 ⌂

36

|⊙|

16 |⊙|

30 |⊙|

2

R. de

R. de Valdevinos de Baixo

56 ♫

R.

Porta de
Alconchel

Circunvalação

19 ⌂

Rua do

Bernardo

10

11 ⌂

|⊙| 34

Musée de
l'Artisanat

R.

República

da

R.

Musée des
Arts Décoratifs

Rua

Mercado

São
Francisco

Porta de
Alconchel

3

ÉVORA

↑ LISBOA, N 114 E 90

✝ ✝ ✝ ✝ ✝ ✝ ✝
✝ ✝ ✝ ✝ ✝ ✝
✝ ✝ ✝ ✝ ✝ ✝ ✝
✝ ✝ ✝ ✝ ✝ ✝
✝ ✝ ✝ ✝ ✝ ✝

🚋

PORTAS
DE
RAIMUNDO

Ruínas
Fingidas

Paço Real

Jardim
Público

ALCÁÇOVAS ↙ Å A

Pr. de
Touros

31 |⊙|

B

🚂

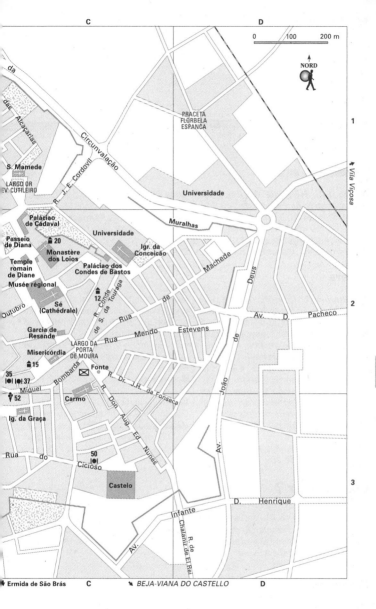

ÉVORA

🚌 **Gare routière** (hors plan par A3) : hors les murs, derrière le cimetière, à 500 m de la ville sur la route de Lisbonne par la porte d'Alconchel. ☎ 266-76-94-10.

🚂 **Gare ferroviaire** (hors plan par B-C3) : à 1,5 km au sud-est du centre-ville. ☎ 266-74-23-36. De la gare, l'avenida da República conduit à la praça do Giraldo où se trouve l'office de tourisme. ☎ 266-70-21-25.

Argent

■ **Banques :** lun-ven 8h30-15h. **Caixa de Crédito agrícola,** praça do Giraldo ; sous les arcades en face de l'église Santo Antão. **BPI,** rua 5 de Outubro, 38. Nombreux distributeurs de billets dans le centre-ville.

Urgences, santé

■ **Hôpital : Hospital do Espírito Santo,** largo Sr da Pobreza. ☎ 266-74-01-00. **Clínica SOS,** rua de Avis, 49. ☎ 266-75-99-40. Clinique privée.
■ **Services d'urgences :** ☎ 112.
■ **Pharmacies : Farmácia da Santa** Casa Misericórdia, praça do Giraldo, 27. ☎ 266-70-29-83. Sous les arcades face à la fontaine. **Farmácia Central,** rua Avis, 53 A. ☎ 266-70-30-84. Entre autres (il y en a toujours une en service 24h/24).

Divers

🖥 **Cybercenter** (plan B2, **1**) : rua dos Mercadores. Tlj 9h (14h w-e)-minuit. Déco psyché et connexion rapide.
■ **Journaux français :** dans le kiosque au début de la rua Raimundo, à gauche en sortant de l'office de tourisme.
■ **Complexe de 5 piscines :** à 2 km sur la route de Lisbonne. Prendre le bus n° 14, praça do Giraldo. En principe tlj sf lun mat, mais se renseigner avt d'y aller car, en période de pénurie d'eau, l'accès est fermé 2 ou 3 fois par sem. Utile l'été quand il fait 40 °C !
■ **Policarpo Viagens** (plan B2, **2**) : rua 5 de Outubro, 65. ☎ 266-70-90-00. Différents circuits possibles dans l'Alentejo. On part en minibus de 7 places, pour 2h30 à 3h de balade. Exemple, le circuit mégalithique dans les environs ou l'excursion à Monsaraz. Pratique pour ceux qui ne sont pas véhiculés. Sur résa.
■ **TurAventur :** ☎ 266-74-31-34. Fax : 266-75-86-41. Bureau situé en dehors des murs de la ville. Leur téléphoner. Randonnées à VTT ou en jeep dans la région avec un guide. Propose des circuits de différentes tailles. Résa préalable.

Où dormir ?

Pendant la saison, la ville est prise d'assaut. Il est plus que conseillé d'arriver tôt, ou mieux encore, de réserver. Bonnes adresses dans la campagne environnante, si vous préférez le calme et si votre budget le permet. Ne comptez pas trouver des chambres bon marché à Évora.

Camping

⛺ **Camping Orbitur** (hors plan par A3) : à 2 km au sud. ☎ 266-70-51-90. Fax : 266-70-98-30. Bus du terminal (n°s 5 et 8, direction Alcaçovas). Tte l'année. Compter 10-20 € pour deux selon saison. Peu ombragé. Sanitaires corrects avec douche chaude gratuite. Piscine gratuite pour les campeurs. Longue attente au resto. De plus, la proximité de la route pavée le rend très bruyant. Également une poignée de mobile homes (4 lits) à louer. Cuisine et salle de bains à l'intérieur, pas mal du tout pour une famille mais quand même pas donné :

les tarifs vont de 50 à 70 €/j. selon la saison.

Bon marché

🛏 **Casa Palma** (plan B2-3, **10**) : rua Bernardo Mato, 29 A. ☎ 266-70-35-60. Dans une rue qui descend à gauche de l'office de tourisme. Chambres doubles 25-35 € avec ou sans douche et w-c. Cinq chambres, dont une avec balcon, dans l'appartement d'une dame très sympathique. Les pièces et couloirs sont surchargés de bibelots. Ethnographique ! Vous serez accueilli par l'un des 101 dalmatiens qui trône au fond du couloir.

Prix moyens

🛏 **Casa dos Teles** (plan B3, **11**) : rua Romão Ramalho, 27. ☎ 26670-24-53. ● casadosteles@yahoo.com ● Neuf chambres d'hôtes dans une grande maison particulière. Prix 30-45 € pour deux selon chambre et saison ; pas de petit déj. Parfaitement tenu, mobilier pas trop kitsch pour une fois, parquet et TV dans chaque chambre. Une seule possède sa propre salle de bains, les autres se partagent une douche et des w-c absolument nickel. Parmi les autres atouts de cette adresse, citons la situation très centrale, un petit jardin ensoleillé et un accueil très aimable.

🛏 **Pensão Residencial Policarpo** (plan C2, **12**) : rua da Freiria de Baixo, 16. ☎ 266-70-24-24. ● mail@pensaopolicarpo.com ● pensaopolicarpo.com ● Accès à pied ou en voiture (Portas de Moura). Fermé le 25 déc. De 30-50 € en basse saison, 40-60 € en hte, pour une double avec ou sans sanitaires ; petit déj 10 €. Petit hôtel de 20 chambres, tenu par une Nantaise mariée à un Portu-

gais, situé dans une maison seigneuriale du XVIe siècle, en plein centre historique, avec quelques places de parking gratuites. Trois types de chambres : bains et AC, douche et chauffage (avec w-c à l'extérieur), ou salle de bains et w-c extérieurs (les moins chères). Petit déj servi dans une salle voûtée, prolongée en été par une terrasse. Très sympa le soir pour profiter du bar (et de la cheminée en hiver !). Comme ici on parle le français, vous ne manquerez pas d'infos.

🛏 **Residencial O Alentejo** (plan A2, **13**) : rua Serpa Pinto, 74. ☎ 266-70-29-03. Autre ancien palais, assez vieillissant, dont les peintures sont défraîchies. Chambres doubles 43-48 € en saison avec w-c, lavabo, TV. Petites réduc hors saison. Confortable et désuet à la fois, avec ses meubles peints comme dans les chambres d'enfants de jadis, des napperons et tout le toutim. Accueil moyen, dommage.

De plus chic à beaucoup plus chic

🛏 **Casa de São Tiago** (plan B2, **14**) : largo Alexandre Herculano, 2. ☎ 266-70-26-86. ● fvascaneelos@casa-stiago.com ● casa-stiago.com ● Au bout de la rua Nova, à deux pas de la praça do Giraldo. Fermé 22-26 déc. Chambres doubles 70 € et une suite avec un lit double (le seul de la maison) 80 €. Café ou digestif offert sur présentation de ce guide et réduc de 10 % sur le prix de la chambre en basse saison. Un petit palais du XVIe siècle laissé en l'état avec ses meubles vénérables, ses tableaux

de famille, etc. Cinq chambres qui fleurent bon l'histoire, avec des salles de bains modernes néanmoins. Petit déj servi dans un mignon patio intérieur. Un voyage dans le temps dès les premiers pas dans le hall d'entrée, où trône une armure. Parking payant. Excellent accueil.

🛏 **Albergaria Solar de Monfalim** (plan C2, **15**) : largo da Misericórdia, 1. ☎ 266-75-00-00. ● reservas@monfalimtur.pt ● monfalimtur.pt ● 🍴 Derrière la cathédrale. Chambres doubles 65-90 €,

ÉVORA

petit déj compris. Digestif offert sur présentation de ce guide. Agréable pension fleurie, aménagée dans un bel hôtel particulier du XVIe siècle. Escalier et galerie supérieure à arcades, noyés dans les plantes exotiques et éclairés par des lustres en fer forgé. Terrasse agréable. Chambres pas toujours très grandes, mais intelligemment rénovées, avec salle de bains et mobilier peints dans le style alentejan. Très bon accueil, et en français. Parking payant.

🛏 *Residencial Riviera* (plan B2, **16**) : rua 5 de Outubro, 49. ☎ 266-73-72-10. ● riservas@riviera-evora.com ● riviera-evora.com ● Dans une rue qui remonte de la praça do Giraldo vers la cathédrale. Chambres doubles avec bains, TV et téléphone sur lesquelles il faudra compter 70-80 € selon saison, petit déj compris. Installé dans une maison ancienne, l'hôtel a été entièrement rénové. Comme souvent, ce qu'un tel bâtiment a perdu en charme, il l'a gagné en confort. Certaines chambres ont néanmoins conservé leur plafond voûté tout en pierre et toutes sont parquetées.

🛏 *Hotel Santa Clara* (plan B2, **17**) : travessa da Milheira, 19. ☎ 266-70-41-41. ● hotelsantaclara@mail.telepac.pt ● hotelsantaclara.pt ● ⚒ Dans une rue qui donne sur la rua Serpa Pinto. Chambres doubles 68 €, un peu moins chères hors saison ; petit déj 8 €. Grande maison entièrement rénovée, sans aucune personnalité. Chambres au calme, qui se ressemblent comme celles d'un hôtel de chaîne. Possède une annexe pas loin.

🛏 *Albergaria do Calvário* (plan A1, **18**) : travessa dos Lagares, 3. ☎ 266-74-59-30. ● softline.pt/calvario ● ⚒ Chambres doubles confortables 90-100 €, avec petit déj, AC, TV câblée, coffre. Apéritif maison offert et 10 % de réduc sur le prix de la chambre 2 janv-31 mars et 1er nov-28 déc, sur présentation de ce guide. Derrière un couvent du XVIe siècle, Rita Menezes, la sainte femme, a transformé une vieille maison de famille en véritable hôtel de charme, aux tons doux. Chambres spacieuses, aux couleurs du temps. Terrasse bien agréable. Et quel calme ! On entend plus les oiseaux que la circulation qui, de l'autre côté des remparts, ne connaît pourtant guère de répit. Parking souterrain payant très appréciable. Et accueil dans un français parfait. Beau et bon resto *O Aqueduto*, appartenant à la même maison, à deux pas (voir « Où manger ? »).

Très, très chic

🛏 *Hotel da Cartuxa* (plan A2-3, **19**) : travessa da Palmeira, 4/6 (entrée Portas de Raimundo). ☎ 266-73-93-00. ● hotel dacartuxa.com ● Chambres doubles confortables 145-160 € ; également des suites ; beau petit déj-buffet 8 €. En basse saison, les chambres sont presque soldées : ça devient intéressant. Le grand hôtel de la ville, avec un jardin à l'ombre des remparts, où l'on peut se détendre en plongeant dans la piscine ou boire un verre en terrasse avant d'aller dîner. Parking gratuit très pratique. Accueil professionnel et sympa.

🛏 *Pousada dos Loios* (plan C2, **20**) : à côté de la cathédrale et du temple romain. ☎ 266-73-00-70. Fax : 266-70-72-48. Chambres doubles 165-225 € selon saison. Une des plus belles *pousadas* du Portugal (avec celle d'Estremoz). Ancien monastère du XVe siècle, qui a subi d'importantes rénovations. Un charme incomparable. Imposants escaliers de marbre, tapisseries, cloître sur voûtes en croisée d'ogives avec une galerie Renaissance, chapiteaux sculptés, superbe porte manuéline d'inspiration orientale menant à la salle capitulaire, chambres-cellules blanches, fraîches et joliment meublées en châtaignier, etc. Très, très cher, bien sûr, mais on peut profiter du cadre en se contentant d'y manger (prévoir au moins 30 € par personne).

Où dormir dans la campagne environnante ?

🛏 *Monte da Serralheira* : à 3 km au sud. ☎ 266-74-12-86. ● monteserralhei ra@mail.telepac.pt ● monteserralheira. com ● En venant de Lisbonne, prendre le périphérique sud d'Évora et suivre les panneaux « Parque Industrial ». Après plus de 1 km, une fois passé Intermarché, suivre au prochain rond-point la direction « Almeirim sul ». À la bifurcation en T, prendre à droite. Appartements pour 2 ou 4 pers, et un autre pour 6 pers. Compter 50-55 € pour deux, 85-90 € pour quatre ; petit déj 6 €. Utilisation gratuite des vélos sur présentation de ce guide. Dans une belle et grande exploitation (vigne, blé, vaches, etc.), plusieurs appartements soignés avec salle de bains, salon, terrasse, ainsi qu'une cuisine joliment équipée pour faire sa popote. Bref, on est comme chez soi ! Salon de jeux, piscine, chevaux et location de bicyclettes. Reposant et d'un excellent rapport qualité-prix. Le patron hollandais parle le français.

🛏 **Quinta da Espada** (hors plan par A1) : sur la route d'Arraiolos, à 4 km du centre-ville. ☎ 266-73-45-49. ● isabelcabral@quintadaespada.com ● quintadaespada.com ● 🍴 Roulez lentement pour ne pas manquer la pancarte. Suivre ensuite, sur votre droite, le chemin qui mène jusqu'à cette ancienne ferme traversée par l'aqueduc d'Évora, construit en 1531. Chambres doubles avec meubles typiques 75-80 €, petit déj compris. Ajouter 25 € par pers en pension complète. Café offert sur présentation de ce guide. Le parking est gratuit et les prix au resto vont de 5 à 25 €. Chambres joliment aménagées dans un style à la fois cosy et rural. Cuisine à disposition. La ferme, enregistrée sous un autre nom en 1822, a choisi de rendre hommage à la fameuse épée de « Gerald sans Peur », cachée là, paraît-il, depuis 1165. N'en profitez pas pour transformer le potager en gruyère ! Reposez-vous : il y a la piscine, les arbres pour faire la sieste à l'ombre. La propriétaire souriante, qui vit dans une belle maison au-dessus de la ferme, parle le français.

🛏 **Quinta do Pintor** (hors plan par B1) : estrada dos Canaviais. ☎ 266-70-69-15. À 3 km du centre-ville. Sortir en direction d'Estremoz, puis de Canaviais. Après deux petits ponts, tourner à gauche dans le chemin de terre (là où il y a plein de boîtes aux lettres). C'est tout au fond. Chambres doubles 65 €, petit déj gargantuesque et délicieux inclus. Là encore, une charmante ferme, avec piscine, offrant 5 chambres d'hôtes doubles avec entrée privée, bains, TV, téléphone, frigo et minibar. Pas de chauffage (on dit ça pour les migrateurs hivernaux). Ameublement de bois peint de couleurs différentes à la mode alentejane. Accueil chaleureux et généreux de la part de toute la famille, chats compris.

🛏 **Quinta da Nora** (hors plan par B1) : estrada dos Canaviais, à 3 km. ☎ 266-70-98-10 et 266-73-28-68. ● manuelfialho@mail.telepac.pt ● 🍴 D'Évora, prendre la direction d'Estremoz et, au rond-point suivant, Graça do Divor. Continuer ensuite à droite en direction de Bacelo. La propriété est signalée par deux grandes jarres à l'entrée. Fermé janv-mars. Chambres doubles 65 € avec chauffage dans la salle de bains, AC. Petit déj copieux offert sur présentation de ce guide. Cette belle demeure est une ancienne propriété viticole : allées fleuries, tentures noir et rouge, azulejos, fauteuils en cuir et poutres apparentes, salles de bains en marbre d'Estremoz. La chambre au 1er étage est très spacieuse. Piscine. Adresse très conviviale.

Où manger ?

La tradition culinaire d'Évora est réputée. Goûtez donc aux spécialités régionales : ensopado de borrego (ragoût d'agneau), borrego assado, porco alentejana, etc. Mais comme dans tous les centres touristiques, de nombreux restaurateurs ont une fâcheuse tendance à bâcler les plats et à presser les clients comme des citrons. Pas tous, heureusement ! Nous avons sélectionné également quelques adresses de pastelarias (voir plus loin) qui ont mis à l'honneur les fameuses douceurs conventuelles, pour la pause sucrée de l'après-midi. Ne pas manquer la tarte pomme-cannelle et sa prune confite !

Très bon marché

|●| **Papasandes** (plan B2, **30**) : rua Alcárcova de Baixo, 23. ☎ 26-674-73-22. • papasandes@sao.pt • Dans une petite rue partant à droite de la rua 5 de Outubro. Ouv jusqu'à 1h du mat. Café offert sur présentation de ce guide. Une sandwicherie qu'apprécient les étudiants qui aiment calmer leur fringale avec des baguettes remplies de bonnes choses, des salades et des crêpes, à partir de 2,50 €. Des petits menus à 3 ou 4 € sont également proposés.

De bon marché à prix moyens

|●| **A Gruta** (plan B3, **31**) : av. General Humberto Delgado, 2. Il faudra traverser le jardin public et suivre les remparts, au sud de la ville, avt d'arriver à cette énorme cantine de grillades digne de Rabelais. Plat du jour env 7,50 €. Menu touristique 15 €. Ambiance de gros estomacs affamés face à des platées gargantuesques de poulets grillés. On en a vraiment pour son argent. Dans une ruelle à droite se trouve un concurrent de même calibre : **A Floresta,** très bon lui aussi.

|●| **A Choupana** (plan B2, **32**) : rua dos Mercadores, 16-20. ☎ 266-70-44-27. Tlj sf dim. En deux parties : dans l'une, on peut se restaurer autour d'un zinc en bois où l'on est bichonné par un serveur à qui rien n'échappe ; dans l'autre salle, le resto propose une sélection de la cuisine alentejane dans une ambiance élégante. Comme tout est archi-copieux, une demi-portion peut suffire. Clientèle d'habitués.

|●| **Café Arcada** (plan B2, **33**) : praça do Giraldo, 7. À l'entrée de ce vieux café transformé en brasserie, on trouve encore les photos de l'orchestre d'autrefois, et on rêve. Tout le monde vient là prendre une boisson, et commander des pâtés salés ou des gâteaux du jour avant de repartir, avec son plateau, s'installer dans l'immense salle ou sur cette place où défile le tout-Évora.

|●| **Café-restaurante Repas** (plan B3, **34**) : praça 1° de Maio, 19. ☎ 266-70-85-40. Tlj sf mer. Plats 6-10 € ; demi-portions possibles. Dans une belle salle voûtée, classe et populaire à la fois. On peut aussi boire un verre dehors, à l'une des rares terrasses d'Évora, qui donne sur l'église São Francisco. Bon choix, notamment en matière de poisson (ris de lotte, chinchards grillés, et l'inévitable morue). Bon rapport qualité-prix.

|●| **Restaurante O Túnel** (plan C2, **35**) : Alcarcova de Baixo, 59. ☎ 266-70-66-49. Sous un passage proche de la place centrale. Tlj. Plats 6 €, avec des demi-portions déjà assez copieuses ; menu 12 €, boisson comprise. Des prix riquiqui pour une cuisine exécutée à l'alentejane, sans prétention mais avec un certain savoir-faire. Toute petite salle animée par l'incontournable télé et par le patron, au four et au moulin.

|●| **Restaurante Borgo Velho** (plan B2, **36**) : rua de Burgos, 10. ☎ 266-70-58-58. Dans une ruelle donnant sur 5 de Outubro. Plats du jour 5-8 € ; moins de 12 € par pers le repas. Une salle propre et soignée. Ici, le serveur est aux petits soins pour vous, sérieux comme un pape, et d'ailleurs souvent en nœud pap'. Spécialités de la région : porc à l'alentejane avec des palourdes, côtelettes d'agneau. Pas super-copieux, mais prix très corrects.

|●| **Restaurante Don Quixote** (plan C2, **37**) : largo Alvaro Velho. Ne pas trop se fier à la minuscule pièce dans laquelle on pénètre ; une autre se cache sur le côté, où les habitués du quartier s'engouffrent pour se restaurer entre 12h et 14h. Il n'est pas rare de devoir attendre qu'une table se libère. Populaire.

|●| **Adega do Alentejano** (plan B2, **39**) : rua Gabriel Victor do Monte Pereira, 21 A. De la praça do Giraldo, prendre la rua João de Deus, puis à gauche peu avt la praça Camões. Dans un ancien couvent. Tlj sf dim. Plats 7-9 €. Style rustique avec salle voûtée, jambons au plafond et jarres de vin (vinho da Cartuxa). Spécialités de soupes alentejanes, de pieds de cochon et autres plats régionaux. Service un peu lent, mais bon accueil.

Plus chic

|●| Restaurante Taberna Tipica Quarta-Feira (plan B1, **40**) : rua do Inverno, 16-18. ☎ 266-70-75-30. Dans une petite rue donnant sur la rua de Avis. Fermé dim. Menu 25 € incluant l'eau et la cuvée du chef. Digestif offert sur présentation de ce guide. Dans une salle climatisée à la déco campagnarde, où trônent d'énormes jarres à vin, vous serez pris en main par un patron moustachu et jovial qui improvisera pour vous un repas à sa façon. Il vous dira lui-même qu'il passe pour être le spécialiste de la purée d'épinards et de la longe de porc marinée au vin rouge, et vous avez alors de grandes chances d'y goûter. Sinon, sa brandade de morue accompagnée d'un vinho de mesa tinto ne sera pas une punition de carême ! Allez-y sans crainte ; pas donné, certes, mais frais et vraiment délicieux.

|●| Restaurante O Aqueduto (plan B1, **41**) : rua do Cano, 13 A. ☎ 266-70-63-73. Fermé dim soir et lun ainsi que les 1res quinzaines de janv et d'août. Compter 20-25 €, sans faire d'excès. Apéro maison offert ou réduc de 10 % accordée sur présentation de ce guide. Chic et un peu fou à la fois, familial dans le service et original malgré tout, voilà un resto où il fait bon s'offrir une soirée hors du temps. Prenez une table près du bar, à moins qu'il n'y ait encore de la place dans la belle salle du fond, impressionnante avec ses immenses jarres à vin, et ses jambons au plafond. Laissez-vous conseiller un plat à la carte et un vin au verre. Très bons petiscos (hors-d'œuvre), et desserts à ne pas manquer. À deux pas, un véritable hôtel de charme appartenant à la même maison (voir « Où dormir ? »).

|●| Fialho (plan A-B1, **42**) : travessa das Mascarenhas, 16. ☎ 266-70-30-79. ● restaurantefialho@iol.pt ● ♿ Dans une ruelle située derrière la praça Antonio De Aguiar. Service midi et soir jusqu'à minuit. Tlj sf lun et les 3 premières sem de sept et fin déc. Résa conseillée. À partir de 25 € à la carte, mais l'addition peut être bien plus salée. Digestif offert sur présentation de ce guide. L'un des restos les plus connus dans la région, pour sa bonne cuisine et ses prix raisonnables. Décor rustique avec les jambons qui pendent en vitrine. Quelques spécialités : gaspacho com peixe frito (avec du poisson frit), ensopado de borrego (ragoût d'agneau), sopa de caça (soupe de roussette), une sorte de saumonette...

|●| 1/4 Para as Nove (plan B2, **38**) : rua Pedro Simões, 9. Tlj sf mer. Compter 20-25 € par pers. Le resto est signalé par une enseigne représentant une montre qui marque neuf heures moins le quart. Spécialités de poisson et de fruits de mer, ainsi que de nombreuses viandes à la mode locale. Service sympa. Et terrasse pour prendre l'air et l'ambiance de la rue.

|●| A Tasquinha do Oliveira (plan A1, **43**) : rua Cândido dos Reis, 45 €. ☎ 266-74-48-41. ♿ Tlj sf dim et 1er-15 août. Carte 25-30 €. Pourquoi ne pas faire tout un repas de ces délicieux petiscos (hors-d'œuvre... au cas où vous ne suivriez pas) ? Selon la saison : champignons assaisonnés, beignets de morue, salade de poulpe, salade de pois chiches, tartes salées... On vous apporte les hors-d'œuvre du jour en cascade, mais attention, l'addition monte vite, sachez vous arrêter à temps.

Où déguster une bonne pâtisserie ? Où manger une glace ?

|●| Pastelaria Conventual Pão de Rala (plan C3, **50**) : rua do Cicioso, 47. ☎ 226-70-77-78. Ouv 8h-19h. Une merveilleuse adresse, tenue par dame Ercilia, qui a pris la relève des nonnes d'autrefois pour produire, chaque jour, les meilleures douceurs d'Évora. Une boutique d'angle excentrée vers laquelle jeunes et vieux se dirigent, la mine gourmande. Six tables seulement. On choisit son dessert dans la vitrine, on paie ensuite.

ÉVORA

|●| *Snack-bar Pastelaria São José* (plan B2, *51*) : rua 31 de Janeiro. Lun-ven 7h45-19h30 et sam mat. Petite pâtisserie calme où l'on peut confortablement s'asseoir pour déguster un bon feuilleté, un croissant fourré, une part de gâteau ou même des petits plats autour de 3 €. Très simple et efficace.

|♀| *Gelateria Zoka* (plan C2-3, *52*) : rua Miguel Bombarda, 14. Dans une rue qui part sur la droite de la praça do Giraldo. Grande terrasse qui ne passe pas inaperçue. Une vingtaine de parfums de glaces artisanales. Des plus classiques, voire banales, aux plus inattendues, comme celle au porto.

Où boire un verre ? Où sortir ?

|♀| *A Oficina* (plan B2, *53*) : rua da Moeda, 27. Une petite rue qui descend de la praça do Giraldo. Tlj sf dim 20h-2h ; fermé 22 juil-8 août et pdt les fêtes de fin d'année. Café offert sur présentation de ce guide. Éclairage doux, la pièce est divisée en trois parties par des arcades. Dans un coin, deux ordinateurs branchés sur le Web et une clientèle qui aime se retrouver et papoter autour de plusieurs verres, en toute simplicité.

|♀| *Bar La Rumba* (plan B2, *54*) : rua 31 de Janeiro, 19. Dans le quartier du théâtre. Ancien bar à la mode, qui compte encore son lot de fidèles. Grande salle genre taverne.

|♀ ♪| *Bar du Théâtre* (plan A2, *55*) :

largo António Augusto Aguiar. Tlj jusqu'à 2h en hte saison. Il s'est approprié la somptueuse entrée du théâtre : concerts de temps en temps les vendredi et samedi, et parfois aussi quelques démonstrations de cirque. Consultez l'agenda culturel donné par l'office de tourisme.

|♪| *Praxis Clube* (plan B2, *56*) : rua de Valdevinos, 21. Tlj sf dim. Dans une grande salle rectangulaire où la boule à facettes est en bonne place. Boîte de nuit bondée les mercredi et jeudi soir, jours de sortie des étudiants, qui ont pu se reposer en début de semaine des fêtes du w-e. Nombreux shows thématiques.

À voir

⊙ Tous les points d'intérêt sont très concentrés. À Évora, on circule à pied.

¶¶ *La Sé* (cathédrale ; plan C2) : ouv 9h-12h30, 14h-17h. Visite payante : 1 € ! Le billet couplé avec le musée d'Art sacré coûte 3 €. Réduc étudiants et retraités.
Construite dans le style des cathédrales françaises de la fin du XIIe siècle. À remarquer, le clocher roman en forme de pomme de pin. Les statues des apôtres qui ornent le portail lui donnent une grande finesse.
À l'intérieur, simplicité et élégance des lignes. Les éléments décoratifs, en particulier les grands lustres en cristal, adoucissent l'austérité de l'architecture. Admirez le triforium courant le long de la nef et du transept, qui s'ouvre par de petits arcs. Chœur baroque en marbre rose et bleu. Chaire dans le même matériau. Le transept est éclairé par une belle rosace. Dans le transept gauche, portail Renaissance sculpté en marbre blanc de motifs floraux, de coquilles, de chimères et de personnages grotesques. Superbe Vierge polychrome dans le petit autel de la nef principale. Vous ne remarquez rien ? Elle attend un très heureux événement ! Baptistère en marbre torsadé orné d'azulejos et de fresques.

¶¶¶ *Le musée d'Art sacré* : logé dans la tour de la cathédrale. Fermeture 30 mn avt cette dernière. Tlj sf lun. Entrée : 3 € (incluse dans l'entrée de la cathédrale). Audioguide en français.
Présente des pièces exceptionnelles telle la *Virgem do Paraíso* s'ouvrant en tryptique avec miniatures en ivoire sculpté. Au centre, la scène de la Dormition représente la Vierge dans cet état transitoire surnaturel avant qu'elle monte au Ciel. Primitifs religieux, belle statuaire, orfèvrerie (calice-ostensoir en gothico-plateresque

du XVIe siècle), vêtements sacerdotaux brodés de fil d'or, mitres incrustées de pierres précieuses. Très beau reliquaire polychrome décoré d'angelots, etc.

On accède ensuite au chœur haut, impressionnant avec ses stalles du XVIe siècle en chêne ornées de panneaux sculptés en bas-relief de scènes de la vie rurale. Les vitraux jaunes laissent passer une lumière monacale. L'orgue date de la même époque et serait le plus ancien d'Europe. Cloître à l'aspect sévère et massif, égayé seulement par les colonnettes supportant les arcs et les chapiteaux sculptés, tous différents. Statue d'un des quatre évangélistes à chaque angle. Escaliers étroits en colimaçon pour accéder à sa terrasse. Belle vue sur la ville.

🦚 *Le temple romain « de Diane »* (plan C2) : consacré à Diane – d'où son surnom – il date du IIe siècle. Chapiteaux de style corinthien. On doit son remarquable état de conservation au fait que les colonnes furent tout simplement englobées au Moyen Âge dans les murs d'une forteresse et seulement redécouvertes au XIXe siècle. La qualité du marbre d'Estremoz fit le reste.

🦚 *Le monastère dos Loios* (plan C2) : à défaut d'y dormir (voyez les prix !) et même d'y manger, faites-vous discret et jetez un œil à une des plus belles *pousadas* du Portugal, installée dans les murs de l'ancien couvent des moines de Saint-Éloi, qui conserve des traces d'architecture originales dans le style gothico-manuélo-mudéjar.

🦚🦚 *L'église São João Evangelista :* musée privé occupant l'église du monastère, tout à côté de la pousada. Tlj sf lun 10h-12h30, 14h-17h. Visite chère : 3 € pour l'église seule, 5 € avec la visite du Palácio ducal. De superbes azulejos recouvrent la nef en entier et mettent en valeur le chœur baroque. L'église abrite les tombeaux des fondateurs. Dans la nef, deux trappes révèlent une citerne avec 7 m³ d'eau, vestige de l'ancien château arabe, et une autre conservant les ossements des moines. Dans la sacristie, fresque originale du XVIIe siècle représentant le Christ en croix. Petite chapelle contre la muraille romaine, avec une Santa Apolónia or et polychrome superbe.

🦚 *Le palais das Cinco Quinas* (Palácio ducal) : sur la place du temple romain. Joli patio où s'est installé un resto chic. Fenêtres de style mauresque dans la cour. Palais privé dont l'entrée est payante, conjointement avec l'église *São João Evangelista,* qui appartient à la même famille. Visite loin d'être obligatoire.

🦚🦚🦚 *Le Musée régional* (plan C2) : il occupe l'ancien palais épiscopal, à côté de la cathédrale. Fermé pour travaux jusqu'en 2008. Surtout prodigue en primitifs religieux.

🦚🦚 *L'ancienne université jésuite* (plan C2) : largo do Colégio. En semaine, demandez l'autorisation de pénétrer à l'entrée ou faites-vous discret, car la visite vous laissera rêveur. En revanche, le dimanche, la visite est payante – car on n'ouvre les portes que pour vous ! Une des deux plus belles universités du pays, bâtie au milieu du XVIe siècle et rouverte en 1973. État de conservation stupéfiant. Cloître harmonieux style Renaissance italienne autour duquel s'ouvrent les différentes salles de cours, toutes abondamment illustrées d'azulejos avec, comme sujets, les disciplines enseignées. Église baroque avec bois sculptés polychromes, où l'on remet aujourd'hui les diplômes (évitez d'y aller ces jours-là). Petit jardin extérieur avec sculptures modernes.

🦚 Revenez sur vos pas. Outre la *rua 5 de Outubro* (plan B-C2), les amateurs de belles demeures découvriront, derrière le chevet de la cathédrale, celle des *comtes de Portalegre,* de style gothique (patio et jardin). Une autre, rua de S. Manços : le *palais de Garcia de Resende* (jolies fenêtres manuélines). Continuer maintenant vers le *largo da Porta de Moura* (plan C2). Élégant ensemble architectural avec des tours de l'ancienne enceinte médiévale, une fontaine Renaissance en marbre blanc, le *palais Silveira* de la même époque, la *casa Cordovil* (loggia à arcades de style mauresque surmontée d'un dôme conique et entourée d'une balustrade crénelée), la *casa Soure,* du XVIᵉ siècle (terrasses à arcades), l'*église do Carmo,* un palais du XVᵉ siècle autrefois légué aux Carmélites en 1665, avec son portail à colonnes torses et massives finissant en nœuds épais, etc. De l'autre côté de la place, la *porta de Moura* fait une percée dans la muraille surmontée de la masse grise de la *Sé.* Suivre ensuite la rua da Misericórdia, puis la pittoresque *travessa de Caraça* (pavée de petits galets, belles arches) qui mène à l'**église du couvent de Graça,** dépendant du mess des officiers qu'elle jouxte. Voir absolument cette façade Renaissance étonnante à deux ordres avec les atlantes portant le monde sur leurs épaules, assis nonchalamment, jambes dans le vide... On la doit à l'architecte français Nicolas de Chanterène.

🏛️🏛️ **L'église São Francisco** (plan B3) : *à 100 m de la précédente. Tlj 9h-12h50, 14h30-17h45 (17h15 en hiver).*
Là aussi, monument assez fascinant. Grand porche avec arcs de style mudéjar de différentes formes : en plein cintre au centre, outrepassés à gauche et en tierspoint à droite. Le portail, encadré de colonnes torses aux chapiteaux ouvragés, est surmonté des trois emblèmes royaux : la couronne, le pélican et la sphère, qui symbolisent l'Empire portugais. Il était si vaste au XVIᵉ siècle que l'on disait que le soleil ne s'y couchait jamais. L'église est ornée au-dessus de pinacles coniques ou torsadés. À l'intérieur, le baroque fou a encore frappé. Pas moins de douze chapelles, le long de la large et haute nef, toutes différentes et richement ornées. Le transept gauche est orné d'azulejos et d'un autel rococo du meilleur effet. Le chœur est d'architecture gothique (fenêtres fines et élancées, voûtes nervurées), mais sa décoration est classique. Dans la salle du Chapitre (accès par le transept droit ou par le cloître), précédant la *capela dos Ossos,* superbe chemin de croix en azulejos. Enfin, plus de 5 000 personnes offrirent crânes et tibias pour décorer au XVIᵉ siècle la ***capela dos Ossos*** *(chapelle des Ossements).* Entrée : 1 €. Une frise de crânes court macabrement le long des arcs des voûtes. Elle a des consœurs, cela dit pour les amateurs, à Faro et à Campo Maior.
Pour prolonger cette méditation originale sur la mort, agréable jardin public jusqu'aux remparts.

🏛️🏛️ **Praça do Giraldo** (plan B2) : *au centre de la ville.* Très élégante place à arcades. Avec du recul, noter qu'aucune des arcades n'a la même forme, ni la même hauteur. Jetez un œil à l'*église Santo Antão* : large nef à trois travées ouvrant sur un autel baroque en *talha dourada* et azulejos polychromes, colonnes terminées par de beaux chapiteaux. Dans le transept, élégante chapelle de *Nossa Senhora do Rosário* avec un autel néoclassique en marbre bleu du XVIIIᵉ siècle, surmonté d'un fronton et de deux curieux personnages. À partir de là, se perdre, bien sûr, dans le lacis de ruelles et de *travessas* qui partent de l'office de tourisme. Rua Serpa Pinto, *couvent Santa Clara* (cloître à deux étages). Au bout de la rue, les plus beaux remparts de la ville.

🏛️ **La galerie d'art** (plan B2, **60**) : *Oficina da terra, rua do Raimundo, 51 A.* ☎ 266-74-60-49. ● *oficinadaterra.com* ● *Tlj sf dim 10h-19h.* N'hésitez pas à pénétrer dans l'atelier-galerie du jeune couple, à la découverte d'un univers tout droit sorti d'une B.D. Tiago sculpte des personnages de terre et Magda les peint. Résultat : une série de petits personnages touchants, de scènes de vie souvent très drôles et certainement provocantes aux yeux de certains. Une galerie qui respire la bonne humeur.

🏛️ **L'église São Brás** : *av. Dr Barahona. Sur la route de la gare, après les remparts.* Curieuse église-forteresse du XVᵉ siècle. C'est ici qu'étaient exécutées les sentences du tribunal de l'Inquisition.

🏛️ **Le musée des Arts décoratifs** (plan B3) : *rua do Raimundo, 90 ; dans l'ancienne église das Mercês. Tlj sf lun ; mar 14h-17h ; mer-dim 9h30-12h30, 14h-17h30.* Bel ensemble d'azulejos polychromes, chœur baroque recouvert d'un baldaquin. Objets religieux de la Renaissance au baroque.

🍴 **Musée de l'Artisanat** (plan B3) : rua da República ; proche de l'église São Francisco. Lun-ven 9h-12h30, 14h-17h30. Expositions à la gloire de l'artisanat local : poterie, travail du métal, du cuir, de la laine, du liège, peinture sur bois...

🍴 **La maison des Vins** (plan A2, 61) : praça Joaquim António de Aguiar, 20-21. ☎ 266-74-64-98. Pour en savoir plus sur la route des vins, dans l'Alentejo, ou simplement pour acheter quelques bonnes bouteilles. Brochure en français.

Fêtes et brocantes

– **Grande foire populaire :** la 2de quinzaine de juin, pendant 15 j. Tout l'Alentejo est là. Nombreuses attractions. Belle exposition d'artisanat. Le soir, spectacle de danses folkloriques.
– **Marché à la brocante et aux antiquités :** largo Chão das Covas (plan B1), chaque 2e dimanche du mois, le matin.
– **Fête des diplômés :** la dernière semaine de mai. Les étudiants font traditionnellement la fête à la fin de l'année scolaire, qu'ils soient diplômés ou pas. Les bars et les boîtes de nuit sont pleins et les nuits sont courtes.

➤ DANS LES ENVIRONS D'ÉVORA

🍴 **Les mégalithes :** comme Monsaraz, Évora a eu ses Obélix qui ont laissé d'impressionnants menhirs et cromlechs dans un rayon de 20 km autour de la ville. Leur découverte fournit l'occasion de belles balades dans une nature sauvage. Pour guider vos pas, l'office de tourisme a édité une petite brochure (gratuite) qui fournit carte et historique. Près du village de Guadalupe (à environ 17 km à l'ouest par la N 114 en direction de Montemor-O Novo), le cromlech d'**Os Almendres** : 92 mégalithes dans une plantation de chênes-lièges. Il s'agirait, selon certains experts, d'un genre de calendrier destiné à observer le mouvement des astres. C'est non seulement l'un des plus importants de toute la péninsule Ibérique, mais aussi l'un des plus anciens au monde, puisque son érection aurait duré du Néolithique ancien jusqu'au IIIe millénaire av. J.-C. À côté d'Almendres, Stonehenge fait donc figure de site récent ! À proximité de Valverde (à env 12 km au sud-ouest par la N 380 en direction d'Alcaçovas) : l'énorme dolmen de **Zambujeiro.** Un peu plus loin vers Escoural, la très curieuse chapelle de São Brissos qui s'est approprié un dolmen...

🍴 **Arraiolos :** à 22 km d'Évora. L'une des plus jolies bourgades de la région, avec ses coquettes maisons blanches cernées de bleu. Célèbre pour ses tapis aux couleurs vives, ses saucisses (paios) et sa citadelle. À l'opposé du haut donjon, une porte fortifiée donnant directement sur la campagne. De ce côté-là, avec du recul, on mesure que l'architecte, s'il voulait construire quelque chose d'imprenable, souhaitait aussi effrayer. De loin, le château semble déjà vouloir saisir l'assaillant comme dans un étau implacable. Là aussi, du chemin de ronde, vue unique sur la campagne alentour. Belle pousada, dans un ancien couvent du XVIe siècle réhabilité par un architecte jouant aussi bien sur la tradition que sur la modernité.

🍴 Signalons l'existence du minuscule village de **São Gregorio,** à 34 km d'Évora, dont la création remonte au XVe siècle. Il se trouve un peu à l'écart de la route entre Arraiolos et Vimieira. Ce village a été entièrement rénové dans le cadre d'un projet de développement hôtelier. Jetez-y un œil si vous passez dans le coin (pas la peine de faire un détour exprès !). Les maisons, désormais fringantes alors qu'elles étaient quasiment en ruine, sont à louer pour les touristes. Prix très chic. Renseignements sur le site ● sgregorio.com ●

ÉVORA

QUITTER ÉVORA

En bus

➤ **Pour Lisbonne :** bus nombreux et très pratiques. Sept bus directs/j. Il en existe d'autres, moins rapides. Le trajet dure entre 1h30 et 2h.

➤ **Pour Porto :** 6 bus/j. en semaine, 4 le w-e.

➤ **Pour Monsaraz :** 1 seul bus direct en semaine, à 13h. Retour à 17h20. Env 1h30 de route. Sinon, il faut changer à Reguengos.

➤ **Pour Estremoz :** 3 bus/j. (2 le samedi). D'autres bus partent directement de la gare ferroviaire.

➤ **Pour Beja et l'Algarve :** 5 bus/j. pour Beja, 1 direct pour Lagos et 3 pour Faro. Prévoir 1h30 pour atteindre Beja.

➤ Bus également pour **Mourão, Vila Viçosa, Portalegre,** etc.

En train

➤ **Pour Lisbonne :** 6 départs/j., soit en train direct, soit avec changement à Casa Branca. Compter entre 2h30 et 3h de trajet.

➤ **Pour l'Algarve :** 3 trains/j. avec changements à Casa Branca puis à Funcheira. Parfois il faudra même faire un 3e changement à Tunes pour se rendre vers Lagos ou Portimão. Voyage long (et fatigant, eh oui ! on vous l'a déjà dit). Pour Lagos, plus de 5h de trajet ; et 4h40 pour Faro !

➤ **Pour Beja :** les 3 trains pour l'Algarve s'arrêtent à Beja avec un changement à Casa Branca. Également un train *Intercidade.*

EVORAMONTE

Sur la route d'Estremoz se tient la forteresse d'Evoramonte, perchée sur une colline aux pentes bien raides. Village quasi fantôme aux murs décrépis, Evoramonte semble endormi pour toujours. Quelques touristes viennent l'animer, la saison venue, histoire de visiter le donjon et de jouir d'un panorama grandiose.

Dans l'une des blanches demeures médiévales (signalée par une plaque) fut signée, le 26 mai 1834, la convention qui mettait fin à la guerre civile entre libéraux et légitimistes. À ce propos, la légende raconte que les discussions durèrent si longtemps qu'il ne resta aux protagonistes que du pain dur à manger. Pour le rendre plus comestible, ils le firent tremper dans de l'eau, avec du sel, de l'ail, de la coriandre et de l'huile. C'est ainsi que fut créée la célèbre *açorda alentejana.*

Adresse utile

🛈 **Office de tourisme :** *en contrebas du château, rua Santa Maria.* ☎ *268-95-92-27. Tlj 10h-13h, 14h-17h30. Pour* tous renseignements et même pour une location.

Où dormir ? Où manger ?

🛏 **Monte da Fazenda :** *juste en contrebas du château, à 3 km par une piste de terre.* ☎ *268-95-91-72.* ● *montefazenda* *ter@mail.telepac.pt* ● *Chambres doubles 65 €, avec petit déj. Réduc de 10 % sur présentation de ce guide. Dans les* oliviers, les chênes-lièges, et au milieu des vergers. Cinq chambres seulement, une piscine de surcroît dans un paysage d'un calme olympien. André Violette, d'origine canadienne, est, comme sa femme Gabriela et ses filles, polyglotte et de bon conseil. Également des appartements loués à la semaine.

|●| *Restaurante A Convenção :* rua Santa Maria, 26. ☎ 268-95-92-17. Près de l'office de tourisme, en haut de la rue principale. Tlj sf lun. Adresse pratique et plutôt sympathique pour s'offrir un ragoût de mouton maison ou un *migas de espargos,* en saison. Prix moyens. Belle terrasse.

À voir

🏃 *Le château :* aux fondations romaines, il fut construit sur les ruines de l'alcaçova arabe. Tlj sf j. fériés 10h-13h, 14h30-18h ; hors saison, 10h-13h, 14h-17h. Entrée : 1,50 €. Imposant donjon et salles avec voûtes gothiques sur 3 niveaux. Fenêtres coiffées d'un énorme nœud manuélin. Déjà, il faut avouer que l'architecture militaire n'est pas ce qui se fait de mieux sur le plan esthétique. Mais là, en plus, les façades ont été crépies de manière vraiment expéditive, à grands coups de truelle ! Dommage, car la visite de ce donjon tout vide donne l'impression d'avoir jeté son argent par les meurtrières... Chemin de ronde accessible depuis les portas do Sol et do Freixo. De là-haut, l'un des plus beaux points de vue sur la région. Mais on voit presque aussi bien d'en bas !

ESTREMOZ (7100) 15 500 hab.

L'une des plus éclatantes cités de l'Alentejo. **Non seulement parce que les maisons sont régulièrement chaulées de blanc, mais surtout parce que la région produit un marbre immaculé largement utilisé dans les constructions.** Peut-être plus qu'ailleurs, on comprend ici l'intelligence de l'urbanisme portugais et la douceur de son mode de vie.

Estremoz produit une jolie poterie et d'amusantes figurines de terre cuite, genre santons revisités avec humour et tendresse.

La cité se divise en deux parties : la ville basse que l'on franchit par des remparts du XVIIe siècle, très animée le samedi matin, jour de marché, et la ville haute, vieux quartier médiéval, où se situent les principaux points d'intérêt.

Arriver – Quitter

🚌 *Arrêt de bus :* av. 9 de Abril.
➤ *Pour Évora :* 5 bus/j. en semaine (3 le w-e). Trajet : 50 mn.
➤ *Pour Elvas :* 3 bus/j. en semaine et 2 le w-e.
➤ *Pour Vila Viçosa :* 3 bus/j., aucun le w-e.
➤ *Pour Lisbonne :* 5 bus/j., sauf le w-e, où il n'y en a pas. Le trajet dure 2h maximum en *express,* sinon 3h avec le seul bus non *express,* qui part en début d'après-midi.

Adresses utiles

🛈 *Office de tourisme :* largo da República, 26. ☎ 268-33-35-41. ● cm-estremoz.pt ● (mairie). Près du Rossio Marquês de Pombal. Tlj sf sam ap-m et dim 10h-13h, 14h-18h. Accueil sympa et en excellent français.

✉ *Poste :* rua 5 de Outubro.
▣ *Espaço Internet :* au rez-de-chaussée de l'ancienne université, sur la place centrale. Tlj 14h-20h. Accès internet gratuit.

L'ALENTEJO

Où dormir ?

Prix moyens

▲ *Chez Miguel José : travessa da Levada, 8. ☎ 268-32-23-26. Dans une rue qui aboutit sur le largo do Gadanha au nord du Rossio, derrière la poste ; l'office de tourisme indique le chemin à suivre sur le plan. Fermé dim. Chambres doubles 30-35 € avec douche ou bains en marbre, TV et petit déj inclus.* Tenu à merveille. Si c'est complet, essayez la *Residencial Estremocense,* dans la même rue. Même style et même ordre de prix.

▲ *Hospedaria D. Dinis : rua 31 de Janeiro, 46. ☎ 268-33-27-17. Fax : 268-32-26-10. Au nord du square central. Chambres doubles 35 €.* Une bonne affaire que ce petit hôtel aux chambres spacieuses et joliment amé-

nagées, avec TV, AC et bains, le tout à deux pas du centre. Seulement 7 chambres.

▲ *Residencial Carvalho : largo da República, 27. ☎ 268-33-93-70. Fax : 268-32-23-70. À côté de l'office de tourisme. Doubles allant de 25 € sans douche à 43 € avec bains, TV et téléphone, en saison ; petit déj compris mais pas terrible.* Dès la réception, on est accueilli par un canevas de cervidés et une énième repro de la Joconde. Heureusement, les chambres sont exemptes de bibelots, et même si elles vous paraîtront sûrement vieillottes, elles restent d'un excellent rapport confort-prix. Tout est bien entretenu.

Beaucoup plus chic

▲ *Pousada de Rainha Santa Isabel : dans le château médiéval, au centre de la ville haute. ☎ 268-33-20-75. Fax : 268-33-20-79. Chambres doubles avec le petit déj 165-215 € en sem selon saison ; plus cher le w-e.* L'une des *pousadas* les plus prestigieuses du Portugal. Avez-vous déjà rêvé de dormir dans un musée ? Les jarres chinoises, les tableaux du XVIIIᵉ siècle, les sculptures en bois polychrome qui ornent les longs couloirs et les salons tiennent en effet plus du musée d'art que de l'hôtel. Les 30 chambres et les 3 suites sont toutes différentes et meublées dans le style de

l'époque : lit à baldaquin sur colonnes torsadées, commodes de style portugais, tentures, tableaux. On se plaît à dire que toutes les couleurs du marbre d'Estremoz ont été utilisées pour la décoration des salles de bains. Vous n'êtes pas obligé de dîner dans la splendide salle à manger décorée de hautes tentures rouges et d'œuvres d'art pour l'apprécier. Le spectacle des serveurs en action est certes plus mémorable que la saveur des plats servis sur fond de musique d'opérettes. Piscine dans un grand jardin.

Où dormir dans les environs ?

▲ *Herdade da Barbosa : à 6 km d'Estremoz, entre les villages de Sotileira et São Bento do Cortiço. ☎ 268-32-45-10. Fax : 268-33-36-75.* ⚕ *D'Estremoz, prendre la direction de Portalegre, puis tourner à gauche au panneau « Agro-Turismo » ; traverser le petit village de Sotileira et suivre les panneaux. Chambres doubles avec bains 65 €, petit déj compris, pour un séjour de 2 nuits min ; sinon, compter 80 €*

pour une seule nuit. Table d'hôtes sur demande 15 €. Résa conseillée. Logements joliment meublés dans une annexe de la ferme, comportant 1 ou 2 chambres, les sanitaires, une kitchenette et un coin salon avec la TV. La chaleureuse propriétaire parle le français et connaît bien la région. Une adresse reposante à la campagne. Piscine et parking gratuit.

LA ROUTE D'ESTREMOZ À MARVÃO

Où manger ?

Bon marché

|●| **Café Alentejano :** *largo Rossio Marquês de Pombal, 14-15.* Café populaire qui a de l'allure avec ses murs tapissés de bois et ses chaises en fer forgé. Il propose chaque jour quelques plats typiques très copieux, pour la plupart à 7-8 €. Une demi-portion suffit. Bonne *caldeirada* de poisson.

|●| **Casa Xanegra :** *rua Magalhães de Lima, 16.* ☎ *268-32-24-33. Tlj.* À la fois typique et bien comme il faut, voilà un joli resto de cuisine traditionnelle décoré d'azulejos aux murs et d'immenses jarres dans les coins. Poutrelles au plafond. Plats du jour bons et copieux (*meia dose* de rigueur !). Tarifs vraiment bas.

Prix moyens

|●| **Café-restaurante Aguias de Ouro :** *largo Rossio Marquês de Pombal, 27-29.* ☎ *268-33-91-00. Tlj 8h-minuit.* Plats 10-11 €, mais nombreux *snacks* et petiscos *pas trop chers.* Café populaire lui aussi, qui ne manque pas d'allure quand on découvre sa façade, très fantaisiste, du début du siècle der-

nier. Salle du rez-de-chaussée idéale
pour grignoter sur le pouce ou prendre

un verre. Dommage que le resto à
l'étage soit déjà moins rigolo.

À voir

Dans la ville haute

🏃 *Le château :* *accès libre.* Il domine la ville de son haut donjon crénelé, seul vestige du XIIIᵉ siècle. Une grande partie du château a été en effet détruite par une explosion accidentelle de munitions stockées dans les dépendances à la fin du XVIIᵉ siècle. Au pied, un ancien palais, qui servit de résidence au roi Dinis et à la reine Isabel d'Aragon, abrite l'une des plus belles *pousadas* du Portugal (voir « Où dormir ? »). Vous pouvez en faire le tour pour admirer le monumental escalier d'entrée en marbre et azulejos, le patio avec puits et galerie à balustrades, etc. Dans le salon servant maintenant de bar, le roi Manuel remit solennellement en 1497 à Vasco da Gama le drapeau portugais avant le départ de ce dernier pour les Indes. Pour grimper au donjon, demandez l'autorisation à la réception de la *pousada.* Vue imprenable depuis l'une de ses plates-formes.

🏃 Derrière le donjon, la *capela de la Rainha Santa Isabel.* Azulejos retraçant sa vie à l'intérieur. Demandez la clé à la salle d'audience.

🏃 *L'église Santa Maria :* construite au XVIᵉ siècle. Dans la sacristie, un lavabo en marbre et quelques primitifs portugais. Là encore, le roi Dinis a la clé (suspense...).

🏃 *La salle d'audience du roi Dinis :* tout à côté, c'est l'élégant édifice avec une galerie à arcades gothiques. Le gardien de la galerie vous fera visiter les différents bâtiments, si vous le lui demandez gentiment.

🏃🏃 *Le Musée municipal :* *Tlj sf lun et j. fériés 9h-12h15, 14h-17h15. Entrée : 1,50 € ; réduc.* Un musée assez surprenant, qui ne fait pas son âge. Très belle reconstitution d'une cuisine et d'une chambre traditionnelle, entre autres salles destinées à rappeler la vie d'autrefois (objets en bois, en liège, en corne). Mais aussi magnifique ensemble de figurines traditionnelles du XIXᵉ siècle, destinées au départ, comme les santons, à commémorer la Nativité. On en trouve de tous les styles, témoins émouvants, naïfs, superbes, des métiers et de la vie d'autrefois. Comme ces personnages représentent le « printemps ». Admirez les couleurs originales, le mouvement des robes. Descente ensuite dans la cour, pour visiter l'atelier de créateurs contemporains des frères *Arlindo & Alfonso Ginja.*

🏃 Devant le Musée municipal, engagez-vous dans la *rua do Arco de Santarém.* Notez la diversité de styles et de formes des portes. En contrebas, un quartier populaire pittoresque d'une homogénéité parfaite, véritable « village dans la ville ». Jolies petites maisons tout le long de la pentue *rua Direita.* La plupart des encadrements de porte sont en marbre.

Dans la ville basse

Quel plaisir de prendre un verre en terrasse au bord du Rossio, malheureusement transformé en parking ! Les centres d'intérêt sont disséminés tout autour de cette place.

🏃 *L'église São Francisco :* *au nord du Rossio.* Cette église richement décorée contient l'un des 3 arbres de Jessé du Portugal. Celui-ci date de la fin du XVIIᵉ siècle.

🏃🏃 *Centro Ciência Viva* (musée des Sciences vivantes) : *sur le Rossio, dans l'ancienne université (le beau bâtiment blanc !).* ☎ 268-33-42-85. ● *estremoz.cien ciaviva.pt* ● *Tlj sf lun 10h-18h, visite guidée obligatoire ; la dernière part à 17h. Tarifs :*

5 € par adulte ; réduc pour les enfants selon l'âge. Expériences scientifiques pour aider à mieux comprendre la planète. Interactif.

🎋 *Le Musée rural de l'Alentejo :* proche du Rossio, en prenant la sortie vers l'Espagne. Mêmes horaires que le Musée municipal. Tlj sf dim et j. fériés. Entrée : 1 €. Échantillonnage intéressant de la poterie locale, costumes régionaux, artisanat et objets domestiques traditionnels.

🎋 Plus loin, admirez la belle ordonnance de la *praça Luís de Camões.* Au n° 5 de la rua Vasco da Gama, superbe demeure bourgeoise (façade sculptée, armoiries) qui n'est plus habitée que par les hirondelles.

🎋 *Le musée d'Art sacré :* sur le Rossio, dans l'église des Congregados jouxtant la mairie, côté sud. Tlj sf dim mat 9h30-12h30, 14h-17h30. Entrée : 1 €. Le musée se trouve dans l'une des galeries supérieures d'une église baroque transformée en auditorium. Hyper-lumineux et résolument théâtral. L'une des dames de l'accueil parle le français. Collection très succincte, mais on viendra surtout pour la belle vue sur la ville depuis le campanile. Profitez-en pour admirer les cloches et leur système d'actionnement (dur de résister à la tentation !).

Marché et manifestations

– Tous les samedis matin, grand *marché* animé sur le largo Rossio avec de nombreux producteurs locaux de fromages et de saucissons, bien sûr, mais aussi de fruits et légumes, sans parler des brocanteurs, des marchands de volaille... Également des kiosques où les hommes viennent tailler le bout de gras autour d'un verre et un stand où vous pouvez trouver quelques cruches décorées, une des spécialités de la ville.
– *Foire internationale de l'Artisanat et de l'Élevage :* entre fin avr et début mai, pendant 5 j., du mer au dim, au parc des Expositions. Minisalon de l'agriculture, où toutes les traditions artisanales et agricoles portugaises sont représentées sur plus de 250 stands.
– *Cozinha dos Ganhões :* fête gastronomique qui se déroule sur 3 ou 4 j. fin nov, au parc des expos. On y célèbre la cuisine des ouvriers agricoles. Une cuisine par définition simple et nourrissante, accompagnée de chants et de danses folkloriques pour la digestion.

VILA VIÇOSA (7160) 8 700 hab.

Ville très agréable, abondamment fleurie et arborée, aux maisons blanches cernées de jaune. Ancienne résidence des ducs de Bragance et de quelques rois, elle conserve de cette époque un air de noblesse un peu fanée. Dans les environs eut lieu, en 1665, l'ultime bataille avec l'Espagne, qui consacra définitivement l'indépendance du Portugal. Arrêtez-vous sur la place du palais ducal. D'un côté, le Panthéon des Duchesses (aujourd'hui *pousada*), l'église et le couvent des Chagas de Christo ; de l'autre, le Panthéon des Ducs, l'église de Nossa Senhora da Graça et le monastère de Santo Agostinho ; au centre, la statue équestre de D. João IV, le premier roi de la dynastie de Bragança ; et en toile de fond, le palais ducal. Alors, là, visite obligatoire, qui demande que vous passiez au moins une grosse demi-journée sur place.

Adresse et infos utiles

🔎 *Office de tourisme :* praça da República ; près de la mairie. ☎ 268-88-11-01. ● cm-vilavicosa.pt ● (mairie). En plein centre. Tlj 9h-19h (21h en été).

🚌 **Belos Transportes :** ☎ 266-76-94-10. Liaisons en bus pour Évora, Elvas, Estremoz, Borba, etc.

– **Marché :** les mer et sam sur le largo Rossio.

Où dormir ?

🏠 **Casa de Mariquinhas :** av. dos Duques de Bragança, 56. ☎ 268-98-05-23. 📱 969-26-13-96. Près du vieux château. Chambres chez l'habitant, avec bains et TV, 30 € en saison sans petit déj. Trois petites pièces fraîches, soignées et pomponnées comme les aiment les grand-mères.

🏠 **Hospedaria Dom Carlos :** praça da República, 25. ☎ et fax : 268-98-03-18. En face de l'office de tourisme. Chambres doubles env 30 € sans le petit déj ; très légère augmentation en saison. Propre, confortable (bains, AC, TV et téléphone) et central. Que demander de plus ?

Où manger ?

🍴 **Tasca O Necas :** rua Cristovão Brito Pereira, 12. ☎ 268-88-11-97. Plats 6 €. Ne pas se décourager en voyant la façade : aller au fond où se trouve la salle du resto. Bonne cuisine régionale.

🍴 **Framar :** praça da República, 35. ☎ 268-98-01-58. 🍴 En face de l'office de tourisme. Tlj sf lun et la 2ᵉ quinzaine de juil. Passer par le bar, qui sert également de point de vente pour quelques bons vins de la région, et grimper, côté resto, pour avoir la vue sur la place, les orangers... On se régalera d'une soupe maison, d'une açorda authentique ou d'un ragoût de mouton aromatisé comme il convient. Prix moyens.

À voir

🏛🏛🏛 **Le palais ducal :** terreiro do Paço. Tlj sf lun, mar mat et j. fériés, en principe 9h30-13h, 14h30-18h en saison ; hors saison, 9h30-13h, 14h-17h (ou 17h30). Dernière entrée 1h avt la fermeture. Évitez de préférence le mois d'août, c'est intenable (trop de monde, trop chaud). Entrée chère : 5 € ; et beaucoup plus encore si vous visitez les salles d'armes (2,50 €), la collection des carrosses (1,50 €), la salle des porcelaines chinoises (2,50 €) et le trésor (2,50 €).

En tout, deux bonnes heures de visite. Les visites guidées commencent à heure fixe et se font officiellement en portugais, mais les guides s'adaptent en fonction des groupes. Avec un peu de chance, vous pouvez avoir une visite en français. Longue façade palladienne du XVIᵉ siècle en marbre blanc pour ce qui fut la résidence officielle des ducs de Bragança, avant de devenir une résidence d'été. L'intérêt des salles, salons et appartements est assez inégal, le château ayant connu des heures difficiles, des années 1930 aux années 1970. Mais visite intéressante eu égard à la profusion d'œuvres, meubles, objets de qualité ou insolites retrouvés, rachetés et exposés, qui font du lieu un vrai musée des arts décoratifs. Remarquez notamment les collections de tapisseries (Aubusson, Beauvais, Bruxelles) et de tapis (vous y verrez le plus grand du Portugal), mais aussi les plafonds baroques peints en trompe l'œil, azulejos, lustres vénitiens, vases en céramique chinois, cheminées alentejanes en marbre, etc. Quelques meubles déments, comme cette superbe table portugaise aux pieds en forme de sirène ou les armoires de style végétal exubérant. Magnifique salle des ducs de Bragance, la plus grande du palais, qui servait autrefois de salle de réception. Les plafonds à caissons sont ornés de portraits des Bragance, la dernière famille royale du Portugal. Tableaux de Charles Iᵉʳ, assassiné en 1908. Profitez, au passage, de la vue sur les jardins, habités de paons et de plantes odoriférantes, depuis le « salon des ors ».

Visite ensuite des étonnants appartements royaux (décor digne d'un vaudeville de Feydeau) où vous noterez que la reine Amélie savait bien dessiner et que le roi dom Carlos illustrait de fort beaux menus. Dans une pièce attenant à la chambre de la reine, beau piano de l'école Boulle. Longue chapelle restaurée au XVIIIᵉ siècle décorée de panneaux de marbre polychrome et de plafonds à caissons, attestant d'une très forte présence religieuse dans ce château.

Si vous avez le temps et les poches pleines d'euros, vous pouvez continuer la visite avec le musée de la Porcelaine, comportant une centaine de pièces mythiques en bleu et blanc, la plus grande collection du Portugal, en passant par la chambre la plus secrète du château : la merveilleuse salle de musique, avec ses azulejos du XVIᵉ siècle commandés par le dernier duc.

Cuisine de rêve pour finir la première partie de la balade, avec 700 casseroles et marmites en cuivre nettoyées... au citron et à l'eau courante, comme autrefois.

La balade permet ensuite d'admirer de près les jardins à la française et de traverser un adorable cloître. Très riches collections d'armes, pour continuer la visite, dans la partie la plus ancienne du palais. Même si on n'est pas fan, la présentation, sobre, élégante, la muséographie originale vous séduiront, tout autant qu'un certain petit poignard ou tel nécessaire pour le duel. Et puis, moment très attendu, la salle du Trésor, qui ne peut contenir que 15 personnes à la fois et qui vous en mettra plein la vue, avec son argenterie, ses tableaux, ses reliquaires insensés (6 200 joyaux !). Enfin, pour finir, on effectue un petit tour au hangar des calèches et carrosses royaux.

🍴 *La porte des Nœuds :* rua Duque D. Jaime. En sortant du palais ducal, traverser la place ; c'est à 50 m sur la gauche. Célèbre porte manuéline, vestige du rempart du XVIᵉ siècle.

➤ Promenade pittoresque sur la muraille qui entoure le château et son vieux quartier. En cours de route, on croise un beau pilori en granit du XVIᵉ siècle. Le château se visite à peu près aux mêmes heures que le palais ducal et abrite, outre un agréable parc, un *musée archéologique et un musée de la Chasse.* Tlj sf lun et mar mat. Entrée : 3 €. Visite guidée en portugais.

➤ *DANS LES ENVIRONS DE VILA VIÇOSA*

🍴 *Borba :* avec Vidigueira, Borba est un autre grand nom des *vinhos maduros* (vins mûrs) de l'Alentejo. Avec Estremoz et Vila Viçosa, elle est aussi réputée pour son marbre qui lui donne, comme à ses voisines, cette blancheur si caractéristique. Même ses rues étaient pavées de marbre, mais peu à peu le goudron a pris le dessus, c'est le cas de le dire ! Il n'en reste pas moins que Borba est une agréable petite ville aux maisons à l'élégance discrète, même sans blason ; ses monuments tels que la *fontaine das Bicas* ou la *chapelle de la Procession,* pour n'en citer que quelques-uns, possèdent pour certains une véritable richesse artistique.

🛈 Le petit **office de tourisme,** peu fourni en documentation, se trouve sur le flanc de l'hôtel de ville, en plein centre. Tte l'année, tlj sf w-e 10h-13h, 14h-18h.

– Pour visiter une coopérative ou un producteur de Borba, téléphoner plutôt à la mairie (☎ 268-84-16-30), un peu à l'avance, pour une dégustation. On peut aussi contacter directement les producteurs, par exemple la coopérative *Adega,* la plus grande du coin. ☎ 268-89-16-60. ● adegaborba.pt ● Tlj 9h-19h ; réserver la veille. Gratuit, et la visite est possible en français. On jette un œil aux installations, aux caves, mais pas aux vignes car elles sont trop loin du centre-ville : ici on ne les voit qu'en film.

🛏 *Casa de Borba (Turismo de habitação) :* rua da Cruz, 5. ☎ 268-89-45-28. ● casadeborba.com ● La rue donne dans la rua 25 de Abril. Fermé

L'ALENTEJO

22-27 déc. Chambres doubles avec bains 80 €, petit déj compris copieux et entièrement préparé maison. Apéro ou café offert sur présentation de ce guide. Dans une imposante maison seigneuriale du XVIIIe siècle, un monumental escalier de marbre conduit à 5 chambres vastes comme des suites et d'un confort à la fois raffiné et moderne, qui contraste avec le mobilier très *old style.* L'une d'elles a même un lit à baldaquin. Très grandes salles de bains revêtues de marbre d'Estremoz. Salle de billard et salon de télévision orné d'un grand lustre en cristal. Grand jardin avec piscine. Mme Lobo de Vasconcelos est une interlocutrice de choix pour découvrir la région et son histoire.

🥾 *Rio de Moinhos : petit village à 8 km à l'ouest de Vila Viçosa,* qui intéressera les photographes motorisés pour ses maisons pimpantes et colorées.

🥾 *Redondo : paisible bourg à 20 km au sud-ouest de Vila Viçosa,* réputé pour son vin fameux. Prendre la direction du château pour découvrir au sommet d'une colline une vieille ville touchante, gardée par une tour-clocher du XIVe siècle. Église baroque décorée d'azulejos et de petites chapelles latérales. La *rua do Castelo,* bordée de vieilles maisons blanches, mène à une seconde église abandonnée à la façade bleu et blanc et à un cimetière dominant les champs d'oliviers. Ne quittez pas Redondo sans passer faire un tour au *musée du Vin, sur la praça da República.* ☎ 266-98-92-10. *Tlj sf lun 10h-18h (20h en saison).*

🏕 *Camping Rosário : à 2 km de Rosário, au sud du village d'Alandroal.* ☎ 268-45-95-66. ● *campingrosario. com* ● *À 25 km de Redondo et 35 km de Monsaraz. Compter 12 € pour deux, tente et voiture comprises.* Un peu plus cher que les *Orbitur,* mais tellement mieux ! Superbe camping champêtre tenu par des Hollandais. Et ils savent s'y prendre ! Au milieu des champs, entre les oliviers, on trouve des emplacements nature, des sanitaires si propres qu'on y mangerait par terre, et le tri des déchets est sélectif... Petite piscine. Très bon accueil. Seul le chant des p'tits zozios tente de rompre le calme de l'endroit. Pour se ressourcer vraiment...

ELVAS   (7350)   23 000 hab.

À 10 km de la frontière espagnole, la place forte d'Elvas n'a plus rien à craindre des Castillans, mais elle continue à proposer le plus bel exemple d'architecture militaire du Portugal et une vieille ville pleine de charme. Laissez votre voiture hors des remparts, surtout en saison : c'est un conseil d'amis.

UN PEU D'HISTOIRE

Elvas ne se libéra de l'occupation maure qu'en 1230, cent ans après Lisbonne. La ville connut par la suite deux péripéties militaires. La première, lors d'une tentative de Philippe II, au XVIe siècle, pour annexer le Portugal. La seconde, en 1801, lorsque l'Espagne, sous la pression de Bonaparte, voulut contraindre le pays à fermer ses ports aux Anglais. Elvas résista, mais Olivenza, au sud, fut prise et annexée par les Espagnols. Cet épisode historique est encore commenté avec amertume par les Portugais.

Arriver – Quitter

🚆 **Gare ferroviaire :** *à 3 km au nord-ouest, à Fontainhas, sur la route de Campo Maior.* Mais le train est ici si peu pratique qu'il vaut mieux l'oublier.

🚌 **Gare routière :** *praça 25 de Abril. En plein centre-ville.* L'idéal pour vos déplacements.

➢ **Pour Lisbonne :** une dizaine de bus/j. en semaine, un peu moins le w-e. La plupart sont express et font le trajet en 2h30, d'autres normaux mettent une heure de plus. Dernier départ vers 18h30.
➢ Également des liaisons quotidiennes pour les autres villes de l'Alentejo : **Évora, Estremoz, Vila Viçosa, Campo Maior** et **Portalegre.**

Adresses utiles

🛈 **Office de tourisme :** praça da República. ☎ 268-62-22-36. Tlj 9h-18h (avec une pause déjeuner le w-e et hors saison). Le français n'est pas la langue idéale pour communiquer ici ; l'espa-gnol passe mieux.
✉ **Poste :** rua da Cadeia. À 2 mn au sud de la praça da República. Lun-ven 8h30-18h, ainsi que sam mat.

Où dormir ?

À Elvas, l'hôtellerie est peu développée : de très rares et modestes pensions, et des hôtels de catégorie élevée sans grand intérêt. Et quelques chambres chez l'habitant proposées par l'office de tourisme.

Camping

⚴ **Camping :** au parc da Piedade. ☎ 268-62-89-97. À 2 km au sud-ouest de la ville, sur la N 4 en direction d'Estremoz. Slt mai-sept ; souvent fermé au moment de la foire de Saint-Mathieu, fin sept. Sanitaires relativement récents. Assez bruyant. Peu d'ombre. Attention, terrain de terre rouge (un peu irrespirable par temps chaud). Bon accueil. Petit resto.

Bon marché

🛏 **Chambres chez António Mocisso et Garcia Coelho :** rua Aires Varela, 15. ☎ 268-62-29-87. Descendre la rue à gauche de l'office de tourisme et prendre la 1re ruelle à gauche. Chambres doubles 30 € avec petit déj. Résa conseillée (adresse souvent complète). Tout respire la propreté, et il y a douche, w-c, AC et TV. Également des chambres à 3 et 4 lits. Économique et en plein centre.

Beaucoup plus chic

🛏 **Pousada de Santa Luzia :** en dehors des murs, face à l'hôpital. ☎ 268-63-74-70. À partir de 140 € la nuit (réduc sur le site internet • pousadas.pt •). Pas la plus charmante des pousadas du pays, mais son cadre est agréable. Inaugurée au début des années 1940, elle se targue d'être la 1re pousada ouverte au Portu-gal. Chambres confortables, avec une dominante rose à froufrous qui ne peut laisser personne indifférent. Bon accueil, pro et souriant. Piscine, tennis. Jolis salons avec cheminée pour le côté convivial. Et surtout, un petit déj-buffet somptueux, l'un des meilleurs qu'on ait vus. Il faut le signaler !

Où manger ?

Bon marché

🍽 **O Machado :** rua da Cadeia, 21. Dans la rue bordée en partie d'arcades, près de l'office de tourisme. Tlj sf dim. Plats 8-9 €. Cols blancs, ouvriers et

|●| **Vinho Verde** : *rua do Tabolado, 4.* ☎ *268-62-91-69. De la praça da República, descendre la rua da Cadeia ; le resto se trouve dans un dédale de ruelles à gauche au niveau du largo da Misericórdia, une place avec une fontaine. Tlj sf dim et la 1ʳᵉ quinzaine de sept. Plats 7 €.* Petite adresse sans prétention, tenue par un patron à la moustache joviale, où l'on sert quelques bons plats régionaux, comme le porc à l'alentejane.

policiers se côtoient attablés le long du comptoir pour un repas rapide, simple et bon marché. Une bonne adresse pour le déjeuner.

|●| **Canal 7** : *rua dos Sapateiros, 16.* ☎ *268-62-35-93. À deux pas de la place principale. Plats 6 €.* Une churrasqueira qui propose des poulets braisés ou du cochon de lait rôti, des plats simples, comme on aime. Certainement le moins cher de tous. Et peut-être le plus sympa.

|●| **C.F. Os Elvenses** : *rua de Évora. Même itinéraire que pour le* Vinho Verde. *Le resto du club de foot local. Très bon marché (plats env 6 €).* Trois petites pièces modestes pour se sustenter dans une ambiance populaire. Minuscule terrasse avec une impressionnante collection de porte-clefs.

Où manger dans les environs ?

|●| **Casa Alentejo** : *Alto da Boa Vista, à Varche, à 3 km d'Elvas ; la bifurcation est sur la gauche en allant vers Lisbonne.* ☎ *268-62-03-59.* 📱 *936-29-47-28. Tlj sf jeu (sf j. fériés) et début juil. Prévoir 10-15 € pour un repas :* pas cher pour une cuisine de si bonne qualité ! *Différents menus pour 2 à 4 pers, per-* mettant de goûter aux délices régionaux. Apéritif ou digestif offert sur présentation de ce guide. Le riz aux fruits de mer, divin et pantagruélique, vaut le déplacement à lui tout seul. Jolies assiettes de terre cuite. Terrasse couverte et coin bar pour les habitués.

Où déguster une bonne pâtisserie ?

Les gourmands trouveront dans les pâtisseries de délicieuses friandises locales : les *cericaias,* savoureuses tartes aux œufs battus, les *capitólios* et, surtout, les fameux pruneaux d'Elvas *(ameixas de Elvas).*

|●| Une bonne adresse, où l'on va autant pour l'ambiance que pour la qualité des pâtisseries : **Pastelaria Cantarinha,** *rua da Cadeia, 41 (derrière l'office de tourisme). Tlj sf dim.*

À voir

🏛🏛 **L'aqueduc d'Amoreira :** le plus impressionnant du pays, et un des plus hauts d'Europe. Un vrai travail d'Hercule. Commencé en 1498, il nécessita plus d'un siècle de construction. Long de 7 km, il comprend plus de 800 arches et alimente toujours la ville en eau. Peu avant d'arriver aux remparts, dans un coude, armoiries de la ville.

🏛 **Les remparts :** construits à partir du XVIIᵉ siècle, en étoile, à la Vauban, avec bastions, courtines, fossés. Percés de trois portes fortifiées. Le système défensif fut complété par le *fort de Santa Luzia* au sud et celui *da Graça* au nord. Depuis ce dernier, qui sert encore aujourd'hui de caserne, vue intéressante sur la ville et les environs. Le fort de Santa Luzia abrite à lui un modeste *Musée militaire* (mêmes horaires que le musée de la Photographie, voir ci-dessous) qui évoque le rôle d'Elvas dans les guerres luso-espagnoles.

🎙 De la route de Lisbonne, on pénètre dans Elvas par le *largo da Misericórdia*. Dans la rua da Cadeia, l'*arco do Relógio* (du XVIe siècle, vestige de l'ancien hôtel de ville) mène à la **praça da República,** le cœur de la cité. Au nord de la place, la *Sé* (cathédrale), avec sa tour-porche trapue, qui a subi une rénovation complète en 2006.

🎙 À droite de la cathédrale, suivre la ruelle jusqu'au **largo de Santa Clara.** Séduisant décor de théâtre sur une scène triangulaire pavée. Composée de vestiges de l'enceinte arabe du Xe siècle : tours massives crénelées avec une arche surmontée d'une élégante et aérienne loggia. Tout autour, nobles demeures à portails gothiques. Au milieu, pilori manuélin. L'*église de la Consolação*, de forme octogonale et de style Renaissance, ferme la scène. À l'intérieur, coupole tapissée de beaux azulejos du XVIIe siècle.
– L'arche franchie, on pénètre dans un vieux quartier plein de charme, lacis de ruelles pittoresques. La pimpante *travessa de Alcáçovas* mène à l'*arco de Miradeiro*.

🎙 **Le castelo :** *tlj sf jeu 9h-13h, 15h-18h (en hiver, 9h-12h30, 14h-17h30). Entrée : 1,50 €.* Édifié par les Maures et remanié par la suite. Du donjon, vue unique sur la ville, les fortifications, les collines couvertes d'oliviers, le fort de Graça. En sortant du château commence l'une des plus jolies rues de la ville : la *rua das Beatas*. Bordée de maisonnettes gaies, jaunes, blanches, ocre et abondamment fleuries.

🎙 Dernière promenade, en suivant le rempart nord vers la porte S. Vicente. Jalonnée de vieilles **églises** comme *São Francisco, Santa Clara, São Pedro* (beau portail romano-gothique). Puis se perdre encore une fois dans les escaliers et les ruelles pour rejoindre largo do Colégio, sa magnifique *Biblioteca Municipal* et derrière, dans un ancien cinéma, le *musée de la Photographie*.

🎙 **Le musée de la Photographie João Carpinteiro :** *largo do Colégio.* ☎ *268-63-64-70. Tlj sf lun et certains j. fériés, 10h-13h, 15h-19h en été (14h-17h en hiver). Entrée : 2 €.* Relate l'histoire de l'image, avec appareils anciens et labo de développement à l'appui. Banque d'images sur Elvas et sa région. Expos temporaires (peinture, etc.).

🎙 Enfin, un nouveau *musée d'Art contemporain* doit ouvrir en 2007. Tenez-nous au courant !

Marché et manifestations

– **Grand marché :** *un lundi sur deux sous les arcades de l'aqueduc, à l'extérieur des remparts.*
– **Festival international de musique :** *tout le mois d'août.* Folklore et danses du monde entier. Le fado est à l'honneur, bien sûr !
– **Fête et foire de Saint-Mathieu :** *vers le 20 septembre.* Processions, exposition agricole, défilés folkloriques et *touradas*.

CAMPO MAIOR
(7370)

Que vous alliez vers Badajoz ou vers Portalegre, Campo Maior vaut le détour. En temps normal, c'est une ville harmonieuse et gaie où il fait bon flâner. Impressionnante concentration de balcons en fer forgé, tous plus beaux les uns que les autres. Comme à Évora, on y trouve une chapelle recouverte d'ossements.
Mais attention ! Si vous tombez à Campo Maior pendant la fête du saint patron de la ville, saint Jean-Baptiste, alors là halte obligatoire ! Tous les 4 ans environ (mais tout dépend des fonds dont disposent les villageois !), en septembre, la population se transforme en une foule d'artistes à l'imagination débor-

dante. Des milliers de fleurs en papier transforment les rues en tunnels bariolés. Ajouter à cela musique, chants, danses... Féerique !

Cette ville, la plus espagnole du Portugal, s'éveille à la nuit et fait la fête tous les week-ends : terrasses animées, restaurants qui font le plein, et animation certaine, qui surprend ceux qui arrivent à l'heure sacro-sainte de la sieste et pensaient dormir tranquilles... Plutôt que de vous coucher tôt, allez voir côté espagnol comment Badajoz vit au quotidien son statut de petite ville en pleine mutation sociologique (des travaux partout, annonçant la capitale régionale de demain).

En repartant sur Portalegre, arrêtez-vous au *musée du Café (slt en sem)* que la maison mère, *Delta Cafés,* a aménagé dans ses locaux. Facilement repérable à sa grande enseigne.

Adresse utile

■ **Mairie :** *praça da República.* ☎ 268-68-03-00. • *cm-campo-maior.pt* •

Où dormir ?

Bon marché

⚐ **Camping :** *sur la route du barragem do Caio, à 6 km du centre de Campo Maior.* ☎ 268-68-94-93. *Compter 6-9 € pour deux selon saison.* Bel emplacement, mais assez peu d'ombre. Sanitaires d'une propreté acceptable. Pas de piscine, on peut aller nager dans le lac de barrage, juste à côté. Resto, minimarché.

🛏 **Pensão Ponto Final :** *sur le square central.* ☎ 268-68-86-64. *Doubles 25 € sans petit déj, et aussi des chambres triples et quadruples.* Toutes avec salle d'eau et w-c, ainsi que la TV. Aucun charme mais pas mal tenu, bref parfait pour une petite nuit quand on est de passage.

De plus chic à beaucoup plus chic

🛏 **Quinta dos Avos :** *avt d'arriver au village, si vous venez d'Elvas, tournez sur votre gauche.* ☎ 268-68-83-09. • *tura gri@mail.telepac.pt* • *Chambres doubles 60 €, petit déj inclus.* Un amour de *quinta,* qui ne date pas d'hier (1640). Difficile de trouver plus authentique et plus accueillant à la fois. Un bel escalier à double volée mène aux chambres de la maison principale, joliment meublées dans le style régional. Autres chambres dans l'annexe. Il y en a sept en tout. Resto. Avec un si beau jardin et une piscine agréable comme ça, difficile de ne pas se sentir à son aise.

Où manger ?

|●| **Restaurant-bar Trindade :** *rua Militar, 38.* ☎ 268-68-73-25. *Tlj sf dim.* Une vraie belle adresse comme on en trouve encore souvent au sud du Portugal. Décor chaleureux, magnifié par de belles arcades en brique rouge. Service et accueil d'une vraie gentillesse. Pas d'arnaque au niveau des petiscos. Des plats à la carte qui ont du goût, tous à moins de 10 €. Une clientèle locale qui vient là autant pour regarder la TV que pour se régaler avec un *arroz de pato* (canard au riz) savoureux ou un porc grillé parfumé, le tout accompagné d'un vin de Borba qui ne tape ni à la tête ni dans le portefeuille. En dessert, on n'échappe pas à une part de *cerica,* la spécialité locale.

|●| **Restaurant O Faisão :** *av. 1° de Maio, 19.* ☎ 268-68-61-39. *À côté de*

l'église. Un classique de la restauration locale, à des prix qui restent doux (moins de 9 € le plat). Beaucoup de monde, surtout en fin de semaine, et de tous âges, pour s'offrir quelques bons plats du terroir, bien arrosés comme il se doit,

sous les voûtes de brique rouge qui font ici aussi partie du décor. Plantes vertes, outils d'autrefois font oublier TV et autres éléments trop modernes qui nous ramènent à notre époque.

PORTALEGRE (7300) 25 600 hab.

Ça bouge dans cette active préfecture de province, capitale du Nord-Alentejo ! Portalegre s'étage sur le versant sud de la serra de São Mamede, une région assez verdoyante qui va beaucoup vous changer des plaines de l'Alentejo central.

Moins homogène architecturalement que Castelo de Vide, sa proche voisine, elle possède néanmoins une certaine personnalité, qu'il faut rattacher à son passé industriel. La vieille ville, du moins. Ses musées, sa cathédrale, sa manufacture des tapisseries en font une étape intéressante. D'autant plus qu'un plan de restructuration complet du centre devrait libérer cette ville de ses embouteillages infernaux, exaspérants pour les habitants comme pour les touristes.

Arriver – Quitter

En bus

- **Gare routière :** *rua N. Alvares Perreira. Près du Rossio.*
- ➢ **Pour Évora :** 4 bus/j. Durée : 1h.
- ➢ **Pour Estremoz et Beja :** 3 bus/j.
- ➢ **Pour Castelo de Vide et Marvão :** normalement, 2 bus/j. avec la compagnie *Rodoviária* ; 45 mn de route. Mais attention, les horaires varient selon le jour. Se renseigner auprès de l'office de tourisme. Entre Marvão et Castelo de Vide, il faudra souvent changer à Portagem.
- ➢ **Pour Lisbonne :** 5 bus/j. en sem, 2 les sam et dim.

En train

- **Gare ferroviaire :** *à 12 km au sud, sur la route d'Estremoz.* Un bus part de la gare routière pour la gare ferroviaire environ 40 mn avant le départ du train. Cependant, il n'y a pas de bus pour le train du matin.
- ➢ **Pour Lisbonne :** 3 trains/j., le premier tôt le mat, le 2e en milieu d'ap-m et le dernier en fin d'ap-m. Changements à Abrantes et à Entroncamento.

Adresses utiles

- **Office de tourisme :** *rua Gomes Fernandes, à un jet de pierre du Rossio, le grand parc du centre-ville vers lequel ttes les routes convergent.* ☎ 245-33-13-50. *Le tt nouveau bureau occupe le rez-de-chaussée de l'ancienne manufacture de tapisseries. Mai-sept, tlj 10h-19h (parfois fermé à midi) ; oct-avr, 10h-18h avec une pause déjeuner le w-e.* Chaleureuse et très compétente, la dame qui en a la charge parle bien le français et se mettra en quatre pour vous expliquer tous les attraits de la région. Renseignements sur les possibilités de location de maisons à Marvão. Plan de ville très pratique.
- ✉ **Poste :** *sur le Rossio, à l'opposé du vieux centre. Lun-ven 8h30-18h,*

sam 9h-12h30.
🖥 **Espaço Internet :** sur la praça Repú-

blica. Tlj 10h (10h30 le w-e)-22h. Gratos !

Où dormir ?

Camping

⛺ **Camping Orbitur :** à Quinta da Saúde. ☎ 245-30-83-84. À env 4 km, dans la serra de Portalegre. Avr-sept. Ombragé. Cher pour les prestations proposées, mais beau cadre et ça sent bon le pin frais. Bar et piscine à côté du camping.

Prix moyens

Possibilités limitées dans le vieux centre de Portalegre. Arriver tôt car c'est vite bondé.

🏠 **Pensão Nova :** rua 31 de Janeiro, 30. ☎ 245-33-12-12. ● pensaoonova@mail. telepac.pt ● Chambres doubles 35-40 €, petit déj compris ; mêmes tarifs tte l'année. Quelques petites chambres avec bains, TV satellite et téléphone au 1er étage d'un immeuble assoupi. Celles donnant sur la rue sont bruyantes. Très bon accueil. Autres chambres assez spacieuses et au confort correct à l'annexe, rua da Mouraria, 14 (la Pensão São Pedro).
🏠 **Residencial Mansão Alto Alen-** tejo : rua 19 de Junho, 59. ☎ 245-20-22-90. ● mail@mansaoaltoalentejo.com. pt ● mansaoaltoalentejo.com.pt ● À deux pas de la cathédrale. Chambres doubles avec bains, TV satellite et AC 45 € en saison, petit déj inclus. La maison, agréable avec sa douzaine de chambrettes proprettes, a été entièrement refaite tout en gardant le style régional (mobilier peint). Dilemme : les chambres sont soit sur rue (bruyantes), soit sur cour fermée (pas de lumière). Faudra choisir !

Beaucoup plus chic

🏠 **Solar das Avencas :** parque Miguel Bombarda, 11. ☎ 245-20-10-28. ● rtsm.pt/solardasavancas ● Prendre la rue qui monte à gauche de l'office de tourisme et longer à droite. Chambres doubles avec bains 65-70 € selon saison, incluant le petit déj composé de produits régionaux. Derrière la façade baroque se cache une étonnante maison noble du XVIIIe siècle, proposant cinq chambres d'hôtes tout simplement historiques. La décoration intérieure mêle avec succès des meubles anciens de style portugais à des objets orientaux rapportés par le beau-père (médecin) de la propriétaire lors de ses voyages. Bon accueil de la maîtresse de maison, qui parle un peu le français.

Où manger ?

Bon marché

🍴 **Casa Capote :** rua 19 de Junho, 56-60. ☎ 245-20-17-48. ♿ Fermé dim et en août. Plats 4-7 € ! Choix très varié. On mange dans la petite salle à la déco paysanne, ou directement au comptoir, après avoir poussé la porte de saloon. Délicieux plats du jour préparés avec passion, servis par un patron débonnaire. L'un des restos les moins chers et l'un des meilleurs de la ville.

Prix moyens

🍴 **O Abrigo :** rua de Elvas, 74. ☎ 245-33-16-58. Près du café Alentejano, dans la vieille ville. Fermé mar. Plats 7-9 €. Excellents petiscos. Une salle rustique, bien fraîche car située dans un entresol. Bonnes spécialités régionales.

|●| Restaurante Cervejaria Santos : *largo Serra Pinto, 4. Dans la vieille ville aussi, en face des Archives municipales.* Ici, la cuisine est un tantinet plus raffinée et aux mêmes prix qu'ailleurs. Qui plus est, le service est impeccable. Attention, il faut parfois faire preuve d'un peu de patience, car la salle est souvent bondée de travailleurs du quartier.

|●| Restaurante O Facha : *largo António José Lourinho, 3/5.* ☎ 245-20-31-61. *Donne sur le Rossio, à côté du rond-point avec la fontaine.* On vous le recommande plutôt pour la partie snack-bar, où l'on sert un menu complet pas cher. En revanche, le resto, passé la porte capitonnée, est bien plus onéreux (plats autour de 10 €) et le choix restreint. Cela dit, la cuisine est de bonne qualité et d'inspiration franco-lusitanienne, la patronne étant française. Quelques chambres pour dépanner.

|●| Restaurante Rolo : *av. Pio XII. Au nord de la ville, en remontant l'av. da Liberdade, depuis le Rossio, si vous venez de l'office de tourisme.* Le rendez-vous des amateurs de bonne viande. On n'y va pas pour le cadre, pas même pour le service, mais pour les viandes et les charcuteries. Attention, l'addition peut vite grimper.

Où manger dans les environs ?

|●| Café Império : *bairro do Atalaião. De la praça da República, prenez la direction de la serra de São Mamede ; vous distinguerez sur votre droite de hautes cheminées ; tournez à droite après l'usine, puis à gauche à la 1re fourche.* Resto sur une place pas folichonne. Dès qu'il fait beau, on sort les tables. C'est gentil, animé et populaire. Les familles du coin viennent y déguster de copieuses brochettes et des grillades bien tendres. Bien sûr, rien d'extraordinaire dans tout cela, mais une simple tranche de vie sympa !

|●| Zé Maria : *à env 4 km, dans la serra de Portalegre, sur la route de São Mamede et du camping ; dans le village de Salão Frio. Tlj sf jeu.* Bonne nourriture à prix modérés, dans une excellente atmosphère. Zé tout ce qu'on aime. Grande salle agréable.

Où boire un verre ?

♟ Les **terrasses** de la praça República. La jeunesse se retrouve à toute heure du jour ou de la nuit pour descendre une *Sagres* ou une *Super Bock* dans l'un des bistrots de la place. Vraiment plaisant, d'autant que ce sont, à peu de choses près, les seules terrasses de la ville...

À voir

🏛 Parcourir la **vieille ville** ceinte de remparts va redevenir une partie de plaisir, avec le nouveau plan de circulation. Nombreuses maisons à blasons dans les voies commerçantes Luís de Camões et do Comércio. De pittoresques ruelles pentues mènent au largo da Sé, bordé de belles demeures aux élégantes ferronneries. À 19h, les magasins ferment et, en semaine, l'animation tombe aussitôt. Et si vous voulez avoir la ville tout à vous, venez carrément un samedi après-midi !

🏛 **La Sé** *(la cathédrale) :* large façade martiale et tours baroques à meurtrières. À l'intérieur, voûte Renaissance. Peintures, retables de l'école portugaise. Sacristie recouverte d'azulejos. Si vous réussissez à y jeter un œil, vous noterez aussi le beau mobilier de rangement.

🏛🏛 **Le Musée municipal :** situé à droite de la cathédrale, il occupe un ancien séminaire du XVIIIe siècle. Tlj sf lun 9h30-12h30, 14h-18h. Entrée : 2 € ; réduc. Nombreuses œuvres intéressantes dans ce riche musée. Entre autres : belle *Notre-*

Dame des Douleurs du XVIIIe siècle et Vierge baroque entourée d'angelots. Un *Saint Ignace de Loyola* noblement mangé aux mites, douze bas-reliefs en terre cuite polychrome sur la vie du Christ (provenant du couvent Saint-Bernard), tabernacle d'ébène et d'argent, *Crucifixo de Marfim* (Christ en ivoire) du XVIIIe siècle, quatre hauts-reliefs en ivoire du XVIIIe siècle également, etc. Les amateurs d'art religieux, qu'ils soient pieux ou pas, apprécieront la superbe *Nossa Senhora de Piedade* de facture flamande (fin du XVe siècle, en plein gothique flamboyant). Salle marrante consacrée à saint Antoine représenté sous toutes les formes de l'art populaire : plus de 700 statuettes de saint Antoine originaires du monde entier. Au 1er étage, beaux meubles du XVIIIe siècle, portes et armoires sculptées. Au 2e étage, collection de jolies faïences anciennes d'Estremoz, de Coimbra, etc. Collection de blagues à tabac et d'aquarelles chinoises sur papier de riz. Et une curiosité, dans un tout autre genre : la première voiture qui a circulé à Portalegre !

🍴 En sortant du musée, prendre aussitôt à droite la rua S. Vicente. Sur la praça Cristovão Falcão s'élève le *palais Abrancalhas,* plus connu sous le nom de **palácio Amarelo** *(palais Jaune).* Festival de ferronnerie d'art, l'un des plus beaux ensembles en fer forgé du pays. L'intérieur ne se visite pas. Continuer par les ruas da Figueira, Luís de Camões, 5 de Outubro (maisons anciennes), pour atteindre la manufacture des Tapisseries.

🍴 **Le musée Guy Fino :** *rua da Figueira, 9. Descendre dans la ruelle qui contourne le Musée municipal et passer le palácio Amarelo. Tlj sf lun 9h30-13h, 14h30-18h. Entrée : 2 €. Visite guidée passionnante en français.*
On peut admirer une soixantaine de maîtres portugais, présentés en alternance, au gré des expositions, en compagnie de Lurçat et de Le Corbusier. Le musée commence à avoir une belle petite collection et ressemble de plus en plus à un petit musée d'art contemporain – orienté tapisserie, bien sûr !
Depuis un demi-siècle, Portalegre produit une tapisserie de très belle qualité. Lurçat, peintre français du milieu du XXe siècle, ne s'y était pas trompé puisqu'il avait reconnu, précisément, son erreur. Invité plusieurs fois à faire des cartons pour la manufacture, et resté longtemps dubitatif, il se trompa allègrement : le jour où on le mit au défi de reconnaître son œuvre originale, il choisit la copie réalisée sur place. Depuis, conquis, il y fit exécuter de nombreux cartons, lançant internationalement la manufacture.

🍴 **L'ancienne manufacture des Tapisseries :** *rua Gomes Fernandes, 26.* Installée dans un ancien collège de jésuites, elle abrite aujourd'hui la mairie et le tout nouvel office de tourisme. La nouvelle usine se trouve entre le musée du liège et le musée José Regio, mais ne se visite pas officiellement. Sauf si vous êtes acheteur : mais il faut compter au minimum 5 000 à 6 000 € le m² !

🍴 **Le musée José Regio :** *av. Poeta José Regio. À côté de la praça da República. Mêmes horaires que le Musée municipal. Fermé lun. Visite guidée. Entrée : 2 €.* Une visite qui ne manque pas d'intérêt. Pas seulement pour les amateurs de crucifix de toutes époques, dont ce poète mystique avait accumulé une grande quantité (plusieurs centaines, en fait) – une atmosphère qui ne laisse personne indifférent. Également quelques beaux meubles

LE COUVENT OÙ LES MOINES SONT DES SOLDATS

Ceux à qui l'armée ne donne pas d'urticaire et qui ne sont pas saturés d'églises, d'azulejos, de beaux tombeaux de marbre, de cloîtres et de salles capitulaires rendront visite au couvent de São Bernardo, *au-dessus du parc Miguel Bombarda. C'est aujourd'hui une* caserne. *Demandez avec le sourire au* soldat de garde *l'autorisation de visiter l'église. Immense tombeau de marbre dédié à l'évêque Dom Jorge de Melo. Magnifiques panneaux d'azulejos, à l'intérieur, racontant la vie édifiante de saint Bernard.*

et objets d'artisanat populaire, disséminés tout au long des 17 pièces où vécut celui qui, pendant plusieurs décennies, fut ici un vénéré professeur.
Depuis la place, on aperçoit le superbe portail en marbre d'Estremoz.

🍴 Ceux qui ne se décideraient pas à quitter Portalegre ont encore la possibilité de visiter un petit musée consacré à l'industrie qui fit longtemps les beaux jours de la ville : *le liège*. Repérez les deux grandes cheminées, près du musée José Regio : une fois arrivé au pied, demandez à visiter. Pas de problème en semaine. Le week-end, contentez-vous du petit magasin de vente à l'entrée.

Manifestations

– *Foire de la Doçaria Conventual :* se déroule vers la fin mars, dans un endroit chaque fois différent. Se renseigner à l'OT. La pâtisserie devient alors plus que jamais affaire de religion... *Toucinho do Céu, queijo dourado, leite serafin, rebuçados de ovos,* tout, tout, tout, vous goûterez tout !
– *Festas do Concelho :* le 23 mai. Les petites filles toutes fleuries qui incarnent le mois de mai défilent dans la ville.
– *Festival Couleurs et Saveurs :* tous les 2 ans (le prochain en 2008), fin novembre. Vente de produits traditionnels au marché municipal.

➤ *DANS LES ENVIRONS DE PORTALEGRE*

🍴 *Le monastère de Flor da Rosa :* un monastère-forteresse du XIVe siècle, situé en pleine campagne, à 24 km de Portalegre, à 28 km de Castelo de Vide et à 3 km de la gare de Crato. Édifié par le premier prieur de l'ordre de chevalerie de Malte au Portugal, Flor da Rosa servit tout à la fois de palais fortifié, de monastère et d'église, ainsi que de résidence au prieur. À la fin du XIXe siècle, à la suite d'infiltrations d'eau, l'église s'effondra. Elle fut reconstruite dans les années 1940 avec peu de moyens et beaucoup de bonne volonté. Architecture massive et pourtant élégante. Le hic : pas grand-chose d'ouvert à la visite, et c'est bien dommage. Le monastère a été transformé en une pousada vilainement aménagée. Chambres décevantes aux finitions douteuses et à des prix cosmiques : on ne vous la recommandera pas.

🍴 *Crato :* puisque vous êtes venu jusqu'ici, pourquoi ne pas faire une courte halte à Crato, siège de l'ordre des chevaliers de Malte ? Étonnant contraste entre la petite taille du village et la fière allure des demeures qu'il a conservées : admirer en particulier la magnifique galerie à arcades ornant l'entrée de ce qui devint, dès la seconde moitié du XVe siècle, la nouvelle résidence des grands prieurs de l'ordre de Malte. Sur la même place, harmonieux palais du XVIIe siècle.

🍴 *Alter do Chão :* à une douzaine de kilomètres au sud de Crato. Paisible et riante petite ville internationalement renommée pour la beauté de ses chevaux. D'ailleurs, c'est l'un de ces derniers, Gentil, qui servit de modèle à la statue équestre trônant au centre du Terreiro do Paço à Lisbonne. Majestueuse fontaine Renaissance en marbre, du XVIe siècle, en bordure de la place, près du château. Visite possible de la *Coudelaria de Alter,* à 3 km, ex-haras royal de dom João V (fondé en 1748) transformé en haras national. Quelques hôtels vous permettent de passer la nuit sur place.

Où dormir et faire du cheval ?

🏠 |●| *Cavalariça de Chancelaria :* rua da República, 27, à Chança. ☎ 245-63-73-29. ● cavalo.chanca@gmail.com ● rtsm.pt/cavalos.chanca ● 🐴 À 55 km au sud-ouest de Portalegre. Passer par Crato et Alter do Chão, puis prendre la route de Ponte de Sor ; le village de Chança est indiqué à droite ; arrivé dans le village, prendre à gauche sur la place, puis à droite la ruelle qui descend ; deux

L'ALENTEJO

grands palmiers marquent l'entrée du centre. *Chambres doubles 50 € avec petit déj. Table d'hôtes sur demande 18 € le repas complet, boissons comprises ! Petit déj offert sur présentation de ce guide. Fou d'équitation, le proprio franco-portugais, Miguel Palha, propose de belles balades dans la région, pendant que sa femme mitonne de* bons petits plats. Les 2h d'équitation reviennent à 30 € mais il existe plusieurs forfaits avantageux incluant l'hébergement, les repas et les heures de cheval. La maison familiale dispose de 4 chambres spacieuses et propres (salle de bains à l'étage). Accueil sympa. Piscine.

LA SERRA DE SÃO MAMEDE

Ce massif montagneux de moyenne altitude s'étend à l'est de Portalegre, le long de la frontière espagnole. Traversé par quelques routes sinueuses, il offre un résumé bucolique de la faune et la flore alentejanes. Le sol imperméable favorise la croissance d'une végétation variée, et les petites prairies alternent avec des forêts de chênes-lièges, d'eucalyptus, d'oliviers, de châtaigniers et d'amandiers, tandis que les sapins introduits au début du XXe siècle pour le commerce du bois rendent par moments (du fait de leur uniformité) le paysage un peu monotone. Sur les rares plateaux arides, le relief est dessiné par des blocs de roches édentés. La meilleure façon de découvrir cette région reste d'entreprendre une randonnée au départ de *Marvão, Reguengo, Galegos, Carreiras* ou encore au sud à *Esperança.*

➤ Pour aller en voiture dans la serra, prendre à Portalegre la direction de São Mamede et suivre les indications. Vue panoramique sur tout le massif depuis le pic de São Mamede culminant à 1 025 m.

Adresse utile

■ *Parc naturel de la serra de São Mamede : rua General Conde Jorge de Avilez, 22, à Portalegre.* ☎ 245-20-36-31. ● pnssm@icu.pt ● *De l'office de tourisme, remonter l'avenida da Liberdade et tourner à droite après le palais de justice. Le bureau d'information est au 1er étage, au-dessus d'un magasin de photos. Lun-ven 9h-12h30, 14h-17h30. Vend des itinéraires de randonnées et propose des gîtes pour 4 ou 8 pers installés dans d'anciennes éco-* *les. Compter 38 € la double, mais on doit louer les 2 chambres du gîte (donc 76 €/j. pour 4 pers). Pas un bon plan si on n'est que deux ! Cuisine, salon, TV, salle de bains et w.-c. Il existe pour l'instant 4 gîtes ruraux situés sur des parcours de randonnées. Également un bureau d'information sur le parc naturel à Castelo de Vide, rua de Santo Amaro, 22-25.* ☎ 245-90-52-99. *Mêmes horaires qu'à Portalegre.*

À voir. À faire dans la serra

➤ Plusieurs chemins de *randonnée* ont été balisés dans la serra. Cinq parcours en boucle, longs de 7 à 16 km, permettent de découvrir différents aspects de la région. Ils sont faciles, mais le balisage aurait besoin d'un bon coup de peinture. Cartes vendues aux bureaux d'information de Portalegre et de Castelo de Vide, ainsi qu'à l'office de tourisme de Marvão.

🍴 *Alegrete : à 15 km au sud de Portalegre.* Petit village typique de la serra au sommet d'une colline. Son enceinte illuminée, ses ruelles pavées en pente et ses murs blancs prennent la nuit des allures de décor de théâtre jauni par les lampadaires. En haut du village s'élèvent l'église et une tour-horloge blanches aux arêtes bleues. Si vous avez un petit creux, plusieurs cafés où vous restaurer en toute simplicité.

MARVÃO (7330) 3 950 hab.

Une querelle stérile agite les touristes : le village de Marvão est-il plus beau que celui de Monsaraz ? Venez vérifier vous-même. Les murailles se fondent si bien dans la masse rocheuse de la montagne qu'à une certaine distance il est difficile de distinguer ce qui est forteresse de ce qui est caillou. Véritable nid d'aigle, donc, perché à 900 m d'altitude, Marvão est sans aucun doute l'un des sites les plus séduisants du pays. Qu'il soit appelé à être bientôt classé au Patrimoine mondial de l'humanité ne surprendra personne. On peut y faire le plein de paysages et d'air frais à l'infini. Comme toujours, choisir d'y monter en fin d'après-midi pour que les couleurs et le relief ne soient pas écrasés par le soleil.

Arriver – Quitter

En bus

➢ **Connexions avec Lisbonne :** depuis la capitale, un bus part à 7h20 et arrive en fin de matinée ; un autre part peu après 16h. Compter 4-5h de route. Dans l'autre sens, départ tous les jours à 7h45, ainsi qu'à 16h15 le dimanche. Le bus part de São António das Areias, à 7 km en contrebas de Marvão, à moins qu'il n'y ait suffisamment de passagers pour justifier un départ de Marvão même. Mieux vaut vérifier la veille avec l'office de tourisme ou par téléphone.

➢ **Pour Portalegre :** le bus part à 7h30 en semaine pendant les vacances. Et plutôt à 7h en période scolaire. Aucun bus le w.-e. Possibilité sinon de prendre l'*express* pour Lisbonne.

➢ **Pour Castelo de Vie :** changer à Portagem, car il n'y a pas de bus direct.

En train

🚂 **La gare** est à Beirã, à 7 km au nord de Marvão. ☎ 245-99-22-88. Elle possède un guichet.

➢ Trois trains vont tous les jours à **Lisbonne** (deux le matin tôt et un en milieu d'après-midi). Un train de nuit va jusqu'à **Madrid** (départ vers 1h du mat).

Adresses utiles

🛈 **Office de tourisme :** largo de Santa Maria. ☎ 245-90-91-31. ● cm-marvao. pt ● En saison, tlj 9h-19h ; hors saison, 9h-12h30, 14h-17h30. Fermé le 25 déc. Accueillant et efficace. Renseignez-vous pour les chambres chez l'habitant et pour les maisons à louer dans le village. L'office de tourisme fournit un petit fascicule très complet sur les infrastructures du village, publication qui fait aussi office d'agenda culturel.

✉ **Poste :** rua do Castelo. Lun-ven 9h-12h, 14h-17h.

■ **Caixa General de Depositos :** rua do Castelo également. En service en sem 8h30-15h. Distributeur.

Où dormir ?

Les pensions et les auberges sont plutôt chères et peu nombreuses à l'intérieur des murailles. C'est pourquoi nous vous conseillons de dormir chez l'habitant pour un confort similaire, mais sans petit déj.

Bon marché

⬆ *Casa Rosado, chez M. et Mme Rosado :* rua Portas da Vila, 14. ☎ 245-99-34-91. 📱 963-83-85-32. ● casa.rosado@sapo.pt● *Ne pas confondre avec les chambres du 14 B de la même rue, plus tristes et plus chères que celles de leur voisin. Deux chambres doubles neuves 25-30 €.* Bains, w-c, TV et une petite terrasse dominant la vallée. Pas de petit déj servi, mais la cuisine reste à disposition. Hôtes très accueillants ; le propriétaire parle le français. Excellent rapport qualité-prix.

⬆ *Casa da João :* travessa Santiago 1, à côté de l'église de Santiago. ☎ 245-99-34-37. ● casadajoao@hotmail.com ● *Compter 30 € pour deux, sans petit déj.* Deux chambres d'une propreté étincelante qui se partagent une salle de bains non moins rutilante. La proprio vous accueillera chaleureusement dans sa coquette maison. Très calme, avec une jolie vue depuis l'une des chambres. Petit parking.

Prix moyens

⬆ *Casa das Portas de Rodão :* largo da Silveirinha, 12. ☎ 245-99-21-60. 📱 933-36-11-49. *À l'entrée du village, à droite. Demander les clés au magasin d'artisanat voisin. Compter 30-40 € pour une double, mais les prix varient selon la saison, le nombre de pers et le nombre de nuits passées.* Maison blanche avec toutes les commodités. Les 3 chambres peuvent accueillir jusqu'à 6 personnes, qui vivront en commun, se partageant cuisine et salon comme dans une auberge espagnole. En plus, c'est propre ! Belle terrasse dominant la vallée. Très sympa.

Plus chic

⬆ *Pensão Dom Dinis :* rua Dr Matos Magalhães. ☎ 245-99-39-57. ● casad.dinis@mail.telepac.pt ● casaddinis.pa-net.pt ● *En face de l'office de tourisme. Chambres doubles env 60 € avec le petit déj. Apéro maison offert sur présentation de ce guide.* À ville coquette, pension coquette. Celle-ci l'est vraiment : cette jolie maison a bénéficié d'une rénovation qui la hisse au rang d'une demeure de charme. Belles chambres avec douche, téléphone et TV, à l'aménagement sobre et élégant. Vue étendue sur la plaine, et calme garanti. Également un amour de snack-bar, le *O Castelo,* juste en face (voir « Où manger ? »).

⬆ *Casa da Arvore :* rua Matos Magalhães, 3, à 50 m de l'office de tourisme. ☎ 245-99-38-54. ● rtsm.pt/casadaarvore ● *Fermé 15 déc-31 janv. Chambres doubles 60-65 € dans une belle maison entièrement rénovée. Petit déj offert sur présentation de ce guide.* Cinq chambres différentes avec salle de bains et parquet ; celles du 1er étage sont plus agréables. Depuis le grand balcon du salon qui domine le paysage, la vue est superbe. Un vrai plus.

Beaucoup plus chic

⬆ 🍴 *Pousada de Santa Maria :* rua 24 de Janeiro, 7. ☎ 245-99-32-01 et 02. Fax : 245-99-34-40. Résa conseillée. Chambres doubles 105-150 € selon saison et jour (plus cher ven-sam). Carte 25-30 €. Aménagées dans de vieilles maisons du village, évidées pour être reconstruites aux normes. Beaucoup de charme, bien sûr, même si les finitions laissent un tout petit peu à désirer.

Atmosphère plutôt décontractée et accueil gentil comme tout. Salle à manger panoramique, idéale pour un repas en amoureux ou entre amis. Cuisine très correcte, service sympathique.

Où manger ?

Prix moyens

|●| **Bar Marcelino :** rua de Cima, 3. Dans une rue qui monte de l'entrée de Marvão à la place du pilori. Petit resto-bar dans une salle en entresol sur des tables en formica, qui ouvre selon l'humeur du patron. Parfois, rien du tout à manger, parfois oui. Tentez votre chance. Spécialité de sarapatel, préparation au porc, mais uniquement le midi. Bon ragoût de cabri.

|●| **Bar O Castelo :** rua Dr Matos Magalhães. ☎ 245-99-39-57. Petite annexe de la Pensão Dom Dinis (voir « Où dormir ? ») où il fait bon s'arrêter pour manger plat du jour, assiette de charcuterie, omelette ou ragoût. Service très gentil. Petite terrasse en été, cheminée hors saison. Notre préféré.

|●| **Bar-restaurante Casa do Povo :** rua de Cima. ☎ 245-99-31-60. Tlj sf jeu et la 2e quinzaine de sept. Plats 7-9 €. Les délices alentejans mitonnés par Irène Maria vous régaleront. Dommage qu'on soit confiné dans une salle déprimante, au lieu de jouir de la terrasse qui surplombe la vallée.

Où dormir ? Où manger dans les environs ?

🏠 **Quinta do Barrieiro :** à São Salvador de Aramenha. ☎ et fax : 245-96-43-08. ● quintadobarrieiro.com ● De Marvão, redescendre et prendre la route de Portalegre. Résa bien à l'avance en saison. Doubles 75 €, petit déj compris. Une adresse magnifique, perdue en pleine montagne. Prenez une femme sculpteur, un architecte amoureux des grands espaces, laissez-leur une propriété restée dans son jus, et voilà le résultat. Petits appartements avec cuisine et coin salon. Du pain frais est déposé chaque matin devant votre porte à l'heure du petit déj, que vous préparerez vous-même. Piscine de rêve, coin jeux pour les enfants, galerie d'expo pour admirer les œuvres de la patronne... Une adresse chaleureuse et d'un goût exceptionnel, dans cette catégorie « turismo rural » qui recèle parfois des merveilles.

|●| **Casa das Carpas :** à São Salvador de Aramenha. De Marvão, redescendre et reprendre la route de Portalegre ; après São Salvador, tourner à gauche direction Espada ; le resto est 500 m plus loin. Petite adresse sans prétention fréquentée par les gens du coin. Terrasse couverte derrière le bar, au bord d'une rivière. Cuisine locale copieuse et bon marché. Également une salle au 1er étage.

À voir

🏛🏛🏛 Marvão offre, outre son dédale de ruelles pittoresques, ses blanches maisons fleuries, ses chapelles à portails Renaissance, une promenade délicieuse sur son **chemin de ronde.** Intact, celui-ci effectue le tour complet du village en épousant tous les caprices de la roche, ponctué, de-ci de-là, d'élégantes échauguettes rajoutées au XVIIe siècle. L'impression d'être sur une île est totale, surtout les jours où la brume envahit tout et que le vent, la pluie se mettent de la partie... hors saison naturellement.

L'ALENTEJO

🏃🏃 Après avoir fait provision de panoramas à l'infini, montez au **château,** qui est dans un état de conservation stupéfiant. Ouvert en permanence. Nombreuses cours, courtines, escaliers à franchir jusqu'au donjon. Vues en plongée époustouflantes sur les différentes enceintes et le chemin de ronde dont on mesure vraiment la fusion harmonieuse avec la montagne. Par très beau temps, le regard porte loin sur toutes les serras alentour, même sur celle d'Estrela, pourtant à près de 100 km au nord. Très beau jardin de buis taillé, qui s'intègre merveilleusement au paysage, à l'entrée du château. La cour de ce dernier abrite un modeste **Musée militaire.** *Tlj sf lun 9h-13h, 14h-17h ; le w-e 10h-17h. Entrée : 1 €.* Présente de manière détaillée l'histoire mouvementée de la ville. Peu d'objets : quelques mousquets et épées. Mais beaucoup d'explications didactiques (en anglais).

🏃 **Museu municipal :** *situé dans l'ancienne Igreja de Santa Maria (XIIIᵉ-XIVᵉ siècle), au pied du château. Mêmes horaires que le Musée militaire. Fermé lun. Entrée : 1 €.* Rassemble pêle-mêle des tessons de poterie, des statues religieuses, de la lingerie fine un peu folklo et des croûtes noircies par le temps. Intéressante fresque du XVIIᵉ siècle.

🏃 **Couvent de Nossa Senhora da Estrela :** *avt d'arriver à la forteresse, dans le virage.* Monastère fondé par des franciscains au milieu du XVᵉ siècle. Sonnez à la porte et les nonnes vous ouvriront leur jardin secret.

Randonnée

➤ On peut avantageusement monter à pied à Marvão depuis Portagem, le carrefour qui est sur la route du fond de vallée. Le départ se fait du parking près du pont médiéval, qui date du XVIᵉ siècle. Suivre le balisage indiqué en vert en longeant d'abord la route. Puis le parcours emprunte sur la gauche une voie empierrée assez raide qui monte jusqu'à Marvão. Ensuite, on peut redescendre par un chemin, que l'on rejoint en quittant le village par la route (après le virage en épingle à cheveux) qui serpente entre les champs et les pierres et offre de jolies perspectives sur la région. Le chemin du retour est moins bien balisé. Renseignements et cartes de randonnée disponibles à l'office de tourisme.

CASTELO DE VIDE
(7320)   3 800 hab.

Castelo de Vide semble sortir tout droit du Moyen Âge, du moins son centre historique. Car le reste a quand même subi l'érosion des ans, et surtout, de certains architectes contemporains, l'ineffaçable outrage.
Bâtie sur un promontoire dominant la plaine, la vieille ville avec sa forêt de toits dégringole de chaque côté de la colline. Nulle ride d'inquiétude ou de vieillesse n'a marqué sa physionomie. Peut-être aussi parce qu'elle produit, ici même, une excellente eau minérale... Cité à découvrir le matin, entre 6h30 et 7h, lorsque le soleil se contente de rehausser la blancheur veloutée des façades, sans écraser le contour des maisons. Les lève-tôt seront une fois de plus privilégiés. Pour vous réveiller tout à fait, allez prendre une boisson revigorante dans la rue principale, au *café Central,* un de ces vieux cafés où tout le monde semble s'être donné rendez-vous. Demandez la spécialité maison, les *boleimas,* chaussons fourrés à la pomme et à la cannelle. Très populaires.

Arriver – Quitter

En train

🚃 **Gare ferroviaire :** *à 4 km, sur la route de Portalegre.*

➤ *Pour Lisbonne :* 2 trains/j., le matin et le soir. Changement Álvares à Entroncamento. Il n'y a pas de guichet à la gare, on achète donc directement son billet dans le train auprès du contrôleur.

En bus

➤ *Pour Lisbonne :* 2 bus tous les jours. Départ de la place de l'église à 8h. Celui de l'après-midi, vers 16h, part du jardin public à deux pas de là. Le ticket s'achète à bord du bus.
➤ *Pour Portalegre :* 3 bus/j., 2 le matin et 1 en début d'après-midi. Mais aucun le w-e. Départ de la place de l'église. Env 30 mn de trajet.

Adresses utiles

🛈 *Office de tourisme :* praça D. Pedro V, à côté de la cathédrale. ☎ 245-90-13-61. ● cm-castelo-vide. pt ● Tlj 9h-17h30 (19h l'été). Bon accueil

mais peu de documentation.
✉ *Poste :* largo de Conçalo Eanes, le grand parc de la ville. Slt en sem 9h-12h30, 14h30-17h30.

Où dormir ?

Outre les hôtels et chambres d'hôtes, il existe d'adorables maisons à louer dans l'enceinte du château. Pour profiter d'un cadre historique, rien de tel ! Demandez les contacts à l'office de tourisme.

De bon marché à prix moyens

🛏 *Casa de Hóspedes Machado :* rua Luís de Camões, 33-35. ☎ 245-90-15-15. ✗ Dans la ville basse. Suivre les panneaux en entrant dans Castelo de Vide : c'est bien fléché. Chambres doubles 30-35 € sans petit déj, selon chambre et saison. Cinq chambres d'hôtes coquettes avec bains ou douche, TV, belle cuisine collective plus barbecue, jardin, terrasse et parking. Voici ce que propose, en outre, cette paisible villa

moderne : vue sur la vallée, calme garanti et des sentiers qui partent à la conquête du château. Accueil sympa.
🛏 *Residencia Dias :* rua Luís de Camões, 29. ☎ 245-90-51-21. Juste à côté de la Casa de Hóspedes Machado. Chambres doubles 30 €. Même style que son voisin, mais les chambres ont un peu plus de caractère. Possibilité de faire sa cuisine dehors (frigo et barbecue à disposition).

Prix moyens

🛏 *Casa Melanie :* largo do Paço Novo, 3. ☎ et fax : 245-90-16-32. Chambres doubles avec bains 25-35 € sans petit déj. Au-dessus du jardin municipal, dans un petit renfoncement. La maison est impeccablement tenue, très calme, et les propriétaires, qui ont vécu près de Londres, veillent à ce que les clients soient satisfaits. Possibilité d'utiliser la machine à laver et de contempler, de la terrasse, la nuit superbe envahissant les ruelles alentour.
🛏 *Residencial Isabelinha :* largo do Paço Novo, 1. ☎ 245-90-18-96. En

haut du jardin municipal. Chambres doubles avec bains 35-45 € selon saison, petit déj compris. Dans une solide maison moderne, chambres confortables mais impersonnelles et petites.
🛏 *Albergaria El Rei Dom Miguel :* rua Bartolomeu Álvares da Santa. ☎ 245-91-91-91. Fax : 245-90-15-92. Chambres doubles 50 € ; petit déj 10 €. Réduc de 10 % sur le prix de la chambre, sur présentation de ce guide. Belle maison ancienne, fraîche en été, avec ses murs épais. Chambres cosy avec téléphone, TV et bains en marbre. Cer-

L'ALENTEJO

taines au second ont un petit balcon. Agréable salle à manger meublée à l'ancienne.

🏠 ▮●▮ **Casa do Parque :** av. da Aramenha, 37. ☎ 245-90-12-50. ● casado parque@mail.pt ● Au-dessus du jardin municipal. Resto fermé mar et en déc. Chambres doubles 35-50 € (avec un supplément pour les w-e et fêtes) ; petit

Beaucoup plus chic

🏠 **Hotel Sol e Serra :** à l'entrée de la ville en venant de Marvão. ☎ 245-90-13-01. ● grupofbarata.com ● Chambres doubles avec bains 70-85 €, petit

déj 6 €. Repas 12 €. Verre de bienvenue ou petit déj offert sur présentation de ce guide. Belle résidence de charme au style rustico-élégant. Chambres mignonnes avec bains, TV et AC. Tennis. Possibilité d'utiliser la piscine privée située à 1 km (ouverte en été seulement). Resto au rez-de-chaussée.

déj compris. Grand hôtel touristique moderne, sans charme particulier mais confortable. Piscine, parking. Personnel très gentil, très compétent.

Où dormir dans les environs ?

⚊ 🏠 **Quinta do Pomarinho :** à 7 km du centre, en direction de Portalegre. ☎ 245-90-12-02. ▯ 965-75-53-41. ● in fo@pomarinho.com ● pomarinho. com ● Tte l'année. Doubles 40 € la 1re nuit ; tarifs dégressifs. « Maison ronde » env 50 €. Camping env 13,50 € pour deux. Petit déj pantagruélique en sus (5 €) préparé par la patronne. Carafe de vin offerte sur présentation de ce guide. Les charmants Dolf et Phine, originaires des Pays-Bas, offrent diverses possibilités de logement. À l'intérieur d'une vieille ferme, 5 chambres volontairement basiques mais charmantes et dotées de lits douillets. Les chambres du bas se partagent de grands sanitaires communs très propres, également destinés aux campeurs. Cuisine en libre-service. En haut, un ensemble de 2 chambres avec salon, terrasse et salle de bains, que l'on peut louer en entier (super pour une famille ou un groupe d'amis) ou partager avec des inconnus. Également une « maison ronde » isolée au fond du terrain : idéal pour être à la fois autonome et jouir d'un certain confort (coin cuisine, douche et w-c dans un cabanon extérieur, un poêle pour l'hiver et une jolie déco). Enfin, cerise sur le gâteau, il y a moyen de camper. On peut planter sa tente derrière la maison, pour profiter du courant

et des sanitaires, ou alors s'exiler quelque part dans les champs, si l'on recherche plutôt la solitude. Tout fonctionne aux énergies renouvelables, en l'occurrence le solaire et l'éolien. Petite piscine et étang où l'on peut nager avant d'aller faire les fous dans le verger : 25 ha de terre, ça laisse du champ libre pour batifoler !

🏠 ▮●▮ **Quinta da Bela Vista :** à Póvoa e Meadas, à 13 km au nord de Castelo de Vide. ☎ 245-96-81-25. ● geral@quin tabelavista.net ● quintabelavista.net ● De Castelo de Vide, prendre la direction de Portalegre et tourner à droite, juste après la station-service au panneau « Agro-Turismo ». Fermé en janv. Quatre chambres doubles avec bains 80 €, petit déj compris. Table d'hôtes sur commande (18 €). Digestif offert sur présentation de ce guide. Belle demeure de maître construite dans les années 1930 par un ingénieur du barrage hydroélectrique de Póvoa. Elle domine fièrement des champs de vignes et d'oliviers. Chambres spacieuses, confortables et stylées, avec parquet et meubles anciens. Déco un peu kitsch, mais c'est dans l'esprit. Redoutable collection de bibelots. Salle de jeux et TV. Piscine et court de tennis. Le personnel est aux petits soins.

Où manger ?

Difficile de trouver un endroit pour dîner après 21h.

De bon marché à prix moyens

|●| *Pastelaria Sol Nascente : rua de Olivença, près de la place de la cathédrale. Tlj sf lun hors saison 8h-22h. Un choix dément de plats du jour (env 6,50 €) et de snacks à déguster à tte heure. Apéritif offert sur présentation de ce guide.* On ne s'en lasse pas. Gâteaux et pâtisseries si appétissants que ça en devient obscène. Une super adresse.

|●| *O Miguel : rua Almeida Sarzedas, 32-34. Tlj sf dim et 15-30 sept. Menus 11,50-15 €.* Spécialités de grillades servies avec bonne humeur par la famille Fidalgo dans une salle proprette, décorée d'azulejos.

|●| *Bar Alentejano : largo dos Martires da República. Sur la place de la fontaine. Aucun plat ne dépasse les 9 € ; également plein de snacks, sandwichs et omelettes à prix doux.* Cuisine de bonne facture avec des accompagnements plus variés que d'habitude (enfin des légumes !). Intérieur soigné et patron sympa.

|●| *Restaurante Casa de Pasto, Os Amigos : rua Bartolomeu Álvares da Santa. Près de la cathédrale. Ce Bar des Amis* sert tous les classiques de la cuisine alentejane (plats 7-8 €). Cadre de brasserie qui arbore fièrement son âge. On peut y manger assez tard.

|●| *Resto D. Pedro V : praça D. Pedro V, la grande place centrale.* ☎ 245-90-12-36. *Tlj sf lun et 17-31 janv. Résa conseillée. Repas 12-16 €. Apéritif maison offert sur présentation de ce guide.* Grande salle en sous-sol. La clientèle, un peu moins populaire en semaine que le dimanche, vient déguster là une cuisine pas forcément légère.

À voir

🚶 Dans la partie basse de la ville, tout s'ordonne autour de la *praça D. Pedro V,* entourée de superbes édifices des XVIIe et XVIIIe siècles, notamment la *Câmara municipal* et son passage voûté, l'hôpital, le palais Torre, etc. Également, l'*église Santa Maria,* avec son immense façade et ses deux tours baroques.

🚶🚶 À partir de là, il faut se perdre dans les ruelles médiévales, abondamment fleuries et révélant toujours quantité de détails architecturaux charmants. La *judiaria (le quartier juif)* sera l'une des plus délicieuses promenades de votre voyage. Nombreuses portes gothiques à encadrement de granit, ornées de motifs, de graphismes ; vieille synagogue touchante de sobriété. Tout en bas de la judiaria, exquise placette où trône la *fonte da Vila,* un curieux lavoir Renaissance aux bords usés par des milliers de lessives...

🚶 *Le château,* très ravagé, offre de son donjon un panorama unique sur la ville et la région. Donjon avec vaste salle en ogive et puits. Tlj 8h-17h (18h l'été). Entrée libre. S'il est fermé, adressez-vous au 25-27, rua Direita, à côté ; c'est la maison avec une plaque « Património do Estado ». Gardien sympa. Pour visiter l'*église Nossa Senhora Alegria* (azulejos polychromes), demandez les clefs à la gardienne au n° 26. Là aussi, imbriqué dans les fortifications, un quartier adorable, chaleureux, fleuri.

– Pour les fanas d'églises, *São Tiago* et *São Salvador de Mundo* livrent également leur pesant de jolis azulejos. La seconde abrite aussi un petit musée consacré aux mégalithes.

Manifestations

– *Foire du Livre :* à Pâques. Le rendez-vous littéraire du printemps.
– *Fêtes de Pâques : pendant le w-e pascal.* Les bergers envahissent les rues avec leurs agneaux et, après la messe de 22h le samedi, les villageois font sonner leurs cloches. Foire aux douceurs et sucreries, pour passer agréablement le reste du temps.

– **Foire de la São Lourenço :** *autour du 15 août.* Les joies du commerce et de la gastronomie.

➤ *DANS LES ENVIRONS DE CASTELO DE VIDE*

🎯 **Le barrage de Póvoa :** à une quinzaine de kilomètres au nord-ouest, avec camping gratuit (pas de douches), modeste plage et sports nautiques ; mais l'eau a tendance à être polluée. Hors saison, le paysage révèle son aspect sauvage et fera le bonheur des randonneurs à bicyclette. Pour y aller, prendre la N 246 en direction d'Alpalhão, puis, à environ 3 ou 4 km, la route pour le barrage. Avant ce dernier, *dolmen de la Fonte das Mulheres* (fontaine des Femmes).

L'ESTREMADURA ET LE CENTRE

Entre Lisbonne et Porto, une région au riche patrimoine architectural et culturel, puisqu'on y trouve les trois plus beaux monastères du pays, la prestigieuse université de Coimbra et des villes évadées du temps, comme Óbidos. Des paysages extrêmement variés allant de la luxuriante forêt de Buçaco aux lagunes et rizières d'Aveiro, en passant par les vallées ondoyantes du Mondego et de la Vouga. Le tout saupoudré de belles plages et d'un microclimat clément mais venteux (il peut y faire frisquet la nuit en été).

PENICHE
(2520)   27 300 hab.

À 90 km de Lisbonne, la presqu'île de Peniche s'anime autour d'un important port de pêche et de ses conserveries. Si on veut découvrir les vrais petits spots de poésie que recèlent les lieux, il faut dépasser les barres toutes récentes et déjà très laides en périphérie pour s'aventurer aux alentours : falaises rocheuses spectaculaires, splendides plages de sable fin réputées chez les surfeurs, quartier *Nossa Senhora dos Remédios* aux allures mexicaines, *tombolo* de *Baleal* (une masse rocheuse rattachée à la côte par une langue de sable, comme à Quiberon) et tout un tas de balades tonifiantes. Les futés l'auront compris, mieux vaut aimer la marche à pied ou le surf, les autres passeront leur chemin.
Le 1er week-end d'août, fêtes saintes au cours desquelles les commerces et les banques de Peniche sont fermés. Stands dans la rue avec animation musicale et bateaux décorés dans le port. Voir plus loin « Manifestation ».

Arriver – Quitter

🚌 **Station de bus :** *rua Dr Ernesto Moreira, de l'autre côté du Ponte Velha.* 📱 968-90-38-61.
➢ **Pour Lisbonne :** bus ttes les heures.
➢ **Pour Porto :** 3 bus/j., 1 le mat et 2 l'ap-m.
➢ **De Sintra :** une dizaine de bus/j. dans les 2 sens.

Adresses utiles

🛈 **Office de tourisme :** *rua Alexandre Herculano.* ☎ 262-78-95-71. ● cm-peniche.pt ● *(mairie). Dans le kiosque d'un petit parc qui longe les remparts à l'entrée de la ville. Sept-juin, 10h-13h, 14h-17h ; en juil-août, 9h-20h.*

@ **Espaço Internet :** *rua Dr João Matos Bilhau. Dans le centre.* Service gratuit de la mairie.
▪ **Location de VTT :** *Duas Rodes, à 100 m de la gare routière. Prendre la direction du centre-ville, puis à droite*

sur la rue qui longe le bras de mer. Fermé le w-e. Bon accueil. Prix intéressants. Idéal pour faire le tour de la péninsule : 8 km de plat (mais gare au vent). ■ *Taxis :* ☎ *262-78-26-87.*

Où dormir ?

Campings

⚐ *Camping Peniche Praia :* estrada marginal norte. ☎ 262-78-34-60. ● peni chepraia.pt ● À env 2 km à l'ouest, sur la route du cabo Carvoeiro. Compter 8-12 € pour planter ses sardines (pas beaucoup de places néanmoins pour les tentes) et 25-75 € en bungalow (2-4 pers), selon confort et saison. Peu d'arbres, et balayé par les vents. Pas vraiment le grand luxe. Son seul inté-rêt : il est situé en face du bord de mer (on n'a pas dit en bord de plage...), pratique pour les pêcheurs et les balades.
⚐ *Camping municipal :* à l'entrée de la ville, le long de la rocade. Av. Monsen-hor Manuel Sousa Pinhal da Lagoa. ☎ 262-78-95-29. ● campismo-peni che@sapo.pt ● cm-peniche.pt ● Comp-ter 13 € pour planter votre tente. Pas très équipé et propreté moyenne.

De bon marché à prix moyens

Beaucoup de propositions de chambres chez l'habitant. Liste disponible à l'office de tourisme.

🛏 *Chez Amália :* largo do Macau, 13. ☎ 262-78-97-83. Six chambres d'hôtes très correctes, 20-30 € la double avec salle de bains toute mignonne. Un peu excentré, mais vraiment le meilleur logement chez l'habitant en rapport qualité-prix. La patronne ne parle que le portugais.
🛏 *Residencial Vasco da Gama :* rua José Estevão, 23. ☎ et fax : 262-78-19-02. ● rvascodagama@hotmail.com ● En plein centre, dans une rue parallèle au port. Réception (en français) à la taverne au rez-de-chaussée, cela vaut d'ailleurs le coup d'y manger. Une douzaine de chambres 35-40 €, petit déj inclus. Coquette pension. Chambres simples au confort moderne, et jolie vue sur la place depuis la salle de petit déj.

Où dormir dans les environs ?

De prix moyens à plus chic

🛏 *Villa Berlenga :* rua José Júlio, 12, Casais Mestre Mendo (2525). ☎ 262-75-08-51. ● villaberlenga.com ● À 8 km de Peniche. Suivre les panneaux bleu et blanc « VB ». Compter 35-50 € selon saison. Claudine, Normande d'origine, a tout conçu pour que vous vous sentiez chez vous. Les chambres sont mignonnes et disposées autour d'une courette où, l'été, vous pourrez parta-ger un bon barbecue avec vos voisins. Le mot d'ordre ici est liberté : le petit déj est servi à l'heure que vous voulez et un simple coup de fil suffira pour que le repas du soir soit prêt. Accès (payant) à Internet. Accueil chaleureux, est-il besoin de le préciser ?
🛏 *Casa das Mares II :* praia do Baleal (à 4 km de Peniche). ☎ et fax : 262-76-92-55. À Baleal, tout au bout de l'isthme ; accès par une route à une voie qui traverse le cordon de sable. Comp-ter 55-75 € env la double selon saison, petit déj compris. Dans cette grande maison blanche aux volets verts, comme un dernier rempart avant la mer, le cocktail « d'un côté la plage de sable, de l'autre l'océan et le coucher de soleil » est un vrai régal. Chambres pas très grandes et déco sobre, mais accueil délicieux en français et empla-cement de rêve.

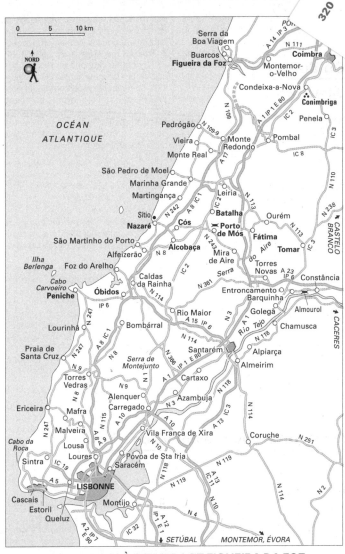

DE LISBONNE À COIMBRA ET FIGUEIRA DA FOZ

Où manger ? Où boire un verre ?

De bon marché à prix moyens

|●| **Oh Amaral !** : *rua Dr Francisco Seia,
7-9.* ☎ 262-78-20-95. 📱966-10-27-30.
Près de l'église S. Pedro. Tlj sf jeu, dim et les 2des quinzaines de mai et d'oct.
Menu 15 €. Apéro offert sur présentation de ce guide. Arroz de tamboril (riz

de lotte) excellent et très copieux (pour 2 personnes). Salle avenante et beau choix de pâtisseries.

|●| **Restaurante A Sardinha :** *rua de Vasco da Gama, 81-93.* ☎ *262-78-18-20. Dans la rue entre le port et l'église São Pedro. Tlj. Menu du jour env 8 €, plats env 9 €.* Le dimanche, on vient dans cette cantine en famille pour déguster des marmites entières de bouillabaisse. Poisson à choisir dans la vitrine réfrigérée. Une cantine bien portugaise avec ses longues tables de nap-pes blanches, sa déco rose flashy et surtout sa bonne ambiance. Service habilement pousse-conso, prudence.

♟ **Très As :** *av. Mar, 9.* ☎ *262-18-96-77. Tlj.* Le bar branché de la ville, rendez-vous incontournable des surfeurs avec sa petite terrasse comme un pont de bateau, sa liste impressionnante d'alcools et sa mezzanine avec vue sur l'horizon marin. En fin de semaine, on pousse les tables et on se trémousse dans une ambiance estivale.

À voir. À faire

🎥🎥 **La forteresse et le Musée municipal de Peniche :** *campo da República, dominant le port.* ☎ *et fax : 262-78-01-16. Tlj sf lun et mar mat 9h (10h sam-dim) 12h30, 14h-17h30 (fermeture de la billetterie 30 mn avt). Accès libre au fort et ticket 1,50 € pour le musée ; gratuit pour les moins de 16 ans.*
La construction de cette forteresse de style Vauban a commencé par le « Baluarte Redondo » et les murailles du côté sud, en 1557, sous les ordres du roi D. João III et a duré jusqu'en 1645, époque durant laquelle Peniche était considérée comme « la principale clé du pays à partir de la mer ». À la fin du XIXᵉ siècle, avec l'évolution des techniques de guerre, la forteresse a perdu de sa valeur stratégique. Il n'y restait plus qu'un petit groupe d'anciens militaires. Au début du XXᵉ siècle, la forteresse a abrité des réfugiés boers venus d'Afrique du Sud, ainsi que des prisonniers allemands et autrichiens pendant la Première Guerre mondiale. Puis elle fut l'une des plus célèbres prisons politiques de Salazar. Entre 1934 et 1974, durant « L'Estado Novo », on y enfermait les opposants au régime dictatorial du Portugal. Certaines cellules peuvent se visiter.
On recommande vivement la visite passionnante du *Musée municipal,* installé dans la forteresse même. On y découvre les principales activités économiques et culturelles de Peniche (pêche, construction navale, dentelle au fuseau...). Y sont aussi exposés les travaux artistiques de l'architecte Paulino Montêz, une collection de coquillages, quelques objets récupérés au fond de la mer et datant de l'époque romaine entre autres, ainsi qu'une importante section dédiée à la Résistance sous Salazar. À voir aussi dans le musée : la chapelle de Santa Bárbara et le réservoir d'eau du XVIIᵉ siècle.

🎥🎥 Le tour de la presqu'île (8 km aller-retour) peut se faire à pied avec de bonnes chaussures de marche ou à vélo le long de la route côtière. En commençant par le nord, on découvre tout d'abord d'étonnantes falaises rocheuses aux strates remédiées par les vents, avant d'arriver à la petite chapelle *Nossa Senhora dos Remédios* (azulejos du XVIIᵉ siècle), sur une immense place pleine de charme. La route aboutit un peu plus loin au phare du *cabo Carvoeiro.* On peut y boire un verre en rêvassant et admirer, par beau temps, l'*ilha Berlenga* (voir ci-dessous « Dans les environs de Peniche »). Retour par le sud. Tout le long de la route, des criques sont indiquées par des pancartes en forme de poisson jaune. Ne pas hésiter à descendre les explorer !

➢ Autre balade à ne pas manquer : par la plage de sable au nord (3 km) rejoindre *Baleal,* cette annexe dominicale de Peniche lovée sur un piton rocheux et uniquement raccordée à la terre ferme par un cordon de sable. On peut encore y observer le remorquage de bateaux. Bondé les beaux jours, sachez-le. Possibilité d'y loger (voir « Où dormir dans les environs ? »).

Manifestation

– **Festival de Nossa Senhora da Boa Viagem :** le 1er dimanche d'août. La veille, le samedi soir, grande procession des bateaux de pêche qui, la nuit venue, conduisent leur sainte patronne jusqu'au port, illuminé par les milliers de cierges que tiennent les familles. C'est le coup d'envoi à la liesse populaire : feux d'artifice, orchestres et spectacles folkloriques. Le midi, les pêcheurs offrent traditionnellement des sardines grillées aux visiteurs de la ville. N'hésitez pas, c'est pour vous ! Le dimanche, procession religieuse plus traditionnelle, à pied dans les ruelles de la ville.

➤ DANS LES ENVIRONS DE PENICHE

Ilha Berlenga : à 10 km de la côte. Cette île est la plus grande d'un archipel d'îlots granitiques qui rappellent curieusement l'Écosse. Couvertes de lande sauvage, ses falaises abruptes, découpées de grottes et de gouffres profonds, plongent dans une mer cristalline qui ravira les amateurs de plongée. Seule une poignée de pêcheurs endurcis l'habitent. Les véritables autochtones sont les milliers de mouettes et de cormorans qui nichent dans les anfractuosités des roches. Toute l'île a été classée réserve naturelle, mais il est néanmoins possible d'approcher les oiseaux par des sentiers balisés. Difficile compromis entre l'écologie et le tourisme (accès limité à 300 visiteurs/j.), notamment en juin et début juillet lorsque les femelles nichent. Leur agressivité vous fera comprendre que vous n'êtes pas le bienvenu. Bonjour l'angoisse hitchcockienne ! Des bateaux sont en location pour explorer les grottes. Le mieux est pourtant de les visiter avec un pêcheur : la grotte Bleue (une cousine de celle de Capri), et surtout le tunnel Furando Grande qui, après 70 m, débouche sur la cova do Sonho, une baie entourée de murs de falaises.
Pour s'y rendre :
➤ Avec horaires réguliers : la compagnie Viamar propose un service de ferries de début juin à fin août, avec un bateau de 180 places. ☎ 262-78-56-46. Fax : 262-78-38-47. Départs à 9h30, 11h30 et 17h30 (ce dernier horaire est pour ceux qui veulent dormir sur place seulement) et le reste de l'année, un aller à 10h avec retour à 16h30 ; compter environ 17 € l'aller-retour.
➤ Plusieurs autres petites compagnies, dont Berlenga Turpesca, possèdent des petits bateaux et effectuent la traversée toute l'année. Les départs se font en fonction de la mer et du remplissage du bateau. Se renseigner aux guichets pyramidaux à l'entrée du port ou à l'office de tourisme. La traversée dure environ 1h selon l'état de la mer. Mais attention, l'organisation est archi-nulle. Faire la queue tôt le matin et, en principe, on n'a pas le droit d'acheter plus de 5 billets par personne. Le mieux est encore de réserver à l'avance. On nous a signalé par ailleurs que certaines personnes malintentionnées profitaient de l'absence prolongée des touristes pour s'approprier leur véhicule. Méfiance, donc.

*Plusieurs possibilités de logement. Dans le **fort de São João Baptista**, du XVIIe siècle (☎ 262-78-52-63), pour 8 € par pers (mais attention, ni draps, ni eau chaude, juste un matelas dans une chambre) et dans un petit **camping** en terrasse au-dessus du port (8 € pour 2 pers). Dans ce dernier cas, il faut préalablement réserver à l'office de tourisme. Autre possibilité, le **Pavilhão Mar e Sol** (☎ 262-75-03-31) où, pour 70 € env, on peut dormir dans de belles chambres, petit déj compris. Fait aussi resto.*

ÓBIDOS

(2510)   10 800 hab.

Ravissante petite ville médiévale, entourée d'impressionnantes murailles qui compensent la faible altitude du site. Ville incroyablement préservée et interdite à la circulation. Beaucoup de monde en été, bien sûr, mais en juin ou septembre, possibilité de flâner dans les ruelles étroites, pavées de galets ronds. Une volée d'escaliers permet de gagner le chemin de ronde, d'où l'on peut admirer la forêt de tuiles rouges contrastant avec les blanches façades abondamment fleuries. Coucher de soleil sur les remparts évidemment somptueux (à l'office de tourisme, on vous indiquera le meilleur endroit pour le photographier ou le déguster).

Les amoureux de nature ne manqueront pas de faire un tour du côté de la lagune d'Óbidos, entre la ville et la mer. Une large baie qui rappelle celle de la Somme, où l'on peut se rendre par le nord en passant par Caldas, ou par le sud en traversant des forêts de pins et d'eucalyptus doucement odorants.

– Mi-juillet, *fête médiévale* avec spectacles et marché.

Arriver – Quitter

🚌 *Arrêt de bus* (abribus) : au pied de la muraille, un peu en dessous de l'office de tourisme. Plus rapide mais plus cher que le train (la gare est en dehors de la ville et ne passent que des tortillards).

➤ Pour *Lisbonne* et pour *Porto,* env 6 bus directs/j., dans les deux sens, en semaine. Également des liaisons quotidiennes pour *Peniche.* Le w-e et pour les autres destinations, se rendre à *Caldas da Rainha* (bus peu fréquents). Un vrai périple !

Adresse utile

🛈 *Office de tourisme :* à l'entrée de la vieille ville, au parking. ☎ 262-95-92-31. ● cm-obidos.pt ● (mairie). Ouv 9h30-19h (18h oct-avr), parfois fermé au déj. Plan de la ville et renseignements sur les environs et les possibilités de balades. Peuvent garder votre sac si vous demandez gentiment.

Où dormir ?

Attention, la plupart des établissements sont souvent deux, voire trois fois plus chers qu'ailleurs.

De prix moyens à plus chic

🏠 *Casa do Fontanário :* largo do Chafariz Novo de Dona Maria I. ☎ 262-95-83-56. Dans la ville basse à 300 m à l'extérieur des remparts. Env 70 € la nuit. Dans une maison du XVIᵉ siècle où vivent José et Maria, qui parlent tous deux un très bon français, quelques chambres à louer, petit déj copieux inclus. Couvre-lit blanc, salle de bains impeccable, le tout fleurant bon l'encaustique. Une adresse vraiment chaleureuse.

🏠 🍽 *Albergaria Josefa d'Óbidos :* rua D. João de Ornelas. ☎ 262-95-92-28. ● josefaobidos@iol.pt ● Compter 50-70 €, petit déj inclus. Resto ouv midi et soir ; fermé en janv. Café offert sur présentation de ce guide. Une quarantaine de chambres meublées avec goût, tout le confort, donnant sur la rue bruyante et certaines sur le jardin de poche.

Beaucoup plus chic

🏠 *Estalagem do Convento :* rua Dr João d'Ornelas. ☎ 262-95-92-16. ● estalagemdoconvento.com ● Chambres env 60 € en basse saison et jusqu'à

100 € avr-sept. Dans un couvent de 1832 avec des poutres partout, de belles chambres douillettes où l'on se sent tout de suite bien. Salle de bains joliment décorées. Côté confort, rien à redire. Les prix incluent le petit déj dans la somptueuse salle à manger (voir aussi la rubrique « Où manger ? »).

🛏 **Albergaria Rainha Santa Isabel :** rua Direita. ☎ 262-95-93-23. ● oeste.online.pt/arsio ● Dans la rue princi-pale. Une vingtaine de chambres doubles 62-92 €, petit déj inclus. En plein centre, dans une maison réhabilitée et dotée de tout le confort moderne sans pour autant trop perdre de son cachet rustique, avec ses poutres au plafond. Dans certaines chambres, matelas magnétiques censés être très bons pour le dos, d'où l'avertissement « no pacemaker » ! Prix tout de même surestimés.

Où dormir dans les environs ?

🛏 **Casa d'Obidos :** quinta de São José. ☎ 262-95-09-24. ● casadobodos@clix.pt ● casadobidos.com ● À 1,5 km, en prenant à gauche après la grande église baroque, en direction de Caldas. Fermé en janv. Résa conseillée. Autour de 80 € pour deux, petit déj orgiaque inclus. Réduc de 10 % sur le prix de la chambre, sur présentation de ce guide. Sans conteste la meilleure vue sur les remparts depuis ce manoir du XIXᵉ siècle, aménagé avec beaucoup de goût. Chambres toutes différentes avec salles de bains gigantesques, ou bien 3 gîtes dans les dépendances pour 2, 4 ou 6 personnes. Et plus on est de fous, moins on paie cher, logique ! Parmi les gîtes, on a adoré la Casa Leonor, pour 2 personnes avec mezzanine, cuisine équipée, cheminée et fauteuils club (même prix qu'une chambre, sans le petit déj). Fantastique ! Piscine, tennis.

🛏 **Maison d'hôtes Casa das Hortensias :** rua 5 de Outubro, 6, à Vau. ☎ 262-96-88-28. ● maisondashortensias@sapo.pt ● http://casa.hortensias.free.fr ● Sur la route du Bom Sucesso. C'est la maison à l'entrée du village où trône un palmier. Fermé en déc et janv. Chambres doubles 45 €. Digestif offert sur présentation de ce guide. Annie et Fernanda sauront vous prodiguer un accueil digne de ce nom (et en français, s'il vous plaît !). Six chambres doubles, les plus sympas étant à l'étage avec une entrée indépendante dans le délicieux jardin. Plats roboratifs et préparés avec amour. Petit déj copieux.

Où manger ?

De bon marché à prix moyens

|●| **1° de Dezembre :** largo de S. Pedro. ☎ 262-95-92-98. Tlj sf dim. Moins de 10 € pour un repas. Sur la place de l'église San Pedro, un café-resto populaire à la cuisine simple, typique et généreuse. Agréable terrasse pour l'été.

|●| **Pretensioso :** largo do Postigo, 2. ☎ 262-95-00-21. À l'intérieur des remparts, juste avt la sortie est. Compter env 20 €. Rien que pour la terrasse sous l'oranger avec les oiseaux qui gazouillent, il faut venir faire un tour ici. La cuisine flirte avec différentes influences méditerranéennes où herbes aromatiques et ail se retrouvent souvent dans les plats. Simplement bon comme ce canard au miel et porto ou ce filet de cochon aux fruits secs. Dehors, on peut aussi juste boire un verre.

Plus chic

|●| **Estalagem do Convento :** rua Dr João d'Ornelas. ☎ 262-95-92-16. Au pied de l'église Santa Maria. Tlj sf dim le soir slt 19h30-21h30. Menu 30 €. Luxueusement installé sous les voûtes sombres d'un petit couvent. Service impec' et de bon conseil pour les vins. De quoi se donner l'illusion de jouer au

nabab en dégustant son filet de lotte, sauce champagne ou son agneau à l'avoine. Un plaisir qui vaut bien le coup d'écorcher son budget. Voir aussi « Où dormir ? ».

|●| *O Caldeirão : Urbanização Quinta de São José.* ☎ 262-95-98-39. *À 1 km, sur la route de Caldas (N 8), dans les bâtiments modernes qui jouxtent la massive église baroque Senhor da Pedra. Tlj sf dim et 3 sem en sept.*

Compter 25 € par pers. L'adresse préférée des Portugais. Grande salle, façon auberge pour banquet, où l'on sert une nourriture abondante. Brochettes de porc et de crevettes présentées à la verticale, viande de bœuf fondante et en amuse-bouche (payant tout de même, attention), vous pouvez y aller, le panier entier de fromages et saucissons divers est pour vous.

Où boire un verre ?

🍷 *Bar Ibn Errik Rex : rua Direita, 100, la rue qui monte au château.* ☎ 262-95-91-93. *Tlj sf mar jusqu'à minuit.* Plafond couvert de mignonnettes de porto de tous âges, et déco originale dans ce bar touristique mais amusant. On peut y déguster de la *ginjinha* locale, cet apéro de grand-mère sucré et sirupeux à base de griottes. Sert aussi des plats.

🍷 *Petrarum Domus : rua Direita.* ☎ 262-95-96-20. Un beau bar avec murs en pierre, tables en bois et mezza-nine en 2 parties reliées par un petit pont. Un endroit très original pour déguster la spécialité de la maison : le *celta,* un alcool de fruits vraiment délicieux.

🍷 *Bar Lagar da Mouraria : rua da Mouraria. Tlj sf lun.* Un bar tout en bois sur plusieurs niveaux reliés par des poutres, avec même un ancien pressoir à vin. Atmosphère authentique et chaleureuse, surtout en été, lors des soirées fado. On sent que ça vibre là-dedans !

Achats

🏷 *Loja do Vinho : rua Direita.* ☎ 262-95-94-34. Une petite boutique divisée en deux avec d'un côté les vins de la région dont la fameuse *ginjinha* d'Óbi-dos qui se boit traditionnellement dans de petites coupelles en chocolat, et de l'autre des douceurs, gâteaux, confitures, etc. Beau choix, bons conseils.

À voir. À faire

➤ *Balade dans la ville :* une fois franchie la porte de la ville, on a le choix entre 2 rues pavées. Outre les façades, arches et fenêtres manuélines des maisons, ne pas manquer le *pilori* du XVe siècle, praça Santa Maria, et l'*église Santa Maria,* rua Direita (beaux azulejos et tombeau Renaissance).

🍴 *Le Musée municipal : praça Santa Maria.* ☎ 262-95-55-57. *Tlj sf lun 10h-13h, 14h-18h. Entrée payante.* Statues et peintures religieuses, et une œuvre de Josefa de Óbidos, femme peintre du XVIIe siècle, qui travailla toute sa vie ici. Quelques souvenirs des guerres napoléoniennes également.

➤ **DANS LES ENVIRONS D'ÓBIDOS**

🍴 *Caldas da Rainha : à une dizaine de kilomètres au nord d'Óbidos, en direction d'Alcobaça.* Capitale nationale de la céramique, la ville abrite trois musées qui lui sont consacrés et une bonne kyrielle de fabriques. Guère de raisons de s'arrêter dans cette ville sans trop d'intérêt. Les collectionneurs s'amuseront à repérer les « choses de Caldas », ces statuettes – en faïence évidemment – que l'on offre ici aux jeunes mariés et qui représentent la gent masculine dans sa meilleure forme.

Une vraie tradition séculaire qui n'a pas encore été jetée en pâture aux ravages du tourisme. Il faut dire que les figurines sont rarement de bon goût et, comme souvenir à poser sur la télé, on a vu plus discret ! Vous trouverez ces « choses » dans la *rua de Camões,* la rue parallèle à la grande place centrale.

🏃 **Les salines de Rio Maior :** *à une vingtaine de kilomètres à l'est.* On est à plus de 30 km de la mer et pourtant la région possède des salines datant du Paléolithique, alimentées par des eaux souterraines. Jolies scènes de récolte traditionnelle dans un magnifique paysage de vallées profondes.

– **Escola de Vela da Lagoa :** *rua Soares, 2500 Foz de Arelho.* ☎ et fax : 262-97-85-92. ● escoladeveladalagoa.com ● *À une douzaine de kilomètres à l'est.* Très beau centre nautique tenu par des Français et installé dans la lagune d'Óbidos, les pieds dans l'eau. Cadre charmant, abrité et constamment balayé par une bise légère. Autrement dit, idéal pour s'adonner aux joies de la voile et autres embarcations flottantes. Encadrement pro. Toutes sortes de formules, en individuel ou en cours collectif.

NAZARÉ

(2450)   15 000 hab.

Malgré l'invasion touristique, Nazaré a bien conservé son aspect et son authenticité, surtout hors saison, que vous retrouverez dans le marché couvert notamment. Que ce soit dans l'actuel centre-ville, le *bairro dos Pescadores, à Pederneira,* l'ancien bourg sur les hauteurs, ou à *Sítio,* la partie de la ville perchée sur la falaise, on rencontre encore des femmes de pêcheurs portant leurs sept jupons tenus par un gros nœud et dotées de chaussettes montant jusqu'au genou. Folklorique. Comme ces poissons

> ## UN PORT DE PÊCHE QUI NE JOUE PLUS L'EFFET BŒUF
>
> *Le port de pêche le plus célèbre du Portugal. Immortalisés en noir et blanc par le photographe toulousain Jean Dieuzaide, les pêcheurs aux longs bonnets remontant leurs bateaux à l'aide de gros bœufs ont malheureusement quitté la plage. Aujourd'hui, un port moderne a mis fin à cette coutume séculaire. On peut se consoler avec le spectacle de la criée en semaine. Il faut voir les mamies faire monter les enchères avec leurs boîtiers électroniques !*

séchés dans la rue, des sardines le plus souvent (et l'arête qui orne les tee-shirts des plus jeunes dans la rue !). Les ruelles étroites du vieux quartier de la Praia, perpendiculaires à la plage, n'ont nullement sacrifié leur charme et leur naturel au dieu Tourisme. Pavées de gros galets, déboulant en pente, il s'en échappe toujours de bonnes odeurs de fritures, des cris d'enfants et des rires joyeux. En saison, circulation et stationnement quasiment impossibles dans le centre.

Arriver – Quitter

🚌 **Gare routière :** *près du marché. Infos générales :* ☎ 808-20-03-70.
➤ *Pour Lisbonne :* 3 à 4 bus/j. dans les deux sens (2h de trajet). *Pour Óbidos,* 1 ou 2 bus (environ 1h), *pour Porto,* 4 bus/j. (3h30 de trajet), *pour Tomar* 1 bus le matin et 1 l'après-midi dans l'autre sens qui s'arrêtent partout (2 à 3h de trajet), *pour Batalha, Coimbra...* Moins de bus le w-e.

🚆 **Gare ferroviaire :** *située à Valado, à 6 km, mais bien moins pratique d'utiliser les trains que les bus.*

Adresses et infos utiles

🛈 **Office de tourisme :** av. da República ; sur le bord de la plage, à quelques mètres de la place centrale Sousa
Oliveira. ☎ 262-56-11-94. ● cm-nazare.
pt ● (mairie). Ouv 9h-21h en juil-août ;
horaires restreints le reste de l'année,
avec pause entre 13h et 14h30. Plan de
la ville et accueil en français.
✉ **Poste :** av. da Independência nacional, 2.
🖳 **Internet :** au centre culturel, av.
Remigio ; en bord de mer. Lun-ven, mat
et soir, et sam ap-m ; de mi-juillet à fin
août, ouverture supplémentaire 21h-
minuit. Premières 30 mn gratuites
(réserver).
– **Marchés :** tous les matins (sauf le
lundi en hiver) dans une halle sur l'avenida Vieira Guimarães. Très animé avec
saucissons, fromages (nous vous
recommandons particulièrement le
stand de Rodrigues et Subtil avec de
bons produits artisanaux et des
conseils en français), poissons, fruits et
légumes et les femmes en habit traditionnel à ne pas rater. À l'intérieur, super
petit troquet, le **Café do Mercado** pour
observer l'agitation avec un café-
croissant (bonne boulangerie à l'intérieur du marché).
– Tous les vendredis dans le bairro dos
Pescadores, sorte de **foire** avec beaucoup de fripes.

Où dormir ?

Nombreuses chambres chez l'habitant. Les femmes de pêcheurs attendent les routards à la gare routière et dans la rue le long de la plage pour leur en proposer. Mais
prudence : faites-vous d'abord décrire les lieux avant de suivre votre interlocutrice
(entre 20 et 30 € la chambre double pour vous donner une idée). On trouve en effet
le pire et le meilleur (prix souvent à la tête du client !). Les hôtels, quant à eux,
pratiquent des prix plus ou moins abordables selon la saison. Discuter. Attention,
beaucoup d'adresses sont fermées hors saison.

Campings

⛺ **Camping Vale Paraíso :** à 2 km de
Nazaré, sur la route de Coimbra. ☎ 262-
56-18-00. ● info@valeparaiso.com ● va
leparaiso.com ● Fermé 23-26 déc. À
peine plus de 15 € la nuit pour 2 pers
avec tente et voiture (tentes à louer si
nécessaire). Bungalows toilés et chalets à partir de 57 € pour deux en été.
CB acceptées à partir de 150 €. Propre,
assez bondé. Piscine (payante en juillet-
août). Sanitaires super. Dans les herbes, à l'abri des pins. Ping-pong, billard,
vélos. Self-resto de bonne qualité, épicerie. Spectacles ou concerts organisés certains soirs en été. Essaie de
contribuer à la protection de l'environnement (tri sélectif, replantation, énergie solaire...). Très pro.
⛺ **Camping Orbitur :** à Valado dos Frades. ☎ 262-56-11-11. ● orbitur.pt ● À
1,5 km du centre, sur la route d'Alcobaça. Avr-nov. En été, 16 € pour deux,
une tente et une voiture. Prévoir des sardines pour le sable. Possibilité de réserver des bungalows (pas loin de 60 €
pour 4 pers), des chalets pour six et des
mobile homes (residenciais). Tennis,
ping-pong, resto-snack-bar à prix
moyens. Très ombragé et plutôt propre
même si en pleine saison les sanitaires
pourraient être mieux tenus.

De bon marché à plus chic

🏠 **Praça Caffé :** praça Dr Manuel
Arriaga. ☎ 262-18-94-58. 🗎 967-46-80-
11. Dans une petite maison blanche aux
volets verts au fond de la place avec une
vue bien dégagée sur la mer. Quelques
chambres avec salle de bains, très clai-

res, bien conçues et avec un petit balcon pour chacune, d'où l'on voit très bien la plage située à 20 m. Idéal. Petit déj compris que l'on prend au café au rez-de-chaussée. Tenu par un couple assez âgé, qui aime bien recevoir les touristes.

🛏 *Vila Turística Conde Fidalgo :* av. da Independência nacional, 21 A ☎ 262-55-23-61. 🖷 963-92-46-94. • http://con defidalgo.planetaclix.pt • *Quasiment face à la poste. Résa conseillée. Selon saison et standing, 25-50 € la chambre double (ttes avec salle de bains) et 35-95 € pour les appartements.* Disséminés dans plusieurs bâtiments bien au calme, des chambres et des appartements avec cuisine, proprets, bien équipés et surtout bien tenus. Déco intérieure et mobilier quelconques, mais extérieur des bâtiments et cour très sympas. La patronne bricole pas mal elle-même. Admirez ses compositions murales : un joyeux brouhaha visuel de carrelages colorés posés dans tous les sens. Laverie. Bonne ambiance.

🛏 *Restaurante-hospedaria Ideal :* rua Adrião Batalha, 98. ☎ 262-55-13-79. • hospedariaideal.com.sapo.pt • *Dans une rue à droite de l'office de tourisme, à 5 mn de la mer. Tte l'année. Double 20-40 € selon confort et saison.* Petite maison d'angle avec un resto ouvert à partir de Pâques. Six chambres propres, absolument adorables. Deux salles de douches à l'étage. Accueil charmant et en français.

🛏 |●| *Restaurante-residencial Ribamar :* rua Gomes Freire, 9. ☎ 262-55-11-58. Fax : 262-56-22-24. *En bord de mer, à l'angle de l'avenida da República. Fermé 12-27 déc. Chambres 25-60 € selon confort et saison. Repas à partir de 14 €. N'oubliez pas de vous réclamer du* Guide du routard *en réservant ! Atmosphère très cosy avec décoration à dominante de blanc, certaines chambres avec balconnet.* Azulejos dans la salle de bains. Accueil blasé. Au resto, spécialités à base de produits de la mer.

Où dormir dans les environs ?

⛺ *Camping Colina do Sol :* serra dos Mangues. ☎ 262-98-97-64. Fax : 262-98-97-63. *À 2 km à gauche, sur la route de Nazaré. Si le camping de la plage à São Martinho est bondé, il y a moins de monde dans celui-ci. Compter moins de 10 € par pers. Magnifique plage à 30 mn à pied derrière (mer dangereuse, cependant).* Ombragé. Piscine et douches chaudes gratuites. Supermarché et snack-bar ouvert l'été. Tarifs corrects.

🛏 *Pousada da juventude :* à Alfeizerão, à 4 km de São Martinho, sur la route d'Alcobaça. ☎ 262-99-95-06. *Attention, une fois qu'on est arrivé à Alfeizerão, il reste bien 2 km à faire à pied, et ça grimpe. Pousada toute rénovée, toute belle.* D'Alfeizerão, on peut se rendre directement à Lisbonne, grâce à un bus direct *(espresso)* ; c'est plus pratique que de redescendre à São Martinho do Porto pour prendre le train.

Où manger ?

Les restos de fruits de mer abondent et certains bistrots servent de simples mais succulentes assiettes de bigorneaux, coques ou amandes, accompagnés de tranches de pain de maïs. En haut de la falaise, dans le quartier du *Sítio,* les restos sont à prix modérés.

De très bon marché à bon marché

|●| *Casa Marques :* rua Gil Vicente, 37, rua Sousa Lobo, 50. ☎ 262-55-16-80. *Dans une ruelle qui part de la praça Dr Manuel de Arriaga. Congés prévus en* déc ou janv, mieux vaut se renseigner. *Menu 10 €, vin compris. Apéritif et digestif offerts sur présentation de ce guide.* Petite salle dynamique où l'on

travaille en famille, avec le sourire. Les jeunes, plutôt branchés et parlant le français, sont dans la salle, la grand-mère, toute de noir vêtue et sa fille dans la cuisine, d'où elles surveillent les clients. Spécialités de *cataplana, caldeirada* et de grillades de poisson. Quelques tables dehors.

|●| *A Lanterna :* rua Mouzinho de Albuquerque, 59. ☎ 262-56-22-15. Dans la rue qui part de la place Sousa Oliveira. Hors saison, tlj sf mar et la 2*de* quinzaine de nov ; en été, tlj. Compter 13 € par pers. Café offert sur présentation de ce guide. Salle pas bien grande avec quelques alcôves, où l'on appréciera d'autant plus la spécialité de la maison, les *cataplanas* (pour 2 personnes), des ragoûts de poisson, viande et fruits de mer servis dans une sorte de chaudron en cuivre. Un petit régal, croyez-nous !

|●| *Casa O Santo :* travessa do Elevador, 11. ☎ 262-08-51-28. Derrière la praça Sousa Oliveira, vers le funiculaire. Fermé lun, oct-mai. Plats 4-8 € (plus cher en été). Une envie de coquillages ? C'est la bonne adresse : on ne mange que ça et des crabes selon la pêche, dans ce petit bistrot aux tables en bois. De délicieux vins blancs pour les accompagner. La patronne parle le français.

|●| *Cantinho do Elevador :* largo do Elevador, 14. ☎ 262-55-37-79. Tlj de fin mai à fin sept, le w-e slt le reste de l'année. Ce n'est pas un resto ; M. António Batista Pereira et sa femme installent quelques tables face à l'entrée du funiculaire pour proposer des petites assiettes de coquillages sauce piquante-oignons-tomate + pain à petits prix. L'occasion de tester vos connaissances en portugais avec les gens du coin.

|●| *O Varino :* rua dos Lavradores, 50. ☎ 262-08-37-38. Derrière la gare routière, dans les petites ruelles. Tlj sf lun et en janv. Menu 10 €. Apéritif offert et 5 % de réduc fév-juil sur présentation de ce guide. O Varino, c'est le vêtement que porte le marin de Nazaré. Le patron se fait un point d'honneur d'accueillir convenablement ses clients et parle le français. Le seul hic, ce sont les bancs minuscules sur lesquels on doit s'asseoir... Mais la cuisine est de bonne qualité.

|●| *Arimar (Luzindro, Rafael & Filhos) :* estrada do Farol, 3. ☎ 262-56-23-13. Quartier du Sítio, sur la place centrale. Fermé nov-déc. Compter 10 € le repas complet. Cuisine traditionnelle bien sympathique, excellente même, selon certains de nos lecteurs. Et copieuse, avec ça ! Établissement essentiellement fréquenté par des Portugais. Mais il faut le mériter : le quartier du Sítio se situe tout en haut de la falaise !

Prix moyens

|●| *Maria do Mar :* rua do Guilhim, 13. ☎ 262-55-39-76. Dans une petite rue qui part du front de mer. Marina, la patronne, parle très bien le français. Excellent *arroz de mariscos* à 19 € pour deux, avec crabes, crevettes, moules et coques baignant dans un jus goûté, le tout servi dans une cocotte en fonte. En été, la terrasse donnant sur la rue est très agréable ; on y fait d'ailleurs des grillades au barbecue. L'hiver, on peut quand même profiter de la lumière en s'installant dans la véranda.

|●| *Restaurante São Miguel :* av. de República. ☎ 262-56-24-03. Tout au bout, sur la plage, en dessous de Sítio. Compter 10-15 € par pers. Un resto classique pour nos amis routards, mais il domine la plage avec ses grandes baies vitrées et sa belle terrasse, parfaite pour la mi-saison, lorsque le soleil commence à poindre le nez. Ces atouts incontestables valent bien de ne pas se laisser arrêter par le côté nappes blanches et service un peu guindé, d'autant que pas mal de plats (dont des poissons simplement grillés) ne sont pas plus chers qu'ailleurs.

|●| *A Tasquinha :* rua Adrião Batalha, 54. ☎ 262-55-19-45. Dans la rue à droite de l'office de tourisme. Tlj sf lun et de Noël à mi-fév. Plats 12-25 € par pers en moyenne. Très bonne ambiance de gastronomie conviviale avec de grandes tables pour faire connaissance avec les voisins dans un petit décor chaleureux. Excellent accueil (en français). Quand l'attente sur le trottoir est trop longue, le patron sort et offre un verre de muscat ! Grand

choix de poisson frais et de desserts. Bon rapport qualité-prix. Les spécialités du chef : l'*arroz de marisco* et le *camarão a Tasquinha*.

Où déguster une pâtisserie ?

|◉| **Pastelaria Batel :** *rua Mouzinho de Albuquerque, 2.* ☎ 262-55-11-47. *Presque à la praça Sousa Oliveira. Tlj jusqu'à minuit.* Un grand choix de bonnes pâtisseries de toute la région et de succulentes tartes aux fraises. Quelques tables pour vous sustentez en buvant un café.

Où boire un verre ? Où sortir ?

🍸 **Bar Até qu'enfim :** *rua Adrião Batalha, 60.* ☎ 262-55-19-73. *Tlj juin-sept, le w-e slt le reste de l'année.* Tenu par un couple accueillant ; leur fils Fernando parle un peu le français. On peut y grignoter. Musique *ao vivo* certains soirs.

🍸 **Bar Pé Leve :** *av. da Repùblica, 54. Tlj 14h-minuit (2h le w-e).* Un bar de poche à la décoration bateau (au sens propre du terme !) où se retrouvent jeunes et moins jeunes pour boire une mousse, écouter en saison la musique live ou discuter sur la terrasse avec la mer en face. Ambiance décontract' tendance *sixties*.

🍸🎵 **Bar Blá Blá :** *rua do Guilhim, 3. À gauche de la place Sousa Oliveira, dos à la mer. Tte l'année jusque tard.* Compter 1-3 € la conso. Ça bavarde sec dans ce bar branché de Nazaré aux allures de paquebot... À l'intérieur et sur la terrasse règne une bonne ambiance. De temps à autre, un DJ passe des disques et la vaste salle se transforme alors en piste de danse.

🍸 **Bar Cova Funda :** *rua Herculano, 18. Près de la place Sousa Oliveira.* Pas d'enseigne à ce boui-boui, mais une bouée à l'intérieur rappelle le nom du lieu. Ici, le temps s'est arrêté en 1964. En atteste l'autel dans la vitrine dédié à l'équipe de football de l'époque. Faites comme les vieux pêcheurs du quartier, pendez votre couvre-chef au portemanteau et faites-vous servir un porto.

– Remarque : en été, beaucoup d'animation le long de la plage ; nombreux restos, cafés, bars. En juillet-août, tous fonctionnent à plein régime (sans oublier les pâtisseries !), même les petits vendeurs d'objets en tout genre installés un peu partout aux alentours.

Où sortir dans les environs ?

🎵 À une vingtaine de kilomètres de Nazaré, discothèque très connue et qui porte bien son nom, **O Império Romano** (*l'Empire romain*) : *estrada Nacional jusqu'à Marinha Grande, puis suivre la direction de Vieira et tourner à droite vers Garcia par une route large. Tlj en août. Entrée gratuite pour les filles, sf sam.* Tenue correcte exigée, mais à l'intérieur c'est la folie : soirées mousse, spectacles... et une déco romaine marrante comme tout. Nombreux Français, tout comme aux **Stressless** et **Loucopinha,** à praia do Pedrógão, dans les bois, à environ 50 km de Nazaré.

Achats

L'artisanat est l'une des meilleures images de Nazaré. On y retrouve la beauté de sa tradition maritime et de sa vie quotidienne : les lanternes, les bouées, les bateaux, les filets que les pêcheurs fabriquent devant vous le long de la plage, les poupées de différentes tailles confectionnées à la main, les corbeilles en osier, sans oublier les mules, les tabliers de percale brodés, les bonnets à pompon, les gros pulls en laine, les céramiques de toutes sortes... Vous avez de quoi faire vos emplettes le long de la plage ou au Sítio.

À voir. À faire

⌇ Très belle *plage* surveillée, mais très fréquentée. Ceux qui recherchent plus de tranquillité peuvent atteindre depuis le quartier du Sítio une grande plage sauvage au nord de la falaise (baignade dangereuse).

🍴 *L'église da Misericórdia :* rua Abel da Silva. Sur une hauteur, dans le bairro de Pederneira. Prendre la route du nord vers Alcobaça, puis tourner à droite au premier rond-point. Cet édifice du XVIIᵉ siècle, à voûte en bois, conserve encore plusieurs toiles de cette époque, une suite de quinze colonnes ioniques cannelées à côté de la tribune, et un panneau d'azulejos polychromes allusifs à la sainte patronne au-dessus de la porte d'entrée. Bon point d'observation sur la ville.

🍴🍴 Possibilité, grâce à un funiculaire (ou en 30 mn à pied par de grandes marches pavées... un peu glissantes !), d'atteindre le *quartier du Sítio* en haut de la falaise. En saison, le funiculaire monte et descend toutes les 15 mn 7h30-21h30 et toutes les 30 mn 21h30-minuit (voire plus tard !). *Compter moins de 1 € l'aller simple. Durée du trajet : à peine 5 mn.*
Sur la place principale, toute blanche, ceinte de nombreuses terrasses de cafés, église abritant *Nossa Nova,* une vierge noire que l'on sort pour les processions. Style baroque chargé d'or. Un tableau au-dessus de l'autel évoque la légende du chevalier du roi Alphonse Iᵉʳ, Dom Fuas Roupinho, au XIIᵉ siècle, qui poursuivait un cerf au galop par une matinée brumeuse d'automne. Le chevalier, découvrant que le cerf venait de tomber du haut de la falaise et qu'il allait lui-même subir le même sort, s'adressa à la Vierge, et le miracle se produisit : le cheval s'arrêta net. C'est ainsi que notre chevalier fit élever, en hommage à la Vierge, la minuscule chapelle de la mémoire, au bord du précipice, de l'autre côté de la place. Orgie d'azulejos, et vue exceptionnelle depuis la plus haute falaise du Portugal. L'endroit « exact » où le sabot du cheval stoppa la course se trouve face au petit monument en pierre dédié à Vasco da Gama. Les plus courageux iront jusqu'au phare, au bout de la falaise. Très beau panorama.

🍴 *Le musée ethnographique et archéologique Dr Joaquim Manso :* rua D. Fuas Roupinho. ☎ 262-56-28-02. Fax : 262-56-12-46. Tlj sf lun et certains j. fériés, avr-oct, 11h-19h ; nov-mars, 10h-13h, 14h30-18h. Entrée : 2 € ; réduc ; gratuit dim jusqu'à 14h. Petite section sur les techniques de la pêche, rames émouvantes avec les noms de leurs propriétaires (pour les identifier en cas de naufrage), atelier pédagogique pour les enfants. Autre section consacrée aux habitants et à leurs coutumes.

Manifestations

– En juillet-août, nombreuses *touradas* (corridas) à praça dos Touros, annoncées à travers les rues de Nazaré.
– *Fête de la Nossa Senhora de Nazaré :* du 8 sept jusqu'au 2ᵉ w-e suivant, dans le quartier du Sítio. Romaria (procession), danses folkloriques et taureaux.

ALCOBAÇA ET SON MONASTÈRE   (2460)   7 000 hab.

À une quinzaine de kilomètres de Nazaré, à l'intérieur des terres par la N 8-4, Alcobaça se trouve à la confluence de 2 rivières, l'Alcoa et la Baça. Ville de faïence (plus décorative qu'à Caldas), de pâtisseries (quelques médailles nationales dans les vitrines !), la ville est surtout réputée pour son prodigieux monastère, à ne manquer sous aucun prétexte.

LA BELLE MAIS TRAGIQUE HISTOIRE DE PEDRO ET INÊS...

Au XIVe siècle, à la mort de son épouse, Constance de Castille, dom Pedro épousa sa dame d'honneur Inês de Castro. Mais pour de sombres histoires politiques, le roi Alphonse IV, père de dom Pedro, laissa ses conseillers assassiner Inês. Fou de rage, dom Pedro déclencha une guerre civile contre les conseillers du roi. Alphonse IV dut négocier un armistice avec son fils et eut la bonne idée de mourir quelque temps après.

Dom Pedro se vengea immédiatement de la mort d'Inês. Il fit sculpter un somptueux tombeau (celui de l'église) et fit exhumer le corps de sa femme. Le cadavre fut ceint d'une couronne, enveloppé dans un manteau de pourpre et assis sur un trône. Pedro, devenu roi, contraignit alors tous les grands du royaume à baiser la main de la « reine ».

Par la suite, poètes et dramaturges firent de nombreuses adaptations de cette anecdote qui devint très populaire. Enfin, Montherlant en fit à son tour le sujet de sa remarquable pièce *La Reine morte* (éd. Gallimard, coll. « Folio » n° 12), et Gilbert Sinoué celui de *La Reine crucifiée* (2005 ; éd. Albin Michel).

Adresses et info utiles

▣ **Office de tourisme :** *praça 25 de Abril.* ☎ *262-58-23-77.* ● *rt-leiriafatima. pt* ● *Dans un immeuble sur la place, face à l'entrée du monastère. Mai-sept, 10h-13h, 14h (15h mai-oct)-19h (ouv le midi en août) ; d'oct à début* mai, ferme dès 18h.

– En face du monastère, on peut acheter des **journaux** français.

🚌 **Rodovaria :** *av. Manuel Da Silva Carolino. Consigne (2,50 €/24h).* Nombreux bus pour toute la région.

Où dormir à Alcobaça et dans les environs ?

Campings

⛺ **Parque de Campismo municipal :** *av. Professor Vieira Natividade.* ☎ *262-58-22-65. Pratique car en ville, près du marché couvert. Fermé en janv. Pour deux, 6,50 €.* Assez ombragé. Bon accueil. Sol rocailleux : prévoir marteau et piquets solides (on s'est même laissé dire que certains apportaient carrément leur perceuse !). Très bien entretenu mais assez bruyant (pas à cause des perceuses !).

⛺ **Campismo rural de Silveira :** *Capuchos, 2460-479 Évora de Alcobaça.* ☎ *262-50-95-73.* ● *silveira.capuchos@ gmail.com* ● *campingsilveira.com* ● *À 3 km au sud d'Alcobaça sur la N 86. Ouv* *1er mai-30 sept. Compter 11 € pour deux avec tente, voiture et électricité.* Petit camping tranquille et convivial dans un joli cadre boisé, plein de senteurs. Sanitaires propres ; douche chaude gratuite. Salle commune, barbecue, table de ping-pong et machine à laver à disposition des campeurs. Tenu par une Française adorable mariée à un Portugais. Étant donné la petite superficie du terrain, il est conseillé d'arriver très tôt en haute saison, car c'est vite complet. Pour la même raison, les grands camping-cars et caravanes d'une hauteur supérieure à 6 m ne sont pas admis.

Prix moyens

⛺ 🏠 **Albergue Pátio do Vale :** *rua da Escola, 63, Junqueira-Cela, 2460 Alco-* *baça.* ☎ *262-50-00-15.* 📱 *918-35-94-19.* ● *patiodovale@clix.pt* ● *patiodovale.*

com ● *De Nazaré, suivre Caldas da Reinha puis à Junqueria-Cela, tourner à gauche au resto* Rei dos Banquetes, *c'est un peu plus loin sur la gauche. Si vous venez de l'autoroute, sortie 21, suivre la N8 entre San Martinho de Porto et Alcobaço. Compter 35 € avec les 3 repas de la journée inclus. Possibilité de camper (env 11 € pour deux).* Le Pátio do Vale *accueille aussi le soir ceux qui veulent slt dîner (10 € le repas avec apéro, vin et digestif !). Apéro offert sur présentation de ce guide.* Adresse 100 % routard. Aldy, arrivée ici avec une tente et un fax, a rénové une ancienne écurie pour en faire un gîte. Avec 6 chambres doubles dont trois avec bains (les autres se partagent une salle de bains commune), le gîte a des allures de maison communautaire, où l'on mange la cuisine de Mamie Rosa ou un bon barbecue. Mais Aldy, qui parle très bien le français, ne se contente pas de faire dormir les gens chez elle. Elle les emmène en balade dans des lieux peu touristiques et leur fait rencontrer la population du village. Elle peut aussi vous emmener écouter du fado. Les enfants ne sont pas en reste : une partie du jardin leur est réservée, avec des jeux de plein air. Quant aux petits budgets, ils peuvent toujours planter leur tente derrière la maison, car un espace de camping est aménagé, avec des sanitaires.

🛏 **Hôtel Santa Maria :** *rua Dr Francisco Zagalo, 20-22.* ☎ *262-59-01-60.* ● *hotel.santa.maria@mail.telepac.pt* ● *En face du monastère. Parking souterrain gratuit. Doubles avec bains 40-60 €, petit déj inclus.* Trois étoiles pour cet hôtel résidentiel. Chambres fonctionnelles ; certaines ont vue sur le monastère. Excellent accueil et bon rapport qualité-prix.

Où manger ?

De très bon marché à bon marché

|●| **Cafétéria Dom Pedro :** *Rossio, 57.* ☎ *262-58-11-95. Sur la grande place, dans la belle rangée de façades. Env 3 € pour un sandwich.* Bancs en bois dont les dossiers évoquent ceux des stalles de monastère. Pour boire un verre ou grignoter de petits en-cas. Terrasse sur le trottoir, face au monastère.

|●| **A Casa :** *praça 25 de Abril, 51-52.* ☎ *262-59-01-20. Fermé les 25 et 26 déc. Ouv en journée slt. Apéro maison offert sur présentation de ce guide.* Dans la petite ruelle derrière la place où se trouve le monastère. Voilà un bel endroit, inattendu ici. Pour des petites faims, salades et omelettes pourront accompagner le choix étonnant de vins au verre. Sinon bons poissons et viandes grillées à prix moyens. Les jambons pendent au plafond, la vitrine est envahie d'une énorme quantité de bouteilles ! Le tout dans un cadre clair avec de grandes baies vitrées. Un peu cher mais délicieux. Derrière, une impressionnante cave pour faire des emplettes.

|●| **Cervejaria António Padeiro :** *rua Dom Maur Cocheril, 27, travessa da Cadeia.* ☎ *262-58-22-95. Derrière la place. Café offert sur présentation de ce guide.* N'hésitez pas à descendre les quelques marches pour arriver dans le resto avec ses nappes blanches et ses chaises en bois. Si le décor n'est pas des plus fantastique, on y goûte une cuisine savoureuse, typique de la région, dont ce poulet d'Alcobaça servi dans un pot en terre avec une sauce à base d'oignons, accompagné de riz et de frites maison renversantes. Même l'assiette apéritive (3 € par personne) est particulièrement délicieuse. Le patron connaît ses produits et saura vous conseiller. Large choix de vins à prix plus qu'honnête.

Où déguster une bonne pâtisserie ?

|●| La ville est réputée pour ses douceurs locales, toutes hypersucrées : *tachinho de Deo Abade* (grossièrement traduit « barquette de l'abbé »), *grades*

de Alcobaça (sorte de gaufrette), *cornu-cópia de ovos moles* (cornet rempli de crème, présenté planté dans du sucre) et *pudim de ovos dos Frades* (« gâteau des moines à base de jaunes d'œufs »). Trois pâtisseries, la crème des crèmes, se disputent les récompenses nationa-

les tous les ans : *Alcoa, sur la place devant le monastère ; Salaiva, sur le côté gauche quand on est face au monastère ; Casinta dos Montes, derrière le monastère, rua Virgínia Vitorino, 42.*

À voir

🧗 ⓩ *Le monastère d'Alcobaça :* rens au ☎ 262-50-51-28. Tlj sf certains j. fériés 9h-17h (19h en hte saison). Entrée : 4,50 € ; réduc ; gratuit pour les moins de 14 ans ; gratuit pour ts dim et j. fériés jusqu'à 14h.
Fondé par Afonso Henriques, au XII⁰ siècle. De la première construction, il ne reste rien, les Maures ayant tout détruit. L'*église Santa Maria* date du XIII⁰ siècle (accès libre). C'est une nef d'une ampleur et d'une pureté de lignes sans pareilles. Rien ne vient briser l'élan des colonnes, aucune fioriture ou ornementation inutiles. Pas de chapelles latérales. Blanc vaisseau, le plus vaste du Portugal, impressionnant dans sa nudité. Dans les transepts, les *tombeaux du roi Pedro* et *de la reine Inês de Castro,* véritables chefs-d'œuvre de la sculpture gothique flamboyante du XIV⁰ siècle. La reine Inês est entourée d'anges qui semblent frémir de douleur. Il paraît que les chiens à visage humain supportant le tombeau sont les représentations des assassins de la reine. Les sculptures furent gravement endommagées lorsque les armées napoléoniennes pillèrent l'église et ouvrirent les tombeaux. Le mausolée du roi Pedro présente également d'admirables bas-reliefs.
Dans la salle des Rois (billetterie), intéressants azulejos et belle collection de monarques qui vous observent (enfin... ceux qui ont encore leur tête !). *Le cloître du Silence,* planté d'orangers, fascine par la pureté et la simplicité de ses lignes. La galerie supérieure fut ajoutée pendant la période manuéline. *Salle capitulaire* du XIV⁰ siècle aux sculptures du XVII⁰ siècle. Ancien *cellier,* d'une grande élégance, s'abaissant par paliers successifs. Impressionnante *cuisine* datant du XVIII⁰ siècle, avec de gigantesques cheminées. Réfectoire du XIII⁰ siècle avec un élégant pupitre de lecteur.

➤ *DANS LES ENVIRONS D'ALCOBAÇA*

🧗 *Le monastère de Cós :* à env 7 km au nord d'Alcobaça. Prendre la route de Nazaré, puis à 2,5 km, à droite en direction de Cós. Tlj en été ; le reste de l'année, adressez-vous au café en face, la Junta de Freguesia de Cós *(praça 25 de Abril, 3 A ;* ☎ *et fax : 262-54-41-55) pour qu'on vous ouvre la porte.* En plein cœur du village, mais beaucoup moins touristique que ceux d'Alcobaça et de Batalha. Il tient d'ailleurs à rester confidentiel. Datant du XII⁰ siècle, il a subi de grandes rénovations aux XVI⁰ et XVII⁰ siècles. Le maître-autel en taille dorée marque le début du baroque au Portugal, tout comme les azulejos du XVI⁰ siècle, les plafonds lambrissés et le chœur monastique.

LE MONASTÈRE DE BATALHA (2440)

Le second temps fort de votre tournée des monastères. À une vingtaine de kilomètres d'Alcobaça (mal indiqué), sur la N 1. Un des chefs-d'œuvre mondiaux de l'art gothique.
De loin, festival de dentelles flamboyantes, pinacles, arcs-boutants dentelés, balustrades qui ont pris avec le temps une belle teinte ambrée. Et la vilaine N 1

qui pulse ses voitures à une cinquantaine de mètres du monastère. Ses trépidations mettent en danger la solidité de l'édifice, au point qu'il existe des projets de déviation qui, bien sûr, n'aboutissent jamais faute de crédits. Pour ceux qui veulent dormir à Batalha, bien que la ville se réduise à son monastère, quelques adresses plus loin.

Arriver – Quitter

Les tickets de bus s'achètent obligatoirement derrière l'église, au *café Frazão.* Arrêt de bus près du Largo da Miséricordia.

➢ Bus directs entre *Batalha* et *Coimbra* (1 le mat et 3 l'ap-m), *Fátima* (3/j.) et *Alcobaça* et *Nazaré* (8 à 10 bus/j.). Nombreux bus également pour *Leiria.* Entre *Batalha* et *Lisbonne,* une moyenne de 5 bus/j. (8 €).

➢ Noter qu'il existe un bus (plusieurs départs/j.) pratique pour découvrir la région : *Abrantes-Tomar-Fátima-Batalha-Alcobaça-Nazaré.*

Adresse utile

▯ *Office de tourisme :* en bordure du parking, à côté du monastère. ☎ 244-76-51-80. • rt-leiriafatima.pt • Tlj ; | 1er oct-30 avr, 10h-13h, 14h-18h ; 1er mai-30 sept, 10h-13h, 15h-19h.

Où dormir ? Où manger ?

Prix moyens

🛏 *Pensão Gladius :* praça Mouzinho de Albuquerque. ☎ 244-76-57-60. Situé au-dessus du café du même nom qui ferme tard (entrée à côté). Compter env 35 € la chambre double avec bains en hte saison. Pas de petit déj. Une dizaine de chambres dans cette petite pension familiale.

|●| *Dom Duarte :* praça Dom João Ieiro, 5 C. ☎ 244-76-63-26. • domduarte-rcf@ sapo.pt • Quasiment au niveau du rond-point, à l'entrée de la ville. Plats env 10-15 €, menu env 12 €. Apéro maison offert sur présentation de ce guide. Ne pas hésiter à passer la porte peu enga-

geante et la première salle à l'étage (pour les groupes). À l'arrière, une autre salle avec vue sur le monastère. Cuisine soignée et service attentif. On y sert des pâtes, pour les lassés des grillades et de la morue à la crème.

|●| *Pastelaria Oliveira :* praça Dom João (2 pâtisseries sur la place). ☎ 244-76-99-30. Grande pâtisserie avec une belle terrasse donnant sur l'arrière du monastère. Sert aussi quelques sandwichs et salades pas chers du tout. Espresso et viennoiseries pour le petit déj.

Plus chic

🛏|●| *Casa do Outeiro :* largo Carvalho do Outeiro, 4. ☎ 244-76-58-06. • geral@ casadoouteiro.com • casadoouteiro. com • 🛁 Chambres doubles env 40-70 €, petit déj inclus. Apéritif maison offert sur présentation de ce guide. Situé au bout d'une rue qui grimpe. Dans une charmante petite résidence dotée d'une piscine, 15 chambres

ensoleillées et gaies avec bains et frigo, ainsi qu'un appartement. Certaines chambres (au 2e étage surtout) bénéficient d'une vue imprenable sur le monastère. Salle commune avec une grande cheminée. Notre coup de cœur. Livre d'or rempli d'éloges d'anciens clients. Fait resto en saison.

🛏 *Residencial Batalha :* largo da

Igreja. Apartado, 134. ☎ 244-76-75-00. ● hotel-batalha.com ● À côté du monastère. Chambres doubles 45-50 €, petit déj compris. Hôtel de tourisme moderne. Une vingtaine de chambres avec bains, TV, chauffage, téléphone. Terrasse panoramique sur le village et le monastère.

Visite du monastère

🏚🏚🏚 🕧 *Du 1ᵉʳ avr au 30 sept, ouv 9h-18h (14h les j. fériés) ; du 1ᵉʳ oct au 31 mars, 9h-17h (14h les j. fériés) ; fermeture de la billetterie 1h avt. Entrée : 4,50 € ; réduc ; gratuit pour les moins de 14 ans ; gratuit pour ts dim.* Venir de préférence vers midi, quand le soleil, à travers les vitraux de la façade sud, projette des reflets de couleur superbes contre les piliers de la nef.

Un des chefs-d'œuvre mondiaux de l'art gothique. C'est grâce à un vœu du roi du Portugal en 1385, obligé d'affronter les armées castillanes (très supérieures en nombre), que l'on peut visiter cette merveille. Le roi gagna, bien sûr, et tint sa promesse d'édifier, en cas de victoire, un monastère en l'honneur de la Vierge.

– À l'intérieur de la nef (accès libre), on reste fasciné par la hauteur impressionnante de celle-ci, l'élégance de ses lignes. Tout de suite à droite, *chapelle du Fondateur.* Magnifique coupole en étoile, d'une richesse sans égale et sculptée dans un seul bloc ! Au milieu, mausolée du roi Jean et de son épouse et, sur le côté, tombeau d'Henri le Navigateur, à la tête surmontée d'un dais finement ciselé.

– *Le cloître royal* présente un mariage harmonieux du gothique et du manuélin. À la simplicité des voûtes gothiques ne s'oppose nullement l'exubérance des arcades ajourées et des colonnettes torsadées. Au-dessus des 4 arches centrales, aux 4 points cardinaux, remarquer les sphères armillaires de pierre, symbolisant les voyages des Portugais à travers le monde.

– *La salle capitulaire* accueille aujourd'hui la tombe du Soldat inconnu (veillée par 2 camarades stoïques – des volontaires). On peut considérer sa voûte comme la plus audacieuse qui ait jamais été réalisée au monde. L'architecte, effrayé par la témérité de son projet, la fit exécuter par des condamnés à mort. Cependant, pour prouver la solidité de la construction, il passa 3 jours et 3 nuits, seul, sous sa voûte ! De l'un des côtés, le cloître est bordé de l'ancien *cellier* (expos temporaires). Il abrite dans un coin le lavabo des moines, fontaine à deux vasques. La richesse de son décor, la lumière dorée passant à travers les motifs végétaux des fenêtres démontrent que l'influence mauresque était encore bien vivante dans l'art portugais. L'ancien *réfectoire* abrite un petit musée du Soldat inconnu.

– Grand *cloître de dom Alfonso V* qui abrite une école professionnelle de sculpture (mais fermée pendant les vacances scolaires, évidemment). De là, on gagne, par l'extérieur, les célèbres *capelas imperfeitas* (entrée gratuite lorsqu'on vient de l'extérieur). En fait, pour être précis, elles ne sont pas « imparfaites », mais plutôt inachevées. Elles possèdent la forme d'un édifice octogonal, dont le roi Duarte avait entrepris la construction pour recevoir son tombeau (visible dans la chapelle du milieu). À sa mort, les travaux furent arrêtés. Ils furent repris momentanément par dom Manuel, mais assez vite abandonnés, celui-ci souhaitant plutôt être enterré aux Jerónimos de Belém, à Lisbonne. Pourtant, il eut le temps de commander l'extraordinaire portail monumental qui mène aux 7 chapelles, chef-d'œuvre absolu de l'art manuélin. C'est une orgie de festons et d'alvéoles d'une finesse sans pareille. De même, il fit terminer les voûtes des chapelles et commencer les énormes piliers. Et cela en resta là. Ce n'est pas l'un des moindres charmes de Batalha que ces superbes moignons, défis dérisoires de l'art poussé aux limites de l'impossible, inachevés pour toujours...

➤ *DANS LES ENVIRONS DE BATALHA*

🏚 *Le parc naturel des serras de Aire e Candeeiros et ses grottes :* parc situé entre la N 1 et l'autoroute A 1, à une dizaine de kilomètres au sud de Batalha. Plusieurs entrées possibles, dont la principale depuis Batalha, à Porto de Mós. Plaquettes avec cartes et bonnes infos au point Turismo de Porto de Mós. Très jolies routes sinueuses à travers la serra jusqu'aux grottes (entrée payante) : grutas de Santo António, de Alvados, de Moinhos Velhos et de Mira de Aire (les plus grandes du Portugal, avec rivière souterraine). Tout cela bien mis en valeur, parfois de manière folklorique. Malheureusement, les sites se bétonnent, mais il reste encore 16 parcours de randonnées.

🍴 **Le château de Porto de Mós :** à 8 km de Batalha par la N 362 ou la N 243. Infos au point Turismo (jardim público, près du largo do Rossio ; ☎ 244-49-13-23). Visites mar-dim 10h-12h30, 14h-18h (17h30 en basse saison). Entrée gratuite. Superbe château bien connu pour ses toits verts. En 1385, João Ier l'offrit à Nuno Álvares Pereira en reconnaissance de sa victoire à la bataille d'Aljubarrota. Fondé au IXe siècle, il fut en grande partie détruit par le tremblement de terre de 1755, puis restauré au XXe siècle.

🍴🍴 **São Pedro de Moel :** à 22 km à l'ouest de Leiria par la N 242-2 et au nord de Nazaré par la route côtière. Attachant village en bord de mer, un peu touristique certes mais avec une belle plage, assez large, des rues pavées, plein de pistes cyclables dans les environs, bref, un charme désuet qui a su nous séduire. Un bon lieu de villégiature en famille. Office de tourisme ouv en été slt (☎ 244-59-96-33).

Où dormir ? Où manger ? Où boire un verre ?

⛺ **Camping Orbitur :** près du phare (☎ 244-59-91-68) pour env 19 € pour 2 pers avec tente et voiture. Bien aménagé.

🏠 **Residencial Pérola do Oceano :** sur la place principale. ☎ 244-59-91-57. Chambres doubles 30-40 € selon saison. Un petit hôtel composé de quelques chambres agréablement arrangées avec salle de bains et petit déj inclus. Nous vous conseillons vivement de réserver le n° 22 ou 23 qui, pour le même prix, possèdent un petit balcon et une vue sur la mer. Si c'est complet, juste à côté, *l'Hôtel Restaurante A Fonte* (☎ 244-59-94-79).

🍽 **Esplanada :** sur le front de mer. 📱 918-21-12-21. Plats 15-20 €. Vous voulez déguster votre poisson grillé avec la mer et les surfeurs pour seuls compagnons ? C'est dans cet excellent resto qu'il faut venir, avec sa salle panoramique et ses 2 terrasses surplombant les flots. Vue admirable.

🍸 **Café da Praia :** rarissime ! Ce petit café s'est installé directement sur la belle plage de sable blanc. Ouvert 10h-2h, c'est l'endroit parfait pour boire un verre en regardant le soleil se coucher ou pour déguster une glace entre 2 plongeons. Musique live certains week-ends, billard et flippers.

FÁTIMA

(2495)   10 000 hab.

Attention, la gare ferroviaire est à 17 km (à Caxarias, en direction d'Ourém), puis quelques bus à des horaires pas pratiques pour gagner la gare routière Cova Iria à Fátima. Le Lourdes portugais. La ville en elle-même présente peu d'intérêt. C'est ici que, le 13 mai 1917, et également le 13 des mois suivants, trois petits bergers virent la Vierge. Il paraît qu'elle aurait dénoncé, à l'époque, la guerre en cours en Europe, mais surtout annoncé la révolution bolchevique et le retour à la foi, plus tard, de la Russie. Quant à Lucia, Francisco et Jacinta, les trois « héros », un seul vitrail rappelle que c'est grâce à eux que Fátima est devenu célèbre. Lucia fut religieuse à Coimbra jusqu'à sa mort en 2005 ; les deux autres, morts très jeunes, ont été béatifiés le 13 mai 2000, en présence du pape et de 750 000 pèlerins. C'est à cette occasion que fut enfin révélée la 3e prophétie de la Vierge : la tentative d'assassinat sur le pontife Jean-Paul II en 1981. La balle de l'attentat se trouve d'ailleurs maintenant dans la couronne de Fátima. Le Pape la lui avait offerte en guise de remerciement. Tous les ans, grand pèlerinage et rassemblement dans la nuit du 12 au 13 mai et les nuits du 12 au 13 des mois suivants jusqu'en octobre.

Possibilité de visiter tous les coins touristiques en petit train. Une chapelle des apparitions

> **FAUT LE VOIR POUR Y CROIRE ?**
>
> *Personne ne peut savoir ce que « brûler un cierge » veut dire sans être passé à Fátima : là, les cierges de toutes tailles sont jetés directement en bloc dans un brasier qui en consume brutalement la cire tout en répandant la fumée et l'odeur dans la cité. Plus curieux encore : on vend et on brûle des membres en cire – pieds, jambes, et même des poupons entiers – pour des rites de demande ou de remerciement. Dans un musée sur l'esplanade sont exposés quelques-uns des cadeaux envoyés par des visiteurs reconnaissants.*

sur l'esplanade devant la basilique est ouverte à tous vents afin que les milliers de pèlerins puissent voir l'endroit où la Vierge est apparue. La basilique elle-même ne présente qu'un intérêt limité avec ses dix chapelles où sont représentées des scènes de la vie de Jésus, dorées, pas du meilleur goût. L'éclairage blafard n'aide pas non plus. En fait, elle est surtout prévue pour célébrer de grandes messes sur le parvis.

Plan du site et horaires des messes à l'office de tourisme, sur l'esplanade. ● santuario-fatima.pt ● Dans la ville, petite rue commerçante piétonne où l'on trouve des représentations religieuses allant du plus kitsch au presque artistique.

➤ DANS LES ENVIRONS DE FÁTIMA
Visite à Ourém

🏚🏚 **Ourém :** à 12 km de Fátima, vers Tomar, par une route de campagne sinueuse ou par la N 357 (à l'ouest) puis la N 113 vers Tomar. Beaucoup s'arrêtent là par erreur, ayant confondu le château en hauteur avec Tomar, mais peu repartent déçus ! Ne pas s'arrêter à la ville en contrebas. Le village fortifié (3 km de grimpette ou 3 € environ en taxi), sur une colline, est très reposant avec ses rues pavées et fleuries. Une atmosphère d'antan, envoûtante. En montant au *castelo*, beau panorama : on aperçoit même la basilique de Fátima. Beau gisant dans la crypte de l'église. Célèbre procession le vendredi saint avec les villageois comme figurants. Petit centre d'information touristique : ☎ 249-54-46-54. Tlj sf lun 10h-13h, 14h-18h (l'ap-m, 15h-19h en été). Pour les visites guidées (1 € par personne), aller à la Galerie municipale, c'est aussi eux qui possèdent la clé pour ouvrir certaines parties du château comme la citerne arabe et les deux tours. Elle est fermée le lundi et le mardi matin. – Fin août, fête de *Nossa Senhora das Misericordias* : procession, festivités populaires, musique folklorique. Et le vendredi saint, on retrace le chemin de croix dans les ruelles pavées du centre historique. Impressionnant.

Où dormir ? Où manger ?

🛏 **Pousada Conde de Ourém** (2490) : largo João Manso. ☎ 249-54-09-20. Fax : 249-54-29-55. Compter 105-155 € pour une chambre double. De toute façon, c'est le seul endroit pour loger dans le centre historique ! Chambres fonctionnelles et agréables mais, pour le prix, manque de charme évident si ce n'est l'environnement du village. On vous conseille les chambres nos 213, 214 et 215, avec un balcon pour le même prix. Petite piscine.

🍴 **Café Condes de Ourém :** tlj jusqu'à minuit. Sur la place de l'église, un bar qui sert des plats régionaux et des vins d'Ourém sur de solides tables en chêne. Poêle à charbon dans un coin. Tenu par le sympathique Raoul (près de 80 ans)

qui ne parle que portugais mais qui vous fera causette tout de même avec une sacrée verve !

TOMAR   (2300)   44 200 hab.

À environ 25 km à l'est de Fátima, par la N 113, Tomar se révèle l'une des villes les plus « toscanes » du Portugal. Teintes chaleureuses de ses pierres au soleil couchant, passant par toutes les nuances d'ocre mordoré, brun clair, rose orangé... À notre avis, une étape bien agréable pour passer la nuit et goûter un « chien et loup » paisible et onctueux. Dans le vieux centre, très beaux azulejos sur les façades moyenâgeuses. Au gré de vos balades, vous découvrirez des magasins surprenants où vieilles librairies, boutiques de chapeaux et d'accessoires très mode cohabitent dans les ruelles étroites. Enfin, Tomar, c'est avant tout le superbe convento do Cristo et la plus célèbre fenêtre du Portugal...

Arriver – Quitter

▨ 🚈 **Gares routière et ferroviaire :** *av. Combatentes da Grande Guerra.* Au même endroit, station de taxis. Pour gagner la rue de l'office de tourisme, prendre la rue en face.

En bus

➢ **Pour Nazaré, via Batalha, Alcobaça et Fátima :** 3 départs/j. Pour **Évora,** changer à Lisbonne.

En train

➢ **Pour Entroncamento :** départ ttes les heures. De là, toutes les correspondances pour le nord (dont Coimbra et Porto), le sud (dont Lisbonne) et l'Espagne.
➢ **Pour Lisbonne :** trains directs dans les 2 sens ttes les heures env (un peu moins le w-e). Compter 1h30 de trajet.

Adresses et infos utiles

🛈 **Office de tourisme :** *av. Cândido Madureira.* ☎ 249-32-24-27. ● *tomartourism.com* ● *Au pied de la colline du couvent et en face du parc. Lun-ven 10h-19h en été (les j. fériés, horaires hivernaux) ; 10h-13h, 14h-18h en hiver ; fermé w-e et certains j. fériés.* Superbe bâtiment datant de 1933, avec beaucoup de rampes et meubles en bois ainsi que des azulejos, rapportés d'autres maisons.
🛈 **Office de tourisme des Templiers :** *rua Serpa Pinto, 1.* ☎ 249-32-90-00. Pour en savoir plus sur cet ordre et leur influence dans la région.
▣ **Espaço Internet :** *rua Amorém Rosa, 33.* ☎ 249-31-22-91. *Ouv 9h30-20h sf dim.*
– Un **train touristique** fait le tour de la ville en une trentaine de minutes, pour 2 € par personne. *Il se prend praça da República (ttes les heures 10h-18h).*
– **Marché :** *en centre-ville.* Tous les matins, marché aux légumes et foire le vendredi matin. Très pittoresque.

Où dormir ?

Campings

⚞ **Camping Pelinos :** ☎ 249-30-18-14. À 8 km au nord-ouest. Sur la route de Coimbra, après 3 km, prendre la direction Calçadas (indiqué en principe). Pas évident à trouver. Env 10 € pour deux en hte saison. Une quarantaine de places slt. Accueil pas toujours sympa et terrain un peu en pente. Sanitaires sommaires. Petite piscine, bar, resto et emplacements pour barbecue. Bref, un camping rural agréable mais sans plus. Assez bruyant.

⚞ Un autre camping dans le même coin, **Redondo** (☎ 249-37-64-21) mais encore plus difficile à trouver. Loue aussi des bungalows env 60 € en hte saison.

De bon marché à prix moyens

⬢ **Pensaõ-residencial União :** rua Serpa Pinto, 94 (accès aussi par la rua Alexandre Herculano, 43). ☎ 249-32-31-61. • residencialuniao@oninet.pt • Dans la rue principale, entre la praça da República et le pont Velha. Une vingtaine de chambres (bruyantes pour celles à l'arrière) avec ou sans bains (rudimentaires) 35-38 € selon saison, petit déj inclus. Apéro offert et réduc de 10 % accordée sur la chambre 1er nov-31 mars sur présentation de ce guide. TV satellite. Petite pension au décor rustique. Accueil très sympa et propreté irréprochable. Chauffage en hiver. Salle de séjour où trône un tabuleiro (voir plus loin la rubrique « Manifestations ») et une TV géante. Accès internet à prix raisonnable.

⬢ **Residencial Luz :** rua Serpa Pinto, 144. ☎ 249-31-23-17. • info@residancialluz.com • residencialluz.com • En plein centre, dans la rue principale. Chambres doubles avec ou sans bains 25-35 € selon saison. Pas de petit déj. Accès internet. Gentille maison ancienne dont certaines chambres viennent d'être rénovées, tout de blanc.

⬢ **Residencial Kamanga :** rua Major Ferreira do Amaral, 16. ☎ et fax : 249-31-15-55. De l'autre côté du Ponte Velha, en remontant la rua Marquês de Pombal, prendre la 2e à droite. Chambres doubles 32-37 € selon saison et taille de la chambre, petit déj compris. Très bien tenu, dans une résidence toute neuve. Toutes les chambres avec salle de bains, AC, TV satellite. Pour la vue sur la ville et le couvent on a bien aimé les nos 311 et 312. D'autres possèdent une petite terrasse.

De plus chic à beaucoup plus chic

⬢ **Pensão Luanda :** av. Marquês de Tomar, 15. ☎ 249-32-32-00. Fax : 249-32-21-45. Face au parc municipal, en bord de rivière, au-dessus d'un grand resto (carte banale). Compter 30-50 € la double ; petit déj en supplément. Grande pension 3 étoiles, rénovée avec des chambres modernes qui ont conservé un certain cachet. Chauffage en hiver, TV et téléphone. Un peu bruyant sur la rue.

⬢ |●| **Estalagem de Santa Iria :** Mouchão Parque. ☎ 249-31-33-26. • estalagemiria@sapo.pt • estalagemiria.com • Sur l'île du parc municipal, juste à côté du pont Velha. Chambres doubles 56-85 € selon saison. Resto réputé au même endroit (env 20 € par pers). Réduc de 10 % sur le prix de la chambre, sur présentation de ce guide, sf pdt les fêtes de fin d'année et à Pâques. Belle demeure patricienne reconvertie avec goût. Chambres pas très grandes mais avec balcon sur le jardin ou la rivière. Devant la maison, un jardin bucolique, situé tout près du rio Nabão et d'une vieille roue à aube en bois, constitue un décor des plus romantique. D'ailleurs, on paye surtout le cadre.

⬢ **Quinta da Anunciada Velha :** à 3 km de Tomar, sur la N 349-3 en direction de Torres Novas. ☎ 249-34-52-18. • aunciadavelha@sapo.pt • anunciadavelha.com • Chambres doubles 70 €, petit déj inclus. Apéro maison offert sur présentation de ce guide. Cet ancien domaine agricole, situé dans une pinède, fut la propriété de l'ordre du Christ jusqu'au XIXᵉ siècle. Bien rénové. Cinq chambres de standing, 2 appartements indépendants et une suite, tous décorés différemment et avec soin. Certaines chambres ont vue sur le vignoble. Curieuse chapelle à moitié détruite dans le parc. Piscine et équitation.

Où manger ? Où déguster une bonne pâtisserie ?

Grand choix de restos pour tous les budgets, dans le vieux centre et de l'autre côté du pont.

De bon marché à prix moyens

|●| *Tabuleiro :* rua Serpa Pinto, 14. ☎ 249-31-27-71. *Tlj sf dim.* Un bon resto traditionnel aux nappes ensoleillées qui sert des spécialités pour 1 personne (moins de 6 €) ou 2 personnes (moins de 11 €) comme ce sympathique cochon au four ou cette bacalhau maison. Une excellente adresse. Pour le petit déj ou le goûter, pâtisserie-salon de thé du même nom juste à côté.

|●| *Casa Salgado :* rua dos Arcos, 9. ☎ 249-316-189. *Dans une rue parallèle à celle de l'office de tourisme, presque au niveau du carrefour, près du pont Nova. Tlj sf dim jusqu'à 20h. Env 5 € le plat du jour garni.* Aller le midi dans cette cantine fiévreuse pour l'ambiance ouvrière quasi exclusivement masculine. Les têtes sont dans les assiettes.

Cuisine calorique, la soupière en inox est sur la table, on se sert à volonté.

|●| *A Bela Vista :* rua da Fonte do Choupo. ☎ 249-31-28-70. *De l'autre côté du pont Velha en venant du centre, la 1ʳᵉ à gauche. Tlj sf lun et mar 10h-15h30, 19h-21h30. Env 12 € le menu ; carte également.* Le resto réputé de la ville. Très vieille maison typique croulant sous la végétation, au bord du rio Nabão. Spécialités : *cabrito assado* (cabri rôti) et *caldeirada* (une cousine de notre bouillabaisse). Terrasse avec vue sur les canards pataugeant. Bucolico-touristique.

|●| *Estrelas de Tomar :* rua Serpa Pinto, 12. ☎ 249-31-32-75. *Fermé mar.* Unanimement considérée comme la meilleure pâtisserie de Tomar.

Plus chic

|●| *Chico Elias :* monter à l'office de tourisme, tourner à gauche et continuer tout droit. À la sortie de Tomar, on arrive au village d'Agarvias, c'est sur la route principale, à gauche (à env. 2 km de Tomar). ☎ 249-31-10-67. Tlj sf mar. Compter 30 € par pers pour un repas plus que copieux. Voilà une adresse extraordinaire. Attention : il faut une voiture et réserver la veille, mais si on nous dit que ça vaut le coup, croyez-nous. C'est LE rendez-vous des gourmets locaux, qui viennent se régaler les papilles de boudin au cumin extraordinaire ou d'escargots aux lingots divins. Ça, c'est une idée des entrées. Après il y a du cabri au four avec des petites patates, de la morue à la crème – la meilleure que vous mangerez au Portugal –, du porc braisé accompagné de choux et d'une ventrée de frites, du lapin servi dans un potiron, etc. Au téléphone, demander Isabelle, qui parle le français. C'est sa mère, Maria do Céu, toujours en cuisine, qui a inventé ces succulentes recettes qui valent le détour. Le secret de fabrication ? Une cuisson de presque tous les plats dans un four à pain, chauffé au bois, à l'ancienne. Belle cheminée pour l'hiver. Au fait, laissez de la place pour les desserts : poire au vin ou crème brûlée par exemple. Allez, rassurez-vous, si vous avez oublié de réserver, il y aura toujours quelque chose à manger, et comme tout est bon...

Où boire un verre ?

🍷 *Café Paraíso : rua Serpa Pinto, 127. Dans la rue piétonne principale. Fermé mar.* Encore un superbe vieux café à mettre dans votre collection. Grande salle avec quatre piliers derrière une grande baie vitrée où la jeunesse de la ville se donne rendez-vous.

🍷 *Casa das Ratas : rua Dr Joaquim Jacinto, 6. ☎ 249-31-58-82. Dans la rue de la synagogue. Fermé en principe dim* et en août. Une vraie curiosité que cette taverne-entrepôt de vin ! Petit hangar poussiéreux comme un vieux grenier avec des toiles d'araignées et des serpentins à l'entrée. Décor authentique ou trafiqué ? En tous cas, d'authentiques piliers de bar ! On y déguste des petits vins régionaux accompagnés de friture de poisson et de fromage.

À voir

🌟🌟🌟 ⊘ *Convento do Cristo : ouv 9h-17h30 (18h30 juin-sept) ; fermeture de la billetterie 30 mn plus tôt. Entrée : env 4,50 € ; réduc.*
Situé sur la colline surplombant la ville et enfermé dans des remparts du XIIᵉ siècle. On y monte en voiture ou en une vingtaine de minutes à pied. C'est l'une des visites obligatoires au Portugal. Un enchantement permanent, un choc architectural. Compter au moins une heure pour la visite. Brochure (payante) en français, plus que succincte (lisez donc plutôt votre guide préféré !).
Les Templiers occupèrent d'abord les lieux pendant 200 ans, avant d'être évincés à la fin du XIVᵉ siècle. En effet, l'ordre des Templiers, en raison de sa richesse, était assez mal vu de l'Église qui jalousait son pouvoir. Le pape Clément V, sur demande du roi de France Philippe Le Bel à qui il ne pouvait rien refuser puisque celui-ci l'avait fait accéder à son titre, a donc ordonné qu'on chasse les Chevaliers, sous divers prétextes dont celui d'homosexualité afin de les discréditer. En 1314, le grand-maître Jacques Molay ainsi que les trois derniers dignitaires de l'ordre furent exécutés sur le bûcher. On dit qu'ils prédirent au pape et au roi qu'ils paraîtraient dans l'année devant le tribunal de Dieu. La prophétie se réalisa (pour plus de détails, lire *Les Rois maudits* de Maurice Druon). Au Portugal, les Chevaliers furent protégés par le roi Don Dinis mais ils changèrent de nom pour devenir la Milice du Christ, et ils changèrent aussi d'objectif, participant désormais non plus à la conquête terrestre du Portugal mais à la conquête maritime, menée par Henri le Navigateur, lui-même membre de la Milice. L'ordre bénéficia évidemment des découvertes du Nouveau Monde, et le couvent exprime bien aujourd'hui ce que fut la splendeur exotique, la richesse de cette époque. Pas moins de sept cloîtres, un niveau jamais atteint dans l'exubérance architecturale.
– Superbe *église* à la forme inhabituelle, inspirée par le Saint Sépulcre de Jérusalem avec un déambulatoire circulaire à 16 faces et une *rotonde* sur 8 colonnes dont les peintures du XVIᵉ siècle sont en cours de restauration. Contraste saisissant entre cet ensemble polychrome de style typiquement byzantin finement ajouré, semblant épuiser la lumière, et la lumineuse nef au plafond strié de nervures manuélines. Ici, les chevaliers venaient assister à cheval à la messe avant de partir en croisade. On voit encore un tuyau d'orgue marqué de la croix de l'ordre du Christ. La croix des Templiers, pour comparer, est visible à côté de la tête de saint Antoine, en haut de la colonne de gauche en rentrant. À voir aussi une belle nef inférieure où avaient lieu les réunions du chapitre, seul moment où les moines pouvaient prendre la parole pour débattre des problèmes de la communauté (d'où l'expression « avoir voix au chapitre »).
– *Cloître du Cimetière* aux fines colonnes sous arcades gothiques et frises flamboyantes qui abrite les sépultures des moines-chevaliers. À droite, on aperçoit le *cloître des Ablutions,* sur deux étages, beaucoup plus dépouillé, qui était destiné aux tâches domestiques. Également une *chambre forte du trésor,* mais le seul trésor ici ce sont les beaux azulejos représentant la vie de Jésus, de l'Annonciation à la Crucifixion.

– **Grand cloître** qui fut rajouté contre la nef, ce qui explique qu'une des fenêtres manuélines soit presque masquée par lui. Heureusement, il reste l'autre : la **fenêtre de Tomar,** visible depuis le petit **cloître de Sainte-Barbe**, à l'étage inférieur. C'est la plus fascinante des sculptures manuélines du Portugal. Réalisée entre 1510 et 1523, elle résume et concentre de façon parfaite tout cet art, summum du délire végétal. La mousse contribue encore plus à lui donner de l'épaisseur et du relief. Mousse dévorant la pierre, végétal revenant au végétal...
Nœuds, tortillons, entrelacs comme racines emmêlées. Nous ne pouvons expliquer toutes les métaphores contenues dans l'ouvrage, mais notez tout de même, à droite, le symbolisme étrange des algues nouées par une jarretière. Dans l'oculus en haut, des cordages retiennent les voiles gonflées. Sur les côtés, deux mâts qui semblent avoir séjourné au fond des flots ainsi que des sphères armillaires, emblèmes royaux, marquant la volonté de souveraineté du roi et une belle métaphore des conquêtes. Noter que le tour de droite est sanglée : on voit même la grosse boucle de la ceinture. Dans la partie inférieure, un marin s'accroche au chêne-liège qui flotte, mais il est difficile à apercevoir. Une petite porte verte au milieu de la nef permet d'accéder au côté intérieur de la fenêtre de Tomar et de constater que l'envers vaut presque l'endroit !
– **Cloître de l'Hôtellerie,** visible depuis la galerie de la fenêtre de Tomar qui desservait la partie destinée à accueillir les visiteurs.
– N'oubliez pas de grimper sur la **terrasse supérieure** du grand cloître. De là, on mesure mieux l'élégante envolée des escaliers hélicoïdaux.
– À la croisée des 2 allées qui distribuent les **cellules des moines,** on se trouve au centre géométrique du couvent. Malgré un certain dépouillement, la richesse de l'Ordre se voit dans les azulejos et la haute voûte en bois des couloirs. Des dortoirs, on descend l'escalier : à gauche le **réfectoire** et à droite les **cuisines** aux voûtes encore noircies par la suie. On voit aussi les bacs où étaient conservés les aliments dans le sel.

🕯 *En redescendant du couvent, la **chapelle Nossa Senhora da Conceição**, en surplomb de la ville (entrée : 1,50 €). Théoriquement ouv 10h-12h30, 14h-17h mais souvent fermée (allez savoir pourquoi ! Rens au même n° de téléphone que le couvent). À l'origine prévue pour abriter le tombeau du roi João III. L'un des exemples les plus remarquables de la Renaissance portugaise. La sérénité des lignes et la douceur de l'ocre soulagent le regard après l'exubérance manuéline du couvent.*

🕯🕯 ***La vieille synagogue :** rua Joaquim Jacinto, 73. Ouv 10h-13h, 14h-18h.* Construite au XVe siècle, elle ne fut pas longtemps utilisée comme synagogue. Toute simple, lumineuse et émouvante. Elle servit de prison après la conversion forcée et l'expulsion des juifs en 1496, pour devenir ensuite une église et plus tard un entrepôt ! Avec celle de Castelo de Vide, c'est l'une des rares à avoir survécu dans le sud du Portugal.
Aujourd'hui, petit musée. Remarquer le curieux procédé acoustique : les cruches insérées dans le haut des murs étaient destinées à amplifier les chants religieux.

🕯 ***L'église São João Baptista :** sur la place du même nom.* Construite au XVe siècle. Superbe portail flamboyant. Chaire sculptée. Primitifs portugais sur les murs de la nef. *Cène* du XVIe siècle, attribuée à Gregorio Lopes.

Manifestations

– **Fête des Tabuleiros :** *tous les 4 ans en juillet (la prochaine aura lieu en 2011), pendant une semaine.* Procession spectaculaire de plusieurs centaines de jeunes filles portant en équilibre sur la tête une impressionnante pyramide de pains empilés, que couronne une colombe ou la croix du Christ. Un chevalier servant accompagne chacune d'entre elles. L'origine de cette fête remonte au XIVe siècle. Réjouissances dans toute la ville : danses folkloriques, feux d'artifice, courses de taureaux et ripaille.

– **Feira Santa Iria :** *les 19 et 20 octobre.* On fête la sainte et à cette occasion on mange des fruits secs. Parades, spectacles...

➤ *DANS LES ENVIRONS DE TOMAR*

🎬🎬 **L'aqueduc dos Pegões :** *à 5 km à l'ouest de Tomar.* Il aboutit au *convento do Cristo.* Construit à la fin du XVIᵉ siècle pour approvisionner le couvent en eau. Très bien conservé, on peut s'y promener sur plusieurs kilomètres, ce qui permet de surplomber la belle campagne environnante.

🎬🎬 **Le château d'Almourol :** *à Villa Nova da Barquinha, à 25 km au sud-est de Tomar, sur la route d'Abrantes.* ☎ 249-71-03-40. 📱962-62-56-78. *Préférable de téléphoner au préalable car pas toujours ouvert. Entrée libre.* Certaines forteresses sont juste là pour compléter un paysage auquel il manquait un détail. C'est le cas de ce petit château fort du XIIᵉ siècle qui a poussé sur une minuscule île au milieu du Tage. Sa silhouette romantique (restauré au XIXᵉ siècle) a inspiré les poètes épiques du XVIᵉ siècle. Un passeur vous aide à franchir le bras qui le sépare de la rive. Beau panorama du haut du donjon.

CONIMBRIGA

À une quinzaine de kilomètres au sud de Coimbra, ruines d'une ancienne cité romaine, qui valent le détour. Pour vous y rendre, empruntez la N 1 en direction de Leiria, puis tournez à gauche au niveau de Condeixa, en direction de Tomar. Bus directs de la gare routière de Coimbra (3/j. en semaine, 2 le w-e) ou bus plus fréquents jusqu'à Condeixa. De là, stop ou à pied (2 km).

🎬🎬🎬 **Le site :** ☎ 239-94-11-77. • conimbriga.pt • *Site et musée ouv 9h-20h 16 mars-15 sept ; 10h-18h 16 sept-15 mars ; la billetterie ferme 45 mn avt l'heure de clôture ; fermés certains j. fériés ; musée fermé lun. Billet : 3 €, donnant accès aux deux ; réduc ; gratuit dim et certains j. fériés. Brochures explicatives en anglais.*
Les Romains, une fois de plus, savaient choisir leurs sites. La campagne est ici d'une douceur incomparable. Essayez de visiter les ruines en fin d'après-midi, quand le soleil n'écrase plus les contours et les couleurs des choses. À ce moment-là, le paysage prend presque des allures de campagne italienne. Plan des rues et des habitations assez lisible. « Maison de jeux d'eau », avec son atrium et son large péristyle. Superbes mosaïques. Vestiges significatifs des temples, thermes, de la muraille et de l'aqueduc qui acheminait l'eau depuis Alcabideque, à 3 km de là. Petit musée des fouilles.
En décembre 1994, on a mis au jour, sous 10 m de déblais, les restes d'un vieux théâtre (dans le village, à 10 mn à pied).

🍴 Pour profiter tout à fait du lieu, on peut se restaurer sur place au self-cafétéria : choix de plats du jour particulièrement copieux, notamment certaines recettes médiévales. Service agréable, on s'est régalés.

COIMBRA   (3000)   149 500 hab.

De Tomar, la route 110 musarde à travers une jolie campagne vallonnée, avant de révéler, accrochée à sa colline surplombant le rio Mondego, à moins de 50 km de l'Atlantique, Coimbra. Cette ville semble avoir toujours coulé des jours paisibles au rythme de sa prestigieuse université, posée comme un chapeau sur la ville. Une cité heureuse, savante, jeune : un quart de sa population est estudiantine. Seule université pendant longtemps au Portugal, voici l'une des plus anciennes forteresses du savoir en Europe, avec Salamanque (Espagne), Bologne (Italie), la Sorbonne (Paris) et Oxford (Angleterre). Un de ses profs figure même dans une aventure de Tintin, *L'Étoile mystérieuse.* Réputation peut-être un peu mise à mal de nos jours quand on voit l'état de délabrement de certaines facultés ? Coimbra, c'est malgré tout un peu l'Oxford du Sud ; d'autres y ont vu Sienne, ou Florence, et même Athènes – comme le poète Rilke, qui y passa au début du XXe siècle.

À Coimbra, le cœur de la ville est un joyau portant la marque du Moyen Âge, de la Renaissance et des Lumières. Mais la périphérie corsetée dans son béton n'offre pas une image très séduisante de la ville. Attention aux embouteillages ! Mieux vaut laisser gratuitement sa voiture à l'université, puis emprunter le nouvel ascenseur ou descendre par les ruelles, et découvrir le centre à pied, condition *sine qua non* pour en saisir les charmes et les secrets. Alors, en parcourant ses vieilles rues pavées de silex et bordées de hautes maisons aux façades patinées, d'églises et de monuments vénérables sculptés dans la dentelle de pierre, on change radicalement d'époque.

UNE DES PLUS VIEILLES UNIVERSITÉS DU MONDE

Après la création de l'université de Bologne en 1119, de la Sorbonne en 1257, celle de Coimbra fut paradoxalement fondée à Lisbonne, le 1er mars 1290, par le roi Denis Ier (Dinis en portugais). Emballé par ce projet, le pape Nicolas IV appuya d'une bulle solennelle cette belle initiative : « Toutes les disciplines pourront y être enseignées, sauf la magie et l'astrologie. » La théologie fut exclue au départ, cela pour sauver l'emploi des moines franciscains et dominicains (elle ne sera enseignée qu'à partir de 1380).

Installée à Coimbra en 1308, l'université a toujours joui d'une totale autonomie, ouvrant ses portes à tous les courants intellectuels européens. Mais, crise du logement étudiant oblige, l'université revient à Lisbonne avant de retourner à Coimbra en 1537, sous l'impulsion du roi Jean III. Et redéménagement... C'est à y perdre son latin ! Un chic type d'ailleurs, ce Jean III. Il offre son palais d'Alcáçova aux étudiants. Le XVIe siècle marque l'âge d'or pour l'université de Coimbra, comme pour la nation portugaise d'ailleurs. Dans les couloirs, on croise le grand poète Luís de Camões, auteur des *Lusiades* (1572), poème épique à la gloire de Vasco da Gama.

Mais le souffle retombe pendant deux siècles, et l'université retrouve son éclat au XVIIIe siècle : la bibliothèque Joanine, splendeur baroque à la gloire du Savoir universel, en est la meilleure preuve. Pour accélérer les réformes et mettre la fac aux normes européennes, le marquis de Pombal, surnommé le « Recteur-réformateur », expulse les jésuites de l'université. Place aux Sciences exactes et naturelles, aux Mathématiques, à la Logique, à la Raison.

Mais les Lumières vont à nouveau s'éteindre au XIXe siècle, période d'obscurantisme et de tourmente politique. Bastion de l'humanisme, de l'universalisme, de la liberté, de l'ouverture au monde, l'université de Coimbra va accoucher d'un mutant obtus et autoritaire : António de Oliveira Salazar. Formation : économie politique. Profession : dictateur du Portugal. De 1933 à 1970, il s'illustre par deux fois en faisant détruire une partie des bâtiments de l'université et, en 1968, en laissant sa police tirer sur les étudiants révoltés. Salazar a eu le malheur de tenir longtemps... Aujourd'hui, les étudiants de Coimbra ont retrouvé à la fois le sens des vieilles traditions estudiantines et la possibilité d'étudier dans un pays libre.

Jeunes savants sous cape noire

Une des originalités de Coimbra réside dans la *capa e batina,* c'est-à-dire cette longue et ample cape noire portée par les étudiants à l'occasion des cérémonies

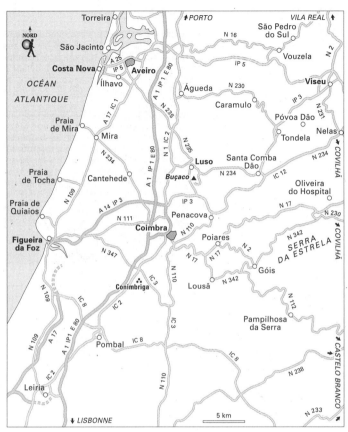

LE PAYS DE BEIRAS, L'ESTREMADURA

annuelles (et particulièrement entre le 1er et le 15 mai, lors du festival des Étudiants pour marquer la fin de l'année universitaire, mais aussi entre mi- et fin septembre, lors de la rentrée des différentes facultés). Spectacle d'un autre temps, imaginez : environ 18 000 filles et garçons font leurs études à Coimbra ! Cette cape est une relique des origines médiévales de l'université souvent accompagnée d'un costume (noir) et d'une cravate sur chemise blanche. Une tradition tenace qui a traversé la tourmente de l'histoire, cahin-caha. Au commencement, elle était imposée aux étudiants par les collèges religieux. Riches et pauvres se confondaient alors sous ce même uniforme emblématique. Sous la dictature de Salazar, la cape, devenue un symbole de conservatisme, fut jetée aux orties, et les jeans firent leur apparition. Après la révolution des Œillets, en 1975, elle devint facultative. Vu son prix, on comprend vite pourquoi : une cape estudiantine coûte environ 150 € ! Ce qui ne les empêche pas de mettre en pièces le costume, selon une tradition bien ancrée, lors de leur fête de fin d'étude. Les garçons doivent même courir, nus, pour récupérer leur cape et pouvoir se couvrir. On permet aux filles de se vêtir un peu plus. On peut acheter ces costumes ainsi que plein de gadgets ou t-shirts en rapport avec ces traditions chez *Atoga,* 64 avenida Sa da Bandeira.

Quelques traditions estudiantines

– *Queima das Fitas :* à son entrée en fac, l'étudiant porte à la boutonnière un petit ruban *(fita)* de la couleur indiquant la discipline d'études (médecine, droit, etc.). L'avant-dernière année de leurs études, les étudiants font brûler ce ruban *(queimar a fita)* dans une sorte de grand pot de chambre devant la *Sé Nova* (la « nouvelle cathédrale »). Ensuite, en dernière année, ils fixent à leur serviette quatre rubans, plus larges, toujours aux couleurs de leur discipline. Le premier est pour un professeur, le deuxième pour un camarade, le troisième pour un copain en dehors de la promotion et le quatrième pour l'élu(e) de leur cœur. À la fin de la dernière année, on fait écrire quelque chose par chacune des personnes choisies sur la *fita* qui leur est réservée.

> **LES « REPÚBLICAS » REMPLACENT LA CITÉ U**
>
> *Les étudiants de Coimbra ont depuis toujours rencontré des difficultés pour se loger dans cette ville. Alors ils décidèrent de former des repúblicas, une formule conviviale et économique qui leur permet d'habiter à plusieurs dans une maison particulière. Chaque étudiant gère à tour de rôle le budget de la communauté. Décorées sur des thèmes farfelus, dotées parfois d'un petit jardin, ces repúblicas méritent un coup d'œil en passant. Avec un peu de chance, on peut y avoir accès, surtout quand on y a des copains ou des copines. On peut en voir quelques-unes dans la rua Castro Matoso, entre la praça da República et le Jardin botanique, à droite en montant vers l'aqueduc de São Sebastião.*

Latada : en première année, chaque nouvel étudiant est appelé « cocu » et doit choisir un parrain ou une marraine parmi les étudiants des années supérieures. Au début de l'année, ceux qui ont un parrain ou une marraine doivent descendre et remonter les rues de la ville avec une boîte de conserve *(lata :* « fer-blanc ») pour produire un tintamarre, ce qui n'est pas difficile avec les pavés ! En deuxième année, pour montrer qu'ils n'ont plus « les cornes », les étudiants se mettent des pansements et du mercurochrome...

Arriver – Quitter

En bus

🚌 *Gare routière (hors plan par A1) : av. Fernão de Magalhães.* ☎ 239-85-52-70. Fax : 239-82-10-20. *À mi-chemin entre les 2 gares.* Pour les bus urbains, mieux vaut acheter son ticket valable tte la journée (2,50 €) dans un kiosque à journaux (dans le bus, slt possibilité d'acheter un ticket pour un seul trajet).

> **Buçaco :** compagnie *RN,* station de bus av. Fernão de Magalhães. Durée : 45 mn. Arrivée au cœur de la forêt, près d'un hôtel. Moins de bus le w-e.
> **Nazaré :** env 7 bus/j.

En train

🚆 Attention : 2 *gares ferroviaires* à Coimbra. *Coimbra A, Estação Nova (plan A2) :* la plus proche du centre-ville, pour les liaisons locales et Figueira da Foz (☎ 239-85-07-70). Et *Coimbra B, Estação Velha (hors plan par A1) :* à 1,5 km à l'ouest de Coimbra A (☎ 239-49-34-95). Pour les lignes internationales et le nord du pays. ☎ 808-20-82-08. Navette ferroviaire entre les 2 gares (moins cher que le taxi pour rejoindre Coimbra B), sinon par l'avenida Fernão de Magalhães. Infos et horaires en français aux guichets des gares. Le *café Cristal* fait office de consigne en sortant de la gare A. Compter 2 € par bagage pour 4h.

➢ **Tomar :** changement à Entroncamento (2h30 de trajet).
➢ **Figueira da Foz** (par Alfarelos) : une vingtaine de trains/j. entre 5h30 et 0h20 dans les deux sens.
➢ **Porto :** emprunter les trains rapides *Intercidades*. Durée : 1h15. Une dizaine de trains entre 6h et 22h30. Également l'*Alfa,* qui relie Porto au sud du pays, via Lisbonne. De Porto, correspondances pour Braga, en fin de matinée et dans la soirée.
➢ **Lisbonne :** avec les *Intercidades,* 7 départs/j. de la gare de Coimbra A ou B, entre 7h45 et 21h30. Durée : entre 2h et 2h15 selon le nombre d'arrêts.
➢ **L'Algarve :** juin-sept, 1 à 3 trains de nuit/sem.

Adresses utiles

Infos pratiques

🛈 **Office de tourisme régional** (plan B3, **1**) : largo da Portagem. ☎ 239-48-81-20. • turismo-centro.pt • Près du pont, dans le centre-ville. Lun-ven 9h-19h (9h30-13h, 14h-17h30 en hiver) ; les w-e et j. fériés 10h-13h, 14h30-17h30. Plan bien fait de la ville et en particulier du centre qui indique également l'emplacement des hôtels (gratuit) et liste des prix des hôtels (à consulter sur place). Personnel gentil et compétent.

🛈 **Office de tourisme du quartier universitaire** (plan C-D3, **2**) : praça D. Dinis. ☎ 239-83-25-91. Fax : 239-70-24-96. Lun-ven 9h-18h ; w-e et j. fériés 9h-12h30, 14h-17h30. Hôtesse francophone. Plan gratuit de la ville.
🛈 **Office de tourisme municipal** (plan D2, **3**) : praça da República. ☎ 239-83-32-02. Fax : 239-70-24-96. À côté du café Esplanada Cartola. Tlj sf w-e 10h-18h30.
🛈 **Office de tourisme du marché** (plan

■ **Adresses utiles**

🛈 **1** Office de tourisme régional
🛈 **2** Office de tourisme du quartier universitaire
🛈 **3** Office de tourisme municipal
🛈 **4** Office de tourisme du marché
✉ Poste
🚂 Gares ferroviaires
🚌 Gare routière
🖥 **5** Esp@co Internet
🖥 **6** Ciber Espaço

♦ **Où dormir ?**

10 Pensão Flôr de Coimbra
11 Pousada da juventude
12 Residência Aviz
13 Residência Paris
14 Pensão-residencial Antunes
16 Residencial Moderna
17 Residencial Santa Cruz
18 Pensão-restaurante Vitória
19 Residencial Botânico

|●| **Où manger ?**

20 Porta Larga
21 Democrâtica
22 Restaurante Viela
23 Jardim da Manga
24 Zé Manel dos Ossos

25 Italia
27 Diligência Bar
28 Retiro do Conde
29 Restaurante Amphitryon
31 Nicola de Coimbra

♈ ♪♫ **Où boire un verre ?**
Où danser ?

40 Café-restaurante Santa Cruz
41 A Capella
42 Café Tropical
43 Bar de Botânico
44 Associação Academica
45 Café Sé Velha
46 Piano Negro
47 Bigorna Bar
48 Quebra Costas
49 Procura-me

🛠 **À voir**

50 Vieille université
51 Bibliothèque Joanine
52 Nouvelle université
53 Musée Machado de Castro
54 Sé Velha
55 Monastère de Santa Cruz
56 Jardin botanique
57 Museu (e laboratório) mineralógico e geológico
58 Ascenseur

COIMBRA

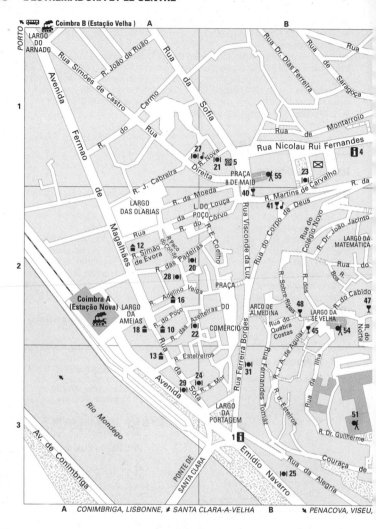

COIMBRA

B1, *4*) : *rua Olimpio Nicolau Rui Fernan-des.* ☎ *239-83-40-38. Lun-sam 9h-18h.*
✉ **Poste** *(plan B1) : av. Fernão de Magalhães, 223.* ☎ *239-85-07-70. Un* *autre bureau praça da República* (☎ *239-85-18-20), et aussi près de la faculté de mathématiques (☎ 239-85-17-60) et près du marché (☎ 239-85-18-70).*

Transports

– Assez cher de se déplacer dans cette ville : 1,50 € le ticket de bus ! Il est plus rentable d'acheter une carte 11 voyages (5,70 €) en vente dans les kiosques, en bordure du Rio Mondego mais pas dans les bus, attention !

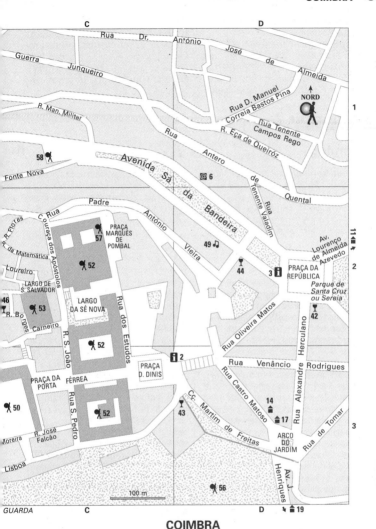

COIMBRA

🚕 **Station de taxis :** praça República, à deux pas de l'office de tourisme.
– **Parking :** sur le rio Mandego, parking gratuit la nuit (pas gardé). Les barrières s'ouvrent à 20h.

Divers

■ **Alliance française :** Pinheiro Chagas, 60. ☎ 239-70-12-52. Fax : 239-40-48-50. Tout près de l'auberge de jeunesse. Stages de portugais intensif sur 5 j., en immersion totale. Toutes les semaines, séances de ciné français et autour de la 3e semaine d'octobre, fête du cinéma avec même quelques avant-première. Une Alliance française qui ne ménage pas sa peine.

■ *Journaux français : Tabacaria Central,* rua Fereirra Borges.

◙ *Esp@co Internet (plan B1, 5) :* praça 8 de Maio. Bien situé, sur une place passante. Tlj 10h-20h (22h le w-e). Les 30 premières minutes sont gratuites. Réserver et fournir obligatoi-rement une pièce d'identité.

◙ *Ciber Espaço (plan D1, 6) :* av. Sá da Bandeira, au rez-de-chaussée du centre commercial Avenida *(cinémas, boutiques et parking).* Tlj 10h (13h dim)-minuit. Haut débit, impressions couleurs.

Où dormir ?

Camping

⅄ *Camping municipal :* rua da Escola. ☎ 239-08-69-02. ● campingcoimbra. com ● À 3 km du centre-ville. De Coimbra, suivre la N17, Estrada Das Beiras et suivre les pancartes. Prévoir 12 € à deux avec une tente. Deux cents emplace-ments en terrasses. Tout le confort d'un 4-étoiles, mais pas assez d'ombre. Épicerie, resto, sanitaires tout neufs. Piscines. Loue aussi des bungalows. Bus réguliers pour Coimbra.

Bon marché

🛏 *Pousada da juventude (hors plan par D2, 11) :* rua Henrique Seco, 14. ☎ 239-82-29-55. Fax : 239-82-17-30. De la praça da República, prendre l'avenida Lourenço A. Azevedo ; c'est la 2e rue à droite après la fin du jardin da Sereia. Bus n° 46 de la gare de Coimbra A. Tte l'année. Réception 24h/24. Soixante-douze lits répartis en chambres de 4 à 6 lits (avec sanitaires sur le palier) 9-11 € et doubles, l'une avec bains, l'autre sans, 20-30 € ; petit déj inclus. Carte des AJ obligatoire (possibilité de l'acheter sur place). Grand bâtiment blanc situé tout près du jardin da Sereia. Super-propre avec plancher, rideaux et couvre-lits colorés. Excentré et, pour quasiment le même prix, on trouve des pensions correctes en ville et bien plus sympas pour les rencontres.

🛏 *Residência Paris (plan A3, 13) :* rua da Sota, 41. ☎ 239-82-05-69 (bien préciser le nom, car plusieurs pensions au même numéro de téléphone). Compter 28-30 €. Des chambres avec salle de bains à l'intérieur, très bien tenues. Grandes fenêtres. Les couvre-lits en satin donnent un côté bonbonnière, un peu à l'anglaise. Accueil bien agréable.

🛏 *Residência Aviz (plan A2, 12) :* av. Fernão de Magalhães, 64, 1°. ☎ 239-82-37-18. Fax : 239-83-28-37. Pas très loin de la gare. Chambres 25-40 € avec ou sans w-c mais ttes avec douche. Pas de petit déj. Si la rue est passante, les fenêtres équipées de double vitrage permettent d'atténuer nettement le bruit de la circulation. D'autres chambres n'ont pas de fenêtre du tout, voyez donc ce qui vous convient le mieux. Hôtel sans charme mais chambres spacieuses et fonctionnelles. Bon accueil. *Si c'est complet, la* **Residencia Lusa Atenas** *à côté propose des prestations semblables mais un peu plus chères* (☎ 239-82-64-12). ● mail@residencialu saatenas.com ●

🛏 *Residencial Santa Cruz (plan D3, 17) :* rua Castro Matoso, 4. ☎ 966-58-88-62. Pour ceux qui ne sont attachés ni à l'accueil, ni au décor, cette petite résidence est une aubaine à 20 ou 25 € (sans petit déj). À ce prix-là, chambre claire avec toilettes, très bien située, à 100 m du Jardin botanique.

De prix moyens à chic

🛏 *Pensão Flôr de Coimbra (plan A2, 10) :* rua do Poço, 5, 1°. ☎ 239-82-38-65. Fax : 239-82-15-45. Dans le quar-tier de la gare (B). Resto fermé dim. Doubles 25-40 € selon saison et confort ; petit déj inclus, en saison slt. Cette vieille maison (fondée en 1930, tout de même !) tout en longueur est tenue par Eduardo et son frère. Les chambres donnant sur l'arrière, avec vue sur les toits de tuiles, sont plus calmes. Toutes avec douche mais certaines (au 2e étage) avec w-c sur le palier. L'ensemble prend de l'âge. Certains y trouvent du charme. Possibilité de prendre ses repas dans la salle à manger familiale (un plat différent chaque jour), bon marché.

🛏 *Pensão-restaurante Vitória (plan A2, 18) : rua da Sota, 11-19.* ☎ *239-82-40-49.* ● *residencial-victoria@sapo.pt* ● *À deux pas de la gare. Dans une rue calme du centre-ville. Resto fermé dim. Gentille résidence offrant une vingtaine de chambres tout confort 30-55 € pour deux (avec douche ou bains, TV, AC ; petit déj 5 €).* Côté cour, on entend les oiseaux gazouiller. Au rez-de-chaussée, petit resto assez coquet offrant une cuisine traditionnelle correcte.

🛏 *Pensão-residencial Antunes (plan D3, 14) : rua Castro Matoso, 8.* ☎ *239-85-47-20.* ● *residencialantunes.pt.vu* ● *À l'écart de l'agitation du centre-ville et à deux pas de l'université. Doubles, avec ou sans bains, 30-50 € selon saison et confort, petit déj et garage (fermé la nuit) inclus.* On est près d'un vieil aqueduc en pierre et du Jardin botanique, délicieux au printemps. Ce qui compense le manque de charme de l'établissement et la propreté pas toujours nickel. Les n°s 105 et 205 (avec 2 lits) donnent sur le jardin à l'arrière. Très bon rapport confort-prix-accueil.

🛏 *Residencial Moderna (plan A2, 16) : rua Adelino Veiga, 49 ; au 2e étage.* ☎ *239-82-54-13.* ● *r.moderna@mail.pt* ● *residencialmoderna@gmail.com* ● *Facilités de parking (carte de 3,50 € la nuit). Résa à l'avance et bien demander confirmation. Chambres doubles avec douche ou bains 30-45 € selon saison ; petit déj 4 €. Réduc de 10 % accordée sur le prix de la chambre de début oct à fin juin, sur présentation de ce guide.* Une quinzaine de chambres. Propre, calme, moderne, fonctionnel, bien équipé, mais sans aucun caractère particulier. Excellent accueil. Située dans une petite rue commerçante, en plein centre-ville, cette bonne adresse a le mérite, outre la TV satellite dans la chambre, de proposer l'AC, ce qui nous a bien requinqués sous la chaleur torride de l'été. Presque toutes les chambres disposent d'une petite terrasse. Celles donnant sur la rue sont grandes mais un peu bruyantes aussi ; celles situées à l'arrière, donnant sur une petite place (un peu bruyante le soir, mais les bars ferment vers 23h), disposent d'une vue superbe sur la vieille ville et l'université. Pas d'ascenseur.

🛏 *Residencial Botânico (hors plan par D3, 19) : bairro S. José, 15.* ☎ *239-71-48-24 ou 239-72-20-10.* ● *residencialbotanico@telepac.pt* ● *À l'est de la ville. Pour y aller : prendre l'alameda Dr Júlio Henriques qui longe le Jardin botanique au départ du vieil aqueduc San Sebastião ; maison moderne à gauche, à la hauteur de la rua Combatentes da Grande Guerra. Chambres doubles 55 €, petit déj inclus.* Chambres propres, simples et confortables, avec salle de bains, AC, TV (satellite) et téléphone. Celles donnant sur la rue sont claires mais bruyantes en journée malgré le double vitrage.

Où dormir dans les environs ?

Beaucoup plus chic ✗

🛏 *Hôtel D. Luís : de l'autre côté du Mondego, à env 2 km sur la route de Lisbonne, à Santa Clara (situé près du rond-point du pont Europa).* ☎ *239-80-21-20.* ● *hoteldluis.pt* ● ✗ *Doubles 76,40-128,40 € selon saison. Réduc de 10 % sur le prix de la chambre, sur présentation de ce guide.* Pas de bus, donc nécessité d'avoir une voiture pour se rendre à Coimbra. Hôtel moderne, de type international (racheté par la chaîne *Best Western*), d'une centaine de chambres avec tout le confort (salle de bains, minibar, téléphone, coffre-fort, TV satellite, etc.). Cuisine régionale et internationale au resto. Compter autour de

20 €. Parking privé. Petit déj excellent. Belle vue sur la ville et le nouveau pont monumental (un prétendu « ouvrage d'art »). Un peu bruyant néanmoins, du fait d'une mauvaise isolation phonique.

🏠 I●I **Quinta das Lagrimas** (hors plan par A3) : Santa Clara, apartado 5053. ☎ 239-80-23-80. ● quintadaslagrimas. pt ● 🕭 Compter env 200 €, petit déj inclus, selon confort et saison. Resto gastronomique (menus 40-80 €) de haute volée. Réduc de 10 % sur le prix de la chambre, sur présentation de ce guide. Essayez donc le menu Pedro et Inès pour un petit aperçu de ce que sait faire le chef portugais. Mieux vaut réserver à l'avance pour dormir dans ce palais du XVIIIᵉ siècle situé au milieu d'un petit golf. Chambres et appartements dotés de meubles marquetés. Mais pourquoi diable avoir été construire une nouvelle aile, juste à côté, archi-moderne ? Ah ! business, quand tu nous tiens ! Vous l'aurez compris, valable slt si vous avez une chambre côté palais.

Où manger ?

De très bon marché à prix moyens

La rue das Azeiteiras, une ruelle du vieux Coimbra où les voitures n'ont pas accès (ouf !), regorge de petits restos, tous avec des menus très bon marché. Nous vous suggérons de faire un petit tour pour voir si un plat du jour vous inspire plus qu'un autre. Nous, on a bien aimé :

I●I **Restaurante Viela** (plan A2, **22**) : rua das Azeiteiras, 33. ☎ 239-83-26-25. Tlj sf dim. Menu tt compris 5,50 €, sinon plats 5-10 € env. Café offert sur présentation de ce guide. Aux beaux jours, quelques tables en terrasse. Des touristes, des étudiants et des habitués. Cuisine familiale traditionnelle, bonne et généreusement servie. En dessert, le pudim Molotov (sorte de flan) n'explose pas malgré son nom fracassant ! Service attentionné et en français ! Seul bémol : le balai ne va pas toujours jusque dans les coins.

I●I **Retiro do Conde** (plan A2, **28**) : rua Paço do Conde, 15. ☎ 239-82-56-05. Tlj sf dim. Menu à partir de 4,50 €. De l'extérieur, ça ne paie pas de mine. Les groupes (étudiants et employés du coin) se succèdent dans la salle ou au zinc sur un tabouret pour s'y retrouver dans la bonne humeur : chants, plaisanteries, bref, un endroit sympa, bon et pas cher.

I●I **Porta Larga** (plan A2, **20**) : rua das Padeiras, 35. ☎ 239-82-36-19. Tlj jusqu'à 20h, sf dim et sam soir. Café ou digestif offert sur présentation de ce guide. Ici, le cochon de lait est roi ! D'ailleurs, il trône, grillé à souhait dans la vitrine, de quoi faire saliver les routards affamés. Allergiques au gras, s'abstenir. Demi-ration ou ration (12,50 ou 18 €) pour une belle assiette de l'animal (frites en supplément). Sinon, en sandwichs pour les moins fortunés (3 € à emporter, ou 3,50 € sur place). Et encore en plats combinés (dans les 8 €). Dans l'cochon, tout est bon.

I●I **Democrâtica** (plan B1, **21**) : 2 entrées : travessa da Rua Nova, 5-7 et rua da Sofia. ☎ 239-82-37-84. Tlj sf dim. Plats 7-12 €. À deux pas de la praça 8 de Maio, dans une ruelle sombre et étroite, voici un petit resto où les étudiants vêtus du costume noir traditionnel viennent faire la fête, lors de la Queima das Fitas (la 1ʳᵉ quinzaine de mai). Il faut y passer à ce moment-là, rien que pour voir l'ambiance survoltée qui y règne. Arriver donc très tôt à cette période. La première salle, pour le déjeuner, endroit très banal, débouche sur une salle, à l'arrière, où des oignons en grappe ont été suspendus au plafond. Idéal pour les grandes tablées. Dans l'assiette, la spécialité de la maison, l'arroz de polvo (pieuvre au riz), ainsi que des paellas.

I●I **Italia** (plan B3, **25**) : parque Dr Manuel Braga. ☎ 239-83-88-63. Env 10 €. Au bord du fleuve, en plein centre, une salle vitrée et une grande terrasse, parfaite aux beaux jours. Au rythme d'une musique en italien (on n'a pas dit italienne), on mange de bonnes pâtes accompagnées de vrai parmesan, des pizzas excellentes, des *risotti*, des viandes et des poissons à la mode transalpines et de copieuses spécialités pour 2 personnes. Bel assortiment de *gelati*. Un vrai moment de détente avec une chouette vue. Côté service, on a connu plus aimable. Dommage.

|●| *Nicola de Coimbra* *(plan B3, 31)* : rua Ferreira Borges, 35. ☎ 239-82-20-61 et 62. En plein centre, dans la rue principale. Tlj sf dim jusqu'à 20h. Plats du jour env 4-5 €. Il y en a à tous les étages : au rez-de-chaussée, *pasteleria* ; au 1er, un vrai resto spacieux qui change des bouis-bouis (attention aux amuse-gueules, ça chiffre vite !) ; et au 2e, un self-service de qualité. Très fréquenté le midi pour les déjeuners express.

|●| *Jardim da Manga* *(plan B1, 23)* : rua Olimpio Fernandes. ☎ 239-82-91-56. À deux pas de la praça 8 de Maio. Tlj sf sam jusqu'à 22h. Compter moins de 8 € pour un repas. Cafét' où l'on mange copieux pour pas cher ; les locaux vous montreront le chemin. Terrasse tranquille, à l'écart de la circulation (on entend même les oiseaux !), face à la superbe fontaine et au jardin du monastère Santa Cruz. Ce drôle de monument avec sa coupole date de 1528 et aurait été dessiné par le roi João III, sur la manche de son pourpoint (d'où le nom du resto). Maintenant que vous savez tout, à table !

|●| *Zé Manel dos Ossos* *(plan A-B3, 24)* : beco de Forno, 12. ☎ 239-82-37-90. Dans une tte petite ruelle donnant rua da Sota. Tlj sf dim midi et soir. Menu illisible ! Plats env 8 € (enfin... on n'est pas vraiment sûr !). Tout petit resto familial servant une bonne cuisine. Adresse visiblement connue et appréciée des gens du coin, qui n'hésitent pas à faire la queue sur les pavés de la ruelle pour avoir le privilège de s'y asseoir ! Faites comme tout le monde, inscrivez vos impressions sur un bout de nappe et fixez-les au mur. Si l'on se plaint tous de l'illisibilité du menu, peut-être les choses changeront-elles ? Spécialités de sanglier aux haricots et de porc aux champignons.

Plus chic

|●| *Restaurante Amphitryon* *(plan A3, 29)* : av. Emídio Navarro, 21. ☎ 239-85-30-20. Au bord du fleuve. Le soir, compter à partir de 15 € jusqu'à beaucoup plus cher pour un repas ; sinon, buffet le midi, plus abordable. C'est le resto de l'hôtel *Astoria*, un magnifique établissement style années 1930, ambiance Arsène Lupin, avec cet ascenseur où l'on peut s'asseoir. Mais vous ne le prendrez pas car le resto est en rez-de-chaussée, avec une salle en angle arrondi où l'on déguste des spécialités classiques portugaises. Coriandre, menthe ou encore ananas font partie des saveurs annoncées. C'est aussi l'endroit pour goûter les crus exclusifs de Buçaco. Pour jouer aux mondains sans trop écorcher son budget vacances. En revanche, chambres à éviter : soit trop petites, soit trop bruyantes, pour le prix d'une *pousada*.

Où manger plus chic en écoutant du fado ?
Où boire un verre en écoutant du fado ?

Plus intellectuel que celui de Lisbonne, le fado de Coimbra est aussi à l'image de cette université où plus on étudie et plus on tombe amoureux, plus on philosophe et plus on a de déceptions sentimentales. Ce fado n'est chanté que par des voix masculines – une autre particularité –, c'est un chant de la rue, des sérénades chantées aux femmes *(so romantic !)*. C'est aussi pourquoi les chants sont plus puissants que la musique, car il fallait se faire entendre de sa dulcinée.

|●| ♪ *Diligência Bar* *(plan A-B1, 27)* : rua Nova, 30. ☎ 239-82-76-67. Ouv à partir de 18h. Plats 9 €. Consos 5 € min. Sorte de taverne dans une ruelle coupe-gorge aussi sombre qu'authentique. Cela dit, aucun danger ! Descendre

quelques marches. De vieux murs en pierre, une ambiance plus intime et tamisée que d'ordinaire. Service manquant de naturel. On mange des plats traditionnels, en attendant qu'une voix puissante et mélancolique chasse le spleen des gourmets déçus. Enfin, vers 22h30-23h, la salle se remplit de non-dîneurs (ils ont mangé ailleurs avant), passionnés de tous âges et de toutes conditions. Les verres s'entrechoquent.

♟ ♪ *A Capella (plan B2, 41) :* rua Corpo de Deus. ☎ 239-83-39-85. *Il faut ajouter 5 € au prix de sa première conso pour la musique. Concerts live ts les soirs 22h-0h30 (avec des pauses).* Pendant les intervalles, projection sur écran géant de fado. Encore du fado, toujours du fado dans cette ancienne chapelle du XIVe siècle et abandonnée depuis le milieu du XIXe. Cinq amis l'ont récemment restaurée et transformée en temple du fado, à l'acoustique géniale. Un lieu magique pour écouter le plus bel héritage musical portugais. Formations de 2 personnes jusqu'à un orchestre entier, selon les soirs. Ambiance d'écoute... religieuse. Grand choix d'alcool et de cocktails. Possibilité de grignoter.

Où boire un verre ?

Coimbra se découvre à pied, et se déguste dans les cafés. Il faut aussi essayer une des spécialités sucrées de Coimbra : la *pastéis de Tentúgal*, « créée » dans un couvent de carmélites vers 1565. C'est une sorte de pâte d'amandes à l'intérieur d'un feuilleté que l'on trouve à peu près partout dans la ville.

♟ *Café-restaurante Santa Cruz (plan B2, 40) :* praça 8 de Maio. ☎ 239-83-36-17. *Tlj sf dim 7h30-1h du mat.* Dans une ancienne chapelle latérale (côté droit) de l'église Santa Cruz. Ce serait, paraît-il, l'ancienne sacristie... Une drôle de reconversion où la bière et le café ont remplacé le vin de messe. Vieux décor somptueux et patiné par l'âge : plafonds voûtés, murs en pierre, sombres et vénérables boiseries, ventilateurs brassant l'air chaud estival, chaises couvertes de cuir sculpté... On dirait un tableau colonial latino-américain ou un décor de film. Grâce aux hordes de jeunes et d'étudiants qui viennent y boire un verre après leurs cours ou faire la bringue début mai, le lieu n'est pas devenu un musée. Y aller de préférence le soir entre 19h et 21h ; il y a parfois des spectacles (pièces de théâtre, concerts...).

♟ *Café Sé Velha (plan B2, 45) :* rua Joaquim António de Aguiar, 130-136. ☎ 239-82-05-21. *Tlj sf dim.* Dans une salle couverte d'azulejos avec des portes-fenêtres grandes ouvertes sur la rue. Beau choix de pâtisseries, et snack (omelettes, salades de fruits de mer, sardines grillées autour de 6 €). Clientèle jeune.

♟ *Café Tropical (plan D2, 42) :* praça da República, 35. ☎ 239-82-48-57. *Tlj sf dim 8h-2h du mat.* En plein quartier étudiant, près de l'université, sur une grande place. Un bistrot avec une terrasse bondée les soirs de fête. Le patron étant anglais, plein d'étudiants du programme *Erasmus* s'y retrouvent. Salle au 1er étage avec vue sur les arbres.

♟ *Bar de Botânico (plan D3, 43) :* à droite de l'entrée du Jardin botanique. *Ouv 9h-17h. Fermé w-e.* Dans l'institut de botanique. Bien pour se rafraîchir attablé à une jolie terrasse au calme, donnant sur le jardin. Fréquenté par les étudiants naturalistes, évidemment.

♟ *Quebra Costas (plan B2, 48) :* rua do Quebra Costas, 45-49. ☎ 239-82-16-61. *Tlj sf dim et 1er-18 janv en journée, mais on préfère le soir (jusqu'à 4h).* DJ à partir de 23h. Le premier des bars de nuit vers la Sé Velha (vieille cathédrale), aux allures *arty* (devant de vieilles voitures fixées au mur, expos de peinture...), avec un rez-de-chaussée et un étage. Agréable terrasse installée sur une placette en haut d'un escalier. Ici, les jeunes ne viennent pas pour danser, mais pour boire un verre, écouter de la bonne musique et discuter. Consos un peu plus chères le soir.

♟ *Bigorna Bar (plan B2, 47) :* rua Borges Carneiro, 9-11. ☎ 239-82-27-99. *Ouv 22h-4h mais l'ambiance décolle tard.* Ce petit bar est un repaire d'étudiants. Côté cocktails, l'imagination est de mise : entre le *TGV* (tequila, gin, vodka) et l'*Atake Sovietiko* (à base d'absinthe), une dizaine vingtaine d'autres mélanges explosifs sont proposés. Parmi les nouveautés : l'incontournable *Bin Laden*, bien sûr.

🍸 *Piano Negro* (plan C2, *46*) : rua Borges Carneiro, 19. ☎ 239-82-74-65. Tlj sf dim 22h-3h. Ambiance jazzy ou fado,

et très bon accueil. Obligation de consommer 1 € min.

🍸 *Associação Academica* (plan D2, *44*) : av. Sá da Bandeira ; juste avt la praça da República. Tte l'année, même l'été, en sem 9h-2h et sam à partir de 12h. On peut y boire un verre ou grignoter des sandwichs pour pas cher. Bien pour les étudiants désireux de faire des rencontres.

Discothèques

🎵 Il y en a une petite dizaine. Parmi les plus fréquentées : *Twisted* (à côté du bar branché *Xuven* et son ambiance bleutée), *av. Sa da Bandeira, 112*. Mais aussi *Vinyl* et *Bar-Disco RMX*. La première plutôt formelle, la seconde plus éclectique dans ses choix musicaux (et la meilleure, dit-on, de la ville). *La Latina* attire aussi du monde, près de

la praça de la República.

🎵 *Procura-me* (plan D2, *49*) : av. Sá da Bandeira, 78 (pas de numéro au-dessus de la porte étroite mais une plaque de gynécologue !). Tlj sf dim 22h-4h. Entrée gratuite. Un bar-boîte chaleureux aux murs en pierre et bois qui fait le plein le w-e avec une clientèle hétéroclite. Musique *dance*, R'n'B et commerciale.

À voir

🏛 Par la rua Visconde da Luz en venant de la praça 8 de Mayo, on aborde la *porte d'Almedina*, entrée de la vieille ville. Vestige, surmonté d'une tour, de l'enceinte médiévale. Si vous en avez déjà plein les mollets, dans l'escalier, le resto *Almedina* propose une bonne petite cuisine portugaise qui vous requinquera certainement. Puis, par les rues Fernandes Tomás et Guilherme Moreira, on atteint l'université. Super-balade le soir et, mieux encore, le matin de bonne heure, lorsque toute la ville vous appartient. Beau panorama du fleuve et des collines alentour. On peut aussi monter à l'université par le nouvel *ascenseur* (plan C1, *58*) qui démarre avenida Sá da Bandeira, ou par le bus n° 1.

🏛🏛🏛 *La vieille université* (plan C3, *50*) : largo da Porta Férrea. ☎ 239-85-98-00. ● uc.pt ● La billetterie, mal signalée, se trouve en haut de l'escalier de gauche de la façade nord dans la cour intérieure (façade sur votre droite en entrant dans la cour). En hiver 10h-17h, avr-oct 9h-19h20. Fermé le 25 déc. Attention ! En hte saison, résa impérative la veille pour être sûr d'avoir sa place. Entrée (chère !) pour la bibliothèque et la « Sala dos Capelos » : 6 € ; sinon, 3,50 € par salle ; réduc. À l'intérieur, petite café!, sympa pour rencontrer des étudiants.

Vous êtes là dans l'une des plus vieilles universités du monde ! Le décret de fondation remonte au 1er mars 1290. La physionomie actuelle de l'université date du XVIIIe siècle, époque à laquelle le roi João III entreprit de grandes réformes.

– *La bibliothèque Joanine* (plan B3, *51*) : située au bout de l'aile droite des bâtiments quand on se dirige dans la cour de l'université, vers la balustrade surplombant la ville. Les visiteurs font la queue devant une grande et belle porte close. Visite toutes les 20 mn, par groupes de 25 personnes (heure indiquée sur votre ticket). Possibilité de visites guidées (français ou anglais). Voici quand même quelques explications pour apaiser votre curiosité. Une fois à l'intérieur, on est frappé par la beauté de cette bibliothèque. 300 000 vénérables ouvrages, datant du XVIe au XVIIIe siècle, emplissent des rayonnages en bois exotique couvrant trois grandes salles en enfilade, très hautes de plafond, somptueusement décorées, dans le style baroque de la première moitié du siècle des Lumières. Ce temple du savoir fut offert à l'université de Coimbra par le roi

João V, grâce aux diamants découverts au Brésil ! Bon prince éclairé, il inaugura ainsi, si l'on peut dire, la première TGBB de l'histoire. TGBB, *what is this* ? La Très Grande Bibliothèque baroque. Bref, une merveille du Portugal et de l'Europe, qui abrita naguère près de 1 500 000 livres. Des ouvrages d'histoire, de géo, de médecine et de sciences, de lettres et de philo, mais aussi de droit civil et de droit canon, sans oublier la théologie. Pour des raisons de sécurité (risques d'incendie et de vol), les livres les plus rares ont été transférés dans la nouvelle bibliothèque de l'université (où l'on trouve notamment la première édition des *Lusiades*). Le bois des rayonnages vient du Brésil et les boiseries sculptées ont été laquées de vert, de rouge, et de noir et or (une couleur pour chaque salle). Peintures et dorures sont des clins d'œil aux trois continents où les Portugais avaient des possessions : Afrique, Amérique du Sud et Asie. Les motifs de chinoiseries (cherchez-les bien !) montrent l'influence de la Chine sur le Portugal, implanté à Macao depuis 1557. Superbes plafonds en trompe l'œil.

Pour résumer, on peut dire de cette bibliothèque qu'elle a l'éclat d'un palais et le profond silence d'une église... Une petite anecdote : les gardiens recouvrent les tables d'une bâche en cuir pour la nuit. En effet, des chauves-souris vivent dans la bibliothèque (elles mangent les insectes et les empêchent de dégrader les livres !) ; mais comme leurs déjections sont nocives, il vaut mieux protéger les tables !

– *Sala dos Capelos* (*Grande salle des Actes*) *:* de la longue arcade de la via Latina, prendre un escalier qui mène à une galerie d'où l'on découvre par de petits balcons cette immense salle au plafond couvert de panneaux, et aux murs décorés de grandes toiles représentant des portraits de rois du Portugal. Toutes ces peintures ont été réalisées avant 1655. **En mai, soutenance des thèses, donc souvent fermé.** La cérémonie d'ouverture de l'année universitaire et l'intronisation du « Rector Magnificus » se déroulent chaque année dans cette salle. Les docteurs prennent place sur les longs bancs adossés aux murs, tandis que le recteur trône sur sa chaire tel un prince du Savoir... Comme à l'église, la foule des invités et des étudiants se tient à l'arrière, sur les bancs disponibles. Et à quoi servaient les balcons ? C'étaient les perchoirs d'où les femmes pouvaient autrefois observer et suivre les cérémonies exclusivement masculines.

En sortant de la Sala dos Capelos, continuer un long couloir au bout duquel on a une superbe vue sur Coimbra.

– *La chapelle São Miguel :* accès dans la cour par la porte à droite de la bibliothèque Joanine. Entrée gratuite. Splendide porche manuélin. Construite en 1547, elle est surtout remarquable pour les azulejos qui ornent la nef ainsi que pour son orgue baroque de 1733 couvert d'une « peinture en chinoiseries ».

– *La tour de la Chèvre :* dans l'un des deux angles de la grande cour de l'université. Élevée au XVIIIᵉ siècle, haute de 33 m, elle tient son nom d'une très ancienne cloche qui rythmait autrefois la vie des étudiants et de la cité.

➢ *La nouvelle université* (plan C2-3, *52*), édifiée par Salazar, s'étend tout alentour. Ensuite, par la rua Sa de Miranda, accès à une large place (largo da Feira) bordée par la *nouvelle cathédrale,* construite par les jésuites, et par l'ancien *palais épiscopal* transformé en musée. Certaines facultés font peine à voir. Les plus audacieux pousseront quelques lourdes portes et découvriront des amphis d'un autre temps, des vitrines à fossiles poussiéreux et des affiches subversives des syndicats étudiants. Plusieurs musées fatigués, aux horaires incertains, dont le *musée de la Physique,* le *Musée botanique* et l'épique *Musée académique,* consacré à la vie universitaire. La collection de coupes sportives, amoncelées du sol au plafond dans deux salles, laisse baba.

🍴🏛 *Museu Machado de Castro* (plan C2, *53*) : largo Dr José Rodrigues. ☎ *239-82-37-27.* ● *ipmuseus.pt* ● *Installé dans le palais épiscopal. Tlj sf lun 9h30-17h30. Entrée : env 3 € ; réduc.* Splendide construction du XVIᵉ siècle, avec galerie à doubles arcades plongeant sur la ville. Murs ornés de frises d'azulejos. Riches collections : sculptures de la Renaissance, céramiques portugaises, orfèvrerie religieuse, superbes primitifs religieux des écoles portugaise et flamande. Voir aussi, pour les mordus, le cryptoportique et les objets provenant des fouilles, vestiges de l'Empire romain.

🍴 ***Museu (e laboratório) mineralógico e geológico*** *(plan C2,* **57***) : largo Marquês de Pombal.* ☎ *239-82-30-22. Dans la faculté de Ciências e Tecnologia, en face du laboratório chímico. Contourner la nouvelle université par la rua dos Estudos. En sem slt, avec pause à midi. Entrée : env 3 € ; réduc.* Grand portail vert ; à l'intérieur, monter les escaliers jusqu'à la porte grise (difficile à ouvrir, insistez !) : l'accueil est un peu plus haut.

À l'entrée de la salle, à gauche, un magnifique quartz violet d'un mètre de haut (Brésil). Petite collection minéralogique et géologique provenant du monde entier (États-Unis, Madagascar, Italie, Mozambique, Canada, France...). Quelques pierres précieuses. ***Musée zoologique*** à l'étage au-dessus, dans le même esprit. On imagine aisément les chercheurs d'une autre époque affairés aux quatre coins du monde à récolter le moindre échantillon.

🍴🍴 ***Sé Velha*** *(la vieille cathédrale ; plan B2,* **54***) : tlj sf dim et j. fériés 10h-13h, 14h-18h (ven 13h et sam 17h). Entrée : 1 €.* Ce fut la première cathédrale du Portugal. Elle commença à être édifiée alors que l'on voyait encore au loin les cavaliers maures en fuite. Œuvre d'un architecte français qui lui donna, bien sûr, en ces temps incertains, une allure de forteresse. Façade principale d'une grande sobriété, contrastant avec le portail latéral où perce déjà le style Renaissance. Au maître-autel, très beau retable flamboyant. À droite, dans la nef, accès au plus vieux cloître gothique du Portugal. Transition typique du roman au gothique. Rongé par l'humidité.

🍴 En sortant de la *Sé Velha,* on peut être tenté de descendre la rua Quebra Costas (la rue Casse-Cou !). Emprunter plutôt la rua dos Coutinhos qui mène à la massive ***tour de Antó*** et au ***palais Sobre-Ripas.*** Belle façade manuéline.

🍴🍴 ***Le monastère de Santa Cruz*** *(plan B1,* **55***) : praça 8 de Maio. Lun-sam 9h-12h, 14h-17h45 ; dim 16h-17h45. Entrée de l'église gratuite ; entrée du cloître et de l'exposition : 2,50 €.* Fondé en 1131 par les frères augustins. Façade en très mauvais état mais restaurée, et à l'intérieur plafond manuélin, jolie chaire Renaissance, stalles de la tribune en bois sculpté du XVIe siècle, tombeau royal, orgues en nid d'hirondelle, etc. Par la sacristie (à droite de la nef), décorée d'azulejos et de quelques primitifs portugais, accès au *claustro do Silencio.* L'un des grands chefs-d'œuvre de l'art manuélin (1517) dont la couleur des pierres ressort grâce au tapis d'herbe au milieu. Murs et salle capitulaire recouverts d'azulejos. Fontaine. Dans l'ancien réfectoire, belle expo permanente dont un tableau de Grão Vasco, *Pentecostes,* de 1535. Le fameux peintre portugais se représente toujours dans ses tableaux ; ici, vous le verrez derrière la porte en haut à droite. Il a également signé ce tableau (ce qui était rare) sur le bout de papier à terre. Dans la deuxième salle, tapis persans, une croix du XVIIe siècle utilisée pour les processions, une cloche en bronze de 1294, une belle statue de saint Antoine et une crèche du XVIIIe siècle en terre cuite, parmi les beautés qui sont présentées. À noter aussi, trois statues en calcaire de saints Augustin, Pierre et Grégoire.

🍴🍴 ***Santa Clara-a-Velha*** *(hors plan par A3) : rua António Augusto Gonçalves. Sur l'autre rive.* Belle église de style gothique, élevée au XIIIe siècle par la reine Isabelle. Inês de Castro, la célèbre « Reine morte », y aurait été enterrée après son assassinat. C'est l'une des églises les plus émouvantes du pays. Les religieuses l'abandonnèrent aux crues du Mondego, pour s'installer dans un nouveau couvent sur la colline. Des travaux de drainage ont été entrepris.

LE MIRACLE DES ROSES

D'après une légende, le milagre das rosas *(miracle des roses), la reine Isabelle avait bon cœur et allait dans la ville de Coimbra distribuer du pain aux pauvres (qu'elle cachait sous sa cape). Un jour, le roi D. Dinis, avare et orgueilleux, la surprit alors qu'elle s'apprêtait à partir. Il lui demanda ce qu'elle avait sous sa cape. La jeune femme lui répondit : « Des roses », et le miracle se produisit.*

COIMBRA

🎖 **Convento de Santa Clara-a-Nova** (hors plan par A3) : Alto de Santa Clara. Sur l'autre rive, face au pont. Bus n⁰ˢ 14T, 21, 22T, 31 et 46. Lun-sam 9h-12h, 14h-17h ; dim 15h-17h. Accès payant pour le cloître et le jardin (on peut largement s'en passer).

Sur la colline, édifice de style baroque où repose le corps intact de la reine sainte Isabelle, très aimée du peuple portugais.
– À côté du convento, le **Musée militaire** : ☎ 239-44-17-47. Tlj 10h-12h, 14h-17h. Entrée payante. Collection de matériel militaire, armes et uniformes.

🎖🎖 🏃 **Portugal dos Pequenitos** (le Portugal des Tout-Petits) : largo do Rossio près de Santa Clara-a-Velha. ☎ 239-44-12-25. Juin-sept, tlj 9h-20h ; oct-mai, tlj sf 25 déc 10h-19h. Entrée : 5 € ; réduc ; gratuit pour les moins de 5 ans. Une chouette visite pour les enfants. Grand jardin où ont été reproduits en miniature tous les types de maisons du Portugal, ainsi que les principaux monuments (dont Lisbonne compactée en 40 m² !), dans lesquels les enfants peuvent pénétrer facilement. À l'entrée, une mini-expo universelle avec des pavillons consacrés aux pays lusophones (Mozambique, Angola, Timor, Guinée-Bissau, etc.). Tout un univers à leur portée, aussi passionnant et dérangeant qu'une B.D. de Tintin au Congo. Évocation des colonies un brin datée qui se voulait au départ un hommage aux grands explorateurs. Il faut le voir, c'est assez inattendu.

🎖 **Le Jardin botanique** (plan D3, 56) : alameda Dr Júlio Henriques. ☎ 239-82-28-97. Fax : 239-82-07-80. Oct-mars, 9h-17h30 ; avr-sept, 9h-20h. Entrée gratuite excepté pour la serre, qui ferme 12h30-14h (2 € en sem et 4 € le w-e et j. fériés ; réduc). Visite guidée possible. Fondé en 1772 par le marquis de Pombal. Nombreuses espèces d'arbres et de plantes rares pour les amateurs. Marché tous les mois, du 10 au 20 environ.

Manifestation

– Ts les 2 ans (prochaine édition en 2008), **Festa Rainha Santa Isabel** au début du mois de juillet, avec procession et feux d'artifice. Un festival surtout religieux.

➤ DANS LES ENVIRONS DE COIMBRA

🎖 **Penacova :** à une vingtaine de kilomètres à l'est, au bord du rio Mondego, par une route sinueuse qui rappelle un peu les gorges de l'Ardèche. Bon à savoir : 1 à 2 bus/j. seulement entre Coimbra et Penacova, et seulement en semaine. Souvent comparée, à cause du paysage, à une petite Suisse. L'érosion provoquée par le fleuve dans la roche donne à un endroit l'illusion de livres rangés dans une bibliothèque, d'où son nom : Livraria do Mondego.
– **Le monastère de Lorvão :** fondé au VIᵉ siècle, comportant un ensemble de chaires avec des saints sculptés dans du bois.

🛈 **Office de tourisme :** largo Alberto Leitão. ☎ 239-47-03-00. Tlj 10h-13h, 14h-17h (16h sam-dim d'hiver). Accueil sympa. Petit dépliant avec carte du coin et adresses utiles.

🏕 **Camping de Penacova :** estrada de Carvoeira. ☎ et fax : 239-47-74-64. À 3 km de Penacova, vers le sud, à droite après le pont. Fermé nov-fév. Prévoir env 11 € par pers. Sympa, au bord du rio mais juste à côté du bar de la plage ! Ombragé. Petit et assez bondé le soir mais dans l'ensemble agréable. Bon point de départ pour découvrir des sites intéressants. Douche chaude gratuite. Bar, resto, épicerie en dépannage.

🛏 **Pensão Avenida :** av. Abel Rodrigues da Costa. ☎ 239-47-71-42 ou 239-47-63-58. ● reservas@pensaoavenida.com ● pensaoavenida.com ● À l'entrée supérieure de la ville. Une douzaine de chambres avec bains 23-33 €, dans cette pension familiale bien tenue ; petit déj à 3 €. Café offert sur présentation de ce guide. Parfait pour une courte étape à Penacova.

|●| **Restaurante Panorâmico :** largo Alberto Leitão. ☎ 239-47-73-33. Menu à la carte 15-25 €. Apéritif maison offert sur présentation de ce guide. Une étape gastronomique bien agréable, pour l'incroyable vue panoramique sur la vallée du Mondego, et pour la cuisine à base de gibier (perdrix, faisan) et de poisson d'eau douce (truite). On peut aussi se contenter de boire un coup à côté, au café Turismo. Même vue imprenable !

%% **Lousã :** à env 30 km au sud-est. Suivre la vallée du Ceira par la N17 jusqu'à Foz de Arouce, puis prendre la N236. Un charmant village adossé à une montagne et possédant des demeures nobles à blason du XVIIIᵉ siècle. Et une serra avec une chapelle perchée sur un piton rocheux, de superbes randos dans la forêt, une piscine naturelle très fréquentée par les Portugais du coin et l'Azenha, le meilleur resto de la région. Maisons à louer dans la montagne, accessibles par des routes forestières. Rens à l'office de tourisme, situé dans l'Ecomuseu da Sena da Lousã, rua João de Luso. ☎ 239-99-00-40. ● cm-lousa.pt ● Infos sur les balades à faire dans le coin. Idéal pour des vacances au vert. Accueil en (très bon) français.

⚲ ♟ **Parque de Campismo de Serpins :** Chão de Campos, à Serpins, donc. ☎ 239-97-11-41. Ouv mai-oct. Env 10 € pour 2 pers pour planter sa tente ; bungalow env 30 €. Un camping au bord d'une eau claire où l'on peut se baigner. Bien entretenu, confortable et relativement ombragé. Et puis on a craqué pour le **Moinho Bar,** en face (tte l'année 16h-4h du mat). Installé dans l'ancien moulin (les platines du DJ sont installées sur les entonnoirs dans lesquels était versé le blé et l'on voit, à travers des plaques de verre dans le sol, la rivière couler). Alejandre réussit à insuffler une vie incroyable à ce lieu supersympa. Plein de bières à déguster.

⚑ **Residencial Martinho :** rua Movimento das Forças Armadas. ☎ 239-99-13-97. Fax : 239-99-43-35. ♿ Résa à l'avance. Double avec bains env 30 €, petit déj compris (sf dim, car le vendeur de pain ne passe pas !). Une dizaine de chambres. Propre et fonctionnel. Bon accueil.

|●| **O Burgo :** Ermida da Sra da Piedade (3200). ☎ 239-99-11-62. Tlj sf lun. Compter 25 € par pers. Dans une auberge avec cheminée et nappes blanches, merveilleusement située au bord de la piscine naturelle qui est nichée dans le lit de la rivière. Au pied du château et en contrebas d'une petite chapelle. L'un des restos les plus réputés de toute la région. Spécialités de pot-au-feu de sanglier et de chevreuil, selon la saison. Cadre qui laisse rêveur, dans son écrin de verdure, et plats particulièrement alléchants. Rien que du bonheur.

|●| **Ti Lena :** Talasnal, Serra da Lousã (3200). ▯ 933-83-26-34 ou 917-04-56-08. De Lousã, prendre la direction de Cacilhas vers le village de Talasnal et emprunter la route forestière qui grimpe dans la montagne, après, c'est fléché. Slt le w-e et les j. fériés. Résa impérative. Env 15 € par pers. Une adresse hors du commun. Lisette et Amelia Dias, deux sœurs et professeurs dans la région, ont eu le coup de foudre pour une merveilleuse maison de berger en schiste, plantée au milieu de la forêt. Elles vous feront déguster les spécialités du coin comme le chevreuil rôti, le sanglier aux châtaignes, sans oublier les desserts à base de miel. Un délice de nature et de rusticité.

LA FORÊT DE BUÇACO ET LUSO

À 25 km au nord de Coimbra, par la route IC 2, près de la station thermale de **Luso,** une forêt et un site uniques dans le pays. Bénéficiant d'un microclimat et d'un relief particuliers, cette forêt est l'une des plus anciennes d'Europe. Très tôt, au VIᵉ siècle, des moines en découvrirent les vertus de calme et de recueillement et s'y établirent. Tout au long de l'histoire, elle jouit d'un extraordinaire régime privilégié, ce qui explique son remarquable état de conservation. Jusqu'au XVIIIᵉ siècle, elle fut entretenue avec soin par le clergé de Coimbra. Puis on y construisit un monastère (transformé en hôtel) et une longue muraille tout autour. Le pape se fendit même d'une bulle pour en interdire l'entrée aux femmes ! Les moines y plantèrent par la suite d'innombrables variétés exotiques venant des colonies (une nouvelle bulle papale menaça d'excommunication quiconque couperait une simple branche !). Végétation toujours luxuriante, mais malheureusement pas très bien entretenue aujourd'hui et mal répertoriée. Buçaco fut, en 1810, le théâtre d'une cuisante défaite des troupes napoléoniennes face à celles de Wellington (déjà lui !). En 1834, les moines furent expulsés, et la forêt passa sous administration royale.

La petite station thermale de Luso, sans prétention, s'associe bien au cadre de Buçaco pour inviter le promeneur à s'attarder et à se ressourcer. De fait, c'est ici que coule à flots l'eau de Luso, vendue dans tout le Portugal comme une des meilleures eaux minérales du pays. Les habitants qui viennent remplir leurs bouteilles de 5 litres à la fontaine du centre ne s'y trompent pas. Pas étonnant que les habitants de la région, particulièrement à Mealhada, voient la vie en rose : c'est ici que l'on cuisine la *leita da barraida,* du cochon de lait rôti, à la peau craquante. Un must dans votre voyage !

Arriver – Quitter

➤ *Depuis Coimbra :* 3 ou 4 bus/j. y mènent en 45 mn. Plusieurs trains également (arrêt à la station de *Luso-Buçaco* sur la ligne de Beira Alta).

Adresse utile

🛈 *Office de tourisme de Luso-Buçaco :* rua Emídio Navarro. ☎ 231-93-91-33. *Slt en sem 9h30-12h30, 14h-18h30.* On y délivre un plan du village et du parc, ainsi qu'un relevé des prix de tous les établissements hôteliers. Accès internet. Documentations sur les randonnées, en anglais.

Où dormir ? Où manger à Luso ?

Luso ne manque pas de possibilités de logement. En été, cependant, beaucoup de monde. Grosse affluence de curistes et de touristes portugais.

Camping

⛺ *Camping Orbitur :* ☎ 218-11-70-00. ● orbitur.pt ● *À 2 km du village. Compter env 16,50 € pour planter sa tente en hte saison.* Court de tennis, bar et resto. Ombragé, pas trop grand, assez familial et propre. Bon rapport qualité-prix.

De bon marché à prix moyens

🏠 *Casa de hospedes familiar Maria da Graça Coelho :* rua Ernesto Navarro, 34. ☎ 231-93-96-12. 📱 936-97-58-44. ● paulcoelho@sapo.pt ● *Sur la route du* parc, dans un virage serré. *Chambres doubles avec bains 25-45 € selon saison.* Digestif offert sur présentation de ce guide. Une poignée de chambres, dont une suite de 2 pièces pour 4 personnes. C'est familial et soigné, y compris dans l'accueil. Petit déj dans la salle à manger de la maison. Certains touristes avisés y ont déjà pris leurs habitudes chaque été.

🛏 *Vila Aurora :* rua Barbosa Collen. ☎ 231-93-01-50. Compter 45-50 €, petit déj inclus. Dans un superbe manoir de la fin du XVIe siècle avec des tourelles crénelées et luxueusement meublé d'antiquités. Chambres charmantes en diable, confortables, arrangées avec soin, AC, TV satellite... Certaines salles de bains avec jacuzzi. Tout autour, un jardin fleuri qui sent délicieusement bon et une belle piscine à l'ombre d'un palmier. Pour des vacances de rêve à prix somme toute raisonnables.

🛏 |●| *Pensão Astória et restaurante Selas :* rua Emídio Navarro, 144. ☎ 231-93-91-82. Juste à côté de l'office de tourisme. Chambres spacieuses avec douche 30-40 €, petit déj inclus. Repas env 12 €. Digestif offert sur présentation de ce guide. On y mange de bonnes spécia-

lités comme la chanfana a bairrada (chèvre). Une salle paisible pour dîner dans une ambiance d'auberge.

🛏 |●| *Pensão-restaurante A Regional :* rua Dr Lucio Pais Abranches, 107. ☎ 231-93-92-72. Sur la route du haut qui mène au parc de Buçaco. Doubles 30 €. Repas env 12 €. Réduc de 10 % accordée hors saison sur présentation de ce guide. Une dizaine de chambres avec douche ou bains. Une dose suffit pour deux, et pas slt pour un appétit de curiste. À goûter : le ragoût de cabri. Pour l'été, belle terrasse et piscine (pas toujours très nette). En hiver, il fait un peu frisquet dans la salle.

🛏 *Pensão Choupal :* largo Poeta Cavador. ☎ 231-93-96-28. Elle n'ouvre pour le moment que mai-oct. Double 35 € ; lit supplémentaire 10 €. Réduc de 10 % sur le prix de la chambre, sur présentation de ce guide (mai-juin). Une dizaine de petites chambres vieillottes, avec ou sans bains et 2 suites. Possibilité de profiter du jardin. Confitures maison au petit déj.

Plus chic

🛏 |●| *Pensão Alegre :* rua Emídio Navarro. ☎ 231-93-02-56. ● alegrehotels.com ● Parking privé gratuit et fermé la nuit. Doubles 40-70 € selon taille et saison, petit déj inclus. Réduc de 10 % sur le prix de la chambre, sur présentation de ce guide. Une vingtaine de chambres très soignées. Cette grande maison de maître du XIXe siècle fut naguère la résidence d'été du gouver-

neur de l'île de Graciosa aux Açores. Excellent accueil en français. Les chambres les plus vastes donnent sur le devant, comme la n° 103 et la n° 105 et leur terrasse particulière ensoleillée... Sinon, d'autres chambres plus petites, moins chères, ouvrant sur le côté de la maison, avec vue sur la campagne au loin. Agréables piscine, jardin et délicieux resto (de mi-mai à octobre).

À voir. À faire

🌿🌿 *La forêt de Buçaco :* plusieurs portes permettent aux voitures l'accès à la forêt (payant de mi-mai à sept, compter 2,50 € par voiture), d'autres slt aux piétons. Fermé la nuit, sf pour les résidents du Buçaco Palace Hotel.
Aujourd'hui, cette forêt s'apparente à une sorte de jungle dense et touffue, très verte au printemps, une petite « arche de Noé » réunissant rhododendrons, fougères arborescentes, cèdres, philarias, eucalyptus, araucarias, sapins de l'Himalaya, magnolias, thuyas, etc. Près de 700 espèces différentes, des essences de différents pays et continents. Très souvent, le matin, une brume mystérieuse enveloppe la forêt.
À environ 2 km de l'entrée, à droite, un parking, des tables de pique-nique, une magnifique allée de fougères arborescentes (vale dos Fetos) sur la droite et une superbe fontaine (fonte Fria) avec une centaine de marches à gravir... Dépaysement garanti ! Mais respectez la nature, il est interdit de cueillir des fleurs, des plantes...

L'ESTREMADURA

➤ **Le chemin de croix :** depuis le *Buçaco Palace Hotel,* on atteint le belvédère de Cruz Alta, d'où l'on peut apercevoir les monts d'Estrela et de Caramulo. Compter 30 mn de marche pour y aller. Pour les randos dans la région, prendre bien soin de consulter la carte des sentiers balisés aux offices de tourisme de Luso ou de Coimbra.

🏃🏃🏃 **Buçaco Palace Hotel :** au beau milieu de la forêt de Buçaco, l'un des édifices les plus étonnants du Portugal et aussi d'Europe. Aucune épithète vraiment plus forte que surréaliste, irréel, incroyable !... Ceux qui ont aimé le Xanadu du film *Citizen Kane* (signé Orson Welles) seront comblés ! Rendez-vous de chasse royal, construit à la fin du XIXᵉ siècle sur l'emplacement de l'ancien monastère, par un architecte italien (toujours champions, ceux-là !). Transformé en hôtel de luxe en 1917. En 1926, vingt chambres possédaient déjà une salle de bains et étaient équipées de meubles orientaux fabriqués au Japon par des artisans portugais. L'architecte réalisa une sorte de pastiche du style manuélin, en plus fou, en plus exubérant encore. Admirable galerie extérieure rappelant le cloître des Jerónimos à Belém (Lisbonne). Les scènes représentées sur les azulejos illustrent les grands épisodes des *Lusiades,* le roman épique de Camões, à la gloire de Vasco da Gama. À l'intérieur, monumental et somptueux escalier orné d'azulejos polychromes. Toutes les portes, les arches, les couloirs sont d'une richesse ornementale délirante. Du bar, où l'on peut prendre un verre au coin du feu, on passe dans la salle à manger, qui débouche sur une terrasse encadrée par des arcades très travaillées, ouvrant sur les jardins et la masse verte et mystérieuse des arbres.
Enfin, sachez qu'il n'y a théoriquement pas de fantômes dans ce palais extraordinaire (ce que nous a assuré la direction...), rien que des traces de gens illustres, comme le montre bien la hampe du drapeau au pied du grand escalier. Des plaques avec des noms, des dates : le roi d'Espagne, la reine Amélie du Portugal, l'ancien président Mario Soares, trois présidents du Brésil... et bien d'autres têtes couronnées. Signalons aussi que le chanteur américain Harry Belafonte adore cet hôtel où, curieusement, on entre et on sort comme dans un moulin... Un petit *convento* (entrée payante) abrite une chapelle, quelques tableaux, des portes et plafonds en bois de liège. Rien de transcendant.

🛏 🍴 **Chambres** *chères ! En hte saison, double 95-225 € ; suite impériale 1 000-1 200 €...* Toutes différentes (avec des ameublements du XVIIᵉ au XIXᵉ siècle), avec de vastes salles de bains, et un confort moderne. S'il vous reste une chemise repassée, possibilité de faire un repas dans la belle salle à manger ou, plus romantique encore, sur la petite terrasse en demi-lune face au jardin. *Service 13h-15h, 20h-22h. Compter 35 € pour un menu de trois plats. ½ pens possible. Apéritif maison offert sur présentation de ce guide.* Spécialités de bar grillé aux fines herbes et de ravioles de cochon de lait. Hélas, rapport qualité-prix pas génial. Les non-résidents sont, bien entendu, les bienvenus, mais résa très conseillée : ☎ 231-93-79-70 ; ☎ et fax : 231-93-05-09. ● *almeidahotels.com* ● Carte des vins incroyable, à ne pas rater, proposant près de 1 000 choix !

FIGUEIRA DA FOZ

(3080)   62 800 hab.

À 45 km à l'ouest, c'est la station balnéaire de Coimbra, au débouché du rio Mondego. Une plage immense, un front de mer animé, une affluence estivale festive, un casino... pas le plus bel endroit pour passer ses vacances mais une étape plutôt plaisante. C'est en tout cas ici que se retrouvent les touristes espagnols venus du centre de leur pays.
À l'extrémité nord de la longue plage (3 km), l'ancien village de pêcheurs de Buarcos a été annexé par cette station gagnée par le béton. Très sympa, en arrière-saison, de manger dans l'une des petites baraques en bois posées à

même le sable de la plage. Un jour de semaine, au mois de mai, et même en juin, il arrive que la plage, devant Buarcos, soit déserte (pas de joggeurs, pas de bikinis, pas d'intellos en lunettes noires), rien, rien que cette fumée d'embruns poussée sur la rive par la brise impétueuse de l'Atlantique... En septembre, intéressant festival international de Cinéma.

– *Marché couvert* (mercado municipal) *:* sur la rua 5 de Outubro. Tlj sf dim.

– Ici, on fête particulièrement la *Saint-Jean,* le 24 juin. Feux d'artifice, parades et surtout, baignade à l'aube en costume folklorique.

Arriver – Quitter

🚌 *Deux gares routières :* sur l'av. Saraiva de Carvalho (front de mer). 🕿 968-90-38-26. Trois bus/j. dans les deux sens pour *Lisbonne.* Pour *Porto,* il faut se rendre à la gare routière située rua Miguel Bombarda (🕿 233-40-22-22), à 2 rues de l'office de tourisme. Bus

partant de Figueira à 7h30, sauf le w-e. 🚆 La *gare ferroviaire* est sur le front de mer à côté de la première gare routière. Renseignements au 🕿 808-208-208. Pratique pour *Coimbra* (trains toutes les 2h) et *Aveiro.*

Adresses utiles

🛈 *Office de tourisme :* av. 25 de Abril. 🕿 233-40-28-27. ● figueiraturismo. com ● Oct-mai, lun-ven 9h-12h30, 14h-17h30, w-e et j. fériés 10h-12h30, 14h30-18h30 ; juin-sept, 9h-minuit. Infos sur les randonnées pédestres avec des parcours très bien faits. Efficace et motivé.

🛈 *Bureau de tourisme :* à Buarcos, au Núcleo Museológico do Mar, rua Governador Soares Nogueira, 32. Slt en sem. ■ *Centro de Artes e Espectáculos :* rua Adabe Pedro. 🕿 233-40-72-00. ● cae.pt ● Un centre tout neuf pour voir des spectacles, des expos, des concerts (portugais et internationaux).

Où dormir ?

Campings

🏕 *Camping municipal :* estrada de Taraverde. 🕿 233-40-28-10. Fax : 233-40-28-18. Entre Buarcos et Figueira, à l'intérieur, près du stade municipal. À partir de 7,50 € pour 2 pers avec une tente. Vaste et ombragé. Machines à laver. Douche chaude payante. Bondé l'été mais calme. Entretien général pas folichon. Ravitaillement facile car situé non loin d'un hypermarché. Accueil sympa.
🏕 *Camping Foz de Mondego :* Cabe-

delo, 3080-661 Figueira. 🕿 233-40-27-40. Fax : 233-40-27-49. Face à Figueira, de l'autre côté de l'embouchure. Prendre direction Lisbonne et traverser le pont. Autour de 15 €. Au bord d'une belle plage, mais pas un brin d'ombre. Sanitaires propres et bien tenus. Resto-bar-épicerie. Nuits calmes. Cocktail pas évident pour tout campeur qui se respecte : site venteux alors qu'on plante ses sardines dans le sable !

Prix moyens

🛏 *Chambres chez l'habitant « Chez Odete » :* Maria Odete Pelicano Vasco Caceiro, rua Dr Santos Rocha, 58. 🕿 233-42-74-62. 🕿 966-51-67-63.

Dans le vieux centre-ville, non loin de la mer. De la place 8 de Maio, prendre à gauche (quand on a le rio Mondego dans le dos) la rue Dr José Jardim ; puis

L'ESTREMADURA

tourner à la 1re à droite. En été, résa conseillée. Chambres doubles avec douche et w-c 30-35 € en hte saison. Pas de petit déj. Une bonne maison dans une rue calme, tenue méticuleusement par un couple aimable et accueillant. Neuf chambres simples et propres avec ventilateur, TV câblée. Cuisine équipée, pratique pour se faire des petits repas légers.

🛏 **Hospedaria Sãozinha :** *Ladeira do Monte, 43.* ☎ *233-42-52-43.* ● *hospeda riasaozinha@hospedariosaozinha.com* ● *hospedariasaozinha.com* ● *Double 30-50 € selon saison.* À deux pas de la place 8 de Maio, une charmante pension fleurie, admirablement tenue par Maria. Toutes les chambres avec salle de bains. Calme.

Où manger ? Où boire un verre ?

En été, plusieurs restos et bars prennent leurs quartiers sur la plage. Festif et animé. Également des animations pour les enfants.

|●| **Nucleo Sportinguista do Concelho :** *rua Praia da Fonte, 14-17.* ☎ *233-43-48-82. Derrière le jardin municipal. Menu-carte 7,50 €.* Une institution populaire qui ne désemplit pas, en témoigne le long banc installé à l'extérieur pour patienter. Excellent menu tout compris. Service en salle ou sur la terrasse dans une ambiance enjouée de fin de match. Beaucoup de monde le w-e.

|●| **Cristal :** *rua Académico Zagalo, 26-28.* ☎ *233-42-24-39. Env 12 € par pers.* Dans la très animée rue piétonne, voilà un patron qui a tout compris. Cadre typiquement portugais avec un bric-à-brac d'objets anciens au plafond (on a même repéré une paire de chaussures !) ainsi que quelques beaux jambons au-dessus du bar, bien garni de bons crus de *vins du coin. Spécialité de mariscada na cataplana* où les fruits de mer et les crustacés sont rois. Et pour finir, une ambiance bon enfant très conviviale. Et... la terrasse. Bonnes vacances !

|●| **Marégrafo :** *rua 5 de Outubro, 73. Compter 12 € (un peu plus pour du crabe).* Dans une belle maison, entièrement recouverte d'azulejos sur laquelle veille, à l'extérieur, une petite Vierge Marie. C'est peut-être elle qui garde les bons auspices de ce resto où étudiants, hommes d'affaires, touristes, personnalités se retrouvent pour une *sopa no caco* servie dans une miche de pain entière qui a fait la réputation de la maison. Moules et crabes ont une bonne place sur le menu ainsi que l'excellent steak, juste grillé. Dans ce cadre cosy, un écran géant s'anime les jours de foot. Terrasse pour les allergiques au sport afin de boire tranquillement une autre spécialité de la maison : la sangria à base d'*espumante.* Et cet objet qui suscite votre curiosité est un marégraphe, un instrument permettant de mesurer le niveau de la mer.

🍷 Pour sortir et boire un verre, c'est fastoche ! Tous les bars sont concentrés dans la rua Académico Zagalo qui a le gros avantage d'être piétonne. On peut donc papillonner de la terrasse de **O Picadeiro,** aussi fréquenté en journée qu'en soirée par toutes les générations, à celle de l'**Impèrio,** à l'éclairage intérieur rougeoyant, ou au **Zeigeist Caffé,** le plus tendance avec son ambiance jazzy-lounge. La seule « vraie » boîte de nuit, c'est le **Bergantim,** *rua Dr A. Lopes Guimarães, 28, une rue qui part du front de mer.* ☎ *233-42-71-29. Musique pop rock.*

DE FIGUEIRA À AVEIRO

🚶 **Serra da Boa Viagem :** *à 4 km au nord de Figueira da Foz.* Un endroit idéal pour une promenade en fin d'après-midi (après la pluie, c'est encore mieux en raison des parfums...) ou pour une petite escale sur la route d'Aveiro. De quoi s'agit-il ? C'est une réserve naturelle couverte de pins, de cèdres et d'eucalyptus. Perchée sur un promontoire rocheux terminé par le cap Mondego, elle surplombe la ville de

Figueira (jolie vue). Malheureusement, une grande partie de la forêt a été détruite par les incendies dévastateurs de l'été 2005. Néanmoins, les pompiers sont parvenus à en préserver une partie et nous avons déniché quelques adresses bien ombragées par des arbres verdoyants. Pour y aller : de Buarcos, sortir de la ville par la route de la corniche qui gravit la serra en direction de Quiaios ; c'est mal fléché (question d'habitude).

⚁ *Camping Orbitur : magnifiquement installé dans une pinède à 300 m de la plage de Quiaios à env 15 km de Figueira et non loin de la piscine municipale.* ☎ 233-91-99-95. ● *orbitur.pt* ● *En hte saison, env 16 € pour 2 pers ; maisons de vacances à louer dans un espace genre « Disneyland » 45-70 € par nuit.* Récent. Ombragé. Excellent accueil. Sanitaires impeccables. Bar, jeux pour les enfants, tennis. Bondé en été et bruyant.

🛏 I●I *Casa Pinha : rua do Parque Florestal, 123.* ☎ *233-43-55-71.* ● *casapin* ha.com ● *Compter 50 € avec le petit déj. Prix dégressifs pour les plus longs séjours.* Depuis Figueira, suivre les indications pour le supermarché *Leclerc* puis monter dans la pinède et suivre la route principale sur environ 5 km. On vient d'abord ici pour la vue somptueuse sur la ville et la mer, pour la piscine azurée, pour les gambas flambées au porto et les desserts au chocolat belge (l'un des proprios est de là-bas !). Chambres fonctionnelles disposant d'une petite terrasse. Bon resto avec une cuisine typique de l'Alentejo.

🎣 *Praia de Mira : à 35 km de la praia de Quiaios.* Station quelconque, hormis la petite chapelle des marins face à la plage et de jolies scènes de pêche avec filets tirés par des tracteurs sur la plage. Belles balades à vélo. Grande plage et mer praticable par les baigneurs.

⚁ *Plusieurs campings :* éviter le *Campismo da Juventude da FAOJ* ainsi que le camping municipal. Préférer le *camping Orbitur* (plus cher mais nickel) ou encore le *camping-bungalows Vila Caia, à 2 km env, sur la gauche en allant vers le* village de Mira. Compter env 15 €.

I●I *Au bout de la plage, à gauche quand on est face à la mer, resto* **Caçanito** *(*☎ *231-47-26-78) qui ferme à 21h.* Poisson frais grillé et terrasse ensoleillée.

COSTA NOVA   (3830)   1 500 hab.

De la praia de Mira, suivre la route côtière vers le nord (paysage pas terrible) jusqu'à Costa Nova, à une vingtaine de kilomètres. Entre mer et ria (mais regardant vers cette dernière et non vers la mer qui est à deux pas...), un village de pêcheurs merveilleusement restauré : maisonnettes rayées de bleu, de rouge, de vert, bordant une esplanade-promenade plantée de palmiers. Le tout ouvert sur la ria, à l'abri du vent. Petit marché dans une halle tous les jours, où les femmes des pêcheurs viennent vendre un faible choix de poisson bien frais. On ne cachera pas qu'on aime bien cet endroit.

Arriver – Quitter

➤ *Pour Aveiro :* en voiture, continuer vers la praia da Barra et, à mi-chemin, prendre sur la droite, la N 109-7. En bus, liaisons toutes les heures 7h-minuit dans les deux sens (à Costa Nova : arrêt sur l'esplanade).

➤ *Pour São Jacinto* (sur la langue de terre qui ferme la ria d'Aveiro) *:* prendre un bateau à Forte da Barra. Pour l'heure, seulement pour les piétons et les vélos, les routards motorisés devant faire le tour complet de la ria pour atteindre Torreira ou São Jacinto ! Une bonne soixantaine de kilomètres.

L'ESTREMADURA

Adresse utile

🔲 Petit kiosque d'*informations touris-tiques* au milieu d'un bassin sur la place principale, presque devant le resto *Marisqueira. Fermé dim.*

Où dormir ? Où manger ?

🛏 *Azevedo Residencial :* rua Arrais Ançã, 16. ☎ 234-39-01-70. Fax : 234-39-01-71. Double avec salle de bains 45-70 €, petit déj inclus. Une quinzaine de chambres dans cet hôtel familial, moderne et bien tenu, tout de brique (mais pas de broc !).

🍴 *Restaurante D. Fernando :* av. José Estevão, 162, sur l'esplanade avec les palmiers. ☎ 234-36-95-25. Fermé en nov. Plats 10 €, pouvant grimper jusqu'à 65 € pour une langouste, par exemple. Excellent resto, avec toute une série de plats de la mer et des spécialités comme la bouillabaisse d'anguilles *(caldeirada de enguias),* servie avec des pommes de terre mijotées dans un bouillon. Jolie carte des vins avec un grand choix. Terrasse avec vue (éloignée) sur la lagune et jolie façade, avec son balcon.

🍴 *Restaurante Marisqueira :* sur l'esplanade, dans le centre. ☎ 234-36-98-16. • ciberguia.pt/marisqueira-costanova • Tlj. Plats 10-18 €. Nombreuses formules pour deux. Grande salle avec baie vitrée donnant sur la ria et l'animation de la place. Spécialités de *lampreia,* un poisson d'eau douce pêché dans la lagune qui ressemble à une anguille dotée d'une bouche-ventouse (et que l'on peut voir dans l'aquarium à l'entrée). Pour être sûr de commander quelque chose qui vous plaise, prenez un verre et regardez les plats défiler chez vos voisins de table. N'oubliez pas de demander le prix avant de fixer votre choix.

🍴 *Atlantida :* sur l'esplanade. Une pâtisserie excellente qui fait aussi glacier. Terrasse, toujours bondée.

AVEIRO   (3800)   74 000 hab.

Construit au bord d'une lagune, troisième grand centre industriel du pays (après Lisbonne et Porto), Aveiro peut être un port d'attache pour faire des excursions dans une région tout en couleurs. La ville est sillonnée de canaux, bordés de belles maisons Art nouveau (surtout dans la rua João Mendonça aux n°s 5, 11 et 24 mais aussi largo do Rossio, 3 ; rua Barbosa de Magalhães, 9... L'office de tourisme dispose d'un plan de tous les édifices de cette époque). Encore quelques *moliceiros,* ces bateaux à la proue en forme de demi-lune et joliment décorée naviguent sur les eaux, ainsi que les trottoirs tout aussi remarquables, avec un effort artistique dans les motifs, très différents les uns des autres (dans la rua Coimbra on pourra admirer par exemple des dessins de style marin). Aveiro c'est aussi l'incroyable nouveau stade de foot, sur la route de Porto, une sorte de construction en clipos géants flashy sortie de terre en 2004 pour la coupe d'Europe. Rayon cuisine, ne pas oublier les *ovos moles* (œufs mous) tout jaunes, la spécialité pâtissière de la ville, qu'on déguste au *Mendoça Café,* rua João Mendoça.

Arriver – Quitter

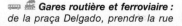

🚌 🚂 *Gares routière et ferroviaire :* de la praça Delgado, prendre la rue

Viano do Castelo, au bout à 1 km.

➢ *Pour Coimbra, Lisbonne, Porto, etc :* en train, plusieurs départs/j., y compris avec l'*Alfa* (le plus rapide). Également des bus, mais bien moins pratique.

➢ *Pour São Jacinto :* une quinzaine de bus/j. et autant de bateaux (que l'on prend à Barra). Se renseigner à l'office de tourisme.

Adresse et info utiles

🛈 *Office de tourisme :* rua João Mendoça, 8. ☎ 234-42-36-80. • rotadaluz. pt • En plein centre. Juin-sept, tlj 9h-20h ; le reste de l'année, tlj 9h-19h. Plan de la ville. Infos sur les musées de la région, les hébergements, les horaires de bus urbains et de bateaux.

▨ *Vélos gratuits :* parcs à la Casa Municipal da Juventude, dans la rua Silvério P. Silva. Sur présentation d'une pièce d'identité, on emprunte un vélo et on peut le rendre dans un autre parc. Pas de durée limite, mais il est interdit de sortir de la ville.

Où dormir ?

Campings

⚐ *Plusieurs campings* dans la région, tous à proximité de la mer. Au sud-ouest, du côté de Costa Nova (région la plus rapidement accessible depuis Aveiro), on peut planter sa tente à *Vagueira, Barra* et *Cantanha da Encarnação*. Au nord, plus sympa car plus sauvage, mais aussi plus loin (jusqu'à 45 mn de route), campings à *Torreira* et *São Jacinto* (tout au bout de la lagune ; voir plus loin « Dans les environs de Torreira »).

Bon marché

🛏 *Auberge de jeunesse IPJ :* rua das Pombas. ☎ 234-42-05-36. • aveiro@mo vijovem.pt • À l'écart du centre-ville, dans le quartier universitaire, face à l'ancien stade. Accès en bus (nos 5 et 7) depuis la gare. Réception 8h-12h, 18h-minuit. Lit en dortoir de 4 pers env 7 € et doubles 16-19 €. Chambres alignées dans un couloir style hôpital et sanitaires partagés pour les dortoirs. Nickel. Sympa pour rencontrer des étudiants, car c'est aussi un centre de formation.

Connexion gratuite à Internet.
🛏 *Casa de Hóspedes Parracho :* rua Tenente Resende, 14. ☎ 234-42-33-23. Doubles 13-15 €. Oui, vous avez bien lu : moins cher que le camping ! En plein centre et hyper bien tenu par la très gentille Mme Vitália dos Santos Pereira Pires qui ne doit pas être au courant de l'inflation. Tant mieux ! Salle de bains commune avec eau chaude. Literie à rebonds mais correcte. Presque du charme.

De prix moyens à plus chic

🛏 *Residencial Estrela :* rua José Estevão, 4. ☎ 234-42-38-18. Face au canal. Doubles 25-40 € avec douche ou bains, TV ; petit déj en supplément. Central et calme. Un peu vieillot, mais il s'agit d'une belle maison ancienne aux plafonds superbement ouvragés. Accueil agréable.
🛏 *Residencial Palmeira :* rua da Palmeira, 7-11. ☎ 234-42-25-21. • residen cialpalmeira.com • Dans l'ancien quartier des pêcheurs, en plein centre-ville. Doubles avec douche ou bains, TV 35-40 €, petit déj compris. Quasiment une rue entière (!), avec des faïences sur les murs de la façade. Les chambres proprettes donnent sur la ruelle très calme ou sur l'arrière. Se lever tôt (ils servent le petit déj) pour aller se promener à l'aube dans ce vieux quartier relativement bien préservé. Bon accueil.
🛏 *Hotel Arcada :* rua de Viana do Cas-

telo, 4. ☎ 234-42-30-01. • hotelarcada. com • Sur la place principale, au ponte Praça. On ne peut pas faire plus central. Compter 54-70 € pour une double. Hors saison, quand il y a de la place, ils vous fournissent volontiers une suite pour le

même prix. Hôtel qui fut de luxe, qui a vieilli mais les chambres, bien qu'un peu petites, offrent tout le confort nécessaire à un bon séjour (AC, TV satellite, téléphone...).

Où manger ? Où sortir ?

De bon marché à prix moyens

|●| *Doca :* cais dos Botirões, 24. ☎ 234-42-00-32. Tlj sf dim. Menu le midi 5,50 €, qui inclut soupe, plat, délicieux pain au maïs, boisson, café et dessert ! Agréablement situé au bord d'un canal, à deux pas du nouveau pont design. Quelques tables dehors et une salle moderne. Le soir, ambiance lounge et prix un peu plus élevés. Clientèle de jeunes cadres dynamiques.

|●| *Sal Poente :* canal S. Roque, 83. ☎ 234-38-26-74. • salpoente@sapo. pt • *Un peu excentré, tout au bout du canal, après, c'est un no man's land. Tlj sf dim soir et lun, et 1er-15 sept.* Compter env 19 € le menu très complet, vin et café compris. Café ou digestif offert sur présentation de ce guide. Un ancien dépôt de sel (à côté on peut encore voir des dépôts de sel en activité) aménagé en resto spécialisé dans le poisson, que l'on paie au poids, comme chez le marchand. Cuisine de qualité.

|●| *La Mama Roma :* rua Cais do Alboi, 21 (3810). ☎ 234-38-45-86. Depuis la praça Delgado, prendre la rua Clube

dos Galitos jusqu'au pont et continuer à longer le canal sur la gauche, c'est à 50 m sur la gauche. Tlj sf lun. Compter 10-20 € selon les appétits. Voilà un resto-pizzeria qui ne ferait pas rougir un Italien ! Dans un décor chaleureux avec nappes vichy et belle flambée du four à bois au fond, on se régale de *pasta* et de *pizza* avant d'attaquer la viande de bœuf servie sur une pierre chaude. Chaudement recommandé.

|●| ☖ *Posto 7 :* au coin de la rua dos Marnotos, juste en face du marché aux poissons. Ouv 16h-2h. Un bar branché où trône la photo du Che. Fauteuils orange et bleus. Musique live certains soirs (mardi-samedi) : rock, reggae, salsa, samba.

☖ *Pub :* sur la place du marché aux poissons. Ouv 18h-2h. Un super pub à l'anglaise avec poutres, comptoir en briques, guitares accrochées aux murs, musique jazzy et grande terrasse sur cette place piétonne. Tenu par Paula, une Française venue faire ses études de portugais et qui n'est jamais repartie...

À voir. À faire

🏃 *Le Musée régional :* av. de Santa Joana Princesa. ☎ 234-42-32-97. Fax : 234-42-17-49. Tlj sf lun et j. fériés 10h-17h30. Entrée : 2 € ; réduc ; gratuit dim jusqu'à 14h. Ancien couvent du XVe siècle. Visite intéressante comprenant l'église décorée d'azulejos, de boiseries sculptées et d'un portail manuélin. Dans le musée : sculptures, peintures primitives et tombeau baroque. En face du musée, la *cathédrale* est une intéressante tentative de restauration moderne avec intégration des éléments du passé.

🏃 Se promener dans le *quartier des pêcheurs* en longeant les canaux des Piramides, São Roque et Cais dos Mercanteis. Nombreuses maisons basses couvertes de céramiques. À faire à pied, tôt le matin. Un régal ! Aller jusqu'aux salines, au nord de la ville. En fin d'après-midi, joli spectacle des *moliceiros* passant l'écluse. Ami ornitho, à vos jumelles !

🎋🎋 *Marché au poisson* *(en principe tlj sf lun)* de style Eiffel, dans une grande halle transparente assez réussie. Autour, nombreux restos et cafés. Beaucoup d'animation, surtout le matin.

🎋 Jeter un coup d'œil aux intéressants *azulejos* qui recouvrent les façades (intérieure et extérieure) de la gare. C'est l'une des plus belles gares du Portugal !

➤ *Promenade en bateau traditionnel.* Avr-sept. Compter 7 € de l'heure pour un tour qui démarre du centre et vous emmène à l'extérieur de la ville. Billets à l'office de tourisme. Un peu promène-c...

➤ *DANS LES ENVIRONS D'AVEIRO*

🎋🎋🎋 *Le Musée historique de Vista Alegre :* dans le gentil village d'*Ilhavo*, à 7 km au sud d'Aveiro. ☎ 234-32-06-00. D'Ilhavo, prendre direction Figueira ; indiqué. Se garer à la chapelle. Tlj sf lun et certains j. fériés, mar-ven 9h-18h ; sam-dim 9h-12h30, 14h-17h. Billet pour le musée et la chapelle 1,50 € ; compter 12,50 € pour un billet comprenant également la visite de l'usine (sur rendez-vous) ; réduc. Déjeuner possible env 7,50 €.

ÇA DONNE ENVIE DE SE MARIER !

Dînez dans un resto très chic ou chez des amis très huppés (familles princières, nobles, têtes couronnées...) et retournez votre assiette ! Sûr qu'elle sera signée « Vista Alegre ». Depuis 1824, date de création, V.A. est le plus grand porcelainier du Portugal ! Sise dans un vaste parc, la manufacture est l'âme même du village. Presque une histoire de famille, bien qu'elle compte près de mille employés. Vista Alegre n'est-elle pas, depuis sept générations, entre les mêmes mains ?

– Le musée retrace la vie de cette société : la rose (la fleur) et le rose (la couleur) qui en constituent la signature, les productions au tournant du siècle (Art déco, période romantique, influence chinoise...), puis l'après-guerre avec des couleurs plus tranchées, des formes plus marquées. Aujourd'hui, V.A. fait appel à de grands designers étrangers pour ses nouveaux modèles. Intéressant.

– À côté, jolie *chapelle* du XVIIIᵉ siècle, de style baroque, décorée d'azulejos et de fresques superbes. Bel autel baroque, représentant la Nativité.

🌐 La boutique de la manufacture propose des services complets, certes chers, mais aussi quelques pièces simples à des prix tout à fait abordables.

– Si vous êtes dans le coin, le *1ᵉʳ w-e de juillet* se déroule une *grande fête populaire à Vista Alegre.* Toute la région se joint au village, qui entre littéralement en liesse.

🎋🎋🎋 *L'église de Válega :* À 35 km au nord d'Aveiro. Prendre l'IP-5 puis l'A 1, sortie Ovar. Ensuite, suivre la direction d'Avanca et tourner à droite sur la N 109, on arrive à Válega. À ne pas manquer, on reste bouche bée devant... et dedans. Un peu difficile à trouver, mais vraiment extraordinaire. Ce monument est indescriptible ! Des azulejos de toutes les couleurs représentant des scènes de la vie du Christ sur la façade. L'intérieur est tout aussi riche, entièrement à la gloire de la Vierge Marie. Quelle merveille ! Émouvant cimetière qui prend des teintes magnifiques au coucher du soleil.

🍷 Derrière l'église, le café *Sobe e Desce* pour un canon. Du typique pur jus.

– À *Quintas do Norte,* à 25 km au nord d'Aveiro, sur la route côtière, *Festa da Nossa Senhora da Paz* le dernier dimanche d'août avec courses de *moliceiros.* Le 8 septembre également, pour la S. Paio, feux d'artifice et concours de peinture de bateaux.

L'ESTREMADURA

VISEU

(3500)   94 600 hab.

À 80 km à l'est d'Aveiro, à l'intérieur des terres, un peu en altitude, d'où son climat frais, Viseu est une ville plutôt agréable en raison de ses places ombragées et de ses rues piétonnes animées. Elle possède un bout de vieille ville de charme et, surtout, un magnifique musée de peinture, comprenant une section de primitifs portugais unique. Et puis les paysages dans les environs valent le coup d'œil. Dommage, la réputation de sa gastronomie et des bons vins de la région fait un peu oublier aux habitants le sens de l'accueil légendaire de la péninsule.

Arriver – Quitter

– Pas de gare ferroviaire.

🚌 *Gare routière :* av. Almeida, qui part du Rossio vers le nord.

➤ **Pour Lisbonne, Porto, Coimbra**... trois à 4 bus/j.

Adresse utile

🅸 *Office de tourisme :* av. Calouste Gulbenkian. ☎ 232-42-09-50. ● rtdaola foes.com ● *Pas loin du Rossio (indiqué). Tlj sf dim (parfois ouv en hte saison), lun-*ven 9h-12h30, 14h30-18h ; sam 10h-13h. Nombreux documents sur la région. Plan avec trois parcours explicatifs dans la ville.

Où dormir ?

Camping

⛺ *Camping Orbitur :* dans le parc de Fontelo, près du stade municipal. ☎ 232-43-61-46. *Du centre, en voiture, prendre direction Hopital Casa de Saúde S. Mateus. Au rond-point, emprunter la rua 5 de Outubro vers l'IP 5, après, ouf, c'est fléché. À pied, compter 20 mn. Fermé 1ᵉʳ oct-31 mars.* En basse saison, réception slt hors saison 9h-12h, 14h-19h ; en été, 9h-19h. En hte saison, emplacement env 15 €. Camping très ombragé dans une forêt de chênes, bruyant la nuit à cause des chiens. Douches (parfois) chaudes. Lave-linge payant. Snack-bar. En dépannage.

Très bon marché

🏠 *Albergue da juventude :* portal do Fontelo. ☎ et fax : 232-43-54-45. ● vi seu@movijovem.pt ● 🛏 *À l'entrée du parc Fontelo. Compter de 7 € le lit en* dortoir à 20 € la double (mixte) avec sanitaires. Propre, mais peu de commodités. Filles et garçons logent sur 2 étages séparés. Non mais !

De prix moyens à plus chic

🏠 ❙●❙ *Pensão Rossio Parque :* rua Soar da Cima 55. ☎ 232-42-20-85. *Un peu en hauteur de la place dans une maison jaune. Très bien situé. En été, réserver bien à l'avance. Chambres avec salle de bains et AC 25-45 € selon taille et saison. Les chambres, entièrement rénovées sont plutôt plaisantes, bien que les* moins chères soient un peu étriquées (les autres, en revanche, sont très spacieuses). Au rez-de-chaussée, resto qui attire un monde fou le midi avec son menu bien vu à 6 € (fermé dimanche). Le soir, un peu plus cher mais cadre plaisant et nourriture copieuse.

🏠 *Hôtel Avenida :* av. Alberto Sampaio, 1. ☎ 232-42-34-32. ● geral@hotez lavenida.com.pt ● hotelavenida.com. pt ● Chambres avec bains et w-c env 50 €. Petit déj offert sur présentation de ce guide. Une grande bâtisse centrale, ancienne mais entièrement rénovée. Chambres propres et confortables, avec TV, à la moquette d'un beau vert canard. Déco vaguement moyen-âgeuse. Un peu bruyant les soirs de week-end. Salon à l'atmosphère feutrée.

🛏 **Pensão Residencial Dom Duarte :**
rua Alexandre Herculano, 214. ☎ 232-42-19-80. Fax : 232-42-48-25. Une petite pension avec des chambres env 40 € (petit déj inclus) réparties sur 2 étages avec des murs en schiste. Tapis rouge pour monter aux étages. Chambres claires, avec TV, AC, salle de bains impeccable, déco fraîche. Certaines avec un petit balcon donnant sur la rue (pas des plus calme, donc). Une salle en pierres vernies pour le petit déj. Accueil en français.

Où manger ? Où boire un verre ?

|●| **Pastelaria Horta :** rua Formosa. Sur la droite en venant de la praça da República, en face du mercado. Fermeture à 20h. Goûter aux empadas de lombo de porco (petits pâtés en croûte, fourrés de morceaux de porc rôti). Si vous arrivez au moment d'une fournée toute chaude, n'hésitez pas ! C'est encore mieux.

|●| **O Cortiço :** rua Augusto Hilário, 45. ☎ 232-42-38-53. Dans la vieille ville. Tlj jusqu'à 23h. Résa très conseillée, ou arriver tôt. Plats 12-15 €. Trois petites salles dans une belle demeure ancienne en granit. L'un des restos les plus connus du Portugal et, probablement, l'un des meilleurs. Quelques plats succulents et savoureux comme leurs noms : « petit veau dans le pot du laboureur » (vitelinha na púcara a lavrador), « canard rôti à Madame Cilinha de Viseu », et surtout le « lapin ivre pendant 3 jours de sa vie », sans oublier la « morue pourrie dans la cave ». Service impeccable, sans chichis. Dommage que ça devienne un peu « l'usine » (d'ailleurs, l'annexe en face est beaucoup moins charmante). Reste qu'il serait dommage de ne pas y faire un tour car c'est vraiment excellent.

🍸 **Said'Rastos :** rua Duarte, 96-98. Tlj 21h-2h. Le bar qui fait le plein même un lundi soir d'hiver ! Spécialité de mojito, cuba libre et daïquiri. Murs en pierre, fer forgé, lumière tamisée. Fréquenté par une jeunesse décontractée venue boire un coup entre amis, sans se prendre au sérieux.

Où dormir ? Où manger dans les environs ?

🛏 |●| **Póvoa Dão :** situé à 15 km de Viseu par la IP 3 jusqu'à Parada de Gonta. Après, suivre les panneaux Silgueiros, ensuite c'est (plus ou moins) indiqué mais même si vous vous perdez un peu, vous traverserez de si authentiques villages et de si ravissants paysages que vous ne le regretterez pas. ☎ 232-95-85-57. ● povoadoa.com ● Compter env 60 € pour une nuit ; petit déj en plus. Voilà un endroit étonnant que ce hameau de Póvoa Dão, entièrement transformé en hôtel-resto de charme après une complète réhabilitation des maisons de bergers qui le constituaient. Rien que de voir ce regroupement de belles pierres surmontées de tuiles, accrochées à la colline, au détour d'un virage, on comprend qu'on n'a pas affaire à un hôtel comme les autres. On loge dans une maison individuelle avec petite terrasse, cheminée pour faire de belles flambées, salle de bains, chambre et cuisine entièrement équipée. Un peu à l'écart, une piscine dans un écrin de verdure et un court de tennis. Calme absolu des montagnes alentour, fraîcheur de la forêt, ce lieu a quelque chose de magique. Quant aux repas... un régal pour environ 25 €. Plusieurs salles de bois et de granit, subtilement reliées entre elles par des escaliers, mezzanines, portes dérobées, etc. Les grillades cuisent sous vos yeux ébahis dans une grande cheminée. Spécialités de cabri et très originales recettes de bacalhau. Beau choix de vin de la région. Une adresse coup de cœur.

⚒ *Camping Quinta Chave Grande :* *Casfreis, Sátão (3560).* ☎ 232-66-55-52. ● *chave-grande.com* ● *Situé à 25 km au nord depuis Viseu (Sátão est bien indiqué de Viseu). Ouv 15 mars-31 oct. Prévoir 18-20 € pour 2 pers en juil-août.* Ce camping a l'avantage de ses inconvénients : éloigné de tout, vous êtes sûr de passer des vacances au vert et au calme, dans un paysage d'une sérénité rare. Emplacements spacieux sur une herbe bien tendre, sanitaires tout neufs, piscine vraiment splendide, ping-pong, court de tennis et de volley, etc. Familial, convivial et festif à ses heures autour du barbecue ou au bar. Beaucoup de Hollandais car tenu par des Hollandais ! Belles balades à faire dans le coin et villages pittoresques.

À voir

🏃 *La rue Direita :* longue rue piétonne et commerçante, très étroite, qui ne cherche pas à faire chic. Du coup, cette sorte de coulée ombragée est restée authentique. Magasins de chaussures, de vêtements, quincailleries, boucheries, cafés, restos se suivent, attirant une foule de gens peu pressés.

🏃🏃 *La Sé (la cathédrale) :* fermé pdt le déjeuner. Ancienne église romane du XIᵉ siècle, habillée au XVIIᵉ siècle d'une façade baroque Renaissance avec un intérieur XVIᵉ siècle de type manuélin : quel mélange ! À l'intérieur, plafond « à nœuds » de la période manuéline, autel baroque très chargé, stalles en jacaranda du XVIIᵉ siècle. Belle salle voûtée du baptistère.
– Petit *musée d'Art sacré* intéressant. *Pour y accéder, traverser d'abord la tribune, pour rejoindre le 1ᵉʳ étage du cloître. Tlj sf lun, mar-ven 9h-12h, 14h-17h ; w-e 14h-17h. Entrée : 2,50 €.* Reliquaires, bibles, coffrets, orfèvrerie religieuse, un beau lutrin de bronze et même une crèche avec 200 personnages.

🏃 *L'église da Misericórdia :* en face de la Sé. Noter la splendide façade baroque à la blancheur éclatante, cernée de granit. Elle compose, avec la cathédrale et le musée Grão Vasco, un ensemble architectural très harmonieux. En revanche, la décoration intérieure, remaniée au XIXᵉ siècle, ne présente pas d'intérêt.

🏃🏃 *Le musée Grão Vasco :* il occupe un élégant palais du XVIᵉ siècle. ☎ 232-42-20-49. Tlj sf lun et mar mat 10h-18h. Entrée : 3 € ; gratuit dim jusqu'à 14h.
Très nombreuses salles présentent un éventail assez large de sculptures et de peintures de toutes tendances et époques. Cadre intérieur idéal pour mettre en valeur les œuvres. Dans la partie moderne, beaucoup de toiles de peintres contemporains, dont d'adorables aquarelles sur la vieille ville.
Au 2ᵉ étage, superbe collection de primitifs portugais de l'école de Viseu. Plusieurs chefs-d'œuvre dont *Saint Sébastien,* la *Pentecôte* et une *Crucifixion* admirable. Couleurs violentes, expressions réalistes. Voir également la *Cène,* peinte par l'un des élèves de Vasco Fernandes. Dans une salle, on trouve les 14 tableaux du début du XVIᵉ siècle provenant de l'ancien retable de la cathédrale : vision tout simplement fascinante ! Plusieurs artistes de l'école flamande en sont les auteurs. Ils racontent la vie du Christ de la Visitation à l'Assomption. On notera surtout la *Cène,* le *Baiser de Judas,* la *Déposition,* parmi les plus beaux. On venait de découvrir le Brésil : dans le tableau des *Rois mages,* le roi nègre a été remplacé par un Indien !

🏃 *La vieille ville* est concentrée et se parcourt assez vite. Remarquer les belles demeures de nobles avec encorbellements et balcons en fer forgé. Notamment *rua Direita* (voir plus haut), *rua Senhora da Piedade, rua dos Andrades,* etc. Ancienne porte de la ville, rua Nunes de Carvalho.
Autour de la rua Formosa s'ordonne le quartier commerçant moderne. Très animé. Sur le Rossio (praça da República), place centrale ombragée, belles fresques d'azulejos. À l'autre bout de la place, surplombant un grand escalier en forme de trèfle, *église São Francisco,* baroque et croquignolette. Splendides azulejos. Voir aussi l'*église do Carmo,* entre les rues Alexandre Lobo et Alves Martins.

LA COSTA VERDE ET LE MINHO

Région très fertile, avec une grosse densité de population. Domaine de la petite propriété (tout le contraire de l'Alentejo). Comme son nom l'indique, tout y est vert : douces collines couvertes de vignes en treille, entrecoupées de forêts de châtaigniers, de vallées riantes. Jusqu'au vert des belles pinèdes qui bordent les plages. À l'est s'étend le magnifique *parc de Penada-Gerés.* C'est ici aussi que se conservent le mieux les traditions populaires et folkloriques : fêtes, processions et pèlerinages sont toujours vivants et très colorés. Le *Minho,* la partie la plus septentrionale, possède en plus un réseau de manoirs et belles demeures campagnardes, offrant une somptueuse hospitalité chez l'habitant, dans des coins merveilleux (3 nuits au minimum). Se renseigner auprès de :

■ *Turihab Turismo de Habitação :* praça da República, 4990 Ponte de Lima, Portugal. ☎ 258-74-28-29 ou 17-50. ● turihab.pt ●

PORTO (4050) 263 000 hab.

Deuxième ville du Portugal, qui s'étage de façon pittoresque sur la rive escarpée du Douro. Au début, on n'y voit pourtant que du gris à peine moucheté de tuiles rouges. À l'évidence, Porto ne possède pas le charme languissant de Lisbonne. Sa circulation dense, le manque d'indications, l'impossibilité de stationner dans le centre-ville mettent tout d'abord les nerfs à rude épreuve. Ici, on est avant tout actif. Ne dit-on pas que « Coimbra chante, Braga prie, Lisbonne s'amuse, Porto travaille » ? Et pourtant, à y regarder de près, avec le cœur et tous les sens en éveil, on découvre de fascinants quartiers, des architectures insolites, des gens chaleureux et accueillants...
Mais surtout, Porto bouge, se rénove, apporte à sa palette de couleurs une touche de modernité qui ne jure pas avec le reste. Derniers exemples en date : un métro tout beau tout neuf, doté de quatre lignes, et un aéroport au design dernier cri.
En ce qui concerne le fameux vignoble, attention : les caves se trouvent à Vila Nova de Gaia (voir « Dans les environs de Porto ») sur la rive sud du Douro. Quant aux vignes, elles sont situées dans la haute vallée du Douro, soit à environ une centaine de kilomètres par la route, à l'est de la ville (très beaux paysages vers Lamego, Peso da Régua, Pinhão) ; à faire aussi en bateau. De belles balades en perspective !

IL ÉTAIT UNE FOIS...

Sur les rives du Douro, les Romains fondèrent deux cités : *Portus* et *Cale.* Elles fusionnèrent leurs noms pour former plus tard celui du *comté de Portucalois.* Lorsque Henri de Bourgogne épousa la fille du roi de Castille, celle-ci apporta en dot le comté. Le petit royaume qui allait en naître par la suite (camp de base de la Reconquête) s'appela finalement *Portugal.* Porto possède une réputation méritée de résistance. La ville s'est toujours battue vaillamment contre les envahisseurs et oppresseurs de tout poil : contre les Maures, puis, au XVIIIᵉ siècle, révolte des vignerons contre l'autoritarisme de Lisbonne, contre les Français en 1809, contre les Anglais en 1820, révolte en 1829 contre l'absolutisme royal. L'agitation républicaine y débuta en 1891. Aujourd'hui, Porto n'a pas perdu sa volonté d'aller de l'avant, de marquer sa différence, et la manifeste notamment à travers des projets ambitieux d'urbanisme et d'architecture contemporains.

Orientation

Le cœur de la ville se situe dans la *Ribeira* sur les bords du fleuve Douro, avec la *Sé* (cathédrale). Sur les hauteurs de la ville, l'*avenida dos Aliados* est l'une des artères principales de la ville et la *rua Santa Catarina,* en partie piétonne, LA rue commerçante de Porto ; la *gare de São Bento* est le centre de la ville. À l'ouest, vers l'embouchure du Douro, on retrouve la *ville nouvelle* et des infrastructures modernes. Quant aux caves de porto, elles se situent de l'autre côté du fleuve, face à la Ribeira, à *Vila Nova de Gaia.* À noter que, depuis 2003, les principaux centres d'intérêt de la ville sont désormais reliés par le métro (à l'exception de la partie ouest). Lorsqu'une adresse se trouve suffisamment proche d'une station, nous vous l'indiquons.

Arriver – Quitter

En bus

Hélas, pas de gare routière centrale. Voici les principales compagnies qui desservent la région, le pays et l'international :

🚌 *Rede Expressos* (plan général C2, 5) : rua Alexandre Herculano, dans le Garagem Automobil, *bureau tout au fond.* ☎ 222-00-69-54. Toutes les destinations proches ou lointaines. Très bien organisé et prix mini.
🚌 *Rodonorte* (plan général C2, 6) : rua Ateneu Comercial do Porto ; un bâtiment vert. ☎ 222-00-43-98. ● rodonorte.pt ● Ⓜ Bolhão. Dans le centre. Pour la moitié

nord du Portugal essentiellement.
🚌 *Renex* (plan général B2, 7) : à l'angle de la rua da Restauração, dans un bâtiment fonctionnel et propre. ☎ 222-00-33-95 ou 222-05-09-72.
🚌 *Eurolines ASA Douro* (plan général D2, 8) : Campo 24 de Agosto, 125. ☎ 225-18-92-99. ● eurolinesportugal. com ● Ⓜ Campo-24-de-Agosto. Relie la France et l'Espagne notamment.

➢ *Connexions avec Lisbonne* (305 km) : une quinzaine de liaisons/j., minuit-21h. Compter 3h30-4h de trajet. Prévoir 14 €.
➢ *Liaisons avec Faro* (540 km) : service 1h30-19h ; 9h de trajet env ; compter 19 €.
➢ *Vers Évora* (355 km) : service 6h-20h ; moins de 16 €.
➢ *À destination de Coimbra* (115 km) : bus 3h-21h ; compter 9 €.
➢ *Vers Braga* (55 km) : ttes les 30 mn env (moins le soir) ; compter 4,50 € pour un trajet de 1h.
➢ *Direction Guimarães :* bus 8h-19h ; 1h de trajet ; billet 4,50 €.
➢ *Liaisons avec Viana do Castelo* (73 km) : 4 bus/j. Prévoir 1h30 de trajet et 6,50 €.

En train

Porto est un important nœud ferroviaire avec des correspondances pour pratiquement toutes les villes de la région : Braga, Guimarães, Barcelos, Viana do Castelo, etc. De plus, de juin à septembre, des liaisons par train auto-couchettes sont assurées 1 à 3 fois par semaine avec l'Algarve, via Aveiro, Coimbra, Tunes, etc. *Renseignements :* ☎ 225-36-41-41. • cp.pt •

🚉 **Gare ferroviaire de Campanhã** *(estação ; plan d'ensemble) :* pour le sud et l'international. ☎ 225-19-13-74 ou 808-20-82-08. Ⓜ *Campanhã.* Possibilité d'acheter sur place la carte *Andante* (voir plus bas « Transports »).
🚉 **Gare ferroviaire de São Bento** *(estação ; plan général C2) :* pour le nord

et l'intérieur. ☎ 222-01-95-17 ou 808-20-82-08. Ⓜ *S. Bento.* Achat possible de la carte *Andante.*
🚉 **Gare de Trindade :** ☎ 222-00-52-24. Ⓜ *Trindade.* Pour la côte jusqu'à Póvoa de Varzim. Carte *Andante* en vente.

➤ **Connexions avec Lisbonne** *(Oriente) :* une quinzaine de liaisons/j., 8h-21h. Compter 3h de trajet et de **Coimbra** (même train), trajet de 1h.
➤ **Liaisons avec Braga :** 2 trains/j. ; 1h30 de trajet.
➤ **Faro :** 1 train/j. en milieu d'ap-m ; 9h de trajet. Même train pour **Évora,** 6h de trajet.
➤ **Amarante :** 8 trains/j. ; 2h de trajet env.

En avion

✈ **Aéroport Francisco Sá Carneiro** *(hors plan d'ensemble) :* ☎ 229-43-24-00. *Air France :* ☎ 229-41-31-31. Ⓜ *Aeroporto (logique !).* Pour reconfirmer son vol : ☎ 808-20-28-00 *(gratuit).* Situé à une quinzaine de kilomètres au nord de la ville. Liaisons quotidiennes depuis **Lisbonne** et **Faro.**

🛈 **Informations touristiques :** le bureau touristique se trouve dans le hall central, au niveau des arrivées. *Tlj 8h-23h30 (23h en hiver).* ☎ 229-41-25-34. Fax : 229-41-25-43. Hôtesses francophones, plan et docs avec le sourire. Possibilité de faire des résas d'hôtels.
✉ **Poste :** *dans le grand hall, à gauche, après les escaliers. En sem 7h30-22h, le w-e horaires restreints.* Distributeurs de timbres à disposition.

■ **Banque :** 2 distributeurs. *Totta,* dans le hall des départs, ouvert entre 8h30 et 15h, fermé le w-e. Située à côté des loueurs de voitures, *Cota Cambio* est ouvert 24h/24.
■ **Location de voitures :** une dizaine de compagnies sont représentées, des plus connues *(Hertz, Avis, Europcar...)* aux moins connues. Pour plus de détails, reportez-vous à la rubrique « Adresses utiles ».

Pour aller dans le centre-ville
➤ **En métro :** *juste en face de la sortie du terminal.* La façon la plus simple de rejoindre le centre-ville. La station Aeroportorelie le cœur de Porto en moins de 25 mn et dessert notamment Trindade, Bolhão, Campanhã et Estádio de Dragão. Se procurer la carte *Andante* (voir plus loin rubrique « Transports ») dans l'un des distributeurs de la station.
➤ **AeroBus :** ☎ 808-20-01-66. • stcp.pt • Dessert les hôtels du centre-ville. Départ toutes les 30 mn 7h-20h. Le n° 601 mène aussi au centre. Gratuit pour ceux qui ont voyagé avec *TAP.* Prix : 1,30 €. À noter que les chauffeurs parlent le français et vous déposent, dans la mesure du possible, au plus près du lieu où vous souhaitez vous rendre.
➤ **Taxis :** *à gauche en sortant du hall.* Compter 20 € pour gagner le centre-ville.
➤ Le trajet en **voiture** par l'autoroute IC 1 se fait en moins de 30 mn (si le trafic est fluide !).

Adresses et infos utiles

Services

🛈 **Office de tourisme** *(plan général C1) : rua Clube Fenianos, 25.* ☎ 223-

39-34-72. Fax : 223-32-33-03. • porto turismo.pt • Ⓜ *Aliados. À gauche de*

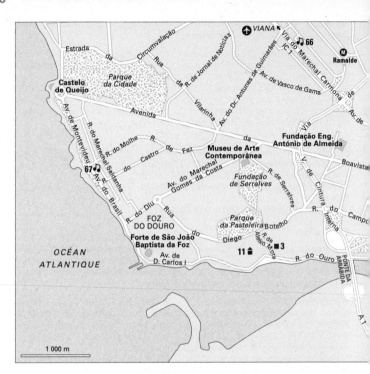

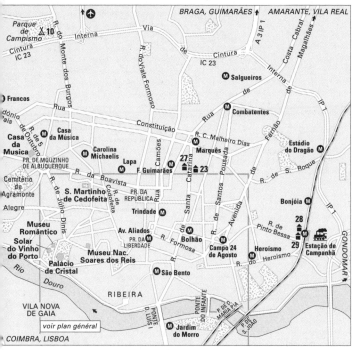

PORTO – PLAN D'ENSEMBLE

A   B

Rua da Boavista

Rua da Aníbal Cunha

PR. DE PADRO NUNES

Rua de Álvares Cabral

25

26

PRAÇA DA REPUBLIC

R. do Campo Alegre

Rua da Torrinha

R. dos Bragas

1

R. da Piedade

Rua de Júlio Dinis

R. da Maternidade

Rua do Breyner

Rua Boa Nova

Cedofeita

17

Tv. de Cedofeita

R. da Conceição

Rua de Miguel Bombarda

Carregal

R. dos Mártires da Liberdade

Rua do Vilar

Rosário

R. de D. Manuel II

R. de D. Tiago de Almeida

77

15

Oliveiras

José Falcão

PR. CARLOS ALBERTO

R. Actor Guedes

PR. D. FITIPA DE LENCASTRE

31

75

1

62

Hospital de S. António

R. Carni

12

30

Galeria

Fábrica

74

14

40

Solar do Vinho do Porto

Palácio de Cristal

R. de G. TEIXEIRA

Carmelitas

R. dos Clérigos

2

Rua da Restauração

7

PR. DE LISBOA

70

Rua da Bandeirinha

R. A. Albuquerque

CAMPO MÁRTIRES DA PÁTRIA

R. de Trás

Rua de Monchique

R. da

R. Monte Judeus

79

73

R. dps Caldeireiros

32

42

Vitória

VIADUCTO

R. Dr. Barbosa de Castro

R.F. Rocha

R. de S. Bento da Vitória

Travessa do Ferraz

Rua das Flores

R. Mouzinho da Silveira

R. Cais de Fontainha

Rua Nova da Alfândega

R. da Miragaia

R. Gonzaga

Belmonte

R. Comércio do Porto

63

Edifício da Alfândega Musée des Transports

Palácio da Bolsa

São Francisco

R. da Bainharia

R. S. João

R. dos Mercadores

R. Infante D. Henrique

78

3

R. Viterbo Campos

R. Cais de Gaia

Muro do Bacalhoeiros

52

R. Nicolau

64

PR. DA RIBEIRA Cais

60

R. de Oliveira Barros

R. do Agrop

Ramiro

Av. de Gaia

Rio Douro

84

R. de Rei

Av. Ramos Pinto

Av. Diogo Leite

58

57

81

R. G. Gomes Fernandes

82

83

59

A   B

PORTO – PLAN GÉNÉRAL

l'hôtel de ville (*Município*) en montant l'avenida dos Aliados. Oct-juin, tlj 9h-17h30 (16h30 dim) ; en juil-sept, tlj 9h-19h.

🛈 Un autre bureau de l'office de tourisme se trouve près de l'église São Francisco, rua do Infante D. Henrique, 63 *(plan général B3)*. Même horaire que le principal.

■ *Police touristique* (plan général B1) : ☎ 222-08-18-33. Ⓜ *Aliados*. Juste à côté de l'office de tourisme du *Município*.

■ *Médecin parlant le français* (plan général B1) : Dr Gilles Filippi, clinique Notre-Dame, av. da Boavista, 2881, 1ᵉʳ étage, salle 4. ☎ 226-18-70-78.

✉ *Poste* (plan général C2) : à droite de l'hôtel de ville en montant l'av. dos Aliados. En sem 8h-21h, le w-e horaires restreints.

■ *Téléphone* (plan général C2) : *Portugal Telecom*, praça da Liberdade, 62. Tlj 10h-22h. Possibilité de payer avec la carte *Visa* dans la journée ; sinon, le soir, avec une carte téléphonique portugaise vendue sur place.

■ *Consigne :* aux gares ferroviaires de São Bento et Campanhã (voir « Arriver – Quitter »), mais pas très grandes.

🖳 *Internet :* à l'ouest de la ville, *bibliothèque Almeida Garrett* (plan général A2, **1**), rua de D. Manuel II. À l'est, *bibliothèque municipale* (plan général D2, **2**), av. Rodrigues de Freitas. Toutes deux un peu excentrées, pas ouvertes le w-e, mais consultation gratuite. Plus central, *Portweb* (plan général C2), praça do General Humberto Delgado, 291. À quelques pas de l'office de tourisme du *Município*. Ouv 10h (15h dim)-2h. Pas cher du tout.

■ *Piscine Clube fluvial Portuense* (plan d'ensemble, **3**) : rua Aleixo da Mota. ☎ 226-19-84-60. Proche de l'auberge de jeunesse, accessible par les bus nᵒˢ 1, 35 ou 36. Lun-ven 8h-22h, sam 9h-21h, dim 9h-14h. La mer étant un peu éloignée, vous apprécierez de pouvoir vous rafraîchir un peu.

Agenda culturel

■ *Agenda do Porto :* • agendadoporto. pt • Se procurer ce petit magazine trimestriel qui liste toutes les activités culturelles de la ville (disponible à la *Fnac*, rua Santa Catarina). Expos, théâtres, concerts, dates, lieux et horaires. En anglais, hélas.

Transports

Assez galère en voiture. Attention, les panneaux bleus « P » signifient « Privé » *(privato)*. La plupart des places de parking sont soit réservées aux commerçants, soit payantes... Pas mal de parkings tout de même. Sinon, c'est la fourrière ! Porto n'est pas très grand ; on y circule très bien à pied.

– *Carte Andante :* pour les transports en commun – métro, tram, funiculaire et bus (uniquement ceux à 3 chiffres) –, utilisez cette carte très économique. Lors de votre premier trajet, achetez la carte (0,50 €), puis rechargez-la du nombre de voyages que vous souhaitez faire. *Trajet : 0,85 € ou 3 € les 24h.*

■ *Parkings :* de nombreux parkings couverts partout en ville. Assez chers. Tarif forfaitaire la nuit. Un tuyau : le moins cher est à Alfândega *(plan général A2-3)*. Prévoir 0,50 € de l'heure et 1,30 € la nuit. Non gardé et à découvert.

– *Métro :* • metro-porto.pt • Quatre lignes sont actuellement en service, plus une cinquième qui permet essentiellement de rejoindre l'aéroport. Elles desservent les principaux centres d'intérêt de la ville, à l'exception de la partie ouest. La construction de ce réseau souterrain, financé en grande partie grâce à l'Union européenne, relève d'une vraie performance, le sous-sol de Porto n'étant fait que de granit ! Pas de station non plus donc dans la ville basse. Un conseil : pour rejoindre les rives de la Ribeira, descendre à l'arrêt Jardim-do-Morro, traverser le pont et musarder le long des escaliers qui le longent. Pour valider votre billet, aux bornes jaunes sans contact. Ne pas l'oublier, ça peut vous coûter cher ! *Prix d'un billet valable 1h : 0,85 € ; pour 24h, 3 €.*

🚌 *Bus : Société de transports collectifs de Porto (STCP).* • *stcp.pt* • *Circulent 6h-21h. Pour les bus à 2 chiffres, bureau de vente (plan général B-C2) pour les tickets sur la praça da Liberdade, à la STCP, face à la gare de São Bento et dans les principaux kiosques à journaux. Les bus à 3 chiffres utilisent, eux, obligatoirement la carte Andante* (voir plus haut rubrique « Transports »). *Elle peut s'acheter dans le bus. Prix du billet pour 2 voyages : 1,60 € (en restant dans Porto). Bien plus cher sans la carte. Carnet de 10 tickets : 6,80 €. Billet 1 journée, nombre de voyages illimité : 4 € ; et pour 3 j. : 9 €.* Acheter ses billets dans les kiosques ou au siège de la STCP, c'est moins cher que dans le bus ! Transports gratuits avec le *Pass Porto* (lire la rubrique « À voir. À faire »).

– *Tramway (eléctricos) :* 2 lignes pour l'instant. De couleur beige, le tram 1E circule de l'église São Francisco *(plan général B3)* jusqu'à l'embouchure du Douro. Chouette promenade ! Le tram 18 part du musée des Transports *(plan général A3)* et remonte sur la rua da Restauração jusqu'à la praça da Cordoaria *(plan général A-B2). Prix du trajet : 0,85 €.*

– *Taxis :* des véhicules de couleur crème. On en trouve sans problème en ville.

■ *Funiculaire (plan général C2-3, 4) :* au pied du pont Luís I[eiro]. ☎ 808-20-04-44. *On grimpe d'un coup de la Ribeira jusqu'à Bathala en 2 mn. Tlj 8h-20h (minuit ven-sam). Prix d'un billet normal avec la carte* Andante. *Belle vue sur le Douro et le pont.*

■ *Porto Tours :* au pied de la cathédrale (Sé ; plan général C3). ☎ 222-00-00-73. *Ouv 9h-17h30. Organise (et fixe les prix surtout !) des tours en bateau sur le Douro. Balade de 1h : 7,50 €. Compter 75 € environ pour une visite en amont du Douro, vers les vignes. Départs sur les quais de la Ribeira, face au Porto Carlton Hotel.*

Location de voitures

Les loueurs pratiquent à peu de choses près les mêmes prix ; cependant, quelques différences se font sentir pour certaines marques automobiles ; comparez. Agences ouvertes du lundi au vendredi 9h-19h et le samedi matin.

■ *Turiscar :* rua 5 de Outubro, 378. ☎ 226-00-84-01. Fax : 226-06-75-79. • *turiscar.pt* •
■ *Hertz :* rua Santa Catarina, 899. ☎ 223-39-53-00. Fax : 222-08-12-87. • *hertz.com* •

■ *Avis :* rua Guedes Azevedo, 125. ☎ 222-05-59-47. Fax : 222-08-45-95. • *avis.com* •
■ *Europcar :* rua Santa Catarina, 1158. ☎ 222-05-77-37. • *europcar.pt* •

À l'aéroport
Ouvert 7h-minuit.

■ *Hertz :* ☎ 229-43-76-90. Fax : 229-43-13-34.
■ *Avis :* ☎ 229-44-95-25. Fax : 229-44-03-31.
■ *Sixt :* ☎ 229-48-37-52. Fax : 229-48-

37-50.
■ *Europcar :* ☎ 229-48-24-52. Fax : 229-48-70-72.
■ *Auro :* ☎ 229-43-92-40.

Où dormir ?

Campings

⚑ *Camping Da Prelada (plan d'ensemble, 10) :* rua Monte dos Burgos. ☎ 228-31-26-16. Ⓜ *Ramalde (de l'aéroport) ou G.-Michaelis (du centre), puis compter 15 mn de marche. Bus n°s 50, 87, 46 et* 301. *Au nord de la ville. Réception 8h-20h ; camping fermé 1h-8h. Moins de 11 € avec une tente. CB acceptées. Dans un grand parc bien ombragé. Tous commerces à proximité et petits cafés*

PORTO

sympas. Douches chaudes gratuites. Vaste et agréable.

🏕 *Parque de campismo Orbitur Madalena :* praia da Madalena à Vila Nova de Gaia, sur la côte à 10 km au sud de Porto. Centre de résas à Lisbonne : ☎ 227-12-25-20. ● orbitur.pt ● Suivre le fléchage Orbitur depuis le centre de Vila Nova de Gaia. Attention, fléchage plutôt léger. Depuis le centre de Porto, praça Almeida Garrett, bus n° 57 jusqu'à l'arrêt rua Campismo (trajet d'env 45 mn et horaires de passage irréguliers). Compter 12-18 € pour deux selon saison. Récent, aménagé en 1997 dans cette pinède de 24 ha où la végétation est préservée, ce camping 4 étoiles propose piscine (payante), activités sportives, supermarché, tennis, location de bungalows, sanitaires en nombre. L'accueil se fait le plus souvent en

français, et l'on donne de multiples renseignements pratiques. Plage éloignée et banale.

🏕 *ParqueMunicipal Campismo de Espinho :* Anta, à Espinho, Rua Nova de Praia, à 13 km au sud de Porto. ☎ 227-33-58-61. Un peu en dehors de la ville. Train depuis São Bento. À 600 m de la plage. Emplacement pour deux : 10 €. Douches chaudes gratuites. Belles places près de la rivière. Assez bien tenu et ombragé.

🏕 *Camping Orbitur Angeiras :* sur la commune de Lavra (20 km au nord de Porto). ☎ 229-27-05-71. ● orbitur.pt ● Pour y aller, bus n° 45 de Bonavista et n° 104 depuis l'hôpital San António. Compter 12-18 € pour 2 adultes avec tente et voiture. Piscine et nombreuses commodités. À proximité de la mer, sous les pins.

Auberge de jeunesse

🛏 *Pousada da juventude* (plan d'ensemble, **11**) : rua Paulo da Gama, 551. ☎ 226-17-72-57. Fax : 226-17-72-47. ● porto@movijovem.pt ● Face à l'océan Atlantique, au sud-ouest de la ville. Bus n° 207 de la gare de Campanhã, direction G. da Costa, jusqu'à 21h, ou n° 200 depuis praça da Cordoaria, direction Queijo. Ou encore par les rives du Douro, bus n° 1 depuis la gare de São Bento. Arrêt « Fluvial », puis remontez la rue sur votre gauche. Tte

l'année. Réserver longtemps à l'avance. Lit 14-16 € selon saison ; chambre double 36-43 €, avec douche et petit déj compris. Une grande bâtisse plutôt agréable face à l'embouchure du Douro. Récente et fonctionnelle. Mobilier chaleureux. Chambres de 4 lits (salle de bains sur le palier) et doubles avec toilettes. Demandez une chambre située côté océan. Billard. Accueil très sympa. Supermarché juste en face.

Dans le quartier de la tour dos Clérigos et de la praça da Liberdade

Vraiment le cœur de Porto, où l'on trouve la plus grande concentration de lieux d'hébergement.

De bon marché à prix moyens

🛏 *Pensão França Residencial* (plan général B2, **12**) : praça Gomes Teixeira, 7. ☎ 222-00-27-91. Ⓜ Aliados. Réception au 1er étage. Escalier bien raide. Chambres avec ou sans salle de bains 25-35 €. Déco un peu kitsch, mobilier rustique, mais accueil délicieux. Idéal pour les petits budgets pas très regardants sur la propreté, et bien placé, dans le quartier de l'université.

🛏 *Avenida Pensão-residencial* (plan général C2, **13**) : av. dos Aliados, 141 ; aux 4e et 5e étages. ☎ 222-00-95-51. ● pensaoavenida@clix.pt ● planeta.clix.pt/pensaoavenida ● Ⓜ Aliados. Fermé les 24 et 25 déc. Doubles avec bains 40 €, petit déj inclus ; AC en supplément (10 €). Possibilité de stationnement gratuit à partir de 2 nuits, sur présentation de ce guide. Patrons parlant le français. Propre, mais mobilier un peu tristounet. Certaines chambres, plus bruyantes, donnent sur la grande place.

🛏 **Pensão Duas Nações** (plan général B2, **30**) : praça Guilherme Gomes Fernandes, 59. ☎ 222-08-16-16. ● duas nacoes.com.pt ● Ⓜ Aliados. À partir de 30 € la nuit, sans petit déj. Sur une jolie petite place, à proximité de tout, dans une grande maison tout en hauteur, quelques chambres doubles avec ou sans bains. Intérieur chaleureux, mobilier moderne et plutôt joli. Quelques quadruples. Accès internet, TV.

🛏 **Oporto Poets Hostel** (plan général B2, **32**) : travessa do Ferraz n° 13, ☎ 223-32-42-09 ● oportopoetshostel. com ● Nuitée entre 18 et 20 €. Après sa grande sœur lisboète , voici le dernier rejeton de la famille ! Dans une bâtisse rénovée, en plein cœur du centre-ville, une auberge de jeunesse pimpante avec des noms de poètes français sur chaque chambre (pour 8 ou pour 6), salle de bains commune ou privée. C'est propre, confortable et cosy. Y a même du parquet ! Qui brille en plus ! Belle vue sur la cathédrale. Salon, salle de lecture, jardin, barbecue, grande cuisine. Internet gratos. Personnel hyper sympa. Nous, on aime.

🛏 **Residencial Grande Oceano** (plan général B2, **14**) : rua da Fábrica, 45. ☎ 222-03-87-70. À 100 m de la praça da Liberdade. Chambres doubles avec salle de bains 25-35 € selon saison. Une pension charmante, très proprette, dans une rue tranquille. Accueil aimable et vraiment serviable. Et ici, on paie

à la fin du séjour !

🛏 **Pensão Estoril** (plan général B1, **17**) : rua de Cedofeita, 193. ☎ 222-00-27-51 ou 52. ● mail@pensaoestoril.com ● pen saoestoril.com ● Chambres doubles avec douche ou bains env 35 €, une suite pour 4 pers 48 € ; petit déj 2,20 € ; réduc de 10 % le w-e 1er nov-30 avr, sf le w-e de Pâques, sur présentation de ce guide. Dans l'une des rues piétonnes les plus animées de la ville en semaine, avec plein d'étudiants de l'université voisine. Et il fait bon traîner à pied dans ce quartier en pleine renaissance. Endroit propre. Quelques chambres sans bains et sans fenêtre, assez tristes mais moins chères. En général, la déco laisse à désirer. L'été, éviter celles sous les toits : étouffantes. Dommage aussi qu'on ait l'impression de déranger parfois.

🛏 **Hôtel Peninsular** (plan général C2, **16**) : rua Sá da Bandeira, 21. ☎ 222-00-30-12. ● hotel.peninsular@clix.pt ● Ⓜ S.-Bento. En face de la gare de São Bento, sur la droite dans une rue animée (avec beaucoup de circulation). Doubles 27-42 € selon tranquillité. Pratique si l'on n'a vraiment pas le temps de chercher. Il s'agit d'un vieil hôtel de 1911, style Art déco avec des azulejos à l'entrée mais un côté sombre à l'intérieur, un rien cinématographique, et un ascenseur de 1919. Certaines chambres avec balcon couvert. Les plus chères sont pleines de charme, même si les salles de bains auraient besoin d'être rafraîchies.

Plus chic

🛏 **Grande Hotel de Paris Residencial** (plan général B2, **14**) : rua da Fábrica, 27-29. ☎ 222-07-31-40. ● reservas@ ghparis.pt ● ghparis.pt ● En plein centre. Chambres doubles avec bains 60 €, petit déj inclus. Réduc de 10 % oct-fév sur présentation de ce guide. Notre coup de cœur ! Une grande bâtisse de 1853 où l'eau fut installée par un Français à la fin du XIXe siècle, d'où le nom de l'hôtel ! Bel escalier à l'entrée. Accueil francophone. Patron très dévoué et compétent. Intérieur ancien, patiné, objets de déco rétro, ici une Remington, là un gramophone. Plein de

charme. Chambres claires, très propres, avec TV, téléphone et chauffage central, et disposées autour d'une belle rotonde. Les nos 310, 312 (pour quatre) et 313 ont une vue fort agréable sur un jardin à l'arrière de la maison, et il s'y dégage une certaine intimité. Le petit déj, très copieux, se prend dans une grande salle à manger magnifique (ancien resto de l'hôtel) qui ouvre sur un délicieux jardin où poussent des cactus et des magnolias ; un îlot de calme et de lumière à deux pas des embouteillages du centre.

🛏 **Hotel Internacional** (plan géné-

PORTO

ral B2, *31*) : rua do Almada, 131. ☎ 222-00-50-32 ou 33. ● hi-porto.com ● Ⓜ Aliados. Pas de place pour se garer mais parking à deux pas. Chambres doubles à partir de 60 €. Entièrement rénové il y a peu, cet hôtel donne une impression de luxe pour un prix tout doux. La belle affaire ! Entre ses murs couverts d'azulejos, ses pierres apparentes et son bel escalier en bois, rien ne détonne. Coin salon, bar, petit déj copieux dans une grande salle. Chambres classiques et douillettes.

🛏 **Residencial Pão de Açúcar** (plan général C1, *18*) : rua do Almada, 262. ☎ 222-00-24-25 et 222-01-15-89. ● paodeacucar@iol.pt ● residencialpaodeacucar.com ● Ⓜ Aliados. ☕ Résa conseillée. Chambres doubles 60-75 €. Petit déj offert sur présentation de ce guide. Dans un immeuble style années 1950 avec son escalier sorti d'une toile de Dalí. Ce sont de grands appartements transformés en chambres d'hôtel, avec une chouette déco style hacienda et des salles de bains vastes et nickel. Belle literie avec draps brodés. Au 6e étage, il y a même une terrasse avec vue sur les toits de la ville. Parking privé au bout de la rue. Accueil francophone charmant.

🛏 **Residencial São Marino** (plan géné-

ral B2, *15*) : praça Carlos Alberto, 59. ☎ 223-32-54-99. ● info@residencialsmarino.com ● residencialsmarino.com ● Ⓜ Aliados. Près des églises Carmo et Carmelitas, à 300 m de la tour dos Clérigos, sur une jolie petite place. Chambres doubles env 50 €, petit déj inclus. Réduc de 10 % accordée de début nov à fin fév sur présentation de ce guide. Dans une jolie maison ancienne. Belle entrée en azulejos. Le patron, francophone et accueillant, l'a aménagée de façon moderne, et le résultat est réussi. C'est hyper-propre. Chambres rénovées avec bains et w-c. Les plus sympas sont celles du 4e étage, car elles jouissent de plus de lumière. Bonne adresse pour un couple avec enfants. Accueil souriant, en prime !

🛏 **Residencial Universal** (plan général C2, *19*) : av. dos Aliados, 38. ☎ 222-00-67-58. Fax : 222-00-10-55. Ⓜ Aliados. Garage payant à proximité. Réception sympa à l'étage, et en français. En été, résa 1 sem à l'avance. Double 50 € ; réduc pour les séjours de plus de 1 sem. Sert le petit déj. Bel hôtel bon chic bon genre. Chambres donnant sur l'avenue, claires mais parfois bruyantes. Celles ouvrant sur l'arrière n'ont pas de vue, mais elles sont calmes.

Beaucoup plus chic

🛏 **Residencial dos Aliados** (plan général C2, *20*) : av. dos Aliados ; mais entrée par le 27 rua Elísio de Melo. ☎ 222-00-48-53 ou 54. ● residencialaliados.com ● Ⓜ Aliados. Possibilité, pour les motorisés, de se garer dans un grand garage payant en face. Au 1er étage. Résa conseillée. Chambres avec bains 55-80 €. Petit déj offert sur présentation de ce guide. Donne sur la grande

place-avenue se terminant par la silhouette imposante de l'hôtel de ville. Un immeuble massif, situé à l'angle, en pierre de taille grise. On monte un escalier recouvert d'un tapis feutré. Ambiance bourgeoise et tranquille. Courtoisie de rigueur. Jolies petites chambres coquettes avec bonne literie, TV, mais plutôt bruyantes. Propreté irréprochable.

Dans le quartier de la praça da Batalha et le marché de Bolhão

Secteur populaire et commerçant de la ville.

Bon marché

🛏 **Pensão Mondariz** (plan général C2, *22*) : rua Cimo da Vila, 139. ☎ 222-00-56-00 (mais pas de résa par téléphone).

Chambres doubles avec lavabo ou douche et w-c 20-30 €. Pas de petit déj, mais beaucoup de cafés autour. Située dans l'une des rues les plus pittoresques de la ville, bordée de vieilles tavernes et de bars populaires, qui débute praça da Batalha et se termine près de la gare de São Bento, quartier un peu plus chaud la nuit. L'hôtel pour routards et petits budgets par excellence, juste pour dépanner. Eau chaude pas pour tout le monde... en fonction de l'ordre d'arrivée. Familiales avantageuses. Préférer celles à l'arrière du bâtiment.

Prix moyens

â **Pensão Belo Sonho** (plan général C2, **21**) : rua Passos Manuel, 186. ☎ 222-00-33-89. • belo_sonho@sapo. pt • Ⓜ Bolhão. En face du cinéma. On accède à la réception au 1er étage par un bel escalier de marbre. Chambres doubles plus ou moins grandes, ttes avec sanitaires et TV, 25-35 €. Pas de petit déj, mais snack juste à côté. Chambres pas bien grandes ni joliment aménagées mais fonctionnelles ; sanitaires un peu vieillots. Celles sur la rue sont bruyantes. Nous, on a surtout apprécié l'accueil, doux, sympathique et attentionné.

â **Seculo Residencial** (plan d'ensemble, **23**) : rua Santa Catarina, 1256. ☎ 225-09-91-20. • e-mail@seculoresidencial.com • seculoresidencial.com • Ⓜ Marquês. Chambres doubles avec bains 50 €. Apéro, digestif ou café offert sur présentation de ce guide. Excellent rapport qualité-prix. On est un peu excentré, mais question confort et accueil, rien à redire. Chambres modernes, spacieuses avec parfois une terrasse, ou mieux encore, un jacuzzi. On a vraiment aimé ! Petit déj copieux et parking compris (une aubaine pour le budget, non négligeable à Porto !).

Beaucoup plus chic

â **Grande Hotel do Porto** (plan général C2, **24**) : rua Santa Catarina, 197. ☎ 222-07-66-90. • reservas@grandehotelporto.com • grandehotelporto. com • ⚒ Dans la « Catarina », la rue piétonne de Porto. On atteint ici des sommets dans la qualité des prestations, dont le coût est proportionnel : compter 100-130 € selon saison et confort. Réduc de 10 % accordée sur présentation de ce guide. Nombreuses promos via Internet. Le plus ancien hôtel de luxe de la ville. Mais chambres de tailles inégales, déco standard, un peu tristounettes et sans grand charme. Fait aussi resto (buffet).

Dans le quartier de la praça da República

Un peu plus calme et plus chic que le centre-ville.

Prix moyens

â **Residencial Mira d'Aire** (plan général B1, **25**) : rua Álvares Cabral, 197. ☎ 222-08-31-13. • r.miradaire@netcabo.pt • residencialmiradaire.com • Ⓜ Lapa. À quelques minutes à pied de la praça da República. Chambres doubles 35-40 € ; petit déj à l'anglosaxonne 5 €. Garage en supplément. Réduc de 10 % sur le prix de la chambre oct-mars sur présentation de ce guide. Élégante maison du début du XIXe siècle, typique de l'époque avec ses belles hauteurs sous plafond. Les chambres à l'arrière s'ouvrent sur un jardin avec ses citronniers et camélias. Toutes sont confortables et bien tenues, murs pastel, meubles patinés sombres et jetés de lits tissés blancs, AC et TV. Les propriétaires, qui ont vécu 30 ans en France, parlent bien le français et ont un vrai sens de l'accueil : amabilité, conseils, sourires. Une adresse plébiscitée par les routards !

PORTO

Plus chic

⌂ Residencial Rex (plan général B1, **26**) : praça da República, 117. ☎ 222-07-45-90. ● residencialrex.com ● ⓜ Lapa. Sur une place située au nord de la praça do Município. Chambres impeccables, avec bains, 50 €. Réduc de 20 % (tte l'année !) sur le prix de la chambre, sur présentation de ce guide. Maison de caractère, avec une cour privée pour garer les voitures (très appréciable à Porto). Ambiance un peu chic mais pas coincée. Chambres hautes de plafond, vastes, avec boiseries et mobilier ancien. Tout confort, naturellement, quoiqu'un brin vieillot. Celles au 4ᵉ étage sont plus petites mais aussi confortables et un peu plus calmes quand elles ne donnent pas côté rue. Balcon pour certaines. Salles de bains modernes.

⌂ Castelo Santa Catarina (plan d'ensemble, **27**) : rua Santa Catarina, 1347 (ne pas confondre avec le Residencial Santa Catarina, 150 m plus bas). ☎ 225-09-55-99. ● porto@castelosanta catarina.com.pt ● castelosantacatarina.

com.pt ● ⓜ Marquês. Tout en haut de la rua Santa Catarina. Chambre double 67 € ou suite 90 €, petit déj compris. Un endroit impressionnant, merveilleux et vert, avec des pins d'Alep, des palmiers, une chapelle, des murs couverts d'azulejos, des tourterelles qui roucoulent derrière les murs des maisons voisines. Au sommet d'une petite colline, ce manoir du début du XXᵉ siècle propose des chambres charmantes. La nº 21 a une superbe salle de bains, couverte d'azulejos. La nº 22, plus grande, est une suite baroque, avec une ambiance assez crépusculaire due au style des meubles (elle a un petit balcon). Notre chambre préférée se trouve dans la tour (nº 41) ; en fait, il s'agit de 2 chambres contiguës, l'une avec 1 lit double, l'autre avec 2 lits séparés ; 2 fenêtres qui ouvrent sur Porto, ses toits de tuiles et, au loin, l'océan Atlantique. Mobilier XIXᵉ siècle, un peu chargé. Possibilité de garer votre véhicule dans la cour. Petit déj en terrasse aux beaux jours.

Dans le quartier de Bonfim et de la gare de Campanhã

Un peu plus à l'est du centre dans les environs du Musée militaire, zone un peu plus calme et résidentielle, ainsi qu'à proximité de la gare d'où partent les trains pour le sud et pour l'international.

De bon marché à prix moyens

⌂ Pensão Residencial Ribadouro (plan d'ensemble, **28**) : rua da Estação, 28. ☎ 225-37-12-28 ou 225-10-49-49. ⓜ Campanhã. Bus nº 207 depuis la praça de Batalha ou nº 400 depuis S. Bento. Face à la gare de Campanhã. Double 20-30 €. Adresse indispensable pour les retardataires chroniques et ceux qui ont la hantise de rater leur train. Derrière une façade un peu grise, une large entrée tout aussi sombre s'ouvre sur la réception. Sur les 4 niveaux de cette grande bâtisse, des chambres aménagées sous des plafonds hauts. Clientèle anonyme. Chambres avec TV et douche ou avec salle de bains en complément. Choisir parmi les cham-

bres à l'arrière, sans vue particulière mais plus calmes que celles face à la gare, qui permettraient au plus sourd, en tendant un peu l'oreille, d'entendre l'annonce des correspondances.

⌂ Pensão Poveira (plan d'ensemble, **29**) : rua da Estação, 56. ☎ 225-37-98-44. Fax : 225-37-98-88. À côté de la Pensão Residencial Ribadouro, un peu plus haut dans la rue qui monte à gauche. Chambres doubles avec bains 30 € et une chambre avec 5 lits simples 40 € ; petit déj en plus. Azulejos jusqu'à mi-hauteur des murs de l'entrée menant à l'accueil, un demi-étage plus haut. Hôtel surtout fréquenté en semaine. Trois étages, avec chambres bruyantes en façade, un peu plus confortables sur l'arrière, avec balcon, propres et clai- | res. Moquette au sol. Accueil sympa. Accès internet.

Où manger ?

Dans le quartier de la tour dos Clérigos et de la praça da Liberdade

De bon marché à prix moyens

|●| *Churrasqueira Central dos Clérigos* (plan général B2, **40**) : rua da Fábrica, 73, et rua Conde de Vizela, 132. À l'angle des 2 rues. ☎ 222-00-80-77. Ⓜ *Aliados. Tlj sf dim. Menu 9 € le midi.* Un genre de brasserie dans un décor « rustico-métallique ». Le personnel vous sert, en deux temps trois mouvements, 10h-20h, des plats économiques, copieux et très bons. Une cuisine locale basée sur des grillades de viande ou de poisson que vous dégustez dans une grande salle fréquentée par beaucoup d'habitués et d'employés des bureaux et magasins voisins. Très propre. *Bifinhos de porco com cebolas, bacalhau na brasa* font partie des spécialités du lieu. Quelques petits vins de soif pas trop chers. Accueil sympathique, mais bien recompter sa monnaie.

|●| *Café Embaixador* (plan général C2, **41**) : rua Sampaio de Bruno, 5/11. ☎ 222-05-43-29. Fax : 222-05-41-82. Ⓜ *Aliados. À l'angle nord-est de la praça da Liberdade. Tlj sf sam 7h-22h.* Café et digestif offerts sur présentation de ce guide. Très central, propre, sur 2 niveaux, pâtisseries, plats préparés, self-service. Du simple petit creux du milieu d'après-midi, jusqu'au « gavage » en règle, vous orchestrez votre menu en dosant les plats, que vous payez au poids, en self-service, froid ou chaud (à l'étage seulement). Clientèle de bureau à midi.

|●| *Cozinha dos Lóios* (plan général B2, **42**) : rua dos Caldeireiros, 28/30. ☎ 222-05-95-10. Ⓜ S.-Bento. Descendre vers le quartier de Ribeira au départ de la tour dos Clérigos ; c'est là, quelque part dans le lacis des vieilles ruelles typiques, en face du gros robinet de la casa Neves. *Tlj sf dim et fin sept. Compter 15 €.* Un petit resto accueillant et bien tenu, avec une salle au sous-sol encadrée par de gros murs de granit. Endroit frais en été. La spécialité de la maison : les *tripas aos molhos,* qui sont servies avec du jambon en sauce et du riz à la façon de la région de Trás-os-Montes (le nord-est du Portugal). Patron très sympa.

|●| *McDonald's* (plan général C2, **43**) : praça da Liberdade. Ⓜ *Aliados. Tlj 8h30-minuit.* « Ouah ! Un *McDo* dans le *Routard* ! Mais i' sont fous ! »... Oui, mais celui-là vaut le détour ! Intérieur Art déco intact et bien préservé. De toute beauté ! Dispose même d'un comptoir à pâtisseries...

Dans le quartier de la praça da Batalha et du marché Bolhão

Très bon marché

|●| *Resto-snack-bar O Bem Bom 1* (plan général C1, **44**) : rua Fernandes Tomás, 674. ☎ 223-32-31-06. Ⓜ Bolhão. En haut de la rue Alexandre Braga. *Tlj sf dim 6h-20h.* Le patron est un jeune Brésilien. Service impeccable. Le personnel s'active derrière le bar. Resto tout en longueur avec de nombreuses tables pour deux. C'est copieux, délicieux (goûtez les *lulas grelhadas,* encornets grillés), pas cher (menu touristique bon marché). Carte très variée. Bons desserts. Les pâtisseries en vitrine vous donneront envie d'entrer ! Clientèle surtout féminine.

|●| *Casa Pereira* (plan général C2, **45**) :

rua Cimo da Vila, 64. ☎ 222-00-01-26. Ⓜ S.-Bento. Plat du jour 4 € et menu touristique 11 €. Juste en face de la pension *Mondariz*, un resto populaire de poche, genre taverne sombre mais très propre, avec une salle au rez-de-chaussée pour les gens pressés (le midi) et une autre au 1er étage, pour les conversations plus intimes. Deux battants en bois comme dans un *saloon* du Far West, puis c'est le bar où l'on peut boire du vin blanc au verre. Le serveur le tire directement au tonneau. On y concocte la cuisine traditionnelle de Porto avec un plat vedette, les tripes, bien sûr, qui ne sont servies que certains jours. Dans ce cas, c'est marqué *Hoje ha tripas* en devanture. Les tripes à la mode de Porto sont mijotées et servies avec des haricots blancs, des morceaux de carottes, du riz.

⏺ **Confeitaria do Bolhão** *(plan général C2, 49)* : rua Formosa, 39. Ⓜ Bolhão. *Face à l'entrée du marché. Tlj 6h-21h.* Ne désemplit pas depuis des années, et on comprend pourquoi ! Derrière sa devanture clinquante, une belle salle style Art déco. On y mange sur le pouce sandwichs, quiches et pâtisseries. Liste des réduc en vitrine. Excellents jus de fruits frais.

⏺ **Churrasqueira Icarai** *(plan géné-*ral C2, **48**) : rua de Sá da Bandeira, 121. Ⓜ Bolhão. Une adresse de poche pour manger des brochettes, fraîches, grillées sous vos yeux. Du poisson frit également. De préférence en journée (un peu triste le soir). Salle en enfilade au rez-de-chaussée ou plus grande à l'étage, où les ouvriers du coin se retrouvent, les yeux rivés sur la TV.

⏺ **Centro Commercial Via Caterina** *(plan général C2, 46)* : rua de Santa Catarina, 326. Ⓜ Bolhão. Au dernier étage de ce centre flambant neuf. D'accord, on vous pousse un peu dans la gueule du loup, mais question restauration pas chère, type snack, difficile de trouver mieux. Puis il y a cette déco étonnante, reconstitution des plus belles demeures du Portugal. Ça plaira beaucoup aux enfants !

⏺ **Cafétaria Deu-la-Deu 4** *(plan général C2, 47)* : rua Formosa. ☎ 222-00-31-88. Ⓜ Bolhão. Une adresse populaire où ouvriers de chantier, employés de bureau ou touristes de passage jouent des coudes pour le plat du jour copieux à moins de 3 €. Service rapide, poisson à toutes les sauces, frit ou pané. Des soupes ou des omelettes également. Déco simple et sans chichis, avec nappe en tissu quand même !

De bon marché à prix moyens

⏺ **Abadia do Porto** *(plan général C2, 50)* : rua do Ateneu Comercial, 22-24. ☎ 222-00-87-57. Ⓜ Bolhão. *Tlj sf dim.* Compter 15 €. Immense resto sur 2 niveaux. Murs en pierre de taille recouvert d'azulejos, nappes à carreaux (bleus !), et dans l'assiette, entre autres, *bacalhau* à toutes les sauces. Carte variée et en français. Pas de vin au verre. Le samedi, c'est souvent bondé et donc assez bruyant. Bon accueil et propreté assurée.

⏺ **Antunes** *(plan général C1, 39)* : rua de Bonjardim, 525. ☎ 222-05-24-06. Ⓜ Trindade. Plat 10 €. Un peu excentré dans une rue calme. Adresse bien typique avec sa clientèle locale. Ici pas de nappes à carreaux et de TV, mais place à une déco plus champêtre, évoquant la campagne et la vallée du Douro. Accueil souriant. Bonne cuisine classique : *tripas, cozido a portuguesa, rojões a moda do minho, feijoada a transmontana...*

Plus chic

⏺ **Majestic Café** *(plan général C2, 51)* : rua Santa Catarina, 112. ☎ 222-00-38-87. Ⓜ Bolhão. Le plus vieux café de Porto (voir « Où boire un verre ? Où sortir ? Où écouter de la musique ? ») sert aussi de bons petits plats dans des assiettes vastes et généreuses. Goûter la *Francesinha*, sorte de croque-monsieur dans une sauce à l'huître, avec du fromage fondu. Y a bon ! Des serveurs en costume noir et blanc virevoltent dans cette vénérable salle où les meilleures places sont les banquettes en vieux cuir le long des murs. Côté boisson, ils proposent du *vinho verde* au verre, ainsi que des bières pression. Le *copo Majestic* est servi dans une grande coupe en forme de vase... À heure fixe, juste en face, les cloches de la *Fnac* tintinnabulent de concert. Chouette !

Dans le quartier de la Ribeira

Restos beaucoup plus chers et de plus en plus tendance, avec additions coup de massue et couverts facturés en sus ! La Ribeira ne vous veut pas que du bien. Certaines adresses restent tout de même charmantes et abordables. Contrairement aux affichettes du *Guide du routard* en vitrine, nous ne conseillons absolument pas le resto *Marina 26*.

De bon marché à prix moyens

|●| **Adega São Nicolau** (plan général B3, **52**) : angle de la rua São Nicolau et du largo do Terreiro. ☎ 222-00-82-32. Tlj sf dim midi et soir. Plats 13 €. *Digestif offert sur présentation de ce guide.* Une petite salle sombre avec, à l'entrée, l'étalage de poisson frais. Une adresse populaire et économique, à l'opposé du « piège à touristes ». Spécialités de *bacalhau* cuisinée maison. *Vino da casa* pas mauvais du tout. Jetez un œil aux bouteilles, vous y retrouverez l'effigie du patron ! Les mises en bouche à l'apéro sont payantes. Service complice et sympa.

|●| **Restaurante Filha da Mãe Preta** (plan général C3, **53**) : cais da Ribeira, 40. ☎ 222-05-55-15. Tlj sf dim et 3 sem en sept. Repas env 15 €. *Café offert sur présentation de ce guide.* Poissons brillants de l'Atlantique, têtes coupées, tentacules de poulpe, sardines aux écailles miroitantes : cette vision ne trompe pas, elle est signe de fraîcheur et invite à s'asseoir. Enfin une carte où le poisson a raison de la viande, où la mer l'emporte sur la terre ! Superbe salle au 1er étage, aux murs de granit rugueux couverts de doux azulejos.

|●| **Presuntico** (plan général C3, **54**) : cais da Ribeira, 9. ☎ 222-03-84-57. Fermé lun. Repas 20 €. Dernier resto avant le pont. Ambiance cosy, sur un fond de musique douce et à la lueur de la bougie. Bref, assez tendance. D'ailleurs ici, pas de *bacalhau* (si, si c'est possible !), mais une grande variété de charcuterie et de fromage du pays, en plateau ou en assiette. Accompagné d'un vin sélectionné par le patron, quel régal ! Un peu cher certes, mais original.

Dans le quartier de Bonfim et du Musée militaire

De très bon marché à bon marché

|●| **Churrasqueira Solar Trasmontano** (plan général D2, **55**) : largo Soares dos Reis, 24. ☎ 225-37-87-62. Ⓜ Campo-24-de-Agosto. Face au Musée militaire. Tlj 8h-22h30. Menus 10 €. Dans ce quartier calme à l'est et à mi-distance du centre-ville et de la gare de Campanhã (10 mn à pied), cette *churrasqueira* possède une grande salle sobre et propre sur 2 niveaux. Même si l'aspect industriel peut refroidir, la clientèle familiale et les habitués relèvent le ton. Grill à l'arrière du comptoir, salle climatisée, service jeune et dynamique complètent l'ambiance locale. Cuisine simple, bien servie et économique. Les garnitures des plats se commandent avec supplément.

|●| **Restaurant Nova Era** (plan général D2, **56**) : rua Ferreira Cardoso, 56. ☎ 225-36-07-08. Ⓜ Campo-24-de-Agosto. Sur le même trottoir que le Trasmontana en direction du campo 24 de Agosto. Tlj 8h30-minuit. Plats de viande 6 €, poisson un peu plus cher. La façade vitrée s'ouvre sur la partie snack constituée de tables longeant un bar tout en longueur. Au fond de cet accès étroit,

PORTO

une salle propre et claire dont les murs blancs sont soulignés par les ardoises vernies. La télé trône dans un coin. Clientèle d'employés de bureau, d'hommes d'affaires, mais aussi de familles et de jeunes. Le service est aux ordres, rapide et efficace. On vous sert une cuisine copieuse et soignée où les demi-portions peuvent devenir une alternative économique.

Où boire un verre ? Où sortir ? Où écouter de la musique ?

🍸 **Majestic Café** (plan général C2, **51**) : rua Santa Catarina, 112. Ⓜ Bolhão. Grand café au décor 1920 d'époque. Vieilles chaises en bois et banquettes en beau cuir gravé. Décoration superbe : moulures, stucs, miroirs gigantesques un peu piqués. C'est une partie de l'histoire de la ville. Les intellectuels se réunissaient ici : l'ancien président d'Angola, Agostinho Neto, avocats, universitaires, etc. (sous Salazar, républicains et libéraux). Le café faillit à plusieurs reprises être transformé en banque. Des pétitions le sauvèrent. Pour combien de temps ? Profitez-en, le midi, pour croquer une bonne salade ou une pizza (voir « Où manger ? ») et, à 17h, pour boire un thé sur la terrasse ombragée.

🍸 **Café do Cais** (plan général B3, **60**) : sur les quais de la Ribeira, devant le Porto Carlton Hotel. ☎ 222-08-83-85. Dans un grand cube de verre digne des *Demoiselles de Rochefort*, un café sympa pour observer les *rabelos* (vieilles barques qui transportaient les tonneaux de porto) ou voir passer les barreurs à l'aviron. Grande terrasse en plein soleil.

🍸 **Café Guarany** (plan général C2, **61**) : av. dos Aliados, 85. ☎ 223-22-12-72. Ⓜ Aliados. L'un des cafés mythiques de Porto. Mobilier Art déco et ambiance Belle Époque. Tables aux superbes pieds travaillés, et tableaux indiens très colorés. Clientèle chic et de tous âges. Plats plutôt chers, mais bons cafés. Soirée musicale sur des thèmes d'Amérique du Sud 1 à 2 fois par semaine.

🍸 **Café Progresso** (plan général B2, **62**) : rua Actor João Guedes 5. ☎ 223-32-26-47. Ⓜ Aliados. Clientèle d'étudiants et d'habitués. Repaire intellec-

tuel depuis plus d'un siècle, ce café a été complètement refait. Cadre élégant tout en bois. Petit déj le matin, en-cas à midi et glaces pour le goûter. On y passerait la journée !

🍸 🎵 **Pinguin Café** (plan général B3, **63**) : rua de Belmonte, 67. Tout près de la Ribeira. Tlj sf lun et la 2de quinzaine d'août 22h-4h. Rue pittoresque. Café tenu par Luís, qui a voulu créer un lieu de rencontre dans un décor différent : expos de peintures, musique jazz, rock, et des groupes portugais. Clientèle de tous âges. Au sous-sol, des groupes se produisent les jeudi et samedi. Ambiance chaleureuse.

🍸 🎵 **Anikibobó** (plan général B3, **64**) : rua da Fonte Taurina, 36-38. ☎ 223-2-46-19. Dans le quartier de la Ribeira, en descendant vers le Douro, voici un bar de nuit. Tlj sf dim 21h30-2h. Lieu branché fréquenté par des artistes, des étudiants, des noctambules épris d'errance et de musique pop-rock, parfois classique.

🍸 🎵 **Postigo do Carvão** (plan général B3, **64**) : rua da Fonte Taurina, 24-34. ☎ 222-00-45-39. ● mail@postigodocarvao.com ● postigodocarvao.com ● Ouv 18h-2h. Fermé lun. Vin de Porto offert en apéritif et remise de 5 % sur la note (3 % si vous payez par CB visa), sur présentation de ce guide. Un beau bar-resto avec son poêle en fonte à l'entrée, ses colonnes réverbères et ses cuivres au fond de la salle. Pour boire un verre ou dîner en écoutant les artistes locaux venus se produire (les vendredi et samedi).

🍸 **Solar do Vinho do Porto** (plan général A2) : se reporter à la rubrique « À voir. Dans la ville haute ».

Discothèques

🎵 **Via Rapida** (plan d'ensemble, **66**) : rua Manuel Pinto de Avezedo, 539. Ⓜ Viso. Repérer sur l'avenue l'impasse en face du garage Mitsubishi ; la boîte se trouve au fond de l'impasse, à gauche. Ven-sam et veilles de j. fériés minuit-6h. Musique commerciale, clientèle jeune. La boîte à la mode en ce moment.

♫ **Industria** (plan d'ensemble, 67) : av. do Brasil, 843. ☎ 226-17-68-08. Bus n°s 1, 21 ou 501. Sur les quais de Foz, en face de la mer, en sous-sol. Ouv ven-sam de minuit aux aurores. Musique lounge au bar, electro-house sur le dance floor. Déco années 1970. Fauteuils de cuir blanc et métal. Chouette équipe sous les boules à facettes.

Porto gratuit

Comme partout au Portugal, les musées nationaux sont gratuits le dimanche matin, généralement jusqu'à 14h. C'est le cas à Porto pour la Fundação Serralves et le Museu Nacional Soares dos Reis. Le Centro Português de Fotografia est quant à lui gratuit toute l'année ; le Museu Romantico, la Casa do Infante, seulement le w-e. Enfin, sachez qu'à Vila Nova de Gaia plusieurs caves se visitent gratuitement et avec dégustation s'il vous plaît !

À voir ⊚

La carte Pass Porto coûte 7,50 € pour une journée (15,50 € pour 3 j.) et offre des réduc, voire des entrées gratuites sur les musées, la gratuité des transports urbains et quelques rabais dans certains magasins.

➤ **Les parcours :** le tourisme occupe une grande place dans l'économie portugaise, et Porto l'a bien compris. Outre l'accueil chaleureux des Portuense, les offices de tourisme proposent des options touristiques intelligentes, les parcours. La ville a édité de petits guides (1 €), bien fait, en français, sur les différentes architectures des édifices : Parcours médiéval, baroque, néoclassique, azulejos, avec une petite carte localisant les sites concernés. Ces promenades culturelles et enrichissantes peuvent se faire à pied.

Dans la ville haute

🎭 **Igreja e Torre dos Clérigos** (Église et tour de Clérigos ; plan général B2, 70) : ☎ 222-00-17-29. Ⓜ S.-Bento. Ascension de la tour 10h-11h30, 14h-16h30. Entrée : 2 €. Construite au XVIIIe siècle par l'architecte baroque d'origine italienne, Nicolau Nasoni. La tour (75,60 m) n'est d'ailleurs pas sans rappeler certains édifices toscans. C'est la plus haute du Portugal. En atteignant son sommet (plus de 200 marches ; après 200, on a arrêté de compter !) on bénéficie, bien sûr, d'un point de vue unique sur la ville. Attention, pour les enfants en particulier, pas de rambarde de protection au sommet.

🎭 **La gare de São Bento** (plan général C2) : fermée la nuit. La salle des pas perdus est un chef-d'œuvre de l'art de l'azulejo. Immenses fresques retraçant des scènes de la vie populaire ou les grandes périodes de l'histoire portugaise, comme la prise de Ceuta en 1415. Belle frise en couleur sur l'évolution des moyens de transport dans le pays. Une anecdote : construisant sa gare comme un monument, l'architecte en négligea le côté pratique et utile et oublia... les guichets de vente !

🎭 **Le marché Bolhão** (plan général C2) : situé entre les ruas de Sá da Bandeira, Fernandes Tomás, Formosa et Alexandre de Braga. Il y a 4 entrées. Lun-ven 8h-17h, sam 8h-13h. Grande et belle halle intérieure abritant une ribambelle de boutiques couvertes de toits d'ardoise et surmontée d'une galerie à claire-voie. Un endroit vivant, coloré, dépaysant, où un habitant de Mexico ou de Rio se sentirait chez lui (même si ce marché est quand même moins exotique, moins exubérant que ceux d'Amérique latine). Y aller de préférence le matin.

PORTO

– Au rez-de-chaussée, des étals de fleurs, de poissons, de fruits, de graines, mais aussi d'olives, de volailles, de sacs à main, ainsi que plusieurs boutiques chic et choc.

– À l'étage : des boucheries numérotées *(talhos),* et encore des étals tenus par des Portugaises vêtues de leur blouse colorée et de leurs grosses chaussettes en laine. On peut manger dans des petits bouis-bouis. Un de nos endroits préférés à Porto.

🏛🏛 *La Sé (la cathédrale ; plan général C3) :* nov à mars, 8h45-12h30 et 14h30-18h *(19h avr-oct). Le cloître (payant) ferme 1h avt. Entrée : 2 €.*
Comme celles de Coimbra et de Lisbonne, la cathédrale de Porto possède l'allure d'une forteresse massive et granitique, mais elle souffre quelque peu du manque d'unité architecturale. À moins qu'on apprécie l'alliance du roman, du gothique et du baroque ! Sur la façade, on affubla la rosace romane d'un inutile portail baroque. En revanche, côté nord, élégante entrée avec loggia et escaliers à balustres. L'intérieur, sombre et bas, présente peu d'originalité. Dans la chapelle du bras gauche du transept, autel en argent massif ciselé. Joli cloître, mariage harmonieux de voûtes gothiques en granit et de fresques d'azulejos. À l'étage, on accède à la terrasse, aux chapelles et à la salle capitulaire, qui offrent une vue unique sur la ville.
Sur la place de la cathédrale, *palais épiscopal* et *tour carrée* du XIVe siècle. Quelques vestiges des remparts du XVIe siècle. Descendez à gauche de la tour jusqu'à une esplanade dominant le *largo do Colégio* et la vieille ville. De nuit, impression saisissante dans le halo des lumières. De l'esplanade, un passage mène à une ruelle sinueuse qui descend entre les vieilles maisons jusqu'au bord du Douro.

🏛🏛 Si vous avez du temps, derrière la cathédrale, *casa museu Guerra Junqueiro (maison-musée ; plan général C3, 71) :* rua D. Hugo, 32. ☎ 222-00-36-89. Ⓜ S.-Bento. *Mar-sam 10h-12h30, 14h-17h30 ; dim 14h-17h30. Entrée : 2 €.*
Guerra Junqueiro (1850-1923) était poète, homme politique et surtout grand collectionneur d'objets raffinés du XVe au XIXe siècle exposés ici, dans une maison baroque du XVIIIe, conçue par l'architecte italien Nicolau Nasoni.
Au 1er étage, on trouve l'argenterie : services à thé, bougeoirs, plats fontaines, coffrets finement ciselés.
Le 2e étage est plus éclectique. Dans la salle de droite, tapis de soie indiens au mur ou de laine de Bragança au sol ; habits de cérémonie français, meubles baroques, chopes bavaroises... La pièce centrale regroupe plutôt des céramiques chinoises et des tapisseries flamandes. La dernière salle à gauche, plus axée sur la religion, présente des albâtres anglais, des anges sculptés flamands, des écritoires indo-portugaises.

🏛 Difficile de ne pas entrer à l'occasion d'une balade dans Porto dans au moins une de ses églises, à moins d'y être allergique. Toutes n'ont pas le même cachet ou intérêt religieux. *L'igreja dos Congregados (plan général C2, 72),* à côté de la gare de São Bento, se visite pour sa *talha dourada* et son autel argenté. De l'autre côté de l'avenue de Vimara Peres, dans le quartier de Guindais, *l'igreja Santa Clara,* de style gothique avec ses mosaïques du XVIIIe siècle, borde quelques vestiges importants de l'ancienne muraille. Praça de Gomez, à côté de l'université, *les igrejas do Carmo e dos Carmelitas* sont recouvertes d'une grande fresque d'azulejos évoquant la prise de voile des carmélites.

🏛 *Centro Português de Fotografia (plan général B2, 73) :* campo Martires da Patria. ☎ 222-07-63-10. ● cpf.pt ● Ⓜ S.-Bento. *Tlj sf lun 15h-18h (19h le w-e). Entrée libre.* Le nouveau bébé culturel de Porto. Dans une ancienne cour d'appel (1796), réaménagée sobrement. Expos temporaires de photographes sur des thèmes précis en un une histoire de la photographie à travers des appareils de types et d'époques différents (les plus curieux font moins de 5 cm !). Le tout orchestré par l'un des plus grands architectes portugais du moment, Eduardo Souto Moura.

🏛🏛🏛 *La librairie Lello e Irmão (plan général B2, 74) :* rua Carmelitas, 144. ☎ 222-00-20-37. *Sur la droite, après la rua dos Clérigos, en montant vers le quartier de l'université. Tlj sf dim et j. fériés 10h-19h30 (19h sam).*

On ne peut louper sa façade blanche insolite, ni son intérieur digne d'un monument historique. Même si l'on en ressort les mains vides, il faut y mettre son nez une fois. On se croirait dans un cabinet de curiosités dédié aux belles-lettres, dans une sompteuse bibliothèque de château, dans l'annexe savante d'un prince navigateur. Ici, les rayonnages en bois, finement sculptés, envahissent les murs. Livres anciens et modernes grimpent sur plusieurs mètres de haut jusqu'aux plafonds, eux aussi en bois sculpté, comme dans une chapelle manuéline. Le temple de la littérature de Porto, c'est bien ici.

LES MARCHES LES PLUS FOLLES DU PORTUGAL

Fondée en 1904 par une famille de libraires-éditeurs, la librairie Lello e Irmão a maintenu sa tradition d'éclectisme. Au centre de la pièce se dresse l'escalier le plus extravagant du Portugal. Tout en bois, il forme un huit avec une double circonvolution rappelant les escaliers des vaisseaux des grandes découvertes maritimes. Il ressemble aussi à un violoncelle. Il conduit au 1er étage. Devant de hautes fenêtres, entouré par des kilomètres de livres, on peut boire un verre assis dans un fauteuil Art déco. Belles-lettres et bon vin se marient bien à Porto ! Voilà le lieu idéal pour acheter un bouquin tout en découvrant les saveurs secrètes de ce pays.

🎬🎬 *Museu romântico* (plan général A2, **75**) : rua de Entre Quintas, 220. ☎ 226-05-70-33. Bus n°⁵ 93, 96, 200 et 207. Tlj sf lun et j. fériés 10h-12h, 14h-17h30 (dim slt l'ap-m). Entrée : 2 € ; gratuit le w-e.
Le parc verdoyant et touffu autour ainsi que la balade pour y arriver font aussi partie du charme de cette visite. Loin du tohu-bohu du centre-ville, ce vieux manoir aux fenêtres à l'anglaise se cache au sud-ouest du jardim do Palácio de Cristal, sorte de poumon de verdure très agréable après l'orage. Pour y aller : suivre la rua Manuel II qui longe ce jardin, puis prendre à gauche la rua de Entre Quintas ; suivre le panneau « Casa Tait ». C'est une rue pavée, bordée de hauts murs moussus et ombragée par des arbres centenaires. Plus bas, sur la gauche, il y a comme une entrée de château, un peu mystérieuse, avec une allée débouchant soudain sur une fontaine glouglouttante. Beau site pour un musée du romantisme ! D'autant que ce joli petit manoir (*solar* en portugais) s'accroche à une colline, surplombant la vallée du Douro.
À l'intérieur du musée, un décor bourgeois du XIXᵉ siècle a été fidèlement reconstitué, présentant une foule d'objets raffinés comme on savait si bien les faire à l'époque. D'ailleurs, à quoi sert la cage à oiseau ? Belle vue sur le Douro depuis la salle de billard. Salle à manger splendide avec table dressée. Chouette cabinet de curiosités avec livres en français. Cherchez bien ! Charles-Albert, roi du Piémont et de Sardaigne, y séjourna. Exilé au Portugal après sa chute, le souverain passa ici la fin de son existence (1849).

🍷 *Solar do Vinho do Porto* (plan général A2) : situé à gauche, sous le Museu romântico, dans une annexe du manoir. ☎ 226-09-47-49. Tlj sf dim et j. fériés 14h-minuit. Haut lieu de dégustation des vins de Porto. Sorte de bar chic fréquenté par de nombreux amateurs de vin, et toujours ouvert sans restriction à tout le monde. Simplement, sachez qu'il n'est pas très bien vu d'y arriver en short, pieds nus dans des sandales. On peut choisir parmi près de 60 marques différentes de porto. En profiter pour goûter les plus rares. Nous avons eu un petit faible pour la catégorie *extra seco branco,* les blancs extra-secs. Heures idéales pour y aller : en fin d'après-midi ou en soirée. Vue superbe sur l'embouchure du Douro depuis la terrasse. Prix raisonnables malgré les apparences. Une bonne adresse après la visite du Musée.

🎬🎬 *Casa da Música* (plan d'ensemble) : av. da Boavista, 604-610. ☎ 220-12-02-00. ● casadamusica.pt ● Ⓜ Casa-da-Música. Tout proche de la rotonde de Boavista, une salle de concerts pour toutes les musiques, dans un bâtiment plus qu'original, réalisé par Rem Koolhaas, architecte néerlandais, sorte de *Rubik's cube* de verre et de pierre, posé de biais. Des visites guidées sont proposées toutes les heures mais uniquement en portugais et en anglais.

🦩🦩 *Museu Soares dos Reis* (plan général A2, **77**) : rua D. Manuel II. ☎ 223-39-37-70. ● mnsr-ipmuseus.pt ● Bus nos 3, 6, 20, 35, 37, 52 et 78. Tlj sf lun 10h (14h mar)-18h. Fermé lun. Entrée : 3 €. Ancien palais, construit pour le roi Pierre Ier en 1833, aménagé pour recevoir la famille royale en vacances dans le nord du pays. Bel espace tout blanc aujourd'hui, entourant un jardin bordé d'azulejos. Au 1er étage, des peintures des XIXe et XXe siècles des plus grands peintres portugais de l'époque : Porto le bien nommé, dont le style rappelle l'école française de Barbizon, Ribeiro, Correia et Marquesi de Oliveira. Pas mal de pastorales, de portraits dont un du sculpteur Soares dos Reis. Dans le reste du musée, l'Art déco est à l'honneur. Des faïences du XVIIIe au XXe siècle, certaines drôlement sculptées (cherchez notre préférée, celle avec des grenouilles !). Faïence bleutée de Mira Gaia (on est dans le quartier !). Très belle présentation de vaisselle, de services à couvert, mais aussi meubles en marqueterie. Ne manquez pas la collection de bijoux avec broches, bagues et l'Insigne de l'ordre de Carme (topaze, améthyste, etc.). Un bel espace tout blanc où il fait bon se promener. Quelques expos temporaires bien faites. Cafétéria avec terrasse.

Dans la ville basse

🦩🦩🦩 *Palácio da Bolsa* (palais de la Bourse ; plan général B3) **:** praça Infante D. Henrique. À l'intérieur de l'édifice « Associação comercial do Porto ». ☎ 223-39-90-00. ● palaciodabolsa.com ● Nov-mars, tlj 9h-12h30, 14h-17h30 ; avr-oct, 9h-19h. Visite guidée en français : 5 € ; réduc. Un des monuments les plus visités à Porto. Construit en 1842 pour les hommes d'affaires de Porto qui n'avaient pas de bureau. Le style néoclassique, un peu austère de la façade, contraste curieusement avec les salles intérieures, toutes plus décorées et aménagées les unes que les autres. Salles du Président, des Portraits, Dorée, escalier monumental (construction en granit qui dura 68 ans, et lustre en bronze de 1 t !), cour des Nations, salle des Jurés avec portraits assez osés... symbolisent tous les styles (Renaissance, baroque, mauresque) et regroupent plusieurs techniques décoratives (peintures, marqueteries, mobiliers, bois précieux). Le joyau de l'édifice reste le Salon arabe, richement décoré du sol au plafond de stucs et boiseries délicatement ciselés, de parquet marqueté, de vitraux finement cloisonnés. La construction et la décoration du salon ont demandé 18 ans de travaux. Impressionnant. On y donne aujourd'hui des réceptions huppées et des concerts de musique classique. À la fin de la visite, dégustation de porto offerte dans la belle boutique de souvenirs.

🦩 *Casa do Infante* (maison de l'infant ; plan général B3, **78**) **:** rua da Alfândega ; derrière l'office de tourisme, dans le même bâtiment. Mar-sam 10h-12h30, 14h-17h, ainsi que dim ap-m. Ancien palais du XVIIe siècle transformé en salle d'expositions. Incroyable ! Voilà la maison où serait né Henri le Navigateur, l'homme le plus entreprenant de l'histoire du Portugal, et sur lequel on ne trouve pratiquement rien dans la maison ! Au lieu de cela, évocation de l'évolution du site à travers tessons, vestiges, pièces de monnaie, céramique lustrée retrouvés sur place, du Porto médiéval à nos jours. Un peu décevant.

🦩🦩🦩 *Igreja São Francisco* (plan général B3) : rua Infante D. Henrique. Ouv 9h-18h (20h en été). Entrée : 3 € pour l'église, le musée de l'Ordre et les catacombes (voir ci-dessous) ; le billet se prend au musée en face du porche. Cette église construite en 1245, d'origine romane puis transformée en gothique et enfin décorée baroque aux XVIIe et XVIIIe siècles, mérite le détour. En effet, ce fut, à l'époque baroque, le triomphe et le chant du cygne de la *talha dourada* : la nef n'est qu'une orgie de bois sculpté dégoulinant d'or, une explosion de végétal qui aurait envahi murs, voûtes, plafond, jusqu'aux piliers. Seul le plancher y échappa. Ce délire baroque nécessita à l'époque plus de 500 kg d'or. L'église fut fermée au culte, le clergé, dans un sursaut de bon sens, ayant trouvé indécent l'étalage d'une telle richesse quand les habitants du quartier vivaient, eux, dans une grande misère. Admirez à gauche, dans la nef, le superbe *arbre de Jessé* en bois sculpté polychrome, l'un des plus beaux du monde. Partout, des tombeaux fermés par des planches sur lesquelles déambulent les visiteurs.

🎥 *Le musée de l'Ordre et les catacombes :* attenant à l'église, ce musée abrite des souvenirs des bienfaiteurs de l'ordre de saint François, mais le clou, c'est le sous-sol. Des centaines d'enfeus noir et blanc couvrent les murs. Au sol, des tombeaux fermés par des planches. Par une trappe, on aperçoit un ossuaire. Brrr ! Chaque enfeu numéroté porte une tête de mort et une inscription, toujours différente mais qui commence par le même mot répétitif : « Aqui Jaz... ». Le plus étonnant cimetière souterrain du nord du Portugal. Visite guidée possible.

🎥 *Igreja da Misericórdia :* rua das Flores, 5. Lun-sam 9h-12h, 14h-18h. Entrée payante (sf pour l'église !). On y entre juste pour admirer le magnifique tableau *Fons Vitae.* Cette « Fontaine de Vie », exécutée vers 1520, est l'œuvre d'un artiste inconnu (peut-être flamand ?). Demander avant si l'œuvre est bien présente. La façade de l'église, restaurée selon les plans de Nicola Nasoni, date du XVIIIe siècle. Intérieur du XVIe siècle : azulejos, *talha dourada...*

🎥 *Museu do vinho do Porto* (plan général A2, **79**) : sur les quais, un peu après l'Alfândega, à droite. Tlj sf lun et j. fériés 11h-19h. Entrée : 2 €. Attention, ce musée n'a rien à voir avec les caves. Ici, juste des infos riches et variées sur le commerce du porto et l'Europe et le monde, dans une ancienne cave voûtée bien réaménagée. Différents objets relatifs au doux breuvage : réplique de *rabelos,* ces petites barques qui permettaient le transport des fûts, étiquettes, bouteilles de différentes époques... Intéressant.

Du côté de Foz do Douro, à l'ouest de Porto, vers l'embouchure

🎥🎥🎥 *Museu de Arte Contemporânea et les jardins de la fundação Serralves* (plan d'ensemble) : rua D. João Castro, 210. ☎ 226-15-65-73. Fax : 226-15-65-33. ● serralves.pt ● Bus nos 3, 19, 21 30, 35 et 78. Tlj sf lun 10h-19h (22h ven-sam avr-sept). Entrée : 5 € ; réduc ; gratuit dim 10h-14h. Expositions temporaires de la collection. Ultramoderne, clair, spacieux, parfois déroutant, le musée a été conçu pour sublimer les quelques œuvres exposées. Les fans de l'art contemporain se délecteront, c'est sûr. Les plus critiques diront qu'il n'y en a pas assez... Ne pas manquer les *jardins à la française,* dont on aperçoit un détail ou une allée par les baies vitrées du musée. Plus de 18 ha de terrain. En été, fraîcheur garantie ! Odeurs de citronnelle, d'eucalyptus, de jasmin et petits bosquets, on ne se croirait plus à Porto ! Concerts de jazz certains soirs estivaux. Les étudiants révisent, eux, sur la grande terrasse du café située sur le toit de la fondation.

➢ *Promenade le long de l'océan,* depuis le *Castelo do Queijo* (plan d'ensemble) jusqu'à l'embouchure du fleuve au niveau du Forte de São João Baptista da Foz. Dans le quartier résidentiel, mais les grandes demeures et les boutiques chic font la part belle à l'Atlantique. Lieu privilégié des Portuense le week-end, comme l'atteste la présence de boîtes sympas (voir « Où boire un verre ? Où sortir ? Où écouter de la musique ? Discothèques »).

À l'est de la ville

🎥🎥 *Le Musée militaire* (plan général D2, **80**) : rua do Heroísmo, 329. ☎ 225-36-55-14. Ⓜ Heroismo. Tlj sf lun et j. fériés 10h-13h, 14h-17h (slt l'ap-m le w-e). Entrée :

1,50 €. Très bon accueil. Une superbe collection de 12 000 figurines, une des plus importantes d'Europe et du monde. On peut y voir, entre autres, le général de Gaulle, Louis XIV, Marie-Antoinette, Charlemagne, Dagobert, des soldats des armées françaises, anglaise, allemande, grecque... Admirez aussi les soldats peints à la main par un ingénieur passionné, M. Campos Gondim ; c'est remarquable. Bien sûr, toute une panoplie de fusils, pistolets, ainsi que l'épée dorée du célèbre D. Afonso Henriques (on présume). À l'extérieur et dans le pavillon : canons, obus anglais, mitraillettes, grenades, une statue en plâtre du Soldat inconnu, masques à gaz, casques (dont un français)...

Les rues pittoresques

🦋 À droite de la *gare de São Bento,* grimpez par les **ruas do Loureiro, Châ, Cimo da Vila.** Bordées de boutiques où l'on trouve de tout à bas prix (hi-fi, appareillage électrique, gadgets, colifichets), ainsi que de nombreux bars et restos pas chers. Au nord de la *praça da Batalha* (église baroque décorée à l'extérieur d'azulejos) s'étend la ville du XIXᵉ siècle.

🦋🦋 **Rua Santa Catarina** *(plan général C1-2),* piétonne et très commerçante, l'épine dorsale de la ville haute, où l'on trouve la *Fnac* avec ses cloches qui sonnent à heure fixe. Un festival de carillons ! Quelques boutiques Belle Époque ou Art déco, comme celle à l'angle du 31 de Janeiro (devanture superbe et fresque au plafond) et le *Majestic Café* (voir « Où boire un verre ? Où sortir ? Où écouter de la musique ? »). En fin d'après-midi, c'est le quartier le plus animé (avec la Ribeira aussi).

🦋 Tiens, justement, de la cathédrale, on peut rejoindre le **quartier de la Ribeira** *(plan général B-C3)* par la rua dos Mercadores. Peut-être la rue la plus ancienne de Porto (meurtrière pour les hauts talons). Il vaut mieux se perdre à partir de *R.S. das Verdades,* dans le dédale de ruelles, volées d'escaliers, passages voûtés autour desquels s'ordonne avec peine l'entassement indescriptible des maisons contre la falaise. Incroyablement coloré, comme l'Alfama à Lisbonne. La municipalité s'est engagée depuis quelque temps dans un intelligent travail de restauration pour conserver ce chef-d'œuvre d'urbanisme humain et vivant.

Enfin, le **cais da Ribeira** *(plan général B-C3),* avec ses maisons et restos à auvents, compose l'une des plus souriantes cartes postales que vous conserverez en tête. Quelques vestiges des remparts de Ferdinand, avec un seul et dernier auvent encore libre le long des quais. Un lecteur nous signale que sur cette promenade, au niveau du *Café do Cais,* deux égouts se jettent dans le Douro. On croit que l'eau bouillonne, mais ce sont des milliers de poissons qui grouillent. Un spectacle impressionnant !

🦋🦋 Du côté de la **praça da Ribeira** *(plan général B3),* on aborde un nouveau dédale de ruelles tortueuses. En bas de la rua da Alfândega, dans le prolongement du largo do Terreiro, l'étroite *rua da Reboleira,* toujours médiévale, dans laquelle vous trouverez, au nº 37, le **centre régional des Arts traditionnels.** ☎ 223-32-02-01. *Tlj sf lun et j. fériés 10h-12h, 13h-18h (19h w-e).* Un espace sur trois niveaux abritant des expositions artisanales temporaires. Au nº 34, exactement en face du centre d'artisanat, ni enseigne ni publicité, au-dessus de cette porte marron ouverte sur la rue (si ce n'est pas le cas, frappez !). Ici, un très étonnant constructeur de *bateaux miniatures* vous accueillera dans son petit atelier. Ses œuvres se vendent sur place, mais beaucoup sont faites sur commande et vouées à l'exportation. Au nº 55, une maison a gardé son portail gothique. Au nº 59, belle maison-tour du XIVᵉ siècle. Remontez ensuite la rue vers l'église São Francisco et la rua Nova da Alfândega, qui vous mène, en quelques minutes à pied, au *quartier de Miragaia.* C'est en contrebas de la route (épisodiquement inondée par les crues du Douro) que se trouve la quasi-continuité architecturale de la Ribeira, mais avec l'authenticité accrue des commerces. Longeant ces maisons voûtées et arc-boutées, le tramway nº 18, que vous attraperez pour un voyage bringuebalant le long du fleuve jusqu'à son embouchure et la plage de Foz do Douro.

🏃 *Rua das Flores* *(plan général B-C2) :* l'une des plus colorées de la ville. Pour les belles demeures bourgeoises, les églises et palais baroques, les devantures anciennes, bijouteries, joailleries, etc.

À faire

📷 Au sud de la ville, deux belles *plages* : *Lavadores* et *Madalena. Bus nº 93 depuis la praça da Cordoaria ; mais il ne passe pas trop souvent. On peut aussi aller en train jusqu'à Madalena depuis Porto, puis prendre un bus.*

➤ Parcourez *les rives de l'océan,* très vivifiant, avec tous les Portuense, notamment le dimanche matin. *Y aller en tram (nº 1 puis 1 barré), puis retour depuis le fort avec le bus nº 500.*

➤ *Visite des caves à porto :* voir plus bas dans « Vila Nova de Gaia ».

➤ *Balades en bateau sur le Douro : départs du quai de la Ribeira. Durée : 1h env. Croisières sur le thème des ponts de Porto. Compter 5-8 € pour une petite croisière, qui permet de passer sous les 6 ponts de Porto, et jusqu'à 125 € pour une croisière de plusieurs jours.* Contacter *Porto Tours,* près de la cathédrale *(plan général C3),* un organisme qui réglemente toutes les compagnies de croisières sur le Douro (voir « Adresses et infos utiles »).

➤ *La haute vallée du Douro en train* (voir plus loin le chapitre « La haute vallée du Douro ») *: plusieurs départs quotidiens de la gare de Campanhã. Compter la journée pour l'aller-retour.* Prendre un billet jusqu'à Pinhão (moins de 20 € l'aller-retour), pique-niquer sur les rives du fleuve et flâner en attendant l'heure du retour. Une belle balade pas fatigante et des paysages magnifiques.

Manifestations

– *Les fêtes de São João :* elles se déroulent dans la 2de quinzaine de juin, avec évidemment les grands bals et les feux d'artifice de la nuit de la Saint-Jean (la plus joyeuse de l'année, dit-on, et propice à l'amour). À Porto, dans les quartiers populaires, c'est la folie. Au moins autant que pour la Santo António à Lisbonne. Vous vous faites « assommer » avec des maillets en plastique, on vous passe sous le nez toutes sortes d'herbes, ail, lavande, etc.
– *Les Romarias :* elles ont lieu dans les quartiers de Paranhos, de Vitória, à partir de la mi-août. La procession de São Bartolomeu se déroule dans la Foz do Douro ; les habitants vêtus de costumes en papier défilent pour aller ensuite prendre un bain de mer « spirituel » *(banho santo).* En septembre, pas un dimanche ne se passe sans qu'il y ait une fête religieuse dans les quartiers populaires (Bonfim, Campanhã, Lordelo do Ouro ou la Ribeira) !
– *Fantasporto :* festival international du film fantastique qui se tient tous les ans pendant 15 j. vers fin février. Plus d'infos sur ● fantasporto.online.pt ●

➤ *DANS LES ENVIRONS DE PORTO*

VILA NOVA DE GAIA

Adresse utile

🖪 *Office de tourisme (plan général B3) : av. Diogo Leite, 242. ☎ 223-77-30-80.* ● cm-gaia.pt ● (mairie). De Porto, prendre le bus nº 57 depuis la gare de São Bento, ou le nº 91. En métro, s'arrêter à Jardim-do-Morro, puis descendre par la première rue à droite du pont lorsque vous venez de Porto. Tlj 10h-18h.

PORTO

Un autre petit bureau sur les quais, face aux caves *Ramos Pinto*. Visite guidée de la commune de Gaia sur rendez-vous. Brochure complète sur les chais à disposition.

Où manger ?

Très bon marché

|●| *Restaurante Casa Adão* (plan général B3, **57**) : av. Ramos Pinto, 252. ☎ 223-75-04-92. ● casadao@guiados restaurantes.net ● Tlj. Plat du jour 5 €. Une quinzaine de tables pour ce resto tout simple, avec les azulejos typiques sur les murs. Accueil convivial. C'est le rendez-vous des Portuense en balade à Vila Nova de Gaia, moins guindé que les terrasses au bord de l'eau. On y mange de bonnes spécialités locales.

De prix moyens à plus chic

|●| *Restaurant Dom Luís* (plan général B3, **58**) : av. Ramos Pinto, 264/266. ☎ 223-75-12-51. Fermé lun. Repas env 15 €. Une étape gastronomique vouée aux visiteurs des chais (sur l'avenue longeant le quai du Douro). La façade de baies vitrées, séparées par un montant de granit, donne un aspect « classieux » à cette salle d'une dizaine de tables couvertes de nappes blanches. Bonne cuisine. Un peu cher malgré tout.

|●| *Três Séculos* (hors plan général par B3, **59**) : rua do Choupelo, 250. ☎ 223-74-28-00. (Se reporter à la rubrique « À voir. À faire. Caves Taylor's ».) Plats à partir de 12 €, plat du jour à moins de 10 €. Le resto des célèbres caves *Taylor's,* niché sur les contreforts de Vila Nova de Gaia. Préférer la terrasse, c'est moins cher et la vue est délicieuse, avec prise directe sur les rives du Douro. Cuisine raffinée : poisson cuit à la portugaise, fruits de mer gratinés, ou quelques viandes délicieusement accompagnées. Excellent rapport qualité-vue-prix. Petit verre de porto maison à l'apéro. Idéal pour un tête-à-tête amoureux !

Où boire un verre ?

🍸 Pour faire coucou aux Portuense de l'autre côté du Douro, des *bars* assez modernes, parfois très branchouilles, occupent désormais les quais de Vila Nova *(plan général A-B3)*. Le soir, en fin de journée, ou après la visite des caves, ça permet de retrouver ses esprits !

À voir. À faire

🏯 De l'autre côté du Douro, à Vila Nova de Gaia, s'étendent à perte de vue les chais du vin de Porto. Quelques *rabelos,* bateaux à voile carrée qui assuraient le transport du vin, coulent une retraite nostalgique à quai. Des ponts, chefs-d'œuvre des techniques modernes, permettent d'y accéder. Le *pont en béton d'Arrábida,* le plus proche de la mer et de construction récente, évite la traversée de Porto. Au centre, l'emblématique *pont métallique D. Luís,* réalisé par un ingénieur belge, ancien collaborateur d'Eiffel. Seul le métro et les piétons peuvent le traverser. Après l'avoir emprunté, vous ne parlerez plus jamais du métro aérien de la même façon ! On trouve un peu plus loin le nouveau-né de la ville, le *ponte do Infante D. Henrique,* tout blanc, qui lui accueille les voitures. Enfin, en amont, le *pont de chemin de fer D. Maria Pia,* œuvre de Gustave Eiffel. Sa construction permit de mettre au point les techniques de montage de la célèbre tour, devenue aussi célèbre que son créateur. Le génie d'Eiffel stupéfia à l'époque. Pour franchir les 450 m de flots impétueux du Douro à une hauteur de 60 m et sans installer de piles, il fallut 22 mois de travaux et 150 ouvriers. Le pont fut terminé le 4 octobre 1877.

Une anecdote : la femme de l'architecte avait parié qu'elle serait la première à passer le pont. À peine la poutre de 20 cm de largeur posée entre les 2 rives, elle s'élança comme une funambule ! Et pour être sûre que personne d'autre ne le fît dans l'autre sens, elle accomplit un nouvel exploit en retournant d'où elle venait. Chapeau !

%%% Possibilité de visiter les *chais*. Vous avez l'embarras du choix : il y a au moins 80 marques et une quinzaine de caves qui se visitent. La plupart ne sont pas payantes. On peut facilement s'y rendre à pied depuis la Ribeira en passant par le pont D. Luís (attention, ça souffle !). Bon à savoir pour éviter les tensions : les taxis, depuis le centre-ville, prennent un prix spécial pour se rendre aux chais et ne tiennent pas compte du prix indiqué au compteur (c'est une pratique presque officielle !).

– **Caves Ramos Pinto** (plan général B3, *81*) : av. Ramos Pinto, 380-400. ☎ 223-70-70-00. ● ramospinto.pt ● À côté de la superbe bâtisse couleur sable. En juil-août, tlj 10h-18h ; en sept-avr, mar-sam 9h-13h, 14h-17h. Comme pour la plupart des caves, dernière entrée une heure avt. Le premier arrivé choisit la langue de la visite. Prix : 2 €, avec dégustation. Beaucoup de visiteurs ; il est préférable de se renseigner avant d'y aller, surtout si des groupes ont réservé. Compter 40 mn. Le fondateur Adriano Ramos Pinto a su s'imposer grâce à son audace et à son savoir-faire, en produisant un « porto de terroir ». On visite ses bureaux reconstitués comme à l'époque. Beaux meubles. Affiches de pub réalisées par des artistes français. Visite assez artisanale très sympa. La maison *Ramos Pinto* possède plusieurs *quintas* (domaines) dans la vallée du Douro. Dans la vallée du Côa (voir *Vila Nova de Foz Côa*), balade en jeep (payante) possible à travers les vignobles escarpés et visite du musée archéologique de la Quinta de Ervamoira. Contactez Sónia au centre d'accueil de Muxagata : ☎ 279-75-93-13 (réservez impérativement à l'avance car c'est très demandé). Fermé lun. Une des devises de la maison : « Les vins de porto d'Adriano Ramos Pinto donnent de la joie aux tristes, de l'audace aux timides. » Pour finir, sachez que l'actionnaire majoritaire de la maison *Ramos Pinto* est le célèbre champagne *Louis Roederer*.

– **Caves Sandeman** (plan général B3, *82*) : largo Miguel Bombarda. ☎ 223-74-05-34. Tlj 10h-12h30, 14h-18h. Visite de 30 mn avec dégustation : 3 € (remboursés au premier achat de bouteilles) ; billet jumelé avec le palais de la Bourse : 6 € ; 12 € avec dégustation de 5 portos. Guides francophones. La marque la plus connue, avec son logo représentant la silhouette noire d'un homme coiffé d'un chapeau et enveloppé dans une large cape. Même si le guide, revêtu du costume *Sandeman* (celui de l'étiquette, donc), fait un peu spectacle organisé, on découvre avec beaucoup d'intérêt les entrepôts dont certains, vieux de plus de 200 ans, présentent de belles charpentes en bois. Il y fait la même température toute l'année. Sol recouvert de pavés en bois. Comme pour un trésor, à l'abri derrière une grosse grille cadenassée, des barriques contenant des vins vieux de 10 à 40 ans (utilisés pour les coupages). Visite technique très enrichissante.

– **Caves Taylor's** (hors plan général par B3, *59*) : rua do Choupelo, 250. ☎ 223-74-2800. ● taylor.pt ● Depuis les quais, prendre à gauche avt Ramos Pinto, monter une rue étroite, suivre les panneaux. Parking. Lun-ven 10h-18h, sam en été. Visite (gratuite) tlj sf le w-e. Guide francophone. Chouette ! Une visite intéressante, dans un cadre splendide, un peu à l'écart. On se croirait presque à la campagne. Livret d'explications très bien fait. Au cours de la visite, appréciez le plus gros tonneau d'Europe (1 100 l). Salle de dégustation très belle, donnant sur un jardin fleuri où s'ébattent des paons. Resto avec une vue très romantique sur les quais de Porto (voir « Où manger ? »).

– **Caves Ferreira** (plan général B3, *83*) : rua da Carvalhosa, 19. 223-74-61-07. Tlj 10h-12h30, 14h-18h. Visite : 2,50 €. L'entrée pour les visites se fait dans l'avenue Ramos Pinto qui longe le quai. Installées dans un ancien couvent de religieuses. Joli petit jardin et belle salle de dégustation couverte d'azulejos. À noter que les

PORTO

Français sont les premiers consommateurs du porto *Ferreira* jeune. Hélas, visite un peu moins intéressante qu'ailleurs.

– *Caves Graham's* (plan général A3, *84*) : quinta do Agro, rua Rei Ramiro. ☎ 223-77-63-30. En sem 9h30-18h et l'été aussi le w-e. *Gratuit.* Situées sur une colline, au bout du quai, ces caves, parmi les plus vieilles de Porto, méritent une escale. Endroit plus authentique. Très belle vue de la petite terrasse sur le Douro et le port. Excellent accueil.

– *Caves Calém* (plan général C3, *85*) : av. Diogo Leite, 26. Un grand bâtiment blanc, un peu austère, juste après le pont D. Luís. Visite gratuite. La plus grande cuve peut contenir jusqu'à 60 200 litres de porto.

Manifestations

– *Festival interceltique de Porto* : en mars-avril. Une grande fête populaire avec célébration de la musique traditionnelle.

– *Festival international de Folklore de Porto* : le dernier samedi de juillet.

– *Grande nuit du Fado* : en oct ou en nov. Rens à l'office de tourisme.

BARCELOS   (4250)   121 000 hab.

Petite ville très sympathique, s'étageant gentiment sur une colline. Centre artisanal important, à 19 km de Braga et à 58 km de Porto par l'IC 1. Le célèbre coq multicolore, héros d'une légende et symbole du tourisme portugais, est produit ici. Voici l'histoire : un pèlerin en route pour Saint-Jacques-de-Compostelle fut accusé d'un crime qu'il n'avait pas commis. Il demanda à être entendu par le juge qui l'avait condamné et lui affirma que le coq rôti qui trônait sur la table du déjeuner se lèverait et chanterait au moment fatal, prouvant ainsi son innocence. L'incroyable se produisit, et le pèlerin put continuer paisiblement sa route.
Essayez de visiter Barcelos le jeudi (ou le mercredi si le jeudi est un jour férié), car ce jour-là, sur le campo da República, se

LE MAUVAIS TOUR D'EIFFEL

Gustave Eiffel, en plus du pont de Porto, eut à réaliser cinq autres ouvrages dans le Nord. Il avait installé son PC à Barcelos et surveillait les travaux du pont qui s'y construisait. Lors des travaux de fondation des piles du pont, un paysan lui fit remarquer que cela lui semblait peu capable de résister aux crues du fleuve. Eiffel lui répliqua d'un rire méprisant qu'il « se faisait fort de mettre ce ruisseau dans ses bottes ». L'hiver arriva et les crues emportèrent effectivement une partie de l'ouvrage. On raconte que, par la suite, lorsque le paysan rencontrait Eiffel, il ne manquait jamais de demander malicieusement au célèbre ingénieur « si ses bottes étaient déjà sèches ».

tient l'une des plus grandes foires du Portugal. Le reste du temps, c'est un grand parking. Fermiers venant vendre leurs poules et leurs canards, fruits et légumes, pâtisseries, poteries, belle vaisselle, splendide dentelle (assez chère), dinanderie, jougs de bœufs, charrettes, etc. Très coloré, et beaucoup de monde. Bien sûr, un bon lot de touristes aussi.

Arriver – Quitter

🚌 *Gare routière* (Central de Camionagem) : av. Dr Sidónio Pais, 445 ; à | côté du resto Bagoeira. Bus avec *REDM* ou *Rede Expressos* pour **Braga, Gui-**

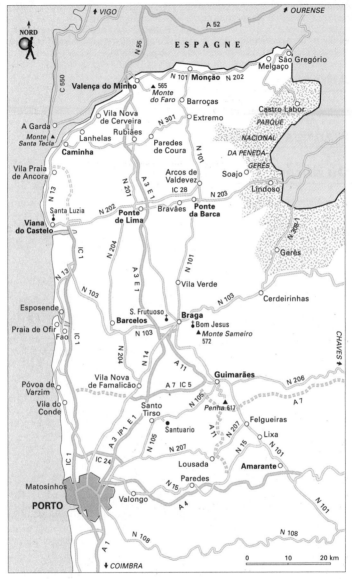

LE MINHO

marães... Pour **Porto,** une dizaine de bus 7h45-19h30. Compter 1h30 de trajet et 4,50 €.

🚂 **Gare ferroviaire** *(estação) : largo Marechal Gomes da Costa. Prendre l'av.* da Liberdade, puis l'av. dos Combatentes da Grande Guerra et au bout de l'av. Alcaïdes de Feria. C'est tout droit ! Compter 40 mn pour **Viana do Castelo** ou pour **Porto.**

Adresse utile

🛈 **Office de tourisme :** *largo Dr José Novais.* ☎ 253-81-18-82. ● cm-barcelos.pt ● En saison, lun-ven 10h-18h, sam 10h-17h, dim 10h-16h ; horaires restreints hors saison. Accès internet gratuit et petit musée sur la ville et ses environs.

Où dormir ? Où manger ?

🏠 **Residencial Arantes :** *av. da Liberdade, 35 Nº 1.* ☎ *et fax : 253-81-13-26.* ● residancialarantes@papo.net ● *Central, à deux pas de l'église Templo Bom Jesus, face à la grande place arborée du marché. Chambres doubles 30-50 € selon confort. Petit déj offert ou remise de 10 % sur le prix de la chambre, sur présentation de ce guide.* Belle entrée en azulejos. Vieille pension provinciale, patinée et cossue, abritant de nombreuses pièces. Accueil convenable. Chambres assez sobres avec TV et salles de bains propres, donnant sur l'avant ou sur l'arrière (plus calme). Attention, certaines sont sans fenêtre mais éclairées par le patio central.

🏠 🍴 **Restaurante Bagoeira :** *av. Dr Sidónio Pais, 495.* ☎ *253-81-12-36. À côté du commissariat. Menu 20 €.* Cuisine portugaise traditionnelle. Une grande salle conviviale et chaleureuse avec, au fond, les cuisines et une salle plus intime tout en pierre. Goûter la *bacalhau na brasa* (morue avec pommes de terre assaisonnées) ou l'*arroz de frango caseiro,* un risotto maison pas mauvais du tout ! Service stylé et en français. Fait aussi hôtel tout confort beaucoup plus chic.

🍴 **Confeitaria et pastelaria Perola :** *av. Dr Nuno Álvares Pereira.* ☎ *253-82-13-63. Dans la rue juste en face de l'hôpital. Plats env 7 €. Formule buffet à l'étage 9,50 € le midi en sem. Plus cher le w-e.* Tables bien mises dans la véranda, ambiance plus populaire en salle sur des banquettes. Assez basique mais bon rapport qualité-prix.

À voir

🚶 Aux abords du grand marché, un *jardin* baroque du XVIIIe siècle, et un *ancien couvent* du XVIIe siècle transformé en hôpital (belle façade de l'église de la Misericórdia). L'*église do Senhor da Cruz,* baroque, ronde, fut le lieu d'une apparition de croix en 1504. Depuis, cette dernière orne le chœur original à gauche dans l'église. Beaux sièges en cuir clouté et estampé. Une autre église : celle de *do Terço,* avec de magnifiques azulejos du XVIIIe siècle et un plafond à caissons peints.

🚶 Un donjon imposant, vestige des remparts du XVe siècle, ancienne prison durant l'Inquisition, abrite le *centre artisanal.* Mêmes horaires que l'office de tourisme. Production locale de meilleure qualité que sur le marché et à très bons prix. Jolies scènes de la vie populaire en terre cuite colorée. Empruntez ensuite la *rua António Barroso,* l'artère commerçante de la ville, pour atteindre le centre historique.

🚶 Dans un périmètre assez restreint, on découvre un pilori gothique à côté du *solar dos Pinheiros* (belle demeure du XVe siècle). Église paroissiale avec portail gothique, azulejos, chapiteaux sculptés.

🍴 Sur un éperon rocheux surplombant la rivière Cavado, les ruines en granit (on se croirait en Bretagne) de l'ancien palais des Comtes abritent un très intéressant petit *Musée archéologique* en plein air. Splendide lavabo du XVIIIᵉ siècle décoré d'azulejos polychromes, blasons sculptés, tombeaux, sarcophages et le petit monument en pierre élevé en l'honneur du coq de Barcelos, par le pèlerin sauvé de la corde grâce à lui. Pour jouer à cache-cache entre les pierres !
De la terrasse, très belle vue sur les environs, la rivière en contrebas et le pont médiéval à 6 arches.

🍴 *Museu de Olaria (musée de la Poterie) : rua Conego Joaquin Gajoles. Tlj sf lun et j. fériés 10h-17h30 (pause le midi w-e). Entrée : 1,50 € ; gratuit dim mat.* Plus de 7 000 objets. Des expos temporaires très bien faites sur les 2 niveaux de cette belle bâtisse jaune. À l'étage, un potier à l'œuvre.

🍴 Autour de l'hôtel de ville, élégante construction du XIXᵉ siècle et quelques maisons médiévales avec façades à blason.

Manifestations

– *Marché : le jeu, en plein centre.* Une vraie animation locale !
– *La fête des Croix (Cruzes) : ts les ans, les 30 avr, 1ᵉʳ, 2 et 3 mai.* Beaucoup d'animation dans les rues et places du centre-ville. Folklores étrangers, immense foire, fête foraine, animations de rue, bals, défilés, processions... Hôtels complets lors des festivités.

VIANA DO CASTELO   (4900)   88 600 hab.

À 74 km de Porto par l'IC 1. Le bourg médiéval fondé au XIIIᵉ siècle par Afonso III au moment de la Reconquête a connu un bel essor aux XVᵉ et XVIᵉ siècles grâce à l'audace de ses marins et de sa noblesse. À l'instar des villes italiennes comme Gênes ou Venise (toutes proportions gardées), Viana est née des succès remportés dans la pêche à Terre-Neuve et des transactions avec les ports du Brésil. Ces armateurs ont à l'époque inscrit dans la pierre leur réussite économique, ce qui donne un centre plein de surprises où le granit se met à danser sur les façades des belles demeures et des églises. Aujourd'hui, Viana se cherche : quelques boutiques chic dans les ruelles du centre historique, un quartier très populaire du côté du campo do Castelo, un réel effort de mise en valeur des sites touristiques, des lolitas en balade avec leur grand-mère tout de noir vêtue, des hôteliers et restaurateurs qui se tâtent, qui plumeraient bien les touristes mais qui ne peuvent se départir de leur convivialité légendaire. Tout cela donne un melting-pot parfois curieux, et c'est toute l'originalité de la ville.

Arriver – Quitter

🚌 *Gare routière (Central de Camionagem) : dans le grand bâtiment à gauche de la gare ferroviaire.* Toutes les compagnies (*Rede Expressos, Rodonorte*, etc.) relient *Porto, Lisbonne, Braga, Valença do Minho.*
🚆 *Gare ferroviaire (estação) : en haut* de l'av. dos Combatentes da Grande Guerra. Trains pour *Caminha* (8/j. ; 30 mn de trajet), *Valença do Minho* (2 trains/j. ; 1h10 de trajet) et *Barcelos* (10 trains/j. dont 1 direct ; 45 mn de trajet). Pour *Porto,* 12 trains/j. 5h-22h ; 2h de trajet.

Adresses utiles

Office de tourisme : *praça da Erva.* ☎ *258-82-26-20. Fax : 258-82-78-73.* ● *cm-viana-castelo.pt* ● *(mairie). Lunsam 9h-12h30, 14h-17h30 ; dim et j. fériés 9h30-12h30. En été, tte la journée. Situé dans une très belle bâtisse, ancien hôpital datant du XVᵉ siècle.*

✉ **Poste :** *av. dos Combatentes.* ☎ *258-82-27-11. Dans l'avenue qui part de la gare vers le port.*
Internet : *à l'auberge de jeunesse ou à la bibliothèque municipale, rua Cãndido dos Reis.*

Où dormir ?

Peu d'hôtels, encore moins de pensions au bord de la mer ou le long de la plage. On y loge surtout en appartements (à la semaine ou au mois). Se renseigner à l'office de tourisme.

Campings

Camping Orbitur : ☎ *258-32-21-67. Fax : 258-32-19-46. Situé à la plage de Cabedelo, à env 3 km de Viana. Prendre le bus (jusqu'à 20h) sur le largo 9 de Abril, en direction de Póvoa de Varzim. Demander l'arrêt du camping. En été, on peut aussi prendre un petit bateau qui fait la traversée de l'estuaire. Il porte le nom de « ferry-boat » et part ttes les 15 mn du bas de l'avenida dos Combatentes ; après 3 mn de traversée, il dépose son petit monde face au chemin qui mène àu camping. Plus rapide qu'en bus. Pour les automobilistes venant du sud, ne pas prendre la nouvelle rocade sur la droite, mais continuer tout droit en direction du port de commerce, puis tourner à gauche un peu plus loin. De Viana, traverser par l'ancien pont puis prendre à droite. Emplacement : 14 €. Belle pinède. Douches insuffisantes. Bondé en été. Si vous arrivez tard le soir, vous risquez de ne trouver que des emplacements en pente. Accueil francophone et à la française (ce qui veut dire « pas forcément* souriant »). Bien pour nos amis routards que le bruit ne dérange pas et qui préfèrent faire la fête plutôt que dormir.*

Parque de Campismo INATEL : *à Cabedelo, juste avt le Camping Orbitur.* ☎ *258-32-20-42.* ● *pccabedelo@inatel. pt* ● *Compter 12 € pour 2 pers avec une tente. En tout, 2 500 emplacements, et pourtant aucune sensation d'étouffer. Vaste, sous la pinède et pas loin de la mer. Une alternative au Camping Orbitur.*

Parque de Campismo do Paço : *à 15 km au nord de Viana, sur la commune de Vila Praia de Âncora, sur la rive gauche de la rivière Âncora.* ☎ *et fax : 258-91-26-97. En venant de Viana do Castelo, quitter la N 13 à droite avt le rio Âncora et faire env 500 m. Ouv 15 avr-30 sept. Emplacement 11 €. Bien ombragé et calme. Douches chaudes gratuites, laverie, petite épicerie, snack-bar. Belle plage à 1 km. La rivière, une des moins polluées d'Europe, ravira les amateurs de canoë ou de pêche (truites, anguilles...).*

Bon marché

Pousada da juventude : *rua da Argaçosa ; juste en face de la marina.* ☎ *258-80-02-60.* ● *vianacastelo@movi jovem.pt* ● *À 15 mn à pied de la gare. Ouv 8h-minuit. Lit 13 €, double 36 €. Sur place, resto, cuisine, laverie, location de vélos. Grand cube blanc,* moderne, fonctionnel, avec toutes les commodités, et ça ne sent même pas les pieds dans les chambres ! Préférez les doubles avec les sanitaires à l'intérieur. Belle vue sur la marina. Un bémol quand même, le train ne passe pas loin. Salon TV et baby-foot.

🛏 Une autre *pousada da juventude :* *sur les quais, dans le bateau blanc* Gil Eanes, *face au largo Vasco da Gama (tout un symbole !).* ☎ 258-82-15-82. *Fax : 217-23-21-02. Réception fermée 12h-18h. Compter 8,50 € la nuit en dortoir et sans le petit déj.* Ancien navire-hôpital, reconverti aujourd'hui. Deux chambres doubles guère plus chères. Dortoirs dans des cabines aménagées. Les filles au 1er sous-sol, et les garçons au second. Pour les douches, pas de souci, moussaillons ! Elles sont à bord. Ambiance garantie.

Prix moyens

🛏 *Residencial Laranjeira :* rua General Luís do Rego, 45. ☎ 258-82-22-61. ● resid.laranjeira@mail.telepac.pt ● *Résa conseillée. Chambres 35-55 €, avec ou sans salle de bains.* Tout confort mais un peu tristounettes et plus très fraîches. Parking privé payant. Le resto de l'hôtel se situe à 100 m de la résidence : il propose des tarifs corrects allant de 12 à 16 € et offre l'apéritif maison sur présentation de ce guide.

🛏 *Residencial Jardim :* largo 5 de Outubro, 68. ☎ 258-82-89-15 et 16. ● residenciljardim@sapo.pt ● residencialjardim.com.sapo.pt ● *Une vingtaine de chambres doubles 35-60 €, petit déj inclus.* Haute et belle maison en granit aux murs blancs. Intérieur clair et boiseries sombres, linge blanc, les chambres sont accueillantes, sans tralala. Demander une chambre au 3e ou 4e étage, avec vue sur le rio Lima et plutôt claire.

🛏 *Location de studios :* rua Pero Galego, lote 6 A, à Cabedelo, Darque. ☎ et fax : 258-32-35-05. 📱 914-33-71-00. 🏖 *De l'autre côté du rio, à 5 mn de la plage en prenant le pont et en suivant le fléchage du* Camping Orbitur. *C'est à 2 maisons du concurrent* Sandy Marr *(plus cher mais avec une petite piscine). Studios pour 2-4 pers, dans les garages, 20-65 € la nuit selon saison.* Relativement bien équipés mais pas joliment décorés. Accueil sympa. On y parle l'anglais.

Où dormir dans les environs ?

🛏 *Quinta da Boa Viagem :* à Areosa. ☎ 258-83-58-35. ● quintadaboaviagem.com ● *Prendre la N 13 en direction de Caminha sur 3 km. Arrivé à Areosa, c'est indiqué sur la droite* Turismo Habitação. *En été, résa conseillée. Appartements spacieux 60-75 € selon saison.* Riches bienfaiteurs lors de la conquête du globe, capitaines au long cours, les ancêtres du propriétaire de cette *quinta,* Jose Teixera de Queiroz, ont édifié une demeure à leur image. Difficile de ne pas tomber sous le charme de celle-ci avec ses murs safran, sa terrasse avec vue sur l'océan, son jardin fleuri magnifique et ses recoins à flanc de colline. Les chambres sont décorées avec soin. Certaines, plus modernes, ont même été conçues par un architecte d'intérieur. Piscine ou possibilité de se baigner dans le torrent qui jouxte la propriété. Accueil charmant en français.

Où manger ?

De bon marché à prix moyens

🍽 *Casa de Pasto Maria de Perrae :* rua de Viana, 118. ☎ 258-82-24-10. *Tout en bas de l'avenida dos Combatentes, à gauche. Tlj sf dim soir, lun et 11-26 sept. Plats 6-11 €.* Spécialités de poisson et toutes sortes de plats locaux. On y sert aussi de bonnes paellas. Toujours plein, alors réservez ou venez tôt. Fado certains soirs.

🍽 *Restaurante Laranjeira :* rua Manuel Espregueira, 24. ☎ 258-82-22-58. *Descendre l'avenida dos Combatentes ; c'est à mi-chemin, sur la gauche. Menus 8 €, tripes 5 €.* Récemment rénovée, une belle salle, déco alu et bois clair. Calme, même le dimanche pendant le repas de famille.

Plus chic

|O| **Os 3 Potes** : Beco dos Fornos. ☎ 258-82-99-28. Dans la première ruelle à gauche en descendant la rua Sacadura Cabral depuis la praça da República. Plats copieux de poisson ou de viande à partir de 13 €. Agréable taverne qui tient son nom des trois grosses marmites qui trônent dans son vieux fourneau. Une guitare dans un coin, un coq de Barcelos dans un autre et un service soigné, les clichés pour appâter le chaland vont bon train. Et en plus le résultat dans l'assiette ne déçoit pas. Spécialité de la maison : les rognons (rojões) à la mode du Minho.

Où sortir ? Où écouter de la musique ?

♫ **Box Club** : rua dos Fornos, 35. Direction l'office de tourisme et la praça da Erva. Une petite rue qui part de la place cache un club sympa et des plus tendance. Pas mal de DJs du monde entier invités. De la house essentiellement, avec quelques incursions techno. Très cool.

♪ **Casting Bar** : face au jardin public, sur les quais, rua Nova de São Bento. Slt w-e. Pour un verre en musique. Rencontres sympas.

À voir. À faire

🚶 Rua Cándido dos Reis, belles demeures du XVIe siècle. Ensuite, tout s'ordonne autour de la **praça da República,** d'une belle homogénéité architecturale. Au milieu, jolie fontaine Renaissance. Hospital da Misericórdia à la blanche façade rehaussée par une superbe porte sculptée et, tout à côté, par une noble façade à l'italienne : arcades et loggias à cariatides. La fête y bat son plein lors des Romarias. En face, les vestiges de l'ancien hôtel de ville, avec ses arcades originales et ses créneaux.

🚶 **La Sé** (cathédrale) : rua Sacadura Cabral. Bien que construite au XVe siècle, elle conserve une allure romane. Elle possède un certain charme avec ses deux tours crénelées. Juste à côté, maison João Velho, de la même époque (façade en saillie sur trois arcades). La rua Sacadura Cabral et la rua São Pedro sont bordées d'autres belles demeures Renaissance avec façades à écusson.

🚶🚶 **Le musée de la Ville** : largo de S. Domingos. ☎ 258-82-03-77. Tlj sf lun et j. fériés 10h-13h, 15h-18h (19h en été). Entrée : 2 €. Brochures en français. Le musée retrace les grandeurs et décadences du pays du XVIe au XVIIIe siècle. C'était la demeure (ici, on dit un palais) d'un riche Portugais. Si les azulejos sont d'origine (sauf ceux de l'escalier, récupérés dans une église en démolition), le mobilier vient d'un collectionneur aujourd'hui disparu. Meubles indo-portugais architravaillés, tout en marqueterie ; faïences plus ou moins élaborées et colorées selon les époques, les tendances et la matière première ; meubles royaux (chaque souverain avait son style) ; retable rococo dans la chapelle, ivoire ciselé... Chaque pièce est judicieusement mise en valeur. Un bon point pour notre guide, visiblement ravie de son métier. Au fond de la cour (remarquez à droite les pierres tombales), un autre bâtiment moderne accueille les expos temporaires d'artistes locaux.

🚶 **Gil Eanes** : sur les quais (voir « Où dormir ? Bon marché »). Visite tlj 9h-19h. Entrée : 1,50 €. Un bateau réaménagé en partie en auberge de jeunesse. Ancien navire-hôpital.

🚶🚶🚶 De la **colline de Santa Luzia,** panorama exceptionnel sur toute la région. C'est à 4 km par la route... et ça monte ! Ou alors, accès par un escalier de quelques centaines de marches situé à droite de l'hôpital. De là-haut, la vue sur les plages, l'embouchure du Lima et la ville est splendide. De l'autre côté du panorama, la **basilique de Santa Luzia,** lieu de pèlerinage, aussi blanche et lumineuse dedans que grise et terne dehors. Bienheureux ceux qui ne s'estimeraient pas assez élevés pour admirer le paysage, car 150 marches (plus ou moins 5 % de « marches » d'erreur) les attendent à la sacristie pour aller plus près des cieux. Après, on ne peut plus rien faire pour vous.

> *Les plages : la plus proche se trouve à Cabedelo, à 2 km au sud de la ville. Accessible en bus (6 départs/j.) ou en bateau (1 départ ttes les heures de Viana, 8h30-19h). En voiture : prendre le pont moderne direction « Darque ». Pour revenir de la plage à Viana : dernier bus à 18h55, dernier bateau à 19h05. Beaucoup de vent ! Possibilité de faire du windsurf, kitesurf, etc. Loueurs sur place. Au nord, à 10 km, plage plus sauvage de Affife. Très longue avec de gros rouleaux pour les surfeurs.*

Manifestations

– **La fête des Roses :** le 2e w-e de mai à Vila Franca do Lima. Bals populaires, folklore, défilés (notamment les femmes portant d'énormes paniers fleuris sur la tête)...
– **Les Romarias :** ce sont les plus grandes fêtes du Minho (voir « Hommes, culture et environnement », rubrique « Savoir-vivre et coutumes »). Elles se déroulent en principe la 3e semaine d'août sur le campo da Agonia (se renseigner sur les dates exactes). Courses de taureaux, processions, feu d'artifice, concerts de musique folklorique, danses, et surtout une débauche de costumes magnifiques.

CAMINHA   (4910)   18 050 hab.

À 25 km de Viana do Castelo par la N 13. Jusqu'à Caminha, on traverse des pinèdes et de jolies petites localités. Arrêtez-vous dans cette bourgade historique, face à l'Espagne. Cette situation géographique explique les fortifications à la Vauban du XVIIe siècle. Adorable place centrale autour de la mairie, avec de vieilles maisons en granit, des terrasses de café et une élégante fontaine sur fond de nobles édifices Renaissance. La proximité de l'Espagne explique aussi la hausse des prix.

Arriver – Quitter

Gare routière : sur le front de mer près de la poste. Un arrêt d'autobus, tout au plus. Achat des billets dans le bus. Bus pour **Viana** tlj ttes les heures. D'autres pour **Braga, Lisbonne** (4 bus/j., 1 tôt le matin, 3 en fin d'après-midi ; compter 14 €) et **Porto** (idem ; moins de 7 €). Renseignements à l'agence *AVIC*

sur la place centrale du village.
Gare ferroviaire : av. Saraiva de Carvalho, au sud de la ville. Quelques trains directs pour **Viana do Castelo, Porto** et l'**Espagne.**
Ferry pour l'Espagne : 0,60 € par pers.

Adresses utiles

Office de tourisme : prendre la rue qui passe sous l'arche du largo do Terreiro et va à l'igreja Matriz ; sur une petite

place à gauche, 100 m plus loin. ☎ 258-92-19-52. Fax : 258-92-19-32. Lun-sam 9h30-12h30, 14h30-18h.

✉ *Poste :* sur le front de mer.
▣ *Internet :* au 1er étage du Musée municipal, près de l'office de tourisme.

Gratuit les 30 premières minutes. Deux machines seulement.

Où dormir ?

Campings

⊼ |●| *Camping Orbitur :* Mata do Camarido ; entre le rio Minho et l'océan, un peu au sud de Caminha. ☎ 258-92-12-95. À 2 km du centre dans un petit bois au bord de l'eau. Fermé en janv. Emplacement pour deux avec tente et voiture env 17 €. Petit camping agréable et ombragé tout proche d'une jolie plage. Sanitaires un peu limite. Snack-bar sympa.
⊼ *Parque de Campismo natural de*

Vilar de Mouros : à env 7 km de Caminha, sur la route de Vila Nova de Cerveira. ☎ 258-72-74-72. Ne pas prendre à droite après le 1er panneau « Vilar de Mouros », mais après le suivant. Fermé en hiver. Emplacement 14 €. Sanitaires bien tenus. Piscine, tennis. Dans un joli village isolé, avec une belle église « carte postale » à l'entrée. Cadre agréable, que les moustiques semblent apprécier aussi...

Prix moyens

🛏 *Residencial Arca Nova :* largo Sidónio Pais. ☎ 258-72-15-90. Fax : 258-72-81-20. À 300 m env de la place principale, remonter la rua da Corredura jusqu'à une place ombragée où l'on

peut se garer facilement. Doubles avec petit déj à partir de 45 €. Petit hôtel moderne, calme et confortable, chambres claires. Demander celles du dernier étage : la vue n'est pas mal.

Beaucoup plus chic

🛏 *Quinta da Graça :* ☎ 258-92-14-67. ● quintadagraca.com ● En allant vers l'océan sur la route qui longe le rio Minho, prendre la deuxième rue après le marché, continuer à grimper 300 m en direction du « Miradouro ». Compter

70-80 € la nuit, petit déj compris. Chouette accueil de Maud dans cette demeure de 1675, très bien située sur les hauteurs de Caminha. Quelle vue ! Confort moderne mais déco rustique. Jardin. Dispose de 4 appartements.

Où dormir dans les environs ?

🛏 *Pousada da juventude :* à Vila Nova de Cerveira, largo 16 de Fevereiro, 21. ☎ 251-79-61-13. ● cerveira@movijovem.pt ● À 13 km par la N 13. À deux pas du petit centre historique dans la

même rue que la Guarda Nacional (GNR). Lit en dortoir 7 €, double 19 € pour deux. Central, très sympa, mais peu de commodités.

Où manger ?

|●| *Restaurante Solar do Pescado :* rua Visconde Sousa Rego, 85. ☎ 258-92-27-94 ou 258-72-21-46. À 200 m de la place centrale. Parking gratuit. Tlj sf 2 sem fin mai et 2 sem fin nov. Plats env 15 €. Apéro offert sur présentation de

ce guide. Une belle salle voûtée accueillante, avec des scènes romantiques sur les azulejos au mur. Bonne cuisine à base de fruits de mer et de poisson surtout.
|●| *Adega de Chico :* rua Visconde

Sousa Rego ; à 50 m de la place centrale. ☎ *258-92-17-81. Plats copieux de poisson ou de viande env 10 €. Adresse sans prétention où tout est bleu, des azulejos au polo des serveurs sympas.*

Salle un peu sombre. Belle vue sur les fourneaux. Desserts maison (hmm... la crème brûlée). Petit *vinho verde de la casa* agréable.

Où boire un verre ?

☙ *Café central :* il porte bien son nom, face à la grosse horloge. À côté d'une

fontaine glougloutante où se baignent les chiens !

À voir. À faire

➢ *Petite balade :* partir de la grosse *tour de l'Horloge. Hôtel de ville* à arcades. Passer sous la tour et continuer la rue jusqu'à l'*église paroissiale.* Remarquable *collégiale* forteresse à l'abri du rempart. Portail sud dont le granit usé par les vents marins, recouvert de mousse, a acquis une douceur veloutée. À l'intérieur, quand c'est ouvert, on peut voir un plafond à caissons de style arabe et un arbre de Jessé sculpté.

🍖 *Casa dos Pitas :* au début de la rua da Corredura, à côté de Galo d'Ouro. Maison en granit du XVIIIe siècle. Style manuélin avec arcs de fenêtres originaux.

🍖 *Miradouro da Fraga :* direction Viana do Castelo, sur la gauche. Une vue à couper le souffle et petit jardin en contrebas. C'est beau, mais ça monte !

VALENÇA DO MINHO   (4930)   14 000 hab.

Il est aussi difficile de vanter les charmes de cette cité fortifiée que d'en explorer l'excessive vocation touristique. Les remparts du XVIIIe siècle enserrent autant de places charmantes et de ruelles tortueuses que de boutiques à touristes déversant leurs flots de marchandises sur le pavé. Le week-end et les jours fériés, cela devient insupportable avec la foule des Galiciens qui débarque faire quelques emplettes de la spécialité du lieu : le linge de maison. Y boire un verre en fin de journée, quand tout le monde est parti !

Où dormir ?

Les quelques hôtels assez bon marché se trouvent malheureusement sur un axe routier très bruyant et n'ont vraiment aucun charme. Alors, si vous n'avez pas les moyens, faites comme nous, tracez votre route. Sinon, deux adresses chic.

Beaucoup plus chic

🏠 *Casa de Poço :* travessa de Gaviarra, 4. ☎ *251-82-52-35.* ● *casadopoco.fr. fm* ● *Fermé en janv. Chambres 100-120 €. Apéritif maison offert sur présentation de ce guide.* Installé dans une vieille demeure du XVIe siècle, au cœur de la forteresse. Belle vue sur la cathédrale et la vallée du Minho (dans une

seule chambre, hélas !). Cadre particulièrement raffiné. Suites avec mobilier de caractère, tableaux anciens, etc. Bibliothèque, salle de billard et terrasse. Possibilité de dîner. Accueil à la hauteur de l'élégance de la maison.

🏠 *Pousada de São Teotónio :* juste à côté de la Casa de Poço. *Doubles 100 €*

(réduc sur • pousadas.pt •). Cette adresse a peut-être moins de charme et elle est plus chère, mais toutes les chambres ont vue sur le Minho ! Resto chic avec très belle vue panoramique.

MONÇÃO
19 600 hab.

La route qui longe le rio Minho s'agrémente de jolis paysages de cultures en terrasses. C'est le pays du *vinho verde alvarinho,* l'un des meilleurs. Monção, derrière un rideau périphérique à faire fuir les curieux, cache un joli petit centre surplombant des fortifications.

Où dormir ?

Bon marché

🛏 *Chambres de la Croissanteria Raiano :* praça Deu la Deu, 34-37. ☎ 251-65-35-34. • *raiano.com.pt* • *Fermé mar. Chambres doubles 25-30 €.* Au rez-de-chaussée, un café-snack proposant des croissants chauds pour le petit déj. À l'étage, des chambres impeccables avec douche et w-c. Déco pas triste du tout. Sanitaires hyper-propres. La n° 6 et la n° 7 donnent sur la place, avec vue sur les monts boisés au loin. La n° 9, sur l'arrière, dispose d'un petit balcon ensoleillé ouvrant sur un jardin verdoyant et calme.

➤ DANS LES ENVIRONS DE MONÇÃO

➤ *Le chemin des Écoliers :* de **Monção** à **Arcos de Valdevez** *par la N 304 et la N 202. Compter deux petites heures de balade sur des routes pentues et sinueuses. Prendre la route sinueuse en direction de Melgaço, puis à droite (N 304) en direction de Merufe. Jolis panoramas, cascades, villages isolés, forêts, champs où paissent les* barrosãs, *variété de vaches locales, au pelage clair, avec des cornes en forme de lyre. On croise aussi les gens, qui ne parlent que le galicien mais qui sont toujours prêts à indiquer le chemin. Descendre jusqu'à Arcos et revenir par la N 101.*

PONTE DA BARCA
(4980)
12 700 hab.

À 20 km de Ponte de Lima par l'IC 28. Ponte da Barca tient son nom d'une barque qui a longtemps fait le passage sur le rio Lima avant qu'un vrai pont de pierre soit édifié au XVe siècle. La promenade sur la rive du fleuve en fin de journée est un régal. Il faut s'attarder sur le largo dos Poetas pour comprendre la douceur des chuchotements du granit.

Adresses utiles

🏛 *Office de tourisme :* rua D. Manuel I. ☎ 258-45-28-99. • *rtam.pt* • *Lun-ven 9h30-12h30, 14h-17h30.* Boutique et exposition sur l'artisanat local (broderies essentiellement).

🏛 *ADERE-Peneda-Gerês :* largo da Misericórdia, 10 ; au 1er étage de l'office de tourisme. ☎ 258-45-22-50. • *adere-pg.pt* • *Tlj sf w-e 9h30-12h30, 14h30-18h.* Les spécialistes du parc à tous les niveaux (voir plus loin « Le parc national de Peneda-Gerês »). C'est ici qu'il faut réserver sa place pour les hébergements du parc.

Où dormir ? Où manger ? Où boire un verre ?

Bon marché

🛏 |●| *Pensão Gomes :* rua Conselheiro Rocha Peixoto, 13. ☎ 258-45-22-88. *Dans la rue principale perpendiculaire au pont, s'adresser au bar ou à la boutique d'antiquités à côté. Chambres avec salle de bains commune 20 €, petit déj compris.* Imaginez-vous chez votre grand-mère : des portes jaunies, un papier peint désuet, de beaux meubles en bois massif, le pichet d'eau posé sur la bassine du même émail pour le brin de toilette. Et que dire du petit déj servi sur la terrasse, face au rio Lima ! Maria, la propriétaire, est aux petits soins. Et elle aime les chiens (nombreux !). Au rez-de-chaussée, le resto est à recom-mander pour la qualité de sa cuisine régionale, la taille de ses portions et la modicité de ses prix. Loue aussi un gîte au confort modeste à 4 km dans les vignes. Compter 50 € la nuit. Très bien pour un petit groupe de randonneurs.

|●| 🍷 *Restaurant-bar Belião :* rua D. Alberto Cruz. ☎ 258-454-195. *Dans la rue à gauche juste après le pont lorsque l'on vient d'Arcos de Valdevez.* Derrière ses vieilles pierres, Ponte da Barca abrite aussi un bar bien branché tenu par des Danois. À l'étage, le resto. Au rez-de-chaussée, le grand bar. L'été, ambiance garantie, concerts, DJs, jusqu'à 2h du mat.

Prix moyens

🛏 *Residencial Os Poetas :* en venant du nord et d'Arcos, passer le pont sur la rivière, puis tourner à gauche aux feux de signalisation. Prendre la ruelle ancienne bordée de belles maisons. ☎ 258-45-35-78. *Ouv de début juin à fin sept. Chambres doubles 30 € (plus cher en août) ; chambres avec vue sur la rivière plus chères.* Bien situé, en surplomb du rio Lima. Bonne adresse, aux chambres rénovées, bien équipées et hyper-propres. Endroit délicieux les soirs d'été.

Où dormir dans les environs ?

Plus chic

🛏 *Casa das Cortinhas :* à Paço. ☎ 258-52-21-90. Fax : 258-51-44-41. *En venant de Ponte de Barca, juste avt la station d'essence GALP, à Arcos de Valdevez, sur la N 202, à droite. Nuitée 65-80 €.* Une demeure originale, de type anglais, située au bout d'un che-min de pierre ombragé, sur les hauteurs d'Arcos. Construite au XIXᵉ siècle, elle aurait abrité les derniers jours d'un célè-bre écrivain portugais. Intérieur rusti-que mais tout confort. Belle piscine aux beaux jours et jardin très agréable. Parc avec vignes. Charmant.

➤ DANS LES ENVIRONS DE PONTE DA BARCA

🚶 *Bravães :* à 6 km à l'ouest de Ponte da Barca. On y trouve la plus belle église romane de la région, probablement du XIIIᵉ siècle. Richesse des sculptures sur les chapiteaux des portails en granit.

🚶 *Arcos de Valdevez :* sur la N 202. Petite ville agréable pour une promenade au bord de l'eau et dans la vieille ville. Plus commerçant qu'à Ponte da Barca. Piscine municipale près de la rivière. Très animé la 2ᵉ semaine du mois d'août lors des « Festas do Concelho ».

LE PARC NATIONAL DE PENEDA-GERÊS

Créé en 1971, c'est un magnifique parc qui comblera les amateurs de nature sauvage. Paysans et bergers vivent à leur rythme dans cet espace protégé. Une autre époque ! Tout cela avec l'impression d'être en haute montagne à des altitudes modérées (entre 500 et 1 400 m), grâce au relief accidenté, à la richesse de la faune et de la flore. Superbes balades à pied en perspective, et autres sports un peu plus extrêmes.

Adresse utile

■ *ADERE-Peneda-Gerês :* largo da Misericórdia, 10, à Ponte da Barca (voir les « Adresses utiles » de cette ville). Autre bureau à Arcos de Valdevez. ☎ 258-45-22-50. ● adere-pg.pt ● Tlj sf w-e 9h-12h30, 14h30-18h. Il est souhaitable d'y passer pour préparer son séjour dans le parc. Accueil francophone, aimable et compétent. Cette association gère avec brio l'activité du parc : entretien, formation des guides, itinéraires de randonnée, résa de logement et leur règlement...

Où dormir ? Où manger dans le parc ?

L'association *ADERE-Peneda-Gerês* propose différents types d'hébergement :

⛺ *Trois campings* à partir de 8 € pour deux (emplacement, petite tente, voiture) à Ambos de Rios, Arcos de Valdevez et Vidoeiro. Ouv de mi-mai à mi-sept (fin sept pour le dernier). Compter 9 € pour 2 pers avec une voiture.

🏠 *Casas abrigas* (refuges) au confort rudimentaire, vaisselle minimum, pouvant accueillir jusqu'à 8 pers. Compter 45-75 € la maison sans ou avec électricité ou énergie solaire, selon saison ; la hte saison va du dernier ven précédant le carnaval au 1er ven suivant, du dernier ven précédant le dim des Rameaux au ven suivant le jour de Pâques, du 1er ven de juin au 1er ven d'oct, du 2e ven de déc au 1er ven de janv... Bref, mieux vaut se renseigner.

🏠 *Casas antigas e rusticas* (maisons anciennes et rustiques) : on loue une chambre ou le logement complet, à partir de 30 € selon saison. Ce sont soit des chambres chez l'habitant, soit des chambres d'hôtes ou suites de charme, soit des gîtes ruraux ou des appartements. La meilleure façon de découvrir les habitudes de vie locales.

🏠 *Casas de aldeia* (maisons de village) : compter 40 € pour deux. Un peu l'équivalent de nos gîtes ruraux. Souvent pour plusieurs pers, ces maisons sont dotées d'un séjour, d'une cuisine équipée, d'une cheminée, d'un poêle ou du chauffage central, d'une TV. Les animaux de compagnie ne sont pas autorisés.

Bon marché

🏠 |●| *Pousada da juventude de Vilarinho das Furnas :* à Campo do Gerês, un peu à l'écart du village. ☎ 253-35-13-39. ● vilarinho@movijovem.pt ● Tte l'année. Chambres doubles 24-30 € et bungalows pour 5 pers 50 €, petit déj compris. Tout près du barrage de Vilarinho das Furnas. En plein cœur du parc. Cette auberge de jeunesse en forme de chalet ne propose que des chambres doubles pour les couples de randonneurs amoureux et quelques bungalows. Deux courts de tennis, des vélos, un bar et une discothèque pour ceux qui ne s'endorment pas sans décibels. Possibilité d'y prendre ses repas.

À voir. À faire dans le parc

➤ *Parcours touristiques et culturels :* ADERE propose une dizaine de circuits à thème à faire plutôt en voiture, car les distances sont longues ; les arts et métiers traditionnels, les édifices médiévaux, les races animales locales et les *veziras,* les fêtes... Ludique et en respect avec la nature et les traditions. Également pas mal de promenades à pied (la plus longue fait 8 km) avec feuille de route et déclivité. Très bien fait. Pour les randonnées à pied, c'est plus compliqué. Faute de subsides réguliers, ADERE ne peut pas toujours réactualiser les marquages. Bien dommage !

➤ *Canoë, escalade, descente en rappel, rafting, promenade à cheval :* autant d'activités proposées dans le parc. Se renseigner auprès d'ADERE.

Les villages typiques

🏃🏃 C'est dans la serra do Soajo que l'on trouve les villages les plus authentiques (Soajo, Portela do Mézio...). Ne manquez pas les *espigueiros,* ces étranges greniers à grains ou à maïs en granit sur pilotis et surmontés de petites croix. On peut en voir à proximité de *Lindoso,* sur une petite route à gauche avant le village très pittoresque et sympathique. De loin, ils font penser à d'antiques tombeaux.

Dans cette région, les signes d'une vieille économie agricole et pastorale demeurent. Cultures en gradin et *prairies de lima* (forme d'irrigation très ancienne qui permet une répartition équilibrée de l'eau sur les pentes). Dans les villages de montagne, beaucoup d'habitants quittent les vallées l'été pour les *brandas* ou *verandas,* hameaux sur les hauteurs, proches des pâturages. Enfin subsiste encore la *vezeira,* forme communautaire de pâturage qui implique que les propriétaires de troupeaux gardent les bêtes à tour de rôle.

Au sud, autre itinéraire intéressant, de *Caldas do Gerês* à *Portela de Homem* (possibilité de baignade). Aux alentours de Gerês, vestiges de la *« Geira »,* l'ancienne voie romaine (bornes, dalles, etc.) qui reliait Braga à Astorga.

🏃 *Paradela :* un autre vieux village aux ruelles pittoresques. Découvrir l'atelier des artisans sculpteurs de terre et potiers. À 3 km en contrebas, un hameau classé pour son architecture, *Sirvozelo.*

PONTE DE LIMA   (4990)   43 800 hab.

À 20 km de Ponte de Barca par l'IC 28, 33 km par la N 201 de Braga et 24 km de Viana do Castelo par la N 202. Un gros bourg, fort bien conservé, qui s'étend nonchalamment au bord du rio Lima. À cet endroit, en été, ce n'est qu'un petit ruisseau au milieu d'un grand lit, avec une sorte de longue plage naturelle de sable sur ses rives (mais sacrebleu, qu'y font les voitures ?). Rivière trompeuse, capable de violentes sautes d'humeur, comme le prouve ce grand pont de pierre d'origine romaine et composé de 15 belles arches.

Ponte de Lima, un de nos coups de cœur. Un village avec sa vie lente et provinciale, son rythme propre et son climat enchanteur. Belles maisons de maître, ruelles pavées, manoirs, châteaux, qui constellent la campagne environnante, appartenant à des familles aussi vieilles que l'histoire du Portugal.

Arriver – Quitter

🚌 *Arrêt de bus :* sur l'av. principale menant au centre, av. Antonio Feijo, à droite.
➤ Bus pour *Viana do Castelo, Ponte de Barca, Braga, Guimarães.*

Adresses utiles

Office de tourisme : *à l'angle de la praça da República et de la rua Cândido Cruz, sur le paço do Marques, au sommet d'un jardinet ; au 1er étage du bâtiment en pierre.* ☎ *et fax : 258-94-23-35.* ● *cm-pontedelima.pt* ● *(mairie). Tlj (dim et j. fériés slt mat) 9h30-12h30, 14h-17h30.*
■ C'est ici aussi que se trouve le siège de **Turismo de habitação (Turihab.) :** *praça da República.* ☎ *258-93-17-05 ou 258-74-28-27.* ● *turihab.pt* ● *L'asso-* ciation des propriétaires de manoirs *(solares)* et belles maisons anciennes ouverts à l'hébergement en chambres d'hôtes de charme et de prestige. Séjour minimum de 3 nuits en haute saison. Chic mais un peu moins cher que les *pousadas*. Leur demander la liste des adresses (avec brochure et photos), ainsi que les tarifs selon les niveaux de confort.
Internet : *juste en face de l'arrêt de bus. Tlj sf dim 13h-20h.*

Où dormir ?

Bon marché

Pousada da juventude : *au sud-est de la ville. Du centre, prendre direction Viana do Castelo et Barcelos, à gauche au rond-point central de Ponte de Lima.* ☎ *258-943-797.* ● *pontelima@movijovem.pt* ● *Réception 8h-12h, 18h-minuit. Prévoir 11 € par pers en chambre quadruple et 30 € la double, petit déj compris.* De gros cubes de béton suspendus (assez impressionnants vus de face !), déco de bois blond et porte d'entrée coulissante : une AJ nouvelle génération, moderne et propre, aux grandes chambres fonctionnelles, mais faut aimer le béton brut ! Les doubles ont tout de la chambre d'hôtel. Sanitaires nickel. Salle de jeux, Internet. Accueil sympa, en plus.
Pensão São João : *largo de São João, 6.* ☎ *258-94-12-88. Résa conseillée. Chambres 30 €, petit déj inclus.* Pension simple, dans le centre, à 150 m du vieux pont. Au rez-de-chaussée, un café-resto et à l'étage les chambres. Propre et bien tenu malgré l'odeur de poisson séché dans l'escalier. Confort rudimentaire mais suffisant. Accueil sympa. Vue sur la rue.

De plus chic à beaucoup plus chic : chambres chez l'habitant

Casa das Pereiras : *largo das Pereiras.* ☎ *et fax : 258-94-29-39. Réserver longtemps à l'avance. Chambres doubles 75 € avec douche ou bains et petit déj.* Cette bâtisse du XVIIIe siècle ne dispose que de 3 chambres. Déco surréaliste, à la limite du baroque rococo. Accueil charmant. Pour votre plaisir : un jardin, une belle piscine, entourée de camélias centenaires !
Casa da Roseira : *sur le chemin de l'auberge de jeunesse, 800 m plus loin sur la gauche.* ☎ *258-94-13-54. Fax :* 258-74-38-16. Compter 80 € pour deux, 120 € pour quatre. Petit déj offert et réduc de 10 % sur le prix de la chambre, sur présentation de ce guide. Située dans une belle *quinta* : 3 appartements pour 4 personnes, 2 suites pour deux. Toutes les chambres ont été aménagées avec beaucoup de goût. Chacune dispose d'une salle à manger avec cheminée. Salles de bains spacieuses avec baignoire. Un vrai havre de paix dans un vignoble. Piscine.

Où dormir dans les environs ?

À **Arcozelo,** situé sur la rive droite du rio Lima, en face de Ponte de Lima, une bonne dizaine de petits manoirs ou de grosses maisons cossues pratiquent l'hébergement en chambres d'hôtes. On peut y aller à pied, en passant le vieux pont en pierre, ou en voiture : prenez la direction de Viana do Castelo depuis Ponte de Lima, puis traversez le pont moderne et tournez à droite en direction de Valença. Prenez encore sur votre droite en direction de « Açude ». Le centre d'Arcolezo est à 1 km.

🛏 *Casa do Arrabalde :* ☎ 258-74-24-42. 🖥 962-51-86-09. ● casadoarrabalde. com ● *De la route, si vous voyez un grand palmier, c'est là !* Env 80 € la chambre double, petit déj inclus. Café offert et 10 % de réduc (pour une nuit, 15 % pour 2 nuits) sur le prix de la chambre (oct-janv), sur présentation de ce guide. Pierres de granit, fenêtres à guillotine et murs blancs donnent un charme fou à cette demeure qui se termine par une véranda à colonnes, face à un champ de vigne et un jardin paisible planté d'arbres fruitiers. Les chambres, très fraîches en été, se trouvent au rez-de-chaussée. Décoration soignée et de bon goût. Possibilité aussi de louer au fond du jardin un appartement ou une des deux adorables maisonnettes, anciennes granges au sol de granit, qui conviendront à une famille. Idéal pour passer une semaine avec un très bon budget et rayonner entre mer et montagne. Piscine.

🛏 *Casa do Antepaço :* ☎ 258-94-17-02. Fermé de début oct à fin mars. Doubles 70 € avec copieux petit déj. On passe le grand portail, et c'est le dépaysement total. Très bon accueil francophone. Une poignée de chambres doubles indépendantes de la maison où vit le propriétaire. Cuisine équipée à disposition, ainsi qu'une salle à manger, un salon avec cheminée et, à l'extérieur, une piscine, une terrasse. Vue superbe.

🛏 *Quinta do Arquinho :* ☎ 258-74-23-06. Situé tout près du chemin romain des Tojeiras, ce moulin à eau (XVIIIe siècle) restauré offre tout le confort et le calme nécessaire au repos. Compter 60 €. Vous pourrez profiter de la piscine extérieure, écouter l'eau qui coule à proximité (du rio Labruja). Cadre naturel exceptionnel. Attention, chemin étroit pour y arriver.

🛏 *Quinta do Salgueirinho :* ☎ 258-94-12-06. Doubles 60 €. Maison de taille moyenne, avec jolie avancée donnant sur le jardin, entourée de vignes et de vergers. Cinq chambres. Piscine. Attention, accès ardu par des chemins caillouteux et étroits : seules les petites voitures passent !

🛏 *Casa de Pomarchão :* ☎ 258-74-17-42. ● casadepomarchao.com ● Après avoir tourné à droite après le pont de Lima, continuer sur la route principale pdt 2 km, puis c'est indiqué. Fermé 15 déc-15 janv. Chambres et gîtes de 1 ou 2 pièces, cuisine, salle de bains 80-145 €. Une demeure impressionnante, qui daterait du XVe siècle, entourée de champs, accueillante, avec sa chapelle attenante. Vue splendide, bien entendu, chambres et maisonnettes très joliment aménagées, cela va de soi. Le charmant couple de retraités qui gère la maison réserve à ses invités un accueil chaleureux et distingué, en anglais ou espagnol.

Où manger ?

🍽 *Restaurante Encanada :* passeio 25 de Abril. ☎ 258-94-11-89. Du vieux pont, se diriger au sud vers la longue allée de platanes qui borde la rivière. À 200 m sur la gauche, le resto fait l'angle avec les halles du village. Fermé jeu. Plats 11 €. Salle intérieure populaire avec un bar et une autre à l'étage, un peu plus touristique. De la petite terrasse, vue sympa sur le pont et la rivière. Bonne cuisine familiale : *bacalhau cozido com todo* (morue pochée avec des œufs durs et des pommes de terre), *rojões e arroz e sarrabulho* (porc au riz cuit dans son sang). L'accueil est réservé, mais les serveurs prennent la peine de prévenir s'il y a de l'attente.

🍽 *A Muralha :* beco da Picota, 17-19. Juste en face du mur d'enceinte ; accessible par la rua Cardeal Saraiva, avant-dernière rue sur la gauche en descendant la rue commerciale piétonne. Quelques tables en terrasse, presque autant à l'intérieur. Des plats de *feijões,* qu'on partage avec des gens du coin. Pas cher du tout, une vraie tranche de vie !

Où boire un verre ?

🍸 **Bar Esplanada Café Rio Lima :** *sur le largo de Camões, face au vieux pont de pierre.* Le jour du marché (le lundi tous les 15 j.), la place vaut le détour ! Agitation, animation et *good vibrations*.

🍸 **Café Rampinha :** *rua Formosa, 39.* Quelques tables, un comptoir... et des photos, affiches, peintures, drapeaux, horloges à l'effigie du Che. Il y en a jusqu'au plafond. Rajoutez à cela les fanions des clubs de foot locaux, le perroquet – vivant mais muet derrière la fenêtre – et vous avez le décor. Pour l'ambiance, le patron s'en charge, aussi décalé que son café. On s'y sent bien ; d'ailleurs, on a du mal à en partir.

À voir

🚶 **Promenade dans la vieille ville :** très agréable d'y flâner en fin de journée. De la praça da República, descendre la grande rue piétonne et s'engouffrer dans les ruelles. Sur la droite, *l'igreja matriz,* qui date du XVᵉ siècle. Sur la gauche, les restes de la muraille et la tour de la prison rappellent l'existence d'une ancienne place forte. Traverser ensuite les ponts médiéval et romain, pour gagner la rive opposée et admirer la ville sous le soleil couchant.

BRAGA   (4700)   164 000 hab.

À 50 km de Porto et 20 km de Guimarães. Capitale historique, économique, universitaire et religieuse du Minho, entourée de collines, cette grande ville cache un cœur baroque surprenant derrière la façade triste de ses faubourgs. Garer sa voiture pour éviter les embouteillages fréquents dans la journée, puis continuer à pied, en se laissant porter par l'extraordinaire jeunesse de la ville. Des jeunes, des étudiants partout dans les rues, à la terrasse des cafés, à la manière de Coimbra. On est au cœur du Minho, qui affiche encore aujourd'hui le plus fort taux de pratique catholique en Europe occidentale.

L'ancienne *Braccara Augusta* fondée par les Romains, moulée dans le style baroque des XVIIᵉ et XVIIIᵉ siècles (époque à laquelle elle devint le siège de l'archevêché), nous a vraiment plu. Deux choses à faire : boire un verre dans l'un des vieux cafés nichés sous les arcades face à la praça da República, et goûter une fois à la *bacalhau narcisa* (traduisez : « la morue narcisse »), la façon bragaise d'accommoder la morue dessalée avec de l'huile d'olive, des oignons et de l'ail cru (mais on en trouve de moins en moins). Bien sûr, n'oubliez pas non plus les *frigideiras.* Non, ce ne sont pas des réfrigérateurs, mais de grands pâtés de pâte feuilletée farcis de viande de porc ou de bœuf. À déguster avec un bon verre de *vinho verde,* le fameux « vin vert » du Minho.

Arriver – Quitter

En bus

🚌 **Gare routière** (Central de Camionagem ; hors plan par B1) **:** au nord du centre-ville, accessible par l'av. General Norton de Matos.

➤ Différentes compagnies (*Rede Expressos, Transdev, Internorte, Renex*) assurent des liaisons quotidiennes pour **Braga.** Idem dans l'autre sens pour **Porto** (4,50 €, 1h de trajet), 8 départs/j. et par compagnie en moyenne. Compter 5h pour **Lisbonne,** 15 €. D'autres bus pour **Guimarães, Ponte de Lima** et **Chaves.**

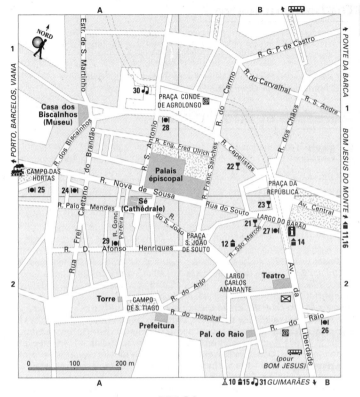

BRAGA

■ Adresses utiles	|◎| Où manger ?
🛈 Office de tourisme	**24** Adega Pregão Restaurante
✉ Poste	**25** Restaurante O Alexandre
🚌 Gare routière	**26** Restaurante A Ceia
🚌 Bus pour Bom Jesus	**27** Resto-snack Celeste
🚂 Gare ferroviaire	**28** Casa Christina
@ Internet	**29** Chá et companhia

⚠ 🏠 Où dormir ?	🍷 ♫ Où boire un verre ?
	Où danser ?
10 Camping	
11 Pousada da juventude	**21** Brasileira
12 Residencial São Marcos	**22** Café Manoel Ferreira Capa
14 Pensão Grande Residencial	**23** Café Vianna
Avenida	**30** Populum
15 Hôtel-restaurant João XXI	**31** Disco-bar Sardinha Biba
16 Pousada de São Vicente	

En train

🚂 **Gare ferroviaire** (*estação ; hors plan par A1*) *: près du musée dos Biscaïnhos, sur le largo da Estação (logique !),* *au sud-ouest de la ville.* Un bâtiment récent avec un globe surplombant l'édifice en verre sombre.

➤ **Liaisons avec Porto :** une vingtaine de trains/j. (1h de trajet).
➤ **Connexions pour Guimarães :** 10 trains/j. (1h de trajet).

Adresses et infos utiles

🛈 **Office de tourisme** (*plan B2*) *: praça da Liberdade, 1.* ☎ 253-26-25-50. • cm-braga.pt • (*mairie*). À l'angle de l'av. Central. Tlj sf lun-ven 9h-12h30, 14h-18h30 (17h30 sam et dim en été). Accueil francophone. Fournit un plan bien détaillé de la ville avec les sites à visiter. Pour un approfondissement de ses connaissances historiques de la ville, salle d'exposition à l'étage. ✉ **Poste** (*plan B2*) *: av. da Liberdade ; 300 m après l'office de tourisme, sur le trottoir d'en face.* 🖵 **Internet** (*plan B2*) *: à la vidéothèque municipale, rio do Raio. En sous-sol.* *Lun-sam 10h-12h30, 14h-18h30. Et aussi praça Conde de Agrolongo, dans la galerie en contrebas, une dizaine de postes. Gratuit.* ◼ **Journaux français** (*plan B1-2*) *:* 2 kiosques à journaux sous les arcades du café *Vianna* et du café *Astoria,* donnant sur la praça da República. – **Marché paysan :** *tous les mardis, au parc des Exhibitions (hors plan par B2), au sud de la ville.* Fruits, légumes, victuailles, cochonnaille, charcuterie et artisanat, vendus par les gens des environs.

Où dormir ?

Camping

⛺ **Camping** (*hors plan par B2,* **10**) *: dans un parc, près du stade et de la piscine.* ☎ 253-27-33-55. *À 2 km env, tt au bout de l'avenida da Liberdade. Tte l'année. Arriver avt 15h en été. Env 7 € pour un* emplacement. Ombragé. Accueil correct. Petit bar sympa. Malheureusement, on a connu beaucoup mieux question propreté et tranquillité.

Bon marché

🛏 **Pousada da juventude** (*hors plan par B2,* **11**) *: rua Santa Margarida, 6.* ☎ 253-61-61-63. • braga@movijovem. pt • *De l'office de tourisme, prendre l'avenida Central ; au largo da Senhora A Branca (à 400 m env de l'office de tourisme), prendre à gauche la rua Santa* Margarida ; c'est 200 m plus loin, à gauche, derrière une porte jaune. Tte l'année. Lit en dortoir 7 €, doubles avec douche ou bains 16-19 €, sans petit déj. Dans une agréable maison. Dortoirs de 8 ou 10 lits (sans salle de bains). Coin cuisine. Ambiance assez cool.

Prix moyens

🛏 **Residencial São Marcos** (*plan B2,* **12**) *: rua São Marcos, 80.* ☎ 253-27-71-77 à 87. Fax : 253-27-71-77. *À 50 m de la praça da República, dans la rue piétonne ; il faut donc se garer et porter* ses bagages jusqu'à l'hôtel. Env 45 €. Sur 3 niveaux, dans une maison ancienne. Vastes chambres pour 2 ou 4 personnes, tout confort, avec AC. Très propre. Meilleur rapport qualité-prix pour dormir dans le centre piéton. Accueil et service impeccables.

🛏 *Pensão Grande Residencial Avenida* *(plan B2, 14)* : *av. da Liberdade, 738.* ☎ *253-60-90-20.* ● *geral@residencialavenida.net* ● *residencialavenida.net* ● *Réception au 2ᵉ étage. Prévoir 35-40 € pour une chambre double ; petit déj 4 €. Petit déj offert sur présentation de ce guide. Des grands lits comme chez mamie ! Pension de famille avec petites salles de bains et dessus-de-lit à fleurs. Bémol : les odeurs de tabac froid et le bruit dans les chambres donnant sur l'avenue.

🛏 *Hôtel-restaurant João XXI (hors plan par B2, 15)* : *av. João XXI, 849.* ☎ *253-61-66-30. Fax : 253-61-66-31. En face du* Grand Hotel Turismo, *sur la route de Bom Jesus, à gauche. Parking privé. Chambres 35-45 €, petit déj inclus. Bâtiment récent. Bien rénovées, les chambres sont propres et fonctionnelles, sans déco particulière, juste des couvre-lits aux couleurs printanières. Demandez-en une qui donne sur l'arrière. Accueil courtois.

Beaucoup plus chic

🛏 *Pousada de São Vicente (hors plan par B2, 16)* : *largo de Infias.* ☎ *253-20-95-00.* ● *recepcao.svicente@pousadas.pt* ● *De l'office de tourisme, prendre l'avenida Central ; au largo da Senhora A Branca (à 400 m env de l'office de tourisme), prendre à gauche la rua Santa Margarida ; c'est tout droit au rond-point, mais ça fait une trotte à pied. Nuit* 155 €. *Pour se faire plaisir en fin de parcours ! Une demeure de charme du* XIXᵉ *siècle. Tout le confort, naturellement, élégance des meubles, sanitaires en granit ou en schiste dans l'aile la plus ancienne (la plus chouette aussi). Dans l'aile moderne, ambiance zen comme « on les zem », mais moins de charme. Piscine, bar.*

Où dormir dans les environs ?

Pour les routards motorisés et argentés, nous conseillons d'aller dormir au *sanctuaire du Bom Jesus do Monte (hors plan par B2)*, à 5 km de la ville. Là-haut, sur la montagne dominant toute la région, les soirées au soleil couchant sont super-douces (voir « Dans les environs de Braga »).

Beaucoup plus chic

🛏 *Casa dos Lagos :* à 300 m env de *l'esplanade du Bom Jesus.* ☎ *253-67-67-38.* 📱 *917-92-88-91.* ● *casadoslagosbomjesus@oninet.pt* ● *casadoslagosbomjesus.com* ● *En montant la colline par la route principale, c'est sur la gauche ; grande maison blanche du* XVIIIᵉ *siècle recouverte d'azulejos. Chambres doubles* 80 €. *Appartements équipés d'une cuisinette* 80-130 €. *Accueil adorable. Cette demeure paraît tout droit sortie d'un conte de fées, limite rococo, avec son jardin à l'anglaise, ses arbres taillés à la perfection. Tout le confort évidemment, avec le charme de l'ancien en plus. Chaque chambre a sa petite particularité. Et* pour couronner le tout, splendide piscine avec vue sur la vallée. Doux Jésus !

🛏 🍴 *Hotel do Elevador :* sur l'esplanade de l'église Bom Jesus. ☎ *253-60-34-00 ou 34-70.* ● *elvador@hotelsbomjesus.pt* ● *hotelsbomjesus.pt* ● *Chambre double* 64-80 €. *Toutes les chambres sur la vallée bénéficient, bien sûr, d'un panorama extra. Certaines possèdent même un balcon. Superbement meublées. De la grande salle à manger, vue époustouflante également sur la ville de Braga, au fond de la vallée. C'est également le seul endroit où dîner à Bom Jesus. Cadre élégant et vue splendide.*

Où manger ?

Très bon marché

🍴 *Chá e companhia* (plan A2, **29**) : rua D. Afonso Henriques, 31-33. ☎ 253-21-84-11. Tlj sf lun 8h30-19h. Menu le midi 5 €. Une p'tite adresse bien sympa, dans une rue calme, tenue par la charmante Ana Luisa. Cuisine simple et légère. La spécialité du lieu, comme son nom l'indique, n'est pas les chats de compagnie, mais bien le thé (*chá*). À déguster avec des pâtisseries et des confitures maison, dont certaines sont concoctées par la grand-mère.

🍴 *Adega Pregão Restaurante* (plan A1, **24**) : praça Velha, 18-19. ☎ 253-27-72-49. Tlj sf dim soir et 1er-15 sept midi et soir. Dans une petite rue croquignolette, une adresse traditionnelle avec ses tables en bois et nappes rouges. Cuisine portugaise de bon aloi avec menu complet le midi en semaine à...

– qui dit mieux, Messieurs, Dames ? – 6 € ! Spécialités de poulpes (*polvo*), et bien sûr poisson et viande en demi-portion largement suffisante. Deux, trois tables en terrasse.

🍴 *Resto-snack Celeste* (plan B2, **27**) : av. da Liberdade, 81. ☎ 253-21-54-95. Tlj. Fast-food très fréquenté par les jeunes. On peut aussi bien manger des parts de pizzas, des hamburgers que des plats traditionnels, salades mais... dans des assiettes en carton. Une salle à l'étage, menus affichés un peu partout. Pizzas à emporter, vente de pain.

🍴 *Casa Christina* (plan A1, **28**) : praça Conde de Agrolongo, 71. Tte la journée. Une café' pour manger sur le pouce. Snacks, pizzas, sandwichs très bon marché. Côté pâtisseries, goûter le pain d'œuf !

De prix moyens à plus chic

🍴 *Restaurante A Ceia* (plan B2, **26**) : largo do Rechicho, 331. ☎ 253-26-39-32. Fermé lun, ainsi que 2 sem à partir de Pâques et la 1re quinzaine de sept. Repas 15 € (plus cher pour le poisson). Cadre rustique avec un beau comptoir, mais les lustres style médiéval en fer forgé avec des néons, fallait y penser ! Cuisine inégale. Ambiance conviviale et service souriant.

🍴 *Restaurante O Alexandre* (plan A1, **25**) : campo das Hortas, 10. ☎ 253-61-40-03. Fermé dim soir et la 1re quinzaine de sept. Plats 15 €. Face à un jardin public à l'écart de l'agitation du centre, dans un coin où l'on compte plusieurs restos chic reconnaissables à leurs belles façades. Vieille maison restaurée, avec une salle à manger mêlant l'ancien et le moderne. Cuisine du chef largement inspirée de la tradition. Bien pour le soir.

Où boire un verre ?

🍷 *Café Vianna* (plan B2, **23**) : praça da República. Ouv 8h-minuit. Encore un vieux et beau café de Braga, fondé en 1871 et revu Art déco, sous les arcades de la place, au cœur de l'animation du centre-ville et dans lequel le temps s'est arrêté. Bien pour siroter un verre de vin vert en début de soirée en lisant son journal ou pour y déguster une bonne glace.

🍷 *Brasileira* (plan B2, **21**) : angle rua de S. Marco et largo do Barão de S. Martinho. Tlj sf dim 7h-23h. Troquet complètement rétro avec ses drôles de petits parasols. Les jeunes, les vieux, tout le monde y vient pour boire un *café com leite* et y grignoter un petit quelque chose.

🍷 *Café Manoel Ferreira Capa* (plan B1, **22**) : rua dos Capelistas, du 38 au 50 ! Sur le trottoir de gauche en venant de la praça da República. À gauche, c'est la boulangerie (*padaria*). À droite, c'est la pâtisserie (*pastelaria*) modernisée, très animée vers 17h-18h, lorsque les étudiants arrivent. Quelques assiettes végétariennes pour les petits estomacs.

PLANS ET CARTES
EN COULEURS

SOMMAIRE

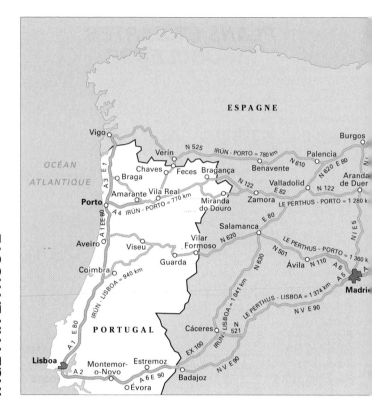

LE VOYAGE PAR LA ROUTE

ESPAGNE

Vigo

Burgos

Verín

N 525

IRÚN - PORTO = 780 km

Palencia

N 610

N 620 E 80

OCÉAN

Chaves

Feces

Bragança

Benavente

Aranda de Duer

ATLANTIQUE

A 3 E 1

Braga

Vila Real

Valladolid

E 82

N 122

Amarante

Porto

IRÚN - PORTO = 770 km

Miranda do Douro

Zamora

LE PERTHUS - PORTO = 1 280 k

A 1 E E 80

A 4

N 122

Aveiro

Salamanca

E 80

LE PERTHUS - PORTO = 1 360 k

Viseu

Vilar Formoso

N 620

N 501

Ávila

N 110

A 6

Coimbra

IRÚN - LISBOA = 940 km

Guarda

N 630

LE PERTHUS - LISBOA = 1 374 km

N V E 90

A 5

Madri

PORTUGAL

A 1 E 80

Cáceres

IRÚN - LISBOA = 1 041 km

N 521

Lisboa

Estremoz

Montemor-o-Novo

A 2

A 6 E 90

Badajoz

EX 100

N V E 90

Évora

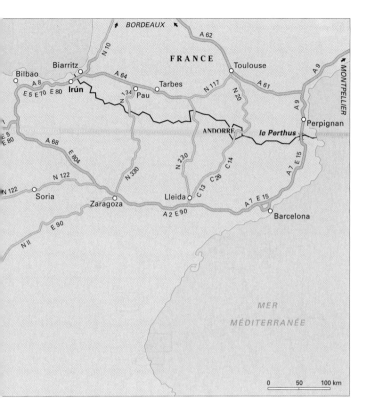

LE VOYAGE PAR LA ROUTE

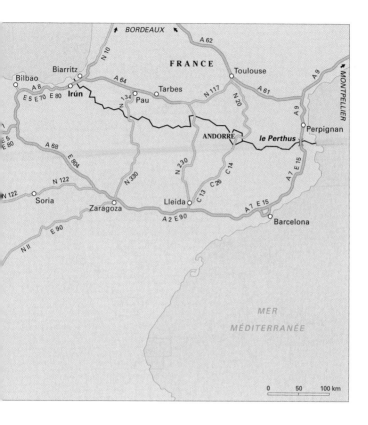

LE VOYAGE PAR LA ROUTE

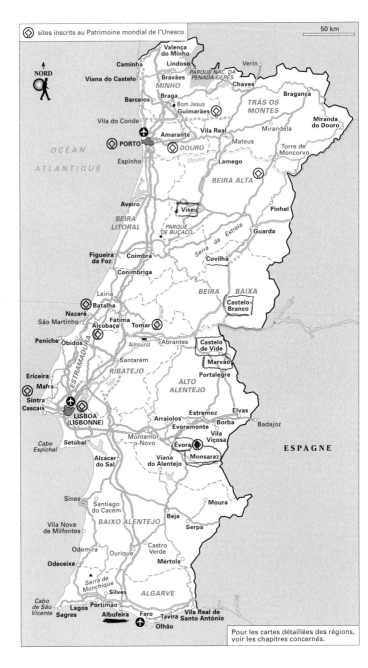

LE PORTUGAL

sites inscrits au Patrimoine mondial de l'Unesco

50 km

NORD

OCÉAN ATLANTIQUE

Valença do Minho
Caminha
Lindoso
Verin
Viana do Castelo
Bravães
PARQUE NAC. DA PENEDA-GERÊS
MINHO
Chaves
Barcelos
Braga
Bom Jesus
Guimarães
Bragança
Vila do Conde
TRÁS OS MONTES
Miranda do Douro
Amarante
Vila Real
Mirandela
PORTO
DOURO
Mateus
Torre de Moncorvo
Espinho
Douro
Lamego
BEIRA ALTA
Aveiro
Viseu
Pinhel
BEIRA LITORAL
PARQUE DE BUÇACO
Serra da Estrela
Guarda
Figueira da Foz
Coimbra
Covilhã
Conimbriga
BEIRA BAIXA
Leiria
Batalha
Castelo Branco
Nazaré
Fátima
São Martinho
Alcobaça
Tomar
Peniche
Óbidos
Almourol
Abrantes
Castelo de Vide
Ericeira
Santarém
Marvão
Mafra
RIBATEJO
Portalegre
Sintra
ALTO ALENTEJO
Cascais
LISBOA (LISBONNE)
Tejo
Arraiolos
Estremoz
Elvas
Evoramonte
Borba
Badajoz
Setúbal
Montemor-o-Novo
Vila Viçosa
Cabo Espichel
Évora
Monsaraz
ESPAGNE
Alcácer do Sal
Viana do Alentejo
Sines
Santiago do Cacém
Moura
Beja
BAIXO ALENTEJO
Serpa
Vila Nova de Milfontes
Odemira
Ourique
Castro Verde
Odeceixe
Mértola
Serra de Monchique
Silves
ALGARVE
Cabo de São Vicente
Lagos
Portimão
Albufeira
Faro
Tavira
Vila Real de Santo António
Sagres
Olhão

Pour les cartes détaillées des régions, voir les chapitres concernés.

LE PORTUGAL

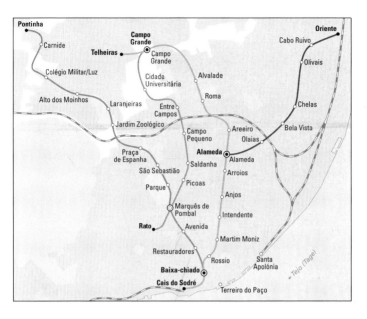

LE MÉTRO DE LISBONNE

NOS NOUVEAUTÉS

LOUISIANE ET LES VILLES DU SUD (novembre 2007)

La Louisiane s'est relevée des blessures du cyclone Katrina et elle a retrouvé toute sa joie de vivre ! C'est le moment de découvrir ou de revenir dans ce pays métissé où cultures créole et latine se mêlent au gré de la cuisine, des fêtes et du jazz. Partez à la rencontre des Cajuns, nos chaleureux cousins d'Amérique dont la langue délicieuse vous intimera de « laisser le bon temps rouler » et de vous déhancher sur un « fais dodo » endiablé. Empruntez ensuite l'*highway 61* et revisitez vos classiques entre Memphis et Nashville, ces villes mythiques qui ont vu naître tour à tour le blues, la country et le rock n' roll. Glissez-vous enfin dans la peau de Scarlett O'Hara et faites craquer les planchers des vastes demeures des planteurs du « vieux Sud », de Charleston, Savannah ou Atlanta. Et plongez dans les vestiges d'un passé alliant gloire, splendeur et combat pour l'émancipation.

LISBONNE – PLAN D'ENSEMBLE

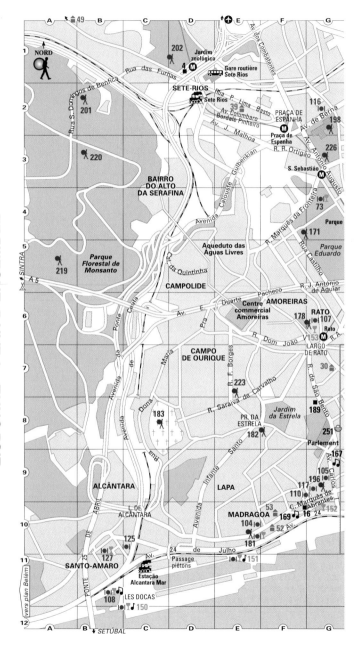

LISBONNE – PLAN D'ENSEMBLE

voir plan général I

500 m

LISBONNE – CENTRE (PLAN GÉNÉRAL I)

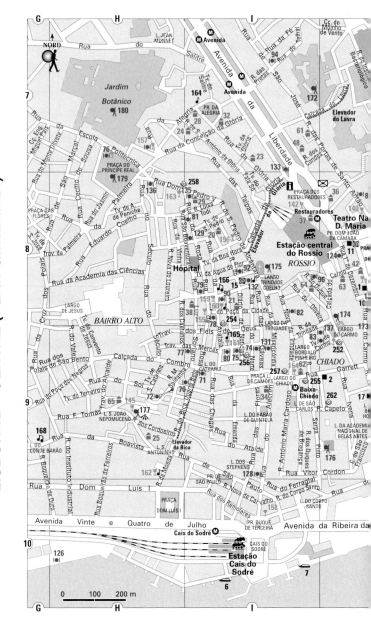

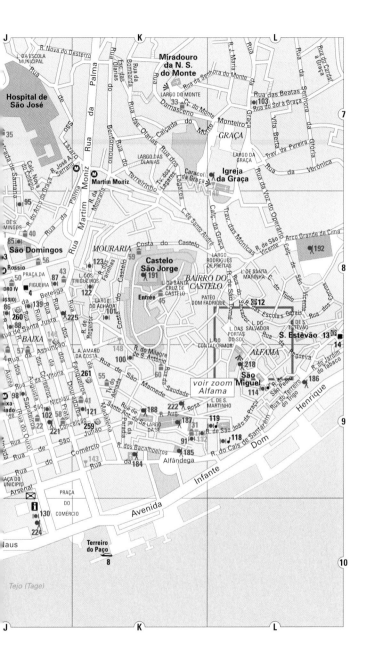

¦●¦ Où manger ?	♪¦●¦ Où sortir ?
93 Lautasco	114 A Baiuca
99 A Morgadinha de Alfama	115 A Parreirinha de Alfama
106 Barracão de Alfama	
120 Comidas de Santiago	✎ À voir
	186 Casa do Fado e da Guitarra portuguesa
♈ Où boire un verre ?	190 Fundação Ricardo Espirito Santo Silva
147 Kiosko Portas do Sol	218 Miradouro de Santa Luzia

LISBONNE (ALFAMA) – REPORTS DU ZOOM

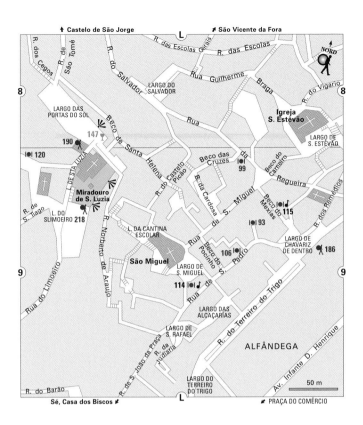

LISBONNE – ALFAMA (ZOOM)

12

LISBONNE – OUEST (PLAN GÉNÉRAL II)

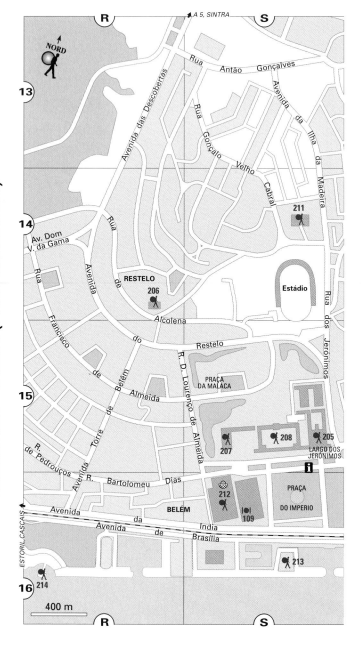

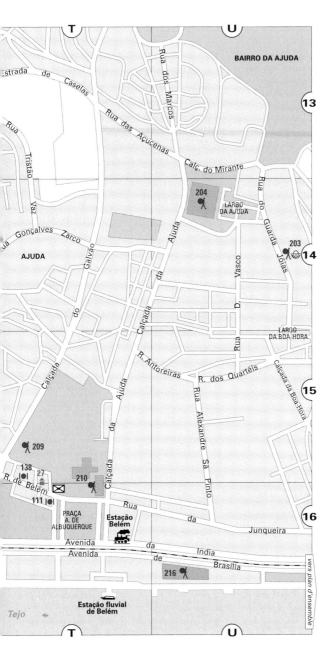

LISBONNE – OUEST (PLAN GÉNÉRAL II)

REPORTS DES PLANS DE LISBONNE

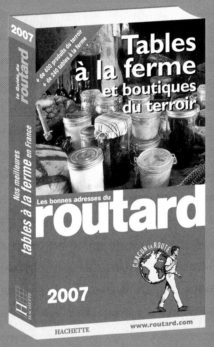

Où danser ?

🎵 **Populum** (plan A1, **30**) : praça Conde de Agrolongo. ☎ 253-61-09-66. Derrière la statue, au nord-ouest de la place. Des réducs le w-e. À l'intérieur d'une vieille bâtisse. Très prisée des jeunes Bragais, cette boîte ne désemplit pas. Soirées à thème et avec une nette préférence pour le disco.

🎵 **Disco-bar Sardinha Biba** (hors plan par B2, **31**) : lugar dos Galos, Caranda. ☎ 253-73-906. Près du mercado Caranda, dans un coin d'immeubles modernes. Pas facile à trouver. Descendez l'avenida da Liberdade jusqu'au largo Sr dos Aflitos (garage automobile), tournez à gauche, vous arrivez à une fourche, prenez la rue de gauche jusqu'au grand parking ; c'est là, à gauche, il y a des sortes de grosses bouches d'aération courbées sur le toit. Ouv 23h-4h. Assez connu. Sorte de grand hangar, style salle omnisports, reconverti en un immense bar pour étudiants et jeunes. Un lieu où l'on se croirait partout sauf au Portugal. L'un des rendez-vous préférés de la jeunesse bragaise. Terrasse extérieure avec piscine.

À voir

Tout se fait à pied en une promenade agréable, surtout en fin d'après-midi, quand le soleil couchant éclaire de façon très particulière la rue piétonne.

🍖 **Praça da República** (plan B1-2) : au cœur de la ville. Parking souterrain sur 3 niveaux, payant. Une grande fontaine et deux bassins avec de beaux jeux d'eau en été. Tour du XIVe siècle. La rua do Souto, prolongée de la rua D. Diego de Sousa, mène à l'arche de Porta Nova, bordée de nombreuses boutiques pittoresques : vieux coiffeurs, bijoutiers, artisans du bronze, vendeurs de bondieuseries... peu à peu remplacés par les boutiques de mode internationale. Sur votre droite, un ensemble harmonieux d'édifices anciens. C'est le **palais épiscopal** (plan A-B1-2), qui abrite aujourd'hui l'une des plus riches bibliothèques du pays. Pour visiter, demander l'autorisation. Le salon médiéval avec son plafond peint et ses profondes fenêtres est, quant à lui, accessible. Au nord du palais, vestiges de la partie la plus ancienne et joli jardin bien frais. Belle fontaine originale sur la place du palais.

🍖🍖🍖 **La Sé** (cathédrale ; plan A2) : du côté de la rua D. Diego de Sousa, elle est dissimulée par une église. Portail dans la petite rue à gauche. Il reste peu de chose de l'édifice roman primitif ; en revanche, porche splendide, avec grille ouvragée. On entre en écartant de lourds rideaux. À l'intérieur, chœur flamboyant, et décoration baroque qui n'écrase pas trop. Intéressante Vierge gothique du maître-autel, jolies peintures sur le bois des tribunes et du lanternon. Tombeau en bronze. Fonts baptismaux manuélins et « délire » de l'ornementation des orgues. Visite guidée des trois chapelles : dans la chapelle des Rois, momie de l'archevêque de Braga et tombeaux sculptés.

🍖 **Le trésor de la cathédrale** : à l'intérieur de la cathédrale. ☎ 253-26-33-17. En été tlj 8h30-18h30 ; en hiver tlj 9h30-12h30, 14h-17h30. Visite guidée : 2 €. Beaux azulejos, mais le reste est vieillot, poussiéreux et assez mangé aux « mitres » ! Beaucoup de vêtements sacerdotaux (cape cardinalice entièrement brodée d'or). Quelques pièces intéressantes néanmoins : vierges en bois polychrome, coffrets, croix byzantine. Dans le coro, stalles en bois du Brésil sculpté et doré. Beau lutrin. Dans la chapelle de São Geraldo, azulejos retraçant la vie du saint. Pour finir, la chapelle de Glória présente des fresques du XIVe siècle, de style mudéjar, et un splendide mausolée gothique.

🍖 Belle **place de l'Hôtel-de-Ville** à l'architecture homogène, avec une fontaine du XVIIIe siècle ornée de pélicans. La façade est couverte d'azulejos du XVIIIe siècle.

🍖🍖 **Museu Casa dos Biscainhos** (plan A1) : rua dos Biscainhos. ☎ 253-20-46-50. Visite guidée en anglais ou portugais 10h-12h15, 14h-17h30. Fermé lun et certains j. fériés. Entrée : 2 € ; gratuit dim. Ce musée intéressera tous les amateurs de belles demeures, d'ameublement et d'objets raffinés. C'était à l'origine une maison noble baroque d'une riche famille provinciale. Notez dans le hall d'accueil le sol strié en granit pour les carrosses et les « figures d'invitation » souhaitant de façon permanente la bienvenue. Toutes les salles sont richement décorées : plafonds peints (celui du salon noble est superbe), azulejos dans l'escalier, fresque néoclassique dans la salle à manger... Meubles de style indo-portugais, chaises en cuir ciselé, céramiques portugaises et porcelaines de Chine, tous les symboles de la vie noble du pays sont regroupés ici. Les jardins portugais terminent la visite. On a bien aimé ce saut de puce dans le passé. En sortant, on peut jeter un œil à gauche dans l'église *do Populo* (azulejos retraçant la vie de saint Augustin).

🚶 Voir encore, praça São João do Souto *(plan B2)*, dans le quartier au sud de praça da República, la **chapelle das Coimbras** avec une tour aux fenêtres flamboyantes et de nombreuses statues à l'extérieur. Sur la même exquise placette, on trouve aussi la **casa das Coimbras** avec fenêtres manuélines et l'**église São João do Souto,** couverte d'azulejos. Le **largo Carlos Amarante,** quant à lui, présente également nombre d'édifices et églises des XVIIᵉ et XVIIIᵉ siècles.

🚶 Enfin, songez qu'il vous reste encore **25 églises** à visiter !

Manifestations

– **La Semaine sainte :** *en avril.* Bonne époque pour visiter Braga. Diverses processions, très colorées, traversent la ville pendant vraiment toute la Semaine sainte. L'une de ces processions est précédée d'un groupe de croque-morts, pieds nus, en habits noirs de pénitents, brandissant des torches et des flambeaux. Une autre procession insolite, la *procession théophorique de l'Enterrement,* coutume étrange et macabre consistant à mettre un saint sacrement dans un cercueil que des hommes promènent dans la nef de la cathédrale. Religiosité du Sud !
– **Les fêtes de la Saint-Jean :** *chaque année, autour des 23 et 24 juin.* Les rues sont envahies par la foule, la musique et les illuminations. Les gens du Minho vouent un culte particulier à saint Jean, d'où cette liesse populaire qui submerge Braga à cette époque-là.

➤ *DANS LES ENVIRONS DE BRAGA*

🚶 *Capela São Frutuoso :* à environ 3 km, à Réal, sur la route de Prado et Ponte de Lima. Pour les amoureux d'églises. Dans la campagne, une des rares églises wisigothiques subsistant au Portugal. Construite au VIIIᵉ siècle dans un style roman-byzantin. On lui a accolé au XVIIᵉ siècle une grande sœur. Possibilité de visiter. Demander dans l'une des maisons voisines. Le coin ne manque ni de charme ni de poésie. Vieilles fermes sur le parcours.

🚶🚶 *Le sanctuaire et l'escalier du Bom Jesus do Monte :* à 5 km, par la route de Chaves. Cette colline sacrée du Minho se dresse au sud de Braga, à 400 m d'altitude. De ce promontoire exceptionnel, on découvre la ville et sa vallée (de plus en plus rongée, hélas, par les chapelets d'immeubles en béton...). Une balade qu'on goûtera mieux si l'on y monte tôt le matin, et en semaine de préférence, quand le voile de fine brume atlantique s'accroche encore aux monuments de granit noyés dans la mer des arbres. Sinon, en début de soirée, grâce à la douceur de la lumière.
– *Pour y aller :*
➤ 1ʳᵉ solution, en voiture, en suivant la route sinueuse N 103 qui grimpe jusqu'au pied de l'escalier, ou, pour les moins pénitents, jusqu'à l'esplanade au sommet.
➤ 2ᵉ solution, en bus : il faut le prendre avenida da Liberdade (les billets s'achètent à bord) à Braga *(hors plan par B2)*. Prévoir 1,50 € par personne.
➤ 3ᵉ solution, la plus insolite, le funiculaire *(escalador),* là où le bus laisse les voyageurs, mais où on peut aussi laisser sa voiture au grand parking situé avant les

premiers lacets. Toutes les 30 mn, ce vieux wagon en bois gravit une pente de 30,9 % d'inclinaison, s'engouffrant dans une sorte de tunnel de verdure long de 285 m obstruant la vue. Le trajet dure 3 mn seulement (1 €).

– *L'esplanade :* site très agréable s'il n'y a pas trop de monde (éviter le week-end et les jours de fête). L'escalier monumental aboutit face à l'église. Tout autour, c'est un cirque d'arbres et de bosquets abritant trois hôtels anciens (mais de luxe). Évidemment, vue superbe sur la vallée. Étrange endroit digne d'un décor de cinéma, avec des statues couvertes de mousse, des fontaines glouglouttantes, des buissons touffus soigneusement taillés, des parterres de fleurs bien dessinés, un antique kiosque à musique sous ses colonnes ioniques usées, une fausse grotte de dévotion, et puis, plus loin, un ancien casino sorti tout droit d'un film de Visconti sur une terrasse romantique surplombant un vaste panorama. Bref, le Bom Jesus a quelque chose d'un balcon en forêt, un balcon de la « piété baroque ». Par moments, on songe au Brésil, à Goa, à Malacca, surtout sous l'orage en été.

– *L'escalier monumental :* le clou de la visite ! Un accordéon de granit, gigantesque, qui constitue le grimpe-vers-Dieu le plus exubérant du Portugal ! Un truc complètement fou, de plus de 600 marches, ponctué dans son parcours de fontaines pour désaltérer le pèlerin méritant et de sculptures somptueuses. Un chef-d'œuvre baroque, c'est sûr, qui veut élever l'âme du promeneur. Construite à partir de 1723 sur le mont Espinho, achevée 88 ans plus tard (en 1811 donc, mais vous auriez pu calculer ça vous-mêmes !), cette « rampe mystique » présente en effet une série de symboles et de motifs allégoriques. À l'*escalier des Cinq Sens* (censé amener le pèlerin à la maîtrise de son corps) succède celui des *Trois Vertus théologales.* L'escalier des Cinq Sens est ainsi nommé car sur la première volée se trouve la fontaine de la Vue, sur la deuxième celle de l'Ouïe avec, à côté, la statue du roi David (ancêtre de Jésus) ; viennent ensuite la fontaine de l'Odorat portant les statues de Noé et de Sulamite, celle du Goût et celle du Toucher (avec Salomon et Isaac). L'escalier des Vertus porte 3 fontaines représentant les trois Vertus théologales : la Foi, l'Espérance et la Charité. Le dernier palier en montant est la terrasse de Moïse, reconnaissable à son étonnante fontaine du Pélican. Un escalier qui apprend la spiritualité à ceux qui veulent bien l'emprunter !

🎥🎥 **Citânia de Briteiros :** *en partant du Bom Jesus, prendre la direction de la Citânia de Briteiros.* On découvre, sur une colline, des ruines d'une cité datant des IIIe et IVe siècles av. J.-C. : murailles, base des habitations, restes du système d'alimentation en eau, deux maisons reconstituées par l'archéologue Martins Sarmento et un monument funéraire en descendant sur la gauche en entrant. En outre, belle vue sur la vallée et les montagnes environnantes. À visiter en fin d'après-midi car il fait moins chaud et la lumière est splendide. Petit droit d'accès. Les vestiges et autres trouvailles archéologiques sont exposés au musée de Guimarães.

GUIMARÃES   (4800)   158 600 hab.

⊘ À Braga les boutiques à la mode, à Guimarães le tourisme et les vieilles pierres. Classée au Patrimoine mondial de l'Unesco en 2001, la ville médiévale se découvre exclusivement à pied, à travers son enchevêtrement de ruelles, ses jolies places, jusqu'à son château au sommet (un plan assez bien fait est disponible à l'office de tourisme). Henri de Bourgogne en fit la « capitale » du petit comté (cadeau de son beau-père, le roi de Castille) et Afonso Henriques, le futur roi du Portugal, y naquit. Guimarães est ainsi considérée comme le berceau du Portugal. Si la vieille ville est relativement petite, la population totale de la commune tourne autour de 160 000 habitants. C'est le plus grand centre de l'industrie textile du pays. Mais les environs en totale restructuration (constructions de route, bâtiments administratifs et autres) ne gâchent en rien le plaisir de découvrir ce bijou de style « anglo-portugais ». À condition de laisser sa voiture au parking.

Arriver – Quitter

En bus

🚌 **Gare routière** (hors plan par A2) : suivre la rua S. João Iᵉⁱʳᵒ, tout droit. Près du centre commercial Continente, au sud-ouest, rua Alameida Mariano Fegueiras. Guichets ouv 7h-21h.

➤ **Connexions avec Porto :** 8 bus/j., compter 1h de route ; 4,20 €.
➤ **Liaisons avec Amarante :** 5 bus/j. ; 5 €.
➤ **Vers Braga :** 10 bus/j. ; 2,50 €.
➤ **Correspondances pour Vila Real :** 5 bus/j. ; 5,50 €.
➤ **Connexions avec Lisbonne et Coimbra :** avec Transcoviziela, 14 € et 5h de trajet pour Lisbonne. Pour Coimbra, 10,50 € pour un trajet de 2h30.

En train

🚆 **Gare ferroviaire** (hors plan par B2) : du largo da República do Brasil, descendre l'av. D. João IV ; tout au bout, à un rond-point. Une petite trotte quand même depuis le centre ! Toute rénovée. Trains pour **Porto** seulement. Pas cher.

Adresses utiles

🛈 **Offices de tourisme :** praça de São Tiago (plan B2). Un autre bureau, alameda S. Dâmaso (plan A2). ☎ 253-41-24-50. ● guimaraesturismo.com ● Lun-ven 9h30-18h30 (fermé à midi), sam 10h-18h, dim 10h-13h. Demandez la brochure bien complète de la vieille ville.
✉ **Poste** (plan A1-2) : rua de Santo António. Lun-ven et sam mat. Un autre bureau se trouve dans la gare routière.
🖥 **Internet** (plan B2) : rua Egas Moniz. Lun-sam 11h-13h, 14h-22h. Gratuit.

Où dormir ?

Attention, pour ceux qui dorment dans le centre : les cloches sonnent fort !

Bon marché

🏠 **Pousada da juventude** (hors plan par B2, **10**) : largo da Cidade. ☎ 253-42-13-80. ● guimaraes@movijovem. pt ● Descendre les marches du largo do Trovador, prendre la rua da Couro et au fond le largo da Cidade ; suivre les indications « Cybercentro ». Prévoir 13 € le lit en dortoir, 36 € la chambre double et 70 € pour 4 pers en appartement avec kitchenette. Dans une grande et belle bâtisse toute rénovée en granit, une auberge toute récente ! Central et fonctionnel, avec plein de services en sus, cuisine, machine à laver, etc. Waouh !

Prix moyens

🏠 **Chambres chez les Redentoristas** (plan A1, **11**) : rua Francisco Agra, 163. ☎ 253-51-15-15. Fax : 253-51-15-17. Dans une rue pavée étroite, située à l'écart de l'animation du centre-ville. Pas de parking. Tte l'année. Chambre double 36 € ou dortoir de 6 pers 70 €. Il s'agit d'une superbe maison en granit, tenue méticuleusement par une communauté de religieux en civil. Attention, c'est souvent complet. À l'entrée, une caméra vous surveille (l'œil de Dieu ?). À l'intérieur, austérité, propreté, sérénité. Chambres impeccables, dénuées de toute frivolité. Couvre-feu à 23h30. Adresse non-fumeurs. Une bonne

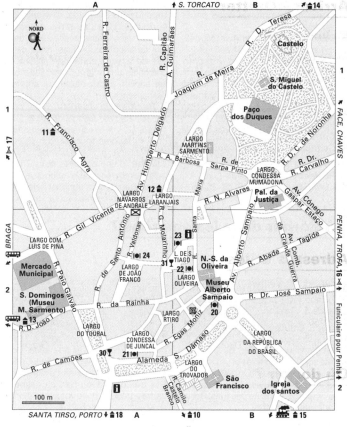

GUIMARÃES

adresse, non pas pour faire la java, mais pour dormir comme de bons petits séraphins...

🛏 **Residencial Mestre d'Avis** (plan A2, 13) : rua D. João Ieiro, 40. ☎ 253-42-27-70. ● planeta.clix.pt/residencial-avis ● Chambres doubles 40 €. En léger contrebas du vieux centre, dans une maison du XIXe siècle. À l'intérieur, place au style contemporain ! Déco bien pensée, adorable coin salon au 1er, anciennes écuries transformées en salle pour le petit déj et en petit bar, etc. Chambres propres et épurées. Vraiment sympa. Accueil en français.

🛏 **Residencial das Trinas** (plan A1, 12) : rua das Trinas, 29. ☎ 253-51-73-58 ou 73-60. ● residencialtrinas.

com ● Parking payant en journée sur le largo Martins Sarmento. Compter 40 € la double. Une des rares adresses situées dans la ville médiévale. À deux pas du paço dos Duques, cette petite bâtisse typique abrite une dizaine de chambres confortables, avec son mobilier ancien. Évitez celles qui côtoient l'ascenseur !

🛏 **Residencia João IV** (hors plan par B2, 15) : av. João IV, 1660. ☎ 253-51-45-12. ● residenciadomjoaoiv. com ● Doubles tout confort 35-50 € selon saison, petit déj compris. Hôtel standard d'une propreté rare. Chambres nickel avec mobilier moderne. Certaines avec balcon, donnant hélas ! sur une avenue bruyante. Accueil sympa.

Où dormir dans les environs ?

Campings

🏕 **Parque de Campismo da Penha** (hors plan par B2, 16) : à 7 km de Guimarães, en direction de Penha, à l'est. ☎ 253-51-59-12. Ouv de début mai à fin sept. Emplacement 8 €. Piscine, douche chaude, sanitaires limite. Oh, là, là, ça grimpe pour y aller, les emplacements sont un peu serrés et un peu penchés, mais quelle vue ! On peut aussi s'y rendre via le funiculaire (voir plus loin). Très ombragé, donc un peu frais. Belles balades aux alentours.

🏕 **Parque de Campismo de Caldas das Taipas** (hors plan par A1, 17) : à Caldas das Taipas. ☎ 253-57-62-76. De Guimarães, suivre la N 101 vers le nord en direction de Braga sur 5 km. Arrivé à Caldas das Taipas, c'est indiqué. Moins de 7 € pour deux avec une tente. Douche, piscine, BBQ à disposition. Certaines sections encore en construction. Pas très ombragé, mais au calme et cadre agréable. Belle vue sur la montagne. Accueil francophone.

Prix moyens

🛏 **Moradia turística Solar de Aldão** (hors plan par B1, 14) : rua 24 de Junho, 175, Aldão, Guimarães. ☎ et fax : 253-55-34-48. 📱 919-18-41-88. Au centre-ville, prendre direction Université, continuer la route jusqu'à S. Torcato, puis suivre les panneaux Ecocentro ; après le grand parking de l'Ecocentro, à gauche. Chambres 45 € dont une suite avec jacuzzi. Dîner gastronomique 12 €. Pour une famille avec 3 enfants, le troisième

ne paie pas. Une vaste demeure en pierre de taille, au milieu d'un parc. Peu de chambres, mais chacune avec un style bien à elle, romantique, Louis XV ou printanier, toutes impeccables. On prend le petit déj ou le thé dans le grand salon ou sur la terrasse, vue sur les vignobles aux alentours. Accueil cordial des proprios qui ont vécu en Suisse. Un peu moins de leurs gros chiens.

Beaucoup plus chic

🛏 **Caza de Sezim** (hors plan par A2, 18) : au sud de Guimarães, direction Vizela. ☎ 253-52-30-00. ● sezim.pt ● À

Cavas, petite route à droite, indiquée par un panneau bleu ; suivre la route, prendre à gauche comme l'indique le panneau (toujours bleu !) ; continuer sur 1,5 km et prendre un petit chemin sur la gauche, pour un petit plaisir en fin de parcours. *Doubles avec petit déj 110 €. Réduc de 10 % sur le prix de la chambre, sur présentation de ce guide.* Vaste habitation du XVIIIe siècle en pierre rouge autour d'une cour, perdue dans les vignobles. Les charmants proprios, anciens diplomates en France, culti-

vent aujourd'hui le *vinho verde* et reçoivent leurs hôtes dans une dizaine de chambres tout confort avec des meubles portugais du XIXe siècle (les lits étaient d'une hauteur à l'époque !). Tapis, parquets et salles de bains décorées, tentures douces et uniques dans chaque chambre. Piscine et superbe jardin dominant la vallée.

Où manger ?

Très bon marché

|●| **Pastelaria Egas Moniz** *(plan B2, 20) : rua Egas Moniz ; en face du musée Alberto Sampaio.* Une petite *pasteleria-salon* de thé qui propose des en-cas

salés ou sucrés à emporter. Goûtez à l'*Egaz,* spécialité sucrée de la maison. Hmm...

Prix moyens

|●| **Restaurante El Rey** *(plan B2, 23) : largo de S. Tiago. Plats 8-13 €.* Sur la plus belle place de la ville. Prépare une des meilleures brandades de morue qu'on ait goûtées sur notre chemin ! Présentation soignée, patron charmant et joli cadre. La petite adresse où l'on s'arrête avec plaisir. Attention, service un peu long.
|●| **Restaurante Vira Bar** *(plan A2, 21) : largo Condessa do Juncal, 27.* ☎ 253-

51-84-27. *Menu 15 €. Plateau de fruits de mer 25 €.* Pas de nappes à carreaux ici. Bien au contraire ! Derrière ses lourdes portes, l'endroit se veut plus sophistiqué, chaleureux, et c'est réussi. Pour le cachet, on a préféré une des tables de la mezzanine. Côté cuisine, on se régale sans casser sa tirelire. Délicieuses brochettes *(espeteda),* gâteau au chocolat onctueux... On y resterait bien des heures. Un vrai coup de cœur.

Plus chic

|●| **Valdonas** *(plan A2, 24) : rua Valdonas, 4.* ☎ 253-51-14-11. *Tlj midi et soir. Plats très copieux 12 €.* Un resto chic qui n'a de chic que le cadre épuré à souhait. Représentatif d'une nouvelle génération de restos portugais, très design : murs blancs, lumières suspendues, tenues branchées des serveurs (un peu trop pressants) et une cuisine inventive juste ce qu'il faut. Les *arroz de tamboril* (risottos à la latte) sont délicieux et le poisson bien accompagné. Aux beaux

jours, jolie terrasse.
|●| **Pousada de Nossa Senhora da Oliveira** *(plan B2, 22) : rua de Santa Maria.* ☎ 253-51-41-57. *Repas 25 €.* Une des plus belles *pousadas* du pays. Dans une superbe maison seigneuriale, décorée et meublée avec un goût raffiné. Si les chambres sont très chères, en revanche, possibilité d'y faire un excellent repas, qui reste toutefois assez cher aussi. Accueil froid.

Où boire un verre ?

🍸 **Millenia** *(plan A2, 30) : largo do Toural. Tlj.* Un de ces cafés comme seuls les Portugais savent encore les conser-

ver. Les anciens qui s'y retrouvent pour discuter ou boire un café *bica.* Faites comme eux !

🍷 Sur le *largo de S. Tiago (plan A-B2, 31)*, de beaux bars ouverts jusque tard le soir. Notre préféré : *Cinecita*, tenu par un couple qui a longtemps vécu en Alsace. Observez bien les affiches de ciné qu'ils ont accrochées aux murs...

À voir

🍴 *Sur la route du vinho verde :* au cours de vos promenades, vous apercevrez les panneaux « Rota dos Vinhos verdes », c'est souvent l'occasion de visiter des producteurs et leurs *quintas,* belles maisons de maître. Notre préféré : la *Caza de Sezim* (voir « Où dormir dans les environs ? »). Réserver pour la visite. Demander le document « Rota dos Vinhos Verdes » à l'office de tourisme.

🍴🍴🍴 *Paço dos Duques (palais ducal ; plan B1) :* à côté du château. Visite 9h30-13h, 14h-17h30. Fermeture du guichet 30 mn avt. Entrée : 3 € ; gratuit dim jusqu'à 14h. Construit au début du XVe siècle par le fils bâtard de João I^{eiro}. Quelques curiosités : le portail de l'église, face à vous, dans l'entrée... au 1er étage ! Salle des pas perdus vaste, décorée de meubles portugais et de tapis persans. Belle salle d'armes. Dans la salle des banquets, plafond en coque renversée avec charpente apparente assez impressionnant. Très beaux lustres. Dans le grand salon, petit faible pour les anges polychromes aux visages poupons. Mais aussi belles tapisseries du XVIe siècle racontant les conquêtes portugaises en Afrique, riche mobilier, faïences de Delft, etc. Beau musée, bien agencé et frais en été. Pour l'anecdote, une aile du palais est encore réservée au président de la République.

🍴 *Igreja São Miguel do Castelo (plan B1) :* chapelle romane du XIIe siècle, située entre le palais et le château. Selon la tradition, le premier roi du Portugal, Dom Afonso Henriques, y aurait été baptisé.

🍴 *Castelo de Guimarães (château ; plan B1) :* tlj sf mer-jeu et j. fériés 9h30-12h30, 14h-17h30 (19h juin-sept). Son donjon, d'une trentaine de mètres de haut, date du Xe siècle et fut renforcé par la suite de sept massives tours crénelées. Pas grand-chose à voir, sinon admirer le travail des ouvriers de l'époque.

🍴 *Igreja Nossa Senhora da Oliveira (plan B2) :* largo da Oliveira. Souvent remaniée et d'un style indéfinissable. Clocher massif du XIIIe siècle. Intérieur assez dépouillé. Devant le porche, un curieux édicule gothique avec quatre arcs en ogive.

🍴🍴 Alentour s'étend un *quartier médiéval (plan B2)* d'une grande homogénéité. Presque entièrement piéton. Notez le pittoresque alignement de maisons très anciennes sur le largo de Santiago et l'ancien hôtel de ville (*paço do Concelho),* avec galerie à arcades ogivales.
La *rua Santa Maria* aligne de nombreuses demeures gothiques ornées de superbes ferronneries. Elle traverse notamment le parvis de l'ancien couvent Santa Clara, l'actuel hôtel de ville de style baroque. La rua da Rainha mène au largo do Toural, le centre commerçant, avec un café typique, le *Millenia* (voir « Où boire un verre ? »).

🍴 *Museu Alberto Sampaio (plan B2) :* à côté de l'église, installé dans l'ancien couvent da Oliveira du XIIIe siècle avec son cloître roman. Tlj sf lun et j. fériés 10h-18h. Gratuit dim mat. Intéressant musée d'art sacré, complété de quelques primitifs. On pioche à l'entrée de chaque pièce un feuillet décrivant les objets exposés. Quelques céramiques de Delft. Gisant souriant et apaisé. En sortant, belle vue sur Penhã, là-bas, au loin !

🍴 *Funiculaire pour Penhã (hors plan par B2) :* au sud-est de la ville, tout droit en sortant du musée Alberto Sampaio. Billet aller-retour 3 €. Fonctionne slt en journée. Compter 10 mn pour grimper à 400 m d'altitude. Circuit de balades entre forêt et rochers au sommet. Belle vue sur la ville et ses environs. On y aperçoit même le stade rénové pour l'Euro 2004. Une église, des petits restos et la statue de Pie IX... Une promenade sympa.

¶ Petit **Musée archéologique régional** (plan A2) installé dans le cloître de l'église São Domingos, rua Paio Galvão. Entrée : 1,50 €.

Manifestations

– En juillet, un certain nombre d'animations : semaine de la **danse,** semaine de la **mode,** semaine de l'**humour,** de la **musique,** du **théâtre.**
– **En août,** mois du **cinéma.** Un écran géant permet de voir des films récents.
– **Fête de Guimarães :** le 1er w-e d'août, avec défilés de chars, de groupes folkloriques...

AMARANTE (4600) 59 600 hab.

À 35 km de Guimarães par la N 101 et 57 km de Porto par l'A 4. Une très jolie ville de la serra do Marão, traversée par le rio Tâmega. Nombreuses maisons du XVIIe siècle, aux balcons en ferronnerie, s'étageant sur la colline. Pont ancien sur le Tâmega et **église São Gonçaló** possédant un superbe buffet d'orgue du XVIIe siècle. Les habitants d'Amarante aiment à rappeler que c'est sur leur pont qu'une poignée d'hommes parvinrent à tenir tête à l'armée napoléonienne pendant plusieurs semaines.

Arriver – Quitter

En bus

🚌 **Gare routière :** au sud de la ville ; depuis l'office de tourisme, suivre la rua 31 de Janeiro, sur la gauche, sur le largo Conselheiro. Bureaux Rodonorte, entre autres.

➢ **Connexions avec Vila Real, Porto** (en 1h ; 3,75 €), **Braga, Guimarães** (4,60 €) ou **Lisbonne** (5h de trajet ; 13 €).

En train

🚃 **Gare ferroviaire :** rua Paulino António Cabral. Au nord de la ville.
➢ **Pour Régua et Porto** (1h de trajet ; 3,50 €).

Adresses utiles

🆗 **Office de tourisme :** alameda Teixeira de Pascoais. ☎ 255-42-02-46. Sur la rive droite. Tlj 9h (10h le w-e)-12h30, 14h-17h30 (19h juil-sept). Demander les brochures à thème « Amarante romantique », « Les invasions françaises » (sic), et, pour les amateurs de vin, le dépliant « Rota dos vinhos verdes », pour visiter les quintas productrices. Accueil très efficace.
■ **Piscine municipale :** av. General Silveira ; le long du rio Tâmega, au sud de la ville. Entrée : 1,50 €.

Où dormir ?

Camping

⚠ *Parque de campismo Penedo da Rainha :* à São Gonçalo, Amarante. ☎ 255-43-76-30. ● terravista.pt/portoan to.pt ● *Non loin du centre-ville sur la rive gauche. Ouv de début fév à fin nov. Emplacement pour deux avec une voi-* ture 11 €. Loc de bungalows pour 35 €. Piscine, épicerie, snack-bar, sanitaires propres. Bien situé, en bordure de rivière. Attention, toutes les places ne sont pas à l'ombre. Gérants accueillants.

Prix moyens

🛏 *Residencial-bar Principe :* largo Conselheiro António Cândido. ☎ 255-43-29-56. *Sur la rive gauche. En plein été, en période de fêtes, mieux vaut réserver. Compter 30-35 € sans petit déj.* Mme Magellan (si, si, c'est son vrai nom ! en portugais, Magellan se dit *Magalhães*) est souvent derrière le comptoir du café au rez-de-chaussée. Intérieur un peu défraîchi, avec une déco style chez Tantine. Les chambres avec douche sur le palier sont évidemment les moins chères. Certaines profitent de la vue sur la place, mais aussi de l'animation et du bruit les soirs d'été. Sinon, chambres sur l'arrière sans vue mais plus calmes (comme d'habitude).

🛏 *Albergaria Dona Margaritta :* rua Cândido dos Reis, 533. ☎ 255-43-21-10. ● albergariadonamargaritta.panet. pt ● *Sur la rive droite. Une grande et vieille maison en granit, sur la gauche en montant la rue, 200 m après le vieux pont, derrière l'église après la rua 5 de Outubro. Chambres doubles 40-50 €, avec petit déj.* Impeccables, avec salle de bains, TV et AC, calmes et ensoleillées, les chambres sans charme particulier surplombent la petite vallée du rio Tâmega, bordée de jardins verdoyants et de bosquets d'arbres. Pour avoir un balcon, demander une chambre au 2ᵉ étage. Accueil charmant.

Où dormir dans les environs ?

Plus chic

🛏 *Quinta de Ribas :* à Vila Chã. ☎ 255-42-21-13. 📱 916-20-91-12. ● perso.wa nadoo.fr/quintaderibas ● *Du centre historique, traverser le pont, prendre la première à droite et passer sous le pont. Continuer 500 m et tourner encore à droite en direction de Vila Chã. La quinta est indiquée une fois arrivé au village, à 5 km. Ouv mars-oct. Compter 50 € la nuit, mais résa pour 2 nuits min.* Voilà une ancienne grande propriété reconvertie en chambre d'hôtes par un couple franco-portugais. De beaux orangers en bordure du chemin, une jument dans un pré, des canards dans une petite marre, une piscine, un tennis. Les enfants adoreront. Chambres assez simples avec cuisine commune et un gîte pour 4 à 6 personnes. Plein d'infos sur la région à disposition.

Où manger ? Où boire un verre ?

🍽 *A Quelha :* rua de Olivença. ☎ 255-42-57-86. *Sur la rive gauche. Remonter la rua 31 de Janeiro jusqu'à la première place. Le resto se trouve dans la rue à gauche. Tlj. Le midi, plat env 6 €.* Une adresse régionale réputée, avec sa cui- sine à base de viande et de charcuterie. Drôle de taverne où se mélangent jambons qui pendent au plafond et tableaux contemporains. Bonne ambiance malgré l'accueil un peu froid.

🍽 *Restaurante Lusitana :* rua 31 de

Janeiro, 65. ☎ 255-42-67-20. Sur la rive gauche. Tlj sf mar et 1er-20 oct. Spécialité de cabri au four 15 €. Digestif offert sur présentation de ce guide. Ça sent bon quand on entre dans cette salle campagnarde aux nappes blanches, avec des fleurs fraîches sur les tables. Belle vue sur le fleuve. Dans les assiettes, bonne cuisine locale. Accueil francophone.

|●| ▼ **Restaurante-café São Gonçalo :** praça da República ; à l'ombre de l'église. ☎ 255-43-27-07. Plats 7,50 €. Rive droite, sur une petite place triangulaire fort animée les soirs d'été. Grand café-resto avec une salle immense, des tables en terrasse où il fait bon paresser au soleil. Bien pour boire un verre aux bonnes heures, mais cuisine ordinaire.

Où déguster une bonne pâtisserie ?

|●| **Confeitaria da Ponte :** rua 31 de Janeiro, 17. Sur la rive gauche. À l'angle du vieux pont et de la rue. Ouv 9h-22h.

La meilleure pâtisserie de la ville, d'après la rumeur. Petite terrasse agréable surplombant le rio Tâmega.

À voir. À faire

Voir l'office de tourisme plus haut pour retirer les différentes et très bonnes brochures.

🎨 **Le musée Amadeu de Sousa Cardoso :** dans l'hôtel de ville, près de l'église São Gonçalo, un petit musée très bien fait. Tlj sf lun et j. fériés 10h-12h30, 14h-17h30. Entrée : 1 €. Bel édifice doté d'un charmant cloître à colonnes. Ce musée n'est pas seulement d'intérêt local, car il abrite plusieurs œuvres d'un célèbre peintre cubiste portugais, Amadeu de Sousa Cardoso (1887-1918), né près d'Amarante.

🎨 **La vieille ville :** le samedi matin pendant le marché. C'est alors que les Portugais se dévoilent. Alimentation, vêtements, bricolage, vendeurs ambulants, sur la place du marché ou dans les rues, tout se vend. On s'interpelle, on discute bien haut, on grignote une pâtisserie, on flâne sur le pont...

🎨 **Igreja São Gonçalo :** cette église du XVIe siècle renferme un beau mobilier baroque dont un splendide buffet d'orgue. Dans la nef centrale, tombeau de São Gonçalo. Joli cloître.

➤ **Barques sur le rio Tâmega :** en contrebas du fleuve, dans le centre-ville. Tarif : 5 € la demi-heure. Ouvert aux beaux jours seulement. Pour jouer les fiers-à-bras Messieurs, aux yeux de vos donzelles ! Bucolique à souhait.

Manifestations

– **Marché** très animé les mercredi et samedi. Amarante est renommée pour ses pâtisseries et son pain de maïs.
– **Fête de São Gonçalo :** le 1er w-e de juin ; très populaire et colorée, ayant la réputation de favoriser les mariages.

LAMEGO (5100) 27 700 hab.

Ville charmante, dominée par son sanctuaire *Nossa Senhora dos Remédios*, qui rappelle Bom Jesus de Braga, belle synthèse des styles architecturaux de la ville. Goûtez-y aussi l'une des spécialités de la ville : la *bola*, sorte de petit pain fourré au jambon. Parfait pour casser une graine sans se ruiner !

Arriver – Quitter

En voiture

De Porto (104 km), prendre l'A 4 jusqu'à Amarante, puis la N 101 jusqu'à Mesão, et enfin la N 108 jusqu'à Peso da Regua, route sinueuse mais splendide.

En bus

🚌 **Gare routière :** *derrière le musée, au sud.* Billets dans le kiosque à journaux, à côté du café *Maïa,* jouxtant l'office de tourisme. En direction de **Vila Real,** compter 1h et 4,60 €.

➤ Bus pour **Porto** et **Lisbonne** avec correspondance à Viseu.

Adresse utile

🚩 **Office de tourisme :** av. Visconde Guedes Teixeira. ☎ 254-61-20-05. • cm-lamego.pt • (mairie). *Tlj sf sam mat et* *dim en basse saison 9h30-12h30, 14h-17h30.*

Où dormir ?

🏠 **Hotel Parque :** *parque Nossa Senhora dos Rémedios.* ☎ 254-60-91-40. • hotel-parque.com • *Chambres 45 €.* Très belle demeure située à côté du sanctuaire, assez excentrée. Bien au calme. Les chambres sont spacieuses, apprêtées avec goût, dans des tons chauds. Mobilier rustique et parquet. Grande salle pour les repas, coin-bar et salon de thé. Le charme à la portée de presque toutes les bourses. Pourvu que ça dure !

Où dormir dans les environs ?

🏠 **Quinta do Terreiro :** *à Lalim.* ☎ 254-69-70-40. • geocities.com/quintadoterreiro • *De Lamego, prendre l'IP 3 direction Viseu, puis l'EN 226 direction Moimenta da Beira sur 4 km ; indications « Lalim » et « Turismo de habitação ». Nuitée 80 €, petit déj inclus.* Dans une ferme rénovée du XIIIᵉ siècle, où sont toujours cultivées pommes, cerises et pêches, une dizaine de chambres autour d'une cour, aux murs en pierre, toutes différentes et aménagées avec goût. Tout confort, naturellement ; sanitaires d'origine, savamment restaurés. Jardin, TV, piscine et court de tennis. Belle vue sur la vallée.

Où manger ? Où boire un verre ?

🍽 **Restaurante Trás-da-Sé :** *rua Virgilio Correia n° 12, derrière la cathédrale, à côté de la pastelaria.* ☎ 254-614675. *Tlj sf mar à partir de 11h, mais ferme tôt hors saison (20 h !). Plat env 6 €. Café offert sur présentation de ce guide.* Petit resto populaire, servant un bon cabri (*cabrito*). Demi-portion suffisante.

🍽 🍷 **Café-pastelaria Scala :** *av. Visconde Guedes Teixeira.* ☎ 254-61-26-99. Face au sanctuaire, dans la rue principale, sur votre gauche. Une grande salle où les jeunes et moins jeunes de Lamego se retrouvent autour d'un verre pour jouer à la loterie nationale. Et pour grignoter les fameux *bolas* au jambon (hmm !). Pas cher du tout.

À voir

🎖🎖 *Le musée :* *dans l'ancien palais épiscopal. Tlj sf lun et j. fériés 10h-12h30, 14h-17h. Entrée : 2 € ; gratuit dim mat.* Importante section lapidaire, mais surtout de superbes chapelles reconstituées provenant de couvents de la région, des tapisseries de Bruxelles et de remarquables toiles de Vasco Fernandes, dit Grão Vasco. Belle statuaire religieuse et fresques d'azulejos du XVIIe siècle. C'est intéressant, mais on a tellement l'impression d'importuner les employés à l'accueil qu'on hésite à entrer.

🎖 À côté du musée, *cathédrale* fusionnant avec élégance roman, gothique et baroque. Beaux plafonds peints de Nicolau Nasoni.

🎖 *Les vestiges de la vieille ville fortifiée :* faire une petite balade dans les rues hautes de la vieille ville, qui montent juste derrière l'office de tourisme. Hardi petit ! Jambons suspendus, une des spécialités de la ville, magasins hétéroclites, gamins qui jouent au foot et, au sommet, la tour du château et sa muraille. Ambiance sympa.

🎖🎖 *Le sanctuaire Nossa Senhora dos Remédios :* *en haut d'une colline boisée, visible de la place centrale de la ville et accessible à pied par un immense escalier double de 614 marches (d'aguerris lecteurs les ont comptées) ou, pour les moins courageux, par la route.* C'est un lieu de pèlerinage datant du XVIIIe siècle. Des azulejos ornent les murs de soutènement des escaliers. L'édifice est considéré comme l'une des plus belles constructions baroques de la péninsule. Intérieur d'inspiration baroque également et plafond « à la Wedgwood ».

🎖🎖 *Capela de Balsemão :* *de Lamego, suivre « Balsemão » à partir de l'IP 3 vers Viseu. Ne pas perdre espoir, c'est tout au bout d'un chemin de 4 km prévu pour une seule voiture ! Ouv 9h30-12h30, 14h-17h.* Cette croquignolette chapelle du VIIe siècle, pavée de galets et encaissée dans une montagne, est un petit trésor. Wisigothique, elle dispose d'un plan de basilique, très rare (surtout au Portugal) et d'un plan à 3 nefs parallèles encore plus rare. Sarcophage magnifique.

LA HAUTE VALLÉE DU DOURO

> Pour la carte générale de la haute vallée du Douro, se reporter au début de la partie suivante, « Le Nord-Est ».

En partant de Porto, une magnifique balade se profile à l'horizon, par les routes qui serpentent entre les collines, le long du Douro. À 100 km à l'est de Porto, jusqu'à la frontière espagnole, la région du Douro s'étend approximativement sur 250 000 ha *(Baixo Corgo, Cima Corgo, Douro Superior)*, dont près de 40 000 sont plantés de vignobles. De tout temps la *vigne* a poussé dans cette vallée privilégiée, dotée d'un sol et d'un climat particuliers, qui confèrent au *porto* des qualités exceptionnelles et uniques. Le schiste, le merveilleux capteur naturel qui recouvre tous les vignobles, restitue au raisin pendant la nuit toute la chaleur accumulée le jour grâce aux températures « torrides » de l'été (atteignant parfois les 50 °C). L'implantation des vignes en terrasses sur un sol schisteux fait la splendeur du paysage. Un vrai travail d'orfèvre. Des éléments favorables vont donc permettre une croissance des plants, une maturité des grappes de raisin de toutes sortes... et donner du travail aux habitants ! Aussi bien les femmes (chargées de la cueillette) que les hommes (porteurs de hottes de 60 ou 70 kg) travaillent durement le long des pentes escarpées. Jadis chargé sur des chars tirés par des bœufs, le précieux raisin est aujourd'hui porté par des camions vers les *quintas,* mi-fermes mi-châteaux, pour y être pressé selon des techniques modernes (mais aussi traditionnelles, comme le foulage aux pieds). Le *porto* subira alors la fermentation, l'additionnement d'*aguardente* (eau-de-vie), avant d'être transféré à Vila Nova de Gaia par camion (et non plus par les barques *rabelos*) pour y vieillir tranquillement. Il acquiert une saveur incomparable dans les fûts et cuves de chêne pendant quelques années (parfois jusqu'à 50 ans). Voir aussi la rubrique « Boissons » dans « Hommes, culture et environnement ».

Les routes qui longent le Douro traversent de charmants villages bordés de vignes, d'orangers, d'oliviers, de palmiers, d'amandiers en fleur et de quelques restos, cafés-snack-bars, pour les petits creux ! Côté logement, peu d'hôtels mais surtout de séduisantes *quintas*. Remarquez également la splendeur du paysage schisteux : même les maisons sont en schiste !

Dernière remarque : la région déborde de vie à la saison des vendanges (fin de l'été), sous une chaleur torride.

Adresses utiles

🔲 *Office de tourisme de Régua :* rua da Ferreirinha. ☎ 254-31-28-46. Fax : 254-32-22-71.
◼ *Região de Turismo Douro Sul :* rua dos Bancos, à Lamego. ☎ 254-61-57-

70. ● *douroturismo@mail.telepac.pt* ● Pour toutes les infos sur la région et en particulier les hébergements dans les vignobles.

À faire

➢ *De Porto à Pinhão* en train (voir « À faire » à Porto).

➢ De Porto vers *Gondomar,* direction *Peso da Régua* (par la N 108), on traverse de jolis villages dans les montagnes. Notre route préférée commence à *Entre-Os-Rios,* passe par *Peso da Régua, Pinhão,* puis *Sabrosa.* Superbe balade sur la Route des vins de Porto, avec visite des *quintas* de la région productrice. N'hésitez pas à pousser leurs portes, elles accueillent chaleureusement tous leurs visiteurs. À partir de *Várzea do Douro* (par une route très mauvaise), on commence à voir de belles maisons et façades en granit. De nombreuses carrières dans la région offrent aux hommes la possibilité de travailler la pierre ainsi que le marbre, sur les bords des routes pour la plupart. Courageusement, « à la main », certains fabriquent de véritables œuvres d'art, mais le granit sert en majeure partie à la construction (attention, de gros camions peuvent surgir). À partir de *Magrelos,* pour les adeptes du *Turismo de habitação,* quelques *quintas* commencent à être signalées (à Ancede, Gaia, Santa Marinha do Zêzere, Rêde...). Se renseigner auprès de *Região de Turismo Douro Sul* (voir plus haut).

➢ Une variante, *de Peso à Vila Real* : plus court, mais les plus beaux sites y sont concentrés. En partant de *Peso da Régua,* rejoindre *Pinhão* par la N 222 qui longe le Douro. On franchit le pont Eiffel avant de grimper sec pour *Sabrosa,* au nord de *Pinhão* par la N 323, pour rejoindre *Vila Real.*

PINHÃO

Un charmant petit village entre Lamego et Sabrosa, avec vue sur le fleuve qui le traverse (absolument splendide au coucher du soleil) et la gare, hors du temps, couverte d'azulejos polychromes. Ceux côté quai retracent les étapes des vendanges. C'est aussi, avec Tua, le terminus du circuit en train (voir « À faire » à Porto). Un hôtel de luxe également pour ceux qui voudraient casser leur tirelire, le *Vintage House,* dont dépend un resto chic encore abordable. Parfait si on est en voiture, pas si l'on vient en train (pas grand-chose à faire non plus).

SABROSA

(5060)   6 900 hab.

C'est dans ce village accroché à une colline plantée de vignes et d'oliviers (à 21 km à l'est de Vila Real et 42 km de Peso da Régua) que serait né, vers 1480, le premier Européen à avoir traversé l'océan Pacifique, accomplissant ainsi le premier tour du monde de l'histoire. Cette audacieuse épopée maritime se déroula entre 1519 et 1521, et l'homme en question n'est autre que Fernand de Magellan, en portugais Fernão de Magalhães. Le célèbre navigateur portugais (qui vogua pour le compte de l'Espagne) aurait – tous les historiens l'admettent – vu le jour dans un petit manoir en granit, situé en contrebas du village, non loin de l'*igreja Matriz* (et de la mairie). Quand vous avez la façade de cette église dans le dos, il faut prendre à gauche une ruelle pavée qui descend ; la *demeure natale de Fernand de Magellan* est sur la droite, 50m plus bas. Il s'agit d'une bâtisse en grosse pierre de granit clair, aux fenêtres à guillotine (à l'anglaise), avec vue sur les vignes. À l'intérieur de la maison, un seul souvenir de Magellan (car la maison a été refaite au fil de l'histoire), une table (classée pièce historique) qui aurait, dit-on, été la table de travail de l'explorateur. Si Magellan est né ici, il est mort à Mactan (Philippines) en 1521, au cours d'un combat contre des autochtones. Donc, aucun tombeau de Magellan, ni à Sabrosa, ni ailleurs au Portugal.

– *Un bon conseil :* ceux qui viennent de Bragança et du nord-est du Portugal ont tout intérêt à rejoindre Porto par la vallée du Douro, aux flancs couverts de vigne et ponctués des plus riches *quintas* (manoirs au centre des exploitations viticoles).

LE NORD-EST

De Bragança à Castelo Branco, une région assez en marge, âpre, dure, long-temps réservoir de l'émigration portugaise. Tout au nord s'étend le *Trás-os-Montes* (« l'Au-delà des Monts »). Plus on s'éloigne du Douro (Vila Real, Mateus), plus la région est sauvage, contrée de hauts plateaux et de monta-gnes, fort peu visitée.
En dessous, la *Beira Alta,* la partie la plus montagneuse du Portugal, avec la célèbre *serra da Estrela.* Sa partie ouest (Viseu, vallée du Mondego) est riche et fertile, tandis que la région de Guarda, limitrophe de l'Espagne, est plutôt le domaine des moutons. De temps à autre, quelques vertes vallées étagent leurs cultures en terrasses.
La *Beira Baixa,* autour de Castelo Branco, présente une géographie plus « méditerranéenne », transition vers les plaines à blé ondoyantes de l'Alen-tejo. C'est l'une des provinces les plus pauvres, la moins peuplée et celle où le climat est le plus rude (hiver glacial, été torride). Le mouton y est roi, là aussi. Il va sans dire que, dans ces coins, il y a moins de monde qu'en Algarve. Jus-tement, c'est ce qui en fait aussi le charme.

VILA REAL   (5000)   49 600 hab.

À 90 km de Porto, ville étape présentant peu d'intérêt, si ce n'est sa situation de promontoire à pic sur les gorges du Corgo. On s'attarde un peu sur le pano-rama, mais pas vraiment sur la ville. Universitaire, elle a toutefois l'avantage d'être animée hors saison.

Arriver – Quitter

Gare routière : *rua Don Pedro de Castro ; près de l'hôtel* Miraneve. | Essentiellement la *Cie* Rodonorte.

➢ Bus toutes les heures 6h30-22h30 *depuis et pour Porto* (1h30 et 6,20 €). Liaisons avec *Guimarães* (6 € et 2h de trajet) et *Braga* (8 € pour 2h de route). Vers *Mirando do Douro, Bragança, Chaves* (une dizaine de trajets 8h30-23h). Et encore *Lamego, Viseu* ou *Coimbra.* Pour les horaires, rendez-vous à la gare routière.

Adresses utiles

Office de tourisme : *av. Carvalho Araújo.* ☎ 259-32-28-19. ● *rtsmarao. pt* ● *Dans une belle demeure à la façade manuéline. Tlj sf dim en basse saison 9h30-12h30, 14h-18h.*
Centro de informação do parque *natural do Alvaõ :* largo dos Freitas. ☎ 259-30-28-30. ● *icn.pt* ● À côté de la mairie. Lun-ven 9h-12h30, 14h-17h30. Renseignements, cartes et documenta-tions détaillés sur le parc.
✉ **Poste :** *praça Luís de Camões.*

Où dormir ?

Camping

⚠ **Camping municipal :** quinta da Carreira. ☎ 259-32-47-24. À 10 mn à pied du centre. Au bord de la rivière. Fermé de mi-nov à fin fév. Emplacements 2-11 €. Repas env 10 €. Confort rudimentaire, mais propre. Assez ombragé.

Resto très correct. Grande piscine bondée et bruyante. Tennis.

🛏 50 m plus haut, **AJ** de l'Instituto Português da Juventude. C'est le grand bâtiment en brique jaune. Pas folichon, mais ça peut dépanner !

Prix moyens

🛏 **Residencial da Sé :** travessa de São Domingos, 19-23. ☎ 259-32-45-75. Chambres avec douche et w-c à 30 €, petit déj compris, petites et qui mériteraient un coup de neuf, mais dif-

ficile de trouver moins cher. En demander une sur l'arrière, c'est plus calme. Côté accueil, on a un peu l'impression de déranger.

Plus chic

🛏 **Hôtel Miraneve :** rua D. Pedro de Castro. ☎ 259-32-31-53 et 54. ● miraneve.pt ● À côté de la gare routière Rodonorte (bruyant). Parking dans un garage privé. Chambres à partir de 65 € équipées tout confort. Café offert sur présentation de ce guide. Agréables et spa-

cieuses, certaines possèdent un petit balcon. Vue sur les montagnes pour celles qui sont au 3e. Propreté assurée, bon accueil. L'hôtel dispose également d'un resto, dont les prix pour un repas varient entre 15 et 20 €.

Où manger ? Où déguster une bonne pâtisserie ?

Bon marché

🍴 **Terra de Montanhã :** rua 31 de Janeiro, 16-18 A. ☎ 259-37-20-75. Depuis l'office de tourisme, une rue qui monte sur la droite. Plat du jour 8 €. Ici, on mange dans des tonneaux vides ! Bonne cuisine de terroir, dont la spécialité est le bacalhau com presunto e broa (morue au jambon fumé et au pain à l'ail). Nourrissant ! Bonne sélection de

vins de pays. Musique de montagnes et photos de transhumance sur les murs de pierre. Une bonne adresse.

🍴 **Casa Lapão :** rua da Misericórdia, 54-52. Dans la vieille ville. Attention au péché de gourmandises ! Les pâtisseries régionales de ce petit salon de thé sont redoutablement bonnes...

À voir. À faire

🔨 **La cathédrale :** ancienne église de couvent qui, bien que construite à l'époque gothique, présente de nombreux aspects romans.

🔨 **L'hôtel de ville :** construit au début du XIXe siècle en style Renaissance italienne. Remarquable pour son escalier en pierre sculptée.

🔨 **La maison natale de Diego Cão :** dos à l'hôtel de ville, à gauche. Le découvreur de l'embouchure du fleuve Congo au XIVe siècle.

🔨 **Le panorama sur les gorges :** derrière l'hôtel de ville, se rendre sur l'esplanade du cimetière, au bout du promontoire, pour jouir de la vue sur les gorges encaissées au confluent des rivières Cabril et Corgo. Pas mal de fouilles archéologiques.

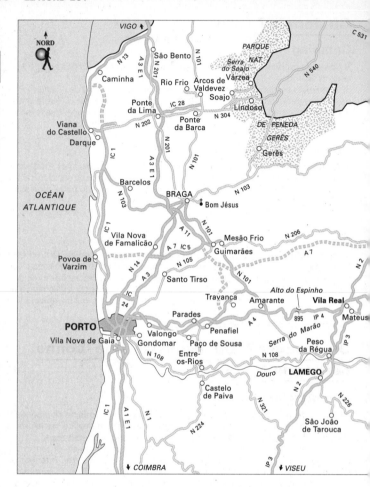

➢ *Parque natural do Alvão :* depuis Amarante, prendre le bus en face de la gare ferroviaire de la C ^{le} Automondinense *pour Mondim.* De là, plusieurs excursions sur un site quasi lunaire, et qui réserve quelques surprises naturelles, florales et animales (des loups !). Zone montagneuse de plus de 8 000 ha. Pour plus de renseignements, s'adresser au *Centro de informação* (voir « Adresses utiles »).

SOLAR DE MATEUS

🎖🎖🎖 *Le site :* le plus beau, le plus étonnant *solar* (manoir) du nord du Portugal, avec le château de Buçaco. Tous les amateurs de vin le connaissent déjà, puisqu'il illustre l'étiquette du célèbre vin de Mateus. Dans une campagne de collines qui,

LE TRÁS-OS-MONTES ET LA HAUTE VALLÉE DU DOURO

par moments, rappelle certains paysages du Mexique, se dresse cette très élégante demeure baroque du XVIIIe siècle, appartenant à la famille d'Albuquerque, l'une des plus anciennes du pays. Ce qui frappe ici, c'est l'alliance étrange et subtile du granit, des murs blancs éclatants sous le soleil et des fantaisies du Siècle des lumières. Comme ces corniches couvertes de statues, ces pilastres baroques vissés dans le ciel comme de bizarres cheminées. Parc agréable. Entrée relativement chère, mais les recettes permettent au comte (le 7e du nom) de conserver son manoir en bon état.

– *Localisation :* à 3 km à l'est de Vila Real, direction Sabrosa.

– *Horaires et tarifs :* l'intérieur du manoir se visite tlj 9h-17h déc-fév ; jusqu'à 18h mars-nov. Slt en visite guidée. Entrée : 6,50 €. Pour les jardins slt : 3,70 €. Tarif réduit pour les moins de 10 ans. Parking loin d'être superflu en sus à 3,50 €.

À voir

– *L'intérieur du manoir :* belle *salle d'entrée* avec blason de la famille au centre du plafond et des lampions originaux travaillés, du XVIe siècle. Dans la *bibliothèque,* créée par Nasoni au XVIIIe siècle, quelque 600 ouvrages. Plafond impressionnant en châtaignier. Jolies crèches en terre cuite avec des soldats, dans les couloirs menant aux chambres. Dans le *vestibule des Quatre Saisons,* des tableaux rappelant ceux d'Arcimboldo et surtout un plat hispano-arabe en lustre. Dans le *salon des Hommes,* belle porcelaine chinoise (du temps où Macau était portugais !). Cabinet en ivoire et table en nacre et écailles de tortue d'inspiration moghole dans le *salon des Femmes.* Admirer dans le petit musée une reproduction des *Lusiades* de Camões, illustrée par Fragonard et Gérard en 1817.
– *Le petit bassin :* devant l'entrée du manoir. Un bon endroit pour prendre une photo.
– *Le parc :* joli jardin aux buissons de buis soigneusement taillés. Dans la partie sud, un énorme et long boyau de verdure, taillé dans un massif de résineux, constitue la plus curieuse des fantaisies végétales. Folie du comte certainement, cette surréaliste chenille verte est un drôle d'endroit. Des échelles courbes et mobiles servent à son entretien. À l'intérieur, on se trouve dans une sorte de grotte lugubre, un tunnel obscur creusé dans les branches enchevêtrées du monstre végétal. Un lieu pour tourner une scène haletante d'un film à la Hitchcock... Chapelle familiale avec plafond à caissons peints, un autel à étages (plus c'est haut, plus l'on se rapproche de Dieu ; et là, Marie est très, très haute...) et surtout, curiosité des lieux, le *reliquaire de S. Narcimar,* un vrai corps recouvert de soie et d'or, sauf la tête, en cire. Brrrr...

CHAVES   (8400)   43 300 hab.

À 88 km de Bragança par la N 103. Ville étape essentiellement, capitale de l'*Alto Tâmega,* la partie ouest du Trás-os-Montes. Sur la route de Braga à Bragança, sur celle de Vila Real vers la Galice et Saint-Jacques-de-Compostelle. Chaves est une ville au milieu d'une fertile et verdoyante vallée. Les Romains appréciaient les eaux thermales à 73 °C et laissèrent dans le coin quelques traces de leur passage. Aujourd'hui, ce sont les spas qui jaillissent un peu partout. Joli fort au sommet de la ville, transformé en hôtel de luxe.

Arriver – Quitter

En bus

🚌 *Gare routière :* à côté du *Cyberbar.*
➤ *De Coimbra,* 6 bus/j. (11 €). Idem *en direction de Porto* (3h de trajet, 10 €). Vers *Guimarães* et *Braga,* 4 bus (3h et 9 €). *Liaisons avec Lisbonne,* 3 bus, compter 7h de trajet et 16 €. D'autres bus plus fréquents pour *Vila Real* et *Bragança.*

En voiture

➤ *Pour Bragança :* route de 90 km par la N 103. Compter env 1h40 de trajet car, si la route est belle, elle est sinueuse, voire carrément pleine de virages.

Adresses utiles

🏢 *Office de tourisme :* terreiro de Cavalaria. ☎ 276-34-06-60. ● rt-atb. | pt● *Lun-sam 9h30-12h30, 14h-18h ; en été, ouv également dim 9h30-13h.*

LE NORD-EST

Documentation sur la ville et la région. Propose également des adresses originales de tables d'hôtes.

✉ *Poste : largo General Silveira.*

🖳 *Internet :* voir le *Cyberbar* dans « Où boire un verre ? ». Un poste gratuit aussi dans le *centro cultural.*

Où dormir ?

Camping

⛺ *Quinta do Rebentão :* à Vila Nova, à 4 km de Chaves en venant de Vila Real ; bien indiqué. ☎ et fax : 276-32-27-33. Fermé en déc. Emplacement 10 €. Un joli site, un camping accueillant, traversé par un ru. Sanitaires propres mais en nombre insuffisant. Douches chaudes gratuites, snack sur place et une petite épicerie à 1 km. Quelques bungalows également. Piscine municipale à côté.

Prix moyens

🏠 *Residencial Termas :* rua do Tabolado. ☎ 276-33-32-80. • Polina-alves@sapo.pt • sapo.pt • En venant de Vila Real, prendre la 1re rue à gauche à l'entrée de Chaves après le pont, puis continuer tout droit sur 300 m env. À deux pas des thermes et des bars sympas. Doubles avec bains 30 €, petit déj assez copieux compris. Dieu que ça sent bon dans cette *residencial* ! Certes, l'immeuble n'a pas beaucoup de charme, mais les chambres sont propres, confortables et surtout vastes. Dessus-de-lit fleuris, TV et AC pour toutes les chambres. Accueil francophone très agréable de surcroît. Chambres familiales avantageuses. La bonne affaire.

🏠 *Residencial Katia :* rua do Sol, 28-32. ☎ 276-32-44-46. Chambres doubles avec douche ou bains et w-c 25-35 €. Petit déj offert sur présentation de ce guide. Belle petite maison de 2 étages, rénovée et propre, située non loin du jardim das Caldas, derrière l'ensemble moderne de l'alameda do Tabolado. Parking près du jardin. On est à deux pas des cafés fréquentés par les jeunes de Chaves. Chambres classiques mais bien tenues. Certaines avec balcon donnent sur la rue (on entend bien les voitures ; mais ça se calme le soir). Patrons dynamiques et attentionnés. Fait aussi resto à prix sages et portions copieuses.

🏠 *Residencial Jardim das Caldas :* alameda do Tabolado, 5. ☎ 276-33-11-89. Ou bien s'adresser au resto Chave d'Ouro 2, juste à côté. ☎ 276-33-11-80. • jardimdascaldas@mail.telepac.pt • residencialjardimdascaldas.com • Congés pdt les fêtes de Noël. Chambres doubles 30-45 €, petit déj compris ; un peu plus cher en août. Apéro ou café et petit déj offerts sur présentation de ce guide. Juste à côté du *Residencial Termas,* en face du jardim das Caldas (dont il porte le nom), dans un grand ensemble moderne, plutôt moche mais abritant une kyrielle de cafés. C'est donc l'endroit le plus jeune, le plus animé de la ville. Un hôtel sans charme mais hyperpropre. Balcons pour certaines chambres sur l'arrière, et même vue sur un patio pour d'autres. Mobilier fonctionnel. Possibilité de se garer plus facilement que dans le centre.

Où manger ?

De très bon marché à bon marché

🍴 *Adega Faustino :* travessa Cândido dos Reis. ☎ 276-32-21-42. Tlj sf dim. Env 10 € le repas. On entre par un grand portail rouge dans une cave à vins à peine aménagée en salle de resto, charpente apparente et grandes tables rustiques. Derrière le comptoir, d'énormes tonneaux. Cuisine typique, servie à toute heure de la journée. Accueil francophone et souriant. Parfois, des jeunes viennent y boire un verre. Avec l'écho (la salle est haute de plafond), l'ambiance « foire aux vins » est garantie.

|●| *Taverna de São Francisco :* dans la muraille du fort de l'hôtel São Francisco, *au sommet de la ville.* ☎ 276-33-37-00. *Compter 9 € le repas.* Une taverne avec ses jambons suspendus, au milieu des piments, des coloquintes et autres gousses d'ail... Goûter l'*arroz de chouriça* (risotto au chorizo), y a bon ! Bons *petiscos* (tapas à la portugaise). Service sympa, et bon rapport qualité-prix.

|●| *Restaurante Os Amigos :* en face de l'hôtel Trajano. ☎ 276-32-28-43. *Menu 7 €.* Patron parlant bien le français. Rien de très original mais bonne cuisine familiale.

Où boire un verre ? Où surfer sur Internet ?

☕ @ *Cyberbar :* au rez-de-chaussée de l'*Albergaria Jaime, rua Joaquim José Delgado ; en face des thermes.* ☎ 276-30-10-50. Grande terrasse bien éclairée au petit déj, chaises rigolotes et colorées, et serveuses adorables. Grande salle au design moderne à l'intérieur. Internet haut débit.

À voir

🚶 *La vieille ville* concentre pratiquement tous les points d'intérêt. Balade paisible entre les maisons Renaissance aux balcons à encorbellement. Quelques tavernes pour goûter aux petits vins locaux et au fameux jambon de la région.

🚶 Élégante *praça de Camões* avec l'hôtel de ville et, en face, l'église paroissiale avec pierre apparente et azulejos devant le chœur.
– À côté, dans le renfoncement de la place, l'*igreja Misericórdia* avec une façade étonnante, des colonnes torses et un pilori de style manuélin.

🚶 *Le Musée régional* présente une petite section archéologique et une salle d'art et traditions populaires. Petit droit d'entrée qui donne aussi accès au château.

🚶 Du *château* du XIIe siècle, il subsiste l'énorme donjon abritant un petit Musée militaire. Des remparts à la Vauban devant, beau panorama sur les toits de Chaves. Promenade des familles le dimanche.

🚶 Grand *pont romain* conservant toujours ses piles du IIIe siècle. De part et d'autre s'élèvent de grandes bornes milliaires de la même époque, qui racontent en latin l'histoire du pont et des gens qui l'ont construit.

➤ DANS LES ENVIRONS DE CHAVES

➤ *Entre Chaves et le canyon du rio Rabaçal :* bordée de genêts (en mai surtout), de petits chênes et de maigres haies, la route s'enfuit dans une campagne assez désolée, hésitant entre l'aridité et la culture. On songe aux causses du centre de la France, hérissés de rochers, rythmés par des landes à perte de vue. C'est une sorte de Lozère sans troupeaux, où l'on croise de temps en temps une charrette tirée par un âne, mais peu de paysans. Aux confins du Portugal et de l'Espagne, on est au cœur du Trás-os-Montes, « l'Au-delà des Monts », une région du bout du monde, enclavée, oubliée du reste du pays. Éternellement pauvre ! Dans les villages, les émigrés revenus au pays ont construit, souvent de leurs propres mains, une maison pour passer leurs vieux jours et cultiver leurs carrés de vigne. Une vigne de terre caillouteuse, aux pieds noueux, débarrassée (comme si c'était un luxe ailleurs) de ces hauts piliers de granit qui lui servaient de supports.

Une curiosité : le canyon du rio Rabaçal, à 4 km du village de Rebordelo, qui marque l'entrée dans le district de Bragança.

➤ *Entre Rebordelo et Bragança :* nombreuses échappées sur la serra de Nogueira et la serra da Coroa, paysages sauvages et austères. Le plus grand village, *Vinhais,* s'étale tout en longueur sur le flanc d'une montagne tournée vers le sud. On y trouve de l'essence, des restos, de quoi dormir (au cas où...).

BRAGANÇA (BRAGANCE)   (5300)   34 400 hab.

À 90 km de Chaves par la N 103 et 83 km de Miranda do Douro. Bien que Vila Real soit la capitale économique de la province de Trás-os-Montes, Bragança en est la capitale administrative. Drôle de ville, sortie de nulle part, dont les extérieurs bétonnés et sans charme font penser à une cité de pionniers, tandis que le cœur ancien maintient tant bien que mal son authenticité.

La vieille cité médiévale dominant la partie nouvelle s'est assoupie depuis longtemps derrière ses remparts crénelés. C'est sans doute pour cette raison qu'elle a été épargnée par les affres du modernisme. Elle symbolise avant tout la domination des ducs de Bragança depuis le début du XVe siècle, puis de la famille royale qui en était issue de 1640 à 1910. Le centre nouveau, quant à lui, n'est pas désagréable, avec le rio Fervença et sa promenade où tous les Bragançais se retrouvent.

Côté cuisine, ne pas manquer de goûter aux *alheiras* (saucisses à la volaille et à l'ail), aux viandes fumées, aux *folares* (brioches de Pâques), au chevreau du Montesinho.

Arriver – Quitter

En bus

🚌 *Gare routière* (plan A1) : dans l'ancienne gare ferroviaire, au bout de l'avenue João da Cruz.

➤ Plusieurs compagnies ont investi les bureaux de l'ancienne gare et desservent les grandes villes du Nord : *Vila Real, Braga, Guimarães, Porto* (6 bus/j., 3h30 de trajet), *Chaves, Lamego, Coimbra,* ainsi que *Lisbonne* (3 bus/j., 9h30-19h15, 8h de voyage). Les bus de *Rodonorte* desservent les villages alentour (dont *Guadramil*) slt en période scolaire. *Internorte* dessert *Paris* et sa banlieue : départ quotidien du mar au sam. L'agence ouvre du mar au sam 9h-12h, 13h30-17h (16h le sam).

En voiture

➤ *De Vila Real :* 138 km. Par l'IP 4, l'une des routes du Portugal où l'on dénombre chaque année le plus d'accidents. Attention !
➤ *De Chaves :* 90 km.
➤ *De Guarda :* 203 km.
➤ *De Porto :* 213 km.
➤ *De Lisbonne :* 510 km.
➤ *De Zamora (Espagne) :* 113 km.
➤ *De Miranda do Douro :* 83 km. Belle route sinueuse dans l'un des coins les plus beaux du nord-est du Portugal. Nombreuses et intéressantes bourgades habitées en majorité par des retraités et d'anciens émigrés revenus de France, du Brésil, du Canada.

Adresses utiles

⊞ **Office de tourisme** (plan A1, **1**) : av. Cidade de Zamora. ☎ 273-38-12-73. ● cm-braganca.pt ● (mairie). En été, lun-ven 10h-12h30, 14h-18h30 ; sam 10h-12h, 14h-17h ; dim 10h-12h. Hors saison, lun-ven 10h-12h30, 14h-17h ; sam 10h-12h30 ; fermé dim. Un des meilleurs bureaux de tourisme du nord du Portugal. Très bon accueil. Demander Anabella, efficace, cultivée, disponible, sympathique. En outre, elle parle très bien le français. Nombreuses infos sur la région du Trás-os-Montes et notamment sur le *turismo de habitação*. Pour les infos spécifiques au parc naturel, se rendre à l'office de tourisme du parc (voir ci-dessous).
⊞ **Office de tourisme du parc naturel de Montesinho** (plan B1, **2**) : non loin de l'office de tourisme municipal, dans le bairro Rubacar. ☎ 273-300-400. ● icn.pt ● Tlj sf w-e 9h-12h30, 14h-17h30. Regroupe toutes les infos existantes sur la faune, la flore, les randonnées, et gère les hébergements (gîtes, campings, etc.) : pour un couple désirant un nid douillet ou un groupe d'amis cherchant un refuge sommaire, compter en moyenne 12 € par personne. La réservation auprès du centre est impérative. Les employés donnent des tas de bons tuyaux sur les randos à faire à vélo ou à pied, et les coins à voir. Accueil francophone. Sympa et compétent.
✉ **Poste** (correios ; plan A1) : praça do Professor Cavaleiro Ferreira.
▣ **Internet** (hors plan par A1 ou plan A1-2) : à l'auberge de jeunesse ou à la bibliothèque municipale.

Où dormir ?

Bon marché

🛏 **Pousada da juventude** (hors plan par A1, **12**) : forte de S. João de Deus ; à gauche de l'hôtel de ville (camara municipal), au nord. ☎ 273-30-46-00. ● braganca@movijovem.pt ● ♿ Lit 11 € ou chambre double avec sanitaires 30 €. Laverie, cuisine, resto, Internet. Récente, et bien aménagée avec un petit coin cheminée sympa l'hiver. L'été, pour prendre son petit déj, grande terrasse donnant sur un jardin.

Prix moyens

🛏 **Residencial Tic Tac** (plan A1, **11**) : rua Emídio Navarro, 85. ☎ 273-33-13-73. Fax : 273-33-16-73. ♿ Chambres 40 €. Petit déj offert sur présentation de ce guide. À l'accueil, un grand tableau naïf représentant une scène champêtre. Les chambres sont claires et bien tenues mais sans charme particulier. TV. La propriétaire, si elle ne parle pas le français, saura bien se faire comprendre par signes. Accueil sympa. Resto pour dépanner au rez-de-chaussée.
🛏 **Residencial São Roque** (plan B1, **10**) : rua Miguel Torga. ☎ 273-38-14-81. Fax : 273-32-69-37. ♿ À deux pas de l'office de tourisme. Double 40 €. Réduc de 10 % accordée sur présentation de ce guide. Dans un immeuble style années 1970, chambres spacieuses et fonctionnelles perchées aux 7e et 8e étages (par ascenseur) équipées de douche, w-c, téléphone et TV. Certaines ont 3 lits. Vue dégagée soit sur la campagne du Trás-os-Montes, soit sur une partie de la citadelle, qui d'ailleurs n'est qu'à 5 mn à pied par des ruelles. Entretien un peu limité.

Beaucoup plus chic

🛏 **Pousada São Bartolomeu** (plan B2, **13**) : ☎ 273-33-14-93 et 94. ● recepcao. sbartolomeu@pousadas.pt ● pousadas.pt ● De la praça da Sé, prendre la rua

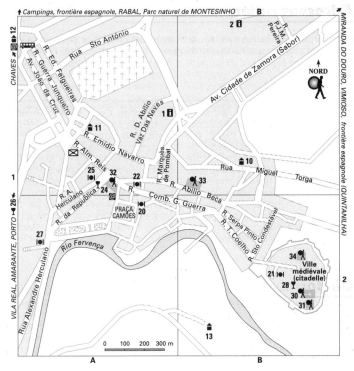

BRAGANÇA

■ **Adresses utiles**

🛈 **1** Office de tourisme
🛈 **2** Office de tourisme du parc
  naturel de Montesinho
✉ Poste
@ Internet
🚌 Gare routière

🛏 **Où dormir ?**

  10 Residencial São Roque
  11 Residencial Tic Tac
  12 Pousada da juventude
  13 Pousada São Bartolomeu

🍴 **Où manger ?**

  20 Restaurante O Manel

21 Restaurante-bar D. Fernando
22 Restaurante Poças
25 Restaurante Solar Bragan-
  çano
27 Restaurante O Pote

🍷 **Où boire un verre ?**

  24 Café Flórida
  26 Vitoria Pub
  28 Duque de Bragança

🎯 **À voir. À faire**

  30 Igreja Santa Maria
  31 Domus municipalis
  32 Cathédrale
  33 Musée régional Abade de
    Bacal
  34 Musée militaire

Alexandre Herculano et la suivre jusqu'au rond-point ; tourner complètement à gauche, rua Estrada do Turismo : c'est fléché. Doubles 120-260 €. Située à flanc de colline, la pousada offre une vue inou- bliable sur la forteresse et les maisonnettes blotties au sein de ses murailles. Chambres grand confort, piscine, Internet. Lumières matinale et crépusculaire à vous arracher des larmes de bonheur...

Où dormir dans les environs ?

Pour dormir chez l'habitant dans la campagne alentour, l'office de tourisme dispose de nombreuses adresses homologuées, souvent charmantes et très bon marché.

Campings

⊠ **Parque de campismo :** à l'entrée du parc de Montesinho. ☎ 273-32-26-33. Lorsque vous êtes sur l'IP 4, qui contourne la ville, sortir en direction de Portelo. C'est à 5 km. Ouv de début mai à fin sept. Compter 8 € pour 2 pers avec une voiture. Très joli camping d'une centaine de places en pleine campagne, au bord d'un ruisseau. Le camping est récent, alors tous les emplacements ne bénéficient pas d'ombre. Cafétéria, mais pas de boutique.

⊠ **Camping Cepo Verde :** Gondesende ; dans le parc naturel de Montesinho, sur la route de Chaves (12 km de Bragança) ; fléchage au départ de Bragança. ☎ 273-99-93-71. 📱 933-22-45-03. Ouv de début avr à fin sept. Compter 10 € l'emplacement pour deux et une voiture. Calme, ombragé, dans un site montagneux. Assez bien équipé. Les sanitaires sont dans une construction en pierre, mais entretien limité. Piscine payante.

Plus chic

🏠 **Solar das Arcas :** à Arcas, Torre de Dona Chama, 5340 Macedo de Cavaleiros. ☎ 278-40-00-10. Fax : 278-40-12-33. À 45 km au sud-ouest de Bragança. Prendre l'E 82 vers Macedo de Cavaleiros ; à Podence, prendre à droite la route d'Arcas. Studios 75 € et 2 suites pour 4 pers 140 €, ts équipés de bains, TV et chauffage. Petit déj et ménage compris. Digestif offert sur présentation de ce guide. Dans un manoir-ferme des XVIIe et XVIIIe siècles, en pleine campagne, au milieu de champs d'oliviers et autres arbres fruitiers. Piscine. Pour ceux qui aiment les belles demeures traditionnelles et le raffinement. Accueil très aimable.

Où manger ?

De bon marché à prix moyens

🍴 **Restaurante Poças** (plan A1, **22**) : rua dos Combatentes da Grande Guerra, 200. ☎ 273-33-14-28. Situé sur la gauche en descendant la rue centrale vers la citadelle. Salle au 1er étage. Fermé 15-31 janv. Menu 10 €. Café offert sur présentation de ce guide. C'est bon, simple et copieux. Beaux plats de viande. Fait office de pension de famille également. Le patron parle le français.

🍴 **Restaurante O Pote** (plan A2, **27**) : rua Alexandre Herculano, 186. ☎ 273-33-37-10. 📱 967-07-97-46. 🍴 Tlj sf dim. Menu du jour 7 € (lun-ven au déjeuner), plats 12-15 € (spécialités). Digestif offert sur présentation de ce guide. Deux salles : la première en bas, populaire et chaleureuse, avec quelques bancs rustiques et la cheminée. Celle du haut est plus chic, mais très conviviale également. On y sert une bonne cuisine (parfois de la lamproie, plus délicate que l'anguille), copieuse et savoureuse, simple ou plus élaborée. Accueil sympa. Les propriétaires ont vécu 20 ans en France et sont toujours contents de recevoir des francophones.

🍴 **Restaurante-bar D. Fernando** (plan B2, **21**) : cidadela, 197. ☎ 273-32-62-73. Dans la ville médiévale. Tlj sf jeu et en oct. Menus 10-15 €. Une petite maison dans une sympathique ruelle de la citadelle. Une salle de bar au rez-de-chaussée pour les habitués le midi, une autre salle au 1er étage, coquette, claire, avec fenêtres sur rue. On y sert la *bacal-hau* (morue) préparée de plusieurs façons et le « rumosteack » (dans le texte !) de bœuf. D'autres poissons, comme la truite grillée ou le colin frit.

|●| *Restaurante O Manel (plan A2, 20)* : rua Oróbio de Castro, 27-29. ☎ 273-32-

24-80. Tlj sf dim. Plats env 12 €. *Digestif offert sur présentation de ce guide.* La salle du 1er étage est bien plus sympa. Parmi les spécialités de la maison : la *espetada mista* (brochette de porc, *chouriço* et veau), un délice, le *bacal-hau a Lagareiro* ! Service charmant.

Plus chic

|●| *Restaurante Solar Bragançano (plan A1, 25)* : praça da Sé, 34. ☎ 273-32-38-75. Tlj sf lun en hiver 12h-15h30, 18h-23h30. *Compter 20 € pour un repas à la carte. Apéritif offert sur présentation de ce guide.* Un superbe escalier en granit bordé d'azulejos conduit au 1er étage de cette magnifique demeure au cadre cossu. Vieux vaisseliers, nappes blanches brodées,

boiseries... On peut y dîner aux chandelles sur fond de musique classique – romantique. Agréable terrasse en saison. Quelques bonnes spécialités comme les *trutas com molho de presunto* (truites sauce jambon), la *corvinha grelhada com molho verde,* le lapin sauvage à la Monsenhor. Fait également bar tard le soir. Musique jazz et années 1960.

Où boire un verre ?

♟ *Duque de Bragança (plan B2, 28)* : dans la citadelle, près du resto Fernando, au n° 92. Un bar aux allures de pub. Terrasse ensoleillée aux beaux jours et service funky à souhait.

♟ *Vitoria pub (hors plan par A2, 26)* : rua Adelino Amaro da Costa, 23. En face de la escola secundária, à deux pas de l'auberge de jeunesse. Tlj sf dim 13h-2h du mat. C'est ici que se retrouvent les jeunes après les cours ou le samedi soir pour prendre un verre en écoutant de la

musique. Un pub bien animé.

♟ *Café Flórida (plan A1, 24)* : praça da Sé ; à l'angle des ruas da República et Alexandre Herculano. ☎ 273-32-22-50. Ouv jusqu'à 2h *(plus tard en été mais minuit en hiver).* Là, ce sont surtout les enseignants qui fréquentent le lieu. Délicieux toasts mixtes avec le pain *caseiro.* Le soir, on peut y boire du *Favaios* (sorte de *moscatel*), l'apéro de la région trasmontana.

À voir. À faire

La ville médiévale

🎋 Grimpez en haut du gros *donjon* (payant), à plus de 30 m, pour apprécier sa belle architecture romane. Il abrite un petit *Musée militaire (plan B2, 34)*. Tlj sf jeu et j. fériés 9h-12h, 14h-17h. Entrée : 1,50 € ; gratuit dim mat. Très intéressant. Ne pas manquer le *pelourinho* (pilori), de style gothique, derrière le Musée militaire. Sa base, qui représente un sanglier, daterait de la préhistoire.

🎋 Croquignolette *igreja Santa Maria (plan B2, 30)* au portail baroque et au plafond peint en trompe l'œil. Fermé pour cause de vol. Une dame âgée a la clef et n'ouvre que si on le lui demande (à la sortie, elle tendra la main pour une petite pièce) ; quand elle est là, elle se trouve à proximité avec d'autres femmes vêtues de noir.

🎋🎋 *Domus municipalis (plan B2, 31)* est, par son histoire, un édifice très intéressant. Unique hôtel de ville de ce genre dans la péninsule, de style roman, il témoigne aujourd'hui d'une époque où la commune et les franchises communales étaient toutes-puissantes. En fait, le *Domus* était une grande salle de réunion pour ce qu'on appellerait aujourd'hui les conseils municipaux. À l'intérieur, la grande citerne servait à alimenter les habitants en eau pendant les conflits avec l'Espagne. Ils étaient censés mourir de faim et de soif, mais ils ont résisté grâce à cette citerne !

➤ **Promenade le long du rio Fervença** (plan A2) : dans le centre-ville. Entièrement réaménagé avec petites passerelles (où se pressent les tourtereaux), bassins, bancs originaux et fontaines rigolotes (tournez fort !). Tout au bout de la promenade, un café, le *Corredor Verde*. Charmant.

UN PARFUM D'AUTHENTICITÉ

Cerclée de remparts, la ville médiévale est l'une des plus jolies places fortes portugaises. Contrairement à beaucoup de cités de ce style, celle-ci n'a pas été vidée de ses habitants, et les boutiques à touristes sont rarissimes. Tant mieux ! Elle a gardé son cachet et son authenticité. Des gens simples y vivent dans d'humbles maisons. L'État refuse de les restaurer pour préserver l'identité de ce patrimoine. Beau point de vue sur les alentours et les vieilles maisons du chemin de ronde. Les remparts, en fort bon état, datent du XIIe siècle.

Dans la ville basse

� **La Sé** (cathédrale ; plan A1, **32**) : rustique, sauf le retable, très lourdement décoré.

✝ **Le musée régional Abade de Bacal** (plan B1, **33**) : dans la rua Conselheiro Abilio Beca. ☎ 273-33-15-95. Tlj sf lun et j. fériés, mar-ven 10h-17h, w-e 10h-18h. Installé dans une belle maison (attention aux marches en entrant), ce petit musée présente quelques collections ethnographiques, archéologiques et des peintures, notamment une belle collection de *pelourinhos* (piloris) d'Alberto de Sousa.

➤ DANS LES ENVIRONS DE BRAGANÇA

✝ **Le parc naturel de Montesinho** : au nord de Bragança, à une dizaine de kilomètres. 75 000 ha (la superficie de Madère) de terres sauvages. Peu de touristes. Dommage que les incendies détruisent peu à peu cette merveilleuse nature où forêts et amoncellements de blocs de granit alternaient harmonieusement. Outre la randonnée ou le vélo (certains chemins étaient empruntés par les pèlerins se rendant à Saint-Jacques-de-Compostelle), le parc offre également des parcours à thème (gastronomie, faune et flore, patrimoine), la découverte de fêtes folkloriques... Les aménagements du site, aires de pique-nique et hébergements sont nombreux et bien intégrés. Se renseigner auprès de l'office de tourisme du parc (voir « Adresses utiles »).
Amis de la nature et de l'isolement, soyez les bienvenus ! Le parc concentre tout ce qu'il y a de plus sauvage dans la péninsule. On a un peu l'impression d'entrer dans une lande inhospitalière, mais aussi celle de devoir mériter d'être ici. La végétation d'épineux, qu'on pourrait croire pauvre, colore vivement la montagne de jaune, d'ocre, de vert et de violet. Les rus et les cascades chantent, et, avec un peu de chance, on peut assister au retour des troupeaux à la ferme. La vie rurale dans ses nombreux villages y est préservée, aussi se fait-on discret pour profiter à fond de cette ambiance et de ce pays perdu et un peu mystérieux. Faites bien attention sur les routes, pas toujours en parfait état. De toute façon, il est inutile de foncer.

✝ **Les villages de Rio de Onor et de Guadramil** : *prendre la N 218 en direction de l'Espagne, puis la N 218-1 à gauche pour Rio de Onor ; pour Guadramil, continuer la N 218 jusqu'à la N 308.* Dans le parc de Montesinho, deux villages encore plus typiques et du bout du monde. Une simple chaîne les sépare de l'Espagne. Ici, l'idée de frontière semblait dérisoire bien avant Schengen ! Toits d'ardoises grossièrement taillées, reposant sur des murs dont les pierres semblent juste posées les unes sur les autres, n'importe comment... Villages aux rues mal pavées, fréquentées surtout par les chèvres, les poules, les chats et les chiens. Il faut dire que le jour où nous sommes passés, c'étaient les vendanges !... Des résistants contre le salazarisme d'un côté et le franquisme de l'autre y ont trouvé refuge il y a quelques décennies. Rio de Onor et Guadramil, ce sont ces images fortes qui vous reviennent, de temps à autre, violemment à l'esprit, à la vitesse de l'éclair...

MIRANDA DO DOURO   (5210)   8 100 hab.

À 83 km au sud-est de Bragança, voici l'un des plus beaux villages de cette partie du pays, à la frontière du Portugal et de l'Espagne. Telle une sentinelle, Miranda do Douro surplombe une sorte de grand canyon, comme un symbole entre deux pays longtemps rivaux et aujourd'hui amis. Un village balcon planté au-dessus de gorges rocheuses fermées par un barrage. Bien que Miranda soit tout à fait au nord du pays, il n'a pas renié complètement son appartenance au Sud : disons que c'est le plus méridional des villages du Nord. Et puis il y a ces robustes murailles de pierre qui lui donnent l'allure de petite cité fortifiée. Ici, certaines personnes parlent encore le mirandès, un dialecte sorti de la nuit des temps, mélange de portugais et d'espagnol. Voilà pour le côté typique et traditionnel, qui nous a charmés. Mais ce village du bout du monde connaît bien les réalités économiques et s'est « touristisé » à fond en quelques années. On sent bien que les voisins espagnols viennent dépenser leurs sous ici. Pas d'artisans ou de petites boutiques typiques dans les ruelles de la cité médiévale, mais des magasins de vêtements de sport de marque, de bijoux ou d'électroménager. Ça contraste avec l'identité culturelle du village. Qui va gagner ? Le mercantilisme européen ou le traditionnel ancestral ? À suivre...

Arriver – Quitter

En bus

🚌 *Gare routière :* en contrebas du village en allant vers le barrage. Deux compagnies se partagent les correspondances : *Rodonorte* et *Santos.* À noter que le w-e, elles ne proposent qu'une liaison/j. pour chaque destination.

➤ *Pour Porto (via Vila Real) :* en sem 3 bus/j., tôt le mat et vers midi (5h de route).
➤ *Pour Bragança et Guarda :* en sem 3 bus/j.
➤ *Pour Lisbonne (via Coimbra) :* en sem 2 bus/j. tôt le mat (trajet d'au moins 8h).

En voiture

➤ *Porto :* à 265 km par Vimioso et Mirandela.
➤ *Freixo de Espada a Cinta :* à 95 km au sud. Sur la route (très belle) de Guarda.

Adresse utile

🏢 *Office de tourisme :* largo da Moagem ; dans la ville nouvelle, dans un cabanon au centre du largo. ☎ 273-43-43-32. ● cm-mdouro.pt ● (mairie). Tlj sf dim 9h-12h30, 14h-17h. Ils ont bien compris le système : plus le touriste dépense, plus la ville s'enrichit. Alors, les adresses qu'ils conseillent ne sont pas les meilleures, mais celles où la concentration de visiteurs est la plus dense.

Où dormir ? Où manger ?

Camping

⚐ **Camping municipal :** à 500 m de la route principale, à l'écart du village (au sud), au bout de la rua do Parque de Campismo, près d'un quartier résidentiel. ☎ 273-43-12-73. Fax : 273-43-10-75. Ouv 1er juin-30 sept 8h-22h. Emplacement pour 2 pers avec voiture 7 €. On campe dans une agréable pinède, depuis laquelle on a une belle vue sur le village et une partie de la vallée. Réductions sur l'entrée de la piscine municipale, juste à côté (pas négligeable l'été).

De bon marché à prix moyens

🏠 |●| **Residencial Vista Bela :** rua do Mercado, 63. ☎ 273-43-10-54. ● vista bela.hotel@sapo.pt ● Dans la partie moderne du village. Fermé la 2de quinzaine de janv. Chambres doubles avec douche et w-c 30 €. Petit déj inclus. Repas le soir slt 12 €. Café offert sur présentation de ce guide. Enfin un hôtel qui porte bien son nom ! C'est même une très belle vue que l'on a des chambres : les gorges rocheuses, le rio en bas, et le barrage retenant ses eaux. Au rez-de-chaussée, bar-resto bon et pas cher. On y parle le français, et l'accueil est aimable. Claires, calmes, assez spacieuses, les chambres offrent un étonnant rapport qualité-prix.

🏠 **Residencial Flor do Douro :** rua do Mercado, 7. ☎ 273-43-11-86. ♨ Tout près du Residencial Vista Bela ; même famille, même genre, et très bon accueil. Belles chambres doubles, comprenant le petit déj, 30 €, avec balcon et porte-fenêtre à double vitrage donnant sur les gorges du Douro. Café offert sur présentation de ce guide. Chambres un peu moins vieillottes qu'au Vista Bela.

Literie de bonne qualité. Parking gratuit. Petit déj fabuleux ! Très propre.

🏠 **Residencial Santa Cruz :** rua Abade Baçal, 61. ☎ 273-43-13-74. Fax : 273-43-13-41. À 30 m sur la droite après l'entrée de la vieille ville. Compter 35 € la double. Une belle maison avec sa quinzaine de chambres soignées et très joliment décorées. On y entre en traversant une allée bordée de fleurs. Et le soir, après le départ des touristes, on se laisse bercer par le calme du village. Évitez en revanche le resto au rez-de-chaussée.

|●| **Restaurante O Mirandes :** largo da Moagem. ☎ 273-43-24-18. Tlj sf dim. Tout près du rond-point de l'office de tourisme, à 50 m à droite, sur la route qui fait le tour du village historique. En sem, menu du jour 7 €, plats 9 €. Une petite maison au cadre intérieur assez sympa, un peu plus coquette que la moyenne. Cuisine fraîche et copieuse. Accueil doux et attentionné. Parking à côté. Le patron a ouvert 2 autres restos : un près du camping, le deuxième dans la nouvelle ville.

À voir. À faire

🚶 **La cité médiévale :** Miranda possède beaucoup de charme. Voir notamment les ruines du château et du palais épiscopal, les nombreuses maisons du XVe siècle, la cathédrale (sculptures de Gregório Hernandes à l'intérieur).

🚶🚶 Vue superbe de la terrasse de la cathédrale sur les **gorges du Douro.** Promenade en bateau possible. Départs quotidiens à 16h en sem, 11h et 16h le w-e. Balade de 1h 12 €. Départ au parc nautique : prendre la direction de l'Espagne, puis, avt le barrage, suivre les panneaux « cruzeiro ambiental ».

🚶 **Le musée da Terra de Miranda :** sur l'élégant largo de D. João III. Tlj sf lun et mar mat 9h30-12h30, 14h-17h30. Entrée : 1,50 € ; gratuit dim. Une intéressante collection d'objets et de mises en scène évoquant les arts et traditions populaires de la région. Certaines rappellent que la culture celte s'étend jusqu'ici. Remarquer au 1er étage la reconstitution de la chambre d'une personne riche (on imagine alors aisément le dénuement des indigents).

LA ROUTE ENTRE MIRANDA DO DOURO ET FREIXO DE ESPADA A CINTA

Très bonne route nationale (récente) qui traverse une sorte de haut plateau, fertile et verdoyant au printemps. À *Mogadouro,* petite ville située à flanc de montagne, jeter un coup d'œil sur l'ancienne gare ferroviaire, étrange construction évoquant vaguement une maison chinoise. Puis, de Mogadouro à Freixo, route cabossée ou bonne selon les tronçons. Les paysages deviennent de plus en plus sauvages. Pins à l'infini, rochers émergeant des champs, genêts (comme en Bretagne) qui fleurissent au mois de mai, petits canyons. Les 14 derniers kilomètres avant d'arriver à Freixo nous ont vraiment plu. Soudain, après un virage, on aperçoit ce gros village du bout du monde, isolé dans son cirque de collines, perdu dans une nature austère magnifiée par des champs de vignes, d'oliviers et d'orangers.

FREIXO DE ESPADA A CINTA (5180) 4 100 hab.

Gros village ou petite ville ? Au Portugal, on ne sait jamais où se situe la limite. Ici, optons pour le gros village puisqu'il n'y a pas, comme ailleurs, de hideuse ceinture d'immeubles en béton. Ouf ! Loin de Lisbonne et de Porto, à 93 km au nord de Guarda, voici sans doute le village du Portugal qui a donné au monde le plus de missionnaires. Un petit monument, dans le centre, rappelle cette fantastique épopée au nom de Dieu et de l'Église catholique... et du Portugal. Poussés par leur vocation, chassés par la pauvreté et la misère, attirés par les terres lointaines que le Portugal possédait naguère aux quatre coins de la planète, ces baroudeurs de la foi (aucun nom de femme sur ce monument) sont partis très jeunes à l'autre bout du monde. Ils ont pris racine à Goa (Inde) ou à São Paulo (Brésil), ont passé leur vie au Mozambique ou en Angola. On les retrouve presque aux antipodes de leur lieu de naissance, curieux migrateurs bibliques : à Malacca, à Sumatra, et surtout à Macao. Macao ! Près de Hong Kong, le plus ancien comptoir colonial qu'aucune puissance occidentale ait jamais possédé en Asie. Là-bas vit le doyen des missionnaires, le père Teixeira, originaire justement de Freixo de Espada a Cinta.
Mieux encore, plus loin vers l'Extrême-Orient, un des premiers Européens à avoir mis le pied au Japon est un homme de Freixo. Les Portugais furent les premiers à découvrir le fameux Cipango que Christophe Colomb rêvait d'atteindre par la route de l'Ouest (la découverte de l'Amérique fut une surprise). Ils commencèrent à y débarquer vers 1543, selon Mendes Pinto ; et en 1548, Jorge Álvares rédigea en castillan le premier rapport sur le Japon jamais publié par une nation européenne ! Freixo, le village coupé du monde, qui finit par conquérir et embrasser la terre entière !

Où dormir ? Où manger ?

Bon marché

🛏 *Pensão Paris :* largo do Outeiro, 2. ☎ 279-65-27-86. *Au cœur du village, sur le largo même. Chambres doubles (douche sur le palier) 20 € sans le petit déj. Réduc de 10 % sur le prix de la chambre accordée sur présentation de* ce guide. Pension villageoise simple et propre, avec des chambres donnant sur une petite place. On est réveillé par les cloches de l'église voisine, une bonne chose finalement pour se promener au petit matin...

Prix moyens

🏠 |⊙| *Residencial-restaurante Cinta de Ouro :* estrada Nacional, 221. ☎ 279-65-25-50. Fax : 279-65-34-70. *Maison récente au bord de la route principale qui traverse le village, sur la gauche, presque en face du mercado municipal. Parking gratuit. Fermé en sept et janv. Chambres doubles 35 €. Repas 10 €. Apéro maison et digestif offert sur présentation de ce guide.* Chambres confortables, très propres, avec salle de bains, et une petite terrasse à l'ouest pour goûter au coucher du soleil. Fait aussi resto au 1er étage : bonne cuisine familiale et régionale. Quelques plats comme le *perdiz estofado,* la *bacalhau,* le *solomillo de cerdo.* Bons petits vins secs de la région. En bas, café et salle de jeu, décor en bois, chaleureux et convivial avec le billard et l'écran géant pour les matchs de foot ou les grands prix de F1.

À voir

– Pour en savoir plus sur le village, rendre visite aux propriétaires de la boulangerie du 23 rua da Fonte Seca. Pour la trouver : sur la route principale, au milieu du village, suivre à gauche le panneau orange « Congida », puis tout droit (ne pas suivre la direction du 2e panneau « Congida »). C'est une petite maison particulière, sans vitrine, avec un rideau en plastique vert. Le boulanger et sa femme ont vécu longtemps en France et pourront vous aider.

🦺 *Les vieilles maisons manuélines :* il en reste beaucoup dans le centre du village, témoins de cette période des grandes découvertes maritimes qui apporta quelque richesse à cette région traditionnellement pauvre.

🦺 *La tour do Galo :* au-dessus de la place de l'Église. On peut monter au sommet. Superbe vue sur le village. En allant vers la tour, sur la place, il y a un vieil arbre, le *freixa* (le frêne), qui a donné, dit-on, son nom au village.

🦺 *La statue de Jorge Álvares :* sur la même place, au pied de la tour do Galo. Si vous dénichez sa maison natale, écrivez-nous. Un des premiers Européens à avoir mis les pieds au Japon (voir introduction).

🦺 *La plage fluviale de Congida :* au fond de la vallée, à la frontière avec l'Espagne, le Douro passe au pied des collines plantées à l'infini de vignes, d'oliviers et d'orangers. Très belle balade dans un beau site. Mais l'eau des rives est sale. Mieux vaut aller nager à la piscine à côté.

VILA NOVA DE FOZ CÔA
(5150)

Sur la route entre Bragança et Guarda, ce petit village est désormais entré dans l'actualité des journaux portugais et étrangers. En décembre 1994, des gravures du Paléolithique d'une grande valeur ont été découvertes dans la vallée du Côa (un affluent du Douro), à l'endroit même où un barrage hydro-électrique devait être construit. Selon les spécialistes, on aurait ici affaire à l'un des sites préhistoriques les plus importants d'Europe, sinon du monde. C'est à l'occasion de travaux d'études pour la construction de ce barrage (qui devait fournir 20 % de la consommation d'électricité du pays et assurer l'irrigation des terres) que ces gravures ont été mises au jour.
Pendant plus de deux ans, cette découverte a été gardée secrète, ce qui déclencha un scandale dans les milieux scientifiques et culturels portugais. Même le *Sunday Times* a parlé de « conspiration » entre EDP (l'équivalent d'EDF au Portugal) et l'IPPAR (Institut portugais du patrimoine artistique et archéologique). Aujourd'hui, le *Parc archéologique de la vallée du Côa* est ins-

crit sur la liste du Patrimoine mondial de l'Unesco et permet aux visiteurs d'apprécier les gravures préhistoriques mises au jour en 1994. Le village a su bénéficier quant à lui pleinement de cette manne touristique en restaurant complètement son centre ancien, ses ruelles pavées et ses maisons blanches étincelantes.

Adresses utiles

🏠 Office de tourisme : av. Cidade Nova. ☎ 279-76-03-29. ● cm-fozcoa. pt ● (mairie). À côté du centro cultural. Tlj 9h-12h30, 14h-17h30. Pour tous les renseignements sur le village et ses environs. Mais pour la visite des sites du Paléolithique, adressez-vous à l'office du parc.

■ Parque Arqueológico Vale do Côa : av. Gago Coutinho, 19 €. ☎ 279-76-82-60 et 61. ● ipa.min-cultura.pt/ coa ● À 100 m de l'office de tourisme en allant vers le vieux village. Tlj 9h-12h30, 14h-17h30. Le parc est fermé lun ainsi que les 1er janv, dim de Pâques, 1er mai et 25 déc. Centre de réservation pour la visite des sites. Attention : le déménagement du centre est prévu à la fin de l'année 2007 (mais nous n'avons pas les nouvelles coordonnées, se renseigner sur place).

🚍 Gare routière : av. da Misericórdia. En face de l'hôpital. Dessert toutes les grandes villes du Nord : Guarda, Viseu, Bragança, Porto, Lisbonne, Vila Real, Coimbra.

🖥 Internet : à l'auberge de jeunesse.

Où dormir ?

Bon marché

🛏 Pousada da juventude : caminho vicinal Curralteles, 5. ☎ 279-76-81-90. ● reservas@movijovem.pt ● ♿ À l'extérieur de la ville, bien indiquée quand on arrive de Bragança par la N 102. Pas desservie par les bus et à 1 km de la gare routière. Compter 11-30 €, en dortoirs de 4 lits ou en chambres doubles avec sanitaires. Accès internet. Snack. Accueil francophone. Auberge de jeunesse très agréable surplombant les collines alentour. Les petites cabanes blanches que l'on voit sont des pigeonniers. Les paysans les construisirent au milieu des champs de céréales pour nourrir les pigeons. En contrepartie, ils récupéraient et utilisaient les fientes pour fertiliser les champs. Cet échange de bons procédés est aujourd'hui abandonné.

■ Residencial Marina : av. Gago Coutinho, 2-4. ☎ 279-76-21-12. 🗎 967-17-22-31. En face de l'office de tourisme dans une maison blanche avec des volets verts. Chambres doubles 25 € sans petit déj. Café et croissants dans le bar juste à côté, sur place ou à emporter. Préférez les chambres donnant à l'arrière sur le patio de cette grande bâtisse. Beaucoup plus calme. Intérieur sobre et bien entretenu.

Plus chic

🛏 Quinta do chão d'Ordem : estrada nacional 102. ☎ 279-76-24-27. ● chao dordem.com ● À 7 km de Foz Côa en allant vers Guarda, juste après Muxagata sur la gauche. C'est signalé. Compter 60 € la nuit. Bienvenue dans cette somptueuse quinta, ancienne étape de l'ordre des Templiers ! La proximité de la route est vite oubliée une fois entré dans cette propriété séculaire, entourée de vignes et d'une forêt d'oliviers (2 043 exactement, parole de routard). La maison de maître, elle, nous a tout simplement laissés pantois. Parfaitement restaurée par les propriétaires, la famille Henriques, elle abrite une dizaine d'appartements. Piscine et tennis. Et, cerise sur le gâteau, Maria et Andrade vous font partager leur petite production d'huile et de porto issus d'une agriculture entièrement bio.

Où manger ?

Très bon marché

|●| *A Marisqueira :* rua S. Miguel, 35. ☎ 279-76-21-87. *Dans la rue piétonne. Tlj sf dim. Plats 7 €.* Menu bon marché le midi, et à la carte le soir. Resto assez populaire. Quand c'est le jour du poulet grillé, on peut les voir rôtir sur un grand barbecue, dans la rue derrière. |●| *Restaurante A Tentação :* largo do

Tablado, 27. ☎ 279-76-43-01. *En sem, menu 5 €.* Sur une agréable petite place en remontant la rue piétonne. Au rez-de-chaussée, une boulangerie-pâtisserie, et à l'étage le resto, dans une grande salle claire avec nappes en madras. La cuisine est visible au fond. C'est accueillant, bon et copieux.

À voir

🦢🦢🦢 ◈ *Le Parc archéologique de la vallée du Côa :* *réserver impérativement auprès du centre d'informations (voir « Adresses utiles »). Résa mar-ven, visites mar-dim. Prix de la visite guidée pour chaque site : 5 € par pers.* Le parc propose trois sites : le premier, *Canado do Inferno,* départ de Vila Nova de Foz Côa, 2h de visite, 1 km de marche ; le deuxième, *Ribeira de Piscos,* au départ de Muxagata (6 km de Vila Nova), 2h30 de visite, 2 km de marche ; le dernier, *Penascosa,* le plus facile, au départ de Castelo Melhor (13 km de Vila Nova), 1h30 de visite, 200 m de marche. Quel que soit le site, la réservation se fait à Vila Nova de Foz Côa. Ensuite, sauf pour le premier parcours, il faut se rendre par ses propres moyens au centre d'accueil de chaque site, soit à celui de Muxagata (☎ 279-76-42-98), soit à celui de Castelo Melhor (☎ 279-71-33-44). À partir de là, un 4x4 du parc emmène les visiteurs au pied des gravures.
La meilleure saison pour visiter : le printemps, car la nature est en fleurs. Vraiment magnifique. En été, il fait extrêmement chaud : la température peut atteindre les 50 °C ! Prévoyez ABSOLUMENT de quoi vous désaltérer, un chapeau et de la crème solaire. Sinon, dans les centres d'accueil, vous pourrez acheter des rafraîchissements. Les parapluies sont interdits, afin de ne pas rayer malencontreusement les roches.
La balade est assez sensationnelle. Les guides, efficaces et compétents, expliquent les gravures, leur origine et leurs techniques de fabrication (abrasion, piquetage ou silex), mais aussi la flore et la faune du site, les constructions et les légendes locales. À *Canado do Inferno,* l'organisation du parc prévoit de construire pour le courant de l'année 2007 un bâtiment abritant un musée, un resto et les bureaux de l'organisation, car le site est abîmé par les premiers travaux du barrage hydro-électrique. Ces aménagements seront effectués dans le respect des lieux et sans aucune incidence pour les gravures. On prévoit également un tunnel aquatique afin de dégager d'autres gravures immergées.

🦢🦢 Ceux qui vont à Penascoa peuvent en profiter pour enchaîner avec la visite de la *quinta da Ervamoira :* située à l'intérieur du parc, immense propriété viticole Ramos Pinto de 200 ha d'où provient l'excellent *tawny* de 10 ans. Elle possède un charmant petit *musée* riche en vestiges romains et médiévaux découverts grâce aux fouilles archéologiques. La gentille Sónia Teixeira vous y conduira ; contactez-la au centre d'accueil de Muxagata : ☎ 279-75-92-29. ▯ 962-99-25-33 ou ● museuev@net.sapo.pt ● *pour résa. Visite en français (gratuit pour les moins de 6 ans et moitié prix jusqu'à 16 ans).*

▶ DANS LES ENVIRONS DE VILA NOVA DE FOZ CÔA

🦢🦢 *Castelo Rodrigo :* un nid d'aigle (à 59 km au nord de Guarda, 41 km à l'est de Vila Nova de Foz Côa) qui surveille l'Espagne. C'est en fin d'après-midi qu'il faut arriver à Castelo Rodrigo. La lumière y est alors particulièrement belle, donnant une teinte dorée aux vieilles maisons accrochées à la colline. Dressé sur son piton rocheux, au milieu d'une immense plaine cultivée, ce petit village fait songer un peu à l'Aveyron et à ces bourgs perchés des Causses. Une route circulaire en fait le tour. Quel que soit l'endroit où l'on se trouve dans le village, il y a toujours une échappée lointaine, à 360° à la ronde. Ô surprise, rien de racoleur dans ces ruelles restaurées grâce aux subventions de l'Union européenne. Deux églises, une tour en restauration au sommet, des vestiges de murailles, d'étroites ruelles pavées et patinées par les ans. La rua da Sinagoga rappelle le souvenir d'une petite communauté juive installée là jusqu'au début de l'Inquisition.

🍴 **Site archéologique de Freixo de Numão :** *à 10 km au sud de Foz Côa. Prendre la N 102, puis la N 222 en direction de São João.* Les environs de ce village regorgent de ruines datant de la préhistoire et de l'époque romaine. C'est aussi l'occasion de s'offrir une balade sympa dans la campagne. Petit musée et guides au siège de l'*Associação Cultural de Freixo de Numão* dans le village. ☎ 279-78-95-73. ● *acdr-freixo.pt* ●

GUARDA
(6300)

Première grande cité portugaise pour ceux qui arrivent de France par le train ou pour ceux qui ont emprunté en voiture l'axe Burgos-Valladolid-Salamanque. À l'évidence, Guarda ne se révèle pas du tout représentative du Portugal gai, rieur et coloré. C'est la plus haute ville du pays (à plus de 1 000 m d'altitude). Avec plus de 23 000 habitants, elle est la « capitale » d'une des régions les plus pauvres, qui donna à la France un maximum d'émigrants. De l'extérieur, elle paraît laide et glaciale. Pourtant, à y regarder de près, elle propose l'une des plus intéressantes cathédrales du pays et, autour, des quartiers populaires sympas et animés. Bien sûr, ça ne suffit pas pour descendre du train exprès, mais si vous êtes dans la région en voiture, un petit détour vaut la peine.

UN PEU D'HISTOIRE

Passage obligé pour l'accès à l'océan, le site intéressa, bien sûr, le tiercé habituel des envahisseurs – Romains, Wisigoths et Maures. De cette période, il ne reste pas grand-chose cependant. Lors de la Reconquête, la ville fut prise aux Maures en 1140 par Afonso Henriques (fils d'Henri de Bourgogne et premier roi du Portugal) et par la suite fortifiée. Importants vestiges des remparts et portes de la ville. Guarda résista bien par la suite aux invasions espagnoles, mais tomba lors de l'expédition napoléonienne de 1808.

Arriver – Quitter

En train

🚆 **Gare ferroviaire :** *à 4 km au nord de la ville.* Bus toutes les 30 mn du centre, ou taxi.
➤ L'*express* quotidien entre Paris et Lisbonne met un peu moins de 5h pour relier Guarda à la capitale, tandis que les *Intercidades* (3/j.) font le trajet en 4h20.

En bus

🚌 **Gare routière :** *toute proche du centre ville.* Taxis à la sortie.
➤ **Pour Lisbonne :** au moins 2 liaisons/j. Env 4h de trajet.

➤ **Pour Covilhã (serra da Estrela) :** 3 départs/j. en été. Slt 35 à 45 mn de route. Ces bus continuent jusqu'à Castelo Branco.
➤ **Pour Viseu :** 4 à 5 bus/j. Ils mettent 1h15.
➤ Plus de nombreux bus locaux pour les bourgades alentour : **Almeida, Manteigas, Vilar Formoso** (frontière espagnole), **Bragança,** etc.

Adresse utile

🖪 **Office de tourisme :** *praça Velha.* ☎ *271-20-55-30.* ● *postodeturismo@ hotmail.com* ● *Lorsqu'on tourne le dos à la cathédrale, c'est à droite, dans une maison à arcades. Tlj 9h-12h30, 14h-* *17h30. Nombreux documents, plans thématiques et accueil très agréable. Voilà un office compétent et utile. Accès internet gratuit.*

Où dormir ?

Camping

⛺ **Camping Orbitur :** *à l'ouest de la ville, près du terrain de sport.* ☎ *271-21-14-06. Fax : 271-22-19-11. Tte l'année.* *Emplacement 10 €. Pourrait être plus calme (les chiens !), mais correctement tenu. Resto, bar, minimarché.*

Très bon marché

🛏 **Pousada da juventude :** *av. Alexandre Herculano ; pas loin du camping, après le rond-point.* ☎ *271-22-44-82.* ● *guarda@movijovem.pt* ● *Attention, il n'y a personne à la réception entre 12h* *et 18h. Compter 7 € en dortoir et 16-19 € en chambre double, selon qu'elle possède des w-c ou pas.* Relativement central, mais pas de commodités (cuisine, laverie...).

Bon marché

🛏 |●| **Pensão Aliança :** *rua Vasco da Gama, 8 A.* ☎ *271-22-22-35 et 36.* ● *alianca@netvisao.pt* ● *À quelques pas de l'église Miséricordia. Doubles 25-35 € ; petit déj 6 €. On mange pour moins de 10 €. Apéro, café, digestif ou petit déj offert sur présentation de ce guide. Ce café-resto populaire offre des chambres un peu petites mais propres et bien aménagées.* *Infante D. Henrique, 35.* ☎ *271-21-23-92. Fax : 271-21-13-91. Resto fermé dim. Chambres doubles 25 €, petit déj compris. Plats 6-8 €. Petit déj offert sur présentation de ce guide. Cabine de douche dans un coin de la chambre, w-c privés ou dans le couloir, TV et chauffage central. L'aménagement n'est pas gégène, mais l'ensemble est bien tenu et central. Bonne literie*

🛏 |●| **Residencial Beira Serra :** *rua*

Prix moyens

🛏 **Casa da Sé :** *rua Augusto Gil, 17.* ☎ *271-21-25-01.* ● *reservas@casa-da-se.com* ● *Chambres 35-45 €. Résa conseillée. En léger contrebas de la cathédrale, les chambrettes ont la vue* *sur cette dernière. Propre. Juste en dessous, un bar, le Salvador Dalí, ouvert tard dans la nuit. Même propriétaire. Attention au bruit, boules Quiès conseillées.*

Plus chic

🛏 **Hôtel de Turismo :** *praça do Município.* ☎ *271-22-33-66.* ● *hturismoguar* *da.com* ● *Doubles 50 €. L'ex-meilleur hôtel de la ville, aujourd'hui tout à fait* démodé ! Cela dit, service irréprochable et bon confort pour le prix. Resto correct à prix franchement raisonnables.

Où manger ?

De très bon marché à bon marché

|●| O Ferrinho Restaurante : *rua Francisco de Passos, 21-23.* ☎ *271-21-19-90. Dans les environs de la cathédrale. Tlj sf dim et 1er-15 sept. Menus 10-15 €. Café offert sur présentation de ce guide.* Tenu par un jeune couple, le resto est installé dans un vieil édifice. Cadre, accueil et service méritoires. Cuisine régionale bien préparée : *cabrito grelhado, bacalhau a braz.*

Prix moyens

|●| Belo Horizonte : *largo de S. Vicente N° 1-2 ; tout à côté de l'église São Vicente.* ☎ *271-21-14-54. Tlj sf sam et les 2 premières sem de juil et d'oct. Env 13 €. Apéro offert sur présentation de ce guide.* Resto très accueillant à l'atmosphère familiale. Quelques bonnes spécialités : *tostadas da Guarda, feijoada a Trasmontana* et très copieux *chouriçada a regional* (plat typique : assortiment de morceaux de porc et de boudin à la mie de pain).

À voir

🏯 **La Sé** *(la cathédrale) : fermée lun.* Sa construction débuta à la fin du XIVe siècle et dura 150 ans. Elle présente ainsi une architecture gothique mâtinée d'éléments Renaissance et manuélins. Extérieurement, comme beaucoup d'ouvrages aux marches du royaume, elle possède l'allure d'une forteresse avec son toit et ses grosses tours crénelées. Le granit gris renforce d'ailleurs l'impression d'austérité. Plan de l'église, arcs-boutants, pinacles furent imités du célèbre *monastère de Batalha.* Joli portail manuélin sur la façade principale, et un autre de style gothique flamboyant sur la façade nord. Remarquer aussi, ceinturant le mur extérieur, le cordage en pierre (granit encore et toujours !) rappelant l'âge d'or des grandes découvertes. À l'intérieur, haute nef, colonnes torses et nombreuses références dans la décoration aux grandes découvertes maritimes. Immense retable en pierre du XVIe siècle attribué à un sculpteur français de Coimbra. Dans la *chapelle das Pinas,* superbe portail Renaissance et gisant.

🏯 Tout le **quartier autour de la cathédrale** se découvre à pied. Sur la grande place, élégantes demeures du XVIIIe siècle. Rua Miguel de Alarção, au n° 25 derrière la cathédrale, superbe maison avec loggia à colonnades. Par la rua de la Torre et de médiévales ruelles, on débouche sur la *torre dos Ferreiros.* Construite au XIIe siècle pour surveiller de près le Castillan. L'office de tourisme donne une carte bien utile pour suivre ce parcours urbain.

🏯 Dans la grande rue menant au *jardim José de Lemos,* quelques édifices intéressants : l'*église de la Miséricorde* avec sa façade baroque, et le *palais des Évêques* au beau cloître Renaissance. Il abrite aujourd'hui le **Musée régional :** *rua Alves Roçadas.* ☎ *271-21-34-60. Tlj sf lun et certains j. fériés 10h-12h30, 14h-17h30. Entrée : 2 €.* Présente quelques collections archéologiques et ethnographiques intéressantes. Le soir, grosse animation autour du jardin José de Lemos.

🏯 **Le vieux quartier juif :** pour y accéder à partir de l'église de la Miséricorde, se diriger vers la *puerta de Estrela,* ancienne porte de la ville. Autour, vestiges des remparts. Aller vers la puerta del Rei par la rua S. Vicente. Au passage, *église Saint-Vincent* du XVIIIe siècle, présentant de beaux azulejos. Dans ce qui était la *Judiaria,* l'un des plus vieux quartiers juifs d'Europe, nombreuses et pittoresques maisons médiévales. Étrange décor, quasi fantomatique, où rien ne rappelle la présence juive. À l'angle des ruas de Ampora et S. Vicente, superbe demeure à encorbellement en pierre. Le nom des rues dans le quartier révèle aussi le caractère éminemment populaire de Guarda et les sentiments démocratiques de ses habitants : rua da Liberdade, travessa do Povo, rua da Fraternidade...

Achats

⚜ **Artesanato Junto a Sé :** *face au portail ouest de la cathédrale. Prix corrects.* Très bon accueil. Si l'on repart de Guarda pour la France, très pratique d'y acheter les derniers souvenirs. Pas de bondieuseries, mais des objets d'assez bon goût. Cela mérite d'être signalé.

➤ DANS LES ENVIRONS DE GUARDA

Ceux qui fuient les régions trop touristiques ou aiment traquer les coins insolites en voiture découvriront de nombreux villages pittoresques autour de Guarda. Rappelons pour mémoire que les premiers efforts d'alphabétisation du mouvement des Forces armées après la révolution de 1974 se portèrent sur la région de Guarda, réputée pour son isolement. De même, certains villages reculés, en voyant leur première jeep, voyaient aussi pour la première fois une voiture !

LE CIRCUIT DES CASTELOS

Compter une journée. Carte disponible gratuitement auprès de l'office de tourisme.

➤ De Guarda, rejoignez l'IP 5 que vous suivrez en direction de l'Espagne ; après 25 km, sortez à droite vers Sabugal ; prenez la 1re à gauche vers **Castelo Mendo.** C'est un village médiéval plein de charme, ignoré des touristes. Ruines du château, fontaines, vieilles maisons et, bien sûr, pilori.

➤ Ensuite, dirigez-vous vers **Castelo Bom.** Prenez le temps de vous y promener quelques instants pour découvrir des maisons pittoresques et des gens charmants. Magnifique panorama aux alentours.

➤ L'étape suivante est **Almeida,** à une quinzaine de kilomètres au nord. Petite ville fortifiée dans le plus pur style Vauban. La ville elle-même offre peu d'intérêt, mais les remparts, les portes et les paysages sont superbes. Un bon resto à 1 km avant la ville : *Le Rancho.*

➤ Sortez de la ville par où vous êtes entré et prenez la direction de **Pinhel.** Village entouré de murailles et dominé par deux grandes tours carrées. Quelques belles demeures en granit.

➤ La route qui mène à **Castelo Rodrigo** (voir « Dans les environs de Vila Nova de Foz Côa ») est superbe.

➤ Si vous avez encore un peu de courage, vous pouvez poursuivre jusqu'à **Castelo Melhor,** à 22 km au nord. Pour accéder aux ruines du château, traversez tout le village puis grimpez par un petit chemin qui mène à la porte du château. Tout en haut, une des plus belles vues de la région et un calme propice à la rêverie.

➤ Rejoindre la N 102 pour rentrer sur Guarda (une centaine de kilomètres). Pour les irréductibles : **Marialva,** sur la droite à 60 km de Guarda. Joli village médiéval avec château, église, etc.

LA SERRA DA ESTRELA

De Castelo Branco à Guarda, la route longe sur 60 km la grande barrière rocheuse de la serra da Estrela, la chaîne montagneuse la plus élevée du Portugal continental : point culminant : la Torre, à 1 993 m. Seul le mont Pico (2351m), dans l'archipel des Açores, dépasse la Torre. Petit paradis écologique où se succèdent amoncellements de roches, pinèdes, cascades et forêts de genêts (ou ce qu'il en reste après les nombreux incendies dans la région). On y voit de vrais alpages peuplés de moutons, des torrents poissonneux et aussi ces énormes chiens de berger – une race nommée fort à propos « chiens de la serra da Estrela » – dont vous aurez peut-être déjà remarqué la beauté et la gentillesse.

Bref, tout est si merveilleux dans la serra qu'elle est fréquemment prise d'assaut par les Portugais qui viennent y pique-niquer en masse les week-ends et les jours fériés. Ces jours-là, ça bouchonne sévère sur les routes sinueuses de la serra, parfois fermées au plus fort de l'hiver à cause de l'enneigement. Les fanas de ski pourront tenter leur chance en hiver (8 pistes balisées). En été, c'est plutôt VTT, cheval, escalade, etc.

Le centre névralgique de la région est la ville de Manteigas, que l'on peut sans exagérer qualifier de verrue de béton posée dans un paysage transcendant. Une ville résidentielle de montagne à l'architecture ratée, où il fait bon faire une petite pause malgré tout.

Où dormir ? Où manger dans la serra ?

Campings

Très nombreux dans le coin. Nous en retenons quelques-uns qui sont joliment situés, mais n'hésitez pas à en chercher d'autres.

⌛ *Camping do Cavão d'Ametade :* à 12 km de Manteigas, sur la route de Penhas de Saúde. Fermé en hiver. Tenu par l'office du parc naturel de la serra da Estrela. Site absolument magnifique où coule un torrent. On plante sa tente sur une pelouse ombragée par des bouleaux. Parking à l'entrée. Sanitaires simples et corrects. Bon marché.

⌛ *Camping :* à Valhelas. Au niveau de Belmonte, sur la route de Guarda Manteigas, tourner à gauche. Près d'un barrage agréablement aménagé. Ombragé et bien équipé. Prix corrects.

⌛ *Camping Curral do Negro :* à 3 km de Gouveia. Sanitaires propres, douche chaude. Prix raisonnables. Site calme, piscine.

Très bon marché

🛏 *Pousada da juventude :* à Penhas de Saúde, sur la route montant de Covilhã au pic de Torre. ☎ 275-33-53-75. ● penhas@movijovem.pt ● Ouv tte l'année. Les prix varient selon saison : 9-16 € par pers en dortoir de 8 lits et 22-43 € pour une chambre double avec ou sans sanitaires privés. Atmosphère de chalet alpin, où vous pourriez vous réconforter autour d'un feu de cheminée en hiver. On peut y prendre tous ses repas et même utiliser la cuisine pour faire sa tambouille. Salle de jeux (billard, ping-pong...). Pour se rendre à Penhas de Saúde, très peu de bus (et seulement en été), mais les taxis ne sont pas trop chers (environ 15 € depuis Covilhã). Un immense camping sauvage entoure l'AJ. En s'éloignant un peu, possibilité de chalet de belles balades tranquilles. À la réception, vente d'un livret détaillant les randos possibles dans le coin.

Prix moyens

🛏 🍽 *Residencial Estrela :* *rua Dr Sobral, 5, près d'une église, dans le centre de Manteigas.* ☎ *275-98-12-88.* 🍴 *Tlj sf mer et en oct.* Chambres avec douche, w-c et vue sur la vallée ensoleillée pour env 45 €. Un petit hôtel villageois, calme et propret, dans une maison moderne blanche. En bas, un bistrot et un excellent resto. Il faut avouer que les chambres vieillissantes n'ont guère d'attrait. D'autant qu'elles sont loin d'être données ! Mais le resto vaut bel et bien le coup. La propriétaire, Mme Emília Saraiva de Carvalho, est membre correspondant de l'Académie de gastronomie Brillat-Savarin. Elle a bien éduqué les petits jeunes qui ont repris l'affaire, et qui délivrent une cuisine traditionnelle soignée. À la carte, on trouve notamment du saumon *(salmão)*

et de la truite du pays *(truta a la Manteigas).* Salle très élégante.

🛏 🍽 *Albergaria Berne :* *quinta de Santo António, à Manteigas.* ☎ *275-98-13-51.* ● *albergariaberne.com* ● 🍴 *Fermé dim soir (slt resto) et lun. Congés : la 1re sem de mai et la dernière sem de sept.* Chambres doubles 50 €, petit déj compris. Menu 14,50 € ; bien plus cher à la carte. Digestif offert sur présentation de ce guide. Difficile de rater cet hôtel tenu par des francophones accueillants. Récent et impeccable, avec un intérieur décoré en pin. La moitié des chambres possède un balcon avec vue sur le village et la montagne. Piscine extérieure. Bonne cuisine au resto, décoré dans un style classieux. Bon accueil, pro.

Plus chic

🛏 *Quinta dos Fragas :* *à 700 m de Manteigas, sur la route de Guarda.* ☎ *275-98-24-20.* ● *quintadosfragas. com* ● *Doubles 40-60 € selon la période, avec douche ou bains ; petit déj 5 €.* Apéro maison et café offerts sur

présentation de ce guide. Dans une maison ancienne rénovée, une dizaine de chambres confortables, avec TV, téléphone, chauffage. Certaines ont une jolie véranda en bonus. Vue sur les montagnes alentour. Très bon accueil.

Beaucoup plus chic

🛏 *Pousada São Lourenço :* *à 7 km de Manteigas, sur la route de Gouveia.* ☎ *275-98-00-50. Fax : 275-98-24-53. Doubles 130 €, petit déj inclus. Réduc de 10 % et apéritif maison offert sur présentation de ce guide.* Une grosse mai-

son de 1948, en granit sombre, surplombant un vaste paysage de montagnes rocailleuses et pelées. Confort montagnard et bon resto panoramique. Très chic, bien sûr, mais vraiment bien.

À voir. À faire

🎭 *Belmonte :* *à 20 km au sud de Guarda, à gauche de la route, en allant vers Covilhã.* Un village sympathique au sommet d'une colline. Tout en haut, un château bien restauré présente une superbe fenêtre manuéline. Des remparts, très belle vue sur les montagnes.
Au sommet de la colline, près des ruines du *castelo* (château), attenante à l'église São Tiago, la *capela dos Cabrais* serait le caveau familial des Cabral. Enfin, sur une petite place sympathique au cœur du village se dresse la statue en bronze du célèbre explorateur, tenant une grande croix. Pero Vaz de Caminha, le chroniqueur du bateau, avait noté dans son journal de bord : « 22 avril 1500. Ce jour-là, à l'heure des vêpres, nous vîmes une terre... la terre de la vraie croix. » Vera Cruz : ainsi fut baptisé le Brésil, devenu aujourd'hui la plus grande nation lusophone du monde !

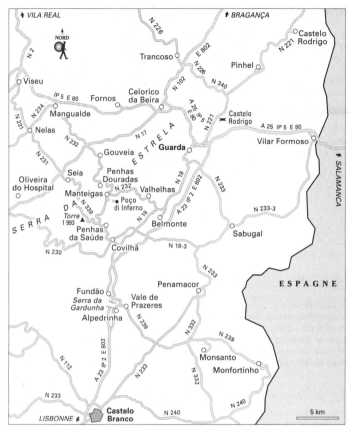

LA SERRA DA ESTRELA

Enfin, c'est à Belmonte que vit une communauté de juifs, les marranes, qui ont préservé clandestinement depuis des siècles leurs pratiques et coutumes religieuses, malgré les persécutions et leur conversion forcée (pour ceux qui ont choisi de rester).

🏃 **Covilhã :** la grande ville industrielle de la serra ne présente pas beaucoup d'intérêt. On y admirera toutefois la façade de l'*église Santa Maria* (près de la praça Município), entièrement recou-

> ## LA BOUSSOLE S'AFFOLE
>
> *Belmonte est le village natal du navigateur Pedro Álvares Cabral (1467-1526), qui découvrit le Brésil en 1500 à la suite d'une erreur de navigation. On a cherché sa maison natale et on pense qu'il s'agit du petit manoir en granit sombre (avec des fenêtres à l'anglaise) situé en face de la mairie, dans la rue principale. Cette demeure semble abandonnée. Noter les armoiries au-dessus de la grille d'entrée.*

verte d'azulejos. On pourra aussi y faire emplette de *queijo da serra,* le délicieux fromage local. Si le travail de la laine vous passionne, faites donc un tour au *Museu de Lanifícios.* Tlj sf lun 9h30-12h, 14h30-18h.

🏔 *Penhas da Saúde :* sorte de station d'altitude dans un paysage dépouillé, austère, fait de rocailles et de vent. Ambiance montagnarde d'autant plus dépaysante que les champs de vignes, d'oliviers et d'orangers ne sont qu'à un saut de puce de là. Quelques vagues baraques en tôle ondulée, une auberge de jeunesse plutôt laide et chère, pas d'arbres ; on pourrait se croire dans un coin reculé d'Islande après la fonte des glaces, ou dans un campement de pionniers du Grand Nord. Curieux ! Mais pas très séduisant. Mieux vaut passer son chemin et aller se réfugier dans le nid douillet et verdoyant de Manteigas, au fond de la vallée du Zezère. Possibilité d'hébergement au camping *Clube de Campismo e Caravanismo da Covilhã,* avec pas mal d'ombre.

➤ *De Covilhã à Manteigas :* par la N 339 pour la Torre d'où, par temps clément, le panorama est évidemment superbe. Balade très agréable aux *sources du Zezère,* un vallon avec de grands rochers (suivre les indications « Cãntaras »). Ensuite, descente de la vallée glaciaire du Zezère vers Manteigas par la N 338. Paysages superbes, pentes vertigineuses. Torrents qui traversent la route au moment de la fonte des neiges. Le versant sud de cette vallée est aride ; le nord, lui, est couvert de végétation (c'est habituellement le contraire). Juste avant d'entrer à Manteigas, on peut prendre à droite vers le *Poço do Inferno.* Les grands marcheurs peuvent laisser leur véhicule au carrefour et faire le chemin à pied. Après 6 km dans les bois, magnifique cascade (parfois à sec en été). Eau très verte qui tombe de plus de 10 m, roches très noires et point de départ pour de superbes balades. Paysages de forêts (pins et feuillus) qui font penser aux forêts des Balkans (Bulgarie).

🏔 *Manteigas :* petit village thermal de montagne, au fond de la vallée, dans un cadre verdoyant (arbres), avec d'anciennes demeures. En haut du village, église intéressante du XVIIIe siècle.

➤ *De Manteigas à Gouveia :* par la N 232, très jolie route sinueuse. Après 17 km environ, possibilité de randonnée, en tournant vers *Penhas Douradas.* Il y a beaucoup de petits lacs et de cascades à découvrir au cours de belles promenades. Plus loin sur la route de Gouveia, masses rocheuses bizarres comme la *Cabeça do Velho* (la Tête du Vieillard). Pour l'anecdote, il existe aussi une *Cabeça da Velha* (tout le monde aura compris que c'est la Tête de la Vieille) près de *Seia,* à São Romão. Voir également la *casa del Torre* du XVIe siècle et l'ancien collège des Jésuites *(paço das Concelhas).*

CASTELO BRANCO (6000) 56 000 hab.

Ancienne ville fortifiée située sur la route des invasions, c'est aujourd'hui une cité industrielle noyée sous les HLM. Autant dire qu'elle ne présente guère un visage attrayant. On y restera seulement une heure ou deux, surtout pour le superbe jardin du palais épiscopal.

Où dormir ? Où manger ?

Possibilités de logement extrêmement réduites ; ne pas arriver à Castelo Branco en fin d'après-midi.

🏕 *Camping municipal :* à 3 km en direction de l'Espagne. ☎ 272-32-25-77. Pas cher : 7 € pour 2 pers avec une tente. Pas mal de verdure.

🏠 *Residencial a Floresta :* au début de la rua Ruivo Godinho, qui donne sur la place de la cathédrale. ☎ 272-08-17-62. Doubles très basiques 20 € avec douche, w-c, TV et ventilo. Un peu décati, mais parfait pour une petite nuit en passant. Resto bon marché en bas.

🍽 *Restaurante Forno da Sé :* pl. de la

cathédrale. La cantine populaire par excellence, bondée tous les midis. Plats du jour bons, efficaces et vraiment pas chers. On fait un gueuleton très correct avec 10 € pour deux avec le pichet de vin ! Belle salle crépie décorée à la paysanne.

|●| *Praça Velha : praça Luís de Camões, 17.* ☎ *272-35-86-40 (resto).*

● *pracavalha@gmail.com* ● *Tlj sf lun et 1ᵉʳ-15 août. Prix élevés : 20-30 € le repas. Café offert sur présentation de ce guide.* Décor élégant à l'ancienne (voûtes, grande cheminée en pierre, tentures...) pour une cuisine excellente et originale. Perdrix, chateaubriand, *cabrito* grillé, *peito de pato,* etc. Une adresse pour les grandes occasions !

À voir

🏃🏃 **Les jardins du palais épiscopal :** *ouv de 9h au coucher du soleil.* Sur des terrasses parcourues d'escaliers, couvertes de beaux bosquets et pelouses, s'étagent des dizaines de statues représentant saints, apôtres, rois et grands du royaume. Ce foisonnement de pierres donne un côté superbement baroque au jardin. On s'amusera à en différencier tous les détails. Facétieux, le sculpteur a réduit à la taille de nains les rois haïs du Portugal et ceux d'Espagne qui régnèrent de 1580 à 1640.

🏃 Les poètes urbains apprécieront, à travers les pittoresques ruelles du ***vieux quartier,*** la montée vers les *ruines de la forteresse* dominant la ville. Du *miradouro,* beau point de vue sur la ville et la région.

➤ *DANS LES ENVIRONS DE CASTELO BRANCO*

🏃🏃 **Monsanto :** *à 50 km au nord-est de Castelo Branco, tout près de la frontière espagnole.* Le village médiéval de Monsanto est considéré comme l'un des plus authentiques et des mieux conservés du pays. Perché sur un nid d'aigle à plus de 700 m d'altitude, peuplé d'à peine 200 habitants, il offre quelques belles heures de balade dans les ruelles et des panoramas somptueux. On y trouve une *pousada* et plusieurs petits restos.

NOS NOUVEAUTÉS

BALI, LOMBOK (mai 2008)

Bali et Lombok possèdent des charmes différents et complémentaires. Bali, l'« île des dieux », respire toujours charme et beauté. Un petit paradis qui rassemble tout ce qui est indispensable à des vacances réussies : de belles plages dans le sud, des montagnes extraordinaires couvertes de temples, des collines riantes sur lesquelles les rizières étagées forment de jolies courbes dessinées par l'homme, une culture vivante et authentique, et surtout, l'essentiel, une population d'une étonnante gentillesse, d'une douceur presque mystique. Et puis voici Lombok, à quelques encablures, dont le nom signifie « piment » en javanais et qui appartient à l'archipel des îles de la Sonde. La vie y est plus rustique, le développement touristique plus lent. Tant mieux. Les plages, au sud, sont absolument magnifiques et les Gili Islands, à deux pas de Lombok, attirent de plus en plus les amateurs de plongée. Paysages remarquables, pureté des eaux, simplicité et force du moment vécu... Bali et Lombok, deux aspects d'un même paradis.

TOKYO-KYOTO (mai 2008)

On en avait marre de se faire malmener par nos chers lecteurs ! Enfin un *Guide du routard* sur le Japon ! Voilà l'empire du Soleil-Levant accessible aux voyageurs à petit budget. On disait l'archipel nippon trop loin, trop cher, trop incompréhensible. Voici notre constat : avec quelques astuces, on peut y voyager agréablement et sans se ruiner. Dormir dans une auberge de jeunesse ou sur le tatami d'un *ryokan* (chambres chez l'habitant), manger sur le pouce des sushis ou une soupe *ramen*, prendre des bus ou acheter un *pass* ferroviaire pour circuler à bord du *shinkansen* (le TGV nippon)... ainsi sommes-nous allés à la découverte d'un Japon accueillant, authentique mais à prix sages ! Du mythique mont Fuji aux temples millénaires de Kyoto, de la splendeur de Nara à la modernité d'Osaka, des volcans majestueux aux cerisiers en fleur, de la tradition à l'innovation, le Japon surprend. Les Japonais étonnent par leur raffinement et leur courtoisie. Tous à Tokyo ! Cette mégapole électrique et fascinante est le symbole du Japon du IIIe millénaire, le rendez-vous exaltant de la haute technologie, de la mode et du design. Et que dire des nuits passées dans les bars et les discothèques de Shinjuku et de Roppongi, les plus folles d'Asie ?

Des grands chefs

vous attendent dans leurs

petits restos

Plein de menus à moins de 30 €.

Le guide du
routard

400 adresses pour se régaler sans se ruiner

Petits restos
des Grands chefs

et aussi 250 hôtels de charme

Petits restos des Grands chefs routard

HACHETTE

19.⁹⁰ €

HACHETTE

Parce que les causes de handicap sont multiples

Agir partout où il le faut

www.handicap-international.fr

Conflits
armés

GRANDE PAUVRETÉ

Tremblement de terre

Camps de
réfugiés

**HANDICAP
INTERNATIONAL**

25 ans
de solidarité

MⓄ   RCS Lyon B 380 259 044 - Crédit photo : Gilles Pandry - 07/07 - Espace offert par le support.

Tout pour partir*

*bons plans, concours, forums,
magazine et des voyages à prix routard.

> www.routard.com

routard com

Chacun
sa route

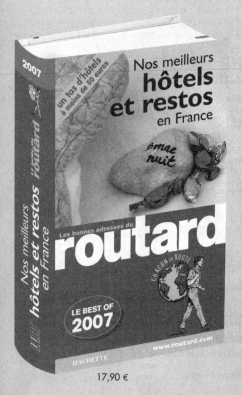

routard
ASSISTANCE
L'ASSURANCE VOYAGE
UNION EUROPÉENNE

VOTRE ASSISTANCE EUROPE
LA PLUS ETENDUE

RAPATRIEMENT MEDICAL		**ILLIMITÉ**
(au besoin par avion sanitaire)		
VOS DEPENSES : MEDECINE, CHIRURGIE,	(env. 650.000 FF)	**100.000 €**
HOPITAL, GARANTIES A 100% SANS FRANCHISE		
HOSPITALISE : RIEN A PAYER ! ... (ou entièrement remboursé)		
BILLET GRATUIT DE RETOUR DANS VOTRE PAYS :		**BILLET GRATUIT**
En cas de décès (ou état de santé alarmant)		**(de retour)**
d'un proche parent, père, mère, conjoint, enfant(s)		
*BILLET DE VISITE POUR UNE PERSONNE DE VOTRE CHOIX		**BILLET GRATUIT**
si vous être hospitalisé plus de 5 jours		**(aller - retour)**
Rapatriement du corps – Frais réels		**Sans limitation**

RESPONSABILITE CIVILE «VIE PRIVEE»
A L'ETRANGER

Dommages CORPORELS (garantie à 100%) ....(env. 4.900.000 FF)		**750.000 €**
Y compris Assistance Juridique (accidents)		
Dommages MATERIELS (garantie à 100%) ....(env. 2.900.000 FF)		**450.000 €**
(dommages causés aux tiers)		**(AUCUNE FRANCHISE)**
Y compris Assistance Juridique (accidents)		
EXCLUSION RESPONSABILITE CIVILE AUTO : ne sont pas assurés les dommages causés ou subis par votre véhicule à moteur : ils doivent être couverts par un contrat spécial : ASSURANCE AUTO OU MOTO.		
CAUTION PENALE .... (env. 49.000 FF)		**7500 €**
AVANCE DE FONDS en cas de perte ou de vol d'argent ..(env. 4.900 FF)		**750 €**

VOTRE ASSURANCE PERSONNELLE «ACCIDENTS»
A L'ETRANGER

Infirmité totale et définitive	(env. 490.000 FF)	**75.000 €**
Infirmité partielle – (SANS FRANCHISE)	**de 150 €** à	**74.000 €**
	(env. 900 FF à 485.000 FF)	
Préjudice moral : dommage esthétique	(env. 98.000 FF)	**15.000 €**
Capital DECES	(env. 98.000 FF)	**15.000 €**

VOS BAGAGES ET BIENS PERSONNELS A L'ETRANGER

Vêtements, objets personnels pendant toute la durée de votre voyage à l'étranger : vols, perte, accidents, incendie,	(env. 13.000 FF)	**2.000 €**
Dont APPAREILS PHOTO et objets de valeurs	(env. 1.900 FF)	**300 €**

À PARTIR DE 4 PERSONNES
TARIFS
"Spécial Famille"
Nous consulter Tél. : 01 44 63 51 00
Souscription en ligne : www.avi-international.com

routard
ASSISTANCE
L'ASSURANCE VOYAGE
UNION EUROPÉENNE

BULLETIN D'INSCRIPTION

NOM : M. Mme Melle |⎵⎵⎵⎵⎵⎵⎵⎵⎵⎵⎵⎵⎵⎵|

PRENOM : |⎵⎵⎵⎵⎵⎵⎵⎵⎵⎵⎵⎵⎵⎵|

DATE DE NAISSANCE : |⎵⎵⎵⎵⎵⎵⎵|

ADRESSE PERSONNELLE : |⎵⎵⎵⎵⎵⎵⎵⎵⎵⎵⎵⎵⎵|

|⎵⎵⎵⎵⎵⎵⎵⎵⎵⎵⎵⎵⎵⎵⎵⎵⎵⎵|

|⎵⎵⎵⎵⎵⎵⎵⎵⎵⎵⎵⎵⎵⎵⎵⎵⎵⎵|

CODE POSTAL : |⎵⎵⎵⎵⎵| TEL. |⎵⎵⎵⎵⎵⎵⎵⎵⎵⎵|

VILLE : |⎵⎵⎵⎵⎵⎵⎵⎵⎵⎵⎵⎵⎵⎵|

E-MAIL : ....

DESTINATION PRINCIPALE..

Calculer exactement votre tarif en SEMAINES selon la durée de votre voyage :
7 JOURS DU CALENDRIER = 1 SEMAINE

> Pour un Long Voyage (2 mois...), demandez le ***PLAN MARCO POLO***
> Nouveauté contrat Spécial Famille - Nous contacter

COTISATION FORFAITAIRE 2007-2008

VOYAGE DU |⎵⎵⎵⎵⎵⎵| AU |⎵⎵⎵⎵⎵⎵| = |⎵⎵|
SEMAINES

Prix spécial (3 à 50 ans) :   **15 € x** |⎵⎵| = |⎵⎵⎵| **€**

De 51 à 60 ans (et – de 3 ans) :   **23 € x** |⎵⎵| = |⎵⎵⎵| **€**

De 61 à 65 ans :   **30 € x** |⎵⎵| = |⎵⎵⎵| **€**

Tarif "**SPECIAL FAMILLES**" 4 personnes et plus : **Nous consulter au 01 44 63 51 00**
Souscription en ligne : www.avi-international.com

Chèque à l'ordre de ROUTARD ASSISTANCE – *A.V.I. International*
28, rue de Mogador – 75009 PARIS – FRANCE - Tél. 01 44 63 51 00
Métro : Trinité – Chaussée d'Antin / RER : Auber – Fax : 01 42 80 41 57

ou Carte bancaire : Visa ☐   Mastercard ☐   Amex ☐

N° de carte : |⎵⎵⎵⎵⎵⎵⎵⎵⎵⎵⎵⎵⎵⎵⎵⎵|

Date d'expiration : |⎵⎵| |⎵⎵| Signature

Je déclare être en bonne santé, et savoir que les maladies
ou accidents antérieurs à mon inscription ne sont pas assurés.

Signature :

Information : www.routard.com / Tél : 01 44 63 51 00
Souscription en ligne : www.avi-international.com

INDEX GÉNÉRAL

A

B

C

D-E

F

G

I-L

M

N-O

P

Q-R

S

T

V

X-Z

OÙ TROUVER LES CARTES ET LES PLANS ?

Les **Routards** *parlent aux* **Routards**

Faites-nous part de vos expériences, de vos découvertes, de vos tuyaux.
Indiquez-nous les renseignements périmés. Aidez-nous à remettre l'ouvrage à jour.
Faites profiter les autres de vos adresses nouvelles, combines géniales... On adresse un exemplaire gratuit de la prochaine édition à ceux qui nous envoient les lettres les meilleures, pour la qualité et la pertinence des informations. Quelques conseils cependant :
– Envoyez-nous votre courrier le plus tôt possible afin que l'on puisse insérer vos tuyaux sur la prochaine édition.
– N'oubliez pas de préciser l'ouvrage que vous désirez recevoir.
– Vérifiez que vos remarques concernent l'édition en cours et notez les pages du guide concernées par vos observations.
– Quand vous indiquez des hôtels ou des restaurants, pensez à signaler leur adresse précise et, pour les grandes villes, les moyens de transport pour y aller. Si vous le pouvez, joignez la carte de visite de l'hôtel ou du resto décrit.
– N'écrivez si possible que d'un côté de la lettre (et non recto verso).
– Bien sûr, on s'arrache moins les yeux sur les lettres dactylographiées ou correctement écrites !
En tout état de cause, merci pour vos nombreuses lettres.

Le Guide du routard : 5, rue de l'Arrivée,
92190 Meudon

e-mail : guide@routard.com
Internet : www.routard.com

Le Trophée du voyage humanitaire ROUTARD.COM s'associe à VOYAGES-SNCF.COM

Parce que le *Guide du routard* défend certaines valeurs : Droits de l'homme, solidarité, respect des autres, des cultures et de l'environnement, il s'associe, pour la prochaine édition du Trophée du voyage humanitaire routard.com, aux Trophées du tourisme responsable, initiés par Voyages-sncf.com.
Le Trophée du voyage humanitaire routard.com doit manifester une réelle ambition d'aide aux populations défavorisées, en France ou à l'étranger. Ce projet peut concerner les domaines culturel, artisanal, agricole, écologique et pédagogique, en favorisant la solidarité entre les hommes.
Renseignements et inscriptions sur • www.routard.com • et • www.voyages-sncf.com •

Routard Assistance *2008*

Routard Assistance et Routard Assistance Famille, c'est l'Assurance Voyage Intégrale sans franchise que nous avons négociée avec les meilleures compagnies, Assistance complète avec rapatriement médical illimité. Dépenses de santé et frais d'hôpital pris en charge directement sans franchise jusqu'à 300 000 € + caution + défense pénale + responsabilité civile + tous risques bagages et photos. Assurance personnelle accidents : 75 000 €. Très complet ! Le tarif à la semaine vous donne une grande souplesse. Tableau des garanties et bulletin d'inscription à la fin de chaque *Guide du routard* étranger. Pour les départs en famille (4 à 7 personnes), demandez-nous le bulletin d'inscription famille. Pour les longs séjours, un nouveau contrat *Plan Marco Polo « spécial famille »* à partir de 4 personnes. Enfin pour ceux qui partent en voyage « éclair » de 3 à 8 jours visiter une ville d'Europe, vous trouverez dans les Guides Villes un bulletin d'inscription avec des garanties allégées et un tarif « light ». Pour les villes hors Europe, nous vous recommandons Routard Assistance ou Routard Assistance Famille, mieux adaptés. Si votre départ est très proche, vous pouvez vous assurer par fax : 01-42-80-41-57, en indiquant le numéro de votre carte de paiement. Pour en savoir plus : ☎ 01-44-63-51-00 ; ou, encore mieux, sur notre site : • www.routard.com •

Photocomposé par MCP - Groupe Jouve
Imprimé en Italie par Legoprint
Dépôt légal : septembre 2007
Collection n° 13 - Édition n° 01
24/4166/5
I.S.B.N. 978-2-01244166-8